数量经济学系列丛书

计量经济分析方法与建模

EViews应用及实例（第4版）·中高级

高铁梅　主编

陈　飞　孔宪丽　王亚芬　张同斌　副主编

清華大學出版社
北　京

内 容 简 介

本书全面、系统地介绍了计量经济学的基本理论和方法，尤其是21世纪以来的许多重要和最新的发展，并将它们纳入一个完整、清晰的体系之中。本书注重计量经济学的理论和实际经济问题相结合，提供了大量的基于经济问题的模型实例，协助教师提高教学效率，增强学生的学习兴趣和实际建模能力。书中大多数实际案例是作者们在实践中运用的实例和国内外的经典实例，同时基于 EViews 软件来介绍实际应用技巧，具有很强的可操作性。

本书的中高级版是针对本科生高年级、硕士研究生和博士研究生的教材，介绍了近年来一些前沿的计量经济学理论和方法，书中理论和方法的论述力求严谨、简洁、易懂。每一章的最后一节给出了 EViews 软件的相关操作。各章的教学课件、相关实例的原始数据(Excel 表)、EViews 工作文件等的电子版可以在清华大学出版社的网站上下载。

图书在版编目(CIP)数据

计量经济分析方法与建模：EViews 应用及实例：中高级/高铁梅主编. —4 版. —北京：清华大学出版社，2020.8(2022.8 重印)
(数量经济学系列丛书)
ISBN 978-7-302-55724-1

Ⅰ. ①计…　Ⅱ. ①高…　Ⅲ. ①计量经济分析－应用软件－高等学校－教材　Ⅳ. ①F224.0-39

中国版本图书馆 CIP 数据核字(2020)第 111854 号

责任编辑：张　伟
封面设计：常雪影
责任校对：王凤芝
责任印制：丛怀宇

出版发行：清华大学出版社
网　　址：http://www.tup.com.cn，http://www.wqbook.com
地　　址：北京清华大学学研大厦 A 座　　**邮　　编**：100084
社 总 机：010-83470000　　**邮　　购**：010-62786544
投稿与读者服务：010-62776969，c-service@tup.tsinghua.edu.cn
质量反馈：010-62772015，zhiliang@tup.tsinghua.edu.cn
课件下载：http://www.tup.com.cn，010-83470332
印 装 者：北京嘉实印刷有限公司
经　　销：全国新华书店
开　　本：185mm×260mm　　**印　张**：28.25　　**字　　数**：599 千字
版　　次：2005 年 12 月第 1 版　2020 年 10 月第 4 版　　**印　　次**：2022 年 8 月第3 次印刷
定　　价：75.00 元

产品编号：085100-02

第 4 版前言

20 世纪 80 年代，我国部分高等学校的经济管理类专业虽已陆续开设计量经济学课程，但只有少数专业将其作为必修课程，而其他专业多数是选修课程。1998 年，经教育部高等学校经济学学科教学指导委员会讨论决定，把计量经济学确定为经济学类所有专业必修的核心课程。此后全国各高校不仅经济学类各专业普遍开设了计量经济学，而且一些管理类专业也开设了这门课程。随后陆续出版了一批国外著名计量经济学教材和我国学者自己编写的适应中国高等院校经济类学科的计量经济学教材，促进了计量经济学课程的建设。

近年来，随着大数据的发展，在经济领域涌现出各类数据库，包含了大量的宏观时间序列数据、不同类型的面板数据、定期的微观调查横截面数据(企业、家户或个人)、越来越广泛和细分的产业等数据信息，这些丰富的数据信息极大地推动了计量经济学的快速发展，拓展了计量经济学的研究范围，增加了计量经济学研究的实用性，给计量经济学研究提供了更大的空间、更新的视角，注入了新的动力。目前，计量经济学、微观经济学与宏观经济学一起构成了中国经济类、管理类本科生和研究生必修的三门经济学核心课程，同时计量经济模型在经济理论研究和经济问题分析中已经被广泛应用，并取得了丰硕的成果。这些都有力地推动了计量经济学的发展。现在，计量经济学已经成为我国经济类各专业最受关注和欢迎的课程之一。

数量经济学是一门实践性很强的学科，要求学生具有将经济学知识、统计学与计量经济学方法和统计软件应用相结合的综合素质。目前的计量经济学课程注重理论方法的介绍，但是对如何应用模型分析实际的经济问题讨论较少。在计量经济学教学中，软件的使用仍然是薄弱的环节。学生学习了不少估计和检验的方法，却不知道怎样应用，对计算的结果也不能作出合理的解释，缺乏运用计量模型进行分析的实际能力。因此需要培养学生将所学习到的计量经济方法与实际经济问题相结合，利用统计和计量软件进行建模、模拟和分析的能力。

随着计量经济学理论和方法的不断发展，内容越来越丰富，需要分层次进行教学，以便本科生、硕士研究生和博士研究生可以循序渐进地实现从初级计量经济学基础向中高级计量经济学理论与方法过渡。2005 年，我在 6 年来教学实践的基础上，组织了科研课题组的几位年轻教师，他们当时也是数量经济学专业的博士研究生，为研究生教学编写了这本教材的第 1 版。15 年过去了，这本教材几经修改和再版，这些年轻教师也在教学和科研中不断成长，有半数以上作者已成为博士生导师，并且都具有了高级职称。本书出版后受到广大读者，尤其是研究生的广泛欢迎。在使用过程中，许多教师与学生通过各种方式对本书提出了许多宝贵的意见和建议，这些意见和建议我们都及时进行了相应的修改，并在第 4 版中加以吸收。本书第 4 版分为初级版和中高级版两册,初级版是适合本科生的教材,其中也有一些略难的计量经济学方法的内容,可供读者有选择地学习;中高级版是适合研究生的教材,包含了前沿的计量经济学理论和方法。

本书的主要特色是融理论方法与应用为一体,即理论、方法与建模应用相结合。本书全面、系统地介绍了计量经济学的基本理论和方法,尤其是 21 世纪以来的许多重要和最新的发展,并将它们纳入一个完整、清晰的体系之中。本书中的实际案例大多数是国内外的经典实例和作者在实践中运用的实例,并基于 EViews 软件介绍实际应用,具有很强的可操作性。

本书初级部分分为 7 章:

第 1 章,概率与统计基础。主要介绍在计量经济学中使用的概率与统计学的基础知识,有相关基础的读者可直接从第 2 章开始学习。

第 2 章,基本回归模型。是计量经济学的基础和重点,介绍了单方程计量经济学模型的基本理论和方法、系数估计量的统计性质和各种检验方法,介绍了几种回归方程的函数形式和虚拟变量的使用,以及模型设定的检验和预测。

第 3 章,其他回归方法。介绍存在异方差问题、解释变量与随机扰动项相关时带来的内生解释变量问题的后果,介绍各种检验方法以及改进估计方法,如加权最小二乘法(WLS)、二阶段最小二乘法(TSLS)、广义矩方法(GMM)、多项式分布滞后模型等。

第 4 章,时间序列模型。平稳时间序列的建模方法属于动态计量经济学的范畴。通常是运用时间序列的滞后值、当期值及滞后随机扰动项的加权和建立模型,来"解释"时间序列的变化规律。第 4 章首先通过讨论回归方程随机扰动项通常会存在的序列相关性问题,介绍如何应用时间序列数据的建模方法修正随机扰动项序列的自相关性。随后讨论平稳时间序列的概念,以及时间序列的自回归移动平均模型(ARMA 模型),并且讨论它们的具体形式、识别及估计方法。

第 5 章,离散因变量模型。经济决策中经常面临选择问题,如消费者对商品的购买决策、求职者对职业的选择决策、投票人对候选人的投票决策、银行对客户的贷款决策等。不同于一般计量模型中因变量满足连续性的假设,这些决策结果经常是离散的,因此在实际经济分析中,作为研究对象的因变量的观测值是离散的。本章介绍二元选择模型和排序因变量模型这两种离散因变量模型的建立、估计和检验。

第 6 章,面板数据模型。面板数据含有个体、时期和变量三维信息,利用面板数据模型可以构造比以往单独使用横截面数据或时间序列数据更为真实的行为方程,进行更加深入的分析。基于实际经济分析的需要,面板数据模型已经成为近年来计量经济学理论方法的重要发展分支。第 6 章介绍了面板数据模型的基本原理、模型设定检验及各类模型的估计方法,介绍了确定变截距模型设定方式的 Hausman 检验方法。

第 7 章,联立方程模型的估计与模拟。单方程模型只适用于单一经济现象的研究。但是,在很多情况下,经济系统是极为复杂的,其中经济变量之间的关系是相互影响、互为因果的，单方程模型无法准确地描述这种具有相互依存关系的经济现象，这时，就必须用一组联立方程模型才能描述清楚。第 7 章分为两个部分：第一部分介绍了联立方程系统的基本原理、建立和识别方法，以及对未知参数的各种估计方法；第二部分介绍了基于已知参数的联立方程模型对经济问题进行政策模拟、情景分析以及预测的研究方法。

本书的初级版是针对本科生和计量经济学初学者的教材，涵盖了本科生教材的基本知识。书中理论和方法的论述力求严谨、简洁、易懂。每章附加了习题，习题中还有相应的实习题。每一章的最后一节给出了 EViews 软件的相应操作。各章的相关实例的原始数据(Excel 表)、EViews 工作文件、习题的数据等的电子版可在清华大学出版社网站下载。为了便于教师教学，每章还配有教学课件和习题答案，教学课件中还提供了 EViews 软件基本操作的介绍①。

本书的中高级版分为 11 章：

第 1 章，经济时间序列的处理、季节调整与分解。经济指标的月度或季度时间序列包含 4 种变动要素：长期趋势要素 T、循环要素 C、季节变动要素 S 和不规则要素 I。在经济分析中，季节变动要素和不规则要素往往掩盖了经济发展中的客观变化，给研究和分析经济发展趋势与判断目前经济所处的状态带来困难。因此，需要在经济分析之前对经济时间序列进行季节调整，剔除其中的季节变动要素和不规则要素。而利用趋势分解方法可以把趋势和循环要素分离开来，从而研究经济的长期趋势变动和景气循环变动。主要介绍经济时间序列的处理和分解方法。时间序列处理方法包括数据类型的检验和频率转换，时间序列分解方法包括季节调整和趋势分解。

第 2 章，非平稳时间序列建模。由于传统的时间序列模型只能描述平稳时间序列的变化规律，而大多数经济时间序列都是非平稳的，因此，由 20 世纪 80 年代初 Granger 提出的协整概念，引发了非平稳时间序列建模从理论到实践的飞速发展。介绍了非平稳序列和单整的概念、非平稳时间序列的单位根检验方法、ARIMA 模型(差分整合移动平均自回归模型)的建模方法、协整理论的基本思想及误差修正模型。

第 3 章，扩展的回归方法。介绍了各种扩展的回归方法：分位数回归、非线性最小二乘法、非参数回归模型、混频数据抽样回归模型、稳健最小二乘法、有限信息极大似然估计和 K 类估计。

第 4 章，具有结构变化特征的回归模型。标准的线性回归模型假定模型参数在样本区间中不出现结构变化，但是，在时间序列分析领域，经常会出现样本区间中参数发生结构变化的情况。因此，检验和估计这种模型引起了众多学者的关注并涌现出大量的成果，如在门限回归模型的基础上，源于“区间转换”理论发展和兴起的平滑转换回归模型，由于

① 各章的教授内容与 EViews 软件操作分为两个课件，教师可以教授完一章或一节后讲相应的操作和实习，也可以把教授内容和实习分开，最后讲操作和实习。要告诉学生，不能把计量软件的结果直接复制粘贴到作业或论文里，而是要利用计量经济学规范的方程和图表把模型结果清晰地表达出来，并加以解释和分析。书中各章的例子给出了示范。

其具有平滑转换和非线性的特点，因此相对于门限回归模型具有了更多的实际动态特征。主要介绍几类存在结构变化的回归模型的估计方法：间断点回归模型、门限回归模型、平滑转换回归模型和区制转换回归模型。

第 5 章，条件异方差模型。通常认为自相关的问题是时间序列数据所特有，而异方差性是横截面数据的特点。但在时间序列数据中，会不会出现异方差呢？是怎样出现的？如何修正？介绍了恩格尔(Engle R，1982)提出的自回归条件异方差模型(ARCH 模型)，以及广义自回归条件异方差模型(GARCH 模型)、非对称的 ARCH 模型(TARCH 模型和 EGARCH 模型)等条件异方差模型。

第 6 章，受限因变量模型。关注的问题是因变量受到某种限制的情况，这时需要建立的经济计量模型称为受限因变量模型。在这种情况下，由于数据收集规则或者经济人自选择行为的结果，人们所获得的样本数据来自总体的一个子集，不能完全反映总体。如果使用传统的经济计量方法来分析这样的样本而不考虑所抽取样本的选择性，那么对经济关系进行的统计评估结果将会发生偏差，这就是所谓的“样本选择偏差”，赫克曼(Heckman)以微观经济理论解释个体的样本选择问题并提出了 Heckman 样本选择模型。介绍了受限因变量模型的概念、审查回归模型、截断回归模型、Heckman 样本选择模型、计数模型和广义线性模型。

第 7 章，极大似然估计。虽然极大似然估计法的应用没有最小二乘法普遍，但在计量经济学理论上占据很重要的地位，因为极大似然原理比最小二乘原理更本质地揭示了通过样本估计总体参数的内在机理。计量经济学理论的发展更多的是以极大似然估计原理为基础的，对于一些特殊的计量经济学模型，只有极大似然方法才是成功的估计方法。介绍了极大似然估计的基本原理和优化算法，以及如何建立极大似然函数形式并进行估计的实例。

第 8 章，向量自回归和向量误差修正模型。传统的经济计量方法(如联立方程模型等结构性方法)是以经济理论为基础来描述变量关系的模型。但是经济理论通常并不足以对变量之间的动态联系提供一个严密的说明，而且内生变量既可以出现在方程的左端又可以出现在方程的右端，使得估计和推断变得更加复杂。为了解决这些问题而出现了一种用非结构性方法来建立各个变量之间关系的模型，介绍的向量自回归(VAR)模型就是一种非结构化的多方程模型。第 8 章还包括结构 VAR(SVAR)模型、Granger 因果检验、脉冲响应函数和方差分解、Johansen 协整检验、向量误差修正(VEC)模型，以及贝叶斯 VAR 模型。

第 9 章，扩展的面板数据模型。21 世纪以来，对面板数据模型的研究，一方面集中在利用时间序列方法考虑面板数据的非平稳性、虚假回归和协整，研究如何对面板数据进行单位根检验和协整检验；另一方面利用宏观面板数据具有较长时间序列的优势，研究经济关系的动态调整过程，即关注动态面板数据计量模型的估计及检验问题。主要介绍面板数据的单位根检验与协整检验、面板数据广义矩方法(GMM)和动态面板数据回归模型。

第 10 章，状态空间模型和卡尔曼滤波。状态空间模型被用来估计不可观测的时间变量：理性预期、测量误差、长期收入和不可观测因素（趋势和循环要素）。许多时间序列模型，包括典型的线性回归模型和 ARIMA 模型都能作为特例写成状态空间形式（SSF），并估计参数值。状态空间模型是利用强有力的迭代算法——卡尔曼滤波（Kalman filter）来估计的。介绍了状态空间模型的定义、卡尔曼滤波算法和超参数的估计，并给出状态空间模型的应用实例。

第 11 章，主成分分析和因子分析。在建立多元回归模型时，为了更准确地反映事物的特征，人们经常会在模型中包含较多相关解释变量，这不仅使问题分析变得复杂，而且变量之间可能存在多重共线性，使得数据提供的信息发生重叠，甚至会掩盖事物的真实特征。为了解决这些问题，需要采用降维的思想，将所有指标的信息通过少数几个指标来反映，在低维空间将信息分解为互不相关的部分以获得更有意义的解释。本章介绍的主成分分析和因子分析可用于解决这类问题。

本书的中高级版是针对高年级本科生、硕士研究生和博士研究生的教材，介绍了近年来一些前沿的计量经济学理论和方法，力求将计量经济学的理论和实际经济问题相结合，全面、系统地介绍中高级计量经济学的主要理论和方法；并在此基础上，提供了大量的基于经济问题的模型实例，协助教师提高教学效率，增强学生的学习兴趣和实际建模能力。和初级一样，每一章的最后一节给出了 EViews 软件的相关操作。各章相关实例的原始数据（Excel 表）、EViews 工作文件的电子版可以扫如下二维码下载。为帮助高级研究人员深入研究，教学课件中介绍了 EViews 软件的程序设计。

美国 IHS 公司 2017 年推出 EViews 10.0 版本软件，我们购买了该版本软件。本书的 EViews 软件操作部分都采用 EViews 10.0 版本软件。

本书由下列人员完成[①]：

初级版：第 1、2、3 章，王金明；第 4 章，康书隆；第 5 章，王亚芬；第 6 章，孔宪丽；第 7 章，刘玉红。

中高级版：第 1、8 章，陈飞；第 2 章，康书隆；第 3 章，王金明；第 4 章，张同斌；第 5、7 章，刘玉红；第 6、11 章，王亚芬；第 9 章，孔宪丽；第 10 章，高铁梅。

最后由我对全书进行了审阅、修改和定稿。

在第 4 版出版之际，我们对曾经支持和帮助过我们的老师和同学们表示最诚挚的谢

① 本书第 1 版和第 2 版的主要作者梁云芳教授因病于 2013 年 10 月去世，她所承担章节[本书中高级的第 2 章 2.3 节、第 8 章、第 11 章（与王亚芬合作）]的修改、增补等工作由其他作者来完成，不再标出。

意！首先要感谢吉林大学商学院的周光亚教授、上海金融学院的姜诗章教授，在编写本书第 1 版的过程中，他们花费了大量的时间仔细审阅和修改了全书的理论与方法部分，并提出了许多宝贵的修改意见，使得本书的质量有很大提高。在本书的编写以及再版修改过程中，参考了国内外许多计量经济学教科书，在本书的参考文献中列出了书名，在此向有关作者表示感谢。还要特别感谢清华大学出版社的龙海峰编辑，感谢他对本书的第 1、2 版所给予的热情鼓励和帮助。感谢清华大学出版社的张伟编辑，在本书的第 3 版和第 4 版的编写过程中，她的热情、严谨、认真的工作态度和高质量、高效率的工作，给我们留下了深刻的印象。我们把这本书奉献给所有给予我们支持和帮助的人。

最后，应该指出的是由于我们水平有限，书中的疏漏或不当之处在所难免，诚恳地欢迎同行专家和读者批评指正，并提出宝贵的意见。

高铁梅

2020 年 3 月 9 日

目　　录

第1章 经济时间序列的处理、季节调整与分解

本章主要介绍经济时间序列的处理、季节调整与分解。经济时间序列的处理包括数据类型的检验和频率转换,时间序列分解方法包括季节调整和趋势分解。

经济指标的月度或季度时间序列包含4种变动要素:长期趋势要素 T、循环要素 C、季节要素 S 和不规则要素 I。长期趋势要素代表经济时间序列长期的趋势特性。循环要素是以数年为周期的一种周期性变动,它可能是一种景气变动,也可能是经济变动或其他周期变动。季节要素是每年重复出现的循环变动,以12个月或4个季度为周期的周期性影响,是由温度、降雨、每年中的假期和政策等因素引起的。季节要素和循环要素的区别在于季节变动是固定间距(如季或月)中的自我循环,而循环要素是从一个周期变动到另一个周期,间距比较长且不固定的一种周期性波动。不规则要素又称随机因子、残余变动或噪声,其变动无规则可循,这类因素是由偶然发生的事件引起的,如罢工、意外事故、地震、水灾、恶劣气候、战争、法令更改和预测误差等①。

在经济分析中,季节要素和不规则要素往往掩盖了经济发展中的客观变化,给研究和分析经济发展趋势与判断目前经济所处的状态带来困难。因此,需要在经济分析之前将经济时间序列进行季节调整,剔除其中的季节要素和不规则要素。而利用趋势分解方法又可以把趋势要素和循环要素分离开来,从而研究经济的长期趋势变动和景气循环变动。

1.1 经济时间序列的处理和频率转换方法

数据是进行计量经济分析的基础。近年来我国的统计体系越来越完善,可获得的数据量迅速增长,但是在从各类数据库中提取数据后,还不能直接使用,需要进行预处理,从而使建模中采用的经济指标数据具有可信性、合理性和一致性。因此本节首先介绍几种经济数据类型的概念。由于有时所获得指标的数据频率不同(如有年度、季度或月度)而无法一起使用,需要将其中的某些指标进行频率转换,以达到数据频率的统一,我们在1.1.2小节中介绍两种数据频率的转换方法。

1.1.1 经济指标中数据类型的概念

1. 流量与存量

流量变量(flow variable)是指一定时期内发生的某种经济变量变动的数值,它是在一定的时期内测度的,其大小有时间维度。例如,反映社会产品和劳务的生产、分配情况

① 高铁梅,陈磊,王金明,等.经济周期波动的分析与预测方法[M].2版.北京:清华大学出版社,2015:第4章.

的国内生产总值(GDP)、工业增加值、劳动者收入、投资、消费、政府支出等都是流量。

存量变量(stock variable)表示某个时间点上结存数量的统计数字。例如,资产负债表中的期初资产和期末资产、存款额、贷款额、黄金储备、外汇储备、财富、库存等都是存量。

最通俗的例子：自来水管放出来的水是流量,自来水被存储在某个蓄水池里是存量。存量与流量之间有密切的联系,流量是一定时期内发生的变量,是动态的概念,而存量是一个时点上存在的变量,是静态的概念。例如,在财富与收入这两个经济变量中,财富是一个存量,它是某一时刻所持有的财产；收入是一个流量,新增加的财富是靠新创造的收入来计算的。

流量分析是对一定时间内有关经济总量的产出、投入(或收入、支出)的变动及其对其他经济总量的影响进行分析；而存量分析是指对一定时点上已有的经济总量的数值对其他有关经济变量的影响进行分析。

2. 月(季)累计值与当月(季)值

月(季)累计值是由每年年初累计至当年各月(季)计算得到的统计数据；**当月(季)值**是单月(季)的统计数据,如当月产值一般是按当月入库产成品数量与产品销售价格的乘积计算,称为当月现价产值。

在实际数据使用过程中,由于月(季)累计值是年初至当月(季)的累加数,用累计值计算的增长率越到年末越接近全年平均增速。统计局对一些指标,如投资,只公布累计值数据,但累计值指标波动较为平缓,经济波动被平滑了,需要化成当月(季)值来进行分析,可以近似地使用当期累计值减去上期累计值的方法计算得到当月(季)值。

3. 同比增长率、环比增长率和定基比增长率

由于采用基期的不同,经济发展速度可分为同比增长率、环比增长率和定基比增长率,均用百分数或倍数表示,下面以月度数据为例给出计算公式。

同比增长率是指本期发展水平与上年同期发展水平之比。由于同比增长率比较的是前后两年的相同月份(季度),如果近似假设两者具有相同的季节性,在计算变化率的过程中被自然除去。由于使用简单,中国大部分宏观数据都是以同比增长率的形式发布出来的。但是同比增长率的缺点是受前一年同期数值高低的影响,对经济增长的振幅会产生一些偏差。设 R_t 为月度同比增长率,Y_t 为月度经济指标,则有

$$R_t = 100 \times (Y_t - Y_{t-12})/Y_{t-12} \tag{1.1.1}$$

注意：如果是季度数据,则12个月的滞后期应换成4个季度的滞后期。

环比增长率是指报告期水平与前一时期水平之比,表现逐期的发展速度。由于季节因素影响到相邻两个时期数据的可比性,因此计算环比增长率需要先通过季节调整模型,剔除原始统计数据的季节因素,设 r_t 为月度环比增长率,$\widetilde{Y}_t$ 为季节调整后的月度经济指标,则有

$$r_t = 100 \times (\widetilde{Y}_t - \widetilde{Y}_{t-1})/\widetilde{Y}_{t-1} \tag{1.1.2}$$

定基比增长率是指报告期水平与某一固定时期水平之比,表明经济变量在较长时期

内总的发展速度。设 R_t^G 为月度定基比增长率，Y_t 为月度经济指标，Y_0 为某年某月度基期值，则有

$$R_t^G = 100 \times (Y_t - Y_0)/Y_0 \tag{1.1.3}$$

同比增长率、环比增长率和定基比增长率，这三者所反映的虽然都是变化速度，但由于采用基期的不同，其反映的内涵是完全不同的。

4. 指数序列

在经济中反映变量动态变化或变量间相对关系的指标通常称为指数。经济变量中指数序列的类型很多，除了前面给出的增长率指数外，还有如物价指数、生产指数、贸易指数、资本产出率、消费率、劳动生产率等等，在频率转换中各种指数序列都作为同一类变量来处理。

5. 名义值与实际值

名义值(nominal value)是使用当期价格计算得到的值，而**实际值**(real value)是经过价格平减得到的值，因此剔除了价格因素。例如，名义国内生产总值(nominal GDP)即以当年价格计算的国内生产总值，实际国内生产总值(real GDP)即以基年价格(基年是人为设定的某一年，如将 GDP 基年定为 1978 年)计算的国内生产总值，二者的差别就在于计算的价格标准不同，前者是现期价格，后者是基期价格。

名义国内生产总值与实际国内生产总值之商被称为 **GDP 平减指数**(GDP deflator)，用以衡量物价变动的幅度，是衡量通货膨胀的一种指标。例如年度 GDP 平减指数以 1978 年为基期，值为 1，2006 年 GDP 平减指数达到 4.337，说明 1978 年至 2006 年物价上涨了 3.337 倍。

通俗地说，名义国内生产总值是指一定时期内所生产的商品与劳务的总量乘以当期“市价”而得到的数值，而名义国内生产总值增长率等于实际国内生产总值增长率与通货膨胀率之和。因此，即使总产量没有增加，仅价格水平上升，名义国内生产总值也会上升。在价格上涨的情况下，国内生产总值的上升只是一种假象，有实质性影响的还是实际国内生产总值变化率，所以使用国内生产总值这个指标时，还必须通过 GDP 平减指数，对名义国内生产总值作出价格调整，从而精确地反映产出的实际变动。

不同经济领域的价格变动是不一样的，当在计量经济模型中要求使用经济指标的实际值时，不同的经济指标需要用不同的价格指数进行平减。由此我们需要使用不同的基期价格指数，如消费类指标要用基期居民消费价格指数(consumer price index，CPI)平减；商品销售类指标要用基期商品零售价格指数(retail price index，RPI)平减；工业类指标要用基期工业品价格指数(producer price index，PPI)平减；投资类指标要用基期固定资产投资价格指数(price index of investment in fixed assets，PIIFA)平减；出口类指标要用基期出口价格指数(export price index，EPI)平减；进口类指标要用基期进口价格指数(import price index，IPI)平减。[①] 但是统计局不公布基期价格指数，仅公布多数价

① 这 6 种价格指数的原始数据(Excel 表)和计算过程及基期价格指数在第 1 章的 EViews 工作文件子目录里存放，电子版可以在清华大学出版社的网站上下载。

格指数的同比增长率和环比增长率数据,因此可以根据某一年的环比增长率计算出当年的基期价格指数,再根据同比增长率数据向前和向后推算出相应的基期价格指数。对不同的经济指标,就可以利用相应的基期价格指数进行平减得到其实际值时间序列。

1.1.2　频率转换

在经济数据中存在两类频率转换(frequency conversion)方式：①高频数据向低频数据转换,如月度数据转换为季度或年度数据,季度数据转换为年度数据；②低频数据向高频数据转换,如年度数据转换为季度数据,年度或季度数据转换为月度数据。

1. 高频数据向低频数据转换

高频数据具有的信息较多,转换为低频数据较为容易。但对不同的经济指标转换方法也不同,下面以月度数据转换为季度数据为例来加以说明。

(1) 将月度流量数据转换为季度数据时,应采取将对应季度的 3 个月数值相加得到其季度的数据。例如商品零售额,把对应季度的 3 个月商品零售额相加就得到该季度的商品零售额。

(2) 将月度存量数据或月度累计值数据转换为季度数据时,应将对应季度的最后月份数值作为季度值。例如存款额,把对应季度的最后月份存款额作为其季度存款额,也即将 3、6、9、12 月的存款额作为 1、2、3、4 季度的存款额。月累计值转换成季累计值的方法类似。

(3) 在经济分析中,有些指标可能需要近似地取对应季度 3 个月的平均值(或最大值、最小值、第 1 月份值、最后月份值)作为季度数据。例如价格指数,取其对应季度的 3 个月价格指数平均值作为其季度值,也是一种比较好的近似转换方法。

2. 低频数据向高频数据转换

低频数据向高频数据转换由于缺少信息,需要采用插值方法,因此比较困难。下面以将季度数据转换为月度数据为例来加以说明。

(1) 阶梯函数方法(constant)。对于存量或指数类型的季度数据,直接将当季数据分别放入对应的 3 个月里；对于流量类型的季度数据,将当季数据除以 3,即将当季数据的月平均值分别放入对应的 3 个月里,这样转换得到的月度曲线是阶梯式的。

(2) 线性插值方法(linear)。对于存量或指数类型的季度数据,直接采用线性插值方法将季度数据的各个点用直线连接成一个折线形式的月度曲线；对于流量类型的季度数据,将当季数据除以 3,即将季度数据的月平均值的各个点用直线连接成一个折线形式的月度曲线。

(3) 二次插值方法(quadratic)。对于存量或指数类型的季度数据,直接采用局部二次多项式插值方法,形成一个光滑的月度曲线；对于流量类型的季度数据,将当季数据除以 3,即对季度数据的月平均值采用局部二次多项式插值方法,形成一个光滑的月度曲线。这种方法的优点是,由于利用相邻的 3 个点进行局部二次多项式插值,所以更适合于数据较少的季度数据,而且增加数据后不影响前面的插值结果。

(4) 三次自然样条插值方法(natural cubic spline)。三次样条函数 $S(x)$ 在低频数据

序列 y_t 的每一时间分段$[x_{i-1},x_i]$($i=1,2,\cdots,N-1$,N 表示数据个数)上是三次多项式,整条曲线及其导数是连续的,利用三次自然样条插值方法获得的曲线具有很高的精度。三次样条函数需满足以下条件:

① 插值条件:$S(x_i)=y_i(i=0,1,\cdots,N-1)$。

② 微分条件:一阶导数 $S'(x)$、二阶导数 $S''(x)$在$[x_{i-1},x_i]$区间都是连续的

$$S'_i(x_i)=S'_{i+1}(x_i) \tag{1.1.4}$$

$$S''_i(x_i)=S''_{i+1}(x_i),\quad i=1,2,\cdots,N-2 \tag{1.1.5}$$

即 $S(x)$曲线是光滑的。所以 N 个三次多项式分段可以写作

$$S_i(x)=a_i+b_i(x-x_i)+c_i(x-x_i)^2+d_i(x-x_i)^3,\quad i=0,1,\cdots,N-1 \tag{1.1.6}$$

式中:a_i,b_i,c_i,d_i 为 $4N$ 个未知系数。

③ 边界条件:左右两端点处用自然边界条件给出

$$S''(x_0)=S''(x_{N-1})=0 \tag{1.1.7}$$

根据插值点,求出每段样条曲线多项式中的系数,即可得到每段曲线的具体表达式,然后利用分段表达式计算出高频数据插值结果 $\hat{S}(x)$。注意:三次样条函数方法是一个整体插值方法,改变原始序列的一个点将影响插值序列的所有点。

对于存量或指数类型的季度数据,直接采用三次样条函数插值方法;对于流量类型的季度数据,需将当季数据除以 3,即对季度数据的月平均值采用三次样条函数插值方法。

(5) Denton 插值方法。这一方法是由 Denton(1971)[①]提出的一个以保持低频数据 y 的变化趋势为准则,基于数值平滑,通过最优化方法进行的时间序列分解的数学方法,Cholette(1984)[②]做了修改。设 y 是已知的低频数据序列,N 是其数据个数,$y=(y_1,y_2,\cdots,y_N)'$;设 w 是待估计的高频数据插值序列,z 是与 w 相关的高频数据序列,T 是其数据个数,高频数据序列的样本区间是 $t=1,2,\cdots,T$,即 $w=(w_1,w_2,\cdots,w_T)'$和 $z=(z_1,z_2,\cdots,z_T)'$。

Denton 方法假定对于已知的低频数据序列可以构建一个高频数据插值序列 w,并可以找到一个与 w 相关的高频数据序列 z,且 z 与 w 有非常接近的增长率。惩罚函数 $P(w,z)$构造为序列(w/z)的一阶差分函数的平方和,在满足

$$\sum_{t=a_k}^{b_k} nw_t=y_k \tag{1.1.8}$$

条件下最小化惩罚函数 $P(w,z)$:

$$\min_w P(w,z)=\sum_{t=2}^{T}\left(\frac{w_t}{z_t}-\frac{w_{t-1}}{z_{t-1}}\right)^2 \tag{1.1.9}$$

进而得到高频数据序列 $\hat{w}$。式(1.1.8)中,参数的选择要按数据类型来选取:如果 y 是流

① DENTON F T. Adjustment of monthly or quarterly series to annual totals: an approach based on quadratic minimization[J]. Journal of the American Statistical Association,1971,66(333): 99-102.

② CHOLETTE P A. Adjusting sub-annual series to yearly benchmarks[J]. Survey methodology,1984,10(1): 35-49.

量变量，则约束条件(1.1.8)是插值序列 w 在每个时期的和等于低频数据 y，且 $n=1$；如果 y 是存量变量，则约束条件(1.1.8)中的 $a_k=b_k$，即每个时期 k，插值序列 w 终点的值等于低频数据 y，且 $n=1$；如果 y 是指数变量，约束条件(1.1.8)是插值序列 w 在每个时期 k 平均值的和等于低频数据 y，如果 y 为年度数据，需要转换为季度数据时 $n=1/4$，需要转换为月度数据时 $n=1/12$，如果 y 为季度数据，需要转换为月度数据时 $n=1/3$。

(6) Chow-Lin 插值方法。Chow-Lin 方法是由 Chow 和 Lin(1971)①提出的一个基于回归分析的插值方法。设 y 是已知的低频数据序列，N 是其数据个数，$y=(y_1,y_2,\cdots,y_N)'$，建立方程：

$$w_t=\boldsymbol{Z}_t\boldsymbol{\beta}+u_t \tag{1.1.10}$$

式中：$w=(w_1,w_2,\cdots,w_T)'$是满足约束条件(1.1.8)的待估计的高频数据序列，对于存量变量、流量变量和指数变量的约束条件与 Denton 方法相同；$\boldsymbol{Z}_t$ 是由与 w_t 相关的一个或多个高频数据指标组成的 $T\times P$ 阶解释变量矩阵；$\boldsymbol{\beta}$ 是 P 阶系数向量；u_t 是随机扰动项，其均值为 0，协方差矩阵为 $\mathbf{V}$。

Chow-Lin 插值方法假定方程(1.1.10)的扰动项 u_t 服从 AR(1)过程：

$$u_t=\rho u_{t-1}+\varepsilon_t \tag{1.1.11}$$

式中：$\varepsilon_t\sim N(0,\sigma^2)$，$|\rho|<1$。由方程(1.1.10)和方程(1.1.11)估计得到的 $\hat{w}$ 即为转换后的高频数据序列。

注意：方程(1.1.10)中也可以没有与 w 相关的 p 个高频数据解释变量，这样解释变量矩阵 $\boldsymbol{Z}$ 是一个全为 1 的向量，即方程(1.1.10)的右端第一项可以是常数项。此时方程(1.1.10)变为一阶自回归 AR(1)模型，这就要求低频数据序列 y 是平稳的，如果 y 不平稳，可以通过差分使其转换为平稳后进行上述计算。

(7) Litterman 插值方法。Litterman 插值方法(1983)②与 Chow-Lin 插值方法类似，只是 Litterman 插值方法假定方程(1.1.10)的扰动项服从随机游走过程：

$$u_t=u_{t-1}+\varepsilon_t \tag{1.1.12}$$

式中：$\varepsilon_t\sim N(0,V)$，

$$\varepsilon_t=\rho\varepsilon_{t-1}+\delta_t \tag{1.1.13}$$

并且初始条件 $u_t=0$。这个方法是利用状态空间模型方法求解的。如果方程(1.1.10)中没有解释变量，则要求 y 是平稳的。

Denton 插值方法、Chow-Lin 插值方法和 Litterman 插值方法都是全局插值方法，因此改变低频数据序列 y 的任何一个点或增加数据点都将影响到所估计的高频插值序列 $\hat{w}$ 的结果。美国经济分析局(BEA)的研究报告(2007)③中对 Denton、Chow-Lin 和

---

① CHOW G C, LIN A L. Best linear unbiased interpolation, distribution, and extrapolation of time series by related series[J]. The review of economics and statistics, 1971, 53(4): 372-375.

② LITTERMAN R B. A random walk, Markov model for the distribution of time series[J]. Journal of business and statistics, 1983, 1(2): 169-173.

③ CHEN B, ANDREWS S H. An empirical review of methods for temporal distribution and interpolation in the national accounts[J]. Survey of current business, 2008, 88(5): 31-37.

Litterman 这3种方法都有更详尽的叙述。

对于含有季节因素的季度数据，先进行季节调整再进行频率转换可以得到较高精度的转换结果。

例1.1 频率转换方法

图1.1.1(a)是名义季度国内生产总值 *GDP_Q*，*GDP_Q* 数据的取值范围为2004年1季度—2014年4季度；图1.1.1(b)是通过 Litterman 插值方法计算得到的名义月度国内生产总值 *GDP_M*。可以看出插值序列 *GDP_M* 每3个月的和等于 *GDP_Q* 相应季度的值。

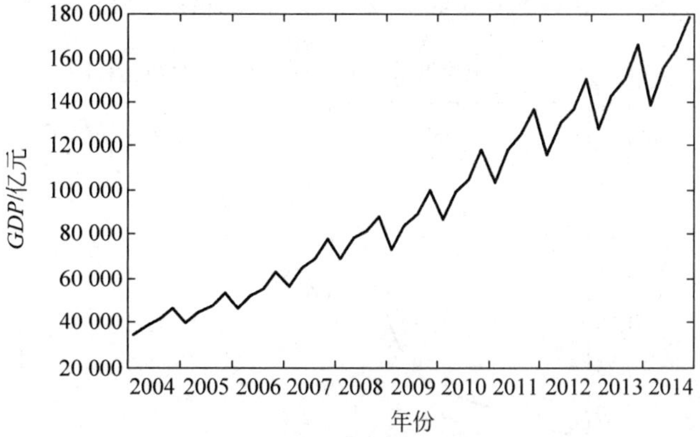

(a) 名义季度国内生产总值(*GDP_Q*)

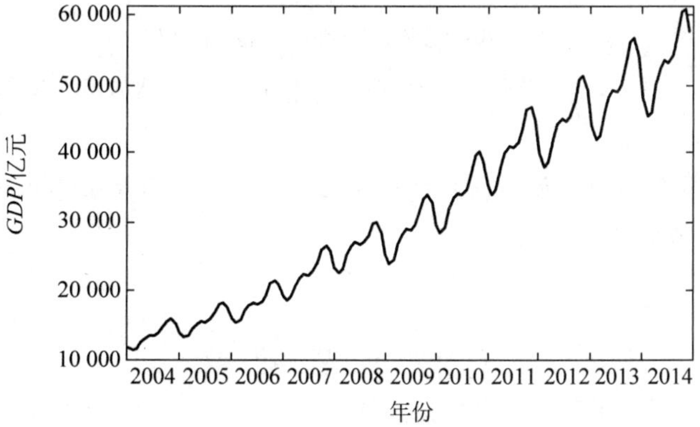

(b) 名义月度国内生产总值(*GDP_M*)

图1.1.1 *GDP* 的季度数据和频率转换后的月度数据图形

图1.1.2(a)是季度固定资产投资价格指数 *FPI_Q*(季度基期，1995年1季度=1)；图1.1.2(b)是通过 Litterman 插值方法计算得到的月度固定资产投资价格指数 *FPI_M*，转换成1995年1月=1的基期数据。为了清楚起见，图1.1.2 *FPI_Q* 的范围为2004年1季度—2014年4季度。对于指数类型的数据来说，插值序列 *FPI_M* 每3个月的平均值等于 *FPI_Q* 相应季度的值。

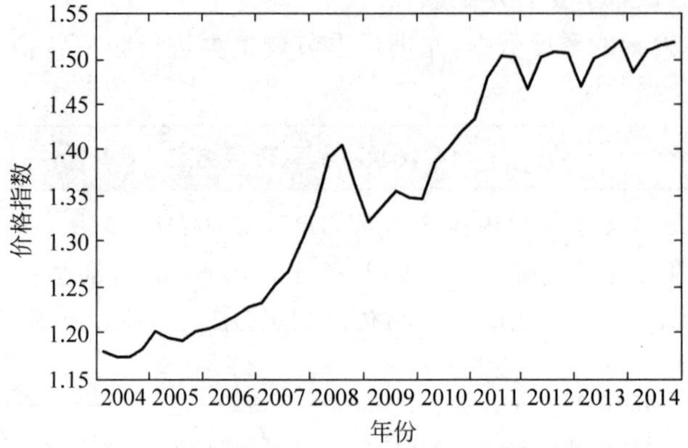

(a) 季度固定资产投资价格指数(*FPI_Q*)

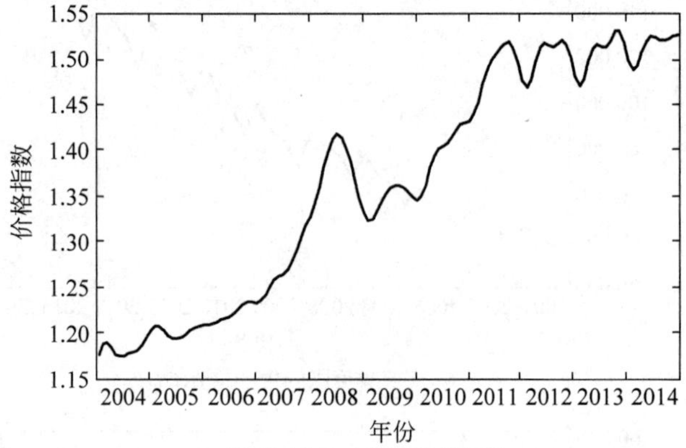

(b) 月度固定资产投资价格指数(*FPI_M*)

图 1.1.2 固定资产投资价格指数的季度数据和频率转换后的月度数据图形

实际上，本节介绍的低频向高频转换的几种插值方法的效果都相差不多，本例仅选择了 Litterman 插值方法。

1.2 季节调整

时间序列的季度、月度观测值常常显示出月度或季度的循环变动。例如，冰激凌的销售额在每一年的夏季最高，玩具的销售额在圣诞节期间达到顶峰。季节性变动掩盖了经济发展的客观规律，因此，我们在利用月度或季度时间序列进行计量分析之前，需要对时间序列数据进行季节调整。

季节调整(seasonal adjustment)就是从时间序列中去除季节要素，从而显示出序列潜在的趋势循环分量，而趋势循环分量才能够真实地反映经济时间序列运动的客观规律，我们应该用它来进行经济分析。只有季度、月度数据才能做季节调整。在 EViews 10.0 版本中，提供了 4 种比较常用的季节调整方法：Census X-13 方法、Census X-12 方法、

TRAMO/SEATS 方法和移动平均比法。

1.2.1　移动平均公式

移动平均(moving averages)是 X-13 季节调整程序的核心算法,其基本原理是算术平均。在季节调整过程中,其表现出如下特性:周期(及其整数倍)与移动平均项数相等的周期性变动基本得到消除,互相独立的不规则变动得到平滑。

1. 简单移动平均

时间序列数据 $Y=\{y_1,y_2,\cdots,y_T\}$,T 为样本长度,在时点 t 上的 $2k+1$ 项移动平均值 MA_t 的一般表示为

$$MA_t=\frac{1}{2k+1}\sum_{i=-k}^{k}y_{t+i},\quad t=k+1,k+2,\cdots,T-k \tag{1.2.1}$$

式中的 k 为正整数,此时移动平均后的序列$\{MA_t\}$的始端和末端各欠缺 k 项值,需要用插值或其他方法补齐。

例如,常用的三项移动平均为

$$MA_t=\frac{1}{3}\sum_{i=-1}^{1}y_{t+i},\quad t=2,\cdots,T-1 \tag{1.2.2}$$

$$MA_1=\frac{1}{3}(2y_1+y_2) \tag{1.2.3}$$

$$MA_T=\frac{1}{3}(2y_T+y_{T-1}) \tag{1.2.4}$$

2. 中心化移动平均

如果处理的是月度数据 Y_t,考虑消除季节变动时,最简单的方法是对 Y_t 进行 12 个月移动平均。此时,由于项数是偶数,故常常进行所谓"移动平均的中心化",即取连续的两个移动平均值的算术平均作为该月的值,即

$$\begin{aligned}MA_{6.5}&=(y_1+y_2+\cdots+y_{12})/12\\MA_{7.5}&=(y_2+y_3+\cdots+y_{13})/12\end{aligned} \tag{1.2.5}$$

因为 12 是偶数,通过求平均值可以达到中心化,即中心化移动平均值为

$$MA_7=\left(\frac{y_1+y_2+\cdots+y_{12}}{12}+\frac{y_2+y_3+\cdots+y_{13}}{12}\right)\Big/2 \tag{1.2.6}$$

中心化移动平均的一般公式为

$$MA_t=\frac{1}{2}\left(\frac{1}{12}\sum_{i=-6}^{5}y_{t+i}+\frac{1}{12}\sum_{i=-5}^{6}y_{t+i}\right)=\frac{1}{12}\left(\frac{1}{2}y_{t-6}+\sum_{i=-5}^{5}y_{t+i}+\frac{1}{2}y_{t+6}\right) \tag{1.2.7}$$

式中:$t=7,8,\cdots,T-6$。

对于季度数据也类似地采用中心化移动平均,通过上述方法剔除季节要素,从而得到季节调整后的序列。需要指出的是,中心化移动平均后,序列的两端各有欠项,对于月度数据欠 6 项,对于季度数据欠 2 项,需要用插值或其他数值计算方法将其补齐。

3. 加权移动平均

上面介绍的 12 个月中心化移动平均是二次移动平均,也可以用一次移动平均

式(1.2.7)表示,这种移动平均方法称为加权平均,其中每期的权数不相等。下面介绍几种季节调整中经常用到的加权移动平均方法。同样序列的两端各有欠项,需要用插值或其他数值计算方法将其补齐。这些方法一般用于消除不规则要素,可根据不规则要素波动的长度选择不同的方法。

(1) 3×3 项移动平均

3×3 项移动平均是对 3 项移动平均值再进行 3 项移动平均。首先进行 3 项移动平均:

$$MA_2=(y_1+y_2+y_3)/3$$
$$MA_3=(y_2+y_3+y_4)/3$$
$$MA_4=(y_3+y_4+y_5)/3 \tag{1.2.8}$$

再进行 3 项移动平均:

$$MA_3^{(2)}=(MA_2+MA_3+MA_4)/3=(y_1+2y_2+3y_3+2y_4+y_5)/9 \tag{1.2.9}$$

3×3 项移动平均的一般公式为

$$MA_t=(y_{t-2}+2y_{t-1}+3y_t+2y_{t+1}+y_{t+2})/9 \tag{1.2.10}$$

式中:$t=3,4,\cdots,T-2$。式(1.2.10)也称 3 项反复移动平均或 5 项加权移动平均。

(2) 5×5 项移动平均

把 3×3 项移动平均公式的项数换成 5,用前述类似的方法就得到了 5×5 项移动平均公式,也称 5 项反复移动平均或 9 项加权移动平均。其公式为

$$MA_t=(y_{t-4}+2y_{t-3}+3y_{t-2}+4y_{t-1}+5y_t+4y_{t+1}+3y_{t+2}+2y_{t+3}+y_{t+4})/25 \tag{1.2.11}$$

式中:$t=5,6,\cdots,T-4$。

(3) 对称的亨德森移动平均

在 X-13 季节调整方法中,为了从 TCI 序列中获得趋势循环要素 TC,必须消除其中的不规则要素 I,所使用的是亨德森(Henderson)加权移动平均方法。亨德森移动平均又称亨德森滤波,它是一种特殊的加权移动平均:

$$MA_t=\sum_{i=-H}^{H}h_i^{(2H+1)}y_{t+i},\quad H+1\leqslant t\leqslant T-H \tag{1.2.12}$$

式中的 H 为正整数,亨德森加权移动平均有 5,9,13,23 项之别,不规则要素越大,需要的项数也越大。关于对称的亨德森移动平均系数 $h_i^{(2H+1)}$ 的推导公式,参看 Kenny and Durbin(1982)①。

下面给出亨德森 5 项加权移动平均②③:

$$MA_t=-0.073y_{t-2}+0.294y_{t-1}+0.558y_t+0.294y_{t+1}-0.073y_{t+2} \tag{1.2.13}$$

式中:$t=3,4,\cdots,T-2$。两端各欠 2 项,欠项公式为

---

① KENNY P B,DURBIN J. Local trend estimation and seasonal adjustment of economic and social time series [J]. Journal of the Royal Statistical Society: Series A,1982(1): 1-41.

② SHISKIN J. The X-11 variant of the census method Ⅱ seasonal adjustmnt Program[R]. the U. S. Census Bureau,1965.

③ 阿部喜三,等. 季节变动调整法[R]. 研究系列第 22 号. 日本经济企划厅经济研究所,1971.

$$MA_1 = 0.67y_1 + 0.403y_2 - 0.073y_3 \tag{1.2.14}$$

$$MA_2 = 0.257y_1 + 0.522y_2 + 0.294y_3 - 0.073y_4 \tag{1.2.15}$$

$$MA_{T-1} = -0.073y_{T-3} + 0.294y_{T-2} + 0.522y_{T-1} + 0.257y_T \tag{1.2.16}$$

$$MA_T = -0.073y_{T-2} + 0.403y_{T-1} + 0.67y_T \tag{1.2.17}$$

1.2.2 Census X-13-ARIMA-SEATS 季节调整方法

1954年美国商务部国势普查局(Bureau of Census,Department of Commerce)在美国全国经济研究局(National Bureau of Economic Research,NBER)第二次世界大战前研究的移动平均比法(the ratio-moving average method)的基础上,开发了关于季节调整的最初的电子计算机程序,开始大规模对经济时间序列进行季节调整。这一方法历经了多次演变,现已成为一种相当经典的季节调整方法。其中,较具影响性的几个版本包括1965年发布的X-11方法、1998年发布的X-12-ARIMA方法(或称为Census X-12方法)以及2007年由美国商务部国势普查局与西班牙银行合作开发的X系列季节调整程序的最新版本:X-13-ARIMA-SEATS方法。

X-11方法是基于移动平均的季节调整方法。它的特征在于除了能适应各种经济指标的性质,根据各种季节调整的目的选择计算方式外,在不做选择的情况下,也能根据事先编入的统计基准,按照数据的特征自动选择计算方式。在计算过程中可根据数据中的随机因素大小,采用不同长度的移动平均公式,随机因素越大,移动平均长度越大。X-11方法是通过几次迭代来进行分解的,每一次对组成因子的估算都进一步精化。X-11方法包括乘法模型和加法模型,乘法模型将时间序列分解为趋势循环要素与季节要素、不规则要素的乘积;加法模型将序列分解为趋势循环要素与季节要素、不规则要素的和。其中乘法模型只适用于序列值都为正的情形。应当注意,季节调整的观测值的个数是有限制的,X-11季节调整方法需要至少4个整年的月度或季度数据,最多能调整20年的月度数据或30年的季度数据。

X-12-ARIMA季节调整程序是在X-11方法的基础上引进"随机建模思想"发展而来的,在进行季节调整之前,首先,通过regARIMA(regression autoregressive integrated moving average)模型对序列进行前向预测和后向预测、补充数据,以保证在使用移动平均进行季节调整过程中数据的完整性;其次,还增加了检验和修正不同类型的离群值,估计并消除日历因素影响,对季节调整效果进行更为严格的诊断检验等功能。简言之,X-12-ARIMA方法包括X-11方法的全部功能,并对X-11方法进行了4个方面的重要改进:①增加了季节、趋势循环和不规则要素分解的对数加法模型与伪加法模型;②扩展了对贸易日和移动假日影响的调整功能;③增加了新的季节调整结果稳定性诊断功能;④增加了regARIMA建模和模型选择功能①。

X-13-ARIMA-SEATS季节调整方法是美国商务部国势普查局与西班牙银行合作开

① FINDLEY D F, MONSELL B C. New capabilities and methods of the X-12-ARIMA seasonal adjustment program[J]. Journal of business and economic statistics, 1998, 16(12): 127-152.

发的 X 系列季节调整程序的最新版本，包括 regARIMA 和 TRAMO(time series regression with ARIMA noise, missing observation, and outliers)两个预调整选择分支，以及 X-11-ARIMA 和 SEATS(signal extraction in ARIMA time series)两个季节调整选择分支。增强的功能包括更加通用的用户界面、新的诊断方法和程序检测功能以及克服各种调整问题的新工具。此外，在 X-13-ARIMA-SEATS 方法中还增加了 TRAMO/SEATS 季节调整的外部调用功能，包括调用 TRAMO 程序对时间序列进行预处理，或调用 SEATS 程序对时间序列进行季节调整。目前，该程序已成为功能最为强大、应用最为广泛的季节调整方法。其基本流程如图 1.2.1 所示。本章在下面详细介绍 X-13-ARIMA-SEATS 方法的基本原理和程序功能。具体的操作参见 1.4 节。

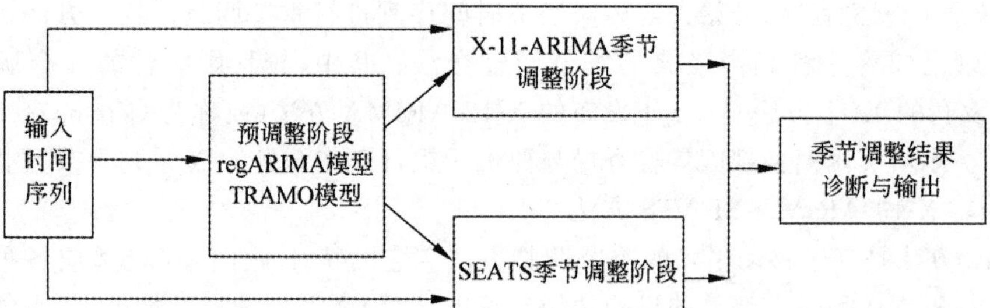

图 1.2.1　X-13-ARIMA-SEATS 的基本流程

1. X-13 季节调整方法的模型选择

X-13 季节调整方法共包括 4 种分解形式：加法、乘法、对数加法和伪加法模型。注意，在采用乘法、对数加法和伪加法模型进行季节调整时，时间序列中不允许有零和负数。

(1) 加法模型的一般形式为

$$Y_t = TC_t + S_t + I_t \tag{1.2.18}$$

式中：TC_t 为趋势循环要素；S_t 为季节要素；I_t 为不规则要素。在加法模型中，季节要素和趋势循环要素的影响用绝对量来表示，与所要分析的现象的计量单位相同，分析起来比较直观。它的局限性是各经济变量之间的计量单位不同，缺乏可比性。

(2) 乘法模型的一般形式为

$$Y_t = TC_t \times S_t \times I_t \tag{1.2.19}$$

与加法模型相比，乘法模型的主要特点在于以相对数表示季节要素，因而可以避免计量单位的影响，增强了不同经济变量之间的可比性，但也带来直观性差的问题。

(3) 对数加法模型是通过对乘法模型取自然对数得到的特殊形式的加法模型。其一般形式为

$$\ln Y_t = \ln TC_t + \ln S_t + \ln I_t \tag{1.2.20}$$

(4) 伪加法模型是由英国中央统计局研究开发的。其一般形式为

$$Y_t = TC_t(S_t + I_t - 1) \tag{1.2.21}$$

该模型主要是对某些非负时间序列进行季节调整。它们具有这样的性质：在每一年中相同月份出现接近于零的正值。在这些月份含有接近于零的季节因子。受这些小因子

的影响，时间序列值偏离其趋势值。使用伪加法模型进行季节调整，当 $Y_t \approx 0$ 时，通过减去一个估计量 $TC_t(S_t-1)$，使得这些月份的调整后结果 TCI_t 更接近于序列趋势的估计值。例如，在一年的特定时期，农产品产量就是这样的时间序列。

2. X-11 季节调整程序的核心算法

Census X-13 季节调整程序有两种：一种是扩展的 X-11 方法，另一种是 SEATS 方法。SEATS 方法将在 1.2.3 小节介绍。设 Y_t 表示一个无奇异值的月度时间序列，通过预测和回推来扩展序列使得在序列的尾端不需要对季节调整公式进行修改。把 Y_t 分解为趋势循环项 TC_t、季节项 S_t 和不规则要素 I_t。现以加法模型为例，介绍 X-11 季节调整方法的核心算法（为叙述简便而不考虑补欠项的问题）。其共分为 3 个阶段：

第一阶段：季节调整的初始估计

（1）通过中心化 12 项移动平均计算趋势循环要素的初始估计：

$$TC_t^{(1)}=\left(\frac{1}{2}Y_{t-6}+Y_{t-5}+\cdots+Y_t+\cdots+Y_{t+5}+\frac{1}{2}Y_{t+6}\right)/12 \tag{1.2.22}$$

（2）计算 SI 项的初始估计：

$$SI_t^{(1)}=Y_t-TC_t^{(1)} \tag{1.2.23}$$

（3）通过 3×3 移动平均计算季节因子 S 的初始估计：

$$\hat{S}_t^{(1)}=[SI_{t-24}^{(1)}+2SI_{t-12}^{(1)}+3SI_t^{(1)}+2SI_{t+12}^{(1)}+SI_{t+24}^{(1)}]/9 \tag{1.2.24}$$

（4）消除季节因子中的残余趋势：

$$S_t^{(1)}=\hat{S}_t^{(1)}-[\hat{S}_{t-6}^{(1)}+2\hat{S}_{t-5}^{(1)}+\cdots+2\hat{S}_{t+5}^{(1)}+\hat{S}_{t+6}^{(1)}]/24 \tag{1.2.25}$$

（5）季节调整结果的初始估计：

$$TCI_t^{(1)}=Y_t-S_t^{(1)} \tag{1.2.26}$$

第二阶段：计算暂定的趋势循环要素和最终的季节因子

（1）利用 Henderson 移动平均公式计算暂定的趋势循环要素：

$$TC_t^{(2)}=\sum_{j=-H}^{H}h_j^{(2H+1)}TCI_{t+j}^{(1)} \tag{1.2.27}$$

（2）计算暂定的 SI 项：

$$SI_t^{(2)}=Y_t-TC_t^{(2)} \tag{1.2.28}$$

（3）通过 3×5 项移动平均计算暂定的季节因子：

$$\hat{S}_t^{(2)}=[SI_{t-36}^{(2)}+2SI_{t-24}^{(2)}+3SI_{t-12}^{(2)}+3SI_t^{(2)}+3SI_{t+12}^{(2)}+2SI_{t+24}^{(2)}+SI_{t+36}^{(2)}]/15 \tag{1.2.29}$$

（4）计算最终的季节因子：

$$S_t^{(2)}=\hat{S}_t^{(2)}-[\hat{S}_{t-6}^{(2)}+2\hat{S}_{t-5}^{(2)}+\cdots+2\hat{S}_{t+5}^{(2)}+\hat{S}_{t+6}^{(2)}]/24 \tag{1.2.30}$$

（5）季节调整的第二次估计结果：

$$TCI_t^{(2)}=Y_t-S_t^{(2)} \tag{1.2.31}$$

第三阶段：计算最终的趋势循环要素和最终的不规则要素

（1）利用 Henderson 移动平均公式计算最终的趋势循环要素：

$$TC_t^{(3)}=\sum_{j=-H}^{H}h_j^{(2H+1)}TCI_{t+j}^{(2)} \tag{1.2.32}$$

(2) 计算最终的不规则要素:

$$I_t^{(3)} = TCI_t^{(2)} - TC_t^{(3)} \tag{1.2.33}$$

例 1.2　季 节 调 整

利用 X-13 季节调整程序中的 X-11 加法模型对中国社会消费品零售总额月度时间序列(SL)进行季节调整,数据的取值时间范围为 1995 年 1 月—2003 年 12 月。社会消费品零售总额的季节调整结果如图 1.2.2 所示。

从图 1.2.2(a)中可以看出中国社会消费品零售总额序列具有明显的季节变动。通过 X-11 加法模型进行季节调整后,从图 1.2.2(b)中可以看出季节要素和不规则要素已被消除,得到趋势循环要素 TC 序列。图 1.2.2(c)是社会消费品零售总额的不规则要素 I。图 1.2.2(d)是社会消费品零售总额的季节要素 S。

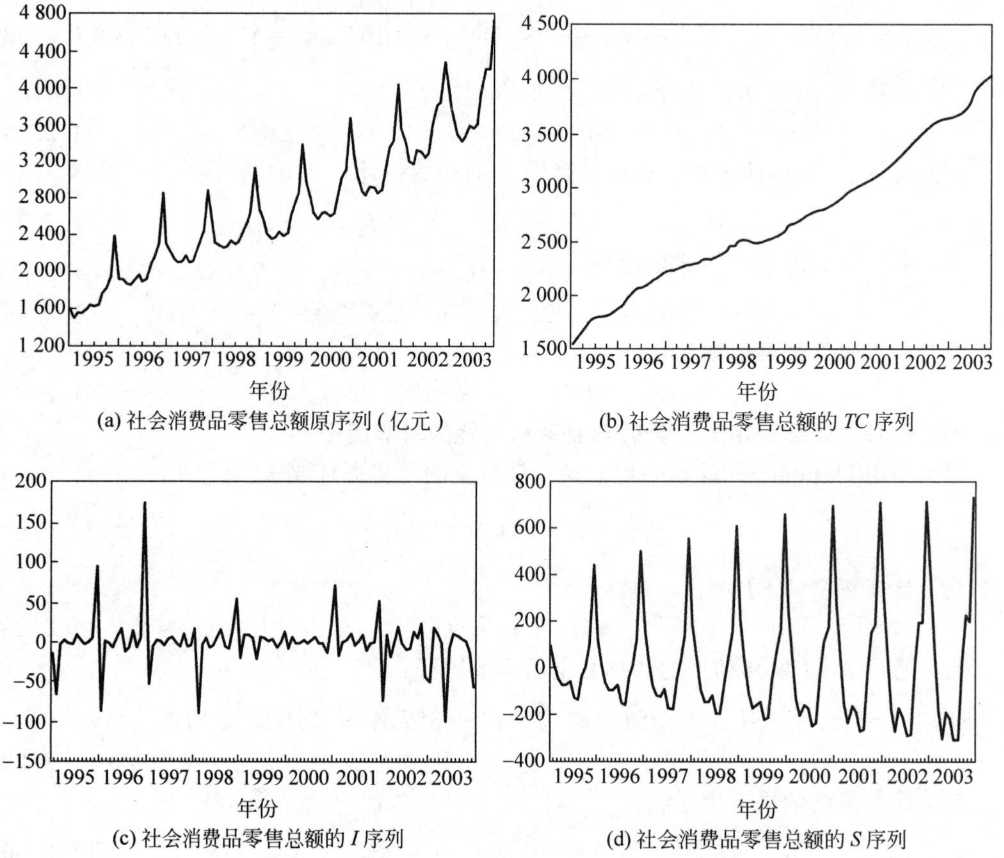

图 1.2.2　社会消费品零售总额的季节调整结果

3. X-13 季节调整之前的预调整方法

(1) 贸易日影响和 Young 模型

由每天经济活动的总和组成的月度时间序列受该月各周的影响,这种影响称为贸易日影响(或周工作日影响)。例如,对于零售业在每周的星期一至星期五的销售额比该周的星期六、星期日要少得多。因此，各个月星期几的天数是不一样的，在某月如果多出的天数是一周的前五天，那么该月份销售额将较低；如果多出的天数是一周的星期六、星期日，那么该月份销售额将较高。又如，在流量序列中平均每天的影响将产生“月长度”影响。因为在每年中 2 月份的长度是不相同的，所以这种影响不可能完全被季节因素承受。2 月份残留的影响被称为闰年影响。

Young(1965)讨论了浮动贸易日的影响①，Cleveland 和 Grupe(1983)讨论了固定贸易日的影响②。贸易日影响和季节影响一样使得比较各月的序列值变得困难，而且不利于研究序列间的相互影响。由于这个原因，当贸易日影响的估计在统计上显著时，通常在季节调整之前先把贸易日的影响从序列中剔除。在调整的内容中，形成了又一个分解要素——贸易日要素 D。

在 X-13 方法中，假设贸易日影响要素包含在不规则要素中，即不规则要素的形式是 ID，假设已从原序列 Y 中分解出 ID。然后用回归分析求出星期一，星期二，……，星期日的相应权重，从而可以将 ID 分解为真正的不规则要素 I 和贸易日要素 D。为了对月度流量序列得到一个贸易日影响的模型，假设一周中星期 i 的影响记为 α_i，$i=1$ 表示星期一，$i=2$ 表示星期二，……，$i=7$ 表示星期日。d_{it} 表示在第 t 月中包含星期 i 的个数，该月贸易日的影响可表示为

$$\sum_{i=1}^{7}\alpha_i d_{it}=\bar{\alpha}N_t+\sum_{i=1}^{7}(\alpha_i-\bar{\alpha})d_{it} \tag{1.2.34}$$

式中：$\bar{\alpha}=\sum_{i=1}^{7}\alpha_i/7$，$N_t=\sum_{i=1}^{7}d_{it}$ 表示第 t 月的天数。

第 t 月贸易日的影响可以分解成两部分：一部分只与该月的天数 N_t 有关，另一部分与星期 i 的净影响有关。第 t 月与该月的天数 N_t 有关的贸易日影响可以用 $\bar{\alpha}N_t^*$ 来表示，其中 N_t^* 由下式给出：

$$N_t^*=\frac{1}{4}\sum_{k=1}^{4}N_{t+12k} \tag{1.2.35}$$

对于乘法分解模型，在方程(1.2.34)的两端同时除以 $\bar{\alpha}N_t^*$，我们可以去掉贸易日平均影响要素，即

$$\frac{N_t}{N_t^*}+\sum_{i=1}^{7}\frac{\beta_i d_{it}}{N_t^*}=\sum_{i=1}^{7}\frac{(\beta_i+1)d_{it}}{N_t^*} \tag{1.2.36}$$

式中：$\beta_i=(\alpha_i/\bar{\alpha})-1$。

方程(1.2.36)就是 Young(1965)的乘法分解模型的贸易日影响公式。设 ID 表示包含贸易日影响的不规则要素的预估计，建立回归方程

---

① YOUNG A H. Estimating trading day variation in monthly economic time series[Z]. Washington, D. C.: U. S. Department of Commerce, Bureau of Census, 1965.

② CLEVELAND W P, GRUPE M R. Modeling time series when calendar effects are present[M]//ZELLNET A. Applied time series of economic data. Washington, D. C.: U. S. Department of Commerce, Bureau of the Census, 1983: 57-67.

$$ID_t = \sum_{i=1}^{7} \frac{(\beta_i + 1)d_{it}}{N_t^*} + \varepsilon_t \tag{1.2.37}$$

利用普通最小二乘法估计式(1.2.37)中的参数 $\hat{\beta}_1, \cdots, \hat{\beta}_7$,从而求得的估计结果 $\widehat{ID}$ 是乘法分解模型的贸易日要素 D 的估计值,而残差序列 ε_t 是真正的不规则要素 I 的估计值。

对于加法分解模型,在式(1.2.34)的两端同时减去 $\bar{\alpha}N_t^*$,去掉贸易日平均影响要素,得到

$$\bar{\alpha}(N_t - N_t^*) + \sum_{i=1}^{7}(\alpha_i - \bar{\alpha})d_{it} = \beta_0(N_t - N_t^*) + \sum_{i=1}^{7}\beta_i d_{it} \tag{1.2.38}$$

式中:$\beta_0 = \bar{\alpha}, \beta_i = \alpha_i - \bar{\alpha}, 1 \leqslant i \leqslant 7$。和乘法模型类似,建立回归方程

$$ID_t = \beta_0(N_t - N_t^*) + \sum_{i=1}^{7}\beta_i d_{it} + \varepsilon_t \tag{1.2.39}$$

利用普通最小二乘法估计方程(1.2.39)的参数 $\hat{\beta}_0, \hat{\beta}_1, \cdots, \hat{\beta}_7$,从而求得的估计结果 $\widehat{ID}$ 是加法分解模型的贸易日要素 D 的估计值,而残差序列 ε_t 是真正的不规则要素 I 的估计值。

(2) 移动假日效应和 genhol 程序

在节假日里,人们往往停止生产、集中消费,使得许多经济变量表现出显著不同于非假日的特征。例如,中国春节的影响可以增加当周或前一周商品的零售额,或者是降低特定工厂在春节前几天的产量。假日有两种类型:一种是在每年的固定日历日期出现的特定节日和官方假日,称为**固定假日**;另一种不一定出现在每年的同一时间,称为**移动假日**,如美国的感恩节或者中国的春节。固定假日的影响效果构成所在月份(或季度)的季节因素的一部分,已经包含在季节因素或者固定季节效应内,在消除季节因素的同时也就消除了固定假日的影响。因此,需要单独考虑的是移动假日的影响。

① 移动假日效应[①]。在 X-13 方法中,根据美国的情况设定了复活节(在 3 月 22 日至 4 月 25 日范围内变动)、劳动节(9 月第一个星期一)和感恩节(11 月第四个星期四)3 种移动假日。复活节和劳动节效应的基本模型假定:从节日之前的第 ω 天开始,经济活动水平发生变动并保持在这一新水平上直至节日的前一天。感恩节效应的基本模型假定:在感恩节之前的 $|\omega|$ 天或在节日之后的 $|\omega|$ 天(不超过 12 月 24 日),经济活动水平发生变动并保持在这一新水平上。$\omega > 0$ 表示感恩节之前的 $|\omega|$ 天,$\omega < 0$ 表示感恩节之后的 $|\omega|$ 天。据此可以构造回归变量:

$$P(|\omega|, t) = \frac{1}{|\omega|} \times [\text{受节日影响的 } |\omega| \text{ 天中落在第 } t \text{ 月的天数}] \tag{1.2.40}$$

表示经济活动水平受节日影响的 $|\omega|$ 天中,落在第 t 月的天数占全部时段长度 $|\omega|$ 的比例。在移动假日影响不到的月份,该变量的取值为 0。在 X-13 方法中,针对经济时间序

① 中国人民银行调查统计司. 时间序列 X-12-ARIMA 季节调整——原理与方法[M]. 北京:中国金融出版社,2006.

列建立由式(1.2.43)所定义的 regARIMAX 模型,并包括式(1.2.40)所定义的移动假日回归变量,而且可以包括贸易日或奇异值等影响,并在估计其他回归影响的同时消除它们。注意 EViews 软件中的移动假日调整只针对美国,不能应用于其他国家。

在实际计算时,回归变量应当采取中心化形式,以保证在消除估计的假日影响之后,所得到的序列的年底总和大致等于调整之前的原序列的年度总和。如果没有进行中心化处理,这两个年度总和之间就会每年相差大致相同的幅度。X-13 程序只针对月度流量数据进行移动假日效应回归,对存量数据中可能存在的移动假日影响没有提供内置的解释变量。但 X-13 程序允许用户自行定义和添加回归变量,最多不超过 52 个。程序自带的回归变量和用户自行添加的回归变量总数不超过 80 个。

② genhol 程序简介。针对美国以外的国家使用 X-13 方法进行移动假日调整的需要,美国普查局提供了一个专门生成移动假日解释变量的 genhol 程序,用户只需提供本国特定的移动假日所对应的在公历中的日期,以及所设定的假日效应的影响时效,程序就能够自动产生供 X-13 使用的移动假日解释变量的数据值。

genhol 程序将移动假日效应区分为节前影响、节后影响和节日期间影响 3 类,并对应引入 3 个解释变量。假定经济活动水平在影响期内保持不变,即服从均匀分布。对 3 类影响的时间长度可以分别加以设定,并通过各种诊断检验方法,如 AIC(Akaike information criterion)、样本外预测表现等选取最合适的影响时间长度。genhol 程序对移动假日效应的区分如图 1.2.3 所示。其中:①节前影响:假定在节前 b_2 天至节前 b_1 天的区间内均匀影响经济活动水平,定义节前影响变量为所给定的区间$[b_2,b_1]$落在相应月份内的天数比例;②节日期间影响:假定在节前 b_1+1 天至节后 a_1-1 天的区间内均匀影响经济活动水平,定义节日期间影响变量为所给定区间$[b_1+1,a_1-1]$落在相应月份内的天数比例;③节后影响:假定在节后 a_1 天至节后 a_2 天的区间内均匀影响经济活动水平,定义节后影响变量为所给定区间$[a_1,a_2]$落在相应月份内的天数比例;④在移动假日影响不到的月份,该变量取值为 0。利用 genhol 程序能够更为细致地考察移动假日对流量数据的影响。

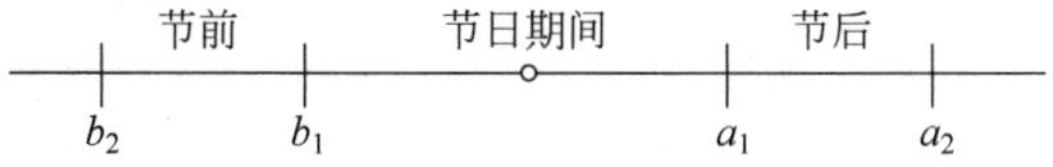

图 1.2.3　genhol 程序对移动假日效应的区分

(3) regARIMA 模型

为保证季节调整效果,在利用扩展的 X-11 方法对时间序列进行季节调整之前,需要对时间序列进行预处理,这些工作都是基于 regARIMA 模型实现的。其主要体现在:①X-11 方法是基于移动平均法的季节调整方法,它的一个主要缺点是在进行季节调整时,需要在原序列的两端补欠项,如果补欠项的方法不当,就会造成信息损失。通过用 regARIMA 模型对原序列两端进行预测,延迟原序列,解决了移动平均法末端项补欠值的问题。②在 X-13 中预先定义了一些类别的回归变量,包括趋势常量、总体均值、固定季节效应、交易日效应、节假日效应、离群值点、水平漂移、暂时变化及斜线上升等变量。在

regARIMA 模型中添加这些解释变量不仅可以识别并剔除掉时间序列中存在的日历效应,同时也可以识别并剔除掉离群值的影响进而实现平滑数据的目的。

X-13-ARIMA-SEATS 季节调整方法的新增功能的主要来源之一是提供了更加宽泛的时间序列建模功能——构建 regARIMA 模型。在 regARIMA 模型中,时间序列的均值(或其对数)函数用回归变量的线性组合来解释,并且该时间序列的残差结构定义为一个 ARIMA 过程。如果不添加任何解释变量,就意味着均值被假定为零,regARIMA 模型退化为 ARIMA 模型(autoregressive integrated moving average models)。

建立 ARIMA(p,d,q)模型,需要确定模型的参数,包括单整阶数 d、自回归(AR)模型的延迟阶数 p、移动平均(MA)模型的延迟阶数 q。也可以在模型中指定一些外生回归变量,建立 regARIMA 模型。

对一个时间序列 Y_t 建模,我们经常需要对序列进行一个非线性转换 $y_t=f(Y_t)$,来得到一个适合于 regARIMA 模型的序列。例如,Y_t 是一个正值序列,具有围绕序列水平方向运动的季节项,对其取对数,更一般地,

$$y_t=\ln\left(\frac{Y_t}{d_t}\right)=\ln Y_t-\ln d_t \tag{1.2.41}$$

式中:d_t 是一个适当的除数序列①。可能的除数序列包括:①月长度因子 N_t/N_t^*;②在 Y_t 的不规则要素回归模型中得到的贸易日和节假日影响的组合因子;③估计异常经济事件的调整因子。

建立包括一个单参数 λ 的修正的 Box-Cox 幂转换:

$$y_t^{(\lambda)}=\begin{cases}Y_t/d_t, & \lambda=1\\ \lambda^2+[(Y_t/d_t)^\lambda-1]/\lambda, & \lambda\neq 0,1\\ \ln(Y_t/d_t), & \lambda=0\end{cases} \tag{1.2.42}$$

X-13 方法能够对时间序列 y_t 建立非季节阶数为 p,d,q;季节 AR 阶数为 P,季节差分阶数为 D,季节 MA 阶数为 Q 的 ARIMAX 模型。模型有如下形式:

$$\phi_p(L)\Phi_P(L^s)(1-L)^d(1-L^s)^D\left(y_t-\sum_{i=1}^{r}\beta_i x_{it}\right)=\theta_q(L)\Theta_Q(L^S)\varepsilon_t \tag{1.2.43}$$

式中:L 为滞后算子;季节差分是指$(1-L^s)y_t=y_t-y_{t-s}$;s 为季节数,对季度数据 $s=4$,对月度数据 $s=12$。滞后算子多项式 $\phi_p(L),\theta_q(L),\Phi_P(L^s),\Theta_Q(L^s)$的阶数分别为 p,q,P,Q。误差项 ε_t 的均值为 0,方差为 σ^2。x_{it} 为外生回归因子,$i=1,\cdots,r$。对式(1.2.43)使用极大似然估计方法确定回归系数 β_i,σ^2 及 ARIMA 模型系数。对 ARIMA 模型的介绍详见第 2 章 2.1 节。

(4) 离群值调整

离群值包括离群值点(additive outlier,AO)、水平位移(level shift,LS)、暂时变化(temporary change,TC)和季节离群值点(seasonal outlier,SO)4 种类型。当序列中存在离群值时,需要在季节调整之前对序列进行离群值调整,从而提高季节调整结果的精度。

① 在进行非线性变换时,也可以不在式(1.2.41)中除以除数序列 d_t,而将其作为式(1.2.43)中的一个回归变量。

离群值点(AO)是指时间序列在 t_0 时刻出现奇异值数据。相应地,可定义离群值点调整解释变量如下[①]:

$$AO_t^{(t_0)}=\begin{cases}1, & t=t_0\\ 0, & t\neq t_0\end{cases} \tag{1.2.44}$$

水平位移(LS)是指从 t_0 时刻起序列值瞬间变化到一个新的水平上,并保持这一水平,其示意图如图 1.2.4 所示。定义水平位移调整解释变量如下:

$$LS_t^{(t_0)}=\begin{cases}-1, & t<t_0\\ 0, & t\geqslant t_0\end{cases} \tag{1.2.45}$$

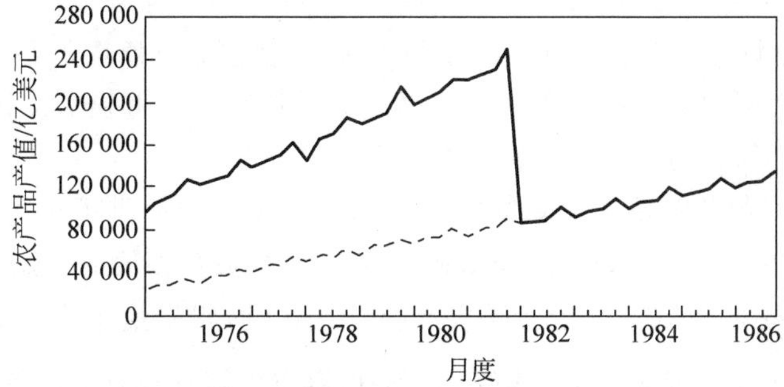

图 1.2.4　经济时间序列水平变换示意图

暂时变化(TC)是指序列从 t_0 时刻起发生水平位移后,经指数衰减方式回归到原来水平。定义暂时变化调整解释变量如下:

$$TC_t^{(t_0)}=\begin{cases}0, & t<t_0\\ \alpha^{t-t_0}, & t\geqslant t_0\end{cases} \tag{1.2.46}$$

式中:$0<\alpha<1$,为指数衰减到原有水平的速率。

季节离群值点(SO)是指序列在 t_0 时刻之前,呈季节模式出现多个奇异值数据。定义季节离群值点调整解释变量如下:

$$SO_t^{(t_0)}=\begin{cases}0, & t\geqslant t_0\\ 1, & t<t_0\text{,且与 } t_0 \text{ 的月 / 季度相同}\\ -1/(s-1), & \text{其他}\end{cases} \tag{1.2.47}$$

式中:参数 $s<1$,为时间序列的频率,对于月度数据 $s=12$,对于季度数据 $s=4$。

如果我们拥有离群值的先验信息,可以直接在时点 t_0 处设定其具体类型,否则需要先检测离群值类型。此时,需要在检测样本区间内,对所有的时点按照 AO、LS、TC 和 SO 4 种类型假定逐个进行回归。因此,如果整个样本区间的长度为 n,则理论上要先后引入 $4n$ 个变量,计算每个时点上各类离群值变量的 t 统计量,根据其显著性判定是否作为最终的离群值成分加入模型中去。所采用的临界值(绝对值)比常规的 t 统计量的临界

① 参见 X-13-ARIMA-SEATS Reference Manual, Version 1.1, U.S. Census Bureau, 2013: 32-33.

值要大,并且随样本容量的增加而增大。

① **离群值调整的不稳定性**。当回归方程或 regARIMA 模型的类型发生变化时,所指定的离群值影响也相应地发生变化。例如,考虑一个受复活节影响的时间序列,若没有把复活节的影响包含在回归方程中,则 3 月和 4 月通常被认为是受到离群值的影响,如果复活节的影响被包含在回归方程中,则可以从原序列中得到复活节的影响,这是一类不稳定性产生的原因。

对于被包含在回归方程中的 AO 或 LS 等回归变量需要进行 t 检验,根据 t 检验结果来确定是否进行离群值调整。对于那些 t 值低于临界值的 AO 或 LS 回归变量不进行外部影响调整,高于临界值的 AO 或 LS 回归变量进行外部影响调整。另一类不稳定性产生的原因是:当把新的数据追加到时间序列上时,会使得其 t 值增加到超过临界值,即追加数据使得回归模型中某些不显著的 AO 或 LS 回归变量变得显著。因此,避免产生不稳定性是大多数外部影响调整模型选择的一个重要问题。

② **使用 AO 回归变量替代缺省数据**。regARIMA 模型提供了一种简单的方法来估计在时刻 t_0 缺失的观测值。设 Y_{t_0} 表示在时刻 t_0 对缺失观测值的初始指定值,通过建立一个 regARIMA 模型,对缺失观测值的时点利用 AO 回归变量来完善数据系统。β_{t_0} 是回归变量 $AO_t^{(t_0)}$ 的估计系数,通过式(1.2.48)可以得到缺省观测值的调整值:

$$\hat{Y}_{t_0}=Y_{t_0}-\beta_{t_0}AO_t^{(t_0)} \tag{1.2.48}$$

式中:$AO_t^{(t_0)}$ 为式(1.2.44)中的回归变量。利用外部影响调整方法可以估计缺失数据。

4. X-13 季节调整之后的结果诊断

如果在季节调整后的序列中还含有残留的季节、贸易日或节假日影响,则该季节调整结果不会令人满意。即使没有发现残留的季节等影响,但当在序列中加入新的数据时,重新计算得到的调整值发生了较大的变化,该调整结果也不会令人满意。实际上,季节调整的不稳定性会导致数据使用者对季节调整结果的正确性产生疑问。季节调整的不稳定性往往是被调整序列中存在高频变化的季节或趋势运动的结果。Census X-13 包括两类稳定性诊断:移动间距诊断和历史修正诊断。

(1) 移动间距诊断

移动间距诊断(sliding spans)提供简单的统计量来诊断季节调整的稳定性。该方法是在序列的 4 个相互重叠的子间距段上分别进行季节调整,会得到不同的季节调整结果。对于至少包含在两个子间距段中的各个月,可以求出在共同间距段中获得的调整后数据的诊断统计量的最大值和最小值。最大值和最小值的差越小说明季节调整越稳定。移动间距诊断可以参看 Findley et al. (1990)①。

(2) 历史修正诊断

历史修正诊断(historical revisions)与一段期间内的连续的季节调整相联系。以某时

① FINDLEY D F,MONSELL B C. Standard errors for seasonal adjustment: a resampling approach[C]//Proceedings of the Business and Economics Statistics Section. Virginia: American Statistical Association,1990: 455-460.

点为最终月的月度序列的调整值与有未来数据加入时得到的季节调整值是不同的，X-13程序将两者的差作为基本修正值。通过对序列中一系列连续的时点计算得到的一系列修正值，称为历史修正。历史修正检验可以用来判断季节调整结果的稳定性。

令 Y_t 表示未调整的时间序列，其中 $1 \leqslant t \leqslant T$，在这段期间的季节调整后序列记为 $\{A_{t|T}\}$，$A_{t|T}$ 称为第 t 月的最终调整值。对于给定的 T_0 和 T_1，其中 $T_0 < T_1 \leqslant T$，让 t 的变化期间为 $T_0 \leqslant t \leqslant T_1$，对序列 $\{Y_1, Y_2, \cdots, Y_t\}$ 做季节调整，其季节调整序列最后时点 t 的值用 $A_{t|t}$ 表示，我们把在时点 t 获得的季节调整值 $A_{t|t}$ 称为第 t 月的一致调整值。于是可以得到一个序列 $\{A_{T_0|T_0}, A_{T_0+1|T_0+1}, \cdots, A_{T_1|T_1}\}$。计算最终调整值和一致调整值的差的百分率：

$$R_{t|T}^A = 100 \times \frac{A_{t|T} - A_{t|t}}{A_{t|t}}, \quad T_0 \leqslant t \leqslant T_1 \tag{1.2.49}$$

式中：$R_{t|T}^A$ 被称为从时点 T_0 到时点 T_1 的季节调整的历史修正检验值序列，参看 Bell and Monsell(1992)[①]。根据季节调整的历史修正检验可以分析季节调整结果的稳定性，序列 $R_{t|T}^A$ 的值越小说明季节调整的结果越稳定。

1.2.3　TRAMO/SEATS 方法

TRAMO/SEATS 方法是 1996 年由西班牙银行的 Victor Gomez 和 Agustin Maravall 开发的用于数据处理和时间序列分解的应用程序。这两个程序往往联合起来使用，首先利用 TRAMO 对数据进行预处理，然后用 SEATS 将时间序列分解为趋势成分、季节成分、周期成分及不规则成分 4 个部分。TRAMO/SEATS 方法的优点在于它可以灵活地设定回归变量，虽然 X-13-ARIMA-SEATS 程序也提供了相类似的功能，但 TRAMO/SEATS 在操作上相对简单，并且较少主观判断成分。对 TRAMO/SEATS 程序的更详尽描述参见 Maravall(2012)[②]。

1. TRAMO 建模原理

TRAMO 用来估计和预测具有缺失观测值、非平稳 ARIMA 误差以及离群值影响的回归模型。该程序还能够对原序列进行插值，识别和修正几种不同类型的异常值，并对贸易日变化、复活节等特殊回归因素以及服从 ARIMA 过程的误差项的参数进行估计。

对于给定的观测值向量 $\boldsymbol{Y}_t = (y_1, y_2, \cdots, y_T)'$，拟合式(1.2.50)给出的回归方程：

$$y_t = \boldsymbol{X}_t'\boldsymbol{\beta} + u_t \tag{1.2.50}$$

式中：$\boldsymbol{\beta} = (\beta_1, \beta_2, \cdots, \beta_n)'$ 为回归系数向量，$\boldsymbol{X}_t = (x_{1t}, x_{2t}, \cdots, x_{nt})'$ 是由 n 个变量构成的回归向量，u_t 服从式(1.2.51)所示的季节 ARIMA 过程：

$$\phi(L)\delta(L)u_t = \theta(L)\varepsilon_t + \mu \tag{1.2.51}$$

式中：L 为滞后算子；$\phi(L)$，$\delta(L)$ 和 $\theta(L)$ 为 L 的有限项算子多项式；ε_t 为独立同分布

---

① BELL W R, MONSELL B C. X-11's symmetric linear filters and their transfer functions[R]. 1992: 15.

② MARAVALL A. Seasonality tests and automatic model identification in TRAMO-SEATS (version: November 12, 2012)[R]. Banco de España, Servicio de Estudios, 2012.

于$(0,\sigma_\varepsilon^2)$的白噪声项。多项式$\delta(L)$中包含d阶差分和D阶季节差分,$\phi(L)$为平稳的自回归多项式,$\theta(L)$为可逆的移动平均多项式,μ为固定常数。在 TRAMO 程序中,各滞后算子多项式定义如下:

$$\begin{aligned}\delta(L)&=(1-L)^d(1-L^s)^D\\ \phi(L)&=(1+\phi_1L+\cdots+\phi_pL^p)(1+\Phi_1L^s+\cdots+\Phi_PL^{s\times P})\\ \theta(L)&=(1+\theta_1L+\cdots+\theta_qL^q)(1+\Theta_1L^s+\cdots+\Theta_QL^{s\times Q})\end{aligned}\tag{1.2.52}$$

式中:s为时间序列的数据频率(月度=12,季度=4);d为差分阶数;D为季节差分阶数;p为 AR 多项式阶数;P为季节 AR 多项式阶数;q为 MA 多项式阶数;Q为季节 MA 多项式阶数。

用户可以选择输入回归变量或者由程序自动生成回归变量,生成的变量包括贸易日、复活节影响和如下形式的干预变量:①虚拟变量;②任何可能的 0、1 序列;③任何 0、1 序列的$1/(1-\eta L)$变换,其中$0<\eta\leqslant1$;④任何 0、1 序列的$1/(1-\eta_sL^s)$变换,其中$0<\eta_s\leqslant1$;⑤任何 0、1 序列的$1/(1-L)(1-L^s)$变换。

TRAMO 程序的主要工作包括:①通过极大似然法(或条件/无条件最小二乘法)估计式(1.2.50)和式(1.2.51)中的参数;②检测和移除几种类型的离群值影响;③估计贸易日和移动假日影响;④计算序列y_t的最优预测值及其均方误差(MSE);⑤产生缺失观测值的最优插值及相应的均方误差;⑥模型的自动识别、异常值的自动识别和修正。具体内容参见 Gómez and Maravall(1994),Gómez and Maravall(1992),Gómez(1997)以及 Gómez,Maravall and Pena(1996)的文献。

对于给定的时间序列,可以利用 TRAMO 程序来插补缺失的观测值,识别离群值并消除它们的影响,估计贸易日和移动假日影响,等等,最终生成线性纯随机过程(ARIMA 过程)。因此,该程序通常被作为 SEATS 的预调整程序。

2. SEATS 季节调整原理

SEATS 是基于 ARIMA 时间序列模型的信号提取来实现对时间序列中不可观测成分的估计,从而实现对经济时间序列的季节调整功能。具体技术细节可参考 Cleveland and Tiao(1976),Box,Hillmer and Tiao(1978),Hillmer and Tiao(1982),Bell and Hillmer(1984),Maravall and Pierce(1987)和 Maravall(1988)等文献。

首先,SEATS 对经由 TRAMO 程序预处理后的时间序列u_t(或其对数形式)构建季节 ARIMA 模型进行拟合,ARIMA 模型形式与式(1.2.51)类似,但为方便表述基于信号提取原理的时间序列分解过程,将式(1.2.51)改写如下:

$$\phi_r(L)\phi_s(L^s)\Delta^d\Delta_s^Du_t=\Theta(L)\varepsilon_t+\mu\tag{1.2.53}$$

式中:L为滞后算子;$\phi_r(L)$为自回归项;$\phi_s(L^s)$为季节自回归项;$\Delta=1-L$为差分算子;$\Delta_s=1-L^s$为季节差分算子;d为差分阶数;D为季节差分阶数;$\Theta(L)$中包含移动平均和季节移动平均项;ε_t为独立同分布于$(0,\sigma_\varepsilon{}^2)$的白噪声项;$\mu$为固定常数。

SEATS 程序基于式(1.2.53)将时间序列分解为多个不可观测因素,具体分解方法参见 Maravall(2012)。这些不可观测因素可以是加法形式或者乘法形式。鉴于乘法形式可以通过对数变换转化为加法形式,所以本节仅基于加法模型对 SEATS 分解结果进行解释：

$$Y_t = T_t + S_t + C_t + I_t \tag{1.2.54}$$

其中，T_t 表示趋势成分，S_t 表示季节成分，C_t 表示周期成分，I_t 表示不规则成分。

基于信号提取的时间序列分解方法的基本思想可表述为，趋势成分反映了序列的长期变化并显示 0 频率上的谱峰值(spectral peaks)；季节成分捕捉到在季节频率上的谱峰值；周期成分捕捉到超过一年的周期性波动和频率在 0 到 $2\pi/s$ 之间的谱峰值；不规则成分捕捉到的是不稳定的白噪声，因此显示出一个频谱。这些成分由可观测序列的(加总的)ARIMA 模型决定，并且可以从数据中直接识别出来。该程序主要针对月度或季度时间序列数据，观测值的最大数量为 600。

这种分解假设各不可观测成分是正交的，并且每种因素将具有一种 ARIMA 模型表示。为了识别出各种因素，还要求它们不包含白噪声(不规则成分除外)，将其称为成分的"典型性"属性，这意味着非不规则成分不能提取出额外的白噪声。

1.3 趋势分解

1.2 节介绍的季节调整方法可以对经济时间序列进行分解，但在季节调整方法中，一般将趋势和循环要素视为一体不能分开。本节专门讨论如何将趋势和循环要素进行分解的方法。测定长期趋势有多种方法，比较常用的方法有回归分析方法、移动平均法、阶段平均(phase average，PA)法、HP(Hodrick and Prescott)滤波方法和频谱滤波[frequency (band-pass) filer, BP 滤波]方法。本节主要介绍 HP 滤波方法和频谱滤波(BP 滤波)方法。

1.3.1 Hodrick-Prescott 滤波方法

在宏观经济学中，人们非常关心序列组成成分中的长期趋势，Hodrick-Prescott 滤波是被广泛使用的一种方法。该方法在 Hodrick and Prescott(1980)[①]分析第二次世界大战后美国经济周期的论文中首次使用。我们简要介绍这种方法的原理。

设$\{Y_t\}$是季节调整后的包含趋势成分和波动成分的经济时间序列，$\{Y_t^T\}$是其中含有的趋势成分，$\{Y_t^C\}$是其中含有的波动成分。则

$$Y_t = Y_t^T + Y_t^C \quad t = 1,2,\cdots,T \tag{1.3.1}$$

计算 HP 滤波就是从$\{Y_t\}$中将 Y_t^T 分离出来[②]。一般地，时间序列$\{Y_t\}$中的不可观测部分趋势$\{Y_t^T\}$常被定义为下面最小化问题的解：

$$\min \sum_{t=1}^{T} \{(Y_t - Y_t^T)^2 + \lambda[c(L)Y_t^T]^2\} \tag{1.3.2}$$

其中：$c(L)$是延迟算子多项式

$$c(L) = (L^{-1} - 1) - (1 - L) \tag{1.3.3}$$

---

① HODRICK R，PRESCOTT E C. Post-war U. S. business cycles：an empirical investigation[R]. Working Paper No. 451，Pittsburgh：Carnegie-Mellon University，1980.

② 刘金全. 现代宏观经济冲击理论[M]. 长春：吉林大学出版社，2000：46-47.

将式(1.3.3)代入式(1.3.2),则 HP 滤波的问题就是使下面损失函数最小,即

$$\min\left\{\sum_{t=1}^{T}(Y_t - Y_t^T)^2 + \lambda\sum_{t=2}^{T-1}[(Y_{t+1}^T - Y_t^T) - (Y_t^T - Y_{t-1}^T)]^2\right\} \qquad (1.3.4)$$

最小化问题用$[c(L)Y_t^T]^2$来调整趋势的变化,并随着 λ 的增大而增大。HP 滤波依赖于参数 λ,该参数需要先验地给定。这里存在一个权衡问题,要在趋势要素对实际序列的跟踪程度和趋势光滑程度之间做一个选择。当 $\lambda=0$ 时,满足最小化问题的趋势序列为$\{Y_t\}$序列;随着 λ 值的增加,估计的趋势越来越光滑;当 λ 趋于无穷大时,估计的趋势将接近线性函数。

一般经验,λ 的取值如下:

$$\lambda=\begin{cases}100, & \text{年度数据}\\ 1\,600, & \text{季度数据}\\ 14\,400, & \text{月度数据}\end{cases} \qquad (1.3.5)$$

HP 滤波的运用比较灵活,它不像阶段平均法那样依赖于对经济周期波峰和波谷的确定。HP 滤波把经济周期看成宏观经济对某一缓慢变动路径的一种偏离,该路径在期间内是单调增长的,所以称为趋势。HP 滤波增大了经济周期的频率,使周期波动减弱。

例 1.3　利用 HP 滤波方法求经济时间序列的趋势项 *T*

首先利用 X-13 季节调整方法加法模型分解出中国社会消费品零售总额月度时间序列(*SL*)的趋势循环项(*SL_TC*)序列,然后利用 HP 滤波方法将其趋势项(*SL_T*)分解出来。*SL* 数据的取值范围:1995 年 1 月—2003 年 12 月,图 1.3.1 显示了 *SL* 序列和 HP 滤波的结果(*SL_T*)。用类似的方法可以分解出中国 *GDP* 季度时间序列的趋势循环项(*GDP_TC*)序列,然后利用 HP 滤波方法将其趋势项(*T*)分解出来。*GDP* 数据的取值范围:1995 年 1 季度—2003 年 4 季度,图 1.3.2 显示了 *GDP* 序列和 HP 滤波的结果(*GDP_T*)。

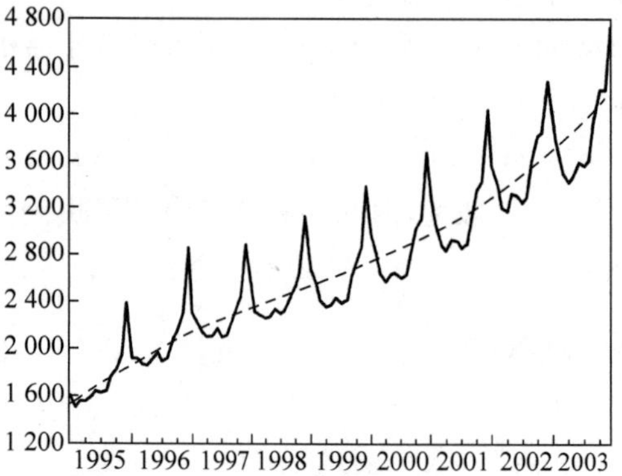

图 1.3.1　*SL* 序列和 *SL_T* 序列

注:实线表示月度社会消费品零售总额序列(*SL*),虚线表示趋势(*SL_T*)序列。

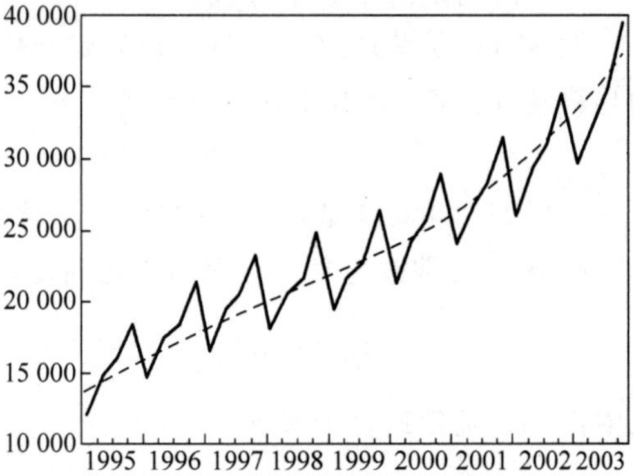

图 1.3.2　*GDP* 序列和 *GDP_T* 趋势序列

注:实线表示季度 *GDP* 序列,虚线表示 *GDP_T* 趋势序列。

例1.4　利用HP滤波方法求潜在产出和产出缺口

设$\{Y_t\}$为我国的季度*GDP*指标，利用X-13季节调整方法的乘法模型将*GDP*中的季节因素(S)和不规则因素(I)去掉，得到*GDP_TC*序列，为了表示上简便，用$\{Y_t^{TC}\}$序列来表示。本例的潜在产出Y^*是利用例1.3由HP滤波计算出来的*GDP_T*来代替，记为Y_t^T。HP滤波结果如图1.3.3和图1.3.4所示，*GDP*的循环要素$\{Y_t^C\}$序列由式(1.3.6)计算：

$$Y_t^C = Y_t^{TC} - Y_t^T,\quad t=1,2,\cdots,T \tag{1.3.6}$$

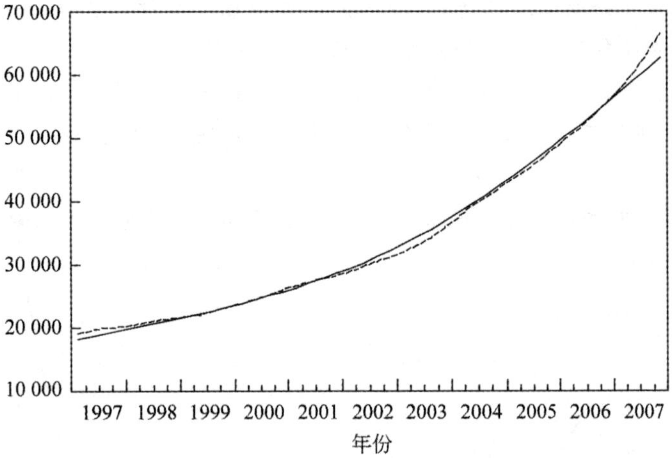

图1.3.3　*GDP_TC*序列和趋势$\{Y_t^T\}$序列

注：虚线表示*GDP_TC*序列，实线表示趋势$\{Y_t^T\}$序列。

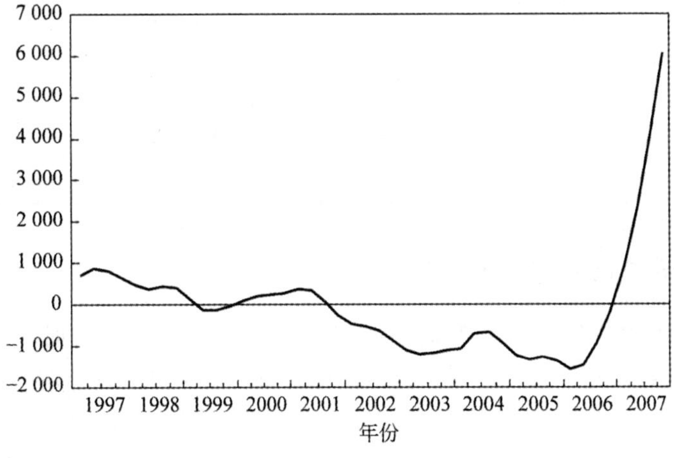

图1.3.4　*GDP*的循环要素$\{Y_t^C\}$序列

图 1.3.4 显示的 GDP 的循环要素 $\{Y_t^C\}$ 序列实际上就是围绕趋势线上下的波动，称为 GDP 缺口序列，它是一个绝对量的产出缺口。也可以用相对量表示产出缺口，本例用 Gap_t 来表示相对产出缺口，可由下式计算得到：

$$Gap_t = 100 \times \frac{Y_t^{TC} - Y_t^T}{Y_t^T} \tag{1.3.7}$$

观察图 1.3.5，可以发现我国从 1997 年以来，产出缺口 Gap_t 和通货膨胀率[①] π_t 之间存在着明显的正相关关系。从 1998 年到 1999 年，由于受到亚洲金融危机的影响，我国的出口增长将近于停滞，宏观经济增长持续减速，出现了生产能力过剩的现象。1999 年年初实际产出开始低于潜在产出，即产出缺口由正缺口转为负缺口，并且逐渐变大，使得这一阶段的通货膨胀率也大幅降低，从 1997 年第一季度的 5.2% 下降到 1999 年第 2 季度的 −2.1%。2000 年以来，中国经济形势持续好转，经济增长加快，负产出缺口逐渐变小，2000 年实际产出再次高于潜在产出，出现了正缺口，这就部分缓解了通货紧缩压力，物价水平也相应出现了小幅上扬的趋势。2001 年下半年再次出现负产出缺口，2003 年后持续回升，2006 年后出现快速上升局面，2007 年出现较大的正产出缺口。

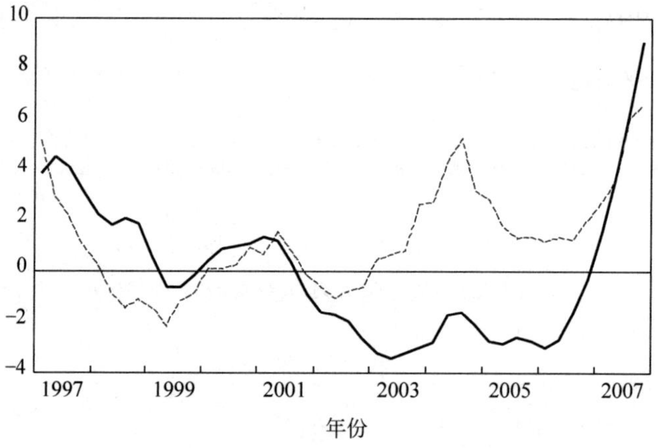

图 1.3.5 通货膨胀率和产出缺口

注：π_t 虚线表示通货膨胀率，Gap_t 实线表示产出缺口。

1.3.2 频谱滤波(BP 滤波)方法

20 世纪以来，利用统计方法特别是时间序列分析方法研究经济时间序列和经济周期的变动特征得到越来越广泛的应用。自时间序列分析产生以来，一直存在两种观察、分析和解释时间序列的方法。第一种是直接分析数据随时间变化的结构特征，即所谓时域(time domain)分析法，使用的工具是自相关(或自协方差)函数和差分方程；第二种是把

① 通货膨胀率 π_t 是季度居民消费价格指数(与上年同期相比)。

时间序列看成不同谐波的叠加，研究时间序列在频率域(frequency domain)里的结构特征，由于这种分析主要是用功率谱的概念进行讨论，所以通常称为谱分析(spectral analysis)。谱分析的基本思想是：把时间序列看作互不相关的周期(频率)分量的叠加，通过研究和比较各分量的周期变化，以充分揭示时间序列的频域结构，掌握其主要波动特征。因此，在研究时间序列的周期波动方面，它具有时域方法所无法企及的优势。

1. 经济时间序列的功率谱

设时间序列数据 $X=\{x_1,x_2,\cdots,x_T\}$，T 为样本长度。谱分析的实质是把时间序列 X 的变动分解成不同的周期波动之和。设频率用 λ 表示，周期用 p 表示，则频率 λ 和周期 p 有如下关系：

$$频率 \times 周期 = \lambda \times p = 2\pi \tag{1.3.8}$$

时间序列 X 的变动可以分解成各种不同频率波动的叠加和，根据哪种频数的波动具有更大的贡献率来解释 X 的周期波动的成分，这就是谱分析(频数分析)名称的缘由。这就是说当具有各种周期的无数个波包含于景气变动中时，看看哪个周期(频率)的波强烈地表现现实景气变动。谱分析中的核心概念是功率谱密度函数(简称功率谱)，它集中反映了时间序列中不同频率分量对功率或方差的贡献程度。本节只简要介绍经济时间序列功率谱的特征，具体的理论及公式请参见相关的文献。①

(1) 白噪声的功率谱

在随机过程$\{u_t\}$是白噪声的情形，白噪声的功率谱 $f(\lambda)$可由下式表示：

$$f(\lambda)=\sigma^2/2\pi \tag{1.3.9}$$

式中：σ^2 为 u_t 的方差。如图 1.3.6 所示，白噪声的功率谱是水平的。因此，可知白噪声的功率谱的所有频率是具有同一权重的随机过程。图的横轴为频率，频率下面是对应的周期。在这里，2 是指以 2 期为一周期的周期变动，4 是指以 4 期为一周期的周期变动。在这个功率谱图中，$[0,\pi]$的频率对应的周期从∞到 2(由于谱密度函数的对称性，图中只给出$[0,\pi]$的谱图)。

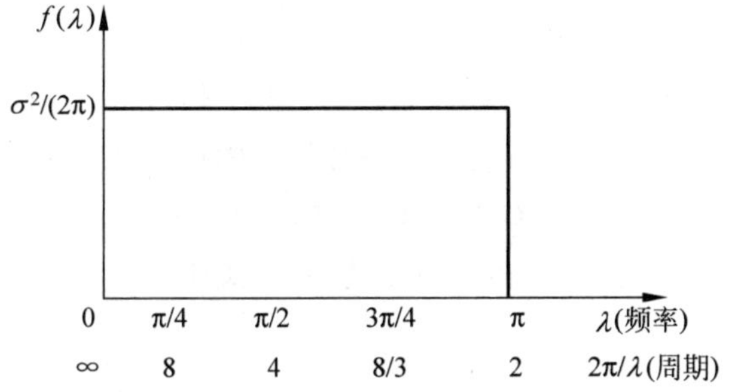

图 1.3.6　白噪声的功率谱

(2) 一般随机过程的功率谱

一般随机过程的功率谱的例子如图 1.3.7 所示。图 1.3.7(a)是低频率处显示高功

① 高铁梅，陈磊，王金明，等. 经济周期波动的分析与预测方法[M]. 2 版. 北京：清华大学出版社，2015：第 10、11 章.

率谱的随机过程,因为长周期变动的比重高,所以表明是以长期波动为主要特征的随机过程。相反地,图 1.3.7(b)是高频率处显示高功率谱的随机过程,说明主要包含短周期的波动,是比白噪声还不规则的随机过程。进一步地,图 1.3.7(c)是功率谱集中在某个特定的频数附近的情形,意味着这个随机过程变动的大部分是由这个频数所确定的周期波动。

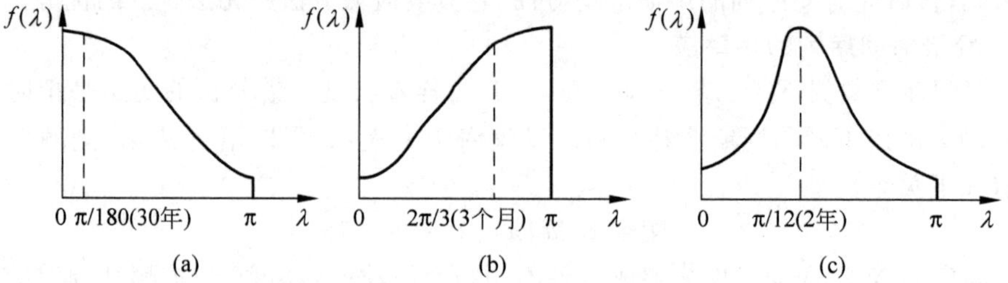

图 1.3.7 一般随机过程的功率谱的例子

功率谱不能分析比周期为 2 更短的周期,而当 $\lambda=0$ 时的功率谱有无限大的周期,即表示时间序列是以趋势要素为主要特征。经济数据多数具有显著的上升趋势,所以 Granger(1996)指出,经济变量的典型的谱形状是如图 1.3.7(a)所示的那样趋势性强的功率谱。

2. 频率响应函数

考虑随机过程$\{x_t\}$的线性变换:

$$y_t=\sum_{j=-\infty}^{\infty} w_j x_{t-j} \tag{1.3.10}$$

式中:w_j 为确定的权重序列,如是$\{x_t\}$的移动平均权重。上面的变换可以用延迟算子表示为

$$y_t=W(L)x_t \tag{1.3.11}$$

式中:$W(L)=\sum_{j=-\infty}^{\infty} w_j L^j$。

由这种变换构成的延迟多项式被称为线性滤波(linear filter),或只称滤波。这样的变换还可以被说成对$\{x_t\}$作用了滤波。由谱分析的知识可知,$\{y_t\}$的功率谱可以表示为

$$f_y(\lambda)=|W(\mathrm{e}^{-i\lambda})|^2 f_x(\lambda) \tag{1.3.12}$$

式中:$f_y(\lambda)$和 $f_x(\lambda)$分别为$\{y_t\}$和$\{x_t\}$的功率谱,关于 $\mathrm{e}^{-i\lambda}=\cos\lambda-i\sin\lambda$ 的指数函数 $W(\mathrm{e}^{-i\lambda})$被定义为

$$w(\lambda)=W(\mathrm{e}^{-i\lambda})=\sum_{j=-\infty}^{\infty} w_j \mathrm{e}^{-ij\lambda} \tag{1.3.13}$$

式中:i 为满足 $i^2=-1$ 的虚数。$W(\mathrm{e}^{-i\lambda})$等同于 $W(L)$中的 L^j 用 $\mathrm{e}^{-ij\lambda}$ 置换的结果。$w(\lambda)=W(\mathrm{e}^{-i\lambda})$称为**滤波的频率响应函数**(frequency response function)。$W(\mathrm{e}^{-i\lambda})$是复数,它的绝对值$|W(\mathrm{e}^{-i\lambda})|$是实数,称为**滤波的增益**(gain)。因此,变换后的功率谱给定为实数。进一步,增益的平方$|W(\mathrm{e}^{-i\lambda})|^2$ 称为**滤波的功率传递函数**(power transfer function),或只称**传递函数**。

形如式(1.3.10)的线性变换被称为线性滤波，是因为通过适当设计权重序列，可以使传递函数$|W(e^{-i\lambda})|^2$在某些频率区间内等于 0 或近似等于 0。这样根据式(1.3.12)就可以将输入中所有在这个频率带中的分量“过滤”掉，留下其他成分。根据被保留下来的频率位于低频处、高频处或某个中间带上，分别称为低通滤波(low-pass filters，LP 滤波)、高通滤波(high-pass filters，HP 滤波)和带通滤波(band-pass filters，BP 滤波)。

例 1.5　差分滤波的效果

现在设时间序列$\{x_t\}$有功率谱$f_x(\lambda)$。考虑取差分序列$\{y_t\}$：

$$y_t = x_t - x_{t-1} \tag{1.3.14}$$

用延迟多项式来表示：

$$W(L) = 1 - L \tag{1.3.15}$$

因此，这个滤波的频率响应函数是

$$W(e^{-i\lambda}) = 1 - e^{-i\lambda} \tag{1.3.16}$$

传递函数由下式给定：

$$|W(e^{-i\lambda})|^2 = |1 - e^{-i\lambda}|^2 = (1 - e^{-i\lambda})(1 - e^{i\lambda}) = 2(1 - \cos\lambda) \tag{1.3.17}$$

因此，$\{y_t\}$的功率谱由下式给定：

$$f_y(\lambda) = 2(1 - \cos\lambda) f_x(\lambda) \tag{1.3.18}$$

像图 1.3.8(a)所示的那样，差分滤波的传递函数在$\lambda=0$处取 0，然后先缓缓上升，很快就急速上升。如果原来的时间序列$\{x_t\}$的功率谱如图 1.3.8(b) 所示，即具有长期趋势，作为差分结果的$\{y_t\}$的功率谱就如图 1.3.8(c)的形状。这样的差分处理，趋势要素($\lambda=0$ 的功率)完全被消除，具有大幅度减少长期变动的效果。

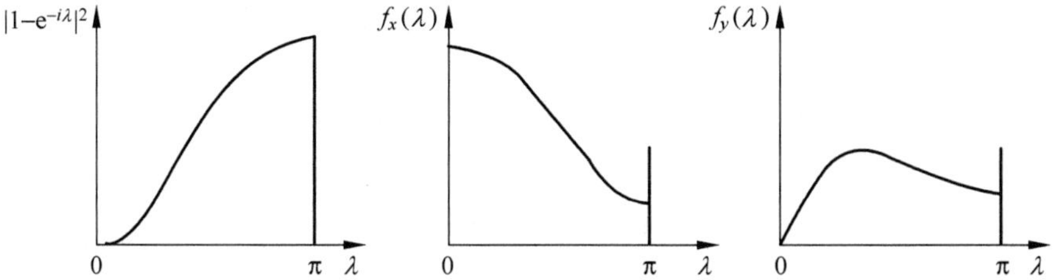

(a) 差分的传递函数　(b) 原函数$\{x_t\}$的功率谱　(c) 差分后$\{y_t\}$的功率谱

图 1.3.8　差分滤波

3. 设计低通滤波

根据线性滤波的性质，我们可以设计一个能够突出强调某个频率带的最优滤波。最基本的是低通滤波，仅保留时间序列中缓慢变动、低频率的成分。理想的低通滤波，只允许在$-\lambda_c<\lambda<\lambda_c$区间的频率通过，$\lambda_c$是“切断”(cut-off)频率。因此，低通滤波的频率响应函数$w_L(\lambda)$为

$$w_L(\lambda) = \begin{cases} 1, & |\lambda| < \lambda_c \\ 0, & |\lambda| \geq \lambda_c \end{cases} \tag{1.3.19}$$

由于滤波的频率响应函数是滤波权重的傅里叶变换,即

$$w_L(\lambda)=\sum_{j=-\infty}^{\infty}w_{L,j}\mathrm{e}^{-i\lambda j} \tag{1.3.20}$$

滤波的权重由逆傅里叶变换得到

$$w_{L,j}=\frac{1}{2\pi}\int_{-\pi}^{\pi}w_L(\lambda)\mathrm{e}^{-i\lambda j}\mathrm{d}\lambda=\frac{1}{2\pi}\int_{-\lambda_c}^{\lambda_c}\mathrm{e}^{-i\lambda j}\mathrm{d}\lambda \tag{1.3.21}$$

因此

$$w_{L,0}=\frac{\lambda_c}{\pi},\quad w_{L,j}=\frac{1}{\pi j}\sin(\lambda_c j),\quad j\neq 0 \tag{1.3.22}$$

由于时间序列周期最小是 2,因此频率最大为 π。虽然 j 变得越来越大时,权重将趋于 0,但是要想得到理想的滤波,需要无限阶移动平均。实际应用中,我们必须用有限项移动平均近似理想的滤波,设截断点为 n,这时的频率响应函数为

$$w_{L,n}(\lambda)=\sum_{j=-n}^{n}w_j\mathrm{e}^{-i\lambda j} \tag{1.3.23}$$

计算权重的一个近似方法转化为求下面的最小化问题:

$$Q=\frac{1}{2\pi}\int_{-\pi}^{\pi}\left|w_L(\lambda)-w_{L,n}(\lambda)\right|^2\mathrm{d}\lambda \tag{1.3.24}$$

约束条件为

$$w_{L,n}(0)=\sum_{j=-n}^{n}w_j=\phi \tag{1.3.25}$$

如果滤波的目的是剔除趋势,ϕ 取值为 0;如果是为了得到趋势,则 ϕ 可以取 1。

利用拉格朗日乘数法(推导过程省略①),由一阶条件,可以得出

$$w_j=\begin{cases}w_{L,j}+\xi_n, & |j|\leqslant n\\ 0, & |j|>n\end{cases} \tag{1.3.26}$$

式中

$$\xi_n=\frac{\phi-\sum\limits_{j=-n}^{n}w_{L,j}}{2n+1} \tag{1.3.27}$$

如果没有约束条件,这样 $\xi_n=0$,则最优的近似就是理想滤波的权重的截断。

4. 高通滤波和带通滤波

低通滤波剔除了高频成分而保留了低频成分,高通滤波正好相反。因此,对于同样的切断频率 λ_c,高通滤波 $w_H(\lambda)$的权重为

$$w_{H,0}=1-w_{L,0},\quad w_{H,j}=-w_{L,j},\quad j\neq 0 \tag{1.3.28}$$

理想的带通滤波 $w_B(\lambda)$只通过范围在 $\lambda_{L1}<|\lambda|<\lambda_{L2}$ 的频率,λ_{L1},λ_{L2} 分别是两个低

---

① MILLS T C. Modelling trends and cycles in economic time series[M]. New York: Palgrave Macmillan, 2003: 75-121.

BAXTER M, KING R G. Measuring business cycles: approximate band-pass filters for economic time series[J]. Review of economics and statistics, 1999, 81(4): 575-593.

通滤波的“切断”频率。因此，可以将带通滤波 $w_B(\lambda)$作为这两个低通滤波的差。带通滤波 $w_B(\lambda)$的频率响应函数为

$$w_B(\lambda)=w_{L2}(\lambda)-w_{L1}(\lambda) \tag{1.3.29}$$

显然可以使得在频率带 $\lambda_{L1}<|\lambda|<\lambda_{L2}$ 的范围内，频率响应函数为 1，而其他区间为 0。显然带通滤波的权重便是两个低通滤波权重的差，即

$$w_{B,j}=w_{L2,j}-w_{L1,j} \tag{1.3.30}$$

从频率的角度定义了这些类型的滤波，这经常和周期相联系。频率为 λ 的循环的周期是 $p=2\pi/\lambda$，切断频率为 λ_c、截断点为 n 的近似的低通滤波可以记为 $LP_n(p)$，意味着周期大于等于 $p(=2\pi/\lambda_c)$的那些成分将保留。高通滤波和带通滤波可以类似地分别定义为

$$HP_n(p)=1-LP_n(p) \tag{1.3.31}$$

$$BP_n(p,q)=LP_n(p)-LP_n(q) \tag{1.3.32}$$

截断点 n 的选择是决定理想滤波 $BP_n(p,q)$近似优劣的根本因素，如果 n 取得过小，将会产生谱泄漏(leakage)和摆动(gibbs)现象。前者是说，滤波在剔除不想保留的成分的同时，也将想要保留下来的一部分成分剔除掉了；后者是指频率响应函数在大于 1 和小于 1 两种状态之间摆动。随着 n 的增加，这些现象明显改善。但是，n 不能选择太大，因为那样两端将缺失过多数据。图 1.3.9 显示了当 $n=8,12,18,36$ 时 $BP_n(p,q)$的频率响应函数。

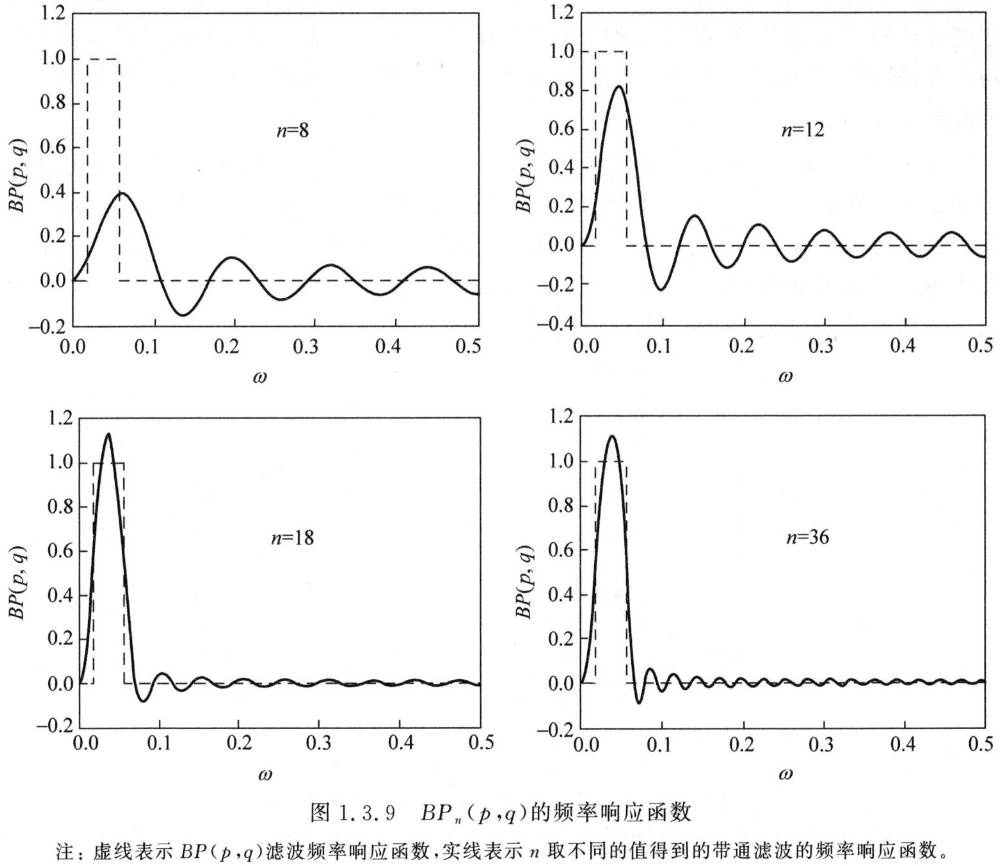

图 1.3.9　$BP_n(p,q)$的频率响应函数

注：虚线表示 $BP(p,q)$滤波频率响应函数，实线表示 n 取不同的值得到的带通滤波的频率响应函数。

设 $\lambda=2\pi\omega$，则频率响应函数的频率 λ 的取值范围是 $[0,\pi]$，对应标准化后频率 ω 的取值范围为 $[0,0.5]$。因此，周期 p 为 32 的高通滤波的理想的频率响应函数在大于等于 1/32 的频率区间的取值应为 1。

例 1.6　利用 BP 滤波对经济时间序列进行趋势、循环分解

社会消费品零售总额(SL)的取值时间范围为 1980 年 1 月—2007 年 12 月。经过单位根检验(单位根检验见第 2 章)SL 是二阶单整序列。因此取对数并将取对数后的序列 $lnSL$ 记为 $lnsl$，经单位根检验，$lnsl$ 是一阶单整序列。

首先对 $lnsl$ 进行季节调整去掉季节和不规则要素，得到只包含趋势循环要素的序列 $lnsl\_TC$。从图 1.3.9 可以看出 $BP_n(p,q)$ 滤波的 $n=18$ 比较合适，但是这样序列两端各缺失 18 项，由于序列较长，前端缺失的数据就去掉了，后端缺失的数据可以通过预测 18 个月来填补。为了近期的分解结果没有缺失值，本例建立 $lnsl$ 的 ARIMA(3,1,1) 模型(ARIMA 模型介绍见第 2 章)并对 $lnsl$ 进行预测，外推到 2009 年 6 月，记为 $lnslf$。

根据增长率周期波动分析，我国社会消费品零售总额的增长率存在 1.5～5 年的波动。取 $p=18(\omega_p=1/18)$，$q=60\ (\omega_q=1/60)$，利用式(1.3.29)带通滤波方法希望得到只保留 1.5～5 年周期成分的滤波序列。而取 $n=18$ 的 $BP_n(p,q)$ 滤波中 1.5～5 年周期成分的权重最大，可以近似地作为中国社会消费品零售总额对数的循环要素序列 $lnsl\_C$，同时利用时间序列分解的加法模型从 $lnsl\_TC$ 中减去 $lnsl\_C$，可得到趋势要素序列 $lnsl\_T$。

由于 BP 滤波两端各损失 18 个月的数据，所以趋势要素序列 $lnsl\_T$(图 1.3.10)和循环要素序列 $lnsl\_C$(图 1.3.11)的数据序列时间长度为 1982 年 1 月—2007 年 12 月。

分别对 $lnsl\_C$ 和 $lnsl\_T$ 序列取指数，可得到社会消费品零售总额序列 SL 的循环要素 SL_C 和趋势要素 SL_T(注意：此时为乘法模型，循环要素 SL_C 在 1 上下波动)，分解结果由图 1.3.12～图 1.3.13 给出。

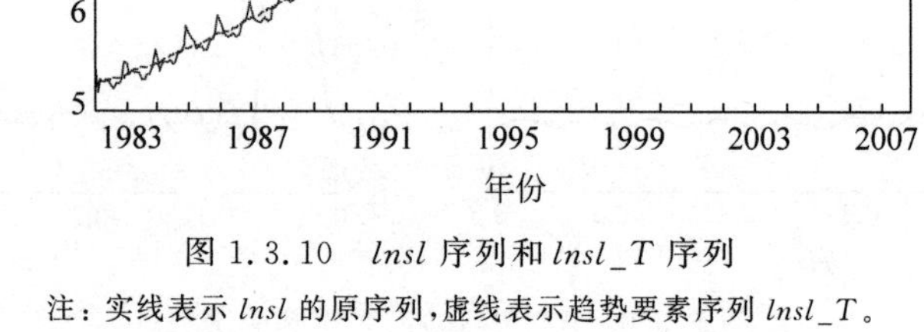

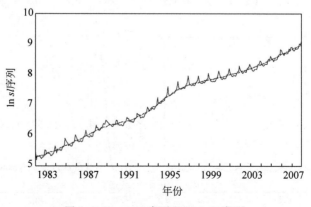

图 1.3.10　$lnsl$ 序列和 $lnsl\_T$ 序列

注：实线表示 $lnsl$ 的原序列，虚线表示趋势要素序列 $lnsl\_T$。

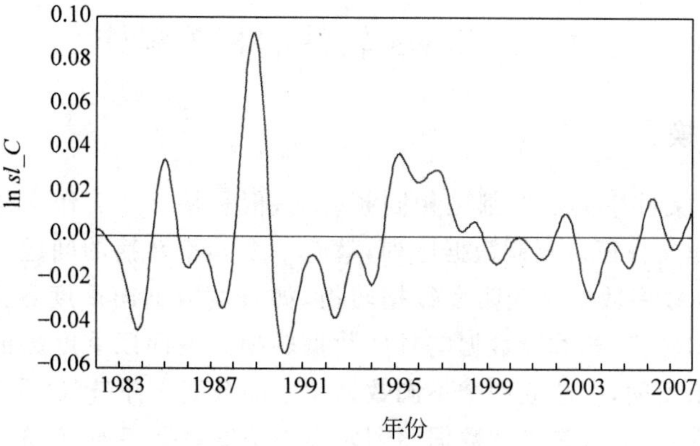

图 1.3.11　循环要素序列 lnsl_C

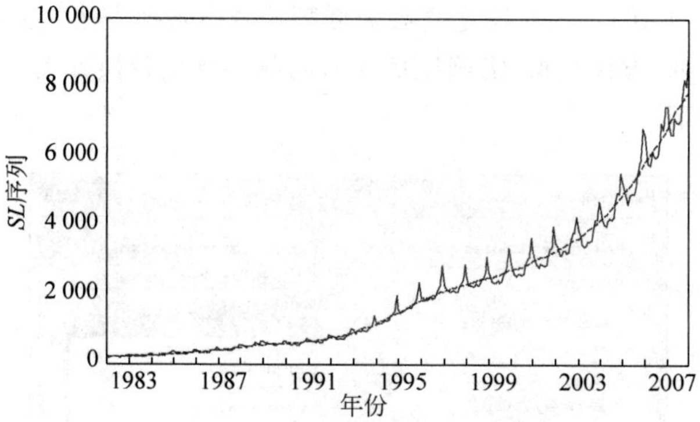

图 1.3.12　SL 序列和 SL_T 序列

注：实线表示 SL 的原序列，虚线表示趋势要素序列 SL_T。

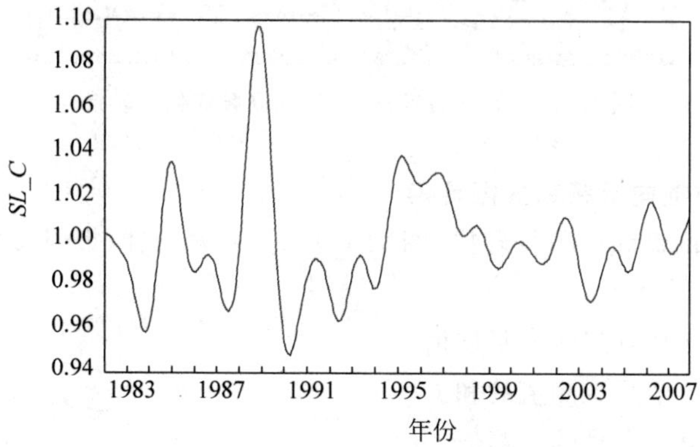

图 1.3.13　循环要素序列 SL_C

1.4　EViews 软件的相关操作[①]

1.4.1　频率转换

EViews 工作文件中的数据都是相同频率的，但是从一个工作文件窗口向另一个不同数据频率的工作文件窗口复制数据序列，就有一个频率转换的问题。存在两个数据频率转换方式：从高频率数据向低频率数据转换，如月度数据向季度数据转换；从低频率数据向高频率数据转换，如季度数据向月度数据转换。下面以季度数据序列和月度数据序列的转换为例来说明，要建立两个不同数据频率的数据文件窗口(季度数据工作文件和月度数据工作文件)。如果是月度数据序列转换为季度数据序列，首先在月度工作文件窗口中单击选择要转换的数据序列，再右击出现菜单，选择“Copy”复制；然后在季度数据序列工作文件窗口的空白处右击，在出现菜单中选择“Paste Special”粘贴，此时会出现“Paste Special”窗口(图 1.4.1)，确定高频向低频的频率转换方法。如果是季度数据序列转换为月度数据序列，方法类似，需确定低频向高频的频率转换方法。注意两个工作文件要在同一个主窗体下。

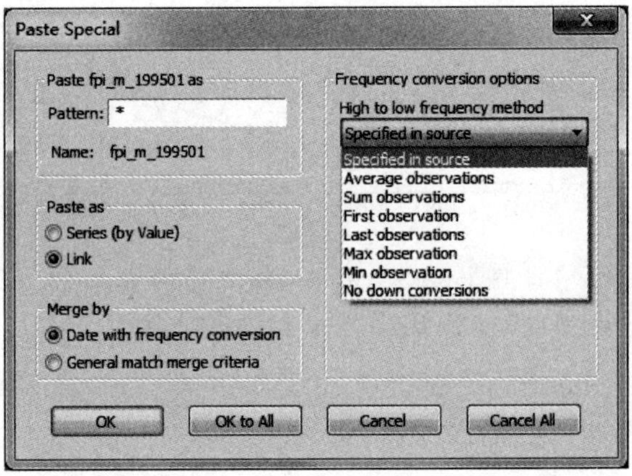

图 1.4.1　频率转换选择窗口(高频向低频转换)

1. 从高频率数据向低频率数据转换

从高频率数据向低频率数据转换(图 1.4.1)，有 6 种选择(以月度数据向季度数据转换为例)：

(1) 各季度的 3 个月观测值平均值。

(2) 各季度的 3 个月观测值的和。

(3) 各季度的第一个月的观测值。

(4) 各季度的最后一个月的观测值。

---

① EViews 10 User's Guide Ⅰ, IHS Global Inc., 2017. Chapter 5, pp. 170-177; Chapter 11, pp. 445-497, pp. 539-544.

(5) 各季度 3 个月中最大观测值。

(6) 各季度 3 个月中最小观测值。

2. 从低频率数据向高频率数据转换

从低频率数据向高频率数据的转换(图 1.4.2),有 8 种插值方法:

(1) 阶梯函数(Constant)。

(2) 二次插值方法(Quadratic)。

(3) 线性插值方法(Linear)。

(4) 三次自然样条函数插值方法(Cubic)。

(5) 点方法(Point)。

(6) Denton 方法。

(7) Chow-Lin 方法。

(8) Litterman 方法。

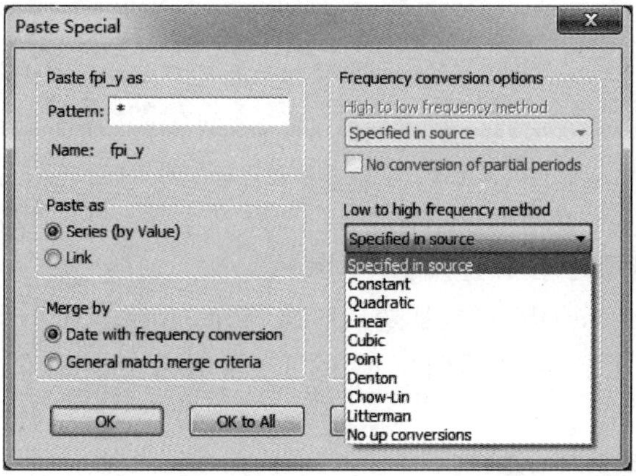

图 1.4.2　频率转换选择窗口(低频向高频转换)

根据低频数据的性质还要在"Match"栏中选择转换后的高频数据是按平均值、求和,还是第一个月值或最后一个月值相匹配。例 1.1 中季度 *GDP* 转为月度 *GDP* 选择的是 Litterman 方法,在"Match"栏中选择"Sum";季度固定资产投资价格指数(FPI)转为月度数据时,选择的也是 Litterman 方法,在"Match"栏中选择"Average"。

1.4.2　季节调整

1. X-13-ARIMA-SEATS 季节调整

双击需进行季节调整的月度或季度时间序列名,在序列菜单选择 Proc/Seasonal Adjustment/Census X-13 命令,将显示如图 1.4.3 所示 X-13 季节调整选项对话框(X-13 Options)。

(1) 变量预处理选项(Variables)

X-13-ARIMA-SEATS 程序允许用户在季节调整之前执行 ARIMA 回归,因此,X-13 对话框中的变量选项允许用户定义在 ARIMA 步骤中使用的序列和外生变量的形式。

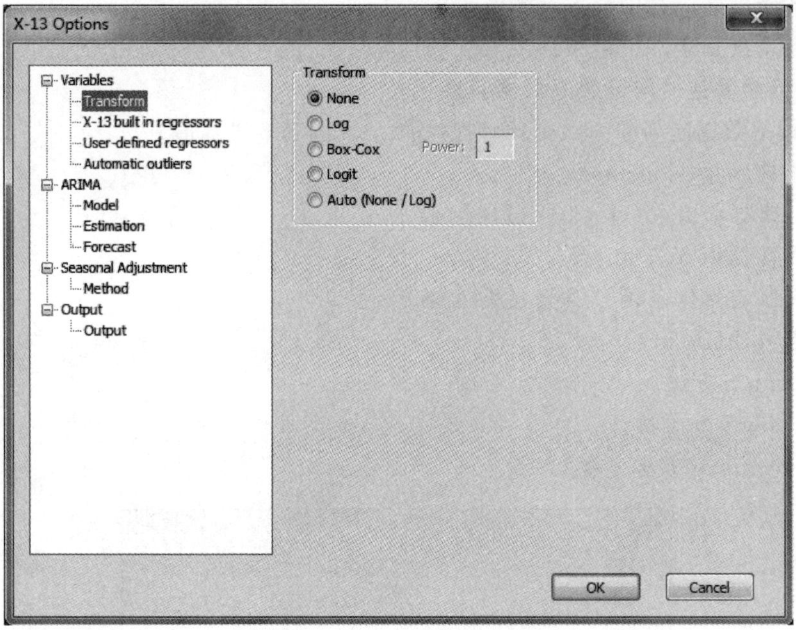

图 1.4.3 X-13 季节调整选项对话框

例 1.2 没有选择变量预处理,即选择缺省: None。

变量预处理选项(Variables)包括变量转换(Transform)、X-13 内置回归变量 (X-13 built in regressors)、用户定义回归变量 (User-defined regressors)、自动离群值检测(Automatic outliers)。

(2) ARIMA 模型选项(ARIMA)

① ARIMA 模型指定(Model)

a. 手工指定(Manual)

如果用户选择手工指定方式,需要 Model 文本框中按(p,d,q)(P,D,Q)形式输入自回归、差分和移动平均阶数,以及季节自回归、季节差分和季节移动平均阶数。

b. X-11 自动指定(X-11 Auto)

如果用户选择 X-11 Auto 方式指定 ARIMA 模型,X-13 程序将利用 X-11-ARIMA 的算法自动选择最优的 ARIMA 模型。例 1.2 选择 X-11 Auto 方式。X-11-ARIMA 模型算法要求用户通过选择方式指定 ARIMA 模型,在 Model 部分的 Specify 下拉菜单中提供了 3 种备选方式: 通过列表选择(By list)、通过阶数限制选择(With limits)以及通过文件选择(By file)。如果是通过列表选择,用户可以在右边的列表框中指定多个形如 (p,d,q)(P,D,Q) 的备选模型。如果是通过阶数限制选择,用户需要设置 ARIMA 模型的每一项的最大阶数。EViews 将基于用户设定的最大阶数,通过组合方式建立一系列备选模型。如果是通过文件选择,用户可以指定一个扩展名为 (.MDL) 的文件,该文件中包括一系列 ARIMA 备选模型。

c. TRAMO 自动指定(TRAMO Auto)

如果用户选择 TRAMO Auto 方式指定 ARIMA 模型,X-13 程序将利用 TRAMO/SEATS 算法选择最优的 ARIMA 模型。对话框的 Differencing 和 ARIMA 部分允许用户指定差分和 ARIMA 项的最大阶数,Differencing 部分中的 Auto/Fixed 转换按钮分别代表自动选择差分水平和选择固定的差分水平。

② ARIMA 模型估计(Estimation)

Estimation 部分允许用户指定带有回归因子的 ARIMA 模型的基本估计选项。Likelihood method 下拉菜单允许用户指定使用精确极大似然方法或条件极大似然方法对模型进行估计和预测。

③ ARIMA 模型预测(Forecast)

Forecast 部分提供了利用所估计的 ARIMA 进行预测和回推的选项。用户需要指定预测和回推的长度,此外,当误差项服从对数正态分布时,可以选择 Adjust for log transformation 选项对预测进行对数变换调整。注意,当用户指定的预测和回推长度超出当前工作文件范围时,EViews 不给出错误提示,但超出工作文件范围的观测值不能被生成。

(3) 季节调整选择(Seasonal Adjustment)

在季节调整选项(Seasonal Adjustment)分支中,用户可以利用单选按钮选择基于 X-11 方法或 SEATS 方法进行季节调整,或选择 None 按钮不进行季节调整,此时 X-13 程序仅估计指定的 ARIMA 回归模型。例 1.2 季节调整方法选择 X-11。

如果用户指定一种季节调整方法,EViews 将显示两个预测输出(Forecast output)选项,选择这两个命令(Append forecasts 和 Append backcasts)可以对输出序列追加一年的预测和/或回推值,并且在表格输出中显示结果。对话框的剩余部分显示了 X-11 和 SEATS 季节调整方法的基础选项。例 1.2 这两个预测输出(Forecast output)选项都选上。

① X-11 基础选项

在 X-11 基础选项中,Method 下拉菜单用来设置季节调整分解方法,用户可以在乘法模型、加法模型、伪加法模型、对数加法模型和 X-13 缺省选项中进行选择,例 1.2 选择加法模型(Additive)。当用户选择 X-13 缺省选项,则模型的选择模式依赖于 Variables 分支中的变换选项(Transformation)的设定。

趋势滤波(Trend filter)下拉菜单允许用户对最终的趋势循环要素选择亨德森移动平均方法,可以让 X-13 程序自动选择,或者指定一个 1 至 101 区间内的奇数。例 1.2 让 X-13 程序自动选择。

季节滤波(Seasonal filter)下拉菜单允许用户指定季节移动平均的类型,缺省时 X-13 将自动地选择季节滤波类型。例 1.2 让 X-13 程序自动选择。

② SEATS 基础选项

通过指定 Use HP filter 选项,用户可以选择利用 HP 滤波方法对趋势循环因素进行分解。Do not allow stationary seasonal models 选项通知 X-13 程序,不允许对非差分季节模型进行调整,如果选择这个选项,并且指定了一个平稳季节ARIMA模型,X-13将使用(0,1,1)指定来替代季节ARIMA模型成分。Ljung-Box Q limit文本框用来输入SEATS程序检验ARIMA模型质量的限制数。

(4) 季节调整结果输出(Output)

在输出选项(Output)分支中,允许用户指定多个季节调整输出序列被保存在工作文件中。在季节调整分支中选择不同方法(X-11或SEATS),则输出选项的用户界面不同。

当选择X-11方法时,最终输出序列(Final series output)部分包括季节调整后的序列(D11)、趋势要素(D12)、季节要素(D10)和不规则要素(D13)4个部分,括号内为输出序列短名。输出序列全名由原始序列名+"_"+序列短名组成,如原始序列名为GDP,X-11季节要素短名为D10,则季节要素全名为GDP_D10。例1.2输出sl_d11、sl_d12、sl_d10、sl_d13。预测输出(Forecast output)选项不可用。

当选择SEATS方法时,最终输出序列(Final series output)部分包括季节调整后的序列(S11)、趋势要素(S12)、季节要素(S10)、不规则要素(S13)和暂时因素(S14)5个部分。预测输出(Forecast output)选项允许用户保存季节调整后的序列(AFD)、趋势要素(TFD)、暂时要素(YFD)和季节要素(SFD)的预测值。

2. X-12季节调整

双击需进行季节调整的月度或季度时间序列名,在序列菜单选择Proc/Seasonal Adjustment/ Census X-12,打开一个对话框。X-12对话框中有5个标签,首先显示的是季节调整对话框(图1.4.4)。

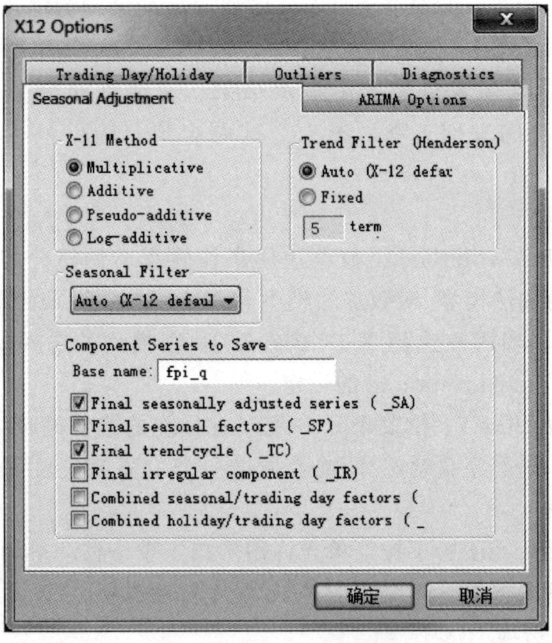

图1.4.4　X-12季节调整对话框

（1）X-11 方法（X-11 Method）

这一部分指定季节调整分解的形式：乘法、加法、伪加法（此形式必须伴随 ARIMA 说明）和对数加法。注意在使用乘法、伪加法和对数加法模型时，被调整的序列中不允许有零和负数。

（2）季节滤波（Seasonal Filter）和趋势滤波（Trend Filter）选择

当估计季节因子时，允许选择季节移动平均滤波项数（又称月别移动平均项数），缺省时由程序自动确定（X-12 default）。X-12 方法使用对称的亨德松（Henderson）移动平均进行趋势滤波。

（3）ARIMA 模型选择

X-12 还允许在季节调整前对被调整序列建立一个合适的 ARIMA 模型，可以得到用于季节调整的向前/向后预测值。

（4）存储调整后的分量序列（Component Series to Save）

X-12 方法将被调整的序列名作为缺省列在 Base name 框中，可以改变序列名。在下面的复选项中选择要保存的季节调整后分量序列，X-12 方法将序列名加上相应的后缀保存在工作文件中：最终的季节调整后序列（_SA）、最终的季节因子（_SF）、最终的趋势—循环序列（_TC）、最终的不规则要素分量（_IR）、季节/贸易日因子（_D16）和假日/贸易日因子（_D18）。

3. TRAMO/SEATS 季节调整

双击需进行季节调整的月度或季度时间序列名，在序列菜单选择 Proc/Seasonal Adjustment/TRAMO/SEATS，显示 TRAMO/SEATS 选项对话框。在 TRAMO/SEATS 选项中包括 3 个选择卡：TRAMO/SEATS 选择卡、回归变量（Regressors）选项卡和外部冲击（Ouliers）选择卡。

（1）运行模式（Run mode）。用户决定是否选择复选框（Run Seats after Tramo）。不选择复选框，则只运行 Tramo 程序；如果选择复选框，则在运行 Tramo 程序之后，继续运行 Seats 程序。

（2）数据转换（Transformation）。在数据转换的下拉菜单中有 3 个选项：不进行数据变换（None）、进行对数变换（Log）和由程序决定是否进行对数变换（Auto Select level or log）。默认值是由程序决定是否进行对数变换（Auto Select level or log）。

（3）选择 ARIMA 模型的阶数（ARIMA order search）。在该下拉菜单中有 4 个选项：固定阶数（Fix order）、仅固定差分阶数（Fix only difference orders）、自动选择阶数（Search all）和自动选择阶数并且具有单位复根（Search all and unit complex roots）。

（4）选择需要保存的序列（Series to Save）。用户需要在 Base name 后输入需要调整的序列名，并且用户可以选择需要保存的文件，软件提供了下列文件名供用户进行选择：预测序列（_HAT）、线性变换序列（_LIN）、插值序列（_POL）、季节调整后的序列（_SA）、季节因子（_SF）、趋势序列（_TRD）、循环序列（_CYC）和不规则要素序列（_IR）。

1.4.3 Hodrick-Prescott 滤波

使用 Hodrick-Prescott 滤波来分解序列的趋势要素，选择 Proc/Hodrick Prescott Filter，出现图 1.4.5 所示的例 1.3 的 HP 滤波选项对话框。

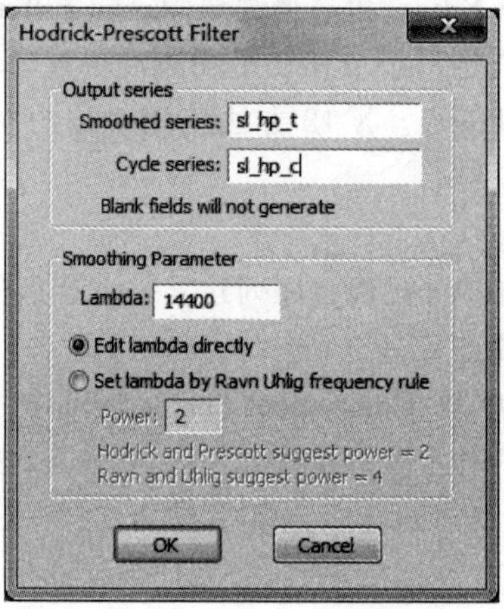

图 1.4.5　HP 滤波选项对话框

首先对分解后的趋势序列给一个名字，EViews 将默认一个名字，但也可填入一个新的趋势序列名字。然后给定参数 λ 的值，年度数据 λ 取 100，季度和月度数据分别取 1 600 和 14 400。不允许填入非整数的数据。单击 OK 按钮后，EViews 把原序列和趋势序列在一个图形中显示出来。注意只有包括在当前工作文件样本区间内的数据才被处理，区间外的数据都为 NA。

1.4.4 BP 滤波

在 EViews 中，可以使用 Band-Pass 滤波对经济时间序列进行趋势循环分解。在序列对象的菜单中选择 Proc/Frequency Filter，显示图 1.4.6 所示例 1.6 的对话框。

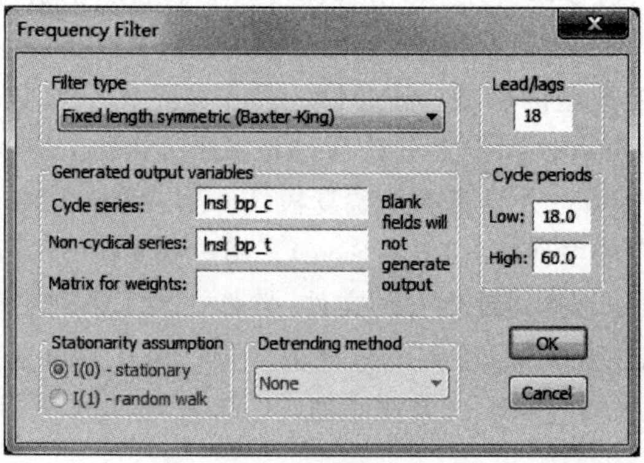

图 1.4.6　频率滤波对话框

为了使用 Band-Pass 滤波，首先要选择一种滤波类型。共有 3 种类型：

(1) BK 固定长度对称滤波[Fixed length symmetric (Baxter-King，BK)]；

(2) CF 固定长度对称滤波[Fixed length symmetric (Christiano-Fitzgerald，CF)]；

(3) 全样本长度非对称滤波[Full sample a symmetric (Christiano-Fitzgerald)]。

EViews 默认的是 BK 固定长度对称滤波。如果使用固定长度对称滤波，还必须指定先行/滞后(Lead/lag)项数 n。

例 1.6 中 $n=18$。由于带通(BK)滤波的两端各欠 n 项，为了近期的分解结果没有缺失值，例 1.6 利用 ARIMA 模型将季节调整后的 TC 序列 *lnsl_d*12 外推到 2009 年 6 月。经过单位根检验，发现 *lnsl_d*12 是一阶单整序列，对 *lnsl_d*12 建立 ARIMA(3,1,1) 模型，然后预测 18 个月，使序列延长到 2009 年 6 月，记为 *lnsl_d*12*f*。注意将样本区间(Sample)改为 1980m01 2009m06。进入预测序列 *lnsl_d*12*f*，在序列菜单的"Proc"中选择"Frequency Filter …"，单击后出现频率滤波对话框(图 1.4.6)，并填写相应信息。

用户必须选择循环周期(Cycle periods)的区间以计算 Band-Pass 滤波的频率响应函数的权重序列。这个区间由一对数据(P_L，P_U)描述，P_L，P_U 由 Band-Pass 滤波要保留的循环波动成分所对应的周期来确定。月度数据填月数，季度数据填季度的个数。EViews 将根据数据类型填入默认数值。例如，例 1.6 认为中国社会消费品零售总额的增长周期大约在 1.5 年(18 个月)到 5 年(60 个月)，如果保留在这个区间内的循环要素，则区间的下界是 18，上界是 60。因此，设定 $P_L=18$，$P_U=60$(相当于例 1.6 中的 p 和 q)。

用户需要输入希望保存的结果(循环成分、趋势成分)对象的名字。循环序列(Cycle series)是包含循环要素的序列对象(例 1.6 为 *lnsl_bp_c*)；趋势序列(Non-cyclical series)是实际值和循环序列的差(例 1.6 为 *lnsl_bp_t*)。用户还能得到在滤波中所用的 Band-Pass 滤波频率响应函数的权序列，它将存储在矩阵对象中。

对称滤波移动平均的权重仅依赖用户指定的频率区间，而且是时不变的。EViews 可以计算两种固定长度的对称形式的滤波，其中一种依据 Baxter-King(1999)，另一种依据 Christiano-Fitzgerald (2003)。二者差别在于选择 Band-Pass 滤波权重所依据的目标函数不同，即计算移动平均权重的方式不同。另外，EViews 可以计算全样本非对称这种广义的滤波。非对称滤波是时变的，这种情况下，权重依赖于数据，而且在计算每个观测值时都不同，先行和滞后的权重都可以不同。

在选择 BK 和 CF 这两种对称滤波时，要注意固定长度滤波在做每次移动平均时都使用相同的超前、滞后项数。因此，n 项超前、滞后滤波得到的序列将失去原序列两端各 n 个观测值。然而，非对称滤波序列没有这个要求，滤波后序列没有欠项。

在使用对称或非对称 CF 滤波时，要注意 EViews 提供了处理趋势数据的额外的选项。首先，要选择平稳性假设(stationarity assumption)。对于两种 CF 滤波，都需要设定序列是 $I(0)$的协方差平稳过程或者是 $I(1)$的单位根过程。然后，要选择剔除趋势的方法(Detrending method)：对于协方差平稳序列，应该选择剔除均值(remove mean)或剔除数据的趋势(remove linear trend)；如果是单位根过程，则应在剔除均值、剔除数据趋势或进行漂移调整(drift adjustment)三者中进行选择。由于 Baxter-King 滤波能够剔除

$I(2)$过程的趋势,因此使用Baxter-King滤波时,上述两个选项不可选。

在Band-Pass滤波的输出结果中会出现两个图,左侧的图描述了原序列、趋势序列和循环序列。对于BK和CF固定长度对称滤波而言,EViews画出频率响应函数$w(\omega)$,频率ω的区间是[0,0.5],右侧的图描述了频率响应函数。但是,对于时变的CF滤波,并没有画出频率响应函数,因为滤波的频率响应函数随数据和观测值个数变化。

第 2 章　非平稳时间序列建模①

由于传统的时间序列模型只能描述平稳时间序列的变化规律，而大多数经济时间序列都是非平稳的，因此，由 20 世纪 80 年代初 Granger 提出的协整概念，引发了非平稳时间序列建模从理论到实践的飞速发展。本章介绍了非平稳时间序列的概念和单位根检验方法、ARIMA 模型的建模方法、协整理论的基本思想及误差修正模型。

2.1　非平稳时间序列和单位根检验

一个平稳时间序列的数字特征，如均值、方差和协方差等是不随时间的变化而变化的，时间序列在各个时间点上的随机性服从一定的概率分布，可以通过时间序列过去时间点上的信息，建立模型拟合过去信息，进而预测未来的信息。然而，对于一个非平稳时间序列而言，时间序列的数字特征是随着时间的变化而变化的，也就是说，非平稳时间序列在各个时间点上的随机规律是不同的，难以通过序列已知的信息去掌握时间序列整体上的随机性。因此，对于一个非平稳序列去建模、预测是困难的。而在实践中遇到的经济和金融数据大多是非平稳的时间序列。如图 2.1.1 所示，中国的 1978—2006 年的 *GDP* 序列就具有很强的上升趋势。

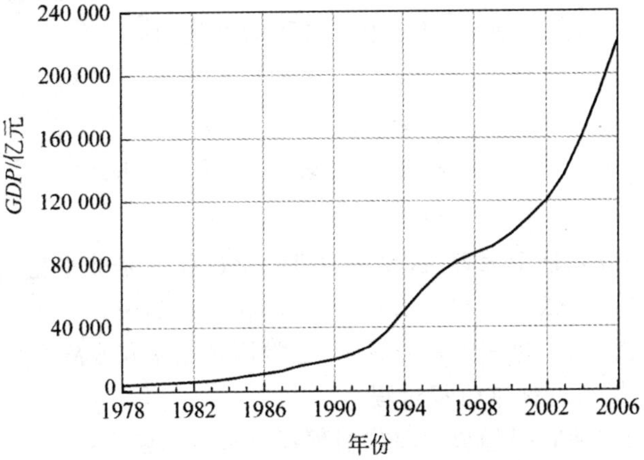

图 2.1.1　中国 1978—2006 年的 *GDP* 序列(生产法，现价)

---

① 汉密尔顿. 时间序列分析(下册)[M]. 夏晓华，译. 北京：中国人民大学出版社，2015：第 15-17 章.
张晓峒，计量经济学[M]. 北京：清华大学出版社，2017：第 12-13 章.
李子奈，叶阿忠. 高级应用计量经济学[M]. 北京：清华大学出版社，2012：第 3 章.
李雪松. 高级经济计量学[M]. 北京：中国社会科学出版社，2008：第 7 章.

2.1.1 非平稳序列和单整

1. 确定性时间趋势

描述类似图2.1.1形式的非平稳经济时间序列有两种方法：一种是包含一个确定性时间趋势：

$$y_t = a + \delta t + u_t,\quad t = 1,2,\cdots,T \tag{2.1.1}$$

式中：u_t 为平稳的随机扰动项序列；$a+\delta t$ 为线性趋势函数。这种过程也称趋势平稳的，因为从式(2.1.1)中减去 $a+\delta t$，结果是一个平稳过程。注意到像图2.1.1一类的经济时间序列常呈指数趋势增长，但是指数趋势取对数就可以转换为线性趋势。

另一种是一般时间序列可能存在一个非线性函数形式的确定性时间趋势，如可能存在多项式趋势：

$$y_t = a + \delta_1 t + \delta_2 t^2 + \cdots + \delta_n t^n + u_t,\quad t = 1,2,\cdots,T \tag{2.1.2}$$

同样可以除去这种确定性趋势，然后分析和预测去势后的时间序列。对于中长期预测而言，能准确地给出确定性时间趋势的形式很重要。令 $\boldsymbol{y} = \{y_1, y_2, \cdots, y_T\}$，如果 $\boldsymbol{y}$ 能够通过去势方法排除确定性趋势，转化为平稳序列，称为**退势平稳过程**。

2. 差分平衡过程

非平稳序列中有一类序列可以通过差分运算，得到具有平稳性的序列，称为**差分平稳过程**。为了说明单位根的概念，对AR(1)模型进行分析：

$$y_t = \gamma y_{t-1} + \varepsilon_t,\quad t = 1,2,\cdots,T \tag{2.1.3}$$

式中：ε_t 是一个白噪声序列，均值为0，方差为 σ^2。根据平稳时间序列分析的理论可知，当 $|\gamma| < 1$ 时，该序列是平稳的，但是如果 $\gamma = 1$，则由式(2.1.3)生成的序列 $\boldsymbol{y}$ 变为**随机游走过程**(random walk process)，随机游走过程的方差为

$$\begin{aligned}\mathrm{var}(y_t) &= \mathrm{var}(y_{t-1} + \varepsilon_t)\\ &= \mathrm{var}(y_{t-2} + \varepsilon_{t-1} + \varepsilon_t)\\ &= \mathrm{var}(\varepsilon_1 + \varepsilon_2 + \cdots + \varepsilon_{t-1} + \varepsilon_t)\\ &= t\sigma^2\end{aligned}$$

当 $t \to \infty$ 时，序列的方差趋于无穷大，说明随机游走过程 $\boldsymbol{y}$ 是非平稳的。而其差分序列

$$\Delta y_t = (1-L)y_t = \varepsilon_t,\quad t = 1,2,\cdots,T \tag{2.1.4}$$

是平稳序列[式中 $(1-L)$ 为一阶差分算子，也常用希腊字母Δ表示]。由于式(2.1.4)滞后算子多项式的根为1，也称**单位根过程**。

更一般地，带漂移和时间趋势的单位根过程服从如下模型：

$$y_t = a + \delta t + y_{t-1} + \varepsilon_t,\quad t = 1,2,\cdots,T \tag{2.1.5}$$

显然随机游走过程是一般单位根过程的一个特例。将模型(2.1.5)转化为

$$\Delta y_t = a + \delta t + \varepsilon_t,\quad t = 1,2,\cdots,T \tag{2.1.6}$$

可以看出，式(2.1.6)的 Δy_t 含有时间趋势，因此 Δy_t 的均值随时间而变化，Δy_t 是非平稳的。要使 Δy_t 变成平稳的，需要对其进行去除趋势处理。也就是说，式(2.1.6)的 Δy_t 是退势平稳过程。

3. 单整

像差分平稳过程描述的 $\boldsymbol{y}$ 这种非平稳序列可以通过差分运算，得到平稳性的序列称为单整(integration)序列。定义如下：

定义　如果序列 $\boldsymbol{y}$，通过 d 次差分成为一个平稳序列，而这个序列差分 $d-1$ 次时却不平稳，那么称序列 $\boldsymbol{y}$ 为 d 阶单整序列，记为 $\boldsymbol{y} \sim I(d)$。特别地，如果序列 $\boldsymbol{y}$ 本身是平稳的，则为零阶单整序列，记为 $\boldsymbol{y} \sim I(0)$。

单整阶数是序列中单位根个数，或者是使序列平稳而差分的阶数。对于上面的随机游走过程，有一个单位根，所以是 $I(1)$。一般而言，表示存量的数据，如以不变价格表示的资产总值、储蓄余额等存量数据经常表现为 2 阶单整；以不变价格表示的消费额、收入等流量数据经常表现为 1 阶单整；而像利率、收益率等表示变化率的数据则经常表现为 0 阶单整。

2.1.2　单位根检验

时间序列的非平稳性可能归因于一个确定性时间趋势，也可能源于单位根过程，也许两者兼而有之，区分非平稳数据的这两种特征非常重要。纳尔逊和普洛斯(Nelson，Plosser，1982)[①]认为很多经济时间序列都不是由确定性时间趋势，而是由单位根过程来更好地表征。

检查时间序列平稳性的标准方法是单位根检验。本节将介绍 7 种单位根检验方法：DF 检验(Dickey-Fuller test)、ADF 检验(augmented Dickey-Fuller test)、DFGLS 检验(Dickey-Fuller test with GLS)、PP 检验(Phillips-Perron test)、KPSS 检验(Kwiatkowski，Phillips，Schmidt，and Shin test)、ERS 检验(Elliot，Rothenberg，and Stock point optimal test)和 NP 检验(Ng and Perron test)。前 4 种方法出现得比较早，在实际应用中较为常见。但是，由于这 4 种方法均需要对被检验序列做可能包含常数项和趋势变量项的假设，因此，应用起来有一定的不便；后 3 种方法克服了前 4 种方法带来的不便，在剔除原序列趋势的基础上，构造统计量检验序列是否存在单位根，应用起来较为方便。

1. DF 检验

20 世纪 70 年代，迪克(Dickey)和富勒(Fuller)提出了 DF 检验统计量，用于检验序列是否含有单位根及其单整阶数。为说明 DF 检验，先考虑 3 种形式的回归模型：

$$y_t = \rho y_{t-1} + u_t, \quad t = 1,2,\cdots,T \tag{2.1.7}$$

$$y_t = \rho y_{t-1} + a + u_t, \quad t = 1,2,\cdots,T \tag{2.1.8}$$

$$y_t = \rho y_{t-1} + a + \delta t + u_t, \quad t = 1,2,\cdots,T \tag{2.1.9}$$

式中：a 为常数；δt 为线性趋势函数，$u_t \sim \text{i.i.d.}\ N(0,\sigma^2)$[②]。如果 $-1<\rho<1$，则 $\boldsymbol{y}$ 平稳(或退势平稳)。如果 $\rho=1$，$\boldsymbol{y}$ 序列是一阶单整非平稳序列。如果 ρ 的绝对值大于 1，序列

---

① NELSON C R，PLOSSER C R. Trends and random walks in macroeconomic time series：some evidence and implications[J]. Journal of monetary economics，1982，10(12)：139-162.

② i. i. d. 为 independently and identically distributed 的缩写，表示独立同分布。

发散。因此,判断一个序列是否平稳,可以通过检验 ρ 是否严格小于1来实现。也就是说原假设为 $H_0: \rho=1$,备择假设为 $H_1: \rho<1$。

从方程两边同时减去 y_{t-1} 得

$$\Delta y_t = \eta y_{t-1} + u_t, \quad t=1,2,\cdots,T \tag{2.1.10}$$

$$\Delta y_t = \eta y_{t-1} + a + u_t, \quad t=1,2,\cdots,T \tag{2.1.11}$$

$$\Delta y_t = \eta y_{t-1} + a + \delta t + u_t, \quad t=1,2,\cdots,T \tag{2.1.12}$$

式中:$\eta=\rho-1$,所以原假设和备选假设可以改写为

$$\begin{cases} H_0: \eta=0 \\ H_1: \eta<0 \end{cases} \tag{2.1.13}$$

可以通过最小二乘法得到 η 的估计值 $\hat{\eta}$,类似于线性回归模型参数估计显著性检验的方法,构造检验 $\hat{\eta}$ 显著性的 t 统计量。但是,迪克和富勒通过研究发现 t 统计量在原假设下已经不再服从 t 分布,为此,迪克和富勒采用蒙特卡洛方法,模拟生成了DF检验的临界值,但是迪克和富勒计算的数据有限,麦金农(Mackinnon)进行了大规模的模拟,计算了不同回归模型以及不同样本数下 t 统计量在1%、5%和10%显著性水平下的临界值,并将其称为DF统计量。现在常用的计量经济软件包都包含由麦金农计算的Mackinnon临界值表。这样,就可以根据需要,选择适当的显著性水平,通过DF统计量来决定是否拒绝原假设。这一检验被称为Dickey-Fuller检验(DF检验)。

上面描述的单位根检验只有当序列为AR(1)时才有效。如果序列存在高阶滞后相关,这就违背了随机扰动项是独立同分布的假设。在这种情况下,迪克和富勒提出了使用增广的DF检验方法①来检验含有高阶序列相关的序列的单位根。

2. ADF检验

考虑 $\boldsymbol{y}$ 存在 p 阶序列相关,用 p 阶自回归过程来修正:

$$y_t = a + \phi_1 y_{t-1} + \phi_2 y_{t-2} + \cdots + \phi_p y_{t-p} + u_t \tag{2.1.14}$$

在式(2.1.14)两端减去 y_{t-1},通过添项和减项的方法,可得

$$\Delta y_t = a + \eta y_{t-1} + \sum_{i=1}^{p-1} \beta_i \Delta y_{t-i} + u_t \tag{2.1.15}$$

式中:

$$\eta = \sum_{i=1}^{p} \phi_i - 1, \quad \beta_i = -\sum_{j=i+1}^{p} \phi_j$$

ADF检验方法通过在回归方程右边加入因变量 y_t 的滞后差分项来控制高阶序列相关:

$$\Delta y_t = \eta y_{t-1} + \sum_{i=1}^{p-1} \beta_i \Delta y_{t-i} + u_t, \quad t=1,2,\cdots,T \tag{2.1.16}$$

① DICKEY D A, FULLER W A. Distribution of the estimators for autoregressive time series with a unit root [J]. Journal of the American Statistical Association, 74(366): 427-431.

$$\Delta y_t = \eta y_{t-1} + a + \sum_{i=1}^{p-1} \beta_i \Delta y_{t-i} + u_t, \quad t = 1,2,\cdots,T \tag{2.1.17}$$

$$\Delta y_t = \eta y_{t-1} + a + \delta t + \sum_{i=1}^{p-1} \beta_i \Delta y_{t-i} + u_t, \quad t = 1,2,\cdots,T \tag{2.1.18}$$

扩展定义将检验：

$$\begin{cases} H_0: \eta = 0 \\ H_1: \eta < 0 \end{cases} \tag{2.1.19}$$

也就是说原假设为序列至少存在一个单位根；备择假设为不存在单位根。序列 $\boldsymbol{y}$ 可能还包含常数项和时间趋势项。通过检验 η 的估计值 $\hat{\eta}$ 是否拒绝原假设，进而判断一个高阶自相关序列 AR(p)过程是否存在单位根。ADF 检验的临界值与 DF 检验的临界值相同。

但是，在进行 ADF 检验时，必须注意以下 3 个问题：

(1) 必须为回归定义合理的滞后阶数。通常采用 AIC 来确定给定时间序列模型的滞后阶数。AIC 的具体表达式请参见本书初级的第 2 章 2.1.7 节。在实际应用中，还需要兼顾其他的因素，如系统的稳定性、模型的拟合优度等。

(2) 可以选择常数和线性时间趋势，选择哪种形式很重要，因为检验 $\hat{\eta}$ 显著性水平的 ADF 统计量在原假设下的渐近分布依赖于关于这些项的定义。也就是说，不同的模型形式对应不同的临界值表。

使用画图的方法来确定在 ADF 检验中是否包含常数项或者时间趋势项是比较常用、有效和易行的。但是对于一些时间序列数据，其数据生成过程较为复杂，很难直观地判断其是否含有时间趋势或者常数项。一般从式(2.1.18)，即含有常数和线性时间趋势的模型开始，然后检验式(2.1.17)、式(2.1.16)。

(3) 如果在检验时拒绝原假设，则序列 $\boldsymbol{y}$ 不存在单位根，为平稳序列；否则说明序列 y_t 是不平稳的，还需对其差分后进一步检验，直到拒绝原假设，来确定序列 $\boldsymbol{y}$ 的单整阶数。

3. DFGLS 检验

在经验研究中，尽管 DF 检验的 DF 统计量是应用最广泛的单位根检验，但是它的检验功效偏低，尤其是在小样本条件下，数据的生成过程为高度自相关时，检验的功效非常不理想。另外，DF 检验和 ADF 检验对于含有时间趋势的退势平稳序列的检验是失效的[①]。因此，为了改进 DF 和 ADF 检验的效能，Elliott，Rothenberg 和 Stock(1996)[②]基于 GLS 方法的退势 DF 检验，简称 DFGLS 检验，其基本原理如下：

首先定义序列 $\boldsymbol{y}$ 的拟差分序列如下：

$$\mathrm{d}(y_t \mid a) = \begin{cases} y_t, & 若\ t = 1 \\ y_t - a y_{t-1}, & 若\ t > 1, \end{cases} \quad t = 2,\cdots,T \tag{2.1.20}$$

并且构造如下回归方程：

---

① 张晓峒，白仲林. 退势单位根检验小样本性质的比较[J]. 数量经济技术经济研究，2005(5)：40-51.

② ELLIOTT G, ROTHENBERG T J, STOCK J H. Efficient tests for an autoregressive unit root[J]. Econometrica，1996，64(4)：813-836.

$$d(y_t \mid a) = d(\boldsymbol{x}_t' \mid a)\boldsymbol{\delta}(a) + u_t, \quad t = 1,2,\cdots,T \tag{2.1.21}$$

式中：$\boldsymbol{x}_t = (1)$表示 $\boldsymbol{y}$ 中只含有截距项，或 $\boldsymbol{x}_t = (1,t)'$表示 $\boldsymbol{y}$ 中含有截距项和趋势项。令$\hat{\boldsymbol{\delta}}(a)$表示方程(2.1.21)参数的最小二乘估计量，在实际计算中通常如下定义参数 a：

$$a = \begin{cases} 1 - 7/T, & \text{若 } \boldsymbol{x}_t = (1) \\ 1 - 13.5/T, & \text{若 } \boldsymbol{x}_t = (1,t)' \end{cases} \tag{2.1.22}$$

利用方程(2.1.21)的估计参数定义退势后的序列 $\boldsymbol{y}^d$ 为

$$y_t^d \equiv y_t - \boldsymbol{x}_t'\hat{\boldsymbol{\delta}}(\bar{a}), \quad t = 1,2,\cdots,T \tag{2.1.23}$$

然后，对退势后的序列 $\boldsymbol{y}^d$，应用 ADF 检验，即为 DFGLS 检验。检验过程如下：

$$\Delta y_t^d = \eta y_{t-1}^d + \sum_{i=1}^{p-1} \beta_i \Delta y_{t-i}^d + u_t, \quad t = 1,2,\cdots,T \tag{2.1.24}$$

原假设和备择假设同 ADF 检验一致，为

$$\begin{cases} H_0: \eta = 0 \\ H_1: \eta < 0 \end{cases} \tag{2.1.25}$$

Elliott，Rothenberg 和 Stock(1996)给出了不同置信水平下的临界值，DFGLS 检验同一般的 ADF 检验一样是左侧单边检验。

4. PP 检验

类似于 DF 检验的作用，Phillips 和 Perron(1988)①提出一种非参数方法来检验一阶自回归过程 AR(1)的平稳性，对于方程

$$\Delta y_t = \eta y_{t-1} + u_t, \quad t = 1,2,\cdots,T \tag{2.1.26}$$

$$\Delta y_t = \eta y_{t-1} + a + u_t, \quad t = 1,2,\cdots,T \tag{2.1.27}$$

$$\Delta y_t = \eta y_{t-1} + a + \delta t + u_t, \quad t = 1,2,\cdots,T \tag{2.1.28}$$

原假设和备择假设为

$$\begin{cases} H_0: \eta = 0 \\ H_1: \eta < 0 \end{cases} \tag{2.1.29}$$

接受原假设，意味着存在一个单位根；相反，接受备择假设，意味着不存在单位根。PP 检验也是通过构造一个具有 t 分布的统计量 t_{pp} 来检验 $\hat{\eta}$ 的取值情况，只是此时 t 统计量的构造相对于 DF 检验的统计量更为稳健。

PP 统计量 t_{pp} 的具体构造形式如下：

$$t_{\mathrm{pp}} = t_{\hat{\eta}} \left(\frac{\gamma_0}{f_0}\right)^{\frac{1}{2}} - \frac{T(f_0 - \gamma_0)s_{\hat{\eta}}}{2f_0^{\frac{1}{2}}\hat{\sigma}} \tag{2.1.30}$$

式中：f_0 为频率为零时的残差谱密度估计值(frequency zero spectrum estimation)②；t_{η}

---

① PHILLIPS P C B, PERRORN P. Testing for a unit root in time series regression[J]. Biometrika, 1988, 75(2): 335-346.

② f_0 的计算方法请参见本小节的“8. 残差谱密度 f_0 估计方法”。

为 $\hat{\eta}$ 的 t 统计量；$s_{\hat{\eta}}$ 为 $\hat{\eta}$ 的标准差；$\hat{\sigma}$ 为回归残差标准差；γ_0 为回归残差方差的一致估计量，即

$$\gamma_0 = \frac{T-k}{T}\hat{\sigma}^2 \tag{2.1.31}$$

式中：k 为外生变量的个数。

同 ADF 检验的 t 统计量一样，通过模拟可以给出 PP 统计量在不同显著性水平下的临界值，使得我们能够很容易地实施检验。PP 检验中滞后阶数的选择可以通过 AIC 等方法来确定。

5. KPSS 检验

KPSS(1992)检验[①]的原理是用从待检验序列中剔出截距项和趋势项的序列 $\hat{u}_t$ 构造 LM(拉格朗日乘数)统计量。令 $\boldsymbol{y}$ 是被检验序列，$\boldsymbol{x}_t$ 是外生变量向量序列。$\boldsymbol{x}_t$ 包含原序列 $\boldsymbol{y}$ 中可能含有的截距项，或者截距项和趋势项。建立如下回归方程：

$$y_t = \boldsymbol{x}'_t\boldsymbol{\delta} + u_t, \quad t = 1,2,\cdots,T \tag{2.1.32}$$

式中：$\boldsymbol{x}_t = (1)$表示 $\boldsymbol{y}$ 中只含有截距项，或 $\boldsymbol{x}_t = (1,t)'$表示 $\boldsymbol{y}$ 中含有截距项和趋势项。对方程式(2.1.32)做最小二乘回归得到残差序列的估计，$\hat{u}_t = y_t - \boldsymbol{x}_t\hat{\boldsymbol{\delta}}$ 是剔除趋势和截距项的序列，KPSS 检验就是基于此，通过检验残差的估计序列 $\hat{u}_t$ 是否存在单位根，从而来判断原序列是否存在单位根。令

$$S(t) = \sum_{r=1}^{t}\hat{u}_r \tag{2.1.33}$$

则 KPSS 检验的 LM 统计量构造如下：

$$\mathrm{LM} = \sum_t S(t)^2/(T^2 f_0) \tag{2.1.34}$$

式中：f_0 为频率为零时的残差谱密度，计算方法请参见本小节的"8. 残差谱密度 f_0 估计方法"。

KPSS 检验的原假设是序列 $\boldsymbol{y}$ 是(趋势)平稳的；备择假设是序列 $\boldsymbol{y}$ 是(趋势)不平稳的。Kwiatkowski，Phillips，Schmidt and Shin(1992)给出了不同置信水平下的临界值，且该检验是右侧单边检验。

6. ERS 检验[②]

ERS(1996)检验是在被检验序列 $\boldsymbol{y}$ 的拟差分序列回归基础上构造的统计量进行检验的。首先定义序列 $\boldsymbol{y}$ 的拟差分序列如下：

$$\mathrm{d}(y_t \mid a) = \begin{cases} y_t, & 若\ t=1 \\ y_t - a y_{t-1}, & 若\ t>1 \end{cases}, \quad t = 2,\cdots,T \tag{2.1.35}$$

---

① KWIATKOWSKI D，PHILLIPS C B，SCHIMIT P，et al. Testing the null hypothesis of stationary against the alternative of a unit root[J]. Journal of economics，1992，54(1-3)：159-178.

② ELLIOTT G，ROTHENBERG T J，STOCK J H. Efficient tests for an autoregressive unit root[J]. Econometrica，1996，64(4)：813-836.

并且构造如下回归方程：

$$d(y_t \mid a) = d(\boldsymbol{x}_t' \mid a)\boldsymbol{\delta}(a) + \eta_t, \quad t = 1,2,\cdots,T \tag{2.1.36}$$

这里，$\boldsymbol{x}_t$ 包含了常数项或者常数项和趋势项的外生变量向量序列，即 $\boldsymbol{x}_t = (1)$ 或 $\boldsymbol{x}_t = (1,t)'$。令 $\hat{\boldsymbol{\delta}}(a)$ 表示方程式(2.1.36)参数的最小二乘估计量，在实际计算中通常如下定义参数 a：

$$a = \begin{cases} 1 - 7/T, & \text{若 } \boldsymbol{x}_t = (1) \\ 1 - 13.5/T, & \text{若 } \boldsymbol{x}_t = (1,t) \end{cases} \tag{2.1.37}$$

则方程(2.1.36)残差的最小二乘估计为

$$\hat{u}_t(a) = d(y_t \mid a) - d(x_t \mid a)\hat{\boldsymbol{\delta}}(a), \quad t = 1,2,\cdots,T \tag{2.1.38}$$

定义 ERS 检验的统计量 P_T 如下：

$$P_T = [\mathrm{SSR}(a) - a\,\mathrm{SSR}(1)]/f_0 \tag{2.1.39}$$

式中：f_0 为频率为零时的残差谱密度，计算方法请参见本小节的“8. 残差谱密度 f_0 估计方法”。$\mathrm{SSR}(a) = \sum \hat{u}_t^2(a)$，$\mathrm{SSR}(1) = \sum \hat{u}_t^2(1)$。

ERS 检验的原假设是序列 $\boldsymbol{y}$ 有一个单位根，备择假设是序列 $\boldsymbol{y}$ 是平稳的。Elliot, Rothenberg and Stock(1996)给出了检验在不同置信水平下的临界值，且 ERS 检验是左侧单边检验。

7. NP 检验

Ng 和 Perron(2001)[①]基于被检验序列的广义最小二乘退势序列 $\hat{u}_t$ 构造了 4 个统计量检验序列的平稳性。$\hat{u}_t$ 的定义为

$$\hat{u}_t = y_t - \boldsymbol{x}_t'\hat{\boldsymbol{\delta}}(a), \quad t = 1,2,\cdots,T \tag{2.1.40}$$

这里，$\boldsymbol{x}_t$ 包含了常数项或者常数项和趋势项的外生变量向量序列，即 $\boldsymbol{x}_t = (1)$ 或 $\boldsymbol{x}_t = (1,t)'$。$\hat{\boldsymbol{\delta}}(a)$ 表示方程式(2.1.36)参数的最小二乘估计量，基于 $\hat{u}_t$ 构造的 4 个统计量具体表达式如下：

$$\begin{cases} MZ_a^d = [T^{-1}(\hat{u}_T)^2 - f_0]/(2\boldsymbol{\kappa}) \\ MZ_t^d = MZ_a^d \times MSB^d \\ MSB^d = (\boldsymbol{\kappa}/f_0)^{\frac{1}{2}} \\ MP_T^d = \begin{cases} [\bar{c}^2\boldsymbol{\kappa} - \bar{c}T^{-1}(\hat{u}_T)^2]/f_0, & \text{若 } \boldsymbol{x}_t = (1) \\ [\bar{c}^2\boldsymbol{\kappa} + (1-\bar{c})T^{-1}(\hat{u}_T)^2]/f_0, & \text{若 } \boldsymbol{x}_t = (1,t)' \end{cases} \end{cases} \tag{2.1.41}$$

式中：f_0 为频率为零时的残差谱密度，计算方法请参见本小节的“8. 残差谱密度 f_0 估计方法”，且

① NG S, PERRON P. Lag length selection and the construction of matrix estimation[J]. Review of economic studies, 2001, 61: 631-653.

$$\kappa=\sum_{t=2}^{T}(\hat{u}_{t-1})^2/T^2 \tag{2.1.42}$$

$$\bar{c}=\begin{cases}-7, & 若\ \boldsymbol{x}_t=(1)\\ -13.5, & 若\ \boldsymbol{x}_t=(1,t)'\end{cases} \tag{2.1.43}$$

NP 检验的原假设是序列 $\boldsymbol{y}$ 有一个单位根；备择假设是序列 $\boldsymbol{y}$ 是平稳的。Ng 和 Perron 给出了式(2.1.41)的 4 个检验统计量在不同置信水平下的临界值，且 NP 检验的 4 个统计量均是左侧单边检验。

8. 残差谱密度 f_0 估计方法

前述检验方法中的 f_0 是频率为零时的残差谱密度估计值。在实际应用中，主要有两种 f_0 的估计方法：协方差核估计(kernel-based sum-of-covariances estimation)和自回归谱密度估计量(autoregressive spectral density estimator)。

以下简要地介绍这两种估计方法。

(1) 协方差核估计

在协方差核估计下，f_0 的估计值为

$$\hat{f}_0=\sum_{j=-(T-1)}^{T-1}\hat{\gamma}_j K(j/l) \tag{2.1.44}$$

式中：l 为带宽参数，代表协方差加权的截断滞后；K 为核函数；而 $\hat{\gamma}_j$ 为残差序列 $\hat{u}_t$ 的 j 阶滞后的自协方差，即

$$\hat{\gamma}_j=\sum_{t=j+1}^{T}(\hat{u}_t\hat{u}_{t-j})/T \tag{2.1.45}$$

在不同的检验方法中，残差序列 $\hat{u}_t$ 的估计方式是不同的。通常核函数 K 有如下 3 种函数形式：

① Bartlett 函数形式：

$$K(x)=\begin{cases}1-|x|, & |x|\leqslant 1\\ 0, & 其他\end{cases} \tag{2.1.46}$$

② Parzen 函数形式：

$$K(x)=\begin{cases}1-6x^2+6|x|^3, & 0\leqslant|x|\leqslant\dfrac{1}{2}\\ 2(1-|x|)^3, & \dfrac{1}{2}<|x|\leqslant 1\\ 0, & 其他\end{cases} \tag{2.1.47}$$

③ Quadratic Spectral 函数形式：

$$K(x)=\frac{25}{12\pi^2x^2}\left[\frac{\sin(6\pi x/5)}{6\pi x/5}-\cos(6\pi x/5)\right] \tag{2.1.48}$$

(2) 自回归谱密度估计量

f_0 的自回归谱密度估计量定义如下：

$$\hat{f}_0=\hat{\sigma}_u^2/(1-\hat{\beta}_1-\hat{\beta}_2-\cdots-\hat{\beta}_p) \tag{2.1.49}$$

式中：$\hat{\beta}_1, \hat{\beta}_2, \cdots, \hat{\beta}_p$ 为如下方程参数的最小二乘估计量：

$$\Delta u_t = \alpha u_{t-1} + \boldsymbol{x}_t \boldsymbol{\delta} + \beta_1 \Delta u_{t-1} + \beta_2 \Delta u_{t-2} + \cdots + \beta_p \Delta u_{t-p} + \varepsilon_t \tag{2.1.50}$$

式中：$\boldsymbol{x}_t$ 包含了常数项或者常数项和趋势项，即 $\boldsymbol{x}_t = (1)$ 或 $\boldsymbol{x}_t = (1, t)'$；而 $\hat{\sigma}_\varepsilon^2$ 为方程(2.1.50)残差方差的估计量，即为

$$\hat{\sigma}_\varepsilon^2 = \sum \hat{\varepsilon}_t^2 / T \tag{2.1.51}$$

还需要指出的是在方程式(2.1.50)中，$\hat{u}_t$ 指的是对原序列 $\boldsymbol{y}$ 剔除趋势和常数项后的新序列。具体的剔除方法有最小二乘法、最小二乘退势法和广义最小二乘退势法。在 KPSS 中用最小二乘退势法剔除了原序列 $\boldsymbol{y}$ 的常数项和趋势项。在后两种方法 ERS 检验和 NP 检验中，用广义最小二乘退势法剔除原序列的趋势项和常数项。

例 2.1　检验居民消费价格指数序列的平稳性

本例将检验我国 1983 年 1 月—2010 年 8 月的通货膨胀率的平稳性，采用居民消费价格指数(上年同月=100)减去 100 表示，记为 π_t。如图 2.1.2 所示。

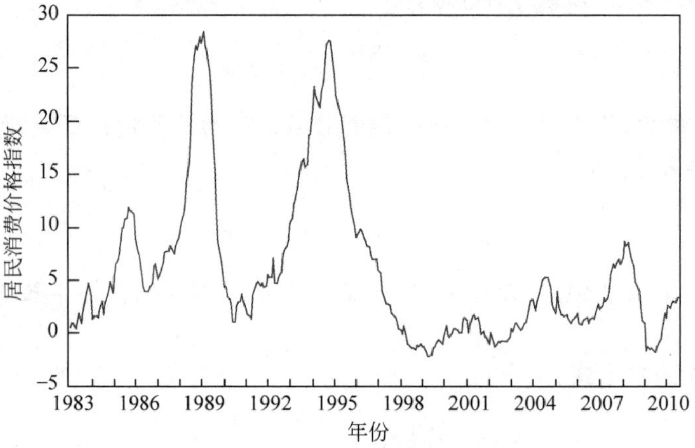

图 2.1.2　居民消费价格指数 π_t

从 π_t 的图形可以看出不含有时间趋势项和截距项。π_t 序列的 ADF 检验结果如表 2.1.1 所示(选择无常数项无趋势项)：

表 2.1.1　π_t 序列的 ADF 检验结果

			t 统计量	概率值(p 值)
ADF 统计量检验临界值			−2.074	0.036 7
显著性水平	1%	−2.572		
	5%	−1.942		
	10%	−1.616		

资料来源：MacKinnon (1996) one-sided p-values.

检验结果显示 π_t 序列在 5% 的显著性水平下拒绝原假设，因此，通货膨胀率 π_t 序列是一个平稳的序列。利用其他几种单位根检验方法也得到同样的结论，因此，π_t 序列是 0 阶单整序列，即 $\pi_t \sim I(0)$。

注意检验时间序列的单位根过程需要较大的样本容量，但是一般在实际经济分析中只有有限的样本容量，而经济时间序列单位根的检验结果和它的样本区间有关，不同的样本区间会得出不同的结论，如在 1983 年 1 月—1995 年 12 月区间内检验，π_t 序列是一阶单整 $I(1)$ 序列。

例 2.2　检验中国 *GDP* 序列的平稳性

在图 2.1.1 中，我们可以观察到 1978—2006 年我国 *GDP*（现价，生产法）具有明显的上升趋势。在 ADF 检验时选择含有常数项和时间趋势项，由 SIC（施瓦兹信息准则）确定滞后阶数（$p=4$）。*GDP* 序列的 ADF 检验结果如表 2.1.2 所示。

表 2.1.2　*GDP* 序列的 ADF 检验结果

			t 统计量	概率值（p 值）
ADF 统计量检验临界值			1.993 9	1.000 0
显著性水平	1% 5% 10%	−4.375 −3.612 −3.243		

检验结果显示，*GDP* 序列以最大的 p 值，即 100% 的显著性水平接受原假设，即存在单位根的结论，其他检验回归形式也得出相同的结论。将 *GDP* 序列做 1 阶差分，然后对 ΔGDP 进行 ADF 检验（选择含有常数项和时间趋势项，由 SIC 确定滞后阶数（$p=6$），如表 2.1.3 所示。

表 2.1.3　*GDP* 序列的 ADF 检验结果

			t 统计量	概率值（p 值）
ADF 统计量检验临界值			−2.955 8	0.166 6
显著性水平	1% 5% 10%	−4.468 −3.645 −3.261		

检验结果显示，ΔGDP 序列在 16.66 % 的显著性水平下接受原假设，不能拒绝存在单位根的原假设，其他检验回归形式也得出相同的结论。PP 检验的结果也是接受原假设，ΔGDP 序列存在单位根，是非平稳的。

再对 ΔGDP 序列做差分，则 $\Delta^2 GDP$ 的 ADF 检验[选择不含常数项和时间趋势项，由 SIC 确定滞后阶数（$p=0$）]结果如表 2.1.4 所示。

表 2.1.4　$\Delta^2 GDP$ 的 ADF 检验结果

			t 统计量	概率值(p 值)
ADF 统计量检验临界值			−2.943 3	0.004 9
显著性水平	1%	−2.657		
	5%	−1.954		
	10%	−1.609		

检验结果显示,二阶差分序列 $\Delta^2 GDP$ 在1%的显著性水平下拒绝原假设,接受不存在单位根的结论,其他检验回归形式也得出相同的结论。除了ERS方法和NP方法外,其他几种单位根检验方法也得到同样的结论,因此可以确定1978—2006年期间 GDP 序列是2阶单整序列,即 $GDP \sim I(2)$。

2.1.3　突变点单位根检验(breakpoint unit root test)

2.1.2小节介绍了非平稳序列单位根检验的基本原理以及几种常用的检验方法。然而,传统的单位根检验方法只能识别包含截距项或者趋势项的时间序列是否存在单位根,而对识别时间序列存在突变点情形下的单位根无能为力。如果平稳时间序列含有突变点,应用2.1.2小节的方法进行检验,很有可能会得出接受序列非平稳性的原假设,导致检验结果失真。由于现实经济生活中的很多现象或规律都具有突变点,而在突变点前后分别具有结构变化的规律,因此,带有突变点的时间序列在现实当中具有广泛的应用。本小节介绍具有突变点的时间序列的基本概念、检验方法以及参数选择。

1. 突变点的定义

在深入探讨具有突变点的时间序列的检验方法之前,有必要首先给出突变点,又称突变变量,在不同情形下的严格定义。理论上可以定义3种突变变量,分别是截距突变变量(an intercept break variable)、趋势突变变量(a trend break variable)和单时点突变变量(a one-time break dummy variable)。

截距突变变量的定义为

$$DU_t(T_b) = \begin{cases} 1, & t \geqslant T_b \\ 0, & t < T_b \end{cases} \tag{2.1.52}$$

趋势突变变量的定义为

$$DT_t(T_b) = \begin{cases} 1 \times (t - T_b + 1), & t \geqslant T_b \\ 0, & t < T_b \end{cases} \tag{2.1.53}$$

单时点突变变量定义为

$$D_t(T_b) = \begin{cases} 1, & t = T_b \\ 0, & t \neq T_b \end{cases} \tag{2.1.54}$$

应用如上定义的突变点变量，便可以在下文中构造带有突变点的时间序列以及检验方法。

2. 带有突变点的时间序列的检验

Perron(1989)[①]指出，可以定义 4 种带有突变点的时间序列，分别是：单时点的水平突变(a one-time change in level)、水平突变(a change in level)、水平和趋势的突变(a change both in level and trend)和趋势突变(a change in trend)。对包含如上 4 种突变点时间序列进行平稳性检验有两类检验方法：第一类检验称为 IO test(innovational oulier test)，该模型假设突变的发生是一个渐进的过程，和外生冲击(innovations)服从同一动态过程；第二类检验称为 AO test(additive oulier test)，该模型假设突变的发生是即时的、瞬间的。

(1) innovational oulier test(IO test)

在 IO 检验中，考虑具有如下形式的原假设：

$$y_t = y_{t-1} + \beta + \psi(L)[\theta D_t(T_b) + \gamma DU_t(T_b) + \varepsilon_t] \tag{2.1.55}$$

式中：ε_t 为服从独立同分布的白噪声序列；$\psi(L)$为滞后算子多项式。在这里，突变点和扰动项服从同样的动态滞后过程。

在 IO 检验的备择假设中，假设一个趋势平稳的序列含有在截距和趋势层面的突变点，具体形式如下：

$$y_t = \mu + \beta t + \psi(L)[\theta D_t(T_b) + \gamma DU_t(T_b) + \varepsilon_t] \tag{2.1.56}$$

在此基础上，构建一个具有一般性的 Dickey-Fuller 检验方程，且该方程包含了 IO 检验的原假设和备择假设：

$$y_t = \mu + \beta t + \theta DU_t(T_b) + \gamma DT_t(T_b) + \omega D_t(T_b) + \rho y_{t-1} + \sum_{i=1}^{k} c_i \Delta y_{t-i} + u_t \tag{2.1.57}$$

式中：k 表示滞后阶数，用以校正序列可能存在的自相关性，可以根据 AIC 或者柯西准则确定滞后阶数。计算参数 ρ 估计值的 t 统计量，记为 $t_{\hat{\rho}}$。检验的原假设为 $t_{\hat{\rho}}(\hat{\rho}=1)$，即序列 y_t 为非平稳序列；备择假设为 $t_{\hat{\rho}}(\hat{\rho}<1)$，即序列为平稳序列。

在 IO 检验的一般框架下，通过对不同形式突变变量的参数施加约束，可以构造具有不同突变点形式的时间序列的 IO 检验。下面给出基于如下 4 种突变变量设定形式的检验方程：

① 具有截距项突变点，且含有截距项的无趋势序列：

$$y_t = \mu + \theta DU_t(T_b) + \omega D_t(T_b) + \rho y_{t-1} + \sum_{i=1}^{k} c_i \Delta y_{t-i} + u_t \tag{2.1.58}$$

② 具有截距项突变点，且含有趋势和截距项的序列：

$$y_t = \mu + \beta t + \theta DU_t(T_b) + \omega D_t(T_b) + \rho y_{t-1} + \sum_{i=1}^{k} c_i \Delta y_{t-i} + u_t \tag{2.1.59}$$

① PERRON P. The great crash, the oil price shock, and the unit root hypothesis[J]. Econometrica, 1989, 57(6): 1361-1401.

③ 具有截距项和趋势突变点,且含有趋势和截距项的序列:

$$y_t = \mu + \beta t + \theta DU_t(T_b) + \gamma DT_t(T_b) + \omega D_t(T_b) + \rho y_{t-1} + \sum_{i=1}^{k} c_i \Delta y_{t-i} + u_t \tag{2.1.60}$$

④ 具有趋势突变点,且含有趋势和截距项的序列:

$$y_t = \mu + \beta t + \gamma DT_t(T_b) + \rho y_{t-1} + \sum_{i=1}^{k} c_i \Delta y_{t-i} + u_t \tag{2.1.61}$$

(2) additive oulier test(AO test)

在 AO 检验中,考虑具有如下一般形式的原假设:

$$y_t = y_{t-1} + \beta + \theta D_t(T_b) + \gamma DU_t(T_b) + \psi(L)\varepsilon_t \tag{2.1.62}$$

式中:ε_t 为服从独立同分布的扰动项序列,$\psi(L)$为滞后算子多项式,扰动项服从动态滞后过程。在这里,突变点是一次性的、瞬时发生的。

在 AO 检验的备择假设中,假设一个趋势平稳的序列含有在截距和趋势层面的突变点,具体形式如下:

$$y_t = \mu + \beta t + \theta D_t(T_b) + \gamma DU_t(T_b) + \psi(L)\varepsilon_t \tag{2.1.63}$$

在 AO 检验的一般框架下,可以通过对不同形式突变变量的参数施加约束,构造具有不同突变点形式的时间序列的 AO 检验。不同于 IO 检验,AO 检验分为两步:第一步,构造包含突变变量、趋势和截距特征的方程,通过普通最小二乘(OLS)法估计方程的残差序列 u_t^*,u_t^* 又称退势序列;第二步,针对退势序列 u_t^* 构造基于 ADF 检验的方程,通过估计相关统计量,检验序列的平稳性。

下面给出基于如下 4 种突变变量设定形式的检验方程:

① 具有截距项突变点,且含有截距项的无趋势序列:

$$y_t = \mu + \theta DU_t(T_b) + u_t^* \tag{2.1.64}$$

② 具有截距项突变点,且含有趋势和截距项的序列:

$$y_t = \mu + \beta t + \theta DU_t(T_b) + u_t^* \tag{2.1.65}$$

③ 具有截距项和趋势突变点,且含有趋势和截距项的序列:

$$y_t = \mu + \beta t + \theta DU_t(T_b) + \gamma DT_t(T_b) + u_t^* \tag{2.1.66}$$

④ 具有趋势突变点,且含有趋势和截距项的序列:

$$y_t = \mu + \beta t + \gamma DT_t(T_b) + u_t^* \tag{2.1.67}$$

在此基础上,构建一个具有一般性的 Dickey-Fuller 检验方程,且该方程嵌套包含了 AO 检验的原假设和备择假设。其中,对于①、②和③形式的检验方程为

$$\hat{u}_t^* = \sum_{i=0}^{k} \omega_i D_{t-i}(T_b) + \rho \hat{u}_{t-1}^* + \sum_{i=1}^{k} c_i \Delta \hat{u}_{t-i}^* + \upsilon_t \tag{2.1.68}$$

对于④的检验方程为

$$\hat{u}_t^* = \rho \hat{u}_{t-1}^* + \sum_{i=1}^{k} c_i \Delta \hat{u}_{t-i}^* + \upsilon_t \tag{2.1.69}$$

式中:k 为滞后阶数,用以校正序列可能存在的自相关性,可以根据 AIC 或者柯西准则确

定滞后阶数。式(2.1.68)是具有 $k+1$ 个突变点虚拟变量的标准的 ADF 检验方程。计算参数 ρ 估计值的 t 统计量，记为 $t_{\hat{\rho}}$。检验的原假设为 $t_{\hat{\rho}}(\hat{\rho}=1)$，即序列 y_t 为非平稳序列；备择假设为 $t_{\hat{\rho}}(\hat{\rho}<1)$，即序列为平稳序列。

上述的 IO 和 AO 检验方法都需要指定突变点 T_b，如果通过图形确定具有明确的突变点，可以直接指定。如果没有指定突变点，则将在序列 y_t 的所有样本时期中识别突变点的时点，有不同的选择的方法：如使所有时点中估计的 Dickey-Fuller 检验方程的 t 统计量 $t_{\hat{\rho}}$ 最小；或截距项突变点的 t 统计量 $t_{\hat{\theta}}$ 最小；或截距项突变点的 t 统计量 $t_{\hat{\theta}}$ 最大；或截距项突变点的 t 统计量 $t_{\hat{\theta}}$ 的绝对值最大等确定为突变点的时点。

例 2.3　时间序列的突变点单位根检验

本例考察我国人民币兑美元(1991—1996 年)的汇率序列($exrate_t$)。1994 年 1 月中国人民银行将人民币兑美元汇率的双轨制改为单轨制，官方汇率由 5.807 元兑 1 美元调为 8.7 元兑 1 美元，使得汇率序列在 1994 年 1 月发生结构突变。

从图 2.1.3 可以清楚地观察到 1994 年 1 月 $exrate_t$ 发生了突变，而且可以看出 $exrate_t$ 在 1991—1993 年期间，处于逐渐上升的阶段；而在 1994—1996 年间略有下降，随后处于比较平稳的状态。我们采用 2.1.2 小节介绍的 ADF 单位根检验方法分别对 1991 年 1 月—1993 年 12 月期间和 1994 年 1 月—1996 年 12 月期间进行检验表明，这两段期间 $exrate_t$ 序列都是非平稳的一阶单整序列 $I(1)$。下面利用本小节介绍的突变点单位根检验(breakpoint unit root test)方法在 1991 年 1 月—1996 年 12 月期间对 $exrate_t$ 进行单位根检验。

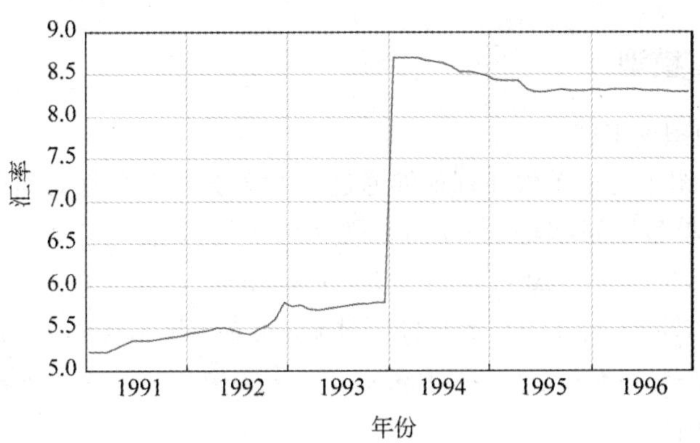

图 2.1.3　人民币兑美元汇率序列($exrate_t$)

由于 $exrate_t$ 序列在 1994 年 1 月后发生了截距和趋势变化，所以在 IO 检验方法中选取第(4)种检验方程形式：具有趋势突变点，且含有趋势和截距项：

$$y_t=\mu+\beta t+\gamma DT_t(T_b)+\rho y_{t-1}+\sum_{i=1}^{k}c_i\Delta y_{t-i}+u_t \tag{2.1.70}$$

并且选择 1994 年 1 月为突变点。方程(2.1.70)的估计结果为

$$exrate_t = 0.479 + 0.01375t - 0.01378DT_t(T_b) + 0.883exrate_{t-1} + \hat{u}_t \quad (2.1.71)$$

$$se = (0.273)\ (0.0057)\ \ (0.0076)\qquad\qquad (0.0552)$$

$$t = (1.75)\quad (2.39)\quad (-1.81)\qquad\qquad (15.998)$$

$$R^2 = 0.95,\quad DW = 1.98$$

原假设 $H_0:\eta=\rho-1=0$,有单位根。ADF 统计量为(0.883 194－1)/0.055 203≈－2.115 928。检验结果如表 2.1.5 所示。

表 2.1.5 汇率序列的 ADF 检验结果

			t 统计量	概率值(p 值)
ADF 统计量检验临界值			－2.115 928	≥0.50
显著性水平	1%	－4.553		
	5%	－3.959		
	10%	－3.677		

检验结果显示,汇率序列 $exrate_t$ 接受原假设,存在单位根,且是一个具有结构突变点的非平稳 $I(1)$ 序列。使用本节介绍的 AO 检验方法也可以得到同样的结论。

2.2 非平稳时间序列建模

2.2.1 ARIMA 模型

1. ARIMA 模型的形式

2.1.1 小节介绍了对于单整序列能够通过 d 次差分将非平稳时间序列转化为平稳序列。设 y_t 是 d 阶单整序列,即 $y_t \sim I(d)$,则

$$w_t = \Delta^d y_t = (1-L)^d y_t,\quad t=1,2,\cdots,T \quad (2.2.1)$$

则 w_t 为平稳序列,即 $w_t \sim I(0)$,于是可以对 w_t 建立 ARMA(p,q)模型

$$w_t = c + \phi_1 w_{t-1} + \cdots + \phi_p w_{t-p} + \varepsilon_t + \theta_1 \varepsilon_{t-1} + \cdots + \theta_q \varepsilon_{t-q} \quad (2.2.2)$$

用滞后算子表示,则

$$\Phi(L) w_t = c + \Theta(L)\varepsilon_t \quad (2.2.3)$$

式中

$$\Phi(L) = 1 - \phi_1 L - \phi_2 L^2 - \cdots - \phi_p L^p$$

$$\Theta(L) = 1 + \theta_1 L + \theta_2 L^2 + \cdots + \theta_q L^q$$

经过 d 阶差分变换后的 ARMA(p,q)模型称为 ARIMA(p,d,q)模型,式(2.2.3)等价于

$$\Phi(L)(1-L)^d y_t = c + \Theta(L)\varepsilon_t \quad (2.2.4)$$

估计 ARIMA(p,d,q)模型同估计 ARMA(p,q)具体的步骤相同,唯一不同的是在

估计之前要确定原序列的差分阶数 d，对 y_t 进行 d 阶差分。因此，ARIMA(p,d,q)模型区别于 ARMA(p,q)之处就在于前者的自回归部分的特征多项式含有 d 个单位根。因此，对一个序列建模之前，我们应当首先确定该序列是否具有非平稳性，这就首先需要对序列的平稳性进行检验，特别是要检验其是否含有单位根及所含有的单位根的个数。

2. 应用 ARIMA(p,d,q)模型建模的过程

博克斯-詹金斯(Box-Jenkins)①提出了对非平稳时间序列建模具有广泛影响的建模思想，能够对实际建模起到指导作用。博克斯-詹金斯的建模思想可分为如下 4 个步骤：

(1) 对原序列进行平稳性检验，如果序列不满足平稳性条件，可以通过差分变换(单整阶数为 d，则进行 d 阶差分)或者其他变换，如对数差分变换使序列满足平稳性条件。

(2) 通过计算能够描述序列特征的一些统计量(如自相关系数和偏自相关系数)，来确定 ARMA 模型的阶数 p 和 q，并在初始估计中选择尽可能少的参数。

(3) 估计模型的未知参数，并检验参数的显著性，以及模型本身的合理性。

(4) 进行诊断分析，以证实所得模型确实与所观察到的数据特征相符。

对于博克斯-詹金斯建模思想的第(3)、(4)步，需要一些统计量和检验来分析在第(2)步中的模型形式选择得是否合适，所需要的统计量和检验如下：

(1) 检验模型参数显著性水平的 t 统计量。

(2) 为保证 ARIMA(p,d,q)模型的平稳性，模型的特征根的倒数皆小于 1。

(3) 模型的残差序列应当是一个白噪声序列，可用本书初级第 4 章 4.1 节中的检验序列相关的方法检验。

例 2.4 将运用博克斯-詹金斯的建模思想完整地建立一个模型，以帮助读者熟悉博克斯-詹金斯的建模思想。

例 2.4　建立中国 *GDP* 对数序列的 ARIMA 模型

例 2.2 用 ADF 单位根检验得到结论：*GDP* 序列是 2 阶单整序列，即 $GDP \sim I(2)$。但是检验得到 *GDP* 的对数序列 ln(*GDP*)是 1 阶单整序列，Δln(*GDP*)是平稳序列，所以本例建立 ln(*GDP*)序列的 ARIMA 模型。首先观察 Δln(*GDP*)序列的相关图(图 2.2.1)。

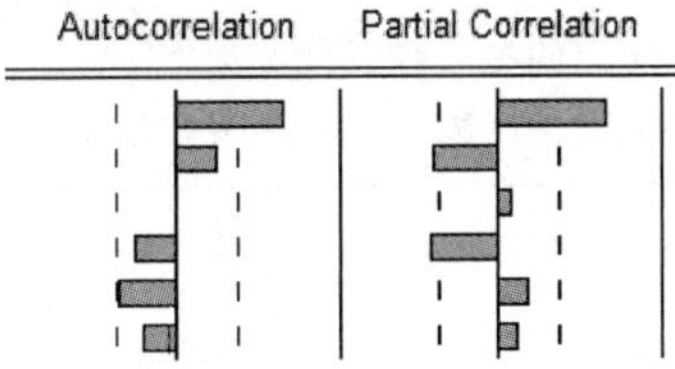

	AC	PAC	Q-Stat	Prob
1	0.687	0.687	14.694	0.000
2	0.252	-0.418	16.744	0.000
3	-0.003	0.090	16.744	0.001
4	-0.258	-0.439	19.069	0.001
5	-0.372	0.185	24.111	0.000
6	-0.200	0.126	25.632	0.000

图 2.2.1　Δln(*GDP*)序列的相关图

① GEORGE E P，JENKINS G M. Time series analysis：rorecasting and control[M]. Rev. ed. San Francisco：Holden-Day，1976.

$\Delta\ln(GDP)$序列的自相关系数和偏自相关系数都在1阶截尾,则取模型的阶数$p=1$和$q=1$,建立ARIMA(1,1,1)模型(时间:1978—2004年,2005年和2006年实际数据不参加建模,留作检验):

$$\Delta\ln(GDP_t)=0.91\Delta\ln(GDP_{t-1})+\hat{\varepsilon}_t+0.72\hat{\varepsilon}_{t-1} \tag{2.2.5}$$

$$t=(10.03)\qquad\qquad(3.4)$$

$$R^2=0.53,\qquad DW=2.2$$

从图2.2.2的相关图中可以看出模型的残差不存在序列相关,并且模型的各项统计量也很好。对这个模型一步向前地得到GDP序列的拟合和预测的结果,如图2.2.3所示,其中2005年和2006年为预测结果。

Autocorrelation	Partial Correlation		AC	PAC	Q-Stat	Prob*
		1	-0.167	-0.167	0.7802	
		2	-0.228	-0.263	2.3001	0.129
		3	0.124	0.036	2.7737	0.250
		4	-0.114	-0.156	3.1890	0.363
		5	-0.244	-0.288	5.1935	0.268
		6	0.139	-0.048	5.8840	0.318

图2.2.2　$\Delta\ln(GDP)$序列的ARIMA(1,1,1)模型残差的相关图

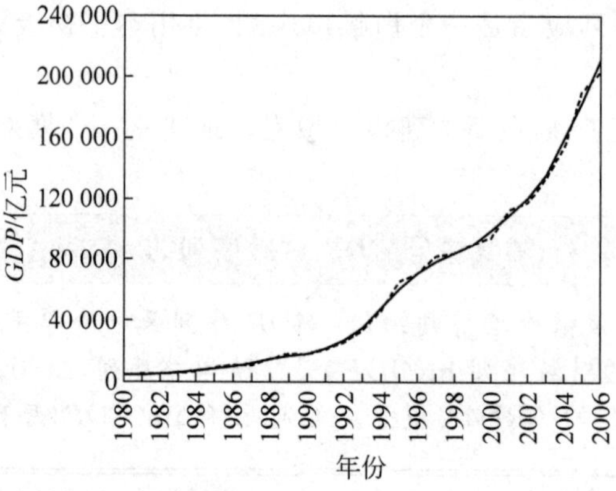

图2.2.3　GDP序列的拟合和预测结果

注:实线是GDP序列的原数据,虚线是模型拟合和预测结果。

2.2.2　ARFIMA模型

ARFIMA模型,又称**自回归分整动平均模型**(autoregressive fractionally integrated moving average model),在自回归和动平均模型的基础上,允许非整数阶的序列差分。传统的AR模型或者MA模型刻画的是有限记忆的时间序列,即序列的当期值是由过去若干期的冲击,按照指数衰减的加权之和。由于指数函数衰减很快,因此,AR模型、MA模型或者两者特征之和的ARMA或ARIMA模型被称为短记忆模型(finite memory models)。由于很多时间序列会展现出长记忆特征，即序列的当期值是由过去的无穷期的冲击的多项式函数的加权和构成，该类模型又称长记忆模型(long memory models)，传统 ARIMA 模型不足以刻画这种具有长记忆特征的时间序列，因此，人们引入了 ARFIMA 模型对长记忆时间序列建模。

ARFIMA(p,d,q)模型表示 d 阶分整，p 阶自回归且 q 阶动平均模型。方程定义为

$$\Phi(L)(1-L)^d y_t = c + \Theta(L)\varepsilon_t \tag{2.2.6}$$

不同于式(2.2.4)ARIMA(p,d,q)中的差分阶数 d 为已知整数，式(2.2.6)的 d 为绝对值小于 0.5 的未知参数，且 $|d|<0.5$ 是保证序列收敛的条件。$\Phi(L)$表示 p 阶自回归的滞后算子，$\Theta(L)$表示 q 阶动平均的滞后算子。Doornik and Ooms(2003)论述了 ARFIMA 模型的最大似然估计方法和 Levinson-Durbin 算法①。

由于本质上，分整序列是平稳序列，因此，传统的基于平稳序列为原假设，一阶单整为备择假设的单位根检验方法，如 ADF 检验和 ERS 检验有可能会在序列为分整的情况下，拒绝序列为平稳序列的原假设，导致序列被过度差分。然而，KPSS 检验可以在序列平稳的原假设基础上，允许序列包含 d 阶分整，且 $|d|<0.5$，因此，在考虑序列可能存在分整的情况下，KPSS 检验是更好的选择。

例 2.5　建立中国 *GDP* 对数差分序列的 ARFIMA 模型

例 2.4 用 ARIMA(1,1,1)模型对 ln(*GDP*)序列进行建模，取得了较好的效果。由于 $\Delta\ln(GDP_t)$近似于 *GDP* 增长率，因此式(2.2.5)刻画了滞后的冲击对 *GDP* 增长率的影响。而 $\Delta\ln(GDP_t)$是平稳序列，所以式(2.2.5)实际上是 $\Delta\ln(GDP_t)$的一个 ARMA(1,1)模型。但是，基于 ARMA 模型的建模，虽然能够刻画无限多期滞后的冲击对变量的影响，但影响随着滞后阶数的增加呈几何级数衰减，因此，ARMA 模型仅能够刻画一个"短记忆过程"。如果多期的滞后冲击对当前的 *GDP* 增长率都存在明显的影响，这就需要一个能够刻画"长期记忆"的模型，ARFIMA 模型刚好适合对"长期记忆过程"的建模。

设 $yr_t=\Delta\ln(GDP_t)$，建立 ARFIMA($0,d,1$)模型如下：

$$\Delta^d yr_t = \hat{\varepsilon}_t + 0.769\hat{\varepsilon}_{t-1} \tag{2.2.7}$$

$$t = (3.815)$$

$$R^2 = 0.583,\quad DW = 1.84$$

式中：分整阶数 d 的估计值 $\hat{d}_t=0.465$，相应的 t 统计量是 7.92。

从回归结果可以看出，分整阶数显著不为 0，且加入分整项后的模型同例 2.4 的 ln(*GDP*)序列的 ARIMA(1,1,1)模型相比，显著地改进了模型的拟合优度，更好地刻画了 GDP 增长率的变化。

---

① DOORNIK J A, OOMS M. Computational aspects of maximum likelihood estimation of autoregressive fractionally integrated moving average models[J]. Computational statistics & data analysis, 2003, 42(3): 333-348.

2.2.3　自回归分布滞后模型[①]

2.2.1小节介绍了ARMA(p,q)模型,用以刻画序列当期值是由过去无穷期的随机冲击效果之和构成,且这些冲击随时间的滞后,冲击效果逐渐较弱的现象。在实际建模中,序列当期值不仅受过去时间的随机冲击的影响,而且会受到滞后解释变量的影响。如果序列受到有限阶滞后解释变量的影响,则可以用本书初级第3章的3.5节介绍的多项式分布滞后(PDLs)模型建模刻画;如果序列受到滞后无穷期解释变量的影响,则可以用本节介绍的自回归分布滞后模型(autoregressive distributed lag model,ARDL模型)来建模。

1. 模型设定

设因变量为y_t,解释变量为$x_{1,t},x_{2,t},\cdots,x_{k,t}$,并且都是一阶单整序列$I(1)$或平稳序列$I(0)$。ARDL模型是一个同时包含滞后因变量和滞后解释变量的最小二乘回归方程,通常用ARDL($p,q_1,q_2,\cdots,q_k$)来表示,其中p代表因变量的滞后阶数,$q_1,q_2,\cdots,q_k$代表第1～k个解释变量的滞后阶数。ARDL模型的具体设定形式如下:

$$y_t=\alpha+\sum_{i=1}^{p}\gamma_i y_{t-i}+\sum_{j=1}^{k}\sum_{i=0}^{q_j}\beta_{j,i}x_{j,t-i}+\varepsilon_t \tag{2.2.8}$$

式(2.2.8)中一些解释变量如$\boldsymbol{x}_j=(x_{j1},x_{j2},\cdots,x_{j,T})$可能没有滞后项,则$q_j=0$。没有滞后项的解释变量称为静态或者固定回归变量(static or fixed regressors);有至少一阶滞后项的解释变量称为动态回归变量(dynamic regressors)。为了确定ARDL模型的具体形式,需要指定因变量和解释变量的滞后阶数。有两种原则可以用来确定ARDL模型的滞后阶数:根据AIC或柯西准则,或根据调整后的R^2。

2. 模型诊断

由于ARDL模型估计了因变量和解释变量之间的动态关系,因此,可以把ARDL模型转化成长期形式表达式,来反映解释变量对因变量的长期影响。本节不加证明地给出,第j个解释变量对因变量的长期影响为

$$\theta_j=\sum_{i=1}^{q_j}\hat{\beta}_{j,i}\Big/\Big(1-\sum_{i=1}^{p}\hat{\gamma}_i\Big) \tag{2.2.9}$$

为了构建协整检验方程,可以把式(2.2.8)差分,并代入式(2.2.9)后得到

$$\Delta y_t=-\sum_{i=1}^{p-1}\gamma_i^*\Delta y_{t-1}+\sum_{j=1}^{k}\sum_{i=0}^{q_j-1}\beta_{j,i}^*\Delta x_{j,t-i}-\hat{\phi}EC_{t-1}+\varepsilon_t \tag{2.2.10}$$

式中

$$EC_t=y_t-\alpha-\sum_{j=1}^{k}x_{j,t}\hat{\theta}_j \tag{2.2.11}$$

---

① GREENE W H. Econometric analysis[M]. 6th ed. Upper Saddle River,NJ: Prentice-Hall,2008.

PESARAN M H,SHIN Y. An autoregressive distributed lag modelling approach to cointegration analysis[M]// STROM S. Econometrics and economic theory in the 20th Century: The Ragnar Frisch Centennial Symposium. Cambridge: Cambridge University Press,1999.

$$\hat{\phi}=1-\sum_{i=1}^{p}\hat{\gamma}_i \tag{2.2.12}$$

$$\gamma_i^*=\sum_{m=i+1}^{p}\hat{\gamma}_m \tag{2.2.13}$$

$$\beta_{j,i}^*=\sum_{m=i+1}^{q_j}\beta_{j,m} \tag{2.2.14}$$

利用协整方程(2.2.10)，Pesaran，Shin 和 Smith(2001)①发展了一种检验 ARDL 模型的因变量和解释变量之间是否存在长期关系的方法，称为 Bounds test。Bounds test 方法首先把协整方程(2.2.10)变形为如下形式：

$$\Delta y_t=-\sum_{i=1}^{p-1}\gamma_i^*\Delta y_{t-1}+\sum_{j=1}^{k}\sum_{i=0}^{q_j-1}\beta_{j,i}^*\Delta x_{j,t-i}-\rho y_{t-1}-\alpha-\sum_{j=1}^{q_j}x_{j,t-1}\delta_j+\varepsilon_t \tag{2.2.15}$$

为了检验因变量和自变量之间长期关系的存在，检验的原假设 H_0 为没有长期效应的存在，只需验证

$$H_0:\begin{cases}\rho=0\\ \delta_1=\delta_2=\cdots=\delta_k=0\end{cases} \tag{2.2.16}$$

备择假设 H_1 为存在长期效应。

例 2.6　利用 ARDL 模型对投资函数建模

本例采用美国 1947 年第 1 季度—1994 年第 4 季度数据，利用 ARDL 模型对美国投资进行建模。由于当年的投资额(inv)除了取决于当期的 GDP、当期的消费(cs)和政府负债(g_net)外，还有可能受到前 1,2,3,…,k 个时期 GDP、消费和政府负债的影响，由于投资的连续性，它可能还受到前 1,2,3,…,k 个时期投资额的影响，所以可以通过建立包含多期因变量和自变量滞后的 ARDL($p,q_1,q_2,\cdots,q_k$)模型，对投资函数进行建模。经检验 inv、GDP、cs 和 g_net 都是一阶单整序列，并且根据 2.3 节介绍的协整检验方法，这 4 个变量之间存在协整关系。为了不遗漏滞后变量，合理地选择模型因变量和解释变量的滞后阶数，首先计算 ARDL(4,4,4,4)可能存在的不同滞后阶数组合的 AIC 信息值，并从中选取 AIC 数值最小的对应的滞后组合作为模型实际的滞后阶数。经过计算比较后，发现 ARDL(4,1,1,1)的组合 AIC 信息值最小，因此，建立如下 ARDL(4,1,1,1)模型：

$$inv_t=\alpha+\sum_{i=1}^{4}\gamma_i inv_{t-1}+\sum_{i=0}^{1}\beta_{1,i}\times GDP_{t-i}+\sum_{i=0}^{1}\beta_{2,i}\times cs_{t-i}+\sum_{i=0}^{1}\beta_{3,i}\times g\_net_{t-i}+\varepsilon_t \tag{2.2.17}$$

模型估计结果如表 2.2.1 所示。

① PESARAN M H，SHIN Y，SMITH R. Bounds testing approaches to the analysis of level relationships[J]. Journal of applied econometrics，2001，16(3)：289-326.

表 2.2.1　美国投资 ARDL 模型估计结果(因变量: inv_t)

解释变量	估计系数	t 统计量	解释变量	估计系数	t 统计量
inv_{t-1}	0.970***	19.617	cs_t	−0.703***	−8.245
inv_{t-2}	−0.062	−0.906	cs_{t-1}	0.740***	8.636
inv_{t-3}	0.218***	3.129	g_net_t	0.377***	6.185
inv_{t-4}	−0.161***	−3.315	g_net_{t-1}	−0.361***	−5.906
GDP_t	0.484***	10.991	α	−11.026**	−2.135
GDP_{t-1}	−0.499***	−11.709			
$R^2=0.998$			$DW=2.004$		

注: ***、**、* 表示在 1%、5%、10%的显著性水平下显著。

估计结果显示,ARDL(4,1,1,1)模型较好地刻画了美国在这一历史时期的市场投资行为。

2.3　协整和误差修正模型

在前面介绍的 ARMA 模型中要求经济时间序列是平稳的,但是由于实际应用中大多数时间序列是非平稳的,通常采用差分方法消除序列中含有的非平稳趋势,使得序列平稳化后建立模型,这就是上节介绍的 ARIMA 模型。但是变换后的序列限制了所讨论经济问题的范围,并且有时变换后的序列由于不具有直接的经济意义,使得化为平稳序列后所建立的时间序列模型不便于解释。

1987 年 Engle 和 Granger 提出的协整理论及其方法①,为非平稳序列的建模提供了另一种途径。虽然一些经济变量的本身是非平稳序列,但是,它们的线性组合却有可能是平稳序列。这种平稳的线性组合被称为**协整方程**(cointegrating regression),且可被解释为变量之间的长期稳定的均衡关系。例如,消费和收入都是非平稳时间序列,但是具有协整关系,假如它们不具有,那么长期消费就可能比收入高或低,于是消费者便会非理性地消费或累积储蓄。这一节将介绍协整理论的概念、检验方法及根据协整理论而得到广泛应用的误差修正模型理论。

2.3.1　协整关系

假定一些经济指标被某经济系统联系在一起,那么从长远看来这些变量应该具有均衡关系,这是建立和检验模型的基本出发点。这种均衡关系意味着经济系统不存在破坏均衡的内在机制,如果变量在短期内因为季节影响或随机干扰偏离其长期均衡点,则均衡机制将会在下一期进行调整以使其重新回到均衡状态。如果这种偏离是暂时的,那么随着时间推移将会回到均衡状态;如果这种偏离是持久的,就不能说这些变量之间存在均

① ENGLE R F,GRANGER C W J. Co-integration and error correction: representation, estimation, and testing [J]. Econometrica,1987,55(2): 251-276.

衡关系。协整(co-integration)可被看作这种均衡关系性质的统计表示。

协整概念是一个强有力的概念。因为协整允许我们刻画两个或多个序列之间的平衡或平稳关系。对于每一个序列单独来说可能是非平稳的，这些序列的矩，如均值、方差和协方差随时间而变化，而这些时间序列的线性组合序列却可能有不随时间变化的性质。Engle 和 Granger 指出两个或多个非平稳时间序列的线性组合可能是平稳的。假如这样一种平稳的或 $I(0)$ 的线性组合存在，这些非平稳(有单位根)时间序列之间被认为具有协整关系。

协整定义：k 维向量时间序列 $\boldsymbol{y}_t=(y_{1t},y_{2t},\cdots,y_{kt})'(t=1,2,\cdots,T)$ 的分量序列间被称为 d,b 阶协整，记为 $\boldsymbol{y}_t\sim \mathrm{CI}(d,b)$，如果满足：

(1) $\boldsymbol{y}_t\sim I(d)$，要求 $\boldsymbol{y}_t$ 的每个分量都是 d 阶单整的。

(2) 存在非零向量 $\boldsymbol{\beta}$，使得 $\boldsymbol{\beta}'\boldsymbol{y}_t\sim I(d-b)$，$0<b\leqslant d$。

简称 $\boldsymbol{y}_t$ 是协整的，向量 $\boldsymbol{\beta}$ 又称协整向量。

需要注意的是：

第一，作为对非平稳变量之间关系的描述，协整向量是不唯一的。

第二，协整变量必须具有相同的单整阶数。

第三，最多可能存在 $k-1$ 个线性无关的协整向量($\boldsymbol{y}_t$ 的维数是 k)。

第四，协整变量之间具有共同的趋势成分，在数量上成比例。

2.3.2 基于残差的协整检验

协整检验从检验的对象上可以分为两种：一种是基于回归系数的协整检验，如第 8 章 8.5 节要介绍的 Johansen 协整检验；另一种是基于回归残差的协整检验(residual-based tests)，如 CRDW(cointegration regression Durbin-Watson)检验、EG(Engle-Granger)检验、AEG(augmented Engle-Granger)检验和 PO(Phillips-Ouliaris)检验。

1. EG 检验和 AEG 检验

Engle 和 Granger(1987)提出了基于残差的协整检验方法。这种协整检验方法是对回归方程的残差进行单位根检验。从协整理论的思想来看，因变量和自变量之间存在协整关系。也就是说，因变量能被自变量的线性组合所解释，两者之间存在稳定的均衡关系，因变量不能被自变量所解释的部分构成一个残差序列，这个残差序列应该是平稳的。因此，检验一组变量(因变量和解释变量)之间是否存在协整关系等价于检验回归方程的残差序列是否是一个平稳序列。

EG 检验和 AEG 检验的主要步骤如下：

(1) 若 $k+1$ 个序列 $\boldsymbol{y}$ 和 $\boldsymbol{x}_1,\boldsymbol{x}_2,\cdots,\boldsymbol{x}_k$ 都是 1 阶单整序列，即 $I(1)$ 序列，建立回归方程：

$$y_t=\boldsymbol{x}_t\boldsymbol{\beta}+u_t,\quad t=1,2,\cdots,T \tag{2.3.1}$$

式中：y_t 为因变量；$\boldsymbol{x}_t=(x_{1,t},x_{2,t},\cdots,x_{k,t})$为解释变量向量；$\boldsymbol{\beta}$ 为 k 维系数向量；u_t 为扰动项。模型(2.3.1)估计的残差为

$$\hat{u}_t=y_t-\hat{\beta}_1x_{1t}-\hat{\beta}_2x_{2t}-\cdots-\hat{\beta}_kx_{kt},\quad t=1,2,\cdots,T \tag{2.3.2}$$

(2) 进行EG或AEG检验,检验残差序列 $\hat{\boldsymbol{u}}=(\hat{u}_1,\hat{u}_2,\cdots,\hat{u}_T)$ 是否平稳。检验 $\hat{\boldsymbol{u}}$ 的单整性的方法类似前面介绍的DF检验或ADF检验方法,即

$$\hat{u}_t=\rho\hat{u}_{t-1}+\varepsilon_t,\quad t=1,2,\cdots,T$$

则 EG 回归方程为

$$\Delta\hat{u}_t=\eta\hat{u}_{t-1}+\varepsilon_t,\quad t=1,2,\cdots,T \tag{2.3.3}$$

式中:$\eta=\rho-1$,AEG回归方程:

$$\Delta\hat{u}_t=\eta\hat{u}_{t-1}+\sum_{i=1}^{p}\theta_i\Delta\hat{u}_{t-i}+\varepsilon_t,\quad t=1,2,\cdots,T \tag{2.3.4}$$

在式(2.3.4)中选择 p,以达到消除误差项 ε_t 中的自相关。

EG和AEG检验方程中还可包含和DF或ADF检验类似的截距项和趋势项。AEG检验给出了两个统计量:

$$\tau=\frac{\hat{\eta}}{\hat{\sigma}_{\hat{\eta}}},\quad z=\frac{T\hat{\eta}}{1-\sum_j\hat{\theta}_j} \tag{2.3.5}$$

Engle和Granger提出的EG或AEG检验回归式与DF或ADF检验类似,但判断残差 $\hat{\boldsymbol{u}}$ 是否平稳所用的EG或AEG临界值表与DF或ADF临界值表不同。这是由于OLS估计的基本原理是使残差的平方和最小,所产生的残差序列的 τ 估计量的渐近分布与DF检验的 t 统计量的渐进分布不同,位于DF统计量分布位置的左侧。Mackinnon(1996)[①]通过模拟实验得到了各种不同检验方程形式和回归因子不超过12个的协整检验临界值。

若式(2.3.5)得到的 $\tau>$临界值,则 $\eta=0$;若 $\tau<$临界值,则 $\eta<0$。检验的原假设为 H_0:$\eta=0,\hat{u}_t$ 非平稳,也即 $k+1$ 个序列 $\boldsymbol{y}$ 和 $\boldsymbol{x}_1,\boldsymbol{x}_2,\cdots,\boldsymbol{x}_k$ 之间没有协整关系;备择假设为 H_1:$\eta<0,\hat{u}_t$ 平稳,也即 $k+1$ 个序列 $\boldsymbol{y}$ 和 $\boldsymbol{x}_1,\boldsymbol{x}_2,\cdots,\boldsymbol{x}_k$ 之间存在协整关系,并且协整向量为 $(1,-\hat{\beta}_1,-\hat{\beta}_2,\cdots,-\hat{\beta}_k)'$。

在实际进行EG检验和AEG检验时,有两种常用方法。

(1) 利用EViews组进行协整检验。在EViews软件中进行EG检验时,使用者应将需要检验的序列建立组(Group),或建立回归方程,然后将方程中所有回归变量建立组,组中(View)选择协整检验(Cointegration Test)的单方程协整检验(Single-Equation Cointegration Test),然后选择EG检验,检验结果显示了式(2.3.5)的 τ 统计量和 z 统计量的估计结果,其中 p 值的计算来自Mackinnon临界值表。

(2) 检验回归方程的残差。前述EG或AEG检验的第二步,检验回归方程(2.3.1)残差序列 $\hat{\boldsymbol{u}}$ 是否平稳,即检验 $\eta<0$,此时利用DF或ADF的临界值就不合适了[②],Mackinnon(1991)给出了不同情形下AEG检验统计量的临界值表(附录A)。Mackinnon协整检验临界值 $C_{(\alpha)}$ 的计算公式为

$$C_{(\alpha)}=\phi_\infty+\phi_1T^{-1}+\phi_2T^{-2} \tag{2.3.6}$$

---

① MACKINNON J G. Numerical distribution functions for unit root and cointegration tests[J]. Journal of applied econometrics,1996,11(6):601-618.

② 详细的理论推导请参见张晓峒.计量经济学[M].北京:清华大学出版社,2017,13.4节.

其中 $C_{(\alpha)}$ 表示协整检验临界值，α 表示检验水平，T 表示样本容量，ϕ_∞，ϕ_1 和 ϕ_2 的值从附录 A 表中查找。它以样本容量 T 为自变量，可以计算任何样本容量所对应的临界值。除了检验水平之外，临界值的计算还与时间序列的个数 $N(N=k+1)$ 有关，并与 AEG 检验公式中是否含有截距项、趋势项等因素有关。

2. Phillips-Ouliaris 检验

Phillips and Ouliaris(1990)[①]对 EG 检验做了改进，主要是计算了长期方差 λ_ε 和单边长期方差 ω_ε，利用式(2.3.3)的残差项 $\hat{\varepsilon}_t$ 计算：

$$\hat{\lambda}_\varepsilon = \sum_{j=-\infty}^{\infty} E(\hat{\varepsilon}_t \hat{\varepsilon}_{t-1}) \tag{2.3.7}$$

$$\hat{\omega}_\varepsilon = \sum_{j=0}^{\infty} E(\hat{\varepsilon}_t \hat{\varepsilon}_{t-1}) \tag{2.3.8}$$

然后修正式(2.3.5)中的 $\hat{\eta}$ 和 $\hat{\sigma}_{\hat{\eta}}$：

$$\hat{\eta}^* = \hat{\eta} - T\hat{\lambda}_\varepsilon \left(\sum_t \hat{u}_{t-1}^2\right)^{-1} \tag{2.3.9}$$

$$\hat{\sigma}_{\hat{\eta}^*} = \hat{\omega}_\varepsilon^{1/2} \left(\sum_t \hat{u}_{t-1}^2\right)^{-1/2} \tag{2.3.10}$$

式(2.3.5)的 τ 估计量和 z 估计量被修正为 τ^* 估计量和 z^* 估计量：

$$\tau^* = \hat{\eta}^* / \hat{\sigma}_{\hat{\eta}^*}, \quad z^* = T\hat{\eta}^* \tag{2.3.11}$$

基于残差的 PO 检验方法与 EG 检验方法相同，并且也采用 Mackinnon(1996)提供的临界值表。

3. 基于残差的协整检验与伪回归检验

协整检验的目的是决定一组非平稳序列的线性组合是否具有协整关系，也可以通过协整检验来判断线性回归方程设定是否合理，这两者的检验思想和过程是完全相同的。利用 AEG 的协整检验方法来判断残差序列是否平稳，进而确定回归方程的变量之间是否存在协整关系，同时还可以判断模型设定是否正确。这是因为，如果残差序列是一个非平稳序列，则说明因变量除了能被解释变量解释的部分以外，其余部分的变化仍然不规则，也就是说回归方程的因变量和解释变量之间不存在稳定均衡的关系，这样的模型有可能拟合优度、显著性水平等指标都很好，但是不能够用来预测未来的信息，因此称为伪回归[②]。如果残差序列是平稳的，则回归方程的设定是合理的，说明回归方程的因变量和解释变量之间存在稳定的均衡关系。

下面，将通过例子来说明如何通过判断一个回归方程残差序列是否平稳来判断变量之间是否存在协整关系。

---

① PHILLIPS P C B, OULIARIS S. Asymptotic properties of residual based tests for cointegration[J]. Econometrica, 1990, 58(1): 165-193.

② 如果两个时间序列在经济意义上没有因果关系，所建的回归也是伪回归。例如，路旁的小树年增长率与国民经济年增长率可能会有较大的相关系数。若用这两项指标建立回归模型，人们容易发现并判断这是伪回归。而回归残差是非平稳的这类伪回归是最难判断的，也是以往建立模型时容易忽略的。

例 2.7 财政支出和财政收入的协整关系检验

为了描述财政支出和财政收入之间是否存在协整关系，本例选择1990年1月—2007年12月的月度数据进行实证分析，其中用 f_ex_t 表示财政支出，f_in_t 表示财政收入。首先利用季节调整方法对这两个指标进行季节调整，去掉季节因素，然后取对数，发现取对数后呈线性变化(图2.3.1)。单位根检验发现序列 $\ln(f\_ex_t)$ 和 $\ln(f\_in_t)$ 是非平稳的，一阶差分以后是平稳的，即 $\ln(f\_ex_t)$ 和 $\ln(f\_in_t)$ 均是 $I(1)$ 序列。

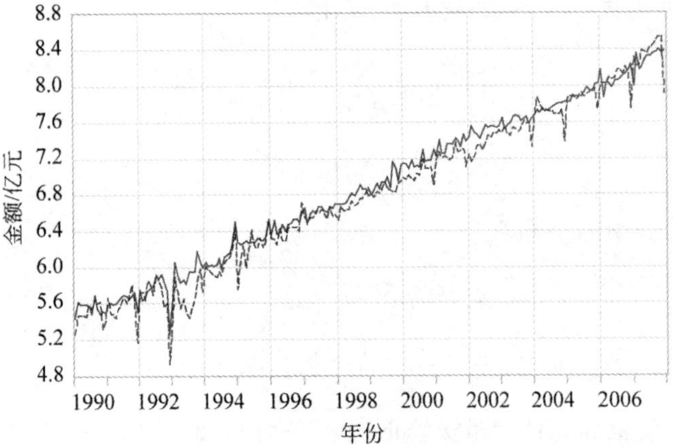

图 2.3.1 财政支出和财政收入

注：实线为财政支出，虚线为财政收入。

建立 $\ln(f\_ex_t)$ 和 $\ln(f\_in_t)$ 有常数项的回归方程，建立组，然后利用基于残差的 EG 方法和 PO 方法检验 $\ln(f\_ex_t)$ 和 $\ln(f\_in_t)$ 是否是协整的。检验的原假设为 H_0：$\eta=0$，残差 $\hat{u}_t$ 非平稳。基于残差的协整检验结果如表2.3.1所示。

表 2.3.1 基于残差的协整检验结果

EG 检验			PO 检验		
因变量	EG 统计量	p 值	因变量	PO 统计量	p 值
$\ln(f\_ex_t)$	−5.219	0.001	$\ln(f\_ex_t)$	−11.436	0.000
$\ln(f\_in_t)$	−5.349	0.001	$\ln(f\_in_t)$	−11.551	0.000

注：临界值采用 Mackinnon(1996)。

表2.3.1的 EG 方法和 PO 方法检验结果显示，分别以 $\ln(f\_ex_t)$ 和 $\ln(f\_in_t)$ 为因变量，两个回归方程的残差 $\hat{\boldsymbol{u}}$ 序列的 EG 统计量在1%的显著性水平下均拒绝原假设，因此可以确定 $\hat{\boldsymbol{u}}$ 为平稳序列，即 $\hat{\boldsymbol{u}}\sim I(0)$。上述结果表明：1990年1月—2007年12月期间 $\ln(f\_ex_t)$ 和 $\ln(f\_in_t)$ 之间存在协整关系。

下面是以 $\ln(f\_ex_t)$ 为因变量，$\ln(f\_in_t)$ 为解释变量的回归方程估计结果：

$$\ln(f\_ex_t)=0.40+0.95\ln(f\_in_t)+\hat{u}_t$$
$$t=(6.25)\ (101.50)$$
$$R^2=0.979\,6,\quad DW=1.47$$

AEG 检验方程如下：

$$\Delta\hat{u}_t = 0.00065 - 0.488\hat{u}_{t-1} - 0.345\Delta\hat{u}_{t-1} - 0.243\Delta\hat{u}_{t-1}$$

$$t = (0.08) \quad (-5.205)^* \quad (-3.885) \quad (-3.422)$$

$$R^2 = 0.406,\quad DW = 1.908,\quad T = 213$$

其中带星号括号内的值是 AEG 统计量的值。查附录 A 表，$N=2$，$\alpha=0.05$，有常数项，无趋势项，$\phi_\infty=-3.3377$，$\phi_1=-5.967$，$\phi_2=-8.98$。利用 Mackinnon 协整检验临界值 $C_{(\alpha)}$ 的计算公式(2.3.6)，得

$$C_{(0.05)} = -3.3377 - 5.967/213 - 8.98/213^2 \approx -3.3659$$

$AEG=-5.205<-3.3659$，$\hat{u}$ 为平稳序列，同样得出 1990 年 1 月—2007 年 12 月期间 $\ln(f\_ex_t)$ 和 $\ln(f\_in_t)$ 之间存在协整关系的结论。

2.3.3 误差修正模型(ECM)

传统的经济模型通常表述的是变量之间的一种“长期均衡”关系，而实际经济数据却是由“非均衡过程”生成的。因此，建模时需要用数据的动态非均衡过程来逼近经济理论的长期均衡过程。最一般的模型是自回归分布滞后(autoregressive distributed lag，ADL)模型。

如果一个内生变量 y_t 只被表示成同一时点的外生变量 x_t 的函数，x_t 对 y_t 的长期影响很容易求出。然而如果每个变量的滞后也出现在模型之中，其长期影响将通过分布滞后的函数反映，这就是 ADL 模型。

先考虑一阶自回归分布滞后模型，记为 ADL(1,1)：

$$y_t = \beta_0 + \beta_1 y_{t-1} + \beta_2 x_t + \beta_3 x_{t-1} + u_t,\quad t=1,2,\cdots,T \tag{2.3.12}$$

式中：$u_t \sim \text{i.i.d.}(0,\sigma^2)$，记 $y^*=E(y_t)$，$x^*=E(x_t)$，由于 $E(u_t)=0$，在式(2.3.12)两边取期望得

$$y^* = \beta_0 + \beta_1 y^* + \beta_2 x^* + \beta_3 x^* \tag{2.3.13}$$

进而有

$$y^* = \frac{\beta_0 + (\beta_2+\beta_3)x^*}{1-\beta_1} = \frac{\beta_0}{1-\beta_1} + \frac{(\beta_2+\beta_3)}{1-\beta_1}x^* \tag{2.3.14}$$

记 $k_0=\beta_0/(1-\beta_1)$，$k_1=(\beta_2+\beta_3)/(1-\beta_1)$，则式(2.3.14)可写为

$$y^* = k_0 + k_1 x^* \tag{2.3.15}$$

式中：k_1 度量了 y_t 与 x_t 的长期均衡关系，也是 y_t 关于 x_t 的长期乘数。

在式(2.3.12)两端减去 y_{t-1}，在右边加减 $\beta_2 x_{t-1}$，得到

$$\Delta y_t = \beta_0 + (\beta_1 - 1)y_{t-1} + \beta_2\Delta x_t + (\beta_2+\beta_3)x_{t-1} + u_t \tag{2.3.16}$$

利用 $\beta_2+\beta_3=k_1(1-\beta_1)$，$\beta_0=k_0(1-\beta_1)$，式(2.3.16)又可改写成

$$\Delta y_t = (\beta_1 - 1)(y_{t-1} - k_0 - k_1 x_{t-1}) + \beta_2\Delta x_t + u_t \tag{2.3.17}$$

令 $\alpha=\beta_1-1$，则式(2.3.17)可写成

$$\Delta y_t = \alpha(y_{t-1} - k_0 - k_1 x_{t-1}) + \beta_2 \Delta x_t + u_t \tag{2.3.18}$$

式(2.3.12)和式(2.3.18)包含相同的关系,它们是等价的,根据不同的需要使用这两种模型来分析、研究经济现象或经济系统。但每个方程都有不同的解释与含义,特别地,式(2.3.18)被称为**误差修正模型**(error correction model,ECM)。当长期平衡关系是 $y^* = k_0 + k_1 x^*$ 时,误差修正项是如($y_t - k_0 - k_1 x_t$)的形式,它反映了 y_t 关于 x_t 在第 t 时点的短期偏离。一般地,由于式(2.3.12)中 $|\beta_1|<1$,所以误差项的系数 $\alpha=(\beta_1-1)<0$,通常称为**调整系数**,表示在 $t-1$ 期 y_{t-1} 关于 $k_0+k_1x_{t-1}$ 的偏差调整的速度。

原始模型(2.3.12)的右端除解释变量 x_t 外还含有 y_t 与 x_t 的滞后项,y_t 与 x_t 之间有长期均衡关系,对经济数据而言,x_t 与 x_{t-1} 也高度相关,因此这 3 个解释变量之间存在着较强的多重共线性。由于 y_t 的滞后项作为解释变量,也增强了模型扰动项的序列相关性。因此,误差修正模型除了以上介绍的性质外,还可以削弱原模型的多重共线性,以及扰动项的序列相关性。

最常用的 ECM 的估计方法是 Engle 和 Granger(1981)两步法,其基本思想如下:

第一步求**协整回归模型**:

$$y_t = k_0 + k_1 x_t + u_t,\quad t=1,2,\cdots,T \tag{2.3.19}$$

的 OLS 估计,又称协整回归,得到 $\hat{k}_0$,$\hat{k}_1$ 及残差序列 $\hat{u}_t$,并用 AEG 方法检验是否平稳:

$$\hat{u}_t = y_t - \hat{k}_0 - \hat{k}_1 x_t,\quad t=1,2,\cdots,T \tag{2.3.20}$$

第二步若 $\hat{u}_t$ 是平稳的,则式(2.3.19)是长期均衡方程。用**误差修正项** $\hat{u}_{t-1}$ 替换式(2.3.18)中的 $y_{t-1}-\hat{k}_0-\hat{k}_1x_{t-1}$,得到**误差修正模型**(ECM),即

$$\Delta y_t = \beta_0 + \alpha \hat{u}_{t-1} + \beta_2 \Delta x_t + \varepsilon_t \tag{2.3.21}$$

对式(2.3.21)用 OLS 方法估计其参数。注意**调整系数** $\alpha<0$。

注意:误差修正模型不再单纯地使用变量的水平值(指变量的原始值)或变量的差分建模,而是把两者有机地结合在一起,充分利用这两者所提供的信息。从短期看,被解释变量的变动是由较稳定的长期趋势和短期波动所决定的,短期内系统对于均衡状态的偏离程度的大小直接导致波动振幅的大小。从长期看,协整关系式起到引力线的作用,将非均衡状态拉回到均衡状态。

例 2.8　建立财政支出与财政收入的误差修正模型

例 2.7 检验了财政收入和财政支出之间的协整关系,为了考察我国财政支出与财政收入之间的动态关系,现通过 ECM 模型来进行分析。

建立 1990 年 1 月—2007 年 12 月期间财政支出与财政收入的长期均衡方程:

$$\ln(f\_ex_t) = k_0 + k_1 \ln(f\_in_t) + u_t,\quad t=1,2,\cdots,T \tag{2.3.22}$$

估计结果为

$$\ln(f\_ex_t)=0.40+0.95\ln(f\_in_t)+\hat{u}_t \tag{2.3.23}$$
$$t=(6.25)\ (101.50)$$
$$R^2=0.9796,\qquad DW=1.47$$

令 $ecm_t=\hat{u}_t$，即将式(2.3.23)的残差序列 $\hat{u}_t$ 作为误差修正项，建立下面的误差修正模型：

$$\Delta\ln(f\_ex_t)=\beta_0+\alpha ecm_{t-1}+\beta_1\Delta\ln(f\_in_t)+\varepsilon_t \tag{2.3.24}$$

也可以写为

$$\Delta\ln(f\_ex_t)=\beta_0+\alpha[\ln(f\_ex_{t-1})-0.40-0.95\ln(f\_in_{t-1})]+\beta_1\Delta\ln(f\_in_t)+\varepsilon_t$$

估计得到

$$\Delta\ln(f\_\hat{ex}_t)=0.008-0.38\times ecm_{t-1}+0.37\times\Delta\ln(f\_in_t) \tag{2.3.25}$$
$$t=(1.45)(-7.01)\qquad(9.14)$$
$$R^2=0.31,\qquad DW=2.45$$

在式(2.3.23)表示的长期均衡方程中财政收入的系数为 0.95，接近 1，体现了我国财政收支"量入为出"的原则。在式(2.3.25)表示的误差修正模型中，差分项反映了短期波动的影响。财政支出的短期变动可以分为两部分：一部分是短期财政收入波动的影响，一部分是财政收支偏离长期均衡的影响。误差修正项 ecm_t 的系数的大小反映了对偏离长期均衡的调整力度。从系数估计值(−0.38)来看，当短期波动偏离长期均衡时，将以(−0.38)的调整力度将非均衡状态拉回到均衡状态。

2.4　EViews 软件的相关操作[①]

2.4.1　单位根检验

1. 普通时间序列单位根检验

双击待检验的序列名，打开序列窗口，选择 View/Unit Root Test，得到图 2.4.1 所示的单位根检验窗口。

进行单位根检验必须定义 4 项：

(1) 在 Test type 的下拉列表中，选择检验方法。EViews 提供了 6 种单位根检验的方法：

① Augmented Dickey-Fuller(ADF)Test。

② Phillips-Perron(PP)Test。

③ Dickey-Fuller GLS(ERS)Test。

① EViews 10 User's Guide Ⅱ，IHS Global Inc.，2017，Chapter 22，pp. 110-146，Chapter 26，pp. 282-295，Chapter 27，pp. 296-313，Chapter38，pp. 589-616.

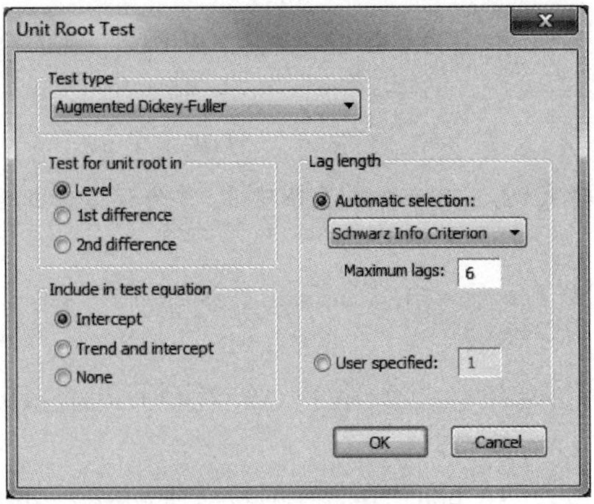

图 2.4.1　单位根检验窗口

④ Kwiatkowski，Phillips，Schmidt and Shin(KPSS)Test。

⑤ Elliot，Rothenberg，and Stock Point Optimal(ERS)Test。

⑥ Ng and Perron(NP)Test。

(2) 在 Test for unit root in 中确定序列在水平值、一阶差分、二阶差分下进行单位根检验。可以使用这个选项决定序列中单位根的个数。如果检验水平值未拒绝，而在一阶差分拒绝原假设，序列中含有一个单位根，是一阶单整 $I(1)$；如果一阶差分后的序列仍然拒绝了原假设，则需要选择二阶差分。一般而言，一个序列经过两次差分以后都可以变为一个平稳序列，也就是二阶单整 $I(2)$。

(3) 在 Include in test equation 中定义在检验回归中是否含有常数项、常数和趋势项，或二者都不包含。这一选择很重要，因为检验统计量在原假设下的分布随这 3 种情况不同而变化。在什么情况下包含常数项或者趋势项在 2.2.2 小节中有详细的描述。

(4) 在 Lag length 选项中选择确定消除序列相关所需的滞后阶数的准则，EViews 默认 SIC。

定义上述选项后，单击 OK 按钮进行检验。EViews 显示检验统计量和估计检验回归。例 2.7 中给出了通货膨胀率 π_t 的单位根检验结果，例 2.2 中给出了 GDP_t 的单位根检验结果。注意：单位根检验结果和变量序列的样本区间有关。

对 ADF 检验，检验统计量是检验回归滞后因变量的 t 统计量，它显示在表格底部。对 PP 检验，检验统计量是调整 t 统计量。如果 t 统计量小于临界值，拒绝原假设。

单位根检验后，应检查 EViews 显示的估计检验回归，尤其是如果对滞后算子结构或序列自相关阶数不确定，可以选择不同的右边变量或滞后阶数来重新检验。

如果选择 KPSS 法、ERS 法和 NP 法进行单位根检验，还需要选择适当的核函数。在 Spectral estimation method 中选择具体的核函数形式。

2. 突变点单位根检验

双击待检验序列名，打开序列窗口，选择 View/Unit Root Test/Breakpoint Unit

Root Test,得到图 2.4.2 所示的窗口。

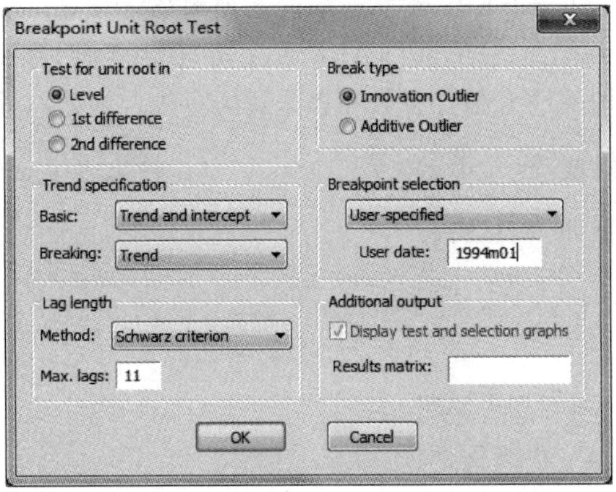

图 2.4.2　突变点单位根检验窗口

(1) 在 Test for unit root in 中确定序列在水平值、一阶差分、二阶差分下进行突变点单位根检验。例 2.3 选择水平值。

(2) 在窗口右边的 Break type 中选择突变点单位根检验的两种方法：IO 方法和 PO 方法。例 2.3 选择 IO 方法。

(3) 在 Trend specification 中定义在检验回归中是否含有截距项或截距和趋势项,如果选择"截距和趋势项",则还要选择突变点的形式：含有截距项、截距和趋势项或只有趋势项。例 2.3 选择在检验回归中含有截距和趋势项,且突发点的形式是只有趋势项。

(4) 在窗口右边的 Breakpoint selection 中选择判断突变点的方法：采用使所有时点中估计的 Dickey-Fuller 检验方程的 t 统计量 $t_{\hat{\rho}}$ 最小,或截距项突变点的 t 统计量 $t_{\hat{\theta}}$ 最小,或截距项突变点的 t 统计量 $t_{\hat{\theta}}$ 最大,或截距项突变点的 t 统计量 $t_{\hat{\theta}}$ 的绝对值最大 4 种方式确定突变点的时点,还可以用户指定突变点。例 2.3 选择用户指定突变点：1994m01。

(5) 在 Lag length 这个选项中可以选择一些确定消除序列相关所需的滞后阶数的准则。默认为 SIC。

定义上述选项后,单击 OK 按钮进行检验。EViews 显示用户的各种选择信息、检验统计量、估计检验回归方程以及样本期间的 Dickey-Fuller 检验方程的 t 统计量 $t_{\hat{\rho}}$ 和截距项突变点的 t 统计量 $t_{\hat{\theta}}$ 的图形,例 2.3 中显示了相应结果。

2.4.2　非平稳时间序列建模

1. ARIMA(p,d,q)模型估计

ARIMA(p,d,q)模型的输入与 ARMA(p,q)模型类似,只是要事先确定所计算的时间序列通过差分变换转换成平稳序列的差分阶数,然后,再对这一平稳序列建立一个 ARMA(p,q)模型。如例 2.4 中经检验 ln(GDP)是一阶单整序列,而 Δln(GDP)是平稳序列,在例 2.4 中 ln(GDP)的 ARIMA(1,1,1)模型的输入：d(log(gdp)) d(log(gdp(−1))) ma(1)或 d(log(gdp)) ar(1) ma(1)。这两种方程形式的估计略有不同。EViews 可以直接预测原序列 GDP,存在 gdpf 中,注意选择静态预测"Static forecast"。

ARIMA(p,d,q)模型的输出也与 ARMA(p,q)模型类似,在根据输出表写 ARIMA(p,d,q)模型表达式时应注意估计系数和表达式的写法。例如,y 是一阶单整序列,估计 y 的 ARMA(1,1,1)模型,输入 d(y) c ar(1) ma(1)后,输出表中 ar(1),ma(1)分别是 $\hat{\phi}_1$,$\hat{\theta}_1$。结果表达式应写成两个表达式:

$$\Delta(y_t) = \hat{c} + \hat{u}_t$$

$$\hat{u}_t = \hat{\phi}_1 \hat{u}_{t-1} + \hat{\varepsilon}_t + \hat{\theta}_1 \hat{\varepsilon}_{t-1} \tag{2.4.1}$$

注意转换为 $\Delta(y)$的表达方式为

$$\hat{u}_t = \Delta(y_t) - \hat{c}$$

$$\begin{aligned} \Delta(y_t) &= \hat{c} + \hat{\phi}_1 \hat{u}_{t-1} + \hat{\varepsilon}_t + \hat{\theta}_1 \hat{\varepsilon}_{t-1} \\ &= \hat{c} + \hat{\phi}_1((\Delta(y_{t-1}) - \hat{c}) + \hat{\varepsilon}_t + \hat{\theta}_1 \hat{\varepsilon}_{t-1} \\ &= \hat{c}(1 - \hat{\phi}_1) + \hat{\phi}_1 \Delta(y_{t-1}) + \hat{\varepsilon}_t + \hat{\theta}_1 \hat{\varepsilon}_{t-1} \end{aligned} \tag{2.4.2}$$

实际上就是将非平稳时间序列变换成平稳序列,然后按 ARMA(p,q)模型建模。

2. ARFIMA(p,d,q)模型估计

ARFIMA(p,d,q)模型的输入与 ARIMA(p,d,q)模型类似,也是要将所计算的时间序列通过差分变换转换成平稳序列,再对这一平稳序列建立一个 ARFIMA(p,d,q)模型,不同的是需要在输入表中输入关键字"d",表示要计算分整阶数"d"。例如例 2.5 中经检验 ln(GDP)是一阶单整序列,而 Δln(GDP)是平稳序列,设 $yr = \Delta\ln(GDP)$,则 yr 的 ARFIMA(0,d,1)模型的输入(图 2.4.3)yr ma(1) d。注意:ARFIMA(p,d,q)模型只能用列表法来指定。

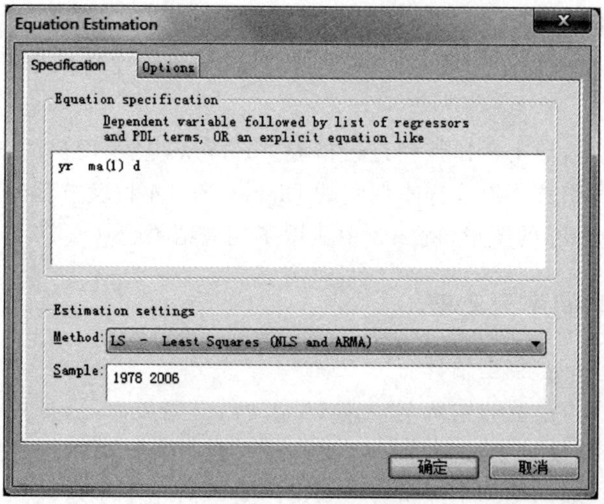

图 2.4.3 ARFIMA(p,d,q)模型估计窗口

ARFIMA(p,d,q)模型的输出也与 ARIMA(p,d,q)模型类似，在根据输出表写 ARFIMA(p,d,q)模型表达式时应注意估计系数和表达式的写法，如例 2.5 的结果表达式应写成

$$\Delta^d \widehat{yr}_t = \hat{\varepsilon}_t + \hat{\theta}\hat{\varepsilon}_{t-1} \tag{2.4.3}$$

式中分整阶数(d)：$\hat{d}=0.464\,765$。输出表中还包含残差方差 σ^2 的估计值：SIGMASQ=0.001 65。

3. ARDL 模型估计

ARDL 模型估计窗口如图 2.4.4 所示。Specification 选项卡有 3 个选项框：①在 Dynamic Specification 选项框中输入因变量和解释变量列表，然后在列表框下方选择因变量和解释变量的最大滞后阶数；②在 Fixed regressors 选项框中选择固定回归因子：可以在左边的 Trend 下拉列表中选择常数或线性趋势项，也可以在右边的 List of fixed 框中输入固定解释变量列表；③在 Estimation settings 选项框中的 Method 中选择 ARDL-Auto-regressive Distributed Lag Models 选项。

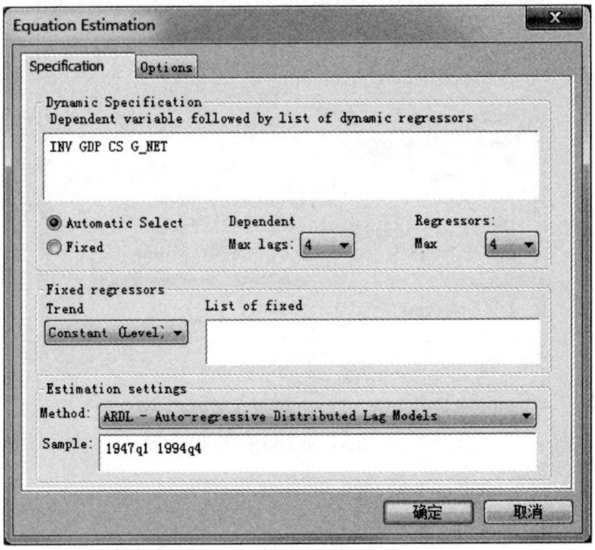

图 2.4.4　ARDL 模型估计窗口

在 Options 选项卡可以选择确定滞后阶数的方法，缺省是 AIC，以及系数协方差矩阵的计算方法。EViews 将自动按选定的方法确定因变量和各解释变量的最佳滞后阶数。

ARDL 模型的输出与一般回归方程类似。

2.4.3　基于残差的 EG 协整检验

由于判断残差 $\hat{u}$ 是否平稳所用的 EG 或 AEG 临界值表与 DF 或 ADF 临界值表不同，因此检验回归方程的残差是否平稳，也就是检验残差序列是否存在单位根，不能对残

差序列直接利用 ADF 等单位根检验方法进行 EG 或 AEG 检验。Mackinnon(1996)[①]通过模拟实验得到了各种不同检验方程形式和回归因子不超过 12 个的协整检验临界值，EViews 软件在 EG 检验时采用此协整检验临界值。

EViews 给出了一种检验功能，可以把回归方程的因变量和解释变量形成一个组(Group)，如在例 2.7 中建立财政支出和财政收入($\ln(f_ex_t)$和 $\ln(f\_in_t)$)的组，也可建立 $\ln(f_ex_t)$和 $\ln(f_in_t)$的回归方程，在方程对象的过程中选择 Proc/Make Regressor Group，这两种方法都形成两个变量的组(Group)，在 Group 中进行检验。

在 Group 窗口，选择 View/Cointegration Test/ Single-Equation Cointegration Test，得到图 2.4.5 所示的窗口。有 4 个主要的选择：①在 Test method 中选择 Engle-Granger 检验方法或 Phillips-Ouliaris 检验方法；②在 Equation specification 中指定检验方程形式：含截距项、线性趋势、二次趋势或都不含；③在 Regressors specification 中指定：含线性趋势、二次趋势或都不含；④在 Lag specification 选项中选择确定消除序列相关所需的滞后阶数的准则，EViews 默认 SIC。

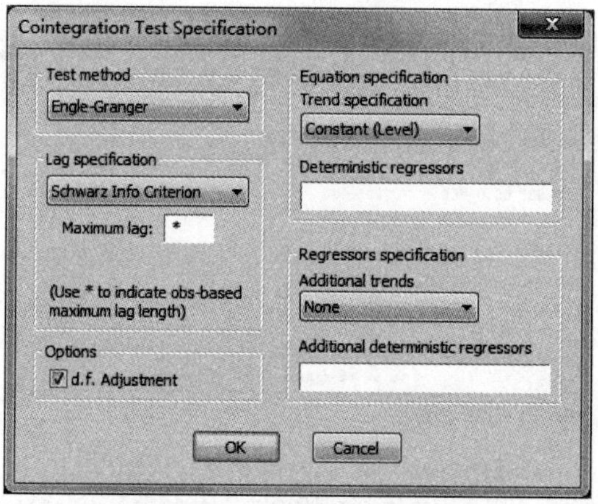

图 2.4.5　EG 和 PO 协整检验窗口

定义上述选项后，单击 OK 按钮进行检验，EViews 显示检验统计量。例 2.7 中给出了分别以财政支出 $\ln(f_ex_t)$和财政收入 $\ln(f_in_t)$为因变量的协整方程的 AEG 检验结果[Mackinnon(1996)协整检验临界值]。其中分别有以 $\ln(f_ex_t)$为因变量和以 $\ln(f_in_t)$为因变量的回归方程残差的 τ 估计量和 Z 估计量以及相应接受原假设的 p 值，还列出了式(2.3.4)中 η 的估计值($\hat{\eta}$)，系数方差($\hat{\sigma}_{\hat{\eta}}$)和长期残差方差的估计值等。

① MACKINNON J G. Numerical distribution functions for unit root and cointegration tests[J]. Journal of applied econometrics, 11(6): 601-618.

第 3 章 扩展的回归方法[①]

本章介绍了各种扩展的回归方法：分位数回归、非线性最小二乘法、非参数回归模型、混频数据抽样回归模型、稳健最小二乘法、有限信息极大似然估计和 K 类估计。

3.1 分位数回归

分位数回归(quantile regression)最早由 Koenker 和 Bassett 于 1978 年提出[②]，它提供了回归变量 X 和因变量 Y 的分位数之间线性关系的估计方法。绝大多数的回归模型都关注因变量的条件均值，但是人们对于因变量条件分布的其他方面的模拟方法也越来越有兴趣，尤其是能够更加全面地描述因变量的条件分布的分位数回归。利用分位数回归解决经济学问题的文献越来越多，尤其是在劳动经济学中取得了广泛应用，如在教育回报和劳动市场歧视等方面都出现了很好的研究成果。在经济学中的应用研究还包括诸如财富分配不均问题、失业持续时间问题、食品支出的恩格尔曲线问题、酒精需求问题和日间用电需求问题等。在金融学领域也涌现出大量使用分位数回归的应用研究成果，主要应用领域包括风险价值(value at risk，VaR)研究和刻画共同基金投资类型的指数模型。

相对于最小二乘估计，分位数回归模型具有 4 个方面的优势：①分位数模型特别适合具有异方差性的模型。②对条件分布的刻画更加的细致，能给出条件分布的大体特征。每个分位点上的回归都赋予条件分布上某个特殊点(中央或尾部)一些特征；把不同分位点的分位数回归集中起来就能提供一个关于条件分布的更完整的统计特征描述，并且不同分位点下所给出的参数估计本身也可能有值得进一步探讨的意义。③分位数回归并不要求很强的分布假设，在扰动项非正态的情形下，分位数估计量可能比最小二乘估计量更为有效。④与最小二乘法通过使误差平方和最小得到参数的估计不同，分位数回归是通过使加权误差绝对值之和最小得到参数的估计，因此估计量不容易受到异常值的影响，从而估计更加稳健。

3.1.1 分位数回归的基本思想和系数估计

1. 分位数的概念

分位数(quantile)是四分位数、十分位数、百分位数等的总称。如果把总体做等分，就可以成为分位数。如果一个学生在一次测验中，他的成绩比 $100\times\theta\%$ 的学生成绩高，而

---

① 李子奈，叶阿忠. 高级应用计量经济学 [M]. 北京：清华大学出版社，2012：第 2、6 章.
李雪松. 高级经济计量学[M]. 北京：中国社会科学出版社，2008：第 3、5 章.
靳云汇，金赛男，等. 高级计量经济学(下册) [M]. 北京：北京大学出版社，2007：第 16、25 章.

② KOENKER R，BASSETT G Jr. Regression quantiles[J]. Econometrica，1978，46(1)：33-50.

比其余 100×(1−θ) % 的学生成绩低,那么他的成绩就处于 θ 分位。如果 θ=80,则他的成绩比班里 80%的学生高。如果他的成绩处于中位数,就意味着班里半数的同学比他高,半数的同学比他低,他处于中等状态。

2. 均值回归

普通最小二乘(OLS)法提供了一种界定分位数的基本模式。假设已经观测到了变量 x 和 y 的 N 个样本值 x_i 和 y_i,且 y 的总体均值是解释变量 x 的线性函数,可表示为

$$E(y \mid x) = \mu = \beta_0 + \beta_1 x$$

利用普通最小二乘(OLS)法使残差平方和(Q)最小:

$$\min Q = \min \sum_{i=1}^{N} (y_i - \mu_i)^2$$

从而求出回归系数 β_0、β_1 的估计值 b_0、b_1,得到总体条件均值 $\mu = E(y|x)$ 的估计量 $\hat{\mu} = b_0 + b_1 x$,可见普通最小二乘回归实质上就是均值回归。

3. 分位数回归①

假设随机变量 Y 的概率分布为

$$F(y) = \text{Prob}(Y \leqslant y) \tag{3.1.1}$$

Y 的 τ 分位数定义为满足 $F(y) \geqslant \tau$ 的最小 y 值,即

$$q(\tau) = \inf\{y : F(y) \geqslant \tau\}, \quad 0 < \tau < 1 \tag{3.1.2}$$

$F(y)$的 τ 分位数 $q(\tau)$可以由最小化关于 ξ 的目标函数得到,即

$$\begin{aligned} q(\tau) &= \text{argmin}_{\xi} \left\{ \tau \int_{y>\xi} |y-\xi| \, \mathrm{d}F(y) + (1-\tau) \int_{y<\xi} |y-\xi| \, \mathrm{d}F(y) \right\} \\ &= \text{argmin}_{\xi} \left\{ \int \rho_{\tau}(y-\xi) \, \mathrm{d}F(y) \right\} \end{aligned} \tag{3.1.3}$$

式中,argmin$\xi\{\cdot\}$函数表示取函数最小值时 ξ 的取值,$\rho_{\tau}(u) = u[\tau - I(u<0)]$②称为检查函数(check function),依据 u 取值符号进行非对称的加权。因为,我们考察此最小化问题的一阶条件为

$$\begin{aligned} 0 &= -\tau \int_{y>\xi} \mathrm{d}F(y) + (1-\tau) \int_{y<\xi} \mathrm{d}F(y) \\ &= -\tau(1-F(\xi)) + (1-\tau)F(\xi) = -\tau + F(\xi) \end{aligned} \tag{3.1.4}$$

即 $F(\xi) = \tau$,也就是说 $F(y)$ 的第 τ 个分位点值是上述优化问题的解。

$F(y)$可以由如下的经验分布函数替代:

$$F_N(y) = \frac{1}{N} \sum_{i=1}^{N} I(y_i \leqslant y) \tag{3.1.5}$$

式中:$y_1, y_2, \cdots, y_N$ 为 Y 的 N 个样本观测值;式(3.1.5)中条件关系式 z 为 $y_i \leqslant y$,当 $y_i \leqslant y$ 时,$I(y_i \leqslant y) = 1$,否则取值为 0。相应地,经验分位数为

$$q_N(\tau) = \inf\{y : F_N(y) \geqslant \tau\}, \quad 0 < \tau < 1 \tag{3.1.6}$$

---

① KOENKER R. Quantile regression[M]. New York: Cambridge University Press, 2005.

② $I(z)$是指示函数,z 是条件关系式,当 z 为真时,$I(z)=1$;当 z 为假时,$I(z)=0$。

式(3.1.3)可以等价地表示为下面的形式：

$$q_N(\tau)=\operatorname{argmin}_\xi\left\{\sum_{i:y_i\geqslant\xi}\tau|y_i-\xi|+\sum_{i:y_i<\xi}(1-\tau)|y_i-\xi|\right\}$$

$$=\operatorname{argmin}_\xi\left\{\sum_i\rho_\tau(y_i-\xi)\right\} \tag{3.1.7}$$

现假设 Y 的条件分位数由 k 个解释变量组成的矩阵 $\boldsymbol{X}$ 线性表示：

$$q(\tau\mid\boldsymbol{x}_i,\boldsymbol{\beta}(\tau))=\boldsymbol{x}_i'\boldsymbol{\beta}(\tau) \tag{3.1.8}$$

式中：$\boldsymbol{x}_i=(x_{1i},x_{2i},\cdots,x_{ki})'$ 为解释变量向量；$\boldsymbol{\beta}(\tau)=(\beta_1,\beta_2,\cdots,\beta_k)'$为 τ 分位数下的系数向量。当 τ 在(0,1)上变动时，求解下面的最小化问题就可以得到分位数回归不同的参数估计：

$$\hat{\boldsymbol{\beta}}_N(\tau)=\operatorname{argmin}_{\boldsymbol{\beta}(\tau)}\left(\sum_{i=1}^N\rho_\tau(y_i-\boldsymbol{x}_i'\boldsymbol{\beta}(\tau))\right) \tag{3.1.9}$$

类似 OLS 方法，可以通过最小化式(3.1.10)的目标函数(V)获得$\boldsymbol{\beta}$ 的第 τ 个分位点回归估计量。例如，用 τ 作为正误差项的权重，用 $(1-\tau)$ 作为负误差项的权重的非对称绝对值误差加权平均：

$$V=\sum_{i:y_i\geqslant\boldsymbol{x}_i'\boldsymbol{\beta}}\tau|y_i-\boldsymbol{x}_i'\boldsymbol{\beta}|+\sum_{i:y_i<\boldsymbol{x}_i'\boldsymbol{\beta}}(1-\tau)|y_i-\boldsymbol{x}_i'\boldsymbol{\beta}| \tag{3.1.10}$$

当 $\tau=0.5$ 时称为最小绝对值离差(least absolute deviations，LAD)法，式(3.1.10)的 2 倍就是 LAD 估计的精确的目标函数：

$$V=\sum_{i=1}^N|y_i-\boldsymbol{x}_i'\boldsymbol{\beta}| \tag{3.1.11}$$

针对 LAD 方法的回归估计是条件分位点回归的一种特殊情况，通常被人们称为“中位数回归”。分位数回归的系数估计需要求解线性规划问题，很多方法可以对此问题进行求解。EViews 软件所使用的分位数回归估计方法是 Koenker 和 D'Orey(1987)[①]对于 BR 算法[Barrodale and Roberts(1973)]的改进版本。

3.1.2　系数协方差的估计

一般地，分位数回归的系数估计量渐近服从正态分布，其渐近协方差依据模型的不同假定而具有不同形式。渐近系数协方差的计算在分位数回归分析中非常重要，下面分 3 种情况介绍其估计方法。

1. 独立同分布设定下协方差矩阵的直接估计方法(ordinary(IID))

Koenker 和 Bassett (1978) 在独立同分布设定下，推导出分位数回归的估计量服从渐近正态分布：

$$\sqrt{N}(\hat{\boldsymbol{\beta}}(\tau)-\boldsymbol{\beta}(\tau))\sim N(\boldsymbol{0},\tau(1-\tau)s(\tau)^2\boldsymbol{J}^{-1}) \tag{3.1.12}$$

---

① KOENKER R W，D'OREY V. Algorithm AS 229：computing regression quantiles[J]. Applied statistics，1987，36(3)：383-393.

式中:

$$J = \lim_{N\to\infty}\left(\sum_{i=1}^{N} x_i x_i'/N\right) = \lim_{N\to\infty}(X'X/N) \tag{3.1.13}$$

$$s(\tau) = F^{-1\prime}(\tau) = 1/f\,[F^{-1}(\tau)] \tag{3.1.14}$$

$s(\tau)$ 称为稀疏函数(sparsity function)或者分位数密度函数(quantile density function),它是在 τ 分位点处取值的分位数函数的导数或密度函数的倒数。给定某一分位点下稀疏度值,系数协方差矩阵可以直接估计出来,然而,稀疏函数取决于未知的分布函数 F,因此必须进行估计。我们介绍三种估计稀疏度的方法:两种 Siddiqui 差商法(difference quotient methods)和一种核密度估计量(kernel density estimator)。

(1) Siddiqui 差商法

前两种方法都是基于 Siddiqui (1960)方法①的变形(Koenker,1994②),都要计算经验分位数函数的差商(随着样本数 $N\to\infty$,带宽 h_N 趋于 0):

$$\hat{s}(\tau) = [\hat{F}^{-1}(\tau + h_N) - \hat{F}^{-1}(\tau - h_N)]/(2h_N) \tag{3.1.15}$$

计算 $\hat{s}(\tau)$ 本质上是对分位数函数进行数值求导,需要给定带宽和经验分位数函数 $F^{-1}(\tau)$ 在 $\tau+h_N$ 和 $\tau-h_N$ 点的取值。

第一种方法由 Koenker 和 Bassett(1982)③提出,称为 Siddiqui(mean fitted) 均值拟合方法,分别进行 $\tau+h_N$ 和 $\tau-h_N$ 分位数回归,然后用估计出来的系数拟合分位数值,将拟合的分位数代入式(3.1.15),得到

$$\hat{s}(\tau) = X^*[\hat{\boldsymbol{\beta}}(\tau + h_N) - \hat{\boldsymbol{\beta}}(\tau - h_N)]/(2h_N) \tag{3.1.16}$$

虽然独立同分布的假定意味着 X^* 可以任意取值,但是,Bassett 和 Koenker 建议用 X 的均值,即 $X^* = \bar{X}$ 。他们指出均值具有两个很好的性质:一是在均值处估计精确性最高;二是由于在均值处经验分位数函数关于 τ 是单调的,这样能够保证 $\hat{s}(\tau)$ 总是取正值。

第二种方法称为 Siddiqui(residual) 残差方法,它基于原分位数回归方程的残差序列,计算残差序列的 $\tau+h_N$ 和 $\tau-h_N$ 经验分位数,然后计算 $\hat{s}(\tau)$ 值。

这两种 Siddiqui 方法都需要设定带宽 h_N,可以通过下面几种方法设定:

① Bofinger 带宽④近似地使得稀疏度估计具有最小的均方误差(MSE),它由下式给定:

---

① SIDDIQUI M M. Distribution of quantiles in samples from a bivariate population[J]. Journal of research of the National Bureau of Standards-B,1960,64(3): 145-150.

② KOENKER R. Confidence intervals for regression quantiles[M]//MANDL P,HUSKOVA M. Asymptotic statistics. New York: Springer-Verlag,1994: 349-359.

③ KOENKER R,BASSETT G Jr. Robust tests for heteroskedasticity based on regression quantiles[J]. Econometrica,1982,50(1): 43-61.

④ BOFINGER E. Estimation of a density function using order statistics[J]. Australian journal of statistics,1975,17: 1-7.

$$h_N = N^{-1/5}\left(\frac{4.5(\phi(\Phi^{-1}(\tau)))^4}{[2(\Phi^{-1}(\tau))^2+1]^2}\right)^{1/5} \tag{3.1.17}$$

② Hall-Sheather 带宽[①]：

$$h_N = N^{-1/3} z_\alpha^{2/3}\left(\frac{1.5(\phi(\Phi^{-1}(\tau)))^2}{2(\Phi^{-1}(\tau))^2+1}\right)^{1/3} \tag{3.1.18}$$

式中：$z_\alpha = \Phi^{-1}(1-\alpha/2)$，$\alpha$ 是控制置信区间（置信度为 $1-\alpha$）的参数。

③ Chamberlain 带宽[②]：

$$h_N = z_\alpha \sqrt{\frac{\tau(1-\tau)}{N}} \tag{3.1.19}$$

（2）稀疏度的核密度估计量[kernel (residual)][③]

这种方法基于残差序列，运用核方法估计 $F^{-1\prime}(\tau)$，或者用核密度函数估计量的倒数估计 $s(\tau)$，即

$$\hat{s}(\tau) = 1/[(1/N)\sum_{i=1}^{N} c_N^{-1} K(\hat{u}_i(\tau)/c_N)] \tag{3.1.20}$$

其中，K 是核函数，可以选择核函数 $K(u)$ 的不同形式（表 3.1.1）。$\hat{u}(\tau)$ 是分位数回归方程的残差序列，c_N 为核带宽，设定为

$$c_N = \kappa(\Phi^{-1}(\tau + h_N) - \Phi^{-1}(\tau - h_N)) \tag{3.1.21}$$

式中：h_N 为 Siddiqui 带宽，$\kappa = \min(s, IQR/1.34)$[$s$ 为样本标准差，IQR 为四分位距(interquartile range)]。

表 3.1.1　核函数 $K(u)$ 的几种形式

Epanechnikov	$\frac{3}{4}(1-u^2)I(\lvert u\rvert\leqslant 1)$
Uniform（均匀）	$\frac{1}{2}I(\lvert u\rvert\leqslant 1)$
Triangular（三角）	$(1-\lvert u\rvert)I(\lvert u\rvert\leqslant 1)$
Biweight（四次方）	$\frac{15}{16}(1-u^2)^2 I(\lvert u\rvert\leqslant 1)$
Triweight（六次方）	$\frac{35}{32}(1-u^2)^3 I(\lvert u\rvert\leqslant 1)$
Normal（高斯）	$\frac{1}{\sqrt{2\pi}}\exp\left(-\frac{1}{2}u^2\right)$
Cosinus（余弦）	$\frac{\pi}{4}\cos\left(\frac{\pi}{2}u\right)I(\lvert u\rvert\leqslant 1)$

式中：I 是指标函数(indicator function)，$|u|\leqslant 1$ 时取值为 1，否则取值为 0。

---

① HALL P, SHEATHER S J. On the distribution of the studentized quantile[J]. Journal of the Royal Statistical Society: Series B, 1988, 50(3): 381-391.

② CHAMBERLAIN G. Quantile regression, censoring and the structure of wages[M]//SIMS C. Advances in econometrics. New York: Elsevier: 171-209.

③ KOENKER R. Quantile regression[M]. New York: Cambridge University Press, 2005: 81.

2. 独立但不同分布设定下协方差矩阵的直接估计方法[①]**(Huber sandwich)**

放宽独立同分布的假定,在独立但不同分布的情况下,$\sqrt{N}(\hat{\boldsymbol{\beta}}(\tau)-\boldsymbol{\beta}(\tau))$ 的渐近分布具有 Huber sandwich 形式:

$$\sqrt{N}(\hat{\boldsymbol{\beta}}(\tau)-\boldsymbol{\beta}(\tau)) \sim N(\mathbf{0},\tau(1-\tau)\boldsymbol{H}(\tau)^{-1}\boldsymbol{J}\boldsymbol{H}(\tau)^{-1}) \tag{3.1.22}$$

式中:

$$\boldsymbol{J}=\lim_{N\to\infty}\Big(\sum_{i=1}^{N}\boldsymbol{x}_i\boldsymbol{x}_i'/N\Big) \tag{3.1.23}$$

$$\boldsymbol{H}(\tau)=\lim_{N\to\infty}\Big(\sum_{i=1}^{N}\boldsymbol{x}_i\boldsymbol{x}_i'f_i(q_i(\tau))/N\Big) \tag{3.1.24}$$

$f_i(q_i(\tau))$为在不同观测点 i 处 τ 分位数下的条件密度函数,如果此条件密度函数不依赖于观测值,可以看出式(3.1.22)将简化成式(3.1.12)。

为了计算协方差,需要估计出 $H(\tau)$,下面介绍两种估计它的方法:Siddiqui 方法和核方法。Siddiqui 方法是前面 Siddiqui(mean fitted)均值拟合方法的推广,同样要对 $\tau+h_N$ 和 $\tau-h_N$ 分别进行分位数回归,然后用系数估计值来计算 Siddiqui 差商:

$$\begin{aligned}\hat{f}_i(q_i(\tau))&=2h_N/(\hat{F}_i^{-1}(q_i(\tau+h_N))-\hat{F}_i^{-1}(q_i(\tau-h_N)))\\&=2h_N/(\boldsymbol{x}_i'(\hat{\boldsymbol{\beta}}(\tau+h)-\hat{\boldsymbol{\beta}}(\tau-h)))\end{aligned} \tag{3.1.25}$$

注意:由于分位数密度函数分布不同,必须单个估计。在这里有一点需要注意的是,除了在 $\boldsymbol{x}_i=\bar{\boldsymbol{x}}$ 处外,其他点并不能保证式(3.1.25)的结果为正。因此 Hendricks 和 Koenker 做了改进,以保证估计的分位数密度函数是正的:

$$\hat{f}_i(q_i(\tau))=\max(0,2h_N/(\boldsymbol{x}_i'(\hat{\boldsymbol{\beta}}(\tau+h_N)-\hat{\boldsymbol{\beta}}(\tau-h_N))-\delta)) \tag{3.1.26}$$

式中:δ 为一个小的正数,作用是防止除数为零。

估计出来 $\hat{f}_i(q_i(\tau))$ 后,$\boldsymbol{H}$ 的估计量则为

$$\hat{\boldsymbol{H}}_N=\sum_{i=1}^{N}\hat{f}_i(q_i(\tau))\boldsymbol{x}_i\boldsymbol{x}'/N \tag{3.1.27}$$

核方法借助原分位数回归方程的残差序列的核密度函数进行估计:

$$\hat{\boldsymbol{H}}_N=(1/N)\sum_{i=1}^{N}c_N^{-1}K(\hat{u}_i(\tau)/c_N)\boldsymbol{x}_i\boldsymbol{x}_i' \tag{3.1.28}$$

式中:K 为核函数,核带宽 c_N 的计算与式(3.1.21)相同。

3. 自举法(bootstrap)[②]

在上面的两种设定下,直接估计渐近协方差矩阵都需要再估计稀疏度参数,而自举方

---

① HENDRICKS W, KOENKER R. Hierarchical spline models for conditional quantiles and the demand for electricity[J]. Journal of the American Statistical Association, 1992, 87(417): 58-68.

② BUCHINSKY M. Estimating the asymptotic covariance matrix for quantile regression models: a Monte Carlo Study[J]. Journal of econometrics, 1995, 68(2): 303-338.

HE X M, HU F F. Markov chain marginal bootstrap[J]. Journal of the American Statistical Association, 2002, 97(459): 783-795.

KOCHERGINSK M, HE X M, MU Y M. Practical confidence intervals for regression quantiles[J]. Journal of computational and graphical statistics, 2005, 14(1): 41-55.

法则很简单，自举法通过重新抽样来近似估计参数分布。下面简要介绍几种估计方法：

(1) X-Y 自举法

X-Y 自举法(XY-pair bootstrap)是自举法最一般的形式，并且不要求误差项 u 和解释变量 $\boldsymbol{X}$ 独立。X-Y 自举法对 $\boldsymbol{X}$ 和 Y 进行重新抽样(样本数 M 不必等于原序列的样本数 N)，然后计算分位数回归的系数估计值，重复进行 B 次抽样得到 B 个系数估计值，渐近协方差就可以据此估计出来：

$$\hat{V}(\hat{\boldsymbol{\beta}})=N\left(\frac{M}{N}\right)\frac{1}{B}\sum_{j=1}^{B}(\hat{\boldsymbol{\beta}}_j(\tau)-\bar{\boldsymbol{\beta}}(\tau))(\hat{\boldsymbol{\beta}}_j(\tau)-\bar{\boldsymbol{\beta}}(\tau))' \tag{3.1.29}$$

式中：$\bar{\boldsymbol{\beta}}(\tau)$ 为 B 个参数估计值的均值。

(2) 残差自举方法

残差自举法(residual bootstrap)是通过对残差和解释变量进行重新抽样，需要注意，残差自举法要求误差项和解释变量独立。

设 $\boldsymbol{u}^*$ 是对残差序列进行抽样得到的 M 维向量，$\boldsymbol{X}^*$ 是对解释变量进行抽样得到的 $M\times k$ 矩阵，然后用重新抽样的残差序列、解释变量和原方程估计的系数值重新构建因变量，即

$$\boldsymbol{Y}^*=\boldsymbol{X}^*\hat{\boldsymbol{\beta}}(\tau)+\boldsymbol{u}^* \tag{3.1.30}$$

构建出了新的因变量序列后，对新的因变量和新的解释变量进行分位数回归，估计出系数值。这个过程重复 B 次将得到 B 个参数估计值，用式(3.1.29)计算渐近协方差。

(3) 马尔可夫链边际自举法

上述方法的缺点是计算过于复杂，每次抽样后都需要进行一次分位数回归的计算，也就是需要求解一次 k 维线性规划问题。马尔可夫链边际自举法(Markov chain marginal bootstrap，MCMB)将 k 维线性规划问题转化为 k 个一维线性规划问题，简化了运算。这些一维线性规划的解构成了马尔可夫链，仍然用式(3.1.29)计算方差，对于较大的 N 和链长度 B，它将是真实方差的近似一致估计。这种方法的一个问题是系数序列的高度自相关性可能导致估计的方差很不准确，对此问题的一个修正方法是 MCMB-A 方法，首先变换参数空间，然后运用 MCMB 方法，最后将结果再变换回原来的空间，MCMB-A 方法要求独立同分布的假设。

3.1.3 模型评价和检验

1. 拟合优度[①]

与传统的回归分析的拟合优度 R^2 类似，分位数回归模型也可以计算拟合优度。在分位数回归中，参数估计是通过

$$q(\tau\mid\boldsymbol{x}_i,\boldsymbol{\beta}(\tau))=\boldsymbol{x}_i'\boldsymbol{\beta}(\tau) \tag{3.1.31}$$

得到的。将数据写为 $\boldsymbol{x}_i=(1,\boldsymbol{x}_{i1}')'$，$\boldsymbol{\beta}(\tau)=(\beta_0(\tau),\boldsymbol{\beta}_1(\tau)')'$，这样式(3.1.31)可以写为

---

① KOENKER R，MACHADO J A F. Goodness of fit and related inference processes for quantile regression[J]. Journal of the American Statistical Association，1999，94(448)：1296-1310.

$$q(\tau \mid \boldsymbol{x}_i, \boldsymbol{\beta}(\tau)) = \beta_0(\tau) + \boldsymbol{x}'_{i1}\boldsymbol{\beta}_1(\tau) \tag{3.1.32}$$

最小化 τ 分位数回归的目标函数(objective function),得到

$$\hat{V}(\tau) = \min_{\boldsymbol{\beta}(\tau)} \sum_i \rho_\tau(y_i - \beta_0(\tau) - \boldsymbol{x}'_{i1}\boldsymbol{\beta}_1(\tau)) \tag{3.1.33}$$

回归方程中只包含常数项情形下,最小化 τ 分位数回归的目标函数,得到

$$\tilde{V}(\tau) = \min_{\beta_0(\tau)} \sum_i \rho_\tau(y_i - \beta_0(\tau)) \tag{3.1.34}$$

定义分位数回归方程的 Machado 拟合优度为

$$R^1(\tau) = 1 - \hat{V}(\tau)/\tilde{V}(\tau) \tag{3.1.35}$$

$R^1(\tau)$位于 0～1 之间,$R^1(\tau)$越大说明模型估计得越好,反之,估计得越差。可以看出,这与用普通最小二乘法估计的传统回归方程中定义的拟合优度 R^2 类似,分位数回归拟合优度的计算是基于分位数回归方程目标函数的最小值与只用常数项作为解释变量时的分位数回归方程目标函数最小值的关系。普通最小二乘估计的目标函数是残差平方和,拟合优度的计算是基于残差平方和的最小值与因变量的离差平方和的关系,而因变量的离差平方和就等于只用常数项作为解释变量时的回归方程的残差平方和的最小值。

2. 拟似然比检验(quasi-LR test)①

定义以下两个检验统计量:

$$L_N(\tau) = \frac{2(\tilde{V}(\tau) - \hat{V}(\tau))}{\tau(1-\tau)s(\tau)} \tag{3.1.36}$$

$$\Lambda_N(\tau) = \frac{2\hat{V}(\tau)}{\tau(1-\tau)s(\tau)} \log(\tilde{V}(\tau)/\hat{V}(\tau)) \tag{3.1.37}$$

式中:$\hat{V}(\tau)$和$\tilde{V}(\tau)$分别为无约束的和对原方程施加 q 个约束条件的分位数回归目标函数的最小值;$s(\tau)$为稀疏度值。$L_N(\tau)$和$\Lambda_N(\tau)$两个统计量都渐近服从自由度为 q 的 χ^2_q 分布。在分位数回归的冗余变量检验、遗漏变量检验等中都用到 $L_N(\tau)$和 $\Lambda_N(\tau)$统计量。

3. 分位数过程检验(quantile process testing)②

有时候,我们不是仅对某个分位数回归感兴趣,而是希望对不止一个分位数回归的系数进行联合检验,如下面将要研究的检验斜率系数是否相等,即不同分位数回归计算出的斜率系数是否相等,类似这种问题需要同时估计多于一个分位数回归,这种分析称为分位数过程(quantile process)分析。定义过程系数向量:

$$\boldsymbol{\beta} = (\boldsymbol{\beta}(\tau_1)', \boldsymbol{\beta}(\tau_2)', \cdots, \boldsymbol{\beta}(\tau_s)')' \tag{3.1.38}$$

则

① KOENKER R, BASSETT G Jr. Robust tests for heteroskedasticity based on regression quantiles[J]. Econometrica, 1982, 50(1): 43-62.

② NEWEY W K, POWELL J L. Asymmetric least squares estimation[J]. Econometrica, 1987, 55(4): 819-847.

$$\sqrt{N}(\hat{\boldsymbol{\beta}}-\boldsymbol{\beta}) \sim N(\mathbf{0},\boldsymbol{\Omega}) \tag{3.1.39}$$

式中：$\boldsymbol{\Omega}$ 具有一个块结构形式：

$$\boldsymbol{\Omega}_{ij}=[\min(\tau_i,\tau_j)-\tau_i\tau_j]\boldsymbol{H}(\tau_i)^{-1}\boldsymbol{J}\boldsymbol{H}(\tau_j)^{-1} \tag{3.1.40}$$

在独立同分布的假定下，$\boldsymbol{\Omega}$ 简化为

$$\boldsymbol{\Omega}=\boldsymbol{\Omega}_0 \otimes \boldsymbol{J} \tag{3.1.41}$$

式中：$\boldsymbol{\Omega}_0$的元素为

$$\omega_{ij}=\frac{\min(\tau_i,\tau_j)-\tau_i\tau_j}{f(F^{-1}(\tau_i))f(F^{-1}(\tau_j))} \tag{3.1.42}$$

（1）斜率相等检验（slope equality testing）

如果检验原假设：

$$H_0: \beta_i(\tau_1)=\beta_i(\tau_2)=\cdots=\beta_i(\tau_s), \quad i=1,2,\cdots,k-1 \tag{3.1.43}$$

这相当于施加了$(k-1)\times(s-1)$个约束条件（不包含常数项），在已知系数向量的分布的情况下，很容易构造服从 $\chi^2_{(k-1)\times(s-1)}$ 的 Wald 统计量，从而对原假设进行检验。

（2）对称检验（symmetry testing）

如果对于给定的 X，Y 的分布是对称的，则应该有

$$(\boldsymbol{\beta}(\tau)+\boldsymbol{\beta}(1-\tau))/2=\boldsymbol{\beta}(1/2) \tag{3.1.44}$$

具体而言，假定分位数过程包含了 s 个分位数回归，这里 s 是奇数，中间值 $\tau_{(s+1)/2}$ 为 0.5，并且，$\tau_j=1-\tau_{s-j+1}$，$j=1,2,\cdots,(s-1)/2$，则对称检验的原假设为

$$H_0: (\boldsymbol{\beta}(\tau_j)+\boldsymbol{\beta}(1-\tau_{s-j+1}))/2=\boldsymbol{\beta}(1/2), \quad j=1,2,\cdots,(s-1)/2 \tag{3.1.45}$$

这个原假设施加了 $k\times(s-1)/2$ 个约束条件，通过构造服从 $\chi^2_{k\times(s-1)/2}$ 的 Wald 统计量就可以对原假设进行检验。如果先验地已知误差项分布不是对称的，可以只对截距项进行检验，这时候的约束条件个数是$(s-1)/2$。

例 3.1　分位数回归

本例建立一个考虑政府支出影响的居民消费函数，刻画我国改革开放以来政府支出对居民消费的影响。在这个例子中，*cs* 代表实际居民消费、*inc* 代表实际可支配收入、*fe* 代表实际财政支出，变量均为剔除了价格因素的实际年度数据，样本区间为 1978—2000 年[①]。利用 ADF 单位根检验方法，对 ln(*cs*)、ln(*inc*)和 ln(*fe*) 进行了单位根检验，样本期间内 3 个变量的对数序列都是一阶单整的，即 $I(1)$的，又利用 Johansen 协整检验方法（第 8 章 8.5 节）进行协整检验，表明 ln(*cs*)、ln(*inc*)和 ln(*fe*)之间存在协整关系。我们建立如下的回归方程：

$$\ln(cs_t)=\beta_1\ln(inc_t)+\beta_2\ln(cs_{t-1})+\beta_3\ln(fe_{t-1})+u_t, \quad t=1,2,\cdots,T \tag{3.1.46}$$

① 居民消费 *cs* 采用：城镇家庭平均每人全年消费性支出（元）×城镇人口（亿人）+农村居民家庭人均年消费性现金支出（元）×农村人口（亿人）；居民可支配收入 *YD* 采用：城镇居民家庭人均可支配收入（元）×城镇人口（亿人）+农村居民家庭人均纯收入（元）×农村人口（亿人）。采用居民消费价格指数（1978 年=1）来消除各变量的价格因素。数据来源于各年《中国统计年鉴》。

考虑到财政政策通常具有时滞的特点,模型中采用滞后一期的实际财政支出作为解释变量。为了进行比较,我们同时给出最小二乘法以及 3 个不同分位点的分位数回归估计结果(表 3.1.2)。

表 3.1.2 最小二乘法和分位数回归结果

系数估计结果	OLS	Quant20	Quant50	Quant80
$\hat{\beta}_1$	0.41 (5.34)	0.45 (2.67)	0.51 (3.21)	0.43 (3.46)
$\hat{\beta}_2$	0.51 (6.71)	0.46 (2.94)	0.41 (2.69)	0.50 (4.27)
$\hat{\beta}_3$	0.087 (4.19)	0.094 (2.75)	0.076 (2.07)	0.073 (2.63)
R^1	0.998	0.96	0.96	0.96

注:括号内为弹性系数的 t 值;Quant20,Quant50,Quant80 分别代表 20%,50%,80%分位数。

从估计结果可以看出,对于不同的估计方法,居民实际可支配收入、前期消费水平两个变量的弹性系数变化不大。尽管在以往的研究中,政府支出对居民消费的影响还没有得出一致的结论,但是在本例中 3 种估计的结果表明政府支出对居民消费的弹性值均为正,说明在我们所分析的样本区间内政府支出与居民消费之间是互补的,政府支出的增加有利于加强基础设施建设和提高社会保障水平,使居民减少储蓄,尤其是预防性储蓄,从而增加消费。最小二乘估计给出的是政府支出对消费的平均影响效果,而分位数回归给出的是消费处于不同分位水平时,政府支出对居民消费的影响。在 20%,50%和 80%的分位点上政府支出的弹性分别为 0.094,0.076 和 0.073,说明当消费水平较低时,政府支出的影响相对较大,而对于较高的消费水平,政府支出的影响变小。因为当消费水平较高时,进一步提升的空间变小,政府支出对其影响也变小。

3.2 非线性最小二乘法

线性计量经济学模型的理论与方法已经相当成熟。但是,现实经济问题并不都能抽象为线性模型,所以非线性计量经济模型在计量经济学中占据重要的位置,关于它的理论和方法的研究是计量经济学理论与方法研究的一个广泛的领域。尤其在 20 世纪 70 年代至 80 年代初,关于非线性模型理论与方法的研究成为一个热点。非线性模型理论与方法已经形成了一个和线性模型相对应的体系,包括从最小二乘原理出发的一整套方法和从最大似然原理出发的一整套方法,也包括随机误差项违背基本假设的非线性问题的估计方法。

3.2.1　非线性模型概念

前面所讨论的单方程回归模型都是关于参数线性的，可以用普通最小二乘法或其变化形式对它们进行参数估计。但是有一类模型关于参数的导数仍然含有参数本身，这类模型称为参数非线性模型。例如 Cobb-Dauglass 生产函数模型为

$$y_i = \beta_1 L_i^{\beta_2} K_i^{\beta_3} + u_i, \quad i = 1, 2, \cdots, N \tag{3.2.1}$$

式中：y_i 代表产出，L_i 代表劳动，K_i 代表资本，N 是样本个数。式(3.2.1)关于参数的导数仍含有参数本身，所以它是参数非线性模型。非线性模型通常就是指这种参数非线性的模型。

若模型设定为

$$\ln y_i = \beta_1 + \beta_2 \ln L_i + \beta_3 \ln K_i + u_i \tag{3.2.2}$$

虽然式(3.2.2)的变量是非线性形式，但是对参数求导结果与参数无关，因此模型是参数线性的。

一般地，假设回归方程为

$$y_i = f(\boldsymbol{x}_i, \boldsymbol{\beta}) + u_i, \quad i = 1, 2, \cdots, N \tag{3.2.3}$$

式中：f 是解释变量向量 $\boldsymbol{x}_i = (x_{1i}, x_{2i}, \cdots, x_{ki})'$ 和 k 维参数向量 $\boldsymbol{\beta} = (\beta_1, \beta_2, \cdots, \beta_k)'$ 的函数，N 是样本个数。如果 f 关于参数的导数不依赖于参数 $\boldsymbol{\beta}$，则称模型是参数线性的；反之，则是参数非线性的。

3.2.2　非线性模型估计方法

最小二乘估计是要选择参数向量 $\boldsymbol{\beta}$ 的估计值 $\boldsymbol{b}$ 使残差平方和 $S(\boldsymbol{b})$ 最小

$$S(\boldsymbol{b}) = \sum_{i=1}^{N} [y_i - f(\boldsymbol{x}_i, \boldsymbol{b})]^2 \tag{3.2.4}$$

对每个参数分别求偏导数并令这些偏导数为 0，得到正规方程组：

$$\frac{\partial S(\boldsymbol{b})}{\partial b_j} = -2 \sum_{i=1}^{N} [y_i - f(\boldsymbol{x}_i, \boldsymbol{b})] \frac{\partial f(\boldsymbol{x}_i, \boldsymbol{b})}{\partial b_j} = 0, \quad j = 1, 2, \cdots, k \tag{3.2.5}$$

对于非线性模型，无法直接求解式(3.2.5)。非线性方程有几种方法可以完成参数估计，这里介绍非线性最小二乘估计(nonlinear least square，NLS)的一种方法：牛顿-拉夫森(Newton-Raphson)方法。本书第 7 章中介绍了其他非线性模型求解方法。

考虑式(3.2.3)中只有一个参数的情形，即 $k=1$。将式(3.2.4)在初值 $b^{(0)}$ 处进行到二阶的泰勒展开，即

$$S(b) \approx S(b^{(0)}) + \left.\frac{\mathrm{d}S(b)}{\mathrm{d}b}\right|_{b=b^{(0)}} (b - b^{(0)}) + \frac{1}{2} \left.\frac{\mathrm{d}^2 S(b)}{\mathrm{d}b^2}\right|_{b=b^{(0)}} (b - b^{(0)})^2 \tag{3.2.6}$$

使式(3.2.6)极小的一阶条件为

$$\frac{\mathrm{d}S(b)}{\mathrm{d}b} \approx \left.\frac{\mathrm{d}S(b)}{\mathrm{d}b}\right|_{b=b^{(0)}} + \left.\frac{\mathrm{d}^2 S(b)}{\mathrm{d}b^2}\right|_{b=b^{(0)}} (b - b^{(0)}) = 0 \tag{3.2.7}$$

则有

$$b = b^{(0)} - \left(\frac{\mathrm{d}^2 S(b)}{\mathrm{d}b^2} \bigg|_{b=b^{(0)}} \right)^{-1} \frac{\mathrm{d}S(b)}{\mathrm{d}b} \bigg|_{b=b^{(0)}} \tag{3.2.8}$$

当给定迭代的初值 $b^{(0)}$ 后，利用式(3.2.8)可以得到新的值 $b^{(1)}$，这样反复迭代直至连续两次得到的参数估计值相差小于给定的确定的标准 δ，$\delta>0$，即 $|b^{(l+1)}-b^{(l)}|<\delta$，也即迭代收敛。所得到的 $b^{(l)}$ 即为未知参数 β 的估计值 b_{NLS}。

一般地，如果式(3.2.3)中含有多个参数，即 $k>1$ 时，牛顿法中参数向量通过下式进行迭代：

$$\boldsymbol{b}^{(l+1)} = \boldsymbol{b}^{(l)} - \boldsymbol{H}_l^{-1} \boldsymbol{g}_l \tag{3.2.9}$$

其中

$$\boldsymbol{H}_l = \boldsymbol{H}(\boldsymbol{b}^{(l)}) = \frac{\partial^2 S(\boldsymbol{b})}{\partial \boldsymbol{b} \partial \boldsymbol{b}'} \bigg|_{\boldsymbol{b}=\boldsymbol{b}^{(l)}}, \quad \boldsymbol{g}_l = \boldsymbol{g}(\boldsymbol{b}^{(l)}) = \frac{\partial S(\boldsymbol{b})}{\partial \boldsymbol{b}} \bigg|_{\boldsymbol{b}=\boldsymbol{b}^{(l)}}$$

这种方法存在的问题是，并不能保证得到了最小值，有可能只是得到了局部的极小值。因此，需要选择不同的初值，多次迭代。如果先验地掌握了一些信息，所赋初值可能很快达到最小值。

系数协方差采用如下的形式估计：

$$\hat{\boldsymbol{\Sigma}}_{\mathrm{NLS}} = c\boldsymbol{A}^{-1}\boldsymbol{B}\boldsymbol{A}^{-1} \tag{3.2.10}$$

式中：$\boldsymbol{A}$ 是信息矩阵，$\boldsymbol{B}$ 是梯度加权残差的方差，c 是调整参数。在误差项不存在自相关和异方差的普通情形下，可以认为 $\boldsymbol{A}=\boldsymbol{B}$，参数估计量的协方差矩阵计算为

$$\hat{\boldsymbol{\Sigma}}_{\mathrm{NLS}} = c\boldsymbol{A}^{-1} \tag{3.2.11}$$

式中：c 是残差方差的估计量；信息矩阵 $\boldsymbol{A}$ 可以用梯度的外积(outer-product of the gradients，OPG)计算，则系数协方差计算为

$$\hat{\boldsymbol{\Sigma}}_{\mathrm{NLS}} = c[G'(\boldsymbol{b}_{\mathrm{NLS}})G(\boldsymbol{b}_{\mathrm{NLS}})]^{-1} \tag{3.2.12}$$

式中：

$$G(\boldsymbol{b}_{\mathrm{NLS}}) = \frac{\partial f(\boldsymbol{X},\boldsymbol{b})}{\partial \boldsymbol{b}} \Big|_{\boldsymbol{b}=\boldsymbol{b}_{\mathrm{NLS}}}$$

如果模型是参数线性的，$G(\boldsymbol{b}_{\mathrm{NLS}})$ 等于解释变量观测值矩阵 $\boldsymbol{X}$。信息矩阵 $\boldsymbol{A}$ 可以设定为平方和函数二阶导数构成的 Hessian 矩阵的一半，即

$$\hat{\boldsymbol{\Sigma}}_{\mathrm{NLS}} = c\left(\frac{1}{2}\frac{\partial^2 S(\boldsymbol{b})}{\partial \boldsymbol{b}\partial \boldsymbol{b}'}\right)^{-1} \bigg|_{\boldsymbol{b}=\boldsymbol{b}_{\mathrm{NLS}}} \tag{3.2.13}$$

如果认为 $\boldsymbol{A}$ 和 $\boldsymbol{B}$ 不相等，可以采用 White 或者 HAC(异方差与自方差一致性)估计量估计系数协方差，这时，$\boldsymbol{A}$ 仍然用 OPG 或者 Hessian 方法，$\boldsymbol{B}$ 为梯度加权的残差的方差的稳健估计量。此时，c 为自由度校正值($N/(N-k)$)。

例 3.2　非线性消费函数的估计

如果设定消费函数为非线性形式：

$$cs_t = \beta_1 + \beta_2 inc_t^{\beta_3} + u_t, \quad t=1,2,\cdots,T \tag{3.2.14}$$

式中：cs_t 是实际居民消费，inc_t 是实际可支配收入。利用我国 1978—1996 年的年度数据估计此非线性方程，由于用迭代法计算，首先要赋初值，可以先利用 OLS 估计：

$$\widehat{cs_t}=152.85+0.8095\times inc_t,\quad t=1,2,\cdots,T \tag{3.2.15}$$
$$t=(2.24)\quad(55.49)$$
$$R^2=0.99,\qquad DW=0.71$$

式(3.2.15)中的线性模型估计结果表明，边际消费倾向(marginal propensity to consume，MPC)估计值是 0.809 5。建立非线性消费方程(3.2.14)，将 152.85，0.809 5 设为 β_1,β_2 的初值，设 β_3 的初值是 1，经过迭代，得到的非线性消费方程为

$$\widehat{cs_t}=-442.25+3.435\times inc_t^{(0.8474)},\quad t=1,2,\cdots,T \tag{3.2.16}$$
$$t=(-1.31)\quad(1.45)\quad(11.72)$$
$$R^2=0.99,\qquad DW=0.91$$

b_1,b_2,b_3 的标准差分别为 338.5，2.37 和 0.07(由 OPG 方法得到)。

非线性形式的边际消费倾向为

$$MPC_t=\frac{\mathrm{d}(cs_t)}{\mathrm{d}(inc_t)}=\beta_2\beta_3(inc_t)^{\beta_3-1} \tag{3.2.17}$$

因此，非线性情况下的边际消费倾向 MPC 是时变的，根据式(3.2.17)计算得到的动态边际消费倾向序列如图 3.2.1 所示。

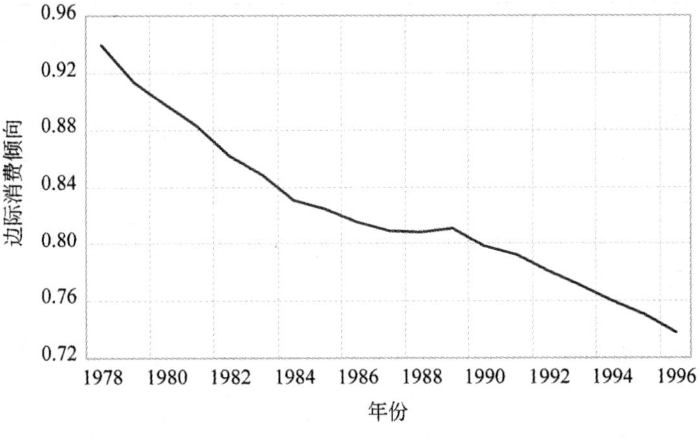

图 3.2.1　动态边际消费倾向序列

注意：inc 在 1978—1996 年的平均值(4 341.616 4)对应的边际消费倾向为

$$MPC=3.4349\times0.84736\times4341.6164^{(0.84736-1)}\approx0.81$$

近似等于线性模型估计值，因为线性模型的参数反映的是变量之间平均意义上的影响关系。

3.3 非参数回归模型[①]

前面介绍的回归模型,无论是线性形式还是非线性形式,都需要明确地给出被解释变量和解释变量之间的关系,才能进行参数估计进而利用模型的估计结果分析问题。然而,变量之间关系的设定具有很强的主观性,建模者往往需要尝试多种形式的模型,才能根据统计检验和经济意义等多种因素的考虑最终选定模型的形式。本节中将对非参数回归模型做初步的介绍。非参数模型假定变量间的关系是未知的,其所要估计的是回归函数本身。对于这个未知函数的估计通常可以采用核估计和近邻估计等方法。

3.3.1 密度函数的非参数估计

1. 已知密度函数形式的估计

若已知密度函数的形式,可使用参数估计方法来估计模型参数。假设随机变量 X_1, X_2,…,X_N 独立同分布,其密度函数为 $f(x|\theta)$,其中 θ 是未知参数,则 θ 的最大似然估计 $\hat{\theta}$ 为使 $x_1,x_2,\cdots,x_N$ 的联合密度函数

$$L(\theta)=\prod_{i=1}^{N} f(x_i \mid \theta) \tag{3.3.1}$$

达到最大。表3.3.1给出几种形式理论分布的密度函数 $f(x,\theta)$。

表3.3.1 几种形式理论分布的密度函数 $f(x,\boldsymbol{\theta})$

Normal(正态)	$f(x\|\mu,\sigma)=\dfrac{1}{\sigma\sqrt{2\pi}}\exp\left(-\dfrac{1}{2\sigma^2}(x-\mu)^2\right)$
Exponential(指数)	$f(x\|a,\mu)=\dfrac{1}{\mu}\exp\left(-\dfrac{x-a}{\mu}\right)$
Logistic(逻辑斯谛)	$f(x\|\mu,s)=\dfrac{1}{s}\exp\left(\dfrac{x-\mu}{s}\right)\left[1+\exp\left(\dfrac{x-\mu}{s}\right)\right]^{-2}$
Uniform(均匀)	$f(x\|a,b)=\dfrac{1}{b-a}$
Extreme-Max(极值-Max)	$f(x\|m,s)=\dfrac{1}{s}\exp\left[-\dfrac{x-m}{s}-\exp\left(-\dfrac{x-m}{s}\right)\right]$
Extreme-Min(极值-Min)	$f(x\|m,s)=\dfrac{1}{s}\exp\left[\dfrac{x-m}{s}-\exp\left(\dfrac{x-m}{s}\right)\right]$
Chi-Square(χ^2)	$f(x\|\upsilon)=\dfrac{1}{2^{\upsilon/2}\Gamma(\upsilon/2)}x^{\frac{\upsilon}{2}-1}\exp\left(-\dfrac{x}{2}\right)$
Pareto	$f(x\|a,k)=\dfrac{ak^a}{x^{a+1}}$

① 叶阿忠. 非参数计量经济学[M]. 天津:南开大学出版社,2003:22-92.

续表

Weibull	$f(x\|m,sa)=\frac{a}{s}\left(\frac{x-m}{s}\right)^{a-1}\exp\left(-\frac{x-m}{s}\right)^{a}$
Gamma(Γ)	$f(x\|m,s,r)=s^{-r}(x-m)^{r-1}\exp\left(-\frac{x-m}{s}\right)^{a}/\Gamma(r)$
Student's(t)	$f(x\|\mu,\sigma,\upsilon)=\frac{\Gamma[(\upsilon+1)/2]}{\sigma\sqrt{\upsilon\pi}\Gamma(\upsilon/2)}\left\{\frac{\upsilon+[(x-\mu)/\sigma]^2}{\upsilon}\right\}^{\frac{\upsilon+1}{2}}$

注：exp()是指数函数，Γ()是 γ 函数。

可以利用极大似然估计方法得到未知参数 θ 的估计值 $\hat{\theta}$，进而求出近似的密度函数 $\hat{f}(x \mid \hat{\theta})$。

2. 一元密度函数的核估计[①]

随机变量密度函数的具体形式往往是不知道的，本节在对随机变量的密度函数没有任何信息的情况下讨论密度函数的核估计。

设 X 为一个随机变量，其密度函数为 $f(x)$，未知。设 $x_1,x_2,\cdots,x_N$ 为 X 的样本观测值。可从经验分布函数导出密度函数的核估计，经验分布函数为

$$F_N(x)=\frac{1}{N}\sum_{i=1}^{N}I(x_i\leqslant x) \tag{3.3.2}$$

式中：N 是观测值的数目。$I(z)$ 是指标函数，z 是条件关系式，当 z 为真时，$I(z)=1$；当 z 为假时，$I(z)=0$。式(3.3.2)中条件关系式 z 为 $x_i\leqslant x$，x_i 是 i 点的样本观测值，当 $x_i\leqslant x$ 时，$I(x_i\leqslant x)=1$，否则取值为 0。

取核函数为均匀核：

$$K_0(x)=\begin{cases}1/2, & -1\leqslant x<1\\ 0, & \text{其他}\end{cases} \tag{3.3.3}$$

则核密度估计为

$$\begin{aligned}f(x)&=[F_N(x+h)-F_N(x-h)]/2h\\&=\frac{1}{2h}\left(\frac{1}{N}\sum_{i=1}^{N}I(x-h\leqslant x_i\leqslant x+h)\right)=\frac{1}{h}\frac{1}{N}\sum_{i=1}^{N}\left(\frac{1}{2}I\left(-1\leqslant\frac{x-x_i}{h}\leqslant 1\right)\right)\\&=\frac{1}{Nh}\sum_{i=1}^{N}K_0\left(\frac{x-x_i}{h}\right)\end{aligned} \tag{3.3.4}$$

式中：h 是带宽(或平滑参数)，将核函数放宽就得到一般的核密度估计：

$$f(x)=\frac{1}{Nh}\sum_{i=1}^{N}K\left(\frac{x-x_i}{h}\right) \tag{3.3.5}$$

式中：K 是核函数。核函数的形式参见本章 3.1.2 小节的表 3.1.1。

带宽 h 控制密度估计的平滑程度，带宽越大，估计越平滑，但估计的偏差越大。带宽

① SILVERMAN B W. Density estimation for statistics and data analysis[M]. London: Chapman & Hall, 1986.

的选取在密度估计中非常重要，Silverman 方法是一种基于数据的自动带宽，$h = 0.9kN^{-1/5}\min\{s, IQR/1.34\}$，$s$ 是标准离差；IQR 为四分位距(interquartile range)，因子 k 是标准带宽变换，标准带宽变换用来调整带宽，以便对不同的核函数的密度估计有大致相当的平滑。

例 3.3　一元密度函数的核估计

采用中国 1998 年 30 个省(区、市)的城镇居民平均每人全年家庭可支配收入及交通和通信支出的数据，利用一元密度函数的核密度估计方法计算人均家庭交通及通信支出(cum)，人均可支配收入(in)的密度函数，核函数 K 的形式选为表 3.1.1 的 Biweight 核形式。结果如图 3.3.1 和图 3.3.2 所示。

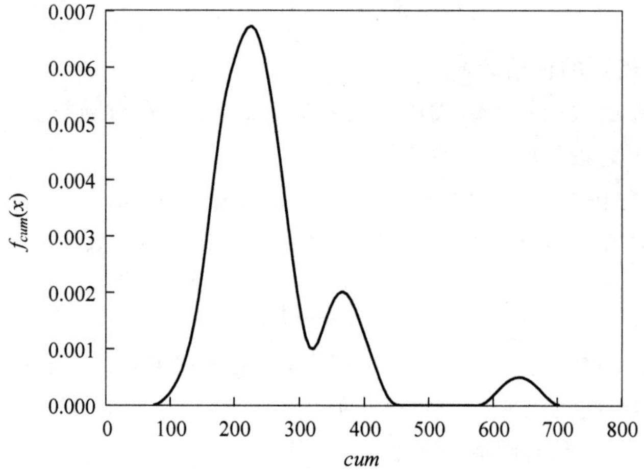

图 3.3.1　cum 的密度函数 $\hat{f}_{cum}(x)$

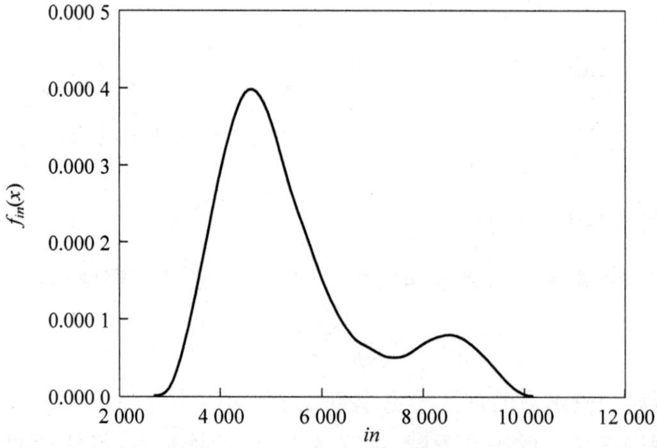

图 3.3.2　in 的密度函数 $\hat{f}_{in}(x)$

3.3.2 一元非参数计量经济模型

设随机变量 Y 为被解释变量，X 为解释变量，表示实际影响 Y 的一个重要因素，它既可以是确定性变量，也可以是随机变量。给定样本观测值 $(y_1, x_1), (y_2, x_2), \cdots, (y_N, x_N)$，假定 $\{y_i\}$ 独立同分布，可建立非参数模型：

$$y_i = m(x_i) + u_i, \quad i = 1, 2, \cdots, N \tag{3.3.6}$$

式中：$m(\cdot)$ 是未知的函数，u_i 为随机误差项。对于模型(3.3.6)有许多种非参数估计方法：核估计、局部线性估计、近邻估计、正交序列估计和样条估计等。

1. 局部多项式核估计

假定 $m(x)$ 在 $x = x_0$ 处 $k+1$ 阶导数存在，则可将 $m(x)$ 在 $x = x_0$ 处进行 k 阶泰勒展开：

$$m(x) \approx m(x_0) + m'(x_0)(x - x_0) + \cdots + \frac{m^{(k)}(x_0)}{k!}(x - x_0)^k \tag{3.3.7}$$

将式(3.3.7)代入式(3.3.6)可得

$$y_i = m(x_0) + m'(x_0)(x_i - x_0) + \cdots + \frac{m^{(k)}(x_0)}{k!}(x_i - x_0)^k + u_i, \quad i = 1, 2, \cdots, N \tag{3.3.8}$$

令

$$\beta_0 = m(x_0), \beta_1 = m'(x_0), \cdots, \beta_k = \frac{m^{(k)}(x_0)}{k!} \tag{3.3.9}$$

式(3.3.8)可用加权最小二乘法进行局部拟合。即最小化

$$\sum_{i=1}^{N} (Y_i - \beta_0 - \beta_1(x_i - x_0) - \cdots - \beta_k(x_i - x_0)^k)^2 K\left(\frac{x_i - x_0}{h}\right) \tag{3.3.10}$$

式中：$K(\cdot)$为核函数，h 为带宽(bandwidth)或平滑参数。由式(3.3.9)可得

$$\hat{m}(x_0) = \hat{\beta}_0 \tag{3.3.11}$$

局部多项式核估计是对每一个 x 点进行局部加权最小二乘估计来拟合 Y，即最小化

$$\sum_{i=1}^{N} (Y_i - \beta_0 - \beta_1(x_i - x) - \cdots - \beta_k(x_i - x)^k)^2 K\left(\frac{x_i - x}{h}\right) \tag{3.3.12}$$

可见，核估计等价于局部加权最小二乘估计。需要注意的是对于不同的 x，各参数 β 的估计值不同。k 是局部多项式阶数，当 $k=1$ 时，就是局部线性回归。

核估计的核心问题是核函数和带宽的选择。常用的核函数参见本章 3.1.2 小节的表 3.1.1，有均匀核、高斯核和 Epanechnikov 核等。带宽的大小同时影响着核估计的偏差与方差，可以证明，在大样本下，带宽 h 越小，核估计的偏差越小，但是方差就越大；h 越大，核估计的方差越小，但是偏差越大。因此，最佳的带宽既不应该过大也不该过小，通常带宽设置为

$$h = 0.15(x_U - x_L) \tag{3.3.13}$$

式中：$[x_L, x_U]$是 X 的取值范围。

在进行局部多项式核估计时，通常指定一个点数 M，假设序列 X 的样本值范围是$[x_L, x_U]$，则在如下点进行多项式回归估计：

$$x_i = x_L + \left(\frac{x_U - x_L}{M}\right) \cdot i, \quad i = 0, 1, \cdots, M \tag{3.3.14}$$

2. Nadaraya-Watson 核估计

Nadaraya-Watson 核估计问题等价于在式(3.3.12)中 $k=0$ 时的情况，即下式所表示的加权残差平方和的最小化问题：

$$\sum_{i=1}^{N} (y_i - \beta_0)^2 K\left(\frac{x_i - x}{h}\right) \tag{3.3.15}$$

可以看出，Nadaraya-Watson 核估计是局部多项式核估计的特殊形式，仅包含常数项，即对于每个 x_i，只需要估计 β_0。

3. 邻近点加权拟合

这是一种带宽基于最邻近点的局部回归。对样本中的每一数据点 x，它拟合出一条局部的并经加权的回归线。局部是说只用邻近点也就是样本的子集来一步步回归，并且邻近点越远给越小的权数。非参数回归模型(3.3.6)的邻近点拟合估计为

$$\sum_{i=1}^{N} w_i (y_i - a - x_i b_1 - x_i^2 b_2 - \cdots - x_i^k b_k)^2 \tag{3.3.16}$$

其中三次方权数(tricube)为

$$w_i = \begin{cases} (1 - |d_i / d([\alpha N])|^3)^3, & |d_i / d([\alpha N])| < 1 \\ 0, & \text{其他} \end{cases} \tag{3.3.17}$$

式中：$d_i = |x_i - x|$，选取在(0,1)之间的一个分数 α 作为带宽，控制拟合线的平滑程度，分数 α 越大拟合线越平滑。αN 是总样本个数的 $100\alpha\%$，$[\alpha N]$表示对 αN 取整。式(3.3.16)在给定点 x 使用$[\alpha N]$个观测值做局部回归，最邻近定义意味着被估计点周围点的个数不必是对称的。$d([\alpha N])$是距离 x 最近的$[\alpha N]$个样本点中的最大距离。这样，距离 x 最近的$[\alpha N]$个样本在进行局部回归时将按照距离 x 远近而被赋予不同的权重。而其他样本点将不予考虑，即权重为 0。对于给定点 x，可得

$$\hat{m}(x) = \hat{a} + \hat{b}_1 x + \hat{b}_2 x^2 + \cdots + \hat{b}_k x^k \tag{3.3.18}$$

例 3.4 非参数核估计和邻近点加权拟合

本例中将用核估计和邻近点加权拟合来描述变量 Y 和 X 之间的关系，其中，X 是从 0 至 1 之间的均匀分布随机抽取的 1 000 个数，Z 和 Y 分别由下式生成：

$$\begin{aligned} z_i &= \sin(2\pi x_i^3)^3 \\ y_i &= \sin(2\pi x_i^3)^3 + u_i, \quad u_i \sim N(0, 0.1) \end{aligned} \tag{3.3.19}$$

图 3.3.3 描绘了 Y 与 X 的样本散点图以及不包含随机扰动项 u 的 Z 与 X 的曲线图。

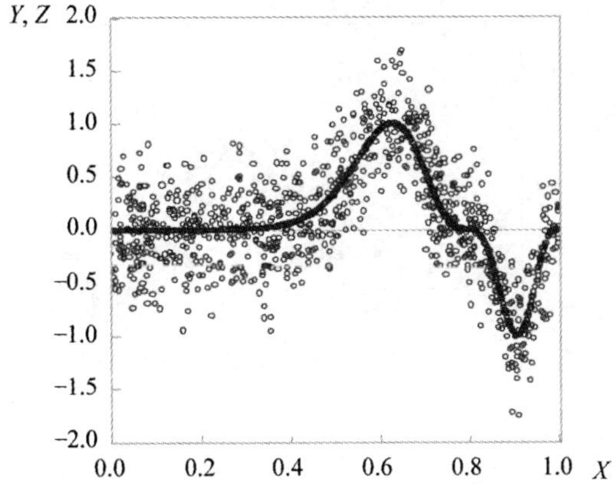

图 3.3.3　样本散点图

（散点是 Y 的样本值，实线是 Z 曲线，下同）

下面分别利用核估计和邻近点加权拟合描述 Y 与 X 这两个变量的非参数估计。对于核估计，如果设定带宽 $h=0.15$，二次多项式即 $k=2$，并且核函数选为 Epanechnikov 形式，将可以得到核估计拟合结果，如图 3.3.4 所示；如果设定 $p=300$，二次多项式即 $k=2$，将可以得到邻近点加权拟合结果，如图 3.3.5 所示。

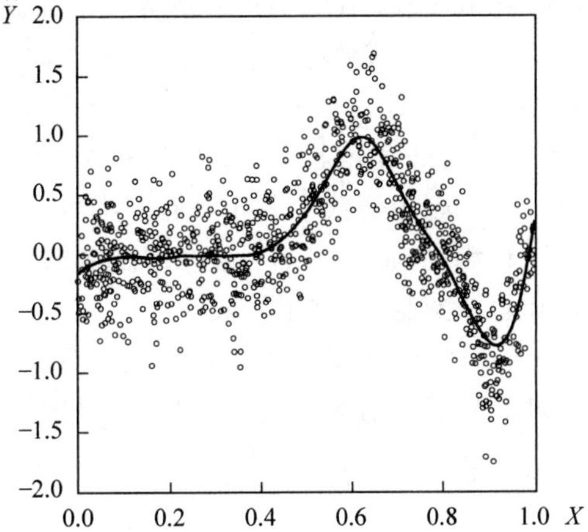

图 3.3.4　核估计的拟合结果（$\hat{Y}$）

可见，通过合适的设定，核估计和邻近点加权估计都可以得到与真实的函数关系很相近的拟合结果，但核估计的拟合结果与代表 Y 的真实关系 Z 更加符合。

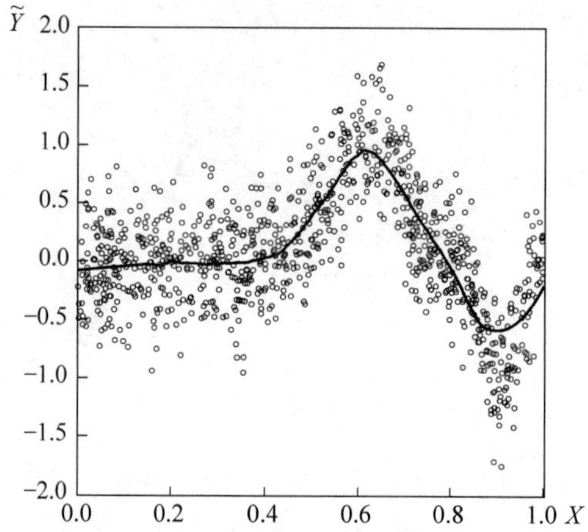

图 3.3.5 邻近点加权拟合结果($\widetilde{Y}$)

3.4 混频数据抽样回归模型

在实际经济分析中,所能获得的统计数据有年度、季度、月度甚至是日度频率,标准回归模型要求被解释变量与解释变量采用相同频率的数据。Ghysels 等[①]提出的混频数据抽样回归方法(mixed data sampling,MIDAS)很好地解决了数据不同频率时模型的估计与预测问题,可以实现利用高频的经济数据对低频数据的预测。MIDAS 建模方法在经济预测中主要有两个方面的优势:第一,MIDAS 建模方法能够直接利用高频数据的信息,避免了因数据同频处理所引起的全样本信息的损失和人为信息的虚增,从而增强了宏观经济预测的准确性[②];第二,低频经济数据公布具有时滞性,如季度 *GDP*,无法及时对当前经济状态和经济走势进行判断,而 MIDAS 建模方法能够利用最新公布的高频数据更新低频数据的实时预报和短期预测,增进了时效性。

MIDAS 建模方法解决了回归中因变量抽样频率低于自变量的问题,其目标是将高频数据中的样本信息以一种简单而灵活的方式并入低频回归中。

---

① GHYSELS E,PEDRO S C,VALKANOV R,The MIDAS touch: mixed data sampling regression models[R]. University of North Carolina and UCLA Discussion Paper,2004.

GHYSELS E,PEDRO S C,VALKANOV R. Predicting volatility: getting the most out of return data sampled at different frequencies[J]. Journal of econometrics,2006,131(1-2): 59-95.

GHYSELS E,SINKO A,VALKANOV R. MIDAS regressions: further results and new directions[J]. Econometric reviews,2007,26(1): 53-90.

② 刘金全,刘汉,印重.中国宏观经济混频数据模型应用——基于 MIDAS 模型的实证研究[J].经济科学,2010(5): 23-34.

3.4.1 模型介绍

MIDAS 的一般模型为

$$y_t = \boldsymbol{X}'_t\boldsymbol{\beta} + f(\{\boldsymbol{X}^H_{t/S}\}, \boldsymbol{\theta}, \boldsymbol{\lambda}) + u_t, \quad t=1,2,\cdots,T \tag{3.4.1}$$

其中，y_t 是 t 时刻低频因变量，$\boldsymbol{X}_t$ 是与 y_t 同频抽样的一组解释变量，u_t 是随机扰动项，T 是低频数据样本个数，$\{\boldsymbol{X}^H_{t/S}\}$ 是在每个低频数据中进行 S 次抽样的一组高频解释变量，如因变量为季度数据、解释变量为月度数据时，$S=3$。f 是描述高频数据在低频回归中作用的函数，$\boldsymbol{\beta}$、$\boldsymbol{\lambda}$ 和 $\boldsymbol{\theta}$ 是待估参数。

传统计量模型中应用混频数据有两种方法：一种是**加总法**(aggregation approach)，即将高频数据以加总或平均形式应用在低频回归中，在该方法中高频数据具有单一系数，即权重相同；另一种是**单个系数法**(individual coefficients approach)，即在回归中将各高频数据作为单独变量，每个变量具有不同系数，这种方法使回归中增加了大量的系数。

在单个系数法中，将高频数据的每个变量都作为一个解释变量。为了简单起见，我们只添加 S 个解释变量，模型形式为

$$y_t = \boldsymbol{X}'_t\boldsymbol{\beta} + \sum_{\tau=0}^{S-1} \boldsymbol{X}^{H\,\prime}_{t-\tau/S}\boldsymbol{\theta}_\tau + u_t, \quad t=1,2,\cdots,T \tag{3.4.2}$$

其中，$\boldsymbol{X}^H_{t-\tau/S}$ 为 t 时刻对应的一组高频数据解释变量，如因变量 y_t 为季度数据、解释变量 $\boldsymbol{X}^H_t$ 为月度数据时，每个季度有 3 个月，因此在回归中每个高频数据解释变量增加 3 个解释变量，第一个解释变量 $\boldsymbol{X}^H_t$ 包含与 y_t 对应季度的第三个月(3、6、9 月或 12 月)的值；第二个解释变量 $\boldsymbol{X}^H_{t-1/3}$ 包含与 y_t 对应季度的第二个月(2、5、8 月或 11 月)的值；第三个自变量 $\boldsymbol{X}^H_{t-2/3}$ 包含与 y_t 对应季度的第一个月(1、4、7 月或 10 月)的值。这种方法中，每个高频滞后解释变量系数 θ_τ 不同。

加总法以高频数据的和(或均值)作为解释变量，即估计如下形式的模型：

$$y_t = \boldsymbol{X}'_t\boldsymbol{\beta} + \left(\sum_{\tau=0}^{S-1} \boldsymbol{X}^H_{t-\tau/S}\right)'\boldsymbol{\lambda} + u_t, \quad t=1,2,\cdots,T \tag{3.4.3}$$

加总法将月度数据加总作为单个解释变量，如第一季度，解释变量为该季度的 1、2 月和 3 月数据的和；第四季度的解释变量为 10、11 月和 12 月数据的和。该方法只需要一个高频解释变量估计一个参数 λ，事实上，这种方法可以被认为是高频滞后变量以相同的系数 λ 加入回归方程中。

这是两种极端的方法，单个系数法最为灵活，但需要估计大量系数；加总法最为简单，但对不同月份的高频数据强行施加了等权的约束。MIDAS 方法介于这两种极端情形之间，既允许高频数据具有不同的权重，又减少了待估参数的数量。

3.4.2 权重函数

本节以混频模型中只有一个高频解释变量为例，记为 x^H，介绍权重函数方法。

1. 阶梯权重函数

最简单的加权方法是使用阶梯权重函数：

$$y_t = \boldsymbol{X}'_t\boldsymbol{\beta} + \sum_{\tau=0}^{k-1} x_{t-\tau/S}^{H}{}'\beta_\tau^H + u_t \tag{3.4.4}$$

其中,k 是高频解释变量的滞后阶数(k 可能小于或大于 S)。$\beta_\tau^H = \theta_i$,$i = \text{int}\ (\tau/\eta)$,$\eta$ 是控制相同系数的长度。例如,$\eta=3$,则前 3 个高频滞后项 $x_{t-\tau/S}^H$($\tau=0,1,2$)采用相同的系数 θ_0,接下来的 3 个滞后项系数为 θ_1,以此类推,从而减少了系数个数。

2. Almon(PDL)权重函数

Almon 滞后加权(又称多项分布滞后模型)被广泛应用于自回归模型中对滞后系数的限制,本书初级的第 3 章 3.5 节已经介绍过这个模型。此时的模型可以写为

$$y_t = \boldsymbol{X}'_t\boldsymbol{\beta} + \sum_{\tau=0}^{k-1} x_{t-\tau/S}^{H}\beta_\tau^H + u_t \tag{3.4.5}$$

其中,β_τ^H 是高频解释变量的系数,

$$\beta_\tau^H = \sum_{j=0}^{p} (\tau+1)^j \theta_j \tag{3.4.6}$$

其中,p 是 Almon 多项式的阶数。

值得注意的是,系数估计取决于多项式的阶数,而不是高频滞后数。将等式重新整理并使用构造变量后,我们可以更清楚地看到这一点。

$$\begin{aligned} y_t &= \boldsymbol{X}'_t\boldsymbol{\beta} + \sum_{i=0}^{p} z_{i,t}\,\theta_i + u_t \\ z_{i,t} &= \sum_{\tau=0}^{k-1} (\tau+1)^i x_{t-\tau/S}^H \end{aligned} \tag{3.4.7}$$

3. 指数 Almon 权重函数

标准化指数 Almon 加权法使用指数权重和 2 阶滞后多项式,得到:

$$y_t = \boldsymbol{X}'_t\boldsymbol{\beta} + \sum_{\tau=0}^{k-1} x_{t-\tau/S}^{H}\beta_\tau^H + u_t \tag{3.4.8}$$

其中,β_τ^H 是高频解释变量的系数,

$$\beta_\tau^H = \left(\frac{\exp(\tau\theta_1 + \tau^2\theta_2)}{\sum_{j=0}^{k-1}\exp(j\theta_1 + j^2\theta_2)} \right)\lambda \tag{3.4.9}$$

其中,k 是滞后阶数,λ 是共同的斜率系数,指数权重函数和滞后多项式依赖于系数 θ_1 和 θ_2 的估计。

重新整理,构造变量有

$$\begin{aligned} y_t &= \boldsymbol{X}'_t\boldsymbol{\beta} + \sum_{i=0}^{p} z_{i,t}\,\lambda + u_t \\ z_{i,t} &= \frac{\exp(\tau\theta_1 + \tau^2\theta_2)}{\sum_{j=0}^{k-1}\exp(j\theta_1 + j^2\theta_2)} x_{t-i/s}^H \end{aligned} \tag{3.4.10}$$

4. Beta 权重函数

Beta 加权是由 Ghysels，Santa-Clara 和 Valkanov 提出的，回归模型为

$$y_t = \boldsymbol{X}'_t\boldsymbol{\beta} + \sum_{\tau=0}^{k-1} x_{t-\tau/S}^{H}\beta_\tau^H + u_t \tag{3.4.11}$$

其中，β_τ^H 是高频解释变量的系数，

$$\beta_\tau^H = \left(\frac{\omega_\tau^{\theta_1-1}(1-\omega_\tau)^{\theta_2-1}}{\sum_{j=0}^{k-1}\omega_j^{\theta_1-1}(1-\omega_j)^{\theta_2-1}} + \theta_3\right)\lambda \tag{3.4.12}$$

其中，

$$\omega_i = \begin{cases}\delta, & i=0\\ i/(k-1), & i=1,\cdots,k-2\\ 1-\delta, & i=k-1\end{cases} \tag{3.4.13}$$

其中，δ 是一个很小的数字（大约等于 $2.22\mathrm{e}^{-16}$）。

重新整理，构造变量有

$$y_t = \boldsymbol{X}'_t\boldsymbol{\beta} + \sum_{i=0}^{p} z_{i,t}\lambda + u_t$$

$$z_{i,t} = \left(\frac{\omega_\tau^{\theta_1-1}(1-\omega_\tau)^{\theta_2-1}}{\sum_{j=0}^{k-1}\omega_j^{\theta_1-1}(1-\omega_j)^{\theta_2-1}} + \theta_3\right)x_{t-i/S}^{H} \tag{3.4.14}$$

Beta 权重函数非常灵活，具有多种形态，包括递增或递减、平坦、驼峰或 U 形，这取决于 3 个参数的值。在实践中，施加 $\theta_1=1,\theta_3=0$ 约束会进一步限制 Beta 函数的参数。$\theta_1=1$ 意味着加权函数的形状取决于单个参数，当 $\theta_2>1$ 时权重缓慢减少，当 $\theta_2<1$ 时呈缓慢增长；$\theta_3=0$ 约束意味着高频滞后端点的权重为零（$\tau=0$ 和 $\tau=k-1$）；$\theta_1=1$ 和 $\theta_3=0$ 约束同时对形状和端点进行限制。

例 3.5　基于 MIDAS 方法对季度 *GDP* 的实时预测

混频模型的一个重要的应用是能够基于高频数据对低频数据进行实时预测，由于 *GDP* 增速发布的最高频率是按照季度发布的，因此传统方法都是利用季度数据对其进行建模。而工业增加值等一些宏观经济月度指标也能反映当前经济的景气波动和走势，如果利用月度指标包含的信息，就能够及时对季度 *GDP* 增速进行实时预测。

本例考虑将月度的工业增加值增速（当月同比实际增速[①]，*ipr*）作为解释变量，记为 $ipr_t^{\ H}$，预测 *GDP* 增速（当季同比实际增速，*gdpr*）。*GDP* 增速的样本时间区间为 2000 年 1 季度至 2013 年 2 季度；工业增加值增速的样本时间区间为 2000 年 1 月至

① 为了消除春节因素对工业增加值增速的影响，本例将 1 月和 2 月的工业增加值增速数据都用公布的 2 月工业增加值累计增速代替，即认为 1、2 月的增速相同。

2013 年 8 月,对两个序列都利用 X-12-ARIMA 方法采用加法模型进行季节调整,得到两个序列的季节因素 S 序列,以及去掉季节因素的序列 $gdpr\_sa$ 和 ipr_sa,同时还可获得去掉季节因素和不规则因素的序列 $gdpr\_tc$ 和 ipr_tc。由于经济系统的惯性,变量具有自相关特性,在解释变量中加入 GDP 增速的一阶滞后项 $gdpr_{t-1}$。由于我们已知 2013 年 8 月的工业增加值增速,因此建立的模型中只能包含解释变量 $ipr^H_{t-\tau/3}$,不能包含 ipr^H_t(2013 年 9 月的数据未知)。本例中采用 Almon(PDL)权重函数,经过试验,根据残差平方和最小原则确定月度频度序列的滞后阶数 $k=4$,下面以去掉季节因素的序列 $gdpr\_sa$ 建模为例:

通过 MIDAS 回归计算出权重函数中的参数分别为:$\hat{\theta}_0=0.486$,$\hat{\theta}_1=-0.189$,从而得到

$$gdpr_t=0.63+0.87\times gdpr_{t-1}+0.296\times ipr^H_{t-1/3}+0.11\times ipr^H_{t-2/3}-0.08\times ipr^H_{t-1}-0.27\times ipr^H_{(t-1)-1/3}+\hat{u}_t,\quad t=1,2,\cdots,T \tag{3.4.15}$$

其中,$\hat{u}_t$ 是随机误差项。估计模型时,终止季度为 2013 年 2 季度,高频解释变量的滞后阶数 $k=4$,考虑 2 季度月度解释变量 ipr 的取值,由于滞后 1 期,不包含 ipr^H_t,即不包含 2 季度的第 3 个月(6 月)的值,$ipr^H_{t-1/3}$ 是 2 季度的第 2 个月(5 月)的值;$ipr^H_{t-2/3}$ 是 2 季度的第 1 个月(4 月)的值;ipr^H_{t-1} 是前一个季度,即 1 季度的第 3 个月(3 月)的值;$ipr^H_{(t-1)-1/3}$ 是 1 季度的第 2 个月(2 月)的值。当预测 3 季度时,类似地相应是 8 月、7 月、6 月和 5 月的值。高频数据的其他季度取值类似。

当 2013 年 8 月的工业增加值实际增速在 9 月中旬公布后,通过式(3.4.15)预测得到 2013 年 3 季度 $gdpr\_sa$ 为 8.279%,进一步建立 AR 模型预测 $gdpr$ 的季节因素 S 序列,预测得到 2013 年 3 季度的季节因素为 −0.006 4,相加后得到 2013 年 3 季度 GDP 实际增速($gdpr$)的预测值为 8.27%,同样对去掉季节因素和不规则因素的序列 $gdpr\_tc$ 和 ipr_tc 建模得到预测值为 7.945%。而国家统计局发布的 2013 年 3 季度 GDP 实际增速为 7.9%,预测结果比较准确,并且提前了一个月。

由于 $gdpr$ 和 ipr 都是同比增速,如果假设相邻两年的季节因素大体相同,在计算同比增速时季节因素被消除了,因此可以不做季节调整,直接对 $gdpr$ 和 ipr 建立混频数据模型进行预测,其 2013 年 3 季度 GDP 实际增速($gdpr$)的预测值为 8.3%。

3.5 稳健(Robust)最小二乘法

当估计回归模型时,普通最小二乘估计量对异常值(奇异值)的存在是敏感的。传统的回归模型对这些异常观测值的敏感性可能会破坏变量之间的潜在的统计关系。

稳健最小二乘法(robust least squares)指的是一系列针对异常值而设计的稳定的回归方法,包括 3 种稳健最小二乘估计:M 估计、S 估计和 MM 估计。3 种方法的侧重点不

同：M 估计（Huber，1973）①强调因变量异常值，指的是与回归模型的正常状态显著不同的因变量的值（大残差值）；S 估计（Rousseeuw and Yohai，1984）②是针对回归变量中解释变量异常值的一系列计算步骤；MM 估计（Yohai，1987）③是 S 估计和 M 估计的结合，首先进行 S 估计，然后用 S 估计求出的估计值作为 M 估计的初始值，MM 估计强调因变量和自变量都存在异常值的情形。

3.5.1 M 估计

传统最小二乘估计值是通过寻找能使残差平方和最小的系数值估计得到的，即

$$\hat{\boldsymbol{\beta}}_{\mathrm{LS}}=\operatorname{argmin}_{\boldsymbol{\beta}}\sum_{i=1}^{N}r_i(\boldsymbol{\beta})^2 \tag{3.5.1}$$

式中，残差函数（残差项）r_i 由下式给出：

$$r_i(\boldsymbol{\beta})=r_i=y_i-\boldsymbol{X}'_i\boldsymbol{\beta} \tag{3.5.2}$$

由于残差项 r_i 在平方后进入目标函数（3.5.1），因此异常值的影响被放大，解决这个问题的一个方法是赋予异常值更小的权重。

1. M 估计原理

M 估计量是要求使得残差的函数 ρ 之和最小的系数值，即

$$\hat{\boldsymbol{\beta}}_M=\operatorname{argmin}_{\boldsymbol{\beta}}\sum_{i=1}^{N}\rho_c\left(\frac{r_i(\boldsymbol{\beta})}{\sigma\omega_i}\right) \tag{3.5.3}$$

式中，σ 是用来调节残差大小的尺度，c 是与函数 ρ 相关的任意正数，ω_i 通常被设为 1，也可以被设定为

$$\omega_i=\sqrt{1-\boldsymbol{X}_i(\boldsymbol{X}'\boldsymbol{X})^{-1}\boldsymbol{X}'_i} \tag{3.5.4}$$

表 3.5.1 给出了函数 $\rho_c(z)$ 的各种形式：Andrews，Bisquare，Cauchy，Fairl，Huber，Logistic，Median，Talworth，Welsch，以及调节参数 c 的默认值，在式（3.5.3）中 $z=r_i(\boldsymbol{\beta})/(\sigma\omega_i)$。

表 3.5.1 $\boldsymbol{\rho}$ 函数的各种形式及默认的 c 值

名称	$\rho_c(z)$	默认的 c
Andrews	$\begin{cases}c^2\left(1-\cos\left(\frac{z}{c}\right)\right), & \text{当}\ \lvert z\rvert\leqslant\pi c\\ 2c^2, & \text{其他}\end{cases}$	1.339

① HUBER P J. Robust regression: asymptotics, conjectures and Monte Carlo[J]. The annals of statistics, 1973, 1(5): 799-821.

② ROUSSEEUW P J, YOHAI V. Robust regression by means of S-Estimators[M]//FRANKE W H J, MARTIN D. Robust and nonlinear time series analysis. New York: Springer, 1984: 256-272.

③ YOHAI V J. High breakdown-point and high efficiency robust estimates for regression[J]. The annals of statistics, 1987, 15(2): 642-656.

续表

名称	$\rho_c(z)$	默认的 c
Bisquare	$\begin{cases}\frac{c^2}{6}\left(1-\left(1-\left(\frac{z}{c}\right)^2\right)^3\right), & \text{当}\lvert z\rvert\leqslant c\\ \frac{c^2}{6}, & \text{其他}\end{cases}$	4.685
Cauchy	$\left(\frac{c^2}{2}\right)\ln\left(1+\left(\frac{z}{c}\right)^2\right)$	2.385
Fairl	$c^2\ln\left(\frac{\lvert z\rvert}{c}-\ln\left(1+\left(\frac{z}{c}\right)\right)\right)$	1.4
Huber	$\begin{cases}\frac{z^2}{2}, & \text{当}\lvert z\rvert\leqslant c\\ c\lvert z\rvert-\frac{c^2}{2}, & \text{其他}\end{cases}$	1.345
Logistic	$c^2\ln\left(\cosh\left(\frac{z}{c}\right)\right)$	1.205
Median	$\begin{cases}\frac{z^2}{2c}, & \text{当}\lvert z\rvert\leqslant c\\ \frac{zc^2}{2}, & \text{其他}\end{cases}$	0.01
Talworth	$\begin{cases}\frac{z^2}{2}, & \text{当}\lvert z\rvert\leqslant c\\ \frac{c^2}{2}, & \text{其他}\end{cases}$	2.796
Welsch	$\frac{c^2}{2}\left(1-\exp\left(-\left(\frac{z}{c}\right)^2\right)\right)$	2.985

每个函数默认 c 值的选择是为了在残差的正态分布假设下使估计量具有渐近有效性。

如果 σ 已知,那么可以通过运用标准的迭代方法求解 k 个一阶非线性方程:

$$\sum_{i=1}^{N}\psi_c\left(\frac{r_i(\boldsymbol{\beta})}{\sigma\omega_i}\right)\frac{x_{ij}}{\omega_i}=0,\quad j=1,\cdots,k \tag{3.5.5}$$

从而得出包含 k 个系数估计值的向量 $\hat{\boldsymbol{\beta}}_M$ 。其中,$\psi_c(\cdot)=\rho'_c(\cdot)$,即函数 $\rho_c(\cdot)$ 的导数,x_{ij} 代表第 j 个回归变量的第 i 个观测值。

通常,σ 都是未知的,可以通过如下两步的迭代运算得到:

第 1 步:由给定的系数估计值 $\hat{\boldsymbol{\beta}}^{(j)}$ 更新计算 $\hat{\sigma}^{(j+1)}$ 的估计值。

第 2 步:在给定 $\hat{\sigma}^{(j+1)}$ 条件下,通过求解方程(3.5.5)得到 $\hat{\boldsymbol{\beta}}^{(j+1)}$ 。

初始的 $\hat{\boldsymbol{\beta}}_M^{(0)}$ 是通过普通最小二乘法求得的,初始系数被用于计算 $\hat{\sigma}^{(1)}$,然后利用这一估计值可以得到新的系数估计值 $\hat{\boldsymbol{\beta}}_M^{(1)}$,进一步又得到新的 $\hat{\sigma}^{(2)}$,直至达到收敛。给定一个

估计值 $\hat{\boldsymbol{\beta}}_M^{(s-1)}$，新的 $\hat{\sigma}^{(s)}$ 可以用表 3.5.2 中 3 种不同方法进行估计(表中的 $r_i^{(s-1)}$ 是系数估计值为 $\hat{\boldsymbol{\beta}}_M^{(s-1)}$ 时计算出来的残差序列)。

表 3.5.2　σ 的估计方法

方法 1 MADZERO	$\hat{\sigma}^{(s)}=\text{median}\left[\dfrac{\text{abs}(r_i^{(s-1)})}{0.6745}\right]$
方法 2 MADMED	$\hat{\sigma}^{(s)}=\text{median}\left[\dfrac{\text{abs}(r_i^{(s-1)}-\text{median}[r_i^{(s-1)}])}{0.6745}\right]$
方法 3 Huber	$\hat{\sigma}^{(s)}=\sqrt{\dfrac{1}{hN}(\hat{\sigma}^{(s-1)})^2\sum_{i=1}^{N}\xi\left(\dfrac{r_i^{(s-1)}}{\hat{\sigma}^{(s-1)}}\right)}$ 式中： $\xi(v)=\min\left(\dfrac{v^2}{2},\dfrac{2.5^2}{2}\right)$ $h=0.48878N$

2. 模型评价

采用 M 估计时，回归模型的统计量与传统的统计量有所不同。

(1) 稳健 R^2 统计量和 R_W^2 统计量

稳健 R^2 统计量定义为

$$R^2=\frac{\sum_{i=1}^{N}\rho_c\left(\dfrac{y_i-\tilde{\mu}}{\hat{\sigma}\omega_i}\right)-\sum_{i=1}^{N}\rho_c\left(\dfrac{\hat{r}_i}{\hat{\sigma}\omega_i}\right)}{\sum_{i=1}^{N}\rho_c\left(\dfrac{y_i-\tilde{\mu}}{\hat{\sigma}\omega_i}\right)} \tag{3.5.6}$$

式中：$\tilde{\mu}$ 是只包含常数项的方程设定下利用 M 估计方法得到的因变量拟合值。

调整的稳健 R^2 计算如下：

$$\bar{R}^2=1-(1-R^2)\frac{N-1}{N-k} \tag{3.5.7}$$

当选择的目标函数不同时，即便 M 估计的系数和标准差不变，这些统计量的数值也会出现变化。Renaud 和 Victoria-Feser (2010)[①]的研究表明，稳健 R^2 有上偏的可能，他们从因变量及其模型预测值的相关系数角度提出了 R_W^2 统计量，认为这个统计量在评价模型的拟合效果时比稳健 R^2 统计量更好。R_W^2 统计量定义为

$$R_W^2=\frac{\sum_{i=1}^{N}\rho_{ci}\cdot(y_i-\bar{y}_W)(y_i-\overline{\hat{y}_W})}{\sqrt{\left(\sum_{i=1}^{N}\rho_{ci}\cdot(y_i-\bar{y}_W)\right)\left(\sum_{i=1}^{N}\rho_{ci}\cdot(y_i-\overline{\hat{y}_W})\right)}} \tag{3.5.8}$$

① RENAUD O, VICTORIA-FESER M P. A robust coefficient of determination for regression[J]. Journal of statistical planning and inference, 2010, 140(7): 1852-1862.

式中：$\rho_{ci}=\rho_c(r_i(\hat{\beta})/(\hat{\sigma}\omega_i))$ 是残差的函数，并且

$$\bar{y}_W=\sum_{i=1}^{N}\rho_{ci}\cdot y_i,\quad \overline{\hat{y}_W}=\sum_{i=1}^{N}\rho_{ci}\cdot\hat{y}_i \tag{3.5.9}$$

与稳健的 R^2 类似，可以计算调整的 $\bar{R}_W^2$ 统计量：

$$\bar{R}_W^2=1-(1-R_W^2)\frac{N-1}{N-k} \tag{3.5.10}$$

(2) R_N^2 统计量

R_N^2 统计量用来检验所有的系数均为 0 的假设，这个统计量是 Wald 检验的一种稳健形式，使用标准 Wald 检验的形式进行计算：

$$R_N^2=\hat{\boldsymbol{\beta}}_1'\hat{\boldsymbol{\Omega}}^{-1}\hat{\boldsymbol{\beta}}_1 \tag{3.5.11}$$

式中，$\hat{\boldsymbol{\beta}}_1$ 是 k_1 个除截距以外所有系数的稳健估计值，$\hat{\boldsymbol{\Omega}}$ 为其方差-协方差矩阵。在模型中所有系数(除截距以外)均为 0 的原假设下，R_N^2 统计量渐近服从 $\chi^2(k_1)$分布。

(3) Deviance 统计量

Deviance(偏差)由最终系数估计值以及 σ 的估计值求得：

$$D=2\hat{\sigma}^2\sum_{i=1}^{N}\rho_c\left(\frac{r_i(\hat{\boldsymbol{\beta}})}{\hat{\sigma}\omega_i}\right) \tag{3.5.12}$$

(4) 信息准则

稳健估计下的 Akaike 信息准则(AIC_R)和 Schwarz 信息准则(BIC_R)分别为

$$AIC_R=2\sum_{i=1}^{N}\rho_c\left(\frac{r_i(\hat{\boldsymbol{\beta}})}{\hat{\sigma}\omega_i}\right)+2k\left\{\frac{\sum_{i=1}^{N}\psi_c\left(\frac{r_i(\hat{\boldsymbol{\beta}})}{\sigma\omega_i}\right)^2}{\sum_{i=1}^{N}\psi_c'\left(\frac{r_i(\hat{\boldsymbol{\beta}})}{\sigma\omega_i}\right)}\right\} \tag{3.5.13}$$

$$BIC_R=2\sum_{i=1}^{N}\rho_c\left(\frac{r_i(\hat{\boldsymbol{\beta}})}{\hat{\sigma}\omega_i}\right)+2k\cdot\ln(N) \tag{3.5.14}$$

式中：ψ_c' 是 ψ_c 的导数。偏差(D)、AIC_R 和 BIC_R 可以用来比较不同的模型的优劣，从而选择最合适的模型形式。

3.5.2 S 估计

解释变量的异常值对方程的影响力大，当解释变量包含异常值时可以用 S 估计得到稳健估计。S 估计量(S 代表尺度(scale)统计量 σ)是高分解值(high-breakdown-value)估计量中的一种形式(分解值用来测度估计量对异常值的稳健性)。

1. S 估计量

S 估计量要找到一组系数 $\boldsymbol{\beta}$，这组系数在满足下式的约束下使得尺度 S 的估计值最小：

$$\frac{1}{N-k}\sum_{i=1}^{N}h_c\left(\frac{r_i(\boldsymbol{\beta})}{S}\right)=b \tag{3.5.15}$$

式中，函数 $h_c(\cdot)$中的常数 $c>0$，b 被定义为 $E_\phi(h_c)$，ϕ 服从标准正态分布。这一估计量的分解值为 $B=b/\max(h_c)$。设定

$$h_c(z)=\begin{cases}\left(\frac{z}{c}\right)^6-3\left(\frac{z}{c}\right)^4+3\left(\frac{z}{c}\right)^2, & |z|\leqslant c\\ 1, & \text{其他}\end{cases} \tag{3.5.16}$$

并且用残差绝对值的中位数(表 3.5.2 的方法 1，MADZERO 方法)估计 S。注意 c 通过 h_c 和 b 影响目标函数，通常选定 c 以获得一个理想的分解值，c 值和相应的 B 值如表 3.5.3 所示。

表 3.5.3　c 值和相应的 B 值

c	B
5.182 4	0.10
4.096 3	0.15
3.420 7	0.20
2.937 0	0.25
2.560 8	0.30
1.988 0	0.40
1.547 6	0.50

大量能够提供精确近似值的集成化算法可以用来估计 S 值，Salibian-Barrera 和 Yohai(2006)①的快速 S 算法如下：

(1) 从数据中抽取数量为 m 的随机子样本并进行最小二乘回归得到 $\hat{\boldsymbol{\beta}}^{(0)}$。在默认条件下，令 m 等于回归方程中变量个数 k(此时回归直线完全拟合样本)。

(2) 使用全样本，利用 M 估计的一种变形形式对初始系数估计值进行 r 次改进。尺度估计量计算为

$$\hat{\sigma}^{(s)}=\sqrt{\frac{1}{N-k}\,\frac{(\hat{\sigma}^{(s-1)})^2}{B}\sum_{i=1}^{N}h_c\left(\frac{r_i^{(s-1)}}{\sigma^{(s-1)}}\right)} \tag{3.5.17}$$

式中，$\hat{\sigma}^{(s-1)}$ 是上一次的迭代估计，初始估计值 $\hat{\sigma}^{(0)}$ 是利用 MADZERO 方法计算所得，h_c 采用 Bisquare 函数形式(表 3.5.1)和相应的参数。

(3) 在整个样本区间中，使用改进的估计值计算新的残差，用 MADZERO 方法计算 $\hat{S}^{(0)}$ 的估计值，进而通过迭代方程(3.5.17)(用 S 替代 σ)得到 S 的收敛值或者直到 $\hat{S}^{(j)}<B$。

(4) 重复进行步骤(1)～(3)共 Q 次，选择 S 估计值中最小的 q 次，再用第(2)步的 M 估计进一步改进估计结果。这 q 次改进结果中最小的 S 值即为最终的 S 值的估计，相应的系数估计是 $\boldsymbol{\beta}$ 的最终估计值。

2. 模型评价

类似于 M 估计，S 估计也有相应的评价模型的统计量。

---

① SALIBIAN-BARRERA M, YOHAI V J. A fast algorithm for S-Regression estimates[J]. Journal of computational and graphical statistics, 2006, 15(2): 414-427.

对于应用 S 估计得到的方程，可以得到下面的拟合优度统计量：

$$R^2 = 1 - \frac{(N - kS_F^2)}{NS_C^2} \tag{3.5.18}$$

式中：S_F 是最终估计出来的 S 值；S_C 则是仅包含常数项作为解释变量时的 S 值。

R_N^2 统计量与 M 估计方法中的 R_N^2 统计量算法完全相同。S 估计量的偏差(deviance)计算为 $2S^2$。

3.5.3　MM 估计

如果建模者认为自变量和因变量中都存在异常值，可以结合 S 估计与 M 估计，这种估计称为 MM 估计。MM 估计量首先计算系数和 S 估计值，然后把 S 值作为固定值再进行 M 估计。

3.5.4　系数协方差的计算方法

系数协方差矩阵可以通过表 3.5.4 所示 3 种方法的任意一种进行计算，这 3 种方法都是协方差矩阵的无偏估计，没有优劣之分①。

表 3.5.4　系数协方差矩阵计算方法

方法 1	$\Lambda^2 \dfrac{[1/(N-K)] \sum_{i=1}^{N} \psi_c(r_i)^2}{\left[(1/N) \sum_{i=1}^{N} \psi'_c(r_i)\right]^2} (\boldsymbol{X}'\boldsymbol{X})^{-1}$
方法 2	$\Lambda \dfrac{[1/(N-K)] \sum_{i=1}^{N} \psi_c(r_i)^2}{\left[(1/N) \sum_{i=1}^{N} \psi'_c(r_i)\right]^2} \boldsymbol{W}^{-1}$
方法 3	$\Lambda^{-1} \dfrac{1}{N-k} \left[\sum_{i=1}^{N} \psi_c(r_i)^2\right] \boldsymbol{W}^{-1} (\boldsymbol{X}'\boldsymbol{X}) \boldsymbol{W}^{-1}$

其中，

$$\Lambda = 1 + \frac{N}{k} \frac{\sum_{i=1}^{N} (\psi'_c(r_i) - \overline{\psi'_c})}{(\overline{\psi'_c})^2}$$

$$\overline{\psi'_c} = \frac{1}{N} \sum_{i=1}^{N} \psi'_c(r_i)$$

$$W_{js} = \sum_{i=1}^{N} \psi'_c(r_i) x_{ij} x_{is}, \quad j, s = 1, \cdots, k \tag{3.5.19}$$

① HUBER P J. Robust statistics, New York: John Wiley & Sons, 173.

例 3.6　稳健最小二乘估计

利用中国 1998 年 30 个省(区、市)的城镇居民平均每人全年家庭可支配收入及交通和通信支出的数据,建立被解释变量为人均家庭交通及通信支出(*cum*),解释变量为人均家庭可支配收入(*in*)的回归方程,样本数为 30。模型形式为

$$cum_i = a + \beta \times in_i + u_i \tag{3.5.20}$$

根据最小二乘法,计算出参数估计值,估计结果如下:

$$\hat{cum}_i = -56.92 + 0.058 \times in_i \tag{3.5.21}$$

$$t = (-1.57)(8.96)$$

$$R^2 = 0.74, \quad F = 80.32(p = 0.0)$$

图 3.5.1 描绘了这条回归线。

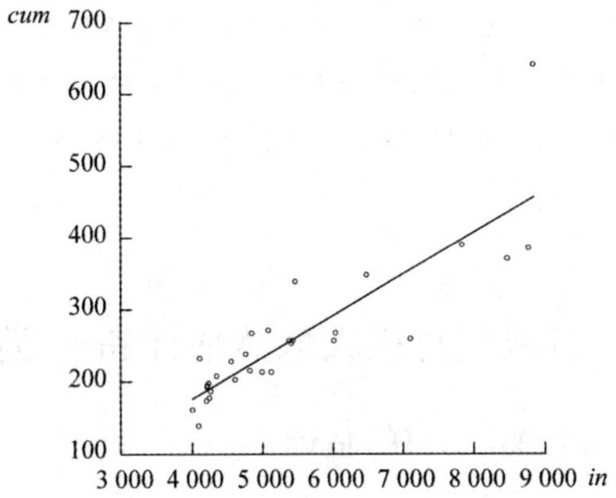

图 3.5.1　人均家庭交通及通信支出(*cum*)

从图形上可以看出,平均而言,城镇居民家庭交通和通信支出随可支配收入的增加而增加。但是,广东省的交通和通信支出(*cum*)明显高于与其收入相近的省份,通过残差图 3.5.2 也能清晰地看到这个异常现象。可以认为回归方程(3.5.21)中因变量存在异常值,因此,在本例中将采用 M 估计方法,对这个模型重新进行稳健估计。

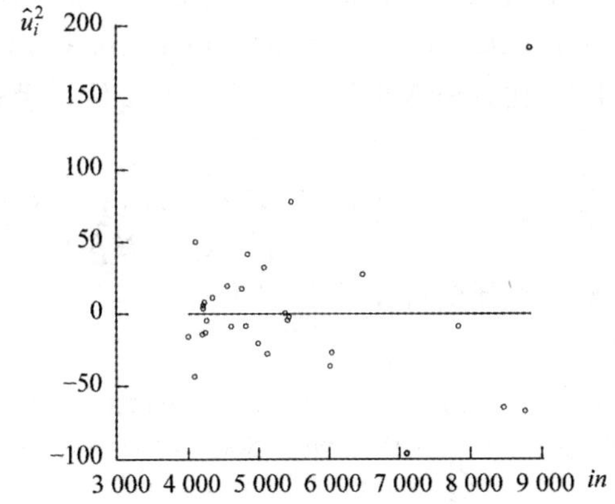

图 3.5.2　回归方程中的残差与可支配收入(*in*)

如果函数 ρ 选择 Bisquare 形式,参数 c 选择 4.685,σ 用表 3.5.2 中的方法 2 计算,模型估计得到的结果如下:

$$c\hat{u}m_i = 4.77 + 0.045 \times in_i \tag{3.5.22}$$

$$z = (0.21)\ (11.22)$$

$$R^2 = 0.53,\quad R_W^2 = 0.84,\quad R_N^2 = 125.79$$

考虑到异常值重新估计后系数值出现了明显的变化,表明异常值的存在对变量之间的影响关系具有很大的影响。在式(3.5.21)中,可支配收入(in)对家庭交通及通信支出(cum)的回归系数估计值为 0.058,考虑到因变量存在异常值后的 M 估计结果为 0.045,并且,当函数 ρ 选择其他形式时,得到的系数估计值十分接近。这表明,因变量异常值使得回归直线出现向上的偏移,使得斜率有所增加,而稳健最小二乘法剔除了这种异常值的影响,得到的结论更能反映出变量之间稳健的关系。

反映拟合优度的统计量 R^2(0.53)和 R_W^2 (0.84)表明模型解释了 50%~80%的因变量变动。R_N^2 统计量(125.56,相应的 p 值接近 0)表明,系数为 0 的原假设被显著拒绝。

3.6　有限信息极大似然估计和 K 类估计

3.6.1　有限信息极大似然(LIML)估计

有限信息极大似然(limited information maximun likelihood,LIML)估计①是一种和二阶段最小二乘估计很相似的工具变量估计,正如二阶段最小二乘估计,有限信息极大似然估计也是运用工具变量来纠正有一个或多个自变量和残差相关的问题,当方程扰动项服从正态分布时,LIML 估计是有效的。

在二阶段最小二乘估计之前,Anderson 和 Rubin② 就提出了 LIML 方法。作为工具变量估计方法,传统的二阶段最小二乘估计更受研究者青睐。如果方程是恰好识别的,LIML 与 TSLS(两阶段最小二乘)估计是等价的。但 Hahn 和 Inoue(2002)的研究发现,在弱工具变量分析中,LIML 比 TSLS 更优。线性 LIML 估计量通过最小化关于 $\boldsymbol{\beta}$ 的函数(3.6.1)获得:

$$\Psi(\boldsymbol{\beta}) = T\frac{(\boldsymbol{y}-\boldsymbol{X\beta})'\boldsymbol{Z}(\boldsymbol{Z}'\boldsymbol{Z})^{-1}\boldsymbol{Z}'(\boldsymbol{y}-\boldsymbol{X\beta})}{(\boldsymbol{y}-\boldsymbol{X\beta})'(\boldsymbol{y}-\boldsymbol{X\beta})} \tag{3.6.1}$$

式中:$\boldsymbol{y}$ 是被解释变量,$\boldsymbol{X}$ 是解释变量,$\boldsymbol{Z}$ 是工具变量。

---

① GREENE W H. 计量经济分析[M]. 6 版. 北京:中国人民大学出版社,2011:第 13 章,372.

② ANDERSON T W,RUBIN H. The asymptotic properties of estimates of the parameters of a single equation in a complete system of stochastic equations[J]. The annals of mathematical statistics,1950,21(4):570-582. ANDERSON T W,RUBIN H. Estimation of the parameters of a single equation in a complete system of stochastic equations[J]. The annals of mathematical statistics,1949,20(1):46-63.

用一个稍微复杂的形式重新表述这个最小化问题能够使得计算更方便，令 $\boldsymbol{W}=(\boldsymbol{y},\boldsymbol{X})$，且 $\tilde{\boldsymbol{\beta}}=(-1,\boldsymbol{\beta})'$，则线性 LIML 目标函数可以被写作

$$\Psi(\boldsymbol{\beta})=T\frac{\tilde{\boldsymbol{\beta}}'\boldsymbol{W}'\boldsymbol{Z}(\boldsymbol{Z}'\boldsymbol{Z})^{-1}\boldsymbol{Z}'\boldsymbol{W}\tilde{\boldsymbol{\beta}}}{\tilde{\boldsymbol{\beta}}'\boldsymbol{W}'\boldsymbol{W}\tilde{\boldsymbol{\beta}}} \tag{3.6.2}$$

令 λ 为矩阵 $(\boldsymbol{W}'\boldsymbol{W})^{-1}\boldsymbol{W}'\boldsymbol{Z}(\boldsymbol{Z}'\boldsymbol{Z})^{-1}\boldsymbol{Z}'\boldsymbol{W}$ 的最小特征值，$\tilde{\boldsymbol{\beta}}$ 的 LIML 估计值是 λ 对应的特征向量（经标准化使第 1 个元素为 -1）。

非线性 LIML 估计量最大化如下的似然函数：

$$L=-\frac{T}{2}(\ln(\boldsymbol{u}'\boldsymbol{u})+\ln|\boldsymbol{X}'\boldsymbol{A}\boldsymbol{X}-\boldsymbol{X}'\boldsymbol{A}\boldsymbol{Z}(\boldsymbol{Z}'\boldsymbol{A}\boldsymbol{Z})^{-1}\boldsymbol{Z}'\boldsymbol{A}\boldsymbol{X}|) \tag{3.6.3}$$

式中：$u_t=y_t-f(\boldsymbol{X}_t,\boldsymbol{\beta})$ 是回归残差，且 $\boldsymbol{A}=\boldsymbol{I}-\boldsymbol{u}(\boldsymbol{u}'\boldsymbol{u})^{-1}\boldsymbol{u}'$。

3.6.2 K 类估计

K 类估计（K-class estimation）是工具变量估计的另一种形式，事实上 TSLS 和 LIML 都是 K 类估计的特例。对于一个固定的 k，线性 K 类目标函数由下式给出：

$$\boldsymbol{\Psi}(\boldsymbol{\beta})=(\boldsymbol{y}-\boldsymbol{X\beta})'(\boldsymbol{I}-k\boldsymbol{M}_Z)(\boldsymbol{y}-\boldsymbol{X\beta}) \tag{3.6.4}$$

相应的 K 类估计量可以被写作

$$\hat{\boldsymbol{\beta}}_k=(\boldsymbol{X}'(\boldsymbol{I}-k\boldsymbol{M}_Z)\boldsymbol{X})^{-1}\boldsymbol{X}'(\boldsymbol{I}-k\boldsymbol{M}_Z)\boldsymbol{y} \tag{3.6.5}$$

式中：$\boldsymbol{M}_Z=\boldsymbol{I}-\boldsymbol{Z}(\boldsymbol{Z}'\boldsymbol{Z})^{-1}\boldsymbol{Z}'$。

当 $k=0$ 时，K 类估计量等价于 OLS 估计量；当 $k=1$ 时，K 类估计量等价于 TSLS 估计量；$k=\lambda$ 时，K 类估计量等价于 LIML 估计量。

K 类协方差矩阵估计量由下式给出：

$$\hat{\boldsymbol{\Sigma}}_k=s^2(\boldsymbol{X}'(\boldsymbol{I}-k\boldsymbol{M}_Z)\boldsymbol{X})^{-1} \tag{3.6.6}$$

Bekker(1994)[①]对于误差项服从正态分布时给出了 K 类估计量的协方差矩阵估计量，这个估计量对于弱工具变量情形更加稳健。Bekker 协方差矩阵估计由下式给出：

$$\hat{\boldsymbol{\Sigma}}_{BEKK}=\boldsymbol{H}^{-1}\tilde{\boldsymbol{\Sigma}}\boldsymbol{H}^{-1} \tag{3.6.7}$$

式中

$$\begin{aligned}
&\boldsymbol{H}=\boldsymbol{X}'\boldsymbol{P}_Z\boldsymbol{X}-\alpha(\boldsymbol{X}'\boldsymbol{X})\\
&\tilde{\boldsymbol{\Sigma}}=s^2[(1-\alpha)^2\tilde{\boldsymbol{X}}'\boldsymbol{P}_Z\tilde{\boldsymbol{X}}+\alpha^2\tilde{\boldsymbol{X}}'\boldsymbol{M}_Z\tilde{\boldsymbol{X}}]\\
&\boldsymbol{P}_Z=\boldsymbol{Z}(\boldsymbol{Z}'\boldsymbol{Z})^{-1}\boldsymbol{Z}',\quad \alpha=\frac{\boldsymbol{u}'\boldsymbol{P}_Z\boldsymbol{u}}{\boldsymbol{u}'\boldsymbol{u}},\quad \tilde{\boldsymbol{X}}=\boldsymbol{X}-\frac{\boldsymbol{u}\boldsymbol{u}'\boldsymbol{X}}{\boldsymbol{u}'\boldsymbol{u}}
\end{aligned} \tag{3.6.8}$$

Hansen，Hausman 和 Newey(2008)[②]对非正态误差项情形的 Bekker 协方差矩阵估计进行了扩展。

---

① BEKKER P A. Alternative approximations to the distributions of instrumental variable estimators[J]. Econometrica，1994，62(3)：657-681.

② HANSEN C，HAUSMAN J，NEWEY W. Estimation with many instrumental variables[J]. Journal of business & economic statistics，2008，26(4)：98-422.

例 3.7　有限信息极大似然估计

本例利用美国1953—1984年的年度数据建立美国消费方程：

$$CS_t = \alpha_0 + \alpha_1 (WP_t + WG_t) + \alpha_2 CS_{t-1} + \alpha_3 R_{t-1} + u_t \qquad (3.6.9)$$

式中：CS_t,WP_t,WG_t,R_t 分别是美国消费、私人工资、政府工资和半年期商业票据利率。对 CS_t,WP_t,WG_t,R_t 进行单位根检验，都是一阶单整序列，经协整检验，这5个变量之间是协整的。本例采用有限信息极大似然(LIML)估计方程(3.6.9)，工具变量取为 Y_{t-1},P_t,G_{t-1},T_{t-1},IM_t，分别为美国总产出、企业利润、政府非工资支出、间接税收和进口：

$$\hat{CS}_t = -13.99 + 0.32 \times (WP_t + WG_t) + 0.68 \times CS_{t-1} - 3.6 \times R_{t-1}$$
$$t = (-2.71)\ (3.62)\qquad (6.05)\qquad (-4.1)$$
$$(3.6.10)$$

$$R^2 = 0.99, \quad DW = 1.66$$

采用LIML方法估计的结果和采用二阶段最小二乘方法估计的结果相差不多。

注：本例数据来源于格林.经济计量分析[M].王明舰，王永宏，等译.北京：中国社会科学出版社，1998：689.

3.7　EViews软件的相关操作①

3.7.1　分位数回归

1. 方法选择

在方程设定对话框的估计方法Method中选择QREG，打开分位数回归估计对话框(图3.7.1)。方程设定方法仍然是列表法和公式法两种，但是公式法也只能输入系数线性的函数形式。Quantile to后面输入 τ 值，可以输入0～1的任意数值，默认值是0.5，即进行中位数回归。例3.1中分别建立了4个方程，分别是OLS回归方程、τ 值分别取0.2、0.5和0.8的分位数回归方程。

2. 系数协方差的估计

在Options选项卡中，可以对分位数回归估计方法进行具体的设定，左边的页面可以选择估计系数协方差的方法，可以设定用来进行加权估计的加权序列，还可以指定估计稀疏度(sparsity)的方法。

在Coefficient Covariance后面的组合框中可以选择估计系数协方差的方法，包括：Ordinary(IID)、Huber Sandwich和Bootstrap 3个选项。系统默认的选项是Huber Sandwich，这种方法在抽样分布独立但不相同时也是适用的。Weight后面的对话框中可以设定用来进行加权估计的加权序列。

① EViews 10，IHS Global Inc.，2017. User's Guide Ⅰ：Chapter13，p704－p715；User's Guide Ⅱ：Chapter36，p542-p564；Chapter20，p51-p60；Chapter28，p313-p330；Chapter31，p421-p440；Chapter21，p77-p81.

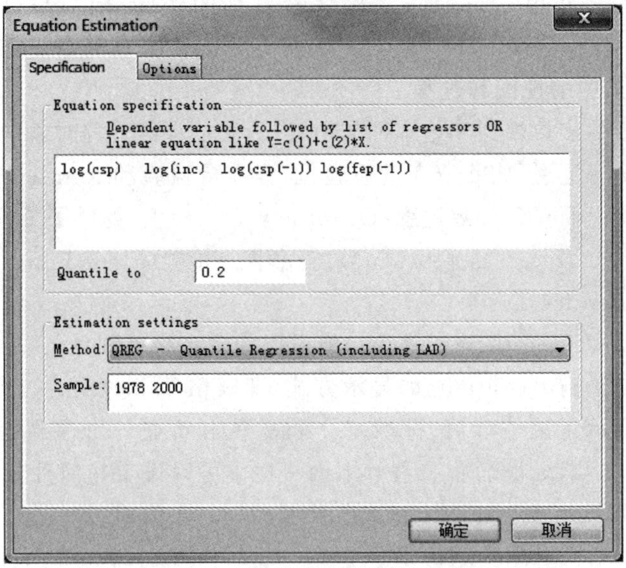

图 3.7.1　分位数回归估计对话框

下面的部分用来设定估计稀疏度的方法。系数协方差估计方法的不同选择会导致一些选项相应的改变，对于 Ordinary (IID)和 Bootstrap 方法，可选项包括 Siddiqui (mean fitted)、Kernel (residual) 和 Siddiqui (residual)3 种，而对于 Huber Sandwich 方法，只可以选择 Kernel (residual) 或者 Siddiqui (mean fitted)方法。另外，还有用来指定计算带宽、经验分位数方法和核函数形式的选项。稀疏度值总是被估计出来，即便是在用 Huber Sandwich 方法得到渐近协方差时并不需要。

如果选择用 Bootstrap 方法估计系数协方差矩阵，则右侧窗口中将会出现关于它的设定选项 Bootstrap Settings。可以在 Residual、XY-pair、MCMB 和 MCMB-A 4 种方法中进行选择，默认的方法是 XY-pair。下面的 Replication 文本框可以输入自举法重复的次数，默认值是 100。No. of obs. 中可以输入用自举法进行抽样时的样本数，如果不做指定，EViews 将使用全部样本，不过，如果设定的数量少于全部样本数量，结果将会更准确。在输出(output)中输入字符，将会在以其为名字的矩阵中保存反复计算得到的结果。最后两项控制随机数的生成，random generator 中可以选择随机数生成的方法，seed 后面的文本框中可以输入整数值，如果不填，EViews 会自动指定一个数值，这个数值会一直被保留用于后续的重复估计和检验，如果想要改变，只需要输入一个数值或者单击 clear 按钮清空对话框，EViews 会重新选择一个数值。

3. 分位数回归的输出结果

设定好这些选项，就可以估计方程了。例 3.1 的输出结果 (以 0.2 分位数的估计结果为例)上方显示了设定的内容，本例中设定用 Huber Sandwich 方法估计系数协方差，用 Siddiqui(mean fitted)方法得到稀疏度，用 Hall-Sheather 方法计算带宽。下面显示了系数估计值、标准差、t 检验值和相应的 p 值。最下方显示了拟合优度和调整值、稀疏度数值、目标函数的最小值(objective)、因变量序列的经验分位数(Quantile dependent var)、拟似然比检验值(Quasi-LR statistic)和相应的 p 值[Prob(Quasi-LR stat)]等。

4. 分位数回归中的视图和过程

分位数回归中的多数视图和过程都与用OLS法估计的方程对象中提供的功能相同,但有些地方还是值得注意,如冗余变量检验、遗漏变量检验和Ramsey RESET检验将都用到拟似然比检验。而在分位数过程(Quantile process)里,提供了分位数回归中特有的3个功能:过程系数(Process Coefficients)、斜率相等检验(Slope Equality Test)和对称检验(Symmetric Quantiles Test)。

(1) Process Coefficients:通过这个功能可以同时观察多种分位数设定下的系数估计结果。可以选择结果输出(output)的显示方式,即表格(table)或者图形(graph),默认状态是以表格形式显示系数估计值、标准差、t 检验值和 p 值。如果选择以图形的方式显示,需要指定置信度,默认状态是95%。下面一栏中可以设定在何种分位数下估计模型,系统默认数值是10分位数,即对因变量的10%、20%、一直到90%分位数情形分别估计系数,如果输入"20",则对因变量的5%、10%、一直到95%分位数情形分别估计系数。

(2) Slope Equality Test:这个功能用来检验因变量的不同分位数回归估计中斜率系数是否相同。默认状态下,只比较25%、50%、75%三种情形,当然也可以自行设定。

(3) Symmetric Quantiles Test:检验对称的分位数回归估计出来的系数的平均值是否与中位数回归的系数估计值相等。

3.7.2 非线性最小二乘估计

在利用OLS估计方程时,如果模型设定形式是系数非线性的,EViews将自动应用非线性最小二乘估计,使用迭代算法估计模型。

1. 非线性模型的设定

对于非线性回归模型,必须使用直接包含系数的表达式以方程形式来说明(图3.7.2)。可以使用缺省系数向量 $\boldsymbol{c}$ 中的元素,如 $c(1)$、$c(2)$,如输入的方程形式为(注意EViews表达式只能使用圆括弧)

$$y = (c(1) * X + c(2) * Z + 4)\hat{}2 \tag{3.7.1}$$

EViews理解的数学表达式是

$$y_t = [c(1) \times X_t + c(2) \times Z_t + 4]^2 + u_t \tag{3.7.2}$$

这样EViews会最小化残差平方和,其数学表达式是

$$S[c(1), c(2)] = \sum_t \{y_t - [c(1)X_t + c(2)Z_t + 4]^2\}^2 \tag{3.7.3}$$

2. 估计方法选项

(1) 初值设定

运用迭代算法进行参数估计要求给模型系数设定初值,参数初值选择得越接近于真值越好。因此,如果对参数值有合理的猜测将很有用。有时,可以用最小二乘法估计出来的系数值作为初值。

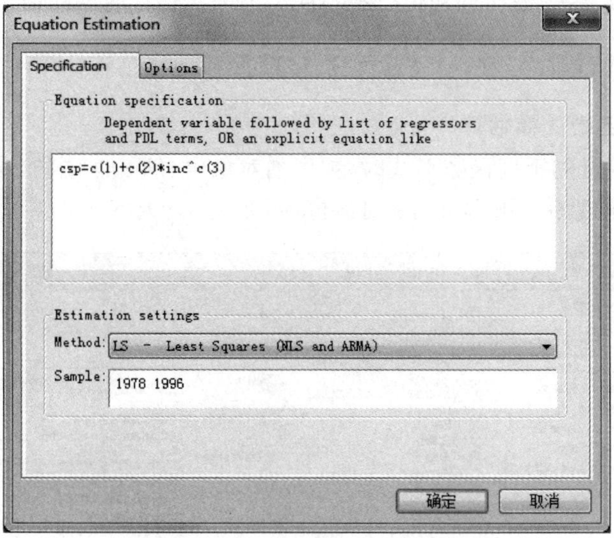

图 3.7.2　非线性回归对话框

若要改变初始值，在系数向量 **c** 中输入系数值即可，进行迭代估计时，EViews 使用系数向量 **c** 中的值，查看初值只需双击系数向量。注意，每次估计方程时，系数向量 **c** 中的值都会改变，所以估计非线性方程前需查看，并重新设置。

也可以使用命令定义初始系数值，如在命令窗口输入

```
param   c(1)  152.85  c(2)  0.81 c(3)  1
```

将设定 $c(1)=152.85, c(2)=0.81$ 和 $c(3)=1$。

(2) 方法选择、迭代和收敛选项

单击 Options 按钮，在对话框中进行设定。系数协方差(coefficient covariance)的估计选项可以设定信息矩阵的估计方法(OPG 或者 Hessian)和协方差估计方法(普通、White 或者 HAC)。optimization(最优化)中设定优化方法、收敛标准和最大迭代次数控制迭代过程，如果系数变化的最大值低于 Maximum 对话框中输入的阈值，EViews 将报告估计过程收敛。例如，设定的阈值为 0.001，则 EViews 会判断估计系数的最大变化是不是小于 0.001，来决定是否已经收敛。对于某些难以估计的模型，如果迭代过程没有收敛，可以对最大迭代次数进行设置。EViews 将会使用当前系数向量中相应的数值(上次估计最后一组参数值)作为初始值，在最大迭代次数限制内重新估计。在运用迭代算法估计参数时，这些设置操作都是相同的，后面将不再做介绍。

3. NLS 估计的结果

与 OLS 不同的是，估计结果将报告迭代过程是否收敛。如果收敛，标准统计量的结果和检验都是渐近有效的。例 3.2 中，在参数初值设为 OLS 估计结果时的情况下，将经过 46 次迭代达到收敛(convergence achieved after 38 iterations)。如果没有收敛，可以重新设置最大迭代次数、修改阈值、先验地设定初值或者不做任何修改，只是简单地重新估

计也可能达到收敛,因为这时的初值已经不同于上一次估计时的初值了。

3.7.3 非参数估计

1. 一元密度函数的核估计

在已知随机变量的密度函数形式时,在序列对象(如例 3.3 中的 *cum* 序列)菜单中选择 View/Graph,出现 Graph Options 对话框(图 3.7.3)。

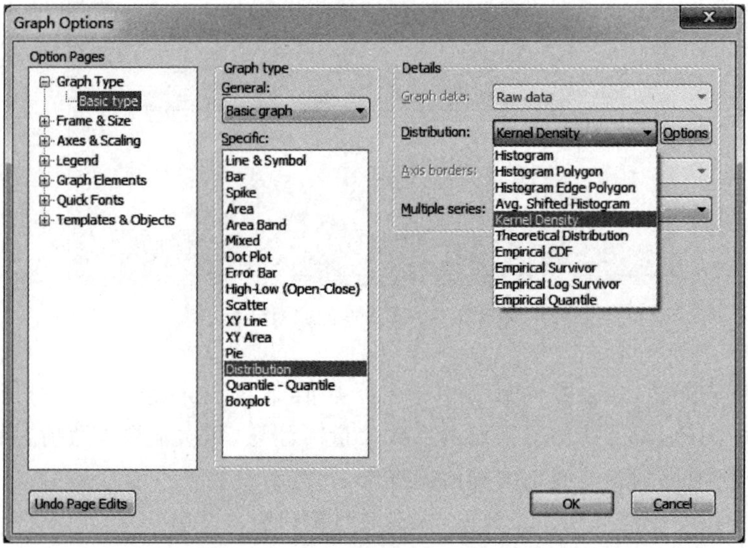

图 3.7.3　一元密度函数的核估计对话框

选择 Graph type/Specific 中的 Distribution,然后在对话框的右边选择 Theoretical Distribution,单击右边的 Options 按钮,出现 Distribution Plot Customize 对话框,可以按表 3.3.1 选择相应的分布函数形式计算给定变量的密度函数,用户可以给出相应的未知参数值,如果没有给出,EViews 将自动近似计算未知参数。对于密度函数形式未知的情况下可以选择 Kernel Density,例 3.3 的 *cum* 序列选择 Kernel Density,单击右边的 Options 按钮,也会出现 Distribution Plot Customize 对话框,可以按表 3.1.1 选择相应的核函数 K,计算给定变量的密度函数并显示图形,如例 3.3 的 *cum* 序列核函数 K 选择 Biweight。

2. 一元非参数计量经济模型估计

以例 3.4 的变量来说明在 EViews 中如何估计一元非参数计量经济模型。例 3.4 首先生成 X,从 0 至 1 之间的均匀分布随机抽取的 1 000 个数(使用 rnd 函数,生成 0～1 均匀分布的随机数,见附录 B3 表),Z 和 Y 由式(3.3.19)分别生成,其中随机扰动项 $\boldsymbol{u}$ 由函数 nrnd(0.1^0.5)生成均值为 0、方差为 0.1 的标准正态分布随机数。建立包含 X 和 Y 的组对象,这里要注意必须按照解释变量和被解释变量这样的顺序依次选择,如本例的组中包含的第一个成员是 X,第二个成员是序列 Y。

(1) 核估计

如果想要进行核估计,在组对象中选择 View/Graph,然后,在图形选项的图形类别中选择 Scatter，右侧的详细描述将相应发生变化，在 fit lines 的下拉列表中选择 Kernel Fit，然后，单击其右侧的 Option 按钮，将出现 Scatterplot Customize 对话框。在这个对话框中，需要确定局部回归的多项式形式、核函数形式、带宽和其他选项。

① 回归形式 Regression。选择 Nadaraya-Watson、Linear 和 Polynomial 之一的局部回归形式。前两者分别对应局部多项式 $k=0$ 和 $k=1$ 的两种特例，如果选择 Polynomial，就需要在文本框中输入多项式阶数。

② Kernel。按表 3.1.1 选择相应的核函数形式。

③ 带宽 Bandwidth。如果采用 EViews 默认设定的带宽，则带宽为解释变量最大值 X_U 与最小值 X_L 之差的 15%，即 $0.15\times(X_U-X_L)$。否则，可以选择 User Specific 自行设定。

此外，Bracket Bandwidth 将分别对带宽为 $0.5h$、h、$1.5h$ 进行核估计；Number of grid points 确定了进行核估计时选择的 x 个数。选定这些选项后，就得到了 Y 的核估计结果。

(2) 邻近点加权拟合估计

如果想要进行邻近点加权拟合估计，就要在组对象中选择 View/Graph/Scatter，然后在 Details 对话框中的 Fit lines 中选择 Nearest Neighbor Fit。在 Bandwidth 中要输入 0～1 的小数 α，它将控制局部回归中用到的样本个数，若样本总数为 N，则局部回归中将包括$[\alpha N]$个样本数。例如例 3.4 中的样本总数为 1 000，若想在每次回归时包含 300 个样本，则应在带宽中输入 0.3。

EViews 在近邻估计中没有提供多种核函数的选择用来进行局部加权估计，仅提供一种局部加权方式，即选择 Local Weighting(Tricube)，将按照式 (3.3.17) 确定的权重进行加权。

3.7.4 混频回归估计

在建立混频数据工作文件时，由于 EViews 要求一个工作文件必须是同频率的，因此必须建立不同的工作文件。在例 3.5 中，因变量 *gdpr* 是季度变量，存储在季度频率的工作文件页 quarterly 中。解释变量 *ipr* 是月度变量，存储在工作文件页 monthly 中。

对两个序列都利用 X-12-ARIMA 方法采用加法模型进行季节调整，得到两个序列的季节因素 S 序列(*gdpr_sf* 和 *ipr_sf*)，以及去掉季节因素的序列(*gdpr_sa* 和 *ipr_sa*)。

在 EViews 中执行混频数据抽样(MIDAS)回归模型估计，建立方程后，在 Equation 估计对话框 Equation Estimation 的方法选项 Method 的下拉菜单中选择 MIDAS-Mixed Data Sampling Regression(图 3.7.4)。

1. 模型设定

Specification 选项卡用于指定 MIDAS 模型的变量和形式，并设置样本区间。

在上面的编辑框中，输入低频因变量 gdpr_sa 和同频率的解释变量名，如解释变量包括其滞后一期 gdpr_sa(−1)。

在 Higher frequency regressors 编辑框中输入高频解释变量，形式为 pagename\

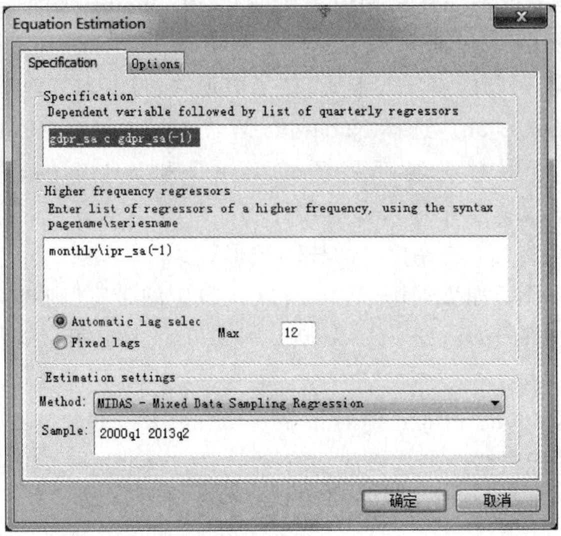

图 3.7.4　混频数据模型估计对话框

seriesname,其中 pagename 是包含该数据序列的工作文件页面名,seriesname 是该数据变量名。例 3.5 中,解释变量 *ipr* 是月度变量,存储在工作文件页面 monthly 中。输入"monthly\ipr_sa(−1)"。

所有的 MIDAS 估计方法都需要 k 值,即低频回归方程中包含高频滞后数。可以在 Fixed lags 文本框直接输入一个固定的滞后数;如果选择 Automatic lag selection,则输入最大滞后数,系统将选择最优的滞后阶数。例 3.5 中,滞后阶数的选取由 EViews 软件根据残差平方和最小原则自动进行选择(输入 12,即最多可达滞后 12 阶)。例 3.5 中,系统自动选择的滞后阶数是 $k=4$,即 EViews 将使用解释变量包括相应季度中最后一个月之前的 4 个月:由于解释变量为 *ipr_sa*(−1),滞后 1 个月,所以从第 2 季度计算,将由第 2 季度的 5 月、4 月和第 1 季度的 3 月、2 月来解释,以此类推。

2. 估计选项

如图 3.7.5 所示,Options 选项卡中可以选择 MIDAS 加权函数。在 MIDAS weights 下拉菜单下选择 MIDAS 加权方法,默认情况下为 Almon 加权方法。如果选择 PDL/Almon,需设定 Almon 多项式的阶数 p,默认情况下 Polynomial 项是 2。例 3.5 中选择的加权函数即为此种形式,需要估计两个参数。如果选择了 Step,即阶梯加权,则需设定 Step 长度 η。如果选择了 Beta,可对 θ_1、θ_3 进行限制。U-Midas 加权法就是将每个滞后变量的系数单独进行估计,适用于包含少量滞后的情况。

由于 Beta 和指数 Almon 加权方法涉及非线性估计,因此选择这两种方法任何一种都将启用 Optimization 和 Covariance 选项。

3. 估计输出

与 OLS 不同的是,混频方程估计结果将报告低频解释变量的估计结果,以及高频解释变量的 Almon 多项式估计系数,例 3.5 估计结果中 PDL01,PDL02 分别对应式(3.4.7)中

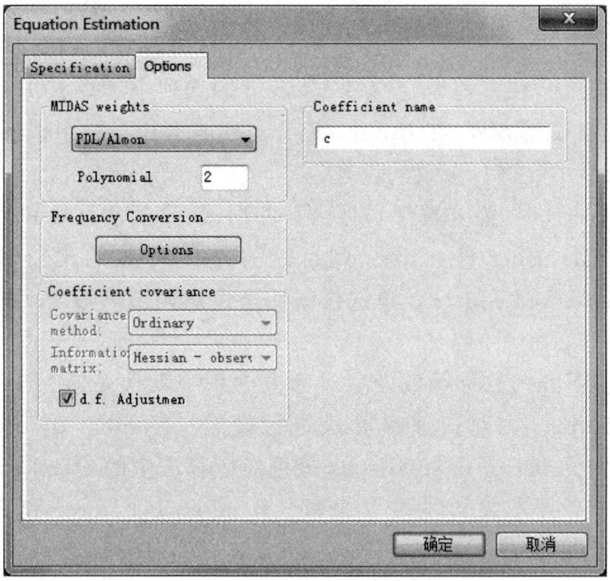

图 3.7.5　混频数据模型 Options 选项卡

Z_1, Z_2 的系数 θ_1, θ_2。表格底部显示方程(3.4.5)中高频解释变量的 X^H 的系数 $\beta_\tau^H, \tau = 0,1,\cdots,k-1$。如图 3.7.6 所示。

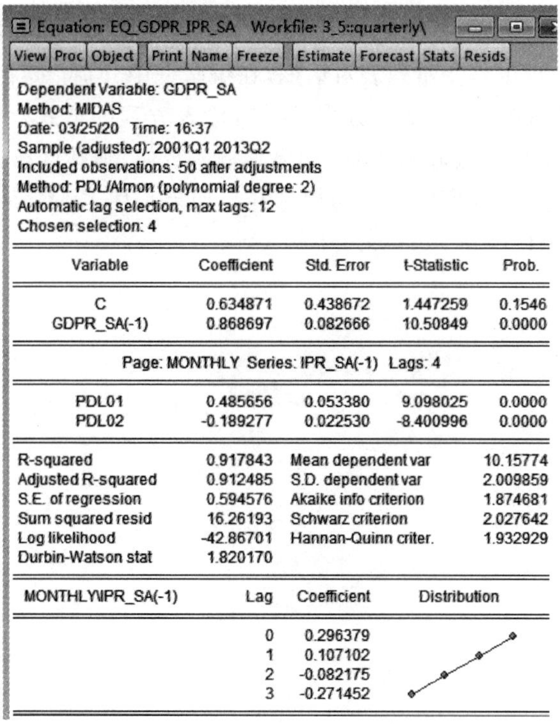

Equation: EQ_GDPR_IPR_SA　Workfile: 3_5::quarterly\

View | Proc | Object | Print | Name | Freeze | Estimate | Forecast | Stats | Resids

Dependent Variable: GDPR_SA
Method: MIDAS
Date: 03/25/20　Time: 16:37
Sample (adjusted): 2001Q1 2013Q2
Included observations: 50 after adjustments
Method: PDL/Almon (polynomial degree: 2)
Automatic lag selection, max lags: 12
Chosen selection: 4

Variable	Coefficient	Std. Error	t-Statistic	Prob.
C	0.634871	0.438672	1.447259	0.1546
GDPR_SA(-1)	0.868697	0.082666	10.50849	0.0000
Page: MONTHLY Series: IPR_SA(-1) Lags: 4				
PDL01	0.485656	0.053380	9.098025	0.0000
PDL02	-0.189277	0.022530	-8.400996	0.0000

R-squared	0.917843	Mean dependent var	10.15774
Adjusted R-squared	0.912485	S.D. dependent var	2.009859
S.E. of regression	0.594576	Akaike info criterion	1.874681
Sum squared resid	16.26193	Schwarz criterion	2.027642
Log likelihood	-42.86701	Hannan-Quinn criter.	1.932929
Durbin-Watson stat	1.820170		

MONTHLY\IPR_SA(-1)	Lag	Coefficient	Distribution
	0	0.296379	
	1	0.107102	
	2	-0.082175	
	3	-0.271452	

图 3.7.6　混频回归方程输出窗口

3.7.5　Robust最小二乘估计

使用稳健回归方法,在方程设定窗口Method的选项中选择ROBUSTLS。此处需要依次输入因变量和自变量方程,在Robust Estimation下拉菜单中选择估计方法。

选择Options对估计进行细致的设置:

(1) 当选择M估计时,需要选择目标函数的形式、尺度估计量和协方差的计算形式。如果选择复选框Scale using H-matrix,则目标函数中 ω_i 按照式(3.5.4)计算。Default constant和User-specified constant单选按钮用来设定调节参数 c,用户也可以自己设定该值。

(2) 当选择S估计时,目标函数设定对话框中系统默认 c 值为1.547 6,用户也可以自己设定。在S options中对快速S算法进行设定。Number of trials、initial sample、max refinements、Number of comparisons分别对应算法中的 Q、m、r、q,其中,默认的试验次数 Q 为200,初始样本数 m 为变量个数。Random generator和Seed控制随机子样本的产生,默认选项即可。

MM估计与S估计的选项对话框几乎相同,不同的是MM估计结合了M估计和S估计,因此要分别设定两个 c 值。EViews中的第二阶段M估计使用的是Bisquare函数,c 值默认为4.685。

3.7.6　LIML和K类估计

如果要使用LIML和K类估计,在方程设定对话框的Method中选择LIML,随后出现的方程对话框将包括工具变量列表对话框,在编辑框中分别指定因变量、自变量和工具变量。如果要估计非线性方程,则在方程设定时输入方程的形式。对于K类估计,在K(Leave blank for LIML)后面输入 k 值,如果不输入数值,则默认执行LIML估计。不同的标准差计算方法可以在选项(options)中选择。如果采用LIML估计,在估计结果中会显示最小特征值(LIML min. eigenvalue)。

第 4 章 具有结构变化特征的回归模型

标准的线性回归模型假定模型参数在样本区间中是不变的，但是，在时间序列分析领域，样本区间中参数经常会出现结构变化（structural change），对这类变化的经验分析是非常重要的。因此，检验和估计这种模型的方法引起了众多学者的关注并涌现出大量的成果，Hansen（2001）①和 Perron（2006）②对这方面的文献进行了综述，本章主要介绍几类存在结构变化的线性回归模型的估计方法。

间断点回归（breakpoints regression）是结构变化回归模型的最初形式和简单形式，由于间断点的存在，使用传统的最小二乘估计方法得到的估计结果可能会受到一定影响。因此，当模型中存在间断点时，可以根据经济事实或已知的先验信息假想出来，也可以通过相关的技术估计出来，如 Bai（1997）③、Bai 和 Perron（1998）④等提供了判断方法，然后再进行分段回归。

在回归分析中，我们常常关心系数估计值是否稳定，即如果将整个样本分成若干个子样本分别进行回归，是否还能得到大致相同的估计系数。例如，样本中有男性和女性，则可以根据性别将样本一分为二，分别估计出男性样本和女性样本。如果划分样本的变量不是离散的而是连续的，如人均收入等，则需要给出一个划分标准，即“门限值”。“门限回归”（threshold regression，TR）能够以严格的统计推断方法对门限值进行参数估计与假设检验。

在门限回归模型的基础上，源于“区间转换”理论发展和兴起的平滑转换回归模型，是一种典型的非线性模型。由于其具有平滑转换这一特点，平滑转换回归模型相对于门限回归模型具有了更多的实际动态特征，其应用范围也得到了一定的扩展。

在宏观经济分析中，一些经济变量的运行中存在着区制转换（regime switch，RS）问题，在线性模型的基础上，加入区制变动的非线性特征，将样本划分为不同区制，并引入被解释变量的滞后项、自相关误差项等构建动态马尔可夫区制转换模型，可以准确并完整地体现这一特征。

从间断点回归模型，到门限回归模型，再到转换回归模型，是依次递进的。实际上，间断点回归模型是结构变化回归模型的最初形式，其将时间作为一种“门限”，找出间断点后进行分段回归；门限回归模型以被解释变量的滞后项、解释变量或者其他变量作为门限，

---

① HANSEN B. The new econometrics of structural change：dating breaks in U. S. labor productivity[J]. Journal of economic perspectives，2001，15(4)：117-128.

② PERRON P. Dealing with structural breaks[M]//MILLS T C，PATTERSON K. Palgrave handbook of econometrics：econometric theory. New York：Palgrave Macmillan，2006.

③ BAI J S. Estimating multiple breaks one at a time[J]. Econometric theory，1997，13(3)：315-352.

④ BAI J S，PERRON P. Estimating and testing linear models with multiple structural changes[J]. Econometrica，1998，66(1)：47-78.

不仅对于区制的划分更为科学,而且对于不同区制内被解释变量差异化影响因素的解释更为合理,最重要的是打破了间断点回归模型中仅以时间作为门限变量的限制；在门限回归模型的基础上,转换回归模型研究了不同区制之间的转换概率等特征,这对于预测而言是一种重要的参考。

4.1　间断点回归模型

4.1.1　多个间断点的检验

间断点检验(breakpoints tests)可以分为 3 类：全局最大化检验、序贯确定间断点和这两种方法的组合检验。间断点可能是已知的先验信息,或者可以通过相关的技术估计出来。

考虑一个标准的多元线性回归模型,包含 T 个时期和 m 个潜在的间断点,这时存在 $m+1$ 个区制(regime)。我们定义间断点是接下来出现的状态的第一个时点,并设定 $T_0=1, T_{m+1}=T$。对于第 j 个区制,观测值为

$$y_{T_j}, y_{T_j+1}, \cdots, y_{T_{j+1}-1}$$

例如,当 $m=1$,即存在 1 个间断点时,存在 2 个区制,整个样本分为 2 个部分,假设第 1 个区制中包含前 19 个观测值,第 2 个区制的观测值从第 20 个观测值到样本末端,则第 20 个观测值是间断点,记 $T_1=20$。

存在 m 个间断点的回归模型的一般形式为

$$\begin{aligned} y_t &= \boldsymbol{X}_t\boldsymbol{\beta} + \boldsymbol{Z}'_{1t}\boldsymbol{\delta}_1 + u_t, \quad t=1,2,\cdots,T_1-1 \\ y_t &= \boldsymbol{X}_t\boldsymbol{\beta} + \boldsymbol{Z}'_{2t}\boldsymbol{\delta}_2 + u_t, \quad t=T_1,\cdots,T_2-1 \\ &\vdots \\ y_t &= \boldsymbol{X}_t\boldsymbol{\beta} + \boldsymbol{Z}'_{mt}\boldsymbol{\delta}_m + u_t, \quad t=T_m,\cdots,T \end{aligned} \tag{4.1.1}$$

则间断点模型可写为

$$y_t = \boldsymbol{X}'_t\boldsymbol{\beta} + \boldsymbol{Z}_t\boldsymbol{\delta} + u_t \tag{4.1.2}$$

式中：矩阵 $\boldsymbol{Z}_t$ 为对角矩阵,

$$\boldsymbol{Z}_t = \begin{bmatrix} \boldsymbol{Z}_{1t} & & & \\ & \boldsymbol{Z}_{2t} & & \\ & & \ddots & \\ & & & \boldsymbol{Z}_{mt} \end{bmatrix} \tag{4.1.3}$$

间断点回归模型中的回归变量分成两类：一类变量($\boldsymbol{X}$)的系数是固定的($\boldsymbol{\beta}$),另一类变量($\boldsymbol{Z}_t$)的系数($\boldsymbol{\delta}=(\boldsymbol{\delta}'_1, \boldsymbol{\delta}'_2, \cdots, \boldsymbol{\delta}'_m)$)是随着所处区制的不同而变化的。

1. 全局最大化(global maximization)

Bai 和 Perron(1998)①描述了全局最优程序,识别 m 个间断点和计算出使模型(4.1.1)残差平方和达到最小的系数。假设间断点集合 $\{\boldsymbol{T}_m\}=(T_1, \cdots, T_m)$,我们可以最小化如下的残差平方和：

---

① BAI J S, PERRON P. Estimating and testing linear models with multiple structural changes [J]. Econometrica, 1998, 66(1): 47-78.

$$S(\boldsymbol{\beta},\boldsymbol{\delta} \mid \{\boldsymbol{T}_m\})=\sum_{j=0}^{m}\left\{\sum_{t=T_j}^{T_{j+1}-1}(y_t-\boldsymbol{X}_t'\boldsymbol{\beta}-\boldsymbol{Z}_t'\boldsymbol{\delta}_j)^2\right\} \tag{4.1.4}$$

考虑所有可能的存在 m 个间断点的情形，选择使式(4.1.4)最小化的间断点集合和相应的系数估计值。注意，需要比较的模型随着 m 和 T 的增加而快速增加，因此，需要有效的计算方法进行优化。

Bai 和 Perron(1998)描述了检验的一般情形，检验多个区制下 $\boldsymbol{\delta}_j$ 是否相等。检验的原假设 H_0：没有结构变化，备择假设 H_1：存在 l 个间断点，采用 F 统计量检验原假设 $\boldsymbol{\delta}_0'=\boldsymbol{\delta}_1'=\cdots=\boldsymbol{\delta}_{l+1}'$。$F$ 统计量的一般形式是

$$F(\hat{\boldsymbol{\delta}})=\frac{1}{T}\left(\frac{T-(l+1)q-p}{lq}\right)(\boldsymbol{R}\hat{\boldsymbol{\delta}})'(\boldsymbol{R}\boldsymbol{V}(\hat{\boldsymbol{\delta}})\boldsymbol{R}')^{-1}(\boldsymbol{R}\hat{\boldsymbol{\delta}}) \tag{4.1.5}$$

式中：l 为间断点的个数；p、q 分别为 $\boldsymbol{X}_t$ 和 $\boldsymbol{Z}_t$ 的维数；T 为样本容量；$\hat{\boldsymbol{\delta}}$ 为存在 l 个间断点时最优估计对应的系数估计值；$\boldsymbol{R}$ 为使得 $(\boldsymbol{R}\boldsymbol{\delta})'=(\boldsymbol{\delta}_0'-\boldsymbol{\delta}_1',\cdots,\boldsymbol{\delta}_l'-\boldsymbol{\delta}_{l+1}')$ 成立的矩阵；$\boldsymbol{V}(\hat{\boldsymbol{\delta}})$ 为 $\hat{\boldsymbol{\delta}}$ 的方差协方差矩阵，即

$$\boldsymbol{V}(\hat{\boldsymbol{\delta}})=\text{Plim}(T(\boldsymbol{Z}'\boldsymbol{M}_X\boldsymbol{Z})^{-1}\boldsymbol{Z}'\boldsymbol{M}_X\boldsymbol{\Omega}\boldsymbol{Z}(\boldsymbol{Z}'\boldsymbol{M}_X\boldsymbol{Z})^{-1})^{①} \tag{4.1.6}$$

式中：$\boldsymbol{M}_X=\boldsymbol{I}-\boldsymbol{X}(\boldsymbol{X}'\boldsymbol{X})^{-1}\boldsymbol{X}'$，$\boldsymbol{\Omega}=E(\boldsymbol{uu}')$。

这种检验统计量的分布并不服从标准形式，但 Bai 和 Perron(2003b)②对于不同的回归变量个数、间断点个数等情形提供了参照的临界值。

这个检验的备择假设既可以明确给出间断点个数 l，也可以是未知的。如果间断点个数 l 是未知的，检验间断点个数的上限为 m^*，l 在程序中被确定。由于这种检验既包含了 l 是给定的情形，也包含了 l 未知的情形，这种检验叫作双最大化(double maximum, Dmax)检验。这个检验有等权重(UDmax)和加权(WDmax)两种形式。等权重检验是在不同的间断点个数假设下，选择 F 统计量最大者。等权重检验是有缺陷的，由于在不同的间断点个数假设下，相应的假设检验分布和临界值并不相同，不能直接比较 F 值，最大的 F 统计量可能对应的 p 值并不是最小的。加权形式的统计量(WDmax)考虑到了这个问题，在对各种间断点个数假设下得到的 F 统计量进行比较之前，先对每个统计量进行加权，权重为同一显著性水平下不同检验对应的临界值之比，加权后的统计量可以进行直接比较。

例如检验是否最多存在 2 个($l=2$)间断点，则分别进行存在 1 个和 2 个间断点的检验，得到的统计量分别为 F_1 和 F_2，5%显著性水平下两个 F 分布对应的临界值分别记为 C_1 和 C_2，以假设存在 1 个间断点进行检验时得到的分布为基准，对 F_2 进行加权，修正为 $F_2\times(C_1/C_2)$，然后就可以与 F_1 进行比较。

2. 序贯确定

Bai(1997)③描述了一种多于一个间断点的估计方法，这个程序序贯地应用间断点检

---

① 概率极限 Probability Limits(简称 Plim)，Plim( )表示()中的式子依概率收敛。

② BAI J S，PERRON P. Critical values for multiple structural change tests[J]. Econometrics Journal，2003，6(1)：72-78.

③ BAI J S. Estimating multiple breaks one at a time[J]. Econometric theory，1997，13(3)：315-352.

验。其基本步骤如下：

(1) 以全样本开始执行未知间断点的检验,原假设无间断点。

(2) 如果检验拒绝了无间断点的原假设,则确定间断点时点,将样本分成两个子样本区间,在每个子样本区间进行未知间断点的检验。每一个检验都可以视作原假设为 $l=1$、备择假设为 $l+1=2$ 的检验。当在子样本区间的检验拒绝了原假设时,则增加一个间断点。或者,也可以只检验表现出残差平方和改进最大的子样本区间。

(3) 重复程序,直到所有的子样本区间都不再拒绝原假设,或者直到最大允许的间断点个数,或者达到了子样本区间数的上限。

如果间断点的个数是事先给定的,则我们只需要每次检验出一个间断点的方法就可以了。

如果间断点是从一个包含多于一个间断点的子样本中获得的,则进行改良操作,重新估计间断点。序贯确定(sequential tests)能够使得检验出的间断点与从全局最优程序中得到的间断点具有相同的极限分布。

3. 全局最大化与序贯确定结合检验

Bai 和 Perron(1998)对 Bai(1997)方法进行修正,每一步检验中,原假设下的间断点是由全局最优化得到,而备选间断点是由顺次估计得到的。因此,可以将这种方法视为全局最大化与序贯确定方法相结合,检验存在 l 个间断点还是备择假设 $l+1$ 个间断点。

4. 信息准则方法(information criteria)

Yao(1988)[①]提出在一些较强的条件下,能够通过最小化 Schwarz 信息准则,得到间断点个数的一致估计量。更一般地,Liu、Wu 和 Zidek[②] 提供了修正的 Schwarz 准则,他们从理论上证明了估计量的一致性。Schwarz 准则的一般形式为

$$SC=\ln\{S(\boldsymbol{\beta},\boldsymbol{\delta}\mid\{\boldsymbol{T}_m\})/(T-l)\}+p^{*}\frac{2(\ln T)}{T} \tag{4.1.7}$$

式中：$p^{*}=(l+1)(p+q)+l$。

修正后的 Schwarz 信息准则具体形式为

$$MIC=\ln\{S(\boldsymbol{\beta},\boldsymbol{\delta}\mid\{\boldsymbol{T}_m\})/(T-p^{*})\}+p^{*}\frac{c(\ln T)^{2+d}}{T} \tag{4.1.8}$$

式中：c 和 d 为参数。

对比式(4.1.7)和式(4.1.8)可得,修正后的 MIC 与 SC 的主要区别在于对模型过度设定的惩罚程度不同,这保证了间断点识别的稳定性。

4.1.2 包含多个间断点时的方程估计

一旦间断点数确定,模型就可以用标准的回归方法进行估计。重写方程为一个标准的回归方程：

$$y_t=\boldsymbol{X}'_t\boldsymbol{\beta}+\boldsymbol{Z}'_t\boldsymbol{\delta}+u_t \tag{4.1.9}$$

---

① YAO Y C. Estimating the number of change-points via Schwarz' criterion[J]. Statistics & probability letters, 1988, 6(3): 181-189.

② LIU J, WU S Y, ZIDEK V. On segmented multivariate regression[J]. Statistica sinica, 1997, 7(2): 497-525.

式中：$\boldsymbol{\beta}$ 为固定系数向量；$\boldsymbol{\delta}=(\boldsymbol{\delta}'_1,\boldsymbol{\delta}'_2,\cdots,\boldsymbol{\delta}'_m)$是随着所处区制的不同而变化的区制系数向量；$\boldsymbol{Z}_t$ 的矩阵形式如式(4.1.3)所示，对应于每个不同的状态设定一个虚拟变量，是由回归变量与虚拟变量交互作用的扩展变量集合。通过 OLS 方法，就可以对模型进行估计，得到不同区制下变量之间的结构变化。

例 4.1　消费函数间断点检验和估计

我们建立一个最简单的消费函数，刻画我国改革开放以来的居民边际消费倾向。在这个例子中，被解释变量 *cs* 为实际居民消费，解释变量为实际可支配收入 *inc*，变量均为剔除了价格因素的实际年度数据，样本区间为 1978—2006 年[①]。经过 ADF 单位根检验，消费 *cs* 和收入 *inc* 都是二阶单整序列，即 $I(2)$序列。

考虑 1978—2006 年样本区间中的结构变化。多种间断点检验都表明，消费函数存在多个间断点。利用 Bai-Perron 全局最大化与序贯确定方法相结合进行检验，得到的结论是存在 2 个间断点，分别为 1986 年和 1998 年，因此，整个样本区间分为 3 部分，分别为 1978—1985 年、1986—1997 年和 1998—2006 年(图 4.1.1)。

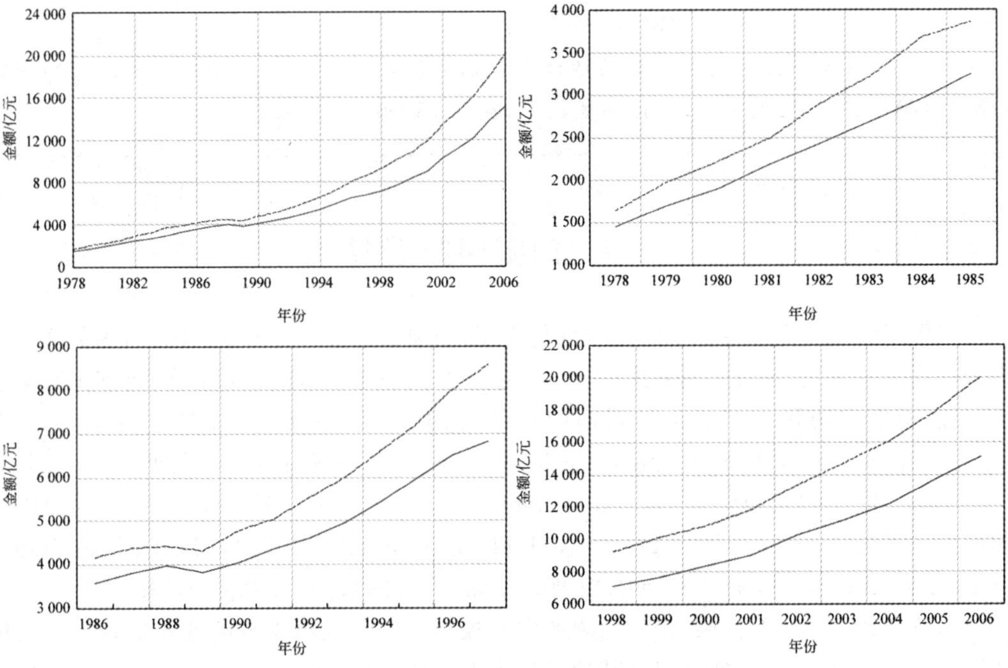

图 4.1.1　居民消费和可支配收入的分段时间序列图

注：实线为居民消费，虚线为可支配收入。

① 居民消费 *CS* 采用：城镇家庭平均每人全年消费性支出(元)×城镇人口(亿人)＋农村居民家庭人均年消费性现金支出(元)×农村人口(亿人)；居民可支配收入 *YD* 采用：城镇居民家庭人均可支配收入(元)×城镇人口(亿人)＋农村居民家庭人均纯收入(元)×农村人口(亿人)。采用居民消费价格指数(1978 年＝1)来消除价格因素。数据来源于各年《中国统计年鉴》。

从图 4.1.1 可以看出在 1978—2006 年期间消费和收入的变化在 1997 年以后呈剪刀差形变化，可以明显看出是不协整的。利用第 2 章 2.3.2 小节介绍的 AEG 协整检验方法可以得出在这一期间内消费和收入是不协整的。分成 3 段后，可以看出在这 3 段上消费和收入基本都呈平行变化状态，也利用 AEG 方法在这 3 段上分别对消费和收入进行协整检验，得出结论，这 3 段上消费和收入都是协整的。

不同区制下的消费函数估计结果分别为

$$\hat{cs}_t = 184.77 + 0.78 \times inc_t \quad (\text{样本区间：1978—1985 年}) \tag{4.1.10}$$
$$t = (1.90) \quad (22.77)$$

$$\hat{cs}_t = 650.66 + 0.73 \times inc_t \quad (\text{样本区间：1986—1997 年}) \tag{4.1.11}$$
$$t = (7.7) \quad (51.01)$$

$$\hat{cs}_t = 211.20 + 0.75 \times inc_t \quad (\text{样本区间：1998—2006 年}) \tag{4.1.12}$$
$$t = (2.14) \quad (107.81)$$

$$R^2 = 0.99, \quad DW = 2.77$$

这 3 个区制下简单消费函数的估计系数都是显著的，估计结果表明，居民的边际消费倾向(MPC)发生改变，但变化幅度较小，在 0.73～0.78 变化。

4.2　门限回归模型

门限回归模型是一种重要的结构变化模型，当观测变量通过未知门限时，函数模型具有分段线性的特征，并且区制发生变化。门限回归模型很容易估计和解释，再加上它具备动态性，所以应用比较广泛。门限回归能够应用于多种模型中，如样本分割(sample segmentation，SS)模型、多重均衡(multiple equilibrium，ME)模型、门限回归(threshold regressive，TR)模型、门限自回归(threshold auto-regressive，TAR)模型、自激励门限回归(self excitation threshold regressive，SETR)模型和自激励门限自回归(self excitation threshold auto-regressive，SETAR)模型等(Hansen，1999，2011； Potter，1999)[①]。

本节介绍估计已知门限、未知门限的回归模型方法。运用本节的这些估计方法能够从滞后被解释变量、解释变量以及其他模型中未包含的变量中选择出最佳的门限变量，并且能够详细说明随区制变化和不随区制变化的变量。

---

① HANSEN B. Testing for linearity[J]. Journal of economic surveys，1999，13(5)：551-576.
HANSEN B. Threshold autoregression in economics[J]. Statistics and its interface，2011，4(2)：123-127.
POTTER S. Nonlinear time series modelling：an introduction[J]. Journal of economic surveys，1999，13(5)：505-528.

4.2.1 门限回归模型

1. 门限回归模型的基本形式

假定一个具有 T 个观测值和 m 个门限值(具有 $m+1$ 个区制)的标准多重线性回归模型,在区制 $j=0,1,2,\cdots,m$ 中,被解释变量 y_t 可表示为解释变量 $\boldsymbol{X}_t$,$\boldsymbol{Z}_t$ 的组合:

$$y_t=\boldsymbol{X}'_t\boldsymbol{\beta}+\boldsymbol{Z}'_t\boldsymbol{\delta}_j+u_t \tag{4.2.1}$$

式中:模型中有两类解释变量,解释变量 $\boldsymbol{X}$ 的系数不随区制变动而变化,而解释变量 $\boldsymbol{Z}_t$ 的系数在每个区制中均不相同,两类变量均与扰动项 u_t 不相关。

假定存在一个可观测的门限变量 q_t 用于划分样本,并且门限值是严格递增的($\gamma_1<\gamma_2<\cdots<\gamma_m$),在区制 j 中有且仅有

$$\gamma_j\leqslant q_t<\gamma_{j+1} \tag{4.2.2}$$

式中:我们设定 $\gamma_0=-\infty,\gamma_{m+1}=\infty$。

因此,在区制 j 中,门限变量值 q_t 至少应大于或等于第 j 个门限值 γ_j,小于第 $j+1$ 个门限值 γ_{j+1}。需要注意的是,一般把门限值作为每个区制的第一个值。

例如,单个门限,两个区制的回归模型如下:

$$\begin{aligned}y_t&=\boldsymbol{X}'_t\boldsymbol{\beta}+\boldsymbol{Z}'_t\boldsymbol{\delta}_1+u_{1t}, \quad -\infty<q_t<\gamma_1\\ y_t&=\boldsymbol{X}'_t\boldsymbol{\beta}+\boldsymbol{Z}'_t\boldsymbol{\delta}_2+u_{2t}, \quad \gamma_1\leqslant q_t<\infty\end{aligned} \tag{4.2.3}$$

式中:γ_1 为待估计的门限值;$\boldsymbol{X}_t$ 和 $\boldsymbol{Z}_t$ 为外生解释变量,均与扰动项 u_t 不相关。

下面引入 $m+1$ 个区制。引入 1 个指示函数 $I(\cdot)$,即其中的表达式为真时,取值为 1;反之,取值为 0。定义 $I_j(q_t,\boldsymbol{\gamma})=I(\gamma_j\leqslant q_t<\gamma_{j+1})$,则可以将 $m+1$ 个区制在 1 个方程中进行体现:

$$y_t=\boldsymbol{X}'_t\boldsymbol{\beta}+\sum_{j=0}^{m}I_j(q_t,\boldsymbol{\gamma})\cdot\boldsymbol{Z}'_t\boldsymbol{\delta}_j+u_t \tag{4.2.4}$$

显然,通过对门限变量 q_t、解释变量 $\boldsymbol{X}_t$ 和 $\boldsymbol{Z}_t$ 的设定可以确定门限回归的形式。

门限变量 q_t 和解释变量 $\boldsymbol{X}_t$、$\boldsymbol{Z}_t$ 的特征决定了门限函数的类型。如果 q_t 是 y_t 的 d 期滞后值,则式(4.2.4)成为自激励(SE)模型;如果门限变量不是被解释变量的滞后变量,式(4.2.4)则为一般的门限回归(TR)模型。如果解释变量 $\boldsymbol{X}_t$、$\boldsymbol{Z}_t$ 中仅包含截距项和滞后的被解释变量,则式(4.2.4)表示自回归(AR)模型。在此基础上易于得出,自激励门限自回归(SETAR)模型中包括自回归设定和滞后被解释变量两类要素。

2. 门限回归模型的估计

对包含门限变量的回归,如式(4.2.1)或式(4.2.4)所示的模型,本节以单个门限值 γ 为例,即式(4.2.3)的情况介绍估计方法。首先可以运用模型选择的检验方法确定门限变量 q_t,然后将门限值 γ 依次取为门限变量 q_t 的不同观测值,采用最小二乘法估计出系数$\boldsymbol{\beta}$、$\boldsymbol{\delta}$,最后取所有估计结果中残差平方和最小的估计参数$\hat{\boldsymbol{\beta}}$,$\hat{\boldsymbol{\delta}}(\gamma)$为最终结果。具体步骤如下。

(1) 门限变量 q_t 的确定

在门限回归模型的估计中,一般采用 AIC 确定门限变量,AIC 的形式如式(4.2.5)所示。

$$AIC = \mathrm{e}^{2k/T}\,\frac{S(q_t)}{T} \tag{4.2.5}$$

式中，$S(q_t)$是以 q_t 为门限变量时得到的模型的残差平方和，k 为解释变量个数(包括常数项)。当存在一系列备选的门限变量时，将 AIC 值最小时对应的 q_t 选定为门限变量。

(2) 门限回归模型的最小二乘估计方法

基于最小二乘法这一估计模型参数的重要方法，其中目标函数残差平方和最小可以表示为

$$S(\boldsymbol{\delta},\boldsymbol{\beta},\gamma)=\sum_{t=1}^{T}\left(y_t-\boldsymbol{X}'_t\boldsymbol{\beta}-\sum_{j=0}^{m}I_j(q_t,\gamma)\cdot\boldsymbol{Z}'_t\boldsymbol{\delta}_j\right)^2 \tag{4.2.6}$$

即通过使式(4.2.6)最小化，可以得到门限回归的参数估计值。如果给定门限 γ，例如已知 $\gamma=\widetilde{\gamma}$，则 $S(\boldsymbol{\delta},\boldsymbol{\beta},\gamma)$最小化的过程变为一个简单的最小二乘问题。因此，我们首先找到一系列门限值，然后每个区制中进行 OLS 回归得到系数估计值，最终确定 m 区制下全部的残差平方和最小。

在实际计算上，通常分为两步来最小化残差平方和。以式(4.2.3)为例，给定 γ 的取值，对式(4.2.3)使用 OLS 来估计 $\hat{\boldsymbol{\delta}}_1(\gamma)$与 $\hat{\boldsymbol{\delta}}_2(\gamma)$[显然 $\hat{\boldsymbol{\delta}}_1(\gamma)$和 $\hat{\boldsymbol{\delta}}_2(\gamma)$均依赖于 γ]，并且计算残差平方和 $S(\boldsymbol{\delta},\boldsymbol{\beta},\gamma)$，其也是 γ 的函数。对于式(4.2.4)多区制的情形而言也是类似的。

(3) 门限值 γ 的求解

关键问题在于，如何选择 γ 使得 $S(\boldsymbol{\delta},\boldsymbol{\beta},\gamma)$最小化。注意，给定 q_t，由于指示函数 $I(q_t<\gamma)$与 $I(q_t\geqslant\gamma)$只能取 0 或 1，故是 γ 的阶梯函数，而阶梯的断点或升降点正好是 q_t。由此可知，$S(\boldsymbol{\delta},\boldsymbol{\beta},\gamma)$也是 γ 的阶梯函数，而阶梯的升降点恰好在$\{q_t\}_{t=1}^{n}(n\leqslant T)$不重叠的观测值上，$n$ 为样本中不同预测值的个数，因为如果 γ 取$\{q_t\}_{t=1}^{n}$ 以外的其他值，不会对子样本的划分产生影响，故不改变 $S(\boldsymbol{\delta},\boldsymbol{\beta},\gamma)$。因此，最多只需考虑 γ 取 n 个值即可，即将 γ 取自$\{q_1,q_2,\cdots,q_n\}$，这使得 $S(\boldsymbol{\delta},\boldsymbol{\beta},\gamma)$最小化的计算得到简化，易于得到最后的参数估计量向量为$(\hat{\boldsymbol{\delta}}_1(\gamma),\hat{\boldsymbol{\delta}}_2(\gamma),\hat{\gamma})$。

求得 $\hat{\gamma}$ 之后，在给定 $\hat{\gamma}$ 的前提下，再次使得残差平方和最小，即

$$S(\boldsymbol{\delta},\boldsymbol{\beta},\hat{\gamma})=\sum_{t=1}^{T}\left(y_t-\boldsymbol{X}'_t\boldsymbol{\beta}-\sum_{j=0}^{m}I_j(q_t,\hat{\gamma})\cdot\boldsymbol{Z}'_t\boldsymbol{\delta}_j\right)^2 \tag{4.2.7}$$

就可以实现对式(4.2.3)或式(4.2.4)中参数的估计。

门限模型中门限的确定方法来源于间断点模型的估计方法(Hansen，2001；Perron，2006)①，略微的不同之处在于，门限回归中通过改变门限变量的排序进行回归。因此，间断点回归可以视为把时间作为门限变量的门限回归。

相应地，有关间断点检验(例如，多间断点检验)和估计(例如，含有间断点的最小二乘回归)的讨论可以被应用于本节中。

---

① HANSEN B. The new econometrics of structural change: dating breaks in U. S. labor productivity[J]. Journal of economic perspectives,2001,15(4): 117-128.

例 4.2　中国通货膨胀的门限回归模型

本例构建一个中国通货膨胀的门限回归(TR)模型，样本区间为 1999 年 1 月—2015 年 12 月。通货膨胀率采用中国居民消费价格指数(上年同月=100)减 100，记为 π_t。实际利率采用名义利率(银行间 3 个月同业拆借利率)减去通货膨胀率计算得到，记为 rr_t。同时考虑通货膨胀的主要影响因素是货币供应量和经济增长两个方面，选取广义货币供应量($M2$)，采用基期的居民消费价格指数(2005 年 1 月=1)[①]对其进行平减后计算实际增长率，记为 gm_t，采用中国季度实际国内生产总值(GDP)[②]，通过插值计算得到月度 GDP(2005 年不变价)，并计算实际增长率，记为 gy_t。对上述变量进行单位根检验，π_t，gm_t 和 gy_t 是一阶单整 $I(1)$ 序列，rr_t 是平稳序列，即 $I(0)$序列。又对这 4 个变量利用 AEG 方法进行协整检验，结果显示这 4 个变量之间存在协整关系。

利率政策是央行根据经济形势调节的需要和社会资金的供求状况，采取的最为常用的货币政策工具之一。此外，央行还通过实现对货币供应量的调节，实现既定的经济增长目标。基于上述理论，本文选择实际利率 rr_t，广义货币供应量实际增长率 gm_t 作为备选的门限变量进行检验。检验结果显示，rr_t、gm_t 两个变量对应的回归残差平方和分别为 50.59 和 57.64，取最小残差平方和，因此实际利率是合适的门限变量，并且这一变量的选择也符合经济理论。当采用实际利率为门限变量时，模型中存在一个门限，计算得到门限值为-0.04，方程形式可以写成

$$\pi_t=\begin{cases}\alpha_{1,0}\pi_{t-1}+\alpha_{1,1}rr_t+\alpha_{1,2}gm_t+\alpha_{1,3}gy_t+u_{1t}, & rr_t<-0.04\\ \alpha_{2,0}\pi_{t-1}+\alpha_{2,1}rr_t+\alpha_{2,2}gm_t+\alpha_{2,3}gy_t+u_{2t}, & rr_t\geqslant-0.04\end{cases}\tag{4.2.8}$$

通过对模型(4.2.8)进行估计，得到估计结果如表 4.2.1 所示。

表 4.2.1　中国通货膨胀门限回归(TR)模型的估计结果(被解释变量 π_t)

第 1 区制($rr_t<-0.04$)			第 2 区制($rr_t\geqslant-0.04$)		
解释变量	参数估计	t 值	解释变量	参数估计	t 值
π_{t-1}	0.727	14.476	π_{t-1}	0.777	24.288
rr_t	0.215	2.034	rr_t	0.055	3.130
gm_t	0.028	1.181	gm_t	0.030	2.469
gy_t	0.145	3.516	gy_t	0.089	4.056
$R^2=0.95$，　$DW=1.86$					

表 4.2.1 中的估计结果显示，实际利率、实际货币供应量和实际经济增长率对于通货膨胀具有典型的门限影响特征。其中，在实际利率大于等于-0.04(大于 0)时，利率的系数为-0.055，而在实际利率小于-0.04(小于 0)时，利率的系数为-0.215，对于通货膨胀的影响明显增强。由于实际利率的门限值接近 0，本例以实际利率取值为 0 作为分界点，分析实际利率和通货膨胀两者的变动趋势，如图 4.2.1 所示，实际利率为负的时期，都是通货膨胀的高峰时期，说明央行采取调控利率的政策会显著地抑制通货膨胀。

① 居民消费基期价格指数是根据国家统计局发布的“居民消费同比价格指数(上年=100)”和“居民消费环比价格指数(上月=100)”计算得到的。

② 本例的季度 GDP 平减指数是根据国家统计局发布的“国内生产总值_当季”“国内生产总值_当季同比实际增速”“国内生产总值_当季环比实际增速”计算得到的。

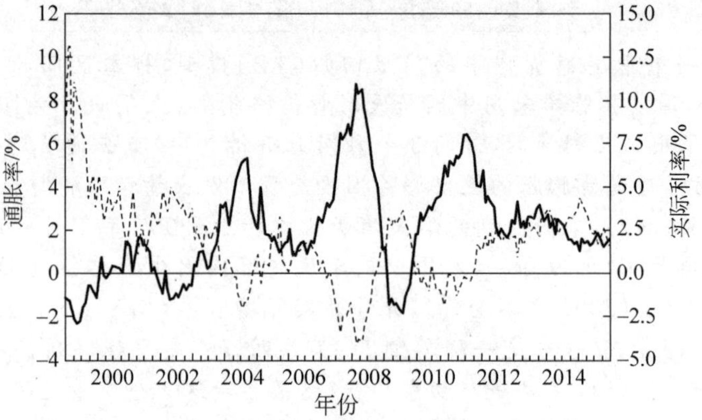

图 4.2.1　通胀率与实际利率

注：实线为通胀率，虚线为实际利率。

在实际利率的不同区制中，通货膨胀的惯性、货币供应量对于通货膨胀的影响也存在明显差异，其变动趋势也明显不同，如图 4.2.2 和图 4.2.3 所示。

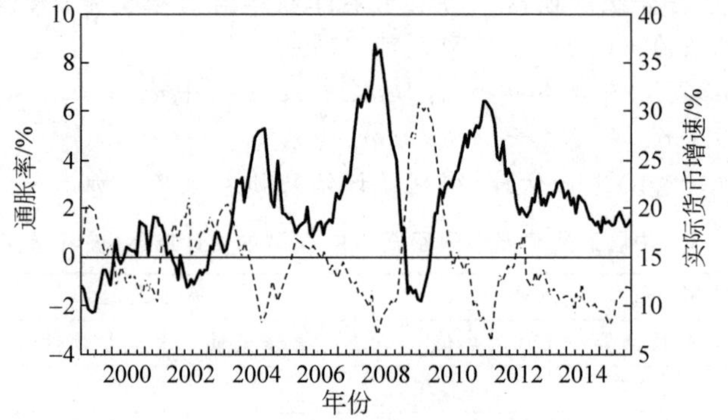

图 4.2.2　通胀率与实际货币增速

注：实线为通胀率，虚线为实际货币增速。

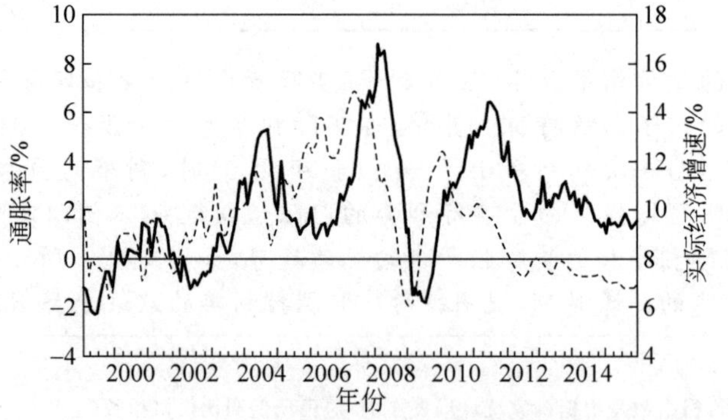

图 4.2.3　通胀率与实际经济增速

注：实线为通胀率，虚线为实际经济增速。

4.2.2　自激励门限自回归模型

本节将以时间序列数据的自激励门限自回归模型为例，对门限回归模型进行进一步说明。

一种特定的时间序列数据门限自回归可以表示为

$$\begin{aligned} y_t &= \alpha_1 y_{t-1} + u_{1t}, \quad y_{t-1} > 0 \\ y_t &= \alpha_2 y_{t-1} + u_{2t}, \quad y_{t-1} \leqslant 0 \end{aligned} \tag{4.2.9}$$

在式(4.2.9)中，我们把 y_{t-1} 看作门限。在门限的两边，序列 y_t 呈现出两种不同的自回归过程。虽然序列 y_t 在每种状态下都是线性的，但状态转换意味着整个序列 y_t 是非线性的，$\{u_{1t}\}$或$\{u_{2t}\}$的冲击是状态转换的原因。假设式(4.2.9)中两个误差项的方差一样，即 $\text{var}(u_{1t})=\text{var}(u_{2t})$，在这种情形下，式(4.2.9)可以写为

$$y_t = \alpha_1 I_t y_{t-1} + \alpha_2(1 - I_t) y_{t-1} + u_t \tag{4.2.10}$$

式中：I_t 为上文中所述的指示函数，当 $y_{t-1}>0$ 时，$I_t=1$；反之，$I_t=0$。

式(4.2.10)更一般的形式为

$$\begin{aligned} y_t &= \alpha_{10} + \alpha_{11} y_{t-1} + \cdots + \alpha_{1p} y_{t-p} + u_{1t}, \quad y_{t-1} > \tau \\ y_t &= \alpha_{20} + \alpha_{21} y_{t-1} + \cdots + \alpha_{2r} y_{t-r} + u_{2t}, \quad y_{t-1} \leqslant \tau \end{aligned} \tag{4.2.11}$$

如果已知 τ，则模型的估计十分简单。依据 y_{t-1} 的值在门限之上或之下，将观测值进行分组，然后用 OLS 估计法分别估计式(4.2.10)的两段，其滞后长度 p 和 r 根据 AR 模型的方法确定。因此，我们可以用 t 检验对单个系数进行检验，用 F 检验对一组系数进行联合检验，或用 AIC 和 SC 确定滞后长度等。

同样地，如果限定 $\text{var}(u_{1t})=\text{var}(u_{2t})$，则可以将式(4.2.11)改写为

$$y_t = I_t\left(\alpha_{10} + \sum_{k=1}^{p} \alpha_{1k} y_{t-k}\right) + (1 - I_t)\left(\alpha_{20} + \sum_{n=1}^{r} \alpha_{2n} y_{t-n}\right) + u_t \tag{4.2.12}$$

当 $y_{t-1}>\tau$ 时，$I_t=1$；反之，$I_t=0$。模型(4.2.12)估计方法与 4.2.1 小节中的估计方法完全一致。

例 4.3　中国通货膨胀的自激励门限自回归模型

本例采用中国居民消费价格指数(上年同月=100)减 100 后计算得到通货膨胀率，记为 π_t，样本区间为 1997 年 1 月—2015 年 12 月，利用 ADF 单位根检验，π_t 在这一区间上是平稳序列，即 $I(0)$序列。首先建立中国通货膨胀的自回归模型，根据 AIC 确定滞后阶数为 4 期，采用通货膨胀率的滞后 2 期变量 π_{t-2} 作为门限变量，构建一个自激励门限自回归(SETAR)模型。检验结果显示，采用 π_{t-2} 为门限变量时，模型中存在一个门限，门限值为 3.4，方程形式可以写成

$$\pi_t = \begin{cases} \alpha_{1,0}\pi_{t-1} + \alpha_{1,1}\pi_{t-2} + \alpha_{1,2}\pi_{t-3} + \alpha_{1,3}\pi_{t-4} + u_{1t}, & \pi_{t-2} < 3.4 \\ \alpha_{2,0}\pi_{t-1} + \alpha_{2,1}\pi_{t-2} + \alpha_{2,2}\pi_{t-3} + \alpha_{2,3}\pi_{t-4} + u_{2t}, & \pi_{t-2} \geqslant 3.4 \end{cases} \tag{4.2.13}$$

对模型(4.2.13)进行估计，可以得到估计结果，如表 4.2.2 所示。

表 4.2.2 中国通货膨胀自激励门限自回归(SETAR)模型的估计结果(被解释变量 π_t)

第 1 区制($\pi_{t-2}<3.4$)			第 2 区制($\pi_{t-2}\geqslant 3.4$)		
解释变量	参数估计	t 值	解释变量	参数估计	t 值
c	0.081	1.513	c	0.581	1.629
π_{t-1}	0.889	11.369	π_{t-1}	1.243	10.387
π_{t-2}	0.201	1.867	π_{t-2}	0.299	1.534
π_{t-3}	0.113	1.083	π_{t-3}	0.343	1.679
π_{t-4}	0.019	0.264	π_{t-4}	0.430	3.056
$R^2=0.94$, $DW=2.0$					

估计结果显示,在前两期出现低通胀或高通胀后,中国通货膨胀率呈现了差异化的变动特征。其中,在第 2 区制的高通胀阶段($\pi_{t-2}\geqslant 3.4$),通货膨胀率各期滞后变量对其影响显著增强,即通货膨胀的惯性进一步显现。

4.3 平滑转换回归模型

平滑转换回归(smooth transition regression,STR)模型属于转换回归模型的一种特殊形式。Teräsvirta and Anderson(1992)①、Teräsvirta(1994)②指出 STR 模型主要用来分析"变量在不同范围内,表现出不同的经济行为"这一类经济现象。在平滑转换回归模型中,最为典型的是含有一个可观测转换变量的两区制回归模型,其基本形式表现为两条回归线,然后在不同的状态下经济可以从一条回归线平滑转换到另外一条回归线。③在这一节,将以两区制模型为例,简要介绍平滑转换回归(STR)模型的设定方法,特别是采用 EViews 软件设定区制转换变量、非转换变量及估计 STR 模型的过程。

4.3.1 平滑转换回归模型的基本形式

平滑转换回归模型的一般形式为

$$y_t=\boldsymbol{\varphi}'\boldsymbol{Z}_t+\boldsymbol{\theta}'\boldsymbol{Z}_t G(s_t;c,\gamma)+u_t,\quad u_t\sim \mathrm{iid}(0,\sigma^2),\quad t=1,\cdots,T \tag{4.3.1}$$

式中:y_t 为研究对象,如国内生产总值、通货膨胀率等,$\boldsymbol{Z}_t=(\boldsymbol{W}_t,\boldsymbol{X}_t)$是解释变量向量组合,$\boldsymbol{W}_t=(1,y_{t-1},\cdots,y_{t-p})'$,$\boldsymbol{X}_t=(1,X_{1t},\cdots,X_{kt})'$,$p$ 是 y_t 的滞后阶数,k 是解释变量的

① TERÄSVIRTA T,ANDERSON H M. Characterizing nonlinearities in business cycles using smooth transition autoregressive models[J]. Journal of applied econometrics,1992,7(S1):119-136.

② TERÄSVIRTA T. Specification,estimation,and evaluation of smooth transition autoregressive models[J]. Journal of the American Statistical Association,1994,89:208-218.

③ 鲁克波尔,克莱茨希. 应用时间序列计量经济学 [M]. 易行健,邓可斌,译. 北京:机械工业出版社,2008:第 6 章.

个数，$\boldsymbol{\varphi}'\boldsymbol{Z}_t$ 为线性部分，$\boldsymbol{\theta}'\boldsymbol{Z}_t G(s_t;\ c,\gamma)$为非线性部分，$\boldsymbol{\varphi}$ 和$\boldsymbol{\theta}$ 依次是线性部分、非线性部分的参数向量，$G(s_t;\ c,\gamma)$是转换函数，其形式和包含的参数、变量等将在下文重点介绍，u_t 是随机扰动项，服从正态分布。

式(4.3.1)中的模型也可以视为一个带有随机时序变化系数$\boldsymbol{\varphi}+\boldsymbol{\theta}G(s_t;\ c,\gamma)$的线性模型，即

$$y_t=[\boldsymbol{\varphi}+\boldsymbol{\theta}G(s_t;c,\gamma)]'\boldsymbol{Z}_t+u_t,\quad u_t\sim \mathrm{iid}(0,\sigma^2),\quad t=1,\cdots,T \tag{4.3.2}$$

当式(4.3.1)中的 $\boldsymbol{Z}_t=\boldsymbol{W}_t=(1,y_{t-1},\cdots,y_{t-p})'$ 时，即解释变量向量中仅包括被解释变量的滞后项时，平滑转换回归(STR)模型成为平滑转换自回归(STAR)模型，因此，STAR 模型是 STR 模型的特殊形式。平滑转换自回归模型中区制之间的转换并非离散的，而是按照转换变量和转换函数平滑转换的(Dijk et al.，2002)①。在平滑转换自回归模型的转换函数中，转换变量基本都是采用因变量的滞后项形式，即令 $s_t=y_{t-d}$，d 为因变量的某个滞后阶数，仅有少数模型中采用时间趋势变量作为转换变量，如 $s_t=t$。

4.3.2　转换函数的类型

平滑转换回归模型中最为典型的标志是转换函数(transition function)$G(s_t;\ c,\ \gamma)$。$G(s_t;\ c,\ \gamma)$是一个有界函数，$G(\cdot)$中 s_t 是转换变量或门限变量(threshold variable)，s_t 可以为$\boldsymbol{Z}_t$ 向量中的变量、变量的函数或者一个不包括在 $\boldsymbol{Z}_t$ 内的外生变量；c 是位置参数(location parameter)，其是不同状态下的门限值，决定了模型发生动态变化即转换的位置；γ 是平滑参数(slope parameter)，$\gamma>0$，表示从一个区制到另一个区制的转换速度或调整的平滑性，γ 值越大，转换的速度越快。

在平滑转换回归模型中，有两类代表性的转换函数：一类是逻辑(Logistic)函数，另一类是指数函数，其具体形式如式(4.3.3)和式(4.3.4)所示。

Logistic 形式的转换函数为

$$G(s_t;c,\gamma)=\frac{1}{1+\exp(-\gamma(s_t-c))} \tag{4.3.3}$$

指数形式的转换函数为

$$G(s_t;c,\gamma)=1-\exp(-\gamma(s_t-c)^2) \tag{4.3.4}$$

与其他函数形式相比，Logistic 形式和指数形式的转换函数具有典型的优势。Logistic 转换函数的一个优点是，通过 γ 和 c 取不同的值，可以合理地表达各种转换特征，γ 的值越大，斜率也就越大，变化速度就越快。此外，如果 $\gamma=0$，转换函数值等于 1/2，是一个常数，此时模型就变成了不存在转换特征的线性模型；如果 $\gamma=\infty$，转移变量 s_t 一旦超过门限值 c，转换函数值就从 0 跃升到 1，此时平滑转换回归模型就退化成门限回归模型，由此可见含有 Logistic 形式转换函数的平滑转换回归模型是门限回归模型更为一般的扩展形式。

---

① DIJK D V，TERÄSVIRTA T，FRANSES P H. Smooth transition autoregressive models—a survey of recent developments [J]. Econometric reviews，2002，21(1)：1-47.

与Logistic函数不同,指数转换函数的特点是,转换函数值以门限值c值为中心呈现出对称形状。具体而言,在转换变量$s_t=c$处,指数转换函数取最小值0,而随着s_t的值逐渐偏离c,无论是向左侧还是向右侧偏离,指数转换函数的值都会逐渐趋近于1,即当$s_t=c$时,$G(s_t;c,\gamma)=0$,当$s_t\to-\infty$或$s_t\to\infty$时,$G(s_t;c,\gamma)$趋近于1;当$\gamma\to0$或$\gamma\to\infty$时,$G(s_t;c,\gamma)$成为取值为0或1的常量,转换函数变为线性。显然,在含有指数转换函数的模型中,上述转换特征与包含Logistic函数的模型有着显著的差异。

Logistic转换函数、指数转换函数的图形如图4.3.1和图4.3.2所示。

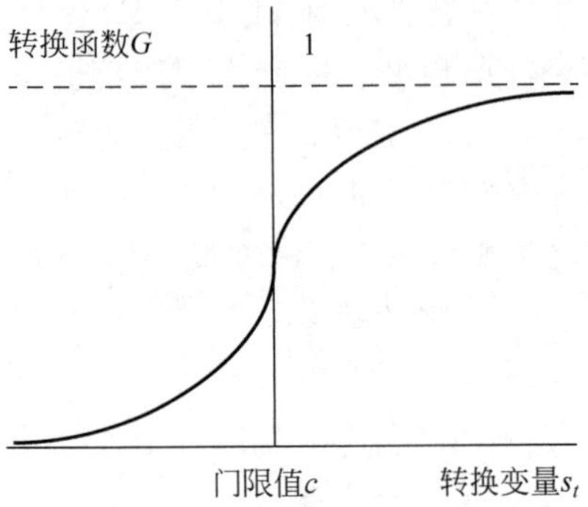

图4.3.1　Logistic转换函数图形

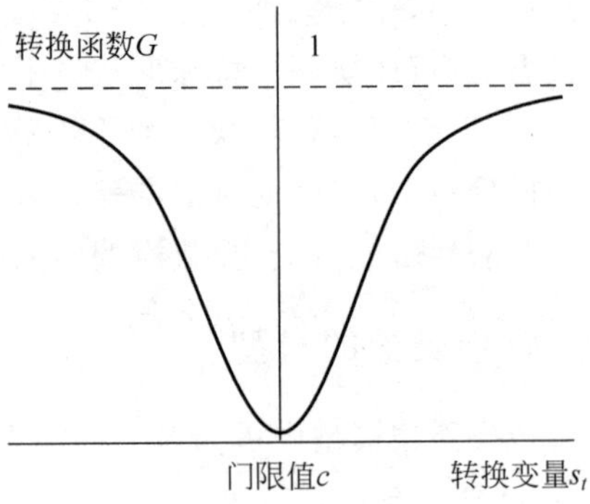

图4.3.2　指数转换函数图形

为了便于表示,一般将含有Logistic函数(4.3.3)的平滑转换回归(STR)模型称为LSTR(Logistic平滑转换回归)模型,将含有指数函数(4.3.4)的平滑转换回归(STR)模型称为ESTR(指数平滑转换回归)模型,两者成为最常用的平滑转换回归模型。在多数情况下,可以利用Logistic转换函数和指数转换函数两者形状的差异判断采用何种转换函数。其中,当转换函数值$G(s_t;c,\gamma)$随转换变量s_t单调变化时,可以采用Logistic形式的转移函数,而当转换函数值$G(s_t;c,\gamma)$取决于s_t对某一基准值的偏离幅度时,可采用指数形式的转换函数。

除此之外,平滑转换回归模型中还有多种转换函数形式,如标准正态函数形式的转换函数,如式(4.3.5)所示:

$$G(s_t;c,\gamma)=\int_{-\infty}^{\gamma(s_t-c)}\frac{1}{\sqrt{2\pi}}\exp\left(-\frac{x^2}{2}\right)\mathrm{d}x=\Phi(\gamma(s_t-c))\qquad(4.3.5)$$

再如,二元Logistic形式的转换函数为

$$G(s_t;c_1,c_2,\gamma)=\frac{1}{1+\exp(-\gamma(s_t-c_1)(s_t-c_2))}\qquad(4.3.6)$$

相应地,含有标准正态形式(4.3.5)的平滑转换回归模型称为NSTR(正态平滑转换回归)模型,含有二元Logistic形式转换函数(4.3.6)的平滑转换回归模型称为LSTR2(二元Logistic平滑转换回归)模型。上述4种转换函数中均有平滑参数大于0,即$\gamma>0$。

与LSTR模型类似,NSTR模型中的转换函数是s_t的单调增函数,门限值c将区制划分为高区制和低区制两类,当$s_t>c$时,转换函数处于高区制,反之处于低区制;γ控

制了区制转换的速度，特别地，当 $\gamma \to \infty$ 时，转换函数成为示性函数，NSTR 模型变成离散门限模型。

在 LSTR2 模型中，不失一般性地，假设 $c_1 < c_2$，γ 为非零非无穷大的取值，当 $s_t < c_1$ 或 $s_t > c_2$ 时，转换函数 $G(s_t;c_1,c_2,\gamma)$ 趋近于 1；当 s_t 位于 c_1 和 c_2 之间时，$G(s_t;c_1,c_2,\gamma)$ 趋近于 0；在 $s_t=(c_1+c_2)/2$ 时，转换函数 $G(s_t;c_1,c_2,\gamma)$ 达到最小值。与 LSTR 模型以及 ESTR 模型不同，可以采用含有二元 Logistic 转换函数的 LSTR2 模型研究转换过程的非对称性。

4.3.3 平滑转换回归模型的设定与估计

平滑转换回归模型设定的关键是选择转换变量 s_t 和转换函数 $G(\cdot)$。对于给定的 s_t 和 G，可以通过非线性最小二乘估计出门限值 c 和斜率 γ，以及参数向量 $\boldsymbol{\varphi}$ 和 $\boldsymbol{\theta}$。

1. 模型形式的确定

首先要对数据进行平稳性检验，并确定平滑转换回归模型线性部分的结构，主要包括平稳性检验和滞后阶数确定，其中平稳性检验可以采用 ADF 检验方法、PP 检验方法等。在滞后阶数确定方面，主要是针对平滑转换自回归(STAR)模型而言的，Teräsvirta (1994)[①]指出平滑转换自回归模型中线性自回归(AR)部分的结构，包括滞后阶数可以按照向量自回归(VAR)的方法确定，如 AIC 和 SC 等。此外，如果平滑转换自回归中仅包括被解释变量的一阶滞后项，还可以计算德宾-沃森(DW)统计量判断是否存在自相关。

(1) 非线性检验

在平滑转换回归模型的非线性部分，在一个备选门限变量列表的基础上，可以选择其中的一个变量作为转换变量，然后检验模型是否存在非线性特征，进而确定该变量是否可以作为转换变量。非线性检验是基于平滑转换回归模型的泰勒展开式进行的，Luukkonen 等[②]提出了以泰勒级数展开替代转换函数的方法，极大地方便了平滑转换回归模型的非线性检验。对于一个两区制的平滑转换回归模型(4.3.1)，即

$$y_t = \boldsymbol{\varphi}'\boldsymbol{Z}_t + \boldsymbol{\theta}'\boldsymbol{Z}_t G(s_t;c,\gamma) + u_t \tag{4.3.1$'$}$$

转换函数假设为 Logistic 形式的转换函数(4.3.3)：

$$G(s_t;c,\gamma) = \frac{1}{1+\exp(-\gamma(s_t-c))} \tag{4.3.3$'$}$$

当变量之间存在非线性关系时，平滑转换函数才能够被识别。因此，可以通过检验模型是否存在转换特征，即转换函数是否为常数，确定模型非线性的存在性。非线性检验的原假设为 $H_0:\gamma=0$，模型中不存在非线性效应，备择假设为 $H_1:\gamma \neq 0$。为检验不存在非线性特征的原假设 $H_0:\gamma=0$，需要对转换函数 $G(s_t;c,\gamma)$ 在原假设条件下进行一阶泰勒展开，得到辅助回归函数：

---

① TERÄSVIRTA T. Specification, estimation, and evaluation of smooth transition autoregressive models [J]. Journal of the American Statistical Association, 1994, 89: 208-218.

② LUUKKONEN R, SAIKKONEN P, TERÄSVIRTA T. Testing linearity against smooth transition autoregressive models [J]. Biometrika, 1988, 75(3): 491-499.

$$y_t=\mu_t+\boldsymbol{\beta}'_0\boldsymbol{Z}_t+\boldsymbol{\beta}'_1\boldsymbol{Z}_t s_t+u_t \tag{4.3.7}$$

其中,$\boldsymbol{\beta}_0$是$\boldsymbol{\varphi}$和$\boldsymbol{\theta}$的函数,$\boldsymbol{\beta}_1$是$\boldsymbol{\theta}$的函数,$\mu_t=\boldsymbol{\theta}'\boldsymbol{Z}_t R_1(s_t;c,\gamma)$,$R_1(s_t;c,\gamma)$为一阶泰勒展开的余项。在线性原假设下,$R_1(s_t;c,\gamma)$恒等于 0,因而这个余项不会影响原假设下残差的性质,更不会影响渐进分布。如果原假设 $\gamma=0$ 成立,即模型中不存在非线性效应,则可以等价于当$\boldsymbol{\beta}_0\neq 0$时,$\boldsymbol{\beta}_1=0$。此时,针对模型(4.3.1)的线性原假设 $\gamma=0$ 就转化为针对辅助回归(4.3.7)的原假设$\boldsymbol{\beta}_1=0$,即可以直接对$\boldsymbol{\beta}_1=0$进行假设检验。

对$\boldsymbol{\beta}_1=0$进行检验可以采用 t 检验,但当存在多个解释变量组成的向量 $\boldsymbol{Z}_t$ 与转换变量 s_t 的交叉项时,最为常用的是受约束的 F 检验。假设有 m 个 $Z_t s_t$ 的交叉项,在线性原假设下计算受约束 F 检验的统计量:

$$F=\frac{(SSR_0-SSR_1)/m}{SSR_1/(T-2m-1)}\sim F(m+1,T-2m-1) \tag{4.3.8}$$

式中:SSR_0 为原始假设条件下即受约束模型的残差平方和,SSR_1 为备择假设下即非受约束模型的残差平方和,T 为时间序列的长度或样本数。将 F 值与临界值的大小进行对比,如果接受原假设,则变量之间不存在非线性关系,反之模型中存在非线性特征。

(2) 转换函数形式检验

在确定模型中存在非线性特征后,接下来需要确定转换函数的形式,在 Eitrheim and Teräsvirta①、Escribano and Jordá② 以及 Dijk et al.③的模型中,所采用的方法主要有两种。

第一种检验转换函数形式的方法为 Terasvirta Sequential Tests,其具体步骤是,对模型(4.3.1)在 $\gamma=0$ 的假设条件下进行三阶泰勒展开得到式(4.3.9),即

$$y_t=\mu_t+\boldsymbol{\beta}'_0\boldsymbol{Z}_t+\boldsymbol{\beta}'_1\boldsymbol{Z}_t s_t+\boldsymbol{\beta}'_2\boldsymbol{Z}_t s_t^2+\boldsymbol{\beta}'_3\boldsymbol{Z}_t s_t^3+u_t \tag{4.3.9}$$

式中:$\mu_t=\boldsymbol{\theta}'\boldsymbol{Z}_t^3 R_3(s_t;\gamma,c)$,$R_3(s_t;\gamma,c)$为泰勒级数展开的余项。设定 3 个原假设为

$$H_{03}:\boldsymbol{\beta}_3=0$$
$$H_{02}:\boldsymbol{\beta}_2=0 \mid \boldsymbol{\beta}_3=0$$
$$H_{01}:\boldsymbol{\beta}_1=0 \mid \boldsymbol{\beta}_2=0,\boldsymbol{\beta}_3=0$$

对上述假设进行检验时,按照序贯检验的方式进行,首先检验假设 H_{03},如果在一定的显著性水平下拒绝假设 H_{03},建议采用 Logistic 形式的转换函数,构建 LSTR 模型;如果接受假设 H_{03},但拒绝假设 H_{02},则应采用二元 Logistic 形式或指数形式的转换函数,建立 LSTR2 模型或者 ESTR 模型。同时,假设 H_{01} 应该被拒绝,以保证模型是非线性的。

第二种检验转换函数形式的方法为 Escribano-Jorda Tests,其基本思路是将平滑转换模型在假设 $\gamma=0$ 的条件下进行四阶泰勒展开,即

$$y_t=\mu_t+\boldsymbol{\beta}'_0\boldsymbol{Z}_t+\boldsymbol{\beta}'_1\boldsymbol{Z}_t s_t+\boldsymbol{\beta}'_2\boldsymbol{Z}_t s_t^2+\boldsymbol{\beta}'_3\boldsymbol{Z}_t s_t^3+\boldsymbol{\beta}'_4\boldsymbol{Z}_t s_t^4+u_t \tag{4.3.10}$$

---

① EITRHEIM O,TERÄSVIRTA T. Testing the adequacy of smooth transition autoregressive models [J]. Journal of econometrics,1996,74(1): 59-75.

② ESCRIBANO Á, JORDÁ O. Improved testing and specification of smooth transition regression models[M]//ROTHMAN P. Nonlinear time series analysis of economic and financial data. Boston:Klewer,1999: 289-319.

③ DIJK V, TERÄSVIRTA T, FRANSES P H. Smooth transition autoregressive models—a survey of recent developments[J]. Econometric reviews,2002,21(1): 1-47.

显然，式(4.3.9)包含于式(4.3.10)中。该检验方法主要用于在 LSTR 和 ESTR 之间进行选择，分别对以下两个假设进行检验：

$$H_{OL}: \boldsymbol{\beta}_2=\boldsymbol{\beta}_4=0$$
$$H_{OE}: \boldsymbol{\beta}_1=\boldsymbol{\beta}_3=0$$

如果接受假设 H_{OL}，即 $\boldsymbol{\beta}_2=\boldsymbol{\beta}_4=0$，应选择 Logistic 形式的转换函数；如果接受假设 H_{OE}，即 $\boldsymbol{\beta}_1=\boldsymbol{\beta}_3=0$，应选择指数形式的转换函数。如果同时出现了接受或拒绝 H_{OL} 和 H_{OE} 的情况，则应进一步比较假设 H_{OL} 或 H_{OE} 下对应的 p 值的大小，以确定选择 Logistic 形式或指数形式的转换函数。

2. 参数估计

平滑参数 γ 和位置参数 c 初始值的选择可以用格点搜索法来获得。按照通常的处理方式，首先，根据 $\gamma>0$、$c_{\max}>\min(s_t)$ 以及 $c_{\max}<\max(s_t)$ 的规则，需要为 γ 和 c 选择一个初始值；其次，基于格点搜索方法，每一个格点搜索中 $\gamma=1,2,\cdots,100$，通过将目标函数如残差平方和最小化，使用最小二乘法估计模型，得到 γ 和 c 的最优初始值，如果取到边界值 $\gamma=1$ 或 100，γ 的取值范围还可以进一步扩大；最后，从上述过程中得到转换函数中 γ 和 c 的初始值，以其构成的转换函数为基础，进一步使用极大似然方法估计包含转换函数的非线性模型，进一步得到参数 γ 和 c 的估计值，即为 γ 和 c 的最终优化估计值。

如前所述，在得到平滑参数和位置参数的初始值后，将其代入平滑转换回归模型(4.3.1)中，求解出极大似然函数，就可以估计出方程中所有的参数，得到参数向量 $\boldsymbol{\varphi}$ 和 $\boldsymbol{\theta}$ 的估计值。求解极大似然函数的方法有很多种，如 Newton-Raphson 方法等。

4.3.4 平滑转换模型估计结果的进一步检验

在完成平滑转换回归模型的估计之后，需要对其估计结果进行检验。与通常在线性模型估计中所用的检验方法一样，通过对非线性平滑转换回归模型的残差进行检验，以确定误差项满足同方差、无序列相关、服从正态分布等基本假定。例如，可以分别采用 LM 检验、J-B 检验和 ARCH-LM 检验方法，对残差中是否存在自相关、非正态性和异方差问题进行检验。除此之外，平滑转换回归模型还需要进行一些自身特有的检验，主要包括残余的非线性检验和参数稳定性检验。

1. 残余的非线性检验

当构建平滑转换回归模型对数据进行拟合之后，还有必要再检验一下模型是否完全描述出了数据本身或变量之间的非线性关系，即检验模型中是否还存在一些非线性特征没有被平滑转换回归模型所涵盖或表达出来。在平滑转换回归模型框架内，需要考虑一个备选模型或称为附加的平滑转换回归模型，其可定义为

$$y_t=\boldsymbol{\varphi}'\boldsymbol{Z}_t+\boldsymbol{\theta}'\boldsymbol{Z}_tG(s_{1t};c_1,\gamma_1)+\boldsymbol{\omega}'\boldsymbol{Z}_tG(s_{2t};c_2,\gamma_2)+u_t \qquad (4.3.11)$$

式中：$G(s_{2t};c_2,\gamma_2)$是另一种转换函数的形式，$\boldsymbol{\omega}$ 为参数向量。在检验剩余或残余的非线性特征时，设定无附加非线性的原假设为 H_0：$G(s_{2t};c_2,\gamma_2)=0$，该假设等价于 $\gamma_2=0$。与式(4.3.1)表示的两区制平滑转换回归模型相比，式(4.3.11)实际上是添加了第二个非线性部分 $\boldsymbol{\omega}'\boldsymbol{Z}_tG(s_{2t};c_2,\gamma_2)$的三区制模型。与之前的平滑转换回归模型中的非线

性检验类似,可以通过在 $\gamma_2=0$ 处对式(4.3.11)进行泰勒展开、合并项并且重新参数化来近似求解转换函数 $G(s_{2t};c_2,\gamma_2)$ 以实现对无附加非线性原假设的检验。

与式(4.3.11)不同,还可以通过构建多元平滑转换回归(MRSTR)模型,将 STR 模型封装在更高区制的 STR 模型中。例如,基于式(4.3.1),可构建三区制模型将原平滑转换回归模型中的线性和非线性部分都嵌入新的非线性部分,即

$$y_t=\boldsymbol{\varphi}'\boldsymbol{Z}_t+\boldsymbol{\theta}'\boldsymbol{Z}_tG(s_{1t};c_1,\gamma_1)+G(s_{2t};c_2,\gamma_2)[\boldsymbol{\omega}'\boldsymbol{Z}_t+\boldsymbol{\upsilon}'\boldsymbol{Z}_tG(s_{1t};c_1,\gamma_1)]+u_t \tag{4.3.12}$$

其中,$\boldsymbol{\upsilon}$ 为参数向量。

基于式(4.3.12)进行残余非线性检验的方法与式(4.3.11)类似,即对向量 $\boldsymbol{Z}_t$ 与转换变量 s_t 的交互项等进行一系列标准的非线性检验,此处不再赘述。

2. 参数稳定性检验

在模型中,被解释变量与解释变量之间的关系可能会随时间发生结构变化,即存在结构断点,这可能是经济系统的需求或供给冲击导致的,也可能是制度变迁的结果。因此,应对模型中参数的稳定性即变量之间关系的稳定性进行检验,这一检验对于非线性模型和平滑转换回归模型也是适用的。平滑转换回归模型的参数稳定性检验的基本思想是,如果转移函数中的转移变量是外在的时间变量 t,此时平滑转换回归(STR)模型就成为时变的平滑转换回归(TV-STR)模型,即平滑转换回归模型中的参数随时间变化而发生平滑变动。用于参数稳定性检验的辅助回归方程,是在以时间变量 t 作为转换变量的平滑转换回归模型基础上进行四阶泰勒展开得到的,其形式为

$$y_t=\boldsymbol{\beta}'_0\boldsymbol{Z}_t+\sum_{j=1}^{4}\boldsymbol{\alpha}'_j\{\boldsymbol{Z}_t^j\}+\sum_{j=1}^{4}\boldsymbol{\beta}'_j\{\boldsymbol{Z}_t^j\}G(t;c,\gamma)+u_t \tag{4.3.13}$$

方程(4.3.13)的原假设为参数具有稳定性,等价于所有的 $\boldsymbol{\beta}_j=0,j=1,\cdots,4$ 且 $j>i$,i 为泰勒展开的阶数,备择假设为参数具有可变性,检验方法为受约束的 F 检验,其检验过程不再赘述,如果接受原假设,则可以认为模型中的参数具有稳定性。

例 4.4　中国通货膨胀的平滑转换回归模型

本例构建一个中国通货膨胀的平滑转换回归(STR)模型,样本区间为 1998 年 1 月—2015 年 12 月。通货膨胀率采用中国居民消费价格指数(上年同月=100)减 100,记为 π_t。影响因素有:实际有效汇率由国际清算银行公布的人民币实际有效汇率指数,记为 $reer_t$,根据定义,$reer_t$ 上升代表人民币升值,下降代表贬值,其走势与名义汇率相反。$\Delta_{12}(\ln(reer_t))=\ln(reer_t)-\ln(reer_{t-12})$ 可以近似代替实际有效汇率同比变动率,记为 er_t,实际国际利差使用美国、日本、英国和欧元区 4 个国家或地区的数据加权合成国际利差[①],以求与一篮子货币加权计算的实际有效汇率变动率相匹配,记为 di_t。

① 本例国际利差的计算过程如下:a. 分别获取美、日、英、欧的对中国贸易数据,消费者价格指数和 3 个月同业拆借利率,以各地区消费者价格指数的同比变动率序列作为通货膨胀率的替代序列,从同业拆借利率中减去通货膨胀因素,获得相应的各地区实际利率序列;b. 将各地区的贸易额作为权重因子,得到加权平均的国外实际利率序列;c. 由国内同业 3 个月拆借利率减去国内通货膨胀率,获得国内实际利率,最后对国内实际利率与国外实际利率作差,即可得到国际利差序列。

货币供应量方面，选取广义货币供应量(M2)，采用以 2005 年为基期的居民消费价格指数对其进行平减后计算实际增长率，记为 gm_t。此外，代表国民经济运行态势的宏观指标采用中国季度实际国内生产总值(GDP)①，通过插值计算得到月度 GDP(2005 年不变价)，并利用 BP 滤波方法计算月度 GDP 的产出缺口序列记为 gap_bp_t。注意 BP 滤波方法参照第 1 章例 1.6 的算法。

对上述变量进行单位根检验，π_t，gm_t 和 er_t 是一阶单整 $I(1)$ 序列，di_t 和 gap_bp_t 是平稳的，即 $I(0)$ 序列。又对这 5 个变量利用 Johansen 协整检验方法(第 8 章 8.5 节介绍)进行协整检验，结果显示这 5 个变量之间存在协整关系。

在不同的汇率变动阶段，各个变量对通货膨胀率的影响也会有所差异。因此，本例选择实际有效汇率变动率(er_t)作为转换变量，产出缺口 gap_bp_t 不受转换变量 er_t 的影响，只有线性部分。方程可以写为

$$\begin{aligned}\pi_t &= \varphi_1\pi_{t-4} + \varphi_2 gm_{t-2} + \varphi_3 gap\_bp_{t-5} + \varphi_4 er_{t-1} + \varphi_5 di_{t-1} \\ &\quad G(er_t;c,\gamma)[\theta_1\pi_{t-4} + \theta_2 gm_{t-2} + \theta_3 er_{t-1} + \theta_4 di_{t-1}] + u_t\end{aligned} \tag{4.3.14}$$

首先确定模型中存在非线性特征和转换函数 $G(er_t;\ c,\ \gamma)$ 的形式。采用 Escribano-Jorda Tests 方法，得到结论是 $G(er_t;\ c,\ \gamma)$ 应选择 Logistic 形式的转换函数。通过对模型(4.3.14)进行估计，得到估计结果，如表 4.3.1 所示。

表 4.3.1　中国通货膨胀平滑转换回归(STR)模型的估计结果(被解释变量 π_t)

估计结果					
线性部分			非线性部分		
解释变量	参数估计	t 值	解释变量	参数估计	t 值
c	−135.409	−7.336	c	4.083	3.364
π_{t-4}	0.699	10.787	π_{t-4}	−0.563	−4.078
gm_{t-2}	0.062	2.627	gm_{t-2}	−0.158	−2.871
gap_bp_{t-5}	135.663	7.380			
er_{t-1}	−0.058	−2.553	er_{t-1}	−0.119	−2.546
di_{t-1}	−0.291	−5.835	di_{t-1}	0.268	2.186
模型特征					
门限值	参数估计	t 值	转换参数	参数估计	t 值
c	5.86	6.628	γ	0.566	2.031
$R^2=0.87$					

① 本例的季度实际 GDP(2005 年 1 季度不变价)是根据国家统计局发布的“国内生产总值_当季”，“国内生产总值_季度当期同比实际增速”，“国内生产总值_当季环比实际增速”计算得到的。

图 4.3.3 的横轴代表转换变量 er_t 的取值范围，两幅图的纵轴为转换函数 $G(er_t;c,\gamma)$ 的值域。转换变量 er_t 的阈值 $c=5.86$，说明人民币实际有效汇率变动率 $er_t=5.86\%$ 时，转换函数的值为 0.5。假如 er_t 上升幅度大于 5.86%，那么转换函数 $G(er_t;c,\gamma)$ 的值将趋近于 1，而 er_t 上升幅度小于 5.86%甚至同比下降时，$G(er_t;c,\gamma)$ 会趋于 0，这体现了汇率向物价波动的非线性传递特征。er_t 在 0 附近时，转换函数的值已接近 0，随着 er_t 超过 0，转换函数的取值也以先慢后快的趋势逼近于 1。图 4.3.4 表示了转换函数 $G(er_t;c,\gamma)$ 在时间区间的变化，在 2008—2009 年，汇率变动率显著超过了转换变量的阈值，并使转换函数 $G(er_t;c,\gamma)$ 接近 1；2015 年上半年，美联储加息预期增强，全球多数主要经济体增长乏力，纷纷采取贬值策略对冲美元回流压力。受此影响，年初贬值幅度有限的人民币依然保持升值预期，实际有效汇率显著上升，导致 $G(er_t;c,\gamma)$ 再度逼近 1。图 4.3.3 和图 4.3.4 说明，人民币升值对于物价的传递效应确实存在，而且这一效应还具有明确的非对称性。

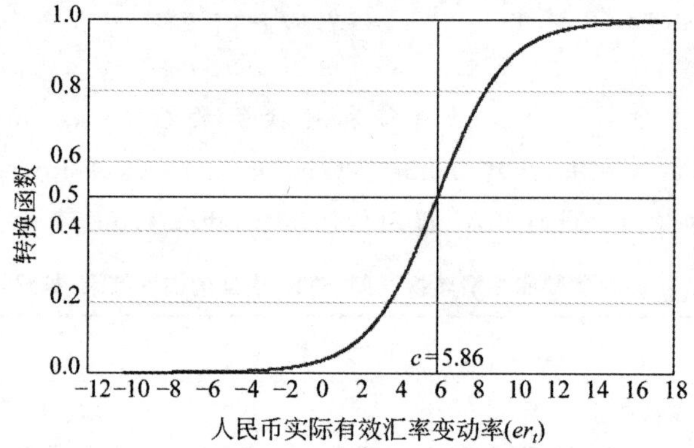

图 4.3.3 转换函数和转换变量

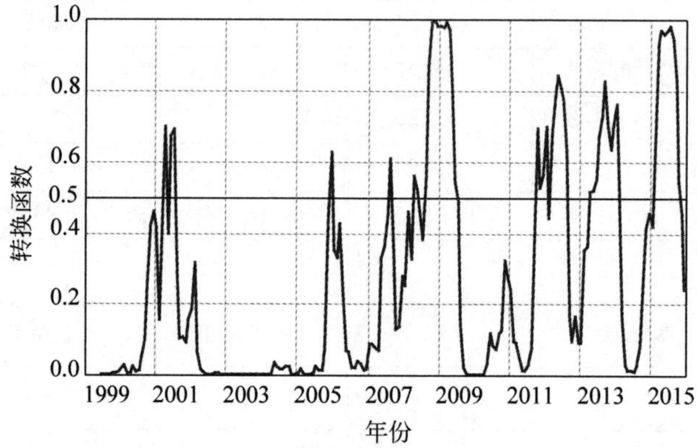

图 4.3.4 转换函数($G(er_t;c,\gamma)$)

表 4.3.1 中的估计结果显示，国际利差 di_t、实际货币供应量增速 gm_t 等对于通货膨胀 π_t 具有典型的平滑转换影响特征。具体而言，di_{t-1} 的线性部分系数为 -0.291，非

线性部分系数为 0.268，当 $G(er_t; c, \gamma)>0$ 时，di_{t-2} 对通胀率的影响系数为 $-0.291+0.268\times G(er_t; c, \gamma)$，随着 er_t 上升幅度大于 5.86%，$G(er_t; c, \gamma)$ 趋近于 1 时，国际利差的影响效应逐渐减弱为 -0.023；实际货币供应量增速 gm_{t-2} 对通胀率的线性影响系数为 0.062，非线性影响系数为 -0.158，因此当 $G(er_t; c, \gamma)>0$ 时，gm_{t-2} 对通胀率的影响系数为 $0.062-0.158\times G(er_t; c, \gamma)$，随着 er_t 上升幅度大于 5.86%，$G(er_t; c, \gamma)$ 趋近于 1 时，实际货币供应量增速 gm_t 对于通货膨胀的影响由正转负，为 -0.096；而产出缺口 gap_bp_{t-5} 不受转换变量 er_t 的影响，只有线性部分，线性部分的系数为 135.663，因此 gap_bp_t 超前 5 个月对于通货膨胀产生正的影响。

4.4　区制转换回归模型

4.4.1　区制转换回归的基本模型

1. 区制转换回归模型(switching regression)的基本形式

假定随机变量 y_t 依赖于一个不可观测离散状态变量 s_t 的取值，根据 s_t 的取值，可以将经济系统划分为 M 个区制，即 $s_t=m, m=1,2,\cdots,M$。对应于每一个区制，则存在一个回归模型，因此，M 个区制共 M 个模型，第 m 区制下的模型如式(4.4.1)所示：

$$y_t=\mu_t(m)+u_t(m) \tag{4.4.1}$$

式中：μ_t 为 y_t 的条件均值；u_t 为随机扰动项。

随着区制 m 的不同，y_t 具有不同的均值，且扰动项 u_t 呈现差异化的变动特征，其标准差可表示为 $\sigma(m)$ 或 σ_m。

在给定解释变量向量 $\boldsymbol{X}_t$ 和 $\boldsymbol{Z}_t$ 的条件下，y_t 的条件均值 $\mu_t(m)$ 可以表示为

$$\mu_t(m)=\boldsymbol{X}_t'\boldsymbol{\beta}+\boldsymbol{Z}_t'\boldsymbol{\delta}_m \tag{4.4.2}$$

式中：$\boldsymbol{\beta}$ 为不随区制变动的 k_X 维系数向量；$\boldsymbol{\delta}_m$ 为随区制变动的 k_Z 维的系数向量，即在不同区制下，同一变量前系数的取值不同。

2. 区制转换回归模型的极大似然估计

式(4.4.1)和式(4.4.2)的组合构成了区制转换回归的基本模型，对于该模型，一般采用极大似然方法进行估计，极大似然函数 L 通常采用处于各区制的概率值对该区制的概率密度函数加权得到，条件概率密度函数、极大似然函数分别如式(4.4.3)和式(4.4.4)所示。

$$f(y_t, s_t=m \mid \boldsymbol{J}_{t-1}, \boldsymbol{\gamma})=\frac{1}{\sigma_m}\varphi\left(\frac{y_t-\mu_t(m)}{\sigma(m)}\right)\cdot P(s_t=m \mid \boldsymbol{J}_{t-1}, \boldsymbol{\gamma}) \tag{4.4.3}$$

$$\begin{aligned} L_t(\boldsymbol{\beta}, \boldsymbol{\gamma}, \boldsymbol{\sigma}, \boldsymbol{\delta}) &= \sum_{m=1}^{M} f(y_t, s_t=m \mid \boldsymbol{J}_{t-1}, \boldsymbol{\gamma}) \\ &= \sum_{m=1}^{M}\frac{1}{\sigma_m}\varphi\left(\frac{y_t-\mu_t(m)}{\sigma(m)}\right)\cdot P(s_t=m \mid \boldsymbol{J}_{t-1}, \boldsymbol{\gamma}) \end{aligned} \tag{4.4.4}$$

式中：$\varphi(\cdot)$通常为标准正态概率密度函数；系数向量$\boldsymbol{\delta}=(\delta_1,\cdots,\delta_M)$；标准差向量$\boldsymbol{\sigma}=(\sigma_1,\cdots,\sigma_M)$；$\boldsymbol{J}_{t-1}$为从第0期至第$t-1$时期的信息集；$\boldsymbol{\gamma}$为用于划分区制的参数向量；$P(s_t=m|\boldsymbol{J}_{t-1},\boldsymbol{\gamma})$为$y_t$在第$t$时期处于区制$m$的概率。在式(4.4.4)的基础上，一般进行对数化处理，得到对数似然函数l后再进行估计，即

$$l(\boldsymbol{\beta},\boldsymbol{\gamma},\boldsymbol{\sigma},\boldsymbol{\delta})=\sum_{t=1}^{T}\ln\left\{\sum_{m=1}^{M}\frac{1}{\sigma_m}\varphi\left[\frac{y_t-\mu_t(m)}{\sigma(m)}\right]\cdot P(s_t=m\mid \boldsymbol{J}_{t-1},\boldsymbol{\gamma})\right\} \tag{4.4.5}$$

在式(4.4.5)中，变量y_t在第t时期处于区制m的概率$P(s_t=m|\boldsymbol{J}_{t-1},\boldsymbol{\gamma})$形式未知。在基本模型中，一般采用简单转换(simple switching)形式，即将其设置为外生变量向量$\boldsymbol{G}_{t-1}$的函数，与对应的参数向量$\boldsymbol{\gamma}$相结合表示为如下多项式Logit形式：

$$P(s_t=m\mid \boldsymbol{J}_{t-1},\boldsymbol{\gamma})=p_m(\boldsymbol{G}_{t-1},\boldsymbol{\gamma})=\frac{\exp(\boldsymbol{G}'_{t-1}\gamma_m)}{\sum\limits_{j=1}^{M}\exp(\boldsymbol{G}'_{t-1}\gamma_j)} \tag{4.4.6}$$

式中：$\boldsymbol{\gamma}=(\gamma_1,\cdots,\gamma_M)$，当向量$\boldsymbol{G}_{t-1}$中各项均等于1时，概率$p_m$成为固定值。

将式(4.4.5)和式(4.4.6)进行综合，可以得到混合正态对数极大似然函数，如式(4.4.7)所示：

$$l(\boldsymbol{\beta},\boldsymbol{\gamma},\boldsymbol{\sigma},\boldsymbol{\delta})=\sum_{t=1}^{T}\ln\left\{\sum_{m=1}^{M}\frac{1}{\sigma_m}\varphi\left(\frac{y_t-\mu_t(m)}{\sigma(m)}\right)\cdot p_m(\boldsymbol{G}_{t-1},\boldsymbol{\gamma})\right\} \tag{4.4.7}$$

在最大化式(4.4.7)时，可以求得参数向量$\boldsymbol{\beta}$、$\boldsymbol{\sigma}$、$\boldsymbol{\delta}$和$\boldsymbol{\gamma}$的估计值，进而完成了基本区制转换回归模型的估计。Maddala(1986)①详细讨论了混合正态对数极大似然函数的估计过程，并证明了其局部最优解的稳定性和有效性等特征。

3. 滤波概率

在求解完成后，通过进一步分析式(4.4.7)可得，混合正态对数极大似然函数依赖于处于m区制的一步向前概率$P(s_t=m|\boldsymbol{J}_{t-1})$的取值，而在时期$t$被解释变量$y_t$的取值也给出了系统处于哪个区制的信息，因此，可以采用同期的信息更新区制概率，并称之为滤波方法。根据贝叶斯理论和条件概率的公式，可以得到滤波公式，如式(4.4.8)所示：

$$P(s_t=m\mid \boldsymbol{J}_t)=P(s_t=m\mid y_t,\boldsymbol{J}_{t-1})=\frac{f(y_t\mid s_t=m,\boldsymbol{J}_{t-1})\cdot P(s_t=m\mid \boldsymbol{J}_{t-1})}{f(y_t\mid \boldsymbol{J}_{t-1})} \tag{4.4.8}$$

在极大似然估计过程中，式(4.4.8)等式右边一般表示成概率密度形式，即

$$P(s_t=m\mid \boldsymbol{J}_t)=\frac{\frac{1}{\sigma_m}\varphi\left(\frac{y_t-\mu_t(m)}{\sigma(m)}\right)\cdot p_m(\boldsymbol{G}_{t-1},\boldsymbol{\gamma})}{\sum_{j=1}^{M}\frac{1}{\sigma_j}\varphi\left(\frac{y_t-\mu_t(j)}{\sigma(m)}\right)\cdot p_j(\boldsymbol{G}_{t-1},\boldsymbol{\gamma})} \tag{4.4.9}$$

在基本模型的基础上，国内外学者进行了深入研究，得到了多种类型的转换回归模型。

---

① MADDALA, G S. Disequilibrium, self-selection, and switching Models[M]//Handbook of econometrics. *Amsterdam*: *North-Holland*, 1986, Vol(3): 1633—1688.

4.4.2　马尔可夫区制转换模型

在区制转换模型中，Hamilton(1989)[①]提出的马尔可夫区制转换模型(Markov regime switching model，MS 模型)的应用最为广泛。马尔可夫区制转换模型是在基本转换回归模型的基础上，将变量在各区制间的转换概率设置为一阶马尔可夫形式，然后进行极大似然估计，从而研究变量在不同阶段之间的转换特征，研究滤波、平滑以及进行预测。

1. 转换概率的设定

与简单转换不同，马尔可夫区制转换模型中，第 t 时期位于某一区制 j 的概率依赖于上一期的状态 i，如式(4.4.10)所示。

$$P(s_t=j \mid s_{t-1}=i)=p_{ij}(t) \tag{4.4.10}$$

式中：$p_{ij}(t)$也称转换概率。

在最为典型的马尔可夫转换区制模型中，$p_{ij}(t)$往往是不随时间变化和固定的，即对于所有的 t 而言，$p_{ij}(t)=p_{ij}$。并且假定整个经济系统或变量 y_t 可以划分为两个状态，分别用 1 和 2 表示，即 $i,j=1,2$，则各区制间的转换可以表示为 4 种类型：

$$P(s_t=1 \mid s_{t-1}=1)=p_{11},\quad P(s_t=2 \mid s_{t-1}=1)=p_{12}$$

$$P(s_t=1 \mid s_{t-1}=2)=p_{21},\quad P(s_t=2 \mid s_{t-1}=2)=p_{22}$$

此外，上述转换概率满足：$p_{11}+p_{12}=1$，$p_{21}+p_{22}=1$。假定变量 y 在 $t-1$ 时期处于状态 1，则下一时期 t，继续停留在状态 1 的概率是 p_{11}，转换到状态 2 的概率是 p_{12}，并且只可能存在上述两种情形，因此，两个情形的概率之和为 1。

将 4 种转换类型表示成转换概率矩阵，可得

$$\boldsymbol{P}=\begin{bmatrix} P(s_t=1 \mid s_{t-1}=1) & P(s_t=2 \mid s_{t-1}=1) \\ P(s_t=1 \mid s_{t-1}=2) & P(s_t=2 \mid s_{t-1}=2) \end{bmatrix}=\begin{bmatrix} p_{11} & p_{12} \\ p_{21} & p_{22} \end{bmatrix} \tag{4.4.11}$$

马尔可夫区制转换的一般情形中，经济系统 y_t 可以划分为 M 个区制(状态)，分别用 $1\sim M$ 表示，并且转换概率是时变的 $p_{ij}(t)$，参照两种状态下的转换特征，结合式(4.4.10)，可以求得 $M\times M$ 种转换类型，并且转换概率矩阵可以表示为

$$\boldsymbol{p}(t)=\begin{bmatrix} P(s_t=1 \mid s_{t-1}=1) & \cdots & P(s_t=M \mid s_{t-1}=1) \\ \vdots & \ddots & \vdots \\ P(s_t=1 \mid s_{t-1}=M) & \cdots & P(s_t=M \mid s_{t-1}=M) \end{bmatrix}$$

$$=\begin{bmatrix} p_{11}(t) & \cdots & p_{1M}(t) \\ \vdots & \ddots & \vdots \\ p_{M1}(t) & \cdots & p_{MM}(t) \end{bmatrix} \tag{4.4.12}$$

式中：转换概率 $p_{ij}(t)$为由区制 i 转换到区制 j 的概率。

2. 平均持续期计算

在马尔可夫区制转换中，我们时常会关注某一种区制的平均持续期，即平均而言，这

① HAMILTON J D. A new approach to the economic analysis of nonstationary time series and the business cycle[J]. Econometrica，1989，57(2)：357-384.

种区制能够持续多久,如经济周期波动中的扩张期或收缩期。一般而言,设 D_j 表示区制 j 的平均持续期,则有如下推算:

(1) 如果 t 时期状态 $s_t=j$,而 $t+1$ 时期状态 $s_{t+1}\neq j$,则持续期 $D_j=1$,该状态的概率为 $p(D_j=1)=1-p_{jj}$。

(2) 如果 t 和 $t+1$ 时期,$s_t=s_{t+1}=j$,$t+2$ 时期状态 $s_{t+2}\neq j$,则持续期 $D_j=2$,对应的概率为 $p(D_j=2)=p_{jj}(1-p_{jj})$。

(3) 如果 t,$t+1$ 和 $t+2$ 时期,$s_t=s_{t+1}=s_{t+2}=j$,$t+3$ 时期状态 $s_{t+3}\neq j$,则持续期 $D_j=3$,此状态出现的概率为 $p(D_j=3)=p_{jj}^2(1-p_{jj})$。

以此类推,可以求得区制 j 的平均持续期为

$$E(D_j)=\sum_{D_j=1}^{\infty}D_j\cdot p(D_j)=1\times(1-p_{jj})+2\times p_{jj}(1-p_{jj})+3\times p_{jj}^2(1-p_{jj})+\cdots=\frac{1}{1-p_{jj}}$$

其他区制平均持续期的计算方法与区制 j 类似。

3. 稳态概率

稳态概率是经济系统处于稳态时的概率,也称无条件概率。在马尔可夫区制转换中,稳态概率不发生转换,即系统稳定在某一状态。以两区制马尔可夫转换为例,如前所述,转换概率矩阵为

$$\boldsymbol{P}=\begin{pmatrix}p_{11} & p_{12}\\ p_{21} & p_{22}\end{pmatrix}$$

设向量 $\boldsymbol{Q}$ 表示状态 s_t 的稳态概率,即 $\boldsymbol{Q}=(q_1,q_2)'$。显然,$\boldsymbol{i}'\boldsymbol{Q}=1$,其中 $\boldsymbol{i}=(1\ 1)'$。此外,由稳态概率的含义可得 $\boldsymbol{Q}=\boldsymbol{PQ}$,因此综合可得

$$\begin{pmatrix}\boldsymbol{I}-\boldsymbol{P}\\ \boldsymbol{i}'\end{pmatrix}\boldsymbol{Q}=\begin{pmatrix}0\\1\end{pmatrix}\quad\text{或者}\quad \boldsymbol{AQ}=\begin{pmatrix}0\\1\end{pmatrix}\tag{4.4.13}$$

式中:矩阵 $\boldsymbol{A}=\begin{pmatrix}\boldsymbol{I}-\boldsymbol{P}\\ \boldsymbol{i}'\end{pmatrix}$。

将式(4.4.13)的两侧都乘以 $(\boldsymbol{A}'\boldsymbol{A})^{-1}\boldsymbol{A}'$,得

$$\boldsymbol{Q}=(\boldsymbol{A}'\boldsymbol{A})^{-1}\boldsymbol{A}'\begin{pmatrix}0\\1\end{pmatrix}\tag{4.4.14}$$

也就是说,稳态概率是矩阵 $(\boldsymbol{A}'\boldsymbol{A})^{-1}\boldsymbol{A}'$ 的最后一列,易于求得稳态概率为

$$\boldsymbol{Q}=\begin{pmatrix}\dfrac{1-p_{22}}{2-p_{11}-p_{22}}\\[2ex] \dfrac{1-p_{11}}{2-p_{11}-p_{22}}\end{pmatrix}\tag{4.4.15}$$

4. 极大似然估计与转换概率参数化

在马尔可夫区制转换模型中,仍然是对式(4.4.4)所示的极大似然函数 L 和

式(4.4.5)所示的对数似然函数 l 进行估计，但加入转换概率后，对数似然函数中处于 m 区制的一步向前概率 $P(s_t=m|\boldsymbol{J}_{t-1})$ 应改写为递归形式，如式(4.4.16)所示。

$$\begin{aligned}P(s_t=m \mid \boldsymbol{J}_{t-1}) &= \sum_{i=1}^{M} P(s_t=m \mid s_{t-1}=i)\cdot P(s_{t-1}=i \mid \boldsymbol{J}_{t-1}) \\ &= \sum_{i=1}^{M} p_{im}\cdot P(s_{t-1}=i \mid \boldsymbol{J}_{t-1})\end{aligned} \tag{4.4.16}$$

结合式(4.4.16)和式(4.4.5)可得，要实现对数极大似然函数的估计，需要给出转换概率的具体形式，还有初始的滤波概率 $P(s_0=m|J_0)$ 或一步向前区制概率 $P(s_1=m|J_0)$。

与简单转换模型中类似，可以根据多项式 Logit 模型将转换概率参数化，得到转换概率的具体函数形式(4.4.17)，即

$$p_{ij}(\boldsymbol{G}_{t-1},\boldsymbol{\gamma})=\frac{\exp(\boldsymbol{G}'_{t-1}\gamma_{ij})}{\sum_{s=1}^{M}\exp(\boldsymbol{G}'_{t-1}\gamma_{is})} \tag{4.4.17}$$

式中：$i=1,\cdots,M, j=1,\cdots,M$，$\boldsymbol{\gamma}$ 为区制的决定参数向量，$\boldsymbol{G}_{t-1}$ 为外生变量，也可以为向量，当 $\boldsymbol{G}_{t-1}$ 只包含一个常数时，转换概率恒定。

Durland 和 McCurdy(1994) ①、Filardo(1994) ②中转换概率采用了 Logistic 函数、标准状态分布函数等形式，如式(4.4.18)和式(4.4.19)所示。

$$p_{ij}(\boldsymbol{G}_{t-1},\gamma_{ij})=\frac{\exp(\boldsymbol{G}'_{t-1}\gamma_{ij})}{1+\exp(\boldsymbol{G}'_{t-1}\gamma_{ij})} \tag{4.4.18}$$

$$p_{ij}=\Phi(\boldsymbol{G}_{t-1},\gamma_{ij})=\int_{-\infty}^{G'_{t-1}\gamma_{ij}}\frac{1}{\sqrt{2\pi}}\exp\left(-\frac{1}{2}z^2\right)\mathrm{d}z \tag{4.4.19}$$

初始概率 $P(s_0=m|J_0)$ 方面，Kim 和 Nelson(1999)③指出，通常情形下，区制概率可以表示为转换概率的函数，因此可以采用稳态时的转换概率值求得初始区制概率值。此外，还可以采用先验信息设定区制概率的初始值，一些文献中还直接将初始状态下的各区制概率值设定为相等的。初始概率和转换概率设定完成后，进行极大似然估计求得参数向量的估计值。

5. 滤波和平滑

与基本转换模型中的滤波方法类似，参照式(4.4.3)和式(4.4.8)，可以得到马尔可夫区制转换模型中滤波公式，如式(4.4.20)所示：

$$P(s_t=m \mid \boldsymbol{J}_t)=\frac{f(y_t,s_t=m \mid \boldsymbol{J}_{t-1})}{\sum_{j=1}^{M}f(y_t,s_t=j \mid \boldsymbol{J}_{t-1})} \tag{4.4.20}$$

---

① DURLAND J M, MCCURDY T H. Duration-dependent transitions in a Markov model of U. S. GNP growth [J]. Journal of business & economic statistics, 1994, 12(3): 279-288.

② FILARDO A J. Business-cycle phases and their transitional dynamics, [J]. Journal of business & economic statistics, 1994, 12(3): 299-308.

③ KIM C J, NELSON C R. State-space models with regime switching[M]. Cambridge: The MIT Press, 1999.

滤波和平滑指的都是采用信息集对区制概率 $P(s_t=m)$ 进行估计和更新。不同的是,在时期 t,滤波方法采用的是直到当期或 $1\sim t$ 期的信息集 $\boldsymbol{J}_t$,平滑方法采用的则是全部样本信息集,即 $1\sim T$ 期的信息集 $\boldsymbol{J}_T$。在马尔可夫区制转换模型中,转换概率使得不同时期间的观测值相互关联。因此,平滑方法中使用超前被解释变量 $y_s(s>t)$ 的信息改进了 t 时期处于 m 区制概率的估计。

Kim(1994)[①]给出了平滑的联合概率公式(4.4.21):

$$\begin{aligned} P(s_t=m,s_{t+1}=j \mid \boldsymbol{J}_T) &= P(s_t=m \mid s_{t+1}=j,\boldsymbol{J}_T)\cdot P(s_{t+1}=j \mid \boldsymbol{J}_T) \\ &= \frac{P(s_t=m,s_{t+1}=j \mid \boldsymbol{J}_t)}{P(s_{t+1}=j \mid \boldsymbol{J}_t)}\cdot P(s_{t+1}=j \mid \boldsymbol{J}_T) \end{aligned} \tag{4.4.21}$$

式(4.4.21)中隐含的一个假定是,当 s_{t+1} 已知时,在超前的数据信息集($y_{t+1},\cdots,y_T$)中没有额外的或附加的信息,这也符合一阶马尔可夫过程的特征。在 s_{t+1} 上对式(4.4.21)中的联合概率加总后,就能够得到 t 时期的平滑概率值。

$$P(s_t=m \mid \boldsymbol{J}_T)=\sum_{j=1}^{M}P(s_t=m,s_{t+1}=j \mid \boldsymbol{J}_T) \tag{4.4.22}$$

例 4.5　中国经济增长率周期波动的马尔可夫区制转换模型

以中国宏观经济一致合成指数(CCI)[②]为研究对象(2005 年平均值为 100),对 CCI 进行单位根检验,CCI 是平稳的,即 $I(0)$ 序列。设定低增长($s_t=1$)和高增长($s_t=2$)两个区制,时间区间为 1997 年 1 月至 2013 年 12 月,构建仅均值随区制不同的马尔可夫区制转换模型,模型如式(4.4.23)所示:

$$CCI_t=\mu_t(s_t)+u_t \tag{4.4.23}$$

设定:

$$P(s_t=1 \mid s_{t-1}=1)=q,\quad P(s_t=2 \mid s_{t-1}=2)=p \tag{4.4.24}$$

经估计,得到结果如表 4.4.1 所示。

表 4.4.1　中国经济周期波动马尔可夫转换模型的估计结果

分　类	参数	被解释变量(CCI_t)		
		估计值	标准差	z 统计量
低增长区制均值	$\mu_t(s_t=1)$	91.119***	0.394	231.514
高增长区制均值	$\mu_t(s_t=2)$	101.165***	0.369	274.182
低增长区制维持概率	q	0.973		
高增长区制维持概率	p	0.968		

注:*** 表示在 1%的显著性水平下显著。

---

① KIM C J. Dynamic linear models with Markov-switching[J]. Journal of econometrics,1994,60(1-2):1-22.

② 中国宏观经济一致合成指数是基于工业增加值实际增速、工业企业产品销售收入实际增速、发电量增速、国家财政收入实际增速、进口额实际增速 5 个指标,每个指标都经过了季节调整,采用美国经济研究局合成指数方法编制得到。有关合成指数的编制方法参见:高铁梅,等. 经济周期波动分析与预测方法[M]. 2 版. 北京:清华大学出版社,2015:149-154。

由表 4.4.1 中区制 1 和区制 2 中均值的估计结果可得，模型很好地识别了低增长和高增长两个区制，对应的一致合成指数值分别为 91.119 和 101.165。进一步地，两个区制的维持概率，即第 $t+1$ 期维持第 t 期状态的概率值均很高，显示出较为稳定的特征。

通过绘制中国宏观经济一致合成指数的平滑概率（图 4.4.1），可以识别经济增长的高增长区制。

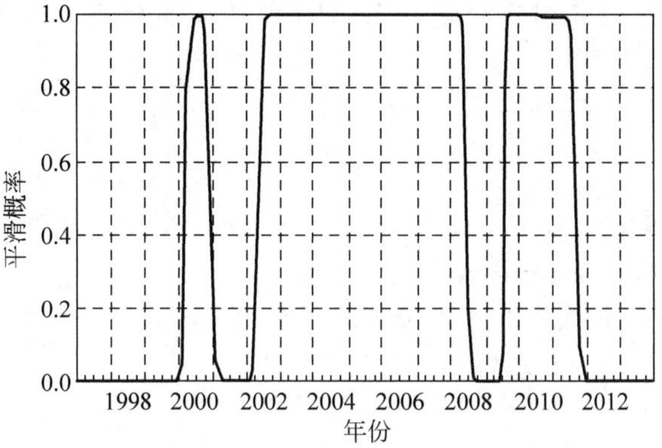

图 4.4.1　中国经济处于高增长区制（$s_t=2$）的平滑概率

此外，本例还绘制了中国宏观经济一致合成指数的图形，如图 4.4.2 所示。

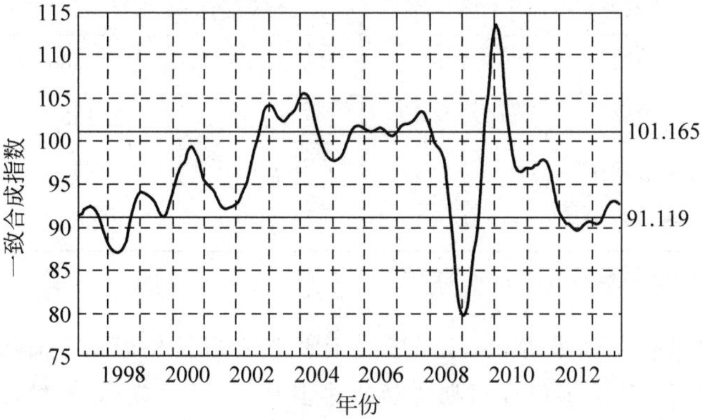

图 4.4.2　中国宏观经济的一致合成指数（*CCI*）

图 4.4.2 显示，2002—2007 年我国经济增长基本是围绕着 101.65 这条线上下波动，经过 2008 年国际金融危机冲击后，中国经济周期波动幅度加大，至 2012 年一致合成指数开始围绕着 91.119 这条线波动，也就是说我国的经济增长速度下了一个台阶。此外，从 2012 年以来我国一致合成指数的平均水平及波动幅度来看，中国宏观经济景气呈现出与以往不同的低位、小幅波动的新态势，这显示出我国经济运行正逐步进入中速增长和周期波动“微波化”的“新常态”阶段。

在区制转换回归模型中,一个最为经典的模型是 Hamilton(1989)建立固定概率马尔可夫区制转换模型对美国经济周期波动问题的分析,如例 4.6 所示。

例 4.6　美国经济周期波动的马尔可夫区制转换模型

设变量 y_t 代表美国实际 GNP(国民生产总值),则差分对数后的序列 $\Delta\ln(y_t)$近似表示美国实际 GNP 的季度环比增长率,样本区间为 1951 年 2 季度—1984 年 4 季度,经检验 $\Delta\ln(y_t)$ 是平稳序列。构建一个 AR(4)的区制转换回归模型,方程形式可以写成

$$(\Delta\ln(y_t)-\mu_{s_t})=\phi_1(\Delta\ln(y_{t-1})-\mu_{s_{t-1}})+\cdots+\phi_4(\Delta\ln(y_{t-4})-\mu_{s_{t-4}})+u_t \tag{4.4.25}$$

式中:s_t 为状态变量;μ_s 为对应于状态变量的均值;u_t 为扰动项,服从均值为 0、方差为 σ^2 的正态分布,$\phi_1\sim\phi_4$ 为待估参数。

假定状态变量 s_t 取值为 1 和 2,分别代表衰退和扩张两个区制,则进一步设定均值和转换概率如式(4.4.26)和式(4.4.27)所示。

$$\mu_{s_t}=\mu_1(1-s_t)+\mu_2 s_t \tag{4.4.26}$$

$$P(s_t=1\mid s_{t-1}=1)=q,\quad P(s_t=2\mid s_{t-1}=2)=p \tag{4.4.27}$$

通过对模型(4.4.25)~(4.4.27)进行估计,得到估计结果,如表 4.4.2 所示。

表 4.4.2　美国经济周期波动马尔可夫区制转换模型的估计结果

参数	估计值	z 统计量	参数	估计值	z 统计量
ϕ_1	0.013 5	0.108 5	μ_1	−0.358 8	−1.309 1
ϕ_2	−0.057 5	−0.403 2	μ_2	1.163 5**	15.068
ϕ_3	−0.247 0**	−2.229 5	p	0.754 7	
ϕ_4	−0.212 9***	−1.859 1	q	0.904 1	

注:*** 、** 分别表示在 1%、5%的显著性水平下显著。

表 4.4.2 中的估计结果显示,按照衰退和扩张两个区制的划分标准,马尔可夫区制转换模型有效地识别了美国经济周期波动的典型特征,衰退期($s_t=1$)均值为−0.358 8,扩张期($s_t=2$)平均增速为 1.163 5。并且,美国经济周期波动呈现典型的持续依赖特征,第 2 ~ 4 阶自回归项对实际 GNP 增长率的影响为负。当上一期经济系统处于扩张时,下一期继续保持在扩张区制的概率为 0.754 7,与之相对,上一期为经济衰退状态时,下一期经济继续下滑的概率为 0.904 1。

此外,根据 Hamilton(1989)给出的平均持续期计算公式,经济周期处于扩张和收缩阶段的持续期为$(1-p)^{-1}$ 和$(1-q)^{-1}$,得到美国 1951 年 2 季度—1984 年 4 季度处于扩张和收缩阶段的平均持续时期为 4.076 2 个季度和 10.425 9 个季度。经济处于区制 2 的平滑概率如图 4.4.3 所示。

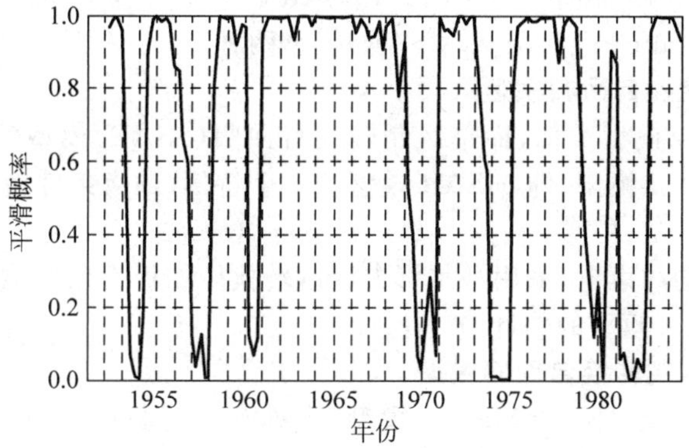

图 4.4.3　美国经济处于扩张区制($s_t=2$)的平滑概率

注：本例来自 EViews10.0 的 workfile“GNP_hamilton.WF1”。

4.4.3　动态区制转换模型

时间序列变量 y_t 经常表现出动态特征，在区制转换模型中加入被解释变量 y_t 的滞后项或序列相关误差项时，就得到了动态区制转换模型。两种动态区制转换模型中，在各区制间转换时的动态响应具有不同的假定形式。

1. 包含滞后被解释变量的动态模型

在区制转换模型中包含 y_t 的滞后项是最为直观的动态区制转换回归形式，假定状态变量 $s_t=m$，在式(4.4.2)的基础上，扩展得到含有被解释变量 p 阶滞后的回归模型，如式(4.4.28)所示：

$$\mu_t(m)=\boldsymbol{X}_t'\boldsymbol{\beta}+\boldsymbol{Z}_t'\boldsymbol{\delta}_m+\sum_{r=1}^{p}\alpha_{rm}y_{t-r} \tag{4.4.28}$$

式中：滞后项前的系数 α 可以为随区制不同而变化的 α_{rm}，也可以为不随区制变化的 α_r。

在马尔可夫区制转换框架下构建的动态转换模型，称为马尔可夫动态转换(Markov switching dynamic regression，MSDR)模型。如式(4.4.28)所示，动态区制转换模型中最重要的特征是均值的设定仍然依赖于状态变量 s_t，因此，被解释变量 y_t 的各滞后项与 $\boldsymbol{X}_t$、$\boldsymbol{Z}_t$ 一样，可以作为另外的变量向量，在此基础上，如前所述的极大似然估计、滤波和平滑等均适用于 MSDR 模型。

2. 考虑序列相关性的动态模型

假定误差项存在序列相关性是动态区制转换模型的另一种重要设定形式，设自相关的阶数为 p，可以设定自回归动态区制转换模型为

$$\left(1-\sum_{r=1}^{p}\rho_r(s_t)L^r\right)(y_t-\mu_t(s_t))=\sigma(s_t)u_t \tag{4.4.29}$$

式中：L 为滞后算子；ρ 为自回归系数。对式(4.4.29)整理，可得

$$y_t=\mu_t(s_t)+\sum_{r=1}^{p}\rho_r(s_t)[y_{t-r}-\mu_{t-r}(s_{t-r})]+\sigma(s_t)u_t \tag{4.4.30}$$

根据转换机制的不同，自回归动态区制转换模型可以分为简单区制转换自回归

(simple switching with auto regression, SSAR)模型和马尔可夫区制转换自回归(Markov switching auto regressive, MSAR)模型两种。

(1) 简单区制转换自回归模型

与简单区制转换模型类似,简单区制转换自回归(SSAR)模型实际上是受约束的马尔可夫区制转换自回归模型,即 MSAR 模型的一个特例,约束条件为

$$P(s_t = j \mid s_{t-1} = i) = p_{ij}(t) = p_j(t) \tag{4.4.31}$$

在式(4.4.31)的约束下,采用马尔可夫区制转换中的极大似然估计方法、滤波和平滑方法,可以实现 SSAR 模型的估计。

(2) 马尔可夫区制转换自回归模型

马尔可夫区制转换自回归(MSAR)模型,也称动态区制转换的"汉密尔顿模型"。与马尔可夫动态区制转换(MSDR)模型不同,MSAR 模型中均值的设定依赖于滞后的状态,因此当前 $p+1$ 维和之前 p 维状态向量的概率都应出现在极大似然函数中。以两区制一阶自回归模型为例,极大似然函数的表示为

$$l(\boldsymbol{\beta},\boldsymbol{\gamma},\boldsymbol{\sigma},\boldsymbol{\delta},\boldsymbol{\rho}) = \sum_{t=2}^{T}\ln\left\{\sum_{i=1}^{2}\sum_{j=1}^{2}\frac{1}{\sigma(i)}\varphi\left(\frac{y_t-\mu_t(i)-\rho_r(i)(y_{t-1}-\mu_{t-1}(j))}{\sigma(i)}\right)\cdot P(s_t=i,s_{t-1}=j \mid \boldsymbol{J}_{t-1})\right\} \tag{4.4.32}$$

对于式(4.4.32),应考虑不同状态向量(s_t, s_{t-1})情形下 4 种可能区制概率的结果。

更为一般的表述为,MSAR 模型中由于存在 $p+1$ 维的状态向量和 M 个区制,潜在可能实现的状态共有 $M^* = M^{p+1}$ 个,此前马尔可夫区制转换模型中的滤波和平滑方法不再适用。Hamilton(1989)[①]给出了 MSAR 模型的估计方法,基本思想为,各滞后状态变量的滤波概率,即在信息集 $\boldsymbol{J}_{t-1}$ 下 $s_{t-1}, s_{t-2}, \cdots, s_{t-p}$ 的概率取值,可以通过迭代求得,状态向量一步向前的联合概率值则通过对滤波概率的更新得到。

此外,MSAR 模型求解的迭代过程中,需要给出状态向量的概率初值,一般是先给出第 $p+1$ 时期 M 个区制的初始概率值,再应用马尔可夫区制转换过程递归得到第 0 时期 M^{p+1} 维的初始概率值,初值的设定方法如前所述。

在例 4.5 的基础上,设置转移概率是时变的,得到中国经济增长率周期波动的时变转移概率马尔可夫区制转移模型,如例 4.7 所示。

例 4.7　中国经济增长率周期波动的时变转移概率马尔可夫区制转换模型

本例仍以中国宏观经济一致合成指数(*CCI*)为研究对象,同时设定低增长($s_t=1$)和高增长($s_t=2$)两个区制,以长先行合成指数(*LCI*)[②]的滞后 8 期作为转换概率的影

---

① HAMILTON D. A new approach to the economic analysis of nonstationary time series and the business cycle [J]. Econometrica, 1989, 57(2): 357-384.

② 中国宏观经济的长先行合成指数是基于金融机构储蓄存款实际增速、固定资产新建投资额实际增速、金融机构各项贷款实际增速、固定资产投资完成额实际增速、地方项目固定资产投资额实际增速、固定资产投资资金来源中自筹资金实际增速、广义货币供应量实际增速、固定资产投资本年新开工项目个数增速 8 个指标,每个指标都经过了季节调整,采用美国经济研究局合成指数方法计算得到。有关合成指数的编制方法参见:高铁梅,陈磊,王金明,等. 经济周期波动分析与预测方法[M]. 2 版. 北京:清华大学出版社,2015:149-154。

响因素变量，经检验 CCI 和 LCI 都是平稳序列。构建时变转移概率的马尔可夫区制转换模型，如式(4.4.23)′、式(4.4.33)和式(4.4.34)所示。

$$CCI_t = \mu_t(s_t) + u_t \tag{4.4.23$'$}$$

以长先行合成指数为例，转换概率的形式为

$$p_{11}(LCI_{t-8}) = \frac{\exp(c_p + \delta_p LCI_{t-8})}{1 + \exp(c_p + \delta_p LCI_{t-8})}$$

$$p_{21}(LCI_{t-8}) = \frac{\exp(c_q + \delta_q LCI_{t-8})}{1 + \exp(c_q + \delta_q LCI_{t-8})} \tag{4.4.33}$$

式中：$c_p, c_q, \delta_p, \delta_q$ 为待估参数。转换概率矩阵为

$$p(t) = \begin{bmatrix} p_{11}(LCI_{t-8}) & 1 - p_{11}(LCI_{t-8}) \\ p_{21}(LCI_{t-8}) & 1 - p_{21}(LCI_{t-8}) \end{bmatrix} \tag{4.4.34}$$

对模型进行估计，得到转换概率部分的估计结果，如表 4.4.3 所示。

表 4.4.3　中国经济周期波动时变概率的估计结果

概率	均值	标准差	概率	均值	标准差
$p_{11}(LCI_{t-8})$	0.975 6	0.005 3	$1-p_{11}(LCI_{t-8})$	0.024 4	0.005 3
$p_{21}(LCI_{t-8})$	0.050 9	0.048 5	$1-p_{21}(LCI_{t-8})$	0.949 1	0.048 5

此外，将 4 个时变转换概率序列进行画图，得到的图形如图 4.4.4 所示。

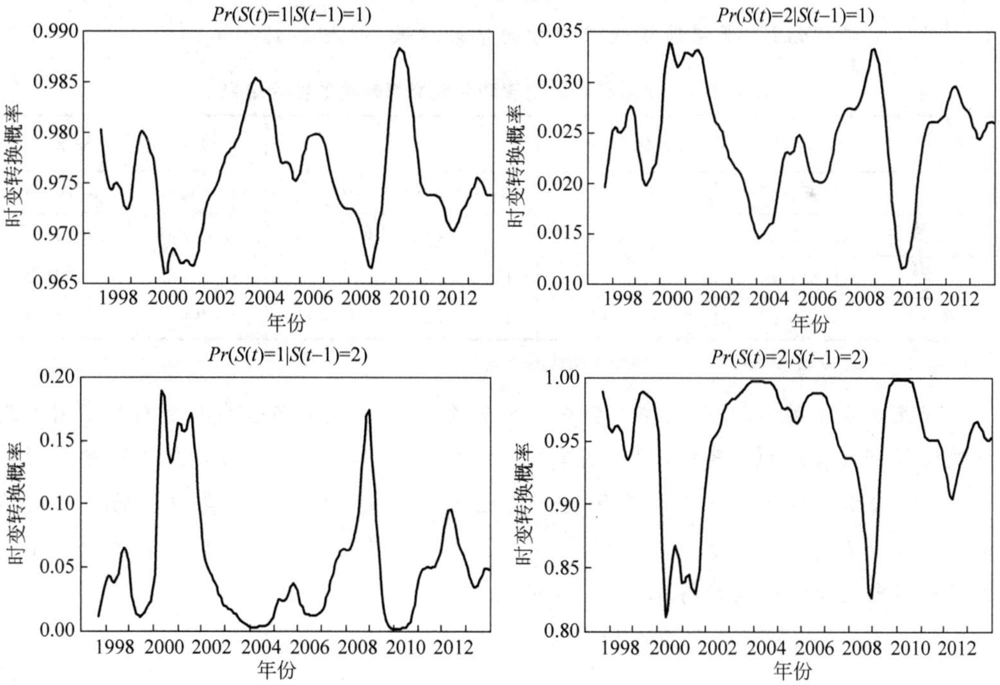

图 4.4.4　中国经济周期波动时变转换概率图形

再以美国的经济周期波动为例,构建时变转换概率的马尔可夫区制转换模型,如例4.8所示。

例4.8 美国经济周期波动的时变转换概率马尔可夫区制转换模型

Kim and Nelson(1999)也构建了一个自回归阶数为4阶的马尔可夫区制转换模型,并采用工业生产指数(industrial production,IP)的对数差分 $\Delta\ln(IP_t)$ 作为经济增长率的代表变量,经检验 $\Delta\ln(IP_t)$ 是平稳序列。修改模型(4.4.25)得到

$$\Delta\ln(IP_t)-\mu_{s_t}=\phi_1(\Delta\ln(IP_{t-1})-\mu_{s_{t-1}})+\cdots+\phi_4(\Delta\ln(IP_{t-4})-\mu_{s_{t-4}})+u_t \tag{4.4.25$'$}$$

Kim 和 Nelson(1999)将转换概率设定为时变的,并受到滞后一期的先行合成指数对数差分 $\Delta\ln(LCI_{t-1})$ 的影响,即

$$\begin{aligned}p_{11}(\Delta\ln(LCI_{t-1}))&=\frac{\exp(c_p+\delta_p\Delta\ln(LCI_{t-1}))}{1+\exp(c_p+\delta_p\Delta\ln(LCI_{t-1}))}\\ p_{21}(\Delta\ln(LCI_{t-1}))&=\frac{\exp(c_q+\delta_q\Delta\ln(LCI_{t-1}))}{1+\exp(c_q+\delta_q\Delta\ln(LCI_{t-1}))}\end{aligned} \tag{4.4.35}$$

式中:$c_p,c_q,\delta_p,\delta_q$ 为待估参数。进而,得到转换概率矩阵为

$$\boldsymbol{p}(t)=\begin{bmatrix}p_{11}[\Delta\ln(LCI_{t-1})] & 1-p_{11}[\Delta\ln(LCI_{t-1})]\\ p_{21}[\Delta\ln(LCI_{t-1})] & 1-p_{21}[\Delta\ln(LCI_{t-1})]\end{bmatrix} \tag{4.4.36}$$

对模型进行估计,得到转换概率部分的估计结果,如表4.4.4所示。

表4.4.4 美国经济周期波动时变概率转换的估计结果

参数	估计值	z统计量	概率	均值	标准差
c_p	4.359 4***	5.786 9	$p_{11}(\Delta\ln(LCI_{t-1}))$	0.952 0	0.112 8
δ_p	1.770 2***	3.459 4	$1-p_{11}(\Delta\ln(LCI_{t-1}))$	0.048 0	0.112 8
c_q	−1.649 4***	− 3.667 9	$P_{21}(\Delta\ln(LCI_{t-1}))$	0.200 5	0.145 2
δ_q	0.994 6*	1.749 5	$1-p_{21}(\Delta\ln(LCI_{t-1}))$	0.799 5	0.145 2

注:***、*分别表示在1%和10%的显著性水平下显著。

如表4.4.4所示,转换概率函数中的系数均显著,表明先行合成指数对经济增长周期波动具有显著影响。其中,$\Delta\ln(LCI_{t-1})$ 变量前的系数 δ_p 显著为0.994 6,即先行指数的增长会加大经济系统由扩张区制向衰退区制转换的概率。转换概率的估计均值 $p_{11}(\Delta\ln(LCI_{t-1}))$、$1-p_{21}(\Delta\ln(LCI_{t-1}))$ 分别为0.952 0和0.799 5,进一步验证了美国经济周期波动的持续性特征。

4种情形下的转换概率图形如图4.4.5所示。

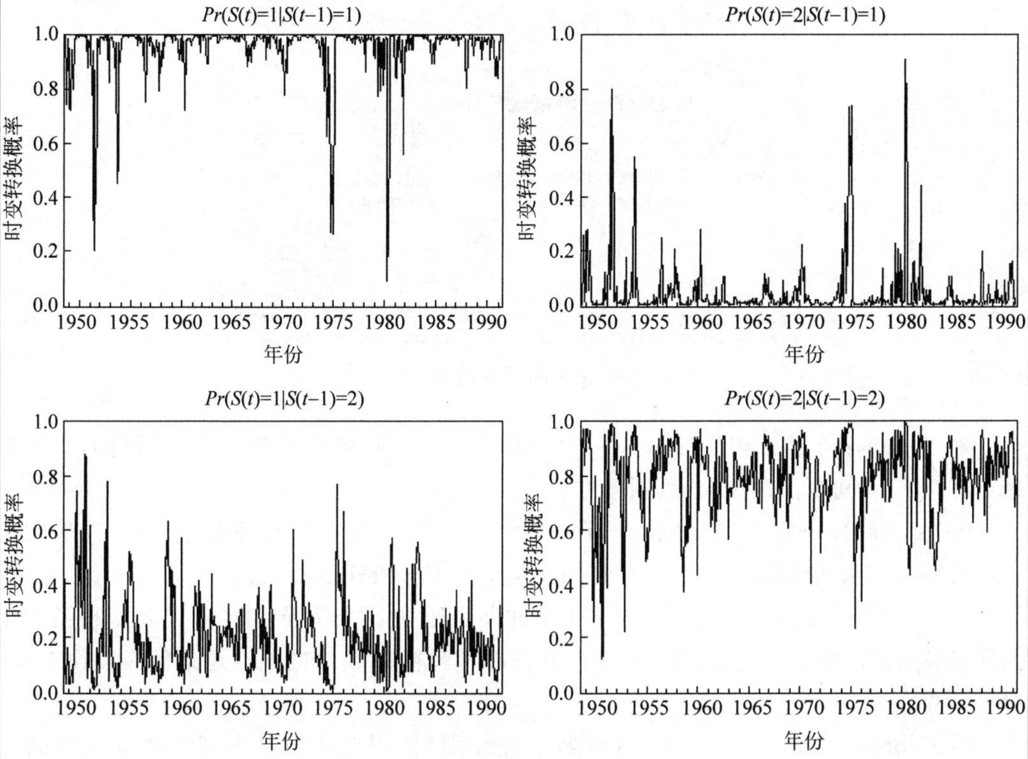

图 4.4.5 美国经济周期波动时变转换概率

注：本例来自 EViews10.0 的 workfile “kimnelson_tvp.WF1”。

4.5 EViews 软件的相关操作①

4.5.1 间断点检验和间断点模型估计

1. 间断点检验

建立间断点模型首先需要进行间断点检验，先用列表法建立方程并利用普通最小二乘(OLS)法进行估计，可以包含 AR 和 MA 项，然后在估计后的方程中单击 View/Stability Diagnostics/Multiple Breakpoint Test...，将出现对话框(图 4.5.1)。

(1) 检验设定(Test specification)

Method 下拉列表设定检验类型。可以在如下选项中进行选择：

① Sequential L+1 breaks vs. L(序贯检验 $L+1$ 个间断点还是 L 个间断点)只检验表现出残差平方和改进最大的子样本区间。例 4.1 选择的是这项。

① EViews 10 User's Guide Ⅱ，IHS Global Inc.，2017，Chapter32，pp. 441-459，Chapter 33，pp. 461-475，Chapter 34，pp. 505-540.

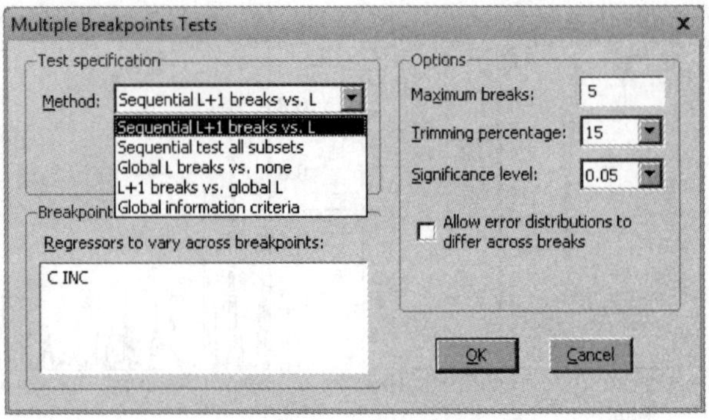

图 4.5.1　多个间断点检验设定对话框

② Sequential test all subsets(序贯检验所有子区间)检验所有的子样本区间,只要拒绝了存在 L 个间断点的原假设,则增加一个间断点。

③ Global L breaks vs. none(全局检验 L 个间断点还是没有间断点)用全局最大化的方法对存在 L 个间断点还是不存在间断点进行 Bai-Perron 检验。

④ L+1 breaks vs. global L($L+1$ 个间断点还是 L 个全局间断点)是将全局最大化与序贯确定方法相结合,执行 Bai-Perron 的程序检验存在 L 个间断点还是备择假设 $L+1$ 个间断点。

⑤ Global information criteria(全局信息准则)使用全局信息准则方法确定间断点个数。

(2) 间断点变量 (Breakpoint variables)

回归模型中回归变量的系数如果随着间断点划分出来的状态转变而发生变化,这些变量就放在对话框 Regressors to vary across breakpoints[不同区制(由间断点确定)存在变化的回归变量]中。

默认情形,这个对话框中已经将所有的回归变量包含进来,如果觉得某些变量不存在这种结构变化性质,删掉即可,但至少要保留一个变量。

(3) 选项 (Options)

这个选项组中可以设定间断点的最大个数(Maximum breaks)、样本的截断百分比(Trimming percentage)、显著性水平(Significance level)和检验中关于方差矩阵计算的假设。其中,样本的截断百分比是指进行检验至少要求的样本数占全部样本数的比例。如果选择 Allow error distributions to differ across breaks,则可以对不同子样本区间设定不同的误差分布形式。

另外,如果在估计方程的时候考虑到存在异方差情形而采用 White 标准误,EViews 将使用存在异方差时仍然稳健的统计量进行检验,如果考虑既存在异方差又存在自相关的情形而采用 Newey-West 标准误,EViews 将使用存在 HAC 时稳健的统计量进行检验。

默认状态下,EViews 假定存在结构变化的回归变量 $\boldsymbol{Z}_t$ 在不同区间分布不同。不过,当使用异方差或者 HAC 稳健方差估计量时,会出现复选框 Assume common data distribution(假定相同的数据分布),此时,如果假定在不同区间中误差分布是相同的,则必须设定数据分布也相同。

(4) 检验结果

例 4.1 的间断点检验方法选择了“Sequential L+1 breaks vs. L”,输出的检验结果中 scaled F-statistic 是存在结构变化的回归变量乘以 F-statistic 得到的,scaled F-statistic 与最后一列的临界值相比较,如果大于临界值,则拒绝原假设。例如例 4.1 中,分别拒绝了存在 0 和 1 个间断点的原假设,而相应的备择假设成立。最后在检验原假设为存在 2 个间断点、备择假设为存在 3 个间断点时,没有拒绝原假设。因此,检验结果是存在 2 个间断点,分别是 1986 年和 1998 年。

例 4.1 输出的检验结果(中间部分)中显示了每个间断点设定下需要估计的系数(模型中变量的系数与间断点个数的和)、最优模型估计后得到的残差平方和、对数似然值、Schwarz 准则和 LWZ 准则①。不同间断点设定下确定的最小信息准则值被系统标识出来。输出结果的最下端显示了各个间断点设定下确定的间断点估计,与选择 Global L breaks vs. none 时的信息是相同的。

2. 间断点模型估计

经过检验,如果发现一个模型存在显著的间断点(Breakls),就可以在 EViews 中运用包含多个间断点的估计方法选项对模型重新进行估计。或者,如果建模者认为所要估计的模型很有可能存在结构变化,可以在估计模型时直接选择这个估计选项,EViews 将同时完成间断点的检验和间断点模型的估计。

(1) 建立方程

在方程对话框的“Method:”中选择 BREAKLS-Least Square with Breakpoints 方法(图 4.5.2),然后选择 Options 选项卡,在间断点回归的设定对话框设定间断点检验方法。

在图 4.5.2 的编辑框中输入被解释变量和系数具有结构变化特征的解释变量名称,下面的编辑框中输入常数系数的解释变量 X(可以空缺)。然后,选择 Options 选项卡,选择系数协方差矩阵的计算方法、间断点设定形式、权重和系数名称。

(2) 间断点设定

“break specification”(间断点设定)部分可以选择进行间断点检验的类型,选项中的前 5 个与间断点检验部分是相同的,参见 4.5.1 小节“(1)检验设定”的介绍。后 3 个选项分别是“fixed number-sequential”(固定个数-序贯确定)、“fixed number-global”(固定个数-全局最大化方法)、“User-specified”(用户设定具体的间断点日期)。选择不同的方法要求提供一些额外的信息,如选择了固定个数的方法自然需要设定个数的信息,其他细节参见 4.5.1 小节部分。

---

① LWZ 准则是三个人提出来的,以三个作者的首字母缩写代表的,Liu, Wu, Zidek 提出了线性回归模型中的 LWZ 统计量检测多个结构突变点,并研究了结构突变点估计的收敛率和修正的 SC(Schwarz criterion)信息准则判断结构突变点个数,他们的分析仅仅考虑了纯结构突变(所有的参数都发生突变)。

LIU J, WU S Y, ZIDEK J V, On segmented multivariate regression[J]. Statistica Sinica, 1997, 7: 497-525.

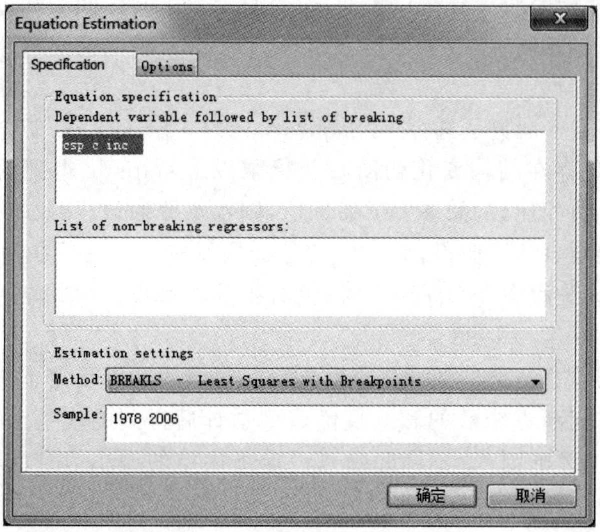

图 4.5.2　间断点模型设定对话框

(3) 方程估计结果

间断点回归模型仍然是线性回归模型,只不过是通过引入虚拟变量与一些解释变量交互作用,体现出不同阶段解释变量对被解释变量的不同影响。因此,线性回归模型估计结果中的分析和各种检验等都适用于此模型。

估计结果的上面部分是估计方程时设定的信息。中间部分显示出按照检验并估计出来的间断点将整个样本划分出几个子区间,并且显示出在每个子区间中模型估计的系数、标准差和相应的 p 值信息。下面的部分显示的是常数系数的标准情形下估计得到的统计量。

(4) 方程视图和过程

模型形式的显示(Representation View)显示出 EViews 估计的方程形式。间断点设定视图(View/Breakpoint Specification)总结了间断点设定的信息。上面的部分显示出概要的信息,下面的部分显示出中间过程,与间断点检验的显示结果是一致的。

4.5.2　门限模型的估计

1. 门限回归模型的基本设定

用 EViews 估计门限回归模型的方法是建立方程,然后在“Method:”中选择 THRESHOLD-Threshold Regression 方法,出现门限回归方程对话框,以例 4.2 为例,如图 4.5.3 所示。

(1) 方程设定(Equation specification)

在第一个方框中输入被解释变量和带有门限系数的解释变量,即系数随区制变动而变化的解释变量序列 $\boldsymbol{Z}$。解释变量序列中可能含有滞后序列,滞后序列的范围或期数通过“to”进行设定。在第二个对话框中,应输入没有门限系数的解释变量,即不随区制变动而变化的解释变量 $\boldsymbol{X}$,也可以省略该部分。

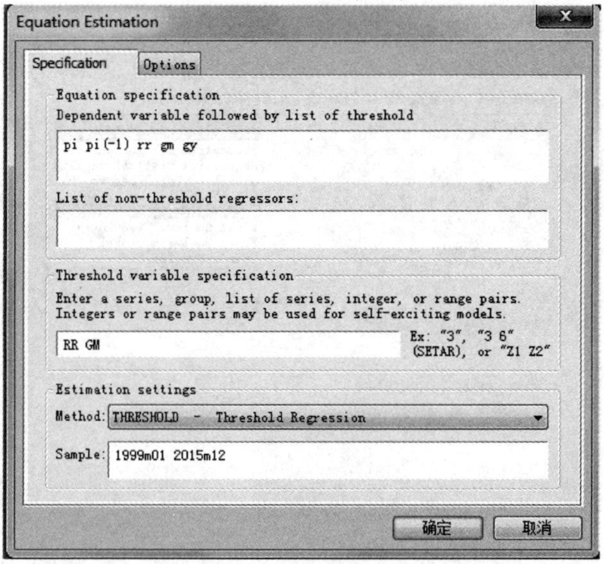

图 4.5.3　建立门限方程估计对话框

（2）门限变量设定（Threshold variable specification）

如图 4.5.3 所示，在门限变量设定对话框中，用户可以设定一个或多个门限变量。输入单个变量名，门限变量将会是这个变量。例如，输入“W”，门限变量将会是序列 W；如果输入多个变量名或者输入通配符表达式，EViews 会把每个变量都看作门限变量来估计 TR 模型，选择使 *AIC* 最小的变量。

对于例 4.2，在方程设定的第一个对话框中输入“pi pi(−1) rr gm gy”，在门限变量设定中输入变量名“RR GM”。

2. 门限值的估计

在 Options 选项卡中，EViews 提供了很多选择门限值数量和位置的估计选项。

如果用户单击选项卡中右侧的 Method 下拉框，可以选择 3 类方法确定门限值。

① 通过序贯检验(Sequential test)估计门限值(Sequential L+1 breaks vs. L，Sequential tests all subsets)，由于门限数量是未知的，用户必须明确所允许门限的最大数量。

② 用全局法来确定门限值(Global L thresholds vs. none，L+1 thresholds vs. Global L，Global information criteria)，由于门限数量是未知的，用户必须明确所允许门限的最大数量。例 4.2 选择“Global information criteria”。

③ 如果门限的数量是已知的，选择 Fixed number-sequential 或 Fixed number-global，必须在 Num. of 框中输入所需的门限数。

门限值估计方法下拉框如图 4.5.4 所示。

3. 门限回归模型的估计结果

除了被解释变量、方法、日期和样本信息外，EViews 显示了门限设定的信息，例 4.2 的估计结果中表上方显示使用的门限变量(Threshold variable chosen)为 *rr*，门限值

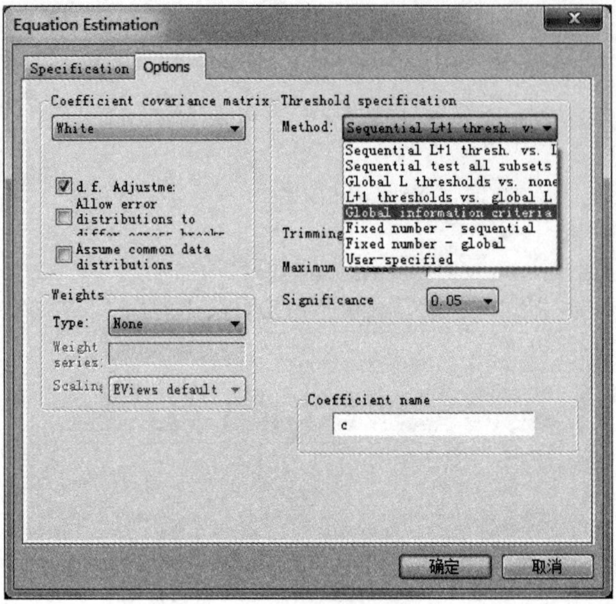

图 4.5.4　门限值估计方法下拉框

(Threshold value used)为−0.04。

门限值在一些估计结果中按次序显示，这些值其实也仅仅确定了一个区间。为了达到显示效果，EViews 在每个区制的开端都显示门限变量的观测值，这样更容易被用户读懂，同时确保 q_t 满足门限不等式。在例 4.2 中，分别显示了第 1 区制($rr<-0.04$,47 个样本)、第 2 区制($rr\geqslant-0.04$,156 个样本)两部分。

估计结果的中间部分是每个区制的系数值和相关的检验值，即 $pi(-1)$、rr、gm、gy 4 个变量前的估计系数、标准差和 t 值，最底部是统计量。大多数统计量与普通回归方法中类似，值得注意的是，R^2、F 检验值和对应的概率值可以与完全没有限制、没有门限的模型进行比较。

4. 门限方程对象的视图和过程

(1) 标准图表

在方程工具栏中，选择 View/Model Selection Summary，就能显示出两个选项：标准图(Criteria Graph)和标准表(Criteria Table)，如图 4.5.5 所示。

由图 4.5.5 可得，在两个备选的门限变量 rr、gm 中，rr 变量对应的回归残差平方和更小，因此应选择 rr 为门限变量。

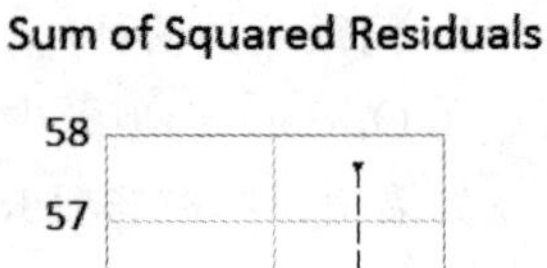

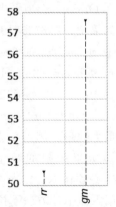

图 4.5.5　门限变量选择标准图形

(2) 门限设定视图

门限设定视图显示了更详细的门限信息，包括门限变量、门限值、选择门限数量的方法等信息。打开视图的步骤为：

在方程工具栏中，选择“View/Threshold specification”。

门限结果中的第一部分是门限和门限值。其中，门限值的信息包括：门限数据值、除门限数据值外下一个最大的实际数据值，即相邻数据值、模型使用的门限值。需要注意，在较小的相邻数据值和门限数据值之间的任何值具有基本相同的观测值拟合。EViews用Bai-Perron的Sup-F检验显示了按顺序确定的门限值。

(3) 预测

在方程工具栏中单击Forecast，在预测对话框中，为了控制随机模拟，EViews在方法(Method)选项下设置了两个新的对话框：重复次数(Repetition)和停止之前失败次数的百分比(% failed reps before halting)。

4.5.3 平滑转换方程的建立与估计

平滑转换回归模型的设定与门限回归模型在同一个对话框中进行。在EViews方程估计的主菜单中，从Method下拉菜单中选择THREDHOLD-Threshold Regression，与门限回归模型不同的是，需要在Threshold type设置中单击Smooth单选按钮，出现平滑转换方程设定对话框，如图4.5.6所示。

1. 平滑转换方程的设定与估计结果

(1) 方程设定(Specification)

方程设定有两个输入框：①输入因变量和系数随门限值可变的自变量；②输入系数不随门限值变化的自变量。图4.5.6的第一个输入框是例4.4的因变量(pi)和系数随门限值可变的自变量，第二个输入框是gap_bp(−5)不随门限值变化。

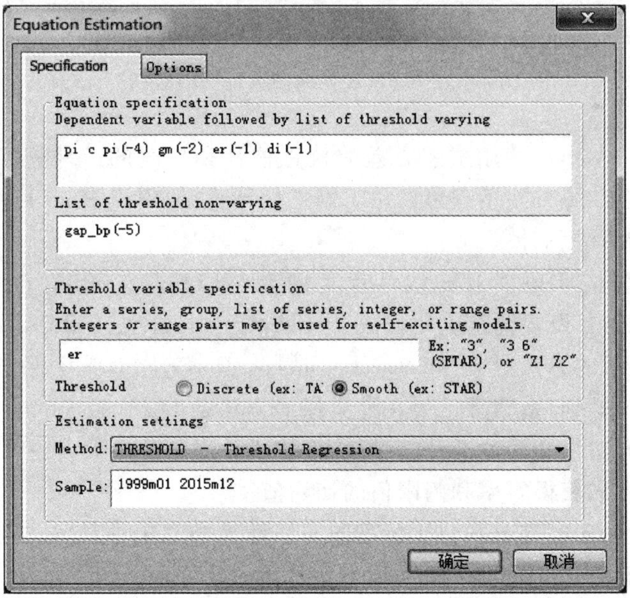

图4.5.6 平滑转换方程设定对话框

在 Threshold Variable Specification 部分，应输入门限值变量，如果输入一个变量名，EViews 将使用该变量作为门限变量。如例 4.4 输入"er"，EViews 将 er 作为门限变量。如果输入一系列的变量名设定多个门限变量，EViews 将会使用每一个备选的门限值变量来估计平滑转换回归模型，并根据残差平方和最小的标准确定具体的门限变量。

(2) 选项设定(Options)

Options 选项页(图 4.5.7)，可以确定转换函数的形式等。默认选择使用 Logistic 转换函数，也可以使用下拉选框来选择 Exponential，Normal 或 Logistic-2nd Order 函数。

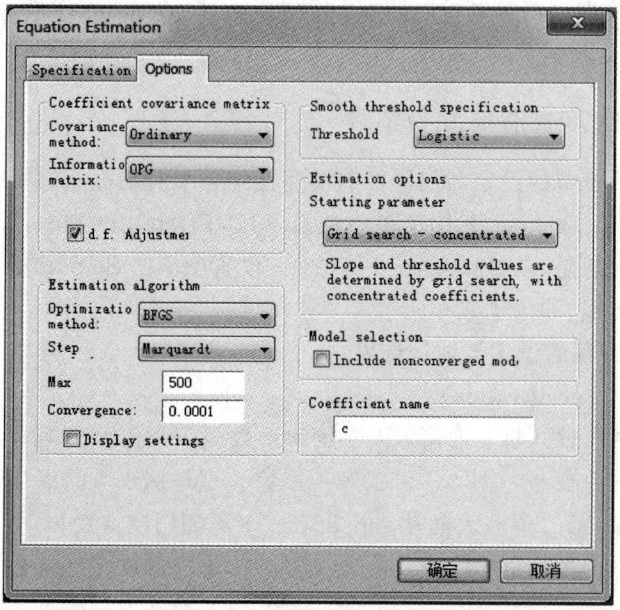

图 4.5.7　平滑转换回归方程选项对话框

默认情况下，EViews 使用残差方差的校正估计和梯度的逆外积来计算系数协方差的标准估计值。系数协方差矩阵可以用于修正估计量，如用于 Hessian 矩阵估计，或用于 White 或 HAC 协方差估计等。

平稳转换模型估计还涉及非线性优化问题，可通过 Starting parameter values 和 Estimation algorithm 设置调整优化方法。Starting parameter values 用于确定不同初始值的选择方法，默认的方法是 Grid search-concentrated coefs，其中网格搜索主要用于搜寻转换参数，而不是回归系数等。另一种类似的方法是 Grid search-zero coefs，该方法使用普通最小二乘方法估计线性部分的参数，将非线性部分的参数设置为零，并使用数据矩阵或用户设定的方式获得斜率和门限值的初始值。

Estimate algorithm 部分提供了标准的非线性最小二乘估计等方法，在默认情况下，EViews 使用带有 Marquardt 步骤的 BFGS(Broyden，Fletcher，Goldfarb，Shanno)方法，并使用该方法中默认的最大迭代次数和收敛条件等。

(3) 平滑转换方程的估计结果

例 4.4 平滑转换模型估计输出结果的顶部显示了因变量、估计方法、日期和时间、样本信息,以及门限值的规范描述、估计过程等信息。在例 4.4 中,可以观察到门限值变量是实际有效汇率变动率(er_t),平滑转换回归模型的估计中,采用网格搜索法搜寻参数,模型估计结果在第 5 次迭代后收敛。

中间部分显示了规范的线性部分和非线性部分,即转换函数与线性部分乘积项部分的系数值、标准差、t 值和 p 值等相关统计数据。特别是,EViews 还报告了斜率即转换参数(γ)和门限值参数(c)的估计值与相关统计量。

输出结果的底部部分包含通常的检验统计数据,包括拟合优度、F 统计量、模型选择准则等,这些统计量与其他回归结果中的统计量基本上是一致的。

2. 平滑转换方程的视图和过程

下面仅讲述平滑转换方程与其他方程存在差别的视图和过程。

(1) 方程形式(Representations View)

选择 View/Representations,EViews 软件给出了平滑转换回归模型估计的命令形式(Estimation Command)、估计方程(Estimation Equation)和系数估计值(Substituted Coefficients),这些结果将非线性回归部分进行了梳理,显示了不同区制下的转换参数和门限变量等。

(2) 门限平滑权重(Threshold Smoothing Weights)

转换函数在平滑转换回归模型的设定中十分重要,EViews 提供了易于使用的工具,用于查看转换函数中各门限变量的权重。选择 View/Threshold Smoothing Weights,门限权重视图就可以查看平滑函数的形状或平滑权重值等。默认情况下,该视图将会显示 Function graph,显示包含各个转换变量(s_t)的转换函数(G)值,并显示单个门限变量的分布和按照平滑权重排序的 Boxplots,当然也可以选择使用 Display type 的下拉菜单选择显示 Graph,Spreadsheet 或 Summary Statistics。例 4.4 的转换函数如图 4.5.8 所示。

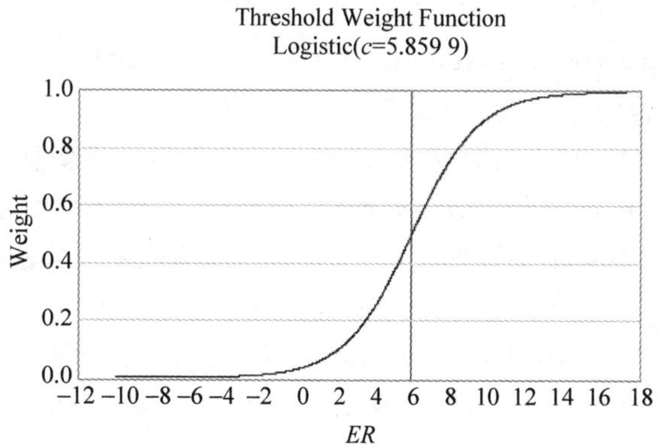

图 4.5.8 平滑转换模型的转换函数

(3) 模型选择(Model Selection Summary)

如果指定了多个潜在的门限变量,EViews将使用每个备选的门限值变量估计一个平滑转换回归模型,并根据残差平方和最小的标准进行选择。对于上述过程和结果,可以使用 Model Selection Summary 视图进行查看。如果要显示结果图,可以选择 View/Model Selection Summary/Criteria Graph;如果要显示结果表,则单击 View/Model Selection Summary/Criteria table。

(4) 转换函数序列(Threshold Weights Group)

选择 Proc/Threshold Weights Group,可以查看和存储转换变量(s_t)的转换函数(G)值。例如例4.4的转换函数(weight),换名为g。

3. 平滑转换方程的检验

(1) 线性检验和转换函数形式检验

在方程对象中单击 View/Stability Diagnosyics/Linearity Test,EViews将根据设定好的门限值变量执行线性模型与非线性模型形式的检验,给出 Teräsvirta 检验、Escribano-Jorda 检验等方法的检验结果,具体方法可参见4.3.3小节。

需要注意的是,在估计平滑转换模型时,假设每次仅使用一个门限变量,因此,在EViews软件中不允许对存在多个门限值模型的线性形式进行检验。

(2) 残余的非线性检验

假定对一个两区制的平滑转换回归模型在估计完成后,模型中是否还存在额外的或残余的非线性特征,需要进一步加以确定。一种流行的做法是在原模型与附加区制的模型之间进行对比检验,检验方法类似于线性检验,即非线性模型与线性模型形式的检验。

EViews软件中提供了两种类型的残余非线性检验方法:一种是 Additive 检验,另一种是 Encapsulated 检验,其中,Additive 检验是基于式(4.3.11)进行的,单击 View/Stability Diagnostics/Remaining Nonlinearity Test/Additive Nonlinearity Test 即可实现。

与 Additive 检验不同,Encapsulated 检验通过构建如式(4.3.12)所示的多元平滑转换回归(MRSTR)模型后再进行检验,通过选择 View/Stability Diagnostics/Remaining Nonlinearity Test/Encapsulated Nonlinearity Test 即可实现检验。

(3) 参数稳定性检验

平滑转换回归模型是时变系数形式,选择时间作为门限值变量即可得到。该模型可以表述结构的不稳定性,即回归参数随时间的平稳演化。具体过程为,使用时间变量 t 作为门限变量,对模型进行泰勒级数展开,再进行线性检验就是参数稳定性的检验。为了执行此检验,可单击 View/Stability Diagnostics/Parameter Constancy Test。

值得注意的是,EViews只执行第一种形式的线性检验,而不执行其余的线性检验,如确定转换函数形式的 Teräsvirta 检验和 Escribano-Jorda 检验等。

(4) 预测

基于平滑转换回归模型进行静态和一步向前预测方程较为容易实现。这些简单的预测都基于回归变量的观测值(包括一些滞后内生变量),并使用标准的设定以实现预测。

但是,如果基于平滑转换自回归模型和其他非线性动态模型进行 n 步向前预测就要困难得多。对于动态预测问题,EViews 软件采用随机模拟方法计算预测值,利用样本均值和模拟值的标准差进行预测值与标准差的计算。

4.5.4　区制转换方程的建立与估计

1. 区制转换方程的基本设定

估计区制转换回归模型的方法是,首先建立方程,然后在“Method:”中选择 SWITCHREG-Switching Regression,就能得到转换回归方程对话框,如图 4.5.9 所示。

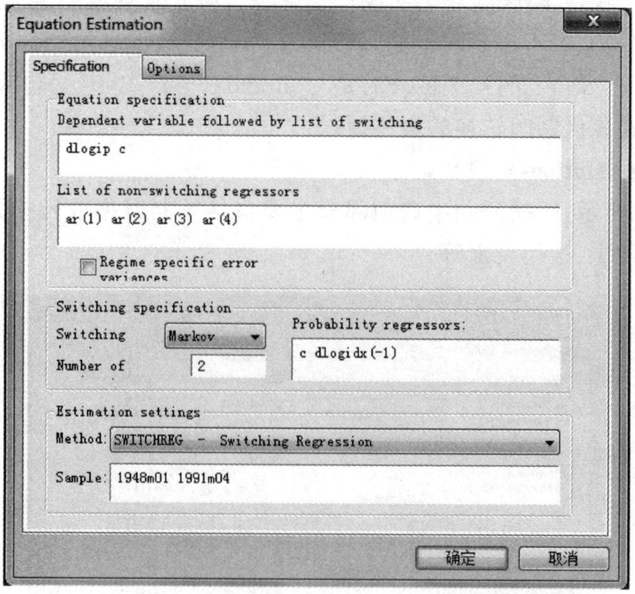

图 4.5.9　建立转换回归方程对象的对话框

(1) 方程设定(Equation specification)

① 在图 4.5.9 中,首先在第一个文本框中输入被解释变量(y_t);第二个文本框 List of non-switching regressors 中输入不随区制变化的具有不变系数的解释变量($\boldsymbol{X}_t$);在右下的 Probability regressors 文本框中输入随区制变化的解释变量($\boldsymbol{Z}_t$)。以例 4.8 为例,在第一个框中输入 dlogip c;第二个对话框中输入不随区制变化的不变系数的解释变量 ar(1) ar(2) ar(3) ar(4);右下的对话框中输入随区制变化的解释变量 c dlogidx(−1)。

② 对于不同的区制而言,随机扰动项的方差可能不同,单击选择 Regime specific error variances 复选框,就可以设定区制异方差的转换回归模型。

③ 通过加入被解释变量的滞后项或 AR 项,可以实现序列相关的表示和动态区制转换回归模型的设定。

(2) 转换设定(Switching specification)

① 在转换设定的 Switching specification 选项组中,转换形式 Switching 下拉选项:

主要有简单区制转换(Simple)和马尔可夫区制转换(Markov)两种,默认的是简单区制转换。

② 在区制个数 M 的设定 Number of 文本框中,M 应至少大于 1,默认的区制个数为 2。当区制个数越多时,进行转换模型估计的难度就越大。

③ EViews 默认在 Probability regressors 对话框中,转换概率影响因素变量仅为一个常数项,即转换概率是固定的,如例 4.5 和例 4.6 输入的是 c。

(3) 时变转换概率(Probability regressors)

在区制转换回归方程对话框(图 4.5.9)右下的概率回归因子"Probability regressors"中,如果输入随区制变化的解释变量($\boldsymbol{Z}_t$)而非常数项 c,即设定转换概率函数中的影响因素,转换概率不再是固定的,就可以得到时变概率转换回归模型。例如例 4.7 输入的是" c LCI(−8)";例 4.7 输入的是"c dlogidx(−1)"。时变转换概率给出了在每一时期经济变量在各区制间转换的概率值。

(4) 转换选项(Options)

如图 4.5.10 所示,转换回归中选项部分主要包括区制概率或转换概率矩阵约束、初始状态概率值的设定、迭代设定等。

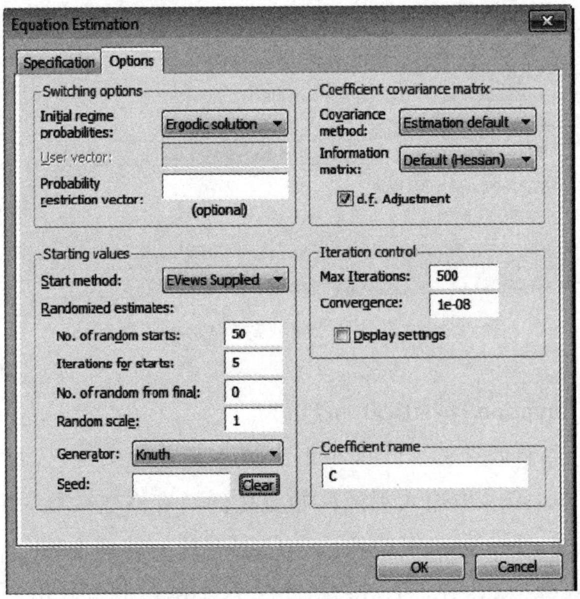

图 4.5.10　转换选项窗口

① 区制概率的约束(Switching options):在马尔可夫区制转换模型中经常需要对转换概率矩阵施加约束条件。例如,设 $p_{ij}=0$,表示由区制 i 向区制 j 转换的概率为 0,即不发生转换。一般地,对于 $M\times M$ 维的转换概率矩阵,需要首先在 EViews 工作文件中设置好矩阵的形式,如果选择 User-specified,将出现 User vector,可在概率约束向量或转换约束矩阵编辑框中输入矩阵名称。也可以输入或选择遍历解(Ergodic solution)、估计

解(Estimated)等其他方法。

② 初值设定部分(Starting values)：初始方法下拉列表中给出了选择初值的基本方法，如 EViews 提供的初值一般为普通最小二乘方法估计的结果，还可以在上述结果中乘以权重，如 0.8 或 0.5 等。此外，EViews 还给出了随机选择初值的 Randomized estimates 方法。

2. 区制转换方程的估计结果

与其他估计结果类似，输出结果的上方给出了转换的类型、样本信息、系数协方差的计算方法和参数估计过程等基本信息。以例 4.8 为例，上方显示其因变量为 dlogip，采取的估计方法为 Markov Switching Regression 估计方法，存在 2 个区制、经过 10 次迭代收敛等。

中间部分给出了系数的估计值等信息，其中首先列出的是随区制变动而不同的系数值，紧接着是各区制均相同的变量系数值。在例 4.8 中两个区制中常数项的值分别为 0.517 3 和 −0.865 9，随后是 ar(1) ar(2) ar(3) ar(4)对应的系数估计值、标准差、z 统计值以及对应的 p 值等。转换概率参数部分列出了转换函数中变量前的系数值，以例 4.8 为例，p_{11} 转换概率方程中 c 和 dlogidx(−1)前的估计值分别为 4.359 4 和 1.770 2。转换概率值需在方程视图里查找。

最后是标准的方程描述性统计量，如残差平方和、AIC、SC 等。

3. 区制转换方程对象的视图和过程

估计完区制转换方程以后，EViews 提供了估计结果的视图(View)和过程(Proc)，下面介绍区制转换方程独特的视图和过程。

(1) 区制转换方程的视图(Switching Results)

① 转换结果(Transition Results)

在区制转换方程菜单中选择 View/Regime Results/Transition Results，就可以打开转移结果视图窗口。转移结果有三种显示方式：Summary，Transition Probabilities 和 Expected durations。

单击 Summary，以表格形式显示转移概率或时变转移概率的转换概率矩阵和持续期，如例 4.5 以表的方式显示低增长区制概率(q = 0.973 033)和高增长区制概率(p = 0.967 743)。转换概率 p_{ij} 对应于式(4.4.11)中的各项，转换概率矩阵中行和为 1，例 4.8 中 p_{11}、p_{21} 均值分别为 0.952 0 和 0.200 5。转换概率矩阵下方是各区制的平均持续期，例 4.8 中区制 1 和区制 2 的平均持续期分别为 506.370 8 个(月度)和 10.479 06 个(月度)，持续期的单位与工作文件的数据频率一致。

单击 Transition Probabilities，以时间序列的图形形式显示时变转移概率。如例 4.8 的图 4.4.5。

单击 Expected durations，以时间序列的图形形式显示时变转移概率的持续期。

② 区制概率(Regime Probabilities)

在区制转换方程菜单中选择 View/Regime Results/Regime Probabilities，就可以打开区制概率视图窗口。区制概率有 3 种显示方式：一步向前概率、滤波概率和平滑概率，各区制概率可以选择采用多图、单图、表的方式呈现。

(2) 区制转换方程的过程(Make Regime Results)

① 生成转换结果(Make Transition Results)

在区制转换方程菜单中选择 Proc/Make Regime Results/Make Transition Results，就可以打开生成转换结果窗口，与视图中类似，转换结果包括时变转换概率和平均持续期。在例 4.8 的方程估计完成后，选择生成转换结果序列，即“Make Transition Results”，可以进行绘图得到图 4.4.5。

② 生成区制概率(Make Regime Probabilities)

在区制转换方程菜单中选择 Proc/Make Regime Results/Make Regime Probabilities，则显示区制概率结果窗口。区制概率有一步向前概率、滤波概率和平滑概率 3 种形式。在两个区制的模型中，以例 4.6 为例，会生成分别对应于两个区制概率序列 prob1 和 prob2，其中 prob2 对应的是美国经济周期处于扩张阶段的平滑概率，将该序列绘图可以得到图 4.4.3，当然，有 M 个区制就会生成 M 个区制概率序列。

第5章 条件异方差模型

计量经济学中的大多数统计工具都是用来建立随机变量的条件均值模型。本章讨论的重要工具具有与以往不同的目的——建立变量的条件方差或变量波动性模型。

自回归条件异方差模型(autoregressive conditional heteroskedasticity model,ARCH 模型)最早由恩格尔(Engle,1982)①提出,并由博勒斯莱文(Bollerslev,1986)②发展成为 GARCH 模型(generalized ARCH model)——广义自回归条件异方差模型。这些模型广泛应用于经济学的各个领域,尤其是用在金融时间序列分析中。

5.1 自回归条件异方差模型

通常认为自相关的问题是时间序列数据所特有,而异方差性是横截面数据的特点。但在时间序列数据中,会不会出现异方差呢?是怎样出现的?恩格尔和克拉格(Kraft,1983)③在分析宏观数据时,发现一些现象:时间序列模型中的扰动方差稳定性通常比假设的要差。恩格尔的发现说明在分析通货膨胀模型时,大的及小的预测误差常常会成群出现,表明存在一种异方差,其中预测误差的方差取决于后续扰动项的大小。

从事股票价格、通货膨胀率和外汇汇率等金融时间序列预测的研究工作者发现,对这些变量的预测能力随时期的不同而有相当大的变化。预测的误差在某一时期里相对的小,而在某一时期里则相对的大,然后,在另一时期又是较小的。这种变化很可能由于金融市场的波动性易受谣言、政局变动、政府货币政策与财政政策变化等的影响,从而有理由相信误差项的条件方差不是某个自变量的函数,而是随时间变化并且依赖于过去误差的大小。

5.1.1 ARCH 模型

为了刻画预测误差的条件方差中可能存在的某种相关性,恩格尔提出了自回归条件异方差模型。ARCH 模型的主要思想是:扰动项 u_t 的条件方差依赖于它的前期值 u_{t-1} 的大小。ARCH(1)模型就是时刻 t 的 u_t 的条件方差(σ_t^2)依赖于时刻($t-1$)的扰动项平方的大小,即依赖于 u_{t-1}^2。

具体地说,考虑 k 变量回归模型:

---

① ENGLE R F. Autoregressive conditional heteroskedasticity with estimates of the variance of U. K. inflation [J]. *Econometrica*,1982,50:987-1008.

② BOLLERSLEV T. Generalized autoregressive conditional heteroskedasticity[J]. Journal of econometrics, 1986,31(3):307-327.

③ ENGLE R, KRAFT D. Multiperiod forecast error variances of inflation estimated from ARCH models[M]// ZELLNER A. Applied time series analysis of economic data. Washington D. C.: Bureau of the Census,1983.

$$y_t = \gamma_0 + \gamma_1 x_{1t} + \cdots + \gamma_k x_{kt} + u_t \tag{5.1.1}$$

如果 u_t 的均值为零,对 y_t 取基于$(t-1)$时刻的信息的期望,即 $E_{t-1}(y_t)$,有如下的关系:

$$E_{t-1}(y_t) = \gamma_0 + \gamma_1 x_{1t} + \gamma_2 x_{2t} + \cdots + \gamma_k x_{kt} \tag{5.1.2}$$

由于 y_t 的条件均值近似等于式(5.1.1)的估计值,所以式(5.1.1)也称均值方程。

在这个模型中,变量 y_t 的条件方差为

$$\mathrm{var}(y_t \mid \boldsymbol{Y}_{t-1}) = E_{t-1}(y_t - \gamma_0 - \gamma_1 x_{1t} - \cdots - \gamma_k x_{kt})^2 = E_{t-1} u_t^2 \tag{5.1.3}$$

式中:$\mathrm{var}(y_t|\boldsymbol{Y}_{t-1})$为基于$(t-1)$时刻的信息集合$\boldsymbol{Y}_{t-1}=\{y_{t-1},y_{t-2},\cdots,y_1\}$的 y_t 的条件方差,出现这种情况的原因可能是扰动项存在自回归结构。

假设在$(t-1)$时刻的所有信息的条件下,扰动项的平方 u_t^2 服从 AR(1)过程:

$$u_t^2 = \alpha_0 + \alpha_1 u_{t-1}^2 + \varepsilon_t \tag{5.1.4}$$

式中:ε_t 为白噪声过程,满足

$$E(\varepsilon_t) = 0 \tag{5.1.5}$$

$$E(\varepsilon_t \varepsilon_s) = \begin{cases} \lambda^2, & t = s \\ 0, & t \neq s \end{cases} \tag{5.1.6}$$

这样,扰动项 u_t 的条件分布是

$$u_t \sim N[0,(\alpha_0 + \alpha_1 u_{t-1}^2)] \tag{5.1.7}$$

也就是,u_t 服从以 0 为均值,$(\alpha_0+\alpha_1 u_{t-1}^2)$为方差的条件正态分布。

方差方程(5.1.4)表示 u_t 的条件方差σ_t^2 由两部分组成:一个常数项和前一时刻关于变化量的信息,用前一时刻的扰动项平方 u_{t-1}^2 表示(ARCH 项)。

由于式(5.1.4)中的 u_t 的条件方差只依赖于前一期的扰动项平方干扰,所以称为 ARCH(1)过程。通常用极大似然估计得到参数 $\gamma_0,\gamma_1,\gamma_2,\cdots,\gamma_k,\alpha_0,\alpha_1$ 的有效估计。

一个自然的延伸是 ARCH(p)过程,可以写为

$$\mathrm{var}(u_t) = \sigma_t^2 = \alpha_0 + \alpha_1 u_{t-1}^2 + \alpha_2 u_{t-2}^2 + \cdots + \alpha_p u_{t-p}^2 \tag{5.1.8}$$

这时方差方程中的$(p+1)$个参数 $\alpha_0,\alpha_1,\alpha_2,\cdots,\alpha_p$ 也要和回归模型中的参数 $\gamma_0,\gamma_1,\gamma_2,\cdots,\gamma_k$ 一样,利用极大似然估计法进行估计。

在 ARCH(p)过程中,由于 u_t 是随机的,u_t^2 不可能为负,所以对于$\{u_t\}$的所有实现值,只有 $\mathrm{var}(u_t)=\sigma_t^2=\alpha_0+\alpha_1 u_{t-1}^2+\alpha_2 u_{t-2}^2+\cdots+\alpha_p u_{t-p}^2$ 是正的,才是合理的。为使 u_t^2 协方差平稳,所以进一步要求方程

$$1 - \alpha_1 z - \alpha_2 z^2 - \cdots - \alpha_p z^p = 0 \tag{5.1.9}$$

的根全部位于单位圆外。如果 $\alpha_i\,(i=1,2,\cdots,p)$都非负,式(5.1.9)等价于 $\alpha_1+\alpha_2+\cdots+\alpha_p<1$[①]。

如果扰动项的条件方差中不存在自相关,就有 $\alpha_1=\alpha_2=\cdots=\alpha_p=0$。这时

$$\mathrm{var}(u_t) = \sigma^2 = \alpha_0 \tag{5.1.10}$$

从而得到误差的条件方差的同方差性情形。

---

① 汉密尔顿.时间序列分析[M].刘明志,译.北京:中国社会科学出版社,1999:801-805.

5.1.2　ARCH 的检验

下面介绍检验一个模型的残差是否含有 ARCH 效应的两种方法：ARCH LM 检验和残差平方相关图检验。

1. ARCH LM 检验

Engle 在 1982 年提出检验残差序列中是否存在 ARCH 效应的拉格朗日乘数检验(Lagrange multiplier test)，即 ARCH LM 检验。自回归条件异方差性的这个特殊的设定，是由于人们发现在许多金融时间序列中，残差的大小与最近的残差值有关。ARCH 本身不能使标准的 OLS 估计无效，但是，忽略 ARCH 影响可能导致有效性降低。

ARCH LM 检验统计量由一个辅助检验回归计算。为检验原假设：残差序列中直到 p 阶都不存在 ARCH 效应，需要进行如下回归：

$$\hat{u}_t^2 = \alpha_0 + \left(\sum_{s=1}^{p} \alpha_s \hat{u}_{t-s}^2\right) + \varepsilon_t \tag{5.1.11}$$

式中：$\hat{u}_t$ 为残差。式(5.1.11)表示残差平方 $\hat{u}_t^2$ 对一个常数和直到 p 阶的残差平方的滞后，$\hat{u}_{t-s}^2(s=1,2,\cdots,p)$所做的一个回归。这个检验回归有两个统计量：

(1) F 统计量是对所有残差平方的滞后的联合显著性所做的一个省略变量检验。

(2) $T\times R^2$ 统计量是 Engle's LM 检验统计量，它是观测值个数 T 乘以回归检验的 R^2。

原假设下 F 统计量的准确的有限样本分布未知，但 LM 检验统计量在一般情况下是渐近服从 $\chi^2(p)$分布的。

2. 残差平方相关图检验

残差平方相关图显示残差平方 $\hat{u}_t^2$ 序列的直到任意指定的滞后阶数的自相关(AC)系数和偏自相关(PAC)系数，并且计算相应滞后阶数的 Ljung-Box Q 统计量。残差平方相关图可用于检验残差序列中是否存在 ARCH 效应。如果残差序列不存在 ARCH 效应，自相关和偏自相关系数在所有的滞后阶数都应为 0，而且 Q 统计量应该不显著；否则，就说明残差序列中存在 ARCH 效应(对相关图和 Q 统计量的讨论参见本书初级第 4 章 4.1.2 小节)。

例 5.1　沪市股票价格指数波动模型的 ARCH 检验

为了检验股票价格指数的波动是否具有自回归条件异方差性，本例选择沪市股票价格的收盘指数的日数据作为样本序列进行检验。选择沪市股票数据是因为上海股票市场不仅开市早，市值高，而且对于各种冲击的反应也较为敏感。因此，分析沪市股票价格波动具有一定代表性。该例选择的样本序列$\{sp_t\}$是 1996 年 1 月 1 日—2006 年 12 月 31 日的上海证券交易所每日股票价格收盘指数。为了减少舍入误差，在估计时，对$\{sp_t\}$进行自然对数处理，即将序列$\{\ln(sp_t)\}$作为因变量进行估计。由于股票价格指数序列常常用一种特殊的单位根过程——带漂移的随机游走(random walk)模型描述，所以本例进行估计的基本形式为

$$\ln(sp_t)=\mu+\rho\times\ln(sp_{t-1})+u_t \tag{5.1.12}$$

利用最小二乘法估计式(5.1.12),结果如下:

$$\ln(sp_t)=0.017\,8+0.997\,6\ln(sp_{t-1})+\hat{u}_t \tag{5.1.13}$$

$$t=(2.35),\quad (951)$$

$$R^2=0.997,\quad 对数似然值=780\,7,\quad AIC=-5.44,\quad SC=-5.44$$

这个方程的统计量很显著,拟合的程度也很好。但是观察该回归方程的残差图5.1.1,可以注意到波动的"成群"现象:波动在一些较长的时间内非常小(2000年),在其他一些较长的时间内非常大(1996年、2003年),这说明误差项可能具有条件异方差性。

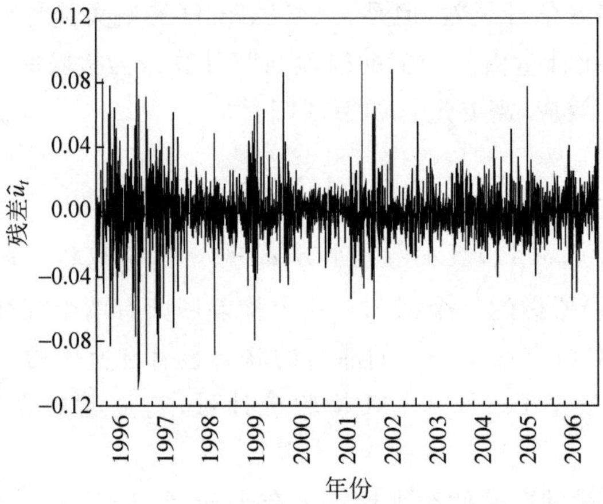

图5.1.1 股票价格指数OLS回归方程的残差

因此,对式(5.1.13)进行条件异方差的ARCH LM检验,得到了在滞后阶数 $p=3$ 时的ARCH LM检验结果:

F 统计量:	122.015 1	概率值(p 值):	0.000 000
$T\times R^2$ 统计量:	325.003 7	概率值(p 值):	0.000 000

此处的 p 值为0拒绝原假设,说明式(5.1.13)的残差序列存在ARCH效应。还可以计算式(5.1.13)的残差平方的自相关(AC)和偏自相关(PAC)系数,结果如下:

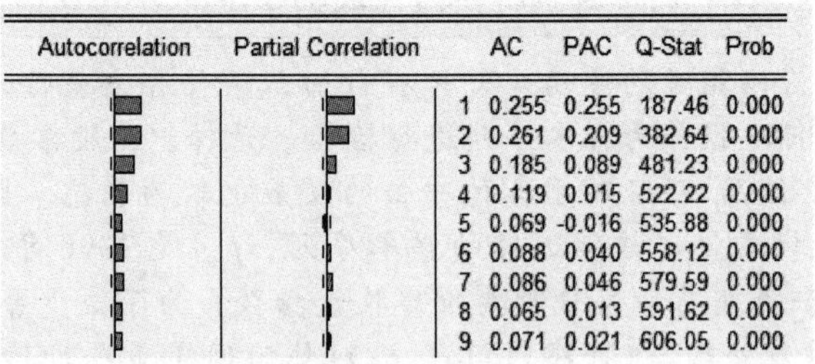

Autocorrelation	Partial Correlation		AC	PAC	Q-Stat	Prob
		1	0.255	0.255	187.46	0.000
		2	0.261	0.209	382.64	0.000
		3	0.185	0.089	481.23	0.000
		4	0.119	0.015	522.22	0.000
		5	0.069	-0.016	535.88	0.000
		6	0.088	0.040	558.12	0.000
		7	0.086	0.046	579.59	0.000
		8	0.065	0.013	591.62	0.000
		9	0.071	0.021	606.05	0.000

由于自相关系数和偏自相关系数显著不为0,而且 Q 统计量非常显著,所以可以得出结论:式(5.1.13)的残差序列存在着ARCH效应。

例 5.2　中国通货膨胀率模型的 ARCH 检验及 ARCH(1)模型

本例建立通货膨胀率模型，因变量为中国的消费价格指数(上年同月=100)减去 100，记为 π_t；解释变量选择货币政策变量：狭义货币供应量 $M1$ 的增长率，记为 $m1r_t$；3 年期贷款利率，记为 R_t，样本期间是 1994 年 1 月—2007 年 12 月。由于是月度数据，利用 X-12 季节调整方法(加法模型)对 π_t 和 $m1r_t$ 进行了调整，用 OLS 估计的结果如下：

$$\pi_t = 1.35\pi_{t-1} - 0.36\pi_{t-2} + 0.0268 m1r_{t-1} - 0.06R_{t-2} + \hat{u}_t \qquad (5.1.14)$$

$$t = (19.5) \qquad (-5.17) \qquad (2.88) \qquad (-2.74)$$

$R^2 = 0.99$，　对数似然值 $= -167.79$，　$AIC = 2.045$，　$SC = 2.12$

这个方程的统计量很显著，拟合的程度也很好。观察该回归方程的残差图 5.1.2，残差围绕着 0 上下波动，说明残差是平稳的，3 个变量之间是协整的，但是也可以注意到波动的"成群"现象：波动在一些时期内较小，在其他一些时期内较大，这说明误差项可能具有条件异方差性。

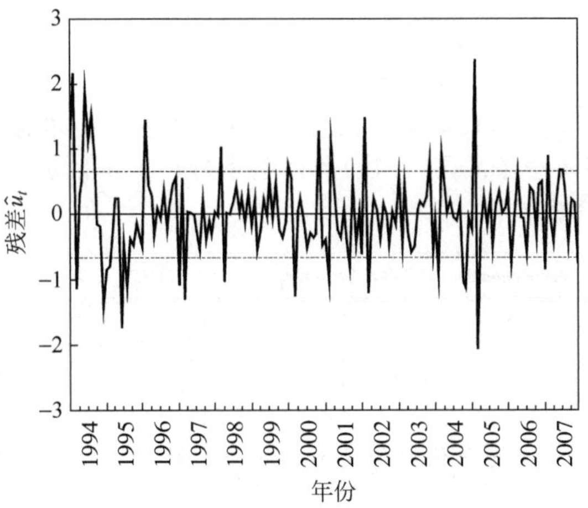

图 5.1.2　π_t 的 OLS 回归方程的残差

因此进行条件异方差的 ARCH LM 检验，得到了在滞后阶数 $p=1$ 时的 ARCH LM 检验结果：

F 统计量：	16.674 76	概率值(p 值)	0.000 069
$T\times R^2$ 统计量：	15.327 86	概率值(p 值)	0.000 090

在 1%的显著性水平上拒绝原假设，说明通货膨胀率模型的残差序列存在 ARCH 效应。还可以计算残差平方的自相关(AC)和偏自相关(PAC)系数，结果如下：

Autocorrelation	Partial Correlation		AC	PAC	Q-Stat	Prob
		1	0.302	0.302	15.591	0.000
		2	-0.008	-0.110	15.603	0.000
		3	-0.007	0.032	15.611	0.001
		4	0.173	0.183	20.805	0.000
		5	0.060	-0.062	21.429	0.001

从自相关系数和偏自相关系数可以看出：残差序列存在着一阶 ARCH 效应。因此利用 ARCH(1)模型重新估计模型(5.1.14)，结果如下：

均值方程：$\pi_t = 1.088\pi_{t-1} - 0.13\pi_{t-2} + 0.031m1r_{t-1} - 0.062R_{t-2} + \hat{u}_t$　　(5.1.15)

$z = (12.53)\quad(-1.53)\qquad(4.72)\qquad(-3.85)$

方差方程：$\hat{\sigma}_t^2 = 0.186 + 0.649\hat{u}_{t-1}^2$　　(5.1.16)

$z = (5.03)\quad(3.214)$

$R^2 = 0.99$，　对数似然值 $= -151.13$，　$AIC = 1.87$，　$SC = 1.98$

方差方程中的 ARCH 项的系数是统计显著的，并且对数似然值有所增加，同时 AIC 和 SC 值都变小了，说明 ARCH(1)模型能够更好地拟合数据。再对这个方程进行条件异方差的 ARCH LM 检验，得到了式(5.1.15)的残差序列在滞后阶数 $p=1$ 时的统计结果：

F 统计量：	0.160 577	概率值(p 值)	0.689 1
$T\times R^2$ 统计量：	0.162 365	概率值(p 值)	0.687 0

此时的相伴概率为 0.69，接受原假设，认为该残差序列不存在 ARCH 效应，说明利用 ARCH(1)模型消除了式(5.1.14)的残差序列的条件异方差性。式(5.1.15)的残差平方相关图的检验结果为

Autocorrelation	Partial Correlation		AC	PAC	Q-Stat	Prob
		1	-0.031	-0.031	0.1661	0.684
		2	-0.032	-0.033	0.3393	0.844
		3	0.000	-0.002	0.3393	0.952
		4	0.074	0.073	1.2915	0.863
		5	-0.057	-0.052	1.8539	0.869

自相关系数和偏自相关系数近似为 0。这个结果也说明了式(5.1.15)的残差序列不再存在 ARCH 效应。

资料来源：中国经济信息网(www.cei.gov.cn)统计数据库的宏观月度库。

5.1.3 GARCH 模型

许多经济问题常常出现 u_t 的条件方差 σ_t^2 依赖于很多时刻之前的变化量(特别是在金融领域，采用日数据或周数据的应用更是如此)的现象。这就意味着必须估计很多个参数，而这却很难精确地做到。ARCH 模型的实践难点就是：如果滞后阶数 p 较大，无约束的估计常常会违背 α_i 都是非负的限定条件，而事实上恰恰需要这个限定来保证条件方差 σ_t^2 永远是正数。因此，在这个模型的许多早期应用中，研究者会对 α_i 强加一个相当任意的递减时滞结构，以保证模型满足这些限定条件。但是考虑到式(5.1.8)是 σ_t^2 的一个分布滞后模型，就可以用一个或两个 σ_t^2 的滞后值代替许多 u_t^2 的滞后值，这就是广义自回归条件异方差模型(generalized autoregressive conditional heteroskedasticity model,

GARCH 模型)的基本思想。[①] 在 GARCH 模型中,要考虑两个不同的设定:一个是条件均值,另一个是条件方差。

标准的 GARCH(1,1)模型为

$$y_t = \boldsymbol{x}'_t\boldsymbol{\gamma} + u_t, \quad t = 1,2,\cdots,T \tag{5.1.17}$$

$$\sigma_t^2 = \omega + \alpha u_{t-1}^2 + \beta\sigma_{t-1}^2 \tag{5.1.18}$$

式中:$\boldsymbol{x}_t = (x_{1t}, x_{2t}, \cdots, x_{kt})'$ 为解释变量向量;$\boldsymbol{\gamma} = (\gamma_1, \gamma_2, \cdots, \gamma_k)'$ 为系数向量。式(5.1.17)给出的均值方程是一个带有扰动项的外生变量的函数。由于 σ_t^2 是以前面信息为基础的一期向前预测方差,所以被称作条件方差,式(5.1.18)也被称作条件方差方程。

式(5.1.18)中给出的条件方差有 3 个组成部分:

① 常数项:ω。

② 用均值方程的扰动项平方的滞后来度量从前期得到的波动性的信息:u_{t-1}^2(ARCH 项)。

③ 上一期的预测方差:σ_{t-1}^2(GARCH 项)。

GARCH(1,1)模型中的(1,1)是指阶数为 1 的自回归项,GARCH 项(括号中的第一项)和阶数为 1 的动平均项,ARCH 项(括号中的第二项)。普通的 ARCH 模型是 GARCH 模型的一个特例,即在条件方差方程中不存在滞后预测方差的说明(σ_{t-1}^2),也就是一个 GARCH(0,1)模型。GARCH 模型都是通过极大似然函数方法估计的,如果假定扰动项服从条件正态分布,那么 GARCH(1,1)模型在 t 时刻的对数似然函数

$$l_t = -\frac{1}{2}\ln(2\pi) - \frac{1}{2}\ln\sigma_t^2 - \frac{1}{2}(y_t - \boldsymbol{x}'_t\boldsymbol{\gamma})^2/\sigma_t^2 \tag{5.1.19}$$

式中:

$$\sigma_t^2 = \omega + \alpha(y_{t-1} - \boldsymbol{x}'_{t-1}\boldsymbol{\gamma})^2 + \beta\sigma_{t-1}^2 \tag{5.1.20}$$

GARCH(1,1)模型的这种设定通常可以在金融领域得到解释。因为代理商或贸易商可以通过建立长期均值的加权平均(常数),上期的预期方差(GARCH 项)和在以前各期中观测到的关于变动性的信息(ARCH 项)来预测本期的方差。如果上升或下降的资产收益出乎意料的大,那么贸易商将会增加对下期方差的预期。这个模型还包括经常可以在财务收益数据中看到的变动组,在这些数据中,收益的巨大变化可能伴随着更进一步的巨大变化。

有两个可供选择的关于条件方差方程的描述可以帮助解释这个模型:

(1) 用条件方差的滞后递归地替代式(5.1.18)的右端,就可以将条件方差表示为滞后扰动项平方的加权平均:

$$\sigma_t^2 = \frac{\omega}{(1-\beta)} + \alpha\sum_{j=1}^{\infty}\beta^{j-1}u_{t-j}^2 \tag{5.1.21}$$

---

① BOLLERSLEV T. Generalized autoregressive conditional heteroscedasticity[J]. Journal of econometrics, 1986,31(3): 307-327.

GARCH(1,1)模型的这种条件方差的说明与样本方差类似。但是,它包含了在更大滞后阶数上的扰动项的加权条件方差。

(2) 收益平方中的扰动项通过 $\upsilon_t = u_t^2 - \sigma_t^2$ 给出。用其替代方差方程(5.1.18)中的条件方差,整理后得到关于扰动项的模型:

$$u_t^2 = \omega + (\alpha + \beta)u_{t-1}^2 + \upsilon_t - \beta\upsilon_{t-1} \tag{5.1.22}$$

因此,扰动项平方服从 ARMA(1,1)过程。决定波动冲击持久性的自回归的根是 α 与 β 的和。在很多情况下,这个根非常接近 1,所以冲击会缓慢消失。

式(5.1.18)可以扩展成包含外生的或前定回归因子 z 的方差方程:

$$\sigma_t^2 = \omega + \alpha u_{t-1}^2 + \beta\sigma_{t-1}^2 + \delta z_t \tag{5.1.23}$$

注意到从这个模型中得到的预测方差不能保证是正的。可以引入某些形式的回归算子,令它们总是正的,从而将产生负的预测值的可能性降到最小。例如,可以要求:

$$z_t = |x_t|$$

高阶 GARCH 模型可以含有任意多个 ARCH 项和 GARCH 项,记作 GARCH(q,p)。它的条件方差表示为

$$\sigma_t^2 = \omega + \sum_{j=1}^{q}\beta_j\sigma_{t-j}^2 + \sum_{i=1}^{p}\alpha_i u_{t-i}^2 = \alpha_0 + \alpha(L)u_t^2 + \beta(L)\sigma_t^2 \tag{5.1.24}$$

式中:p 为 ARCH 项的阶数;q 为 GARCH 项的阶数,$p>0$ 并且 $\beta_i \geqslant 0, 1 \leqslant i \leqslant p$,$\alpha(L)$ 和 $\beta(L)$ 是滞后算子多项式。为了使 GARCH(q,p)模型的条件方差有明确的定义,相应的 ARCH(∞)模型

$$\sigma_t^2 = \theta_0 + \theta(L)u_t^2 \tag{5.1.25}$$

的所有系数都必须是正数。只要 $\alpha(L)$ 和 $\beta(L)$ 没有相同的根并且 $\beta(L)$ 的根全部位于单位圆外,那么当且仅当 $\theta_0 = \alpha_0/(1-\beta(L))$,$\theta(L) = \alpha(L)/[1-\beta(L)]$ 的所有系数都非负时,这个正数限定条件才会满足。例如,对于 GARCH(1,1)模型

$$\sigma_t^2 = \omega + \alpha u_{t-1}^2 + \beta\sigma_{t-1}^2 \tag{5.1.26}$$

这些条件要求所有的 3 个参数都是非负数。

5.1.4　IGARCH 模型

如果限定 GARCH 模型的方差方程中的参数和等于 1,并且去掉常数项

$$\sigma_t^2 = \sum_{j=1}^{q}\beta_j\sigma_{t-j}^2 + \sum_{i=1}^{p}\alpha_i u_{t-i}^2 \tag{5.1.27}$$

式中:

$$\sum_{j=1}^{q}\beta_j + \sum_{i=1}^{p}\alpha_i = 1 \tag{5.1.28}$$

这就是 Engle 和 Bollerslev(1986)[①]首先提出的单整 GARCH 模型(integrated GARCH model,IGARCH 模型)。

① ENGLE R F,BOLLERSLEV T B. Modeling the persistence of conditional variances[J]. Econometric reviews, 1986,5(1): 1-50.

5.1.5　约束及回推

1. 约束

在估计一个 GARCH 模型时，有两种方式对 GARCH 模型的参数进行约束(restrictions)。一个选择是 IGARCH 方法，它将模型的方差方程中的所有参数之和限定为 1；另一个就是方差目标(variance target)方法，它把方差方程(5.1.24)中的常数项设定为 GARCH 模型的参数和无条件方差的方程：

$$\omega = \hat{\sigma}^2\left(1 - \sum_{j=1}^{q}\beta_j - \sum_{i=1}^{p}\alpha_i\right) \tag{5.1.29}$$

这里的 $\hat{\sigma}^2$ 是残差的无条件方差。

2. 回推

在计算 GARCH 模型的回推初始方差时，首先用系数值来计算均值方程中的残差，然后计算初始值的指数平滑算子：

$$\sigma_0^2 = u_0^2 = \lambda^T\hat{\sigma}^2 + (1-\lambda)\sum_{j=0}^{T}\lambda^{T-j-1}(\hat{u}_{T-j}^2) \tag{5.1.30}$$

式中：$\hat{u}$ 为来自均值方程的残差；$\hat{\sigma}^2$ 为无条件方差的估计：

$$\hat{\sigma}^2 = \frac{\sum_{t=1}^{T}\hat{u}_t^2}{T} \tag{5.1.31}$$

平滑参数 λ 为 0.1 和 1 之间的数值。也可以使用无条件方差来初始化 GARCH 过程：

$$\sigma_0^2 = u_0^2 = \hat{\sigma}^2 \tag{5.1.32}$$

5.1.6　GARCH 模型的残差分布假设

在实践中我们注意到，许多时间序列，特别是金融时间序列的无条件分布往往具有比正态分布更宽的尾部。为了更精确地描述这些时间序列分布的尾部特征，还需要对误差项 u_t 的分布进行假设。GARCH 模型中的扰动项的分布，一般会有 3 个假设：正态(高斯)分布、学生 t 分布和广义误差分布(GED)。给定一个分布假设，GARCH 模型常常使用极大似然估计法进行估计。下面分别介绍这 3 种分布，其中的 $\boldsymbol{\theta}$ 代表参数向量。

(1) 对于扰动项服从正态分布的 GARCH(1,1)模型，它的对数似然函数为

$$\ln L(\boldsymbol{\theta}) = -\frac{T}{2}\ln(2\pi) - \frac{1}{2}\sum_{t=1}^{T}\ln\sigma_t^2 - \frac{1}{2}\sum_{t=1}^{T}(y_t - \boldsymbol{x}_t'\boldsymbol{\gamma})^2/\sigma_t^2 \tag{5.1.33}$$

这里的 σ_t^2 是 u_t 的条件方差。

(2) 如果扰动项服从学生 t 分布,GARCH(1,1)模型的对数似然函数的形式就是①

$$\ln L(\boldsymbol{\theta})=-\frac{T}{2}\ln\left\{\frac{\pi(k-2)\Gamma(k/2)^2}{\Gamma[(k+1)/2]^2}\right\}-\frac{1}{2}\sum_{t=1}^{T}\ln\sigma_t^2-\frac{(k+1)}{2}\sum_{t=1}^{T}\ln\left(1+\frac{(y_t-\boldsymbol{x}'_t\boldsymbol{\gamma})^2}{\sigma_t^2(k-2)}\right)\tag{5.1.34}$$

这样,参数的估计就变成了在自由度 $k>2$ 的约束下使对数似然函数(5.1.34)最大化的问题。当 $k\to\infty$ 时,学生 t 分布接近于正态分布。

(3) 扰动项的分布为广义误差分布(GED)时,GARCH(1,1)模型的对数似然函数的形式为

$$\ln L(\boldsymbol{\theta})=-\frac{T}{2}\ln\left(\frac{\Gamma(1/r)^3}{\Gamma(3/r)(r/2)^2}\right)-\frac{1}{2}\sum_{t=1}^{T}\ln\sigma_t^2-\sum_{t=1}^{T}\left(\frac{\Gamma(3/r)(y_t-\boldsymbol{x}'_t\boldsymbol{\gamma})^2}{\sigma_t^2\Gamma(1/r)}\right)^{r/2}\tag{5.1.35}$$

这里的参数 $r>0$。如果 $r=2$,那么 GED 就是一个正态分布。

例 5.3 沪市股票价格指数波动的 GARCH 模型

在例 5.1 中,检验了方程(5.1.13)含有 ARCH 效应。因此利用 GARCH(1,1)模型重新估计式(5.1.12),结果如下:

均值方程:$\ln(sp_t)=0.013\,2+0.998\ln(sp_{t-1})+\hat{u}_t$ (5.1.36)

$z=(2.74)\quad(1\,480)$

方差方程:$\hat{\sigma}_t^2=1.71\times10^{-5}+0.13\hat{u}_{t-1}^2+0.80\hat{\sigma}_{t-1}^2$ (5.1.37)

$z=(13.48)\quad(17.72)\quad(75.82)$

$R^2=0.997$, 对数似然值=8 124, $AIC=-5.66$, $SC=-5.65$

方差方程中的 ARCH 项和 GARCH 项的系数都是统计显著的,并且对数似然值有所增加,同时 AIC 和 SC 值都变小了,这说明 GARCH(1,1)模型能够更好地拟合数据。再对这个方程进行条件异方差的 ARCH LM 检验,得到了式(5.1.36)的残差序列在滞后阶数 $p=3$ 时的统计结果:

F 统计量:	0.155 049	概率值(p 值)	0.926 5
$T\times R^2$ 统计量:	0.465 721	概率值(p 值)	0.926 4

此时的相伴概率为 0.93,不拒绝原假设,认为该残差序列不存在 ARCH 效应,说明利用 GARCH(1,1)模型消除了式(5.1.12)的残差序列的条件异方差性。式(5.1.36)的残差平方相关图的检验结果为

① 汉密尔顿.时间序列分析[M].刘明志,译.北京:中国社会科学出版社,1999:424,804-805.
式(5.1.34)和式(5.1.35)中的 $\Gamma(\cdot)$ 代表 γ 函数:
若 N 是偶整数,则 $\Gamma(N/2)=1\times2\times3\cdots[(N/2)-1]$,有 $\Gamma(2/2)=1$;
若 N 是奇整数,则 $\Gamma(N/2)=\sqrt{\pi}\times\frac{1}{2}\times\frac{3}{2}\times\frac{5}{2}\cdots$,$[(N/2)-1]$有 $\Gamma\left(\frac{1}{2}\right)=\sqrt{\pi}$。

Autocorrelation	Partial Correlation		AC	PAC	Q-Stat	Prob
		1	0.009	0.009	0.2333	0.629
		2	0.006	0.006	0.3280	0.849
		3	0.007	0.007	0.4677	0.926
		4	-0.008	-0.008	0.6608	0.956
		5	-0.018	-0.018	1.5742	0.904
		6	-0.013	-0.013	2.0943	0.911
		7	-0.013	-0.012	2.5795	0.921
		8	-0.010	-0.010	2.8843	0.941
		9	-0.010	-0.009	3.1523	0.958

自相关系数和偏自相关系数近似为 0，Q 统计量也变得不显著。这个结果也说明了式(5.1.36)的残差序列不再存在 ARCH 效应。

方差方程式(5.1.37)中的 ARCH 项和 GARCH 项的系数之和($\hat{\alpha}+\hat{\beta}$)等于 0.932，小于 1，满足参数约束条件。由于系数之和非常接近于 1，表明条件方差所受的冲击是持久的，即冲击对未来所有的预测都有重要作用。这个结果在高频率的金融数据中经常可以看到。

5.1.7　GARCH-M 模型

金融理论表明具有较高可观测到的风险的资产可以获得更高的平均收益，其原因在于人们一般认为金融资产的收益应当与其风险成正比，风险越大，预期的收益就越高。这种利用条件方差表示预期风险的模型被称为 ARCH 均值(ARCH-in-mean)或 ARCH-M 模型，是由恩格尔(Engle)、利林(Lilien)和罗宾(Robins)(1987)[①]引入的，表达式为

$$y_t = \boldsymbol{x}_t'\boldsymbol{\gamma} + \rho\sigma_t^2 + u_t \tag{5.1.38}$$

$$\sigma_t^2 = \alpha_0 + \alpha_1 u_{t-1}^2 + \alpha_2 u_{t-2}^2 + \cdots + \alpha_p u_{t-p}^2 \tag{5.1.39}$$

其中：参数 ρ 是用条件方差 σ_t^2 衡量的，可观测到的预期风险波动对 y_t 的影响程度，它代表了风险和收益之间的一种权衡。

如果把 σ_t^2 看成一个类似式(5.1.24)的 GARCH(q,p)过程，则条件方差方程就可以写为

$$\sigma_t^2 = \alpha_0 + \alpha_1 u_{t-1}^2 + \alpha_2 u_{t-2}^2 + \cdots + \alpha_p u_{t-p}^2 + \beta_1\sigma_{t-1}^2 + \beta_2\sigma_{t-2}^2 + \cdots + \beta_q\sigma_{t-q}^2 \tag{5.1.40}$$

式(5.1.38)和式(5.1.40)被称为 GARCH-M 模型。

GARCH-M 模型有两种变形：

(1) 用条件标准差 σ_t 代替条件方差 σ_t^2：

$$y_t = \boldsymbol{x}_t'\boldsymbol{\gamma} + \rho\sigma_t + u_t \tag{5.1.41}$$

(2) 将条件方差 σ_t^2 换成其对数形式 $\ln(\sigma_t^2)$：

$$y_t = \boldsymbol{x}_t'\boldsymbol{\gamma} + \rho\ln(\sigma_t^2) + u_t \tag{5.1.42}$$

GARCH-M 模型通常应用于资产的预期收益与预期风险密切相关的金融领域。如果回归的目的是揭示股票或债券等金融资产的收益，就可以利用这个模型进行估计。例

---

① ENGLE R, LILIEN D M, ROBINS R P. Estimating time varying risk premia in the term structure: the ARCH-M model[J]. Econometrica, 1987, 55(2): 391-407.

如，根据金融理论，股票的风险越大，相应的收益率也就越高，所以可以认为股票指数的票面收益($return_t$)的变动依赖于一个常数项，以及条件标准差：

$$return_t = \gamma + \rho\sigma_t + u_t \tag{5.1.43}$$

例 5.4　股票收益率的 GARCH-M 模型

本例估计我国股票收益率的 GARCH-M 模型。选择的时间序列仍是 1996 年 1 月 1 日—2006 年 12 月 31 日的上海证券交易所每日股票价格收盘指数$\{sp_t\}$，股票的收益率是根据公式：$re_t = \ln(sp_t/sp_{t-1})$，即股票价格收盘指数对数的一阶差分计算出来的。本例采用 GARCH-M 模型估计股票收益率，其变化依赖于一个常数项，以及股票收益率波动的条件标准差：

$$re_t = \mu + \rho\sigma_t + u_t \tag{5.1.44}$$

式中残差 u_t 服从条件标准正态分布。

估计出的结果是

$$re_t = -0.002 + 0.21\hat{\sigma}_t + \hat{u}_t \tag{5.1.45}$$

$$z = (-2.52)\quad (2.92)$$

$$\hat{\sigma}_t^2 = 1.66\times 10^{-5} + 0.13\hat{u}_{t-1}^2 + 0.81\hat{\sigma}_{t-1}^2 \tag{5.1.46}$$

$$z = (12.4)\qquad (18.41)\qquad (75.61)$$

对数似然值$=8\,127$，　$AIC=-5.66$，　$SC=-5.65$

收益率方程包括σ_t 的原因是在收益率的生成过程中融入风险测量，这是许多资产定价理论模型的基础——“均值方程假设”的含义。在这个假设下，ρ 应该是正数，结果也正是如此，因此预期较大值的条件标准差 σ_t 表示较高风险，即高风险与高收益率相联系。估计出的方程的所有系数都很显著，并且系数之和小于 1，满足平稳条件。均值方程中的 $\hat{\sigma}_t$ 的系数 ρ 为 0.21，表明当市场中的预期风险增加一个单位时，就会导致收益率也相应地增加 0.21 个百分点。

5.2　非对称的 ARCH 模型

在资本市场中，经常可以发现这样的现象：资产的向下运动通常伴随着比之程度更强的向上运动。为了解释这一现象，Engle 和 Ng(1993)①绘制了好消息和坏消息的非对称信息曲线，认为资本市场中的冲击常常表现出一种非对称效应。这种非对称性是十分有用的，因为它允许波动率对市场下跌的反应比对市场上升的反应更加迅速，因此被称为“杠杆效应”，是许多金融资产的一个重要事实特征。例如，许多研究人员发现了股票价格行为的非对称实例——负的冲击似乎比正的冲击更容易增加波动。因为较低的股价减少了股东权益，股价的大幅下降增加了公司的杠杆作用，从而提高了持有股票的风险。本节将介绍 3 种能够描述这种非对称冲击的模型：TARCH 模型、EGARCH 模型和 PARCH 模型。

① ENGLE R F，NG V K. Measuring and testing the impact of news on volatility[J]. Journal of finance，1993，48(5)：1749-1778.

5.2.1 TARCH 模型

TARCH 或者门限 ARCH(Threshold ARCH)模型是由 Zakoïan(1994)①和 Glosten、Jagannathan、Runkle(1993)②提出的。这个模型中的条件方差被设定为

$$\sigma_t^2 = \omega + \alpha u_{t-1}^2 + \gamma u_{t-1}^2 d_{t-1} + \beta \sigma_{t-1}^2 \tag{5.2.1}$$

式中：d_{t-1} 为一个虚拟变量，当 $u_{t-1}<0$ 时，$d_{t-1}=1$；否则，$d_{t-1}=0$。只要 $\gamma \neq 0$，就存在非对称效应。

在式(5.2.1)中，条件方差方程中的 $\gamma u_{t-1}^2 d_{t-1}$ 项称为非对称效应项或 TARCH 项。条件方差方程表明 σ_t^2 依赖于前期的残差平方 u_{t-1}^2 和条件方差 σ_{t-1}^2 的大小。好消息($u_{t-1}>0$)和坏消息($u_{t-1}<0$)对条件方差有不同的影响：好消息有一个 α 倍的冲击，即 $u_{t-1}>0$ 时，$d_{t-1}=0$，式(5.2.1)中的非对称项不存在，所以好消息只有一个 α 倍的冲击；而坏消息则有一个($\alpha+\gamma$)倍的冲击，这是因为当 $u_{t-1}<0$ 时，$d_{t-1}=1$，式(5.2.1)中的非对称效应出现，所以坏消息会带来一个($\alpha+\gamma$)倍的冲击。如果 $\gamma>0$，说明存在杠杆效应，非对称效应的主要效果是使得波动加大；如果 $\gamma<0$，则非对称效应的作用是使得波动减小。

高阶 TARCH 模型可表示为

$$\sigma_t^2 = \omega + \sum_{j=1}^{q} \beta_j \sigma_{t-j}^2 + \sum_{i=1}^{p} \alpha_i u_{t-i}^2 + \sum_{k=1}^{r} \gamma_k u_{t-k}^2 d_{t-k} \tag{5.2.2}$$

例 5.5 中国通货膨胀率的 TARCH 模型

本例利用例 5.2 的我国通货膨胀率 π_t 和货币政策变量数据建立 TARCH 模型，结果如下：

均值方程：$\pi_t = 1.185\pi_{t-1} - 0.228\pi_{t-2} + 0.029\,5m1r_{t-1} - 0.056R_{t-2} + \hat{u}_t$

$z=(13.14)\quad(-2.59)\quad(3.67)\quad(-2.77)$

方差方程：$\hat{\sigma}_t^2 = 0.236 + 0.693\hat{u}_{t-1}^2 - 0.569\hat{u}_{t-1}^2 d_{t-1}$

$z=(8.14)\quad(2.55)\quad(-1.87)$

$R^2=0.99$， 对数似然值$=-150.27$， $AIC=1.77$， $SC=2.0$

在 TARCH 模型中，非对称效应项的系数 γ 显著不等于零，说明本例的 π_t 波动具有非对称效应，由于 $\gamma=-0.568$，小于零，说明“好消息”能比“坏消息”产生更大的波动。当出现“好消息”时，$u_{t-1}>0$，则 $d_{t-1}=0$，所以该冲击会给 π_t 带来一个 $\alpha=0.69$ 倍的冲击，而出现“坏消息”时，$u_{t-1}<0$，此时 $d_{t-1}=1$，则“坏消息”仅会带来一个 $\alpha+\gamma=0.693+(-0.569)=0.124$ 倍的冲击。由于非对称效应项的系数 γ 是负数，因此所带来的冲击是减少 π_t 的波动，表明货币政策的实施能够减少价格的波动。

---

① ZAKOÏAN J M. Threshold heteroskedastic models[J]. Journal of economic dynamics and control, 1994, 18: 931-955.

② GLOSTEN L R, JAGANNATHAN R, RUNKLE D. On the relation between the expected value and the volatility of the norminal excess return on stocks[J]. Journal of finance, 1993, 48(5): 1779-1801.

5.2.2 EGARCH 模型

尽管在5.1.6小节假设 u_t 的条件分布可以是正态分布,学生 t 分布或GED,但是还可以进行更大的拓展。进一步的改进是允许 σ_t^2 和 u_t 具有比前面假设的二次方程映射更加灵活的关系。由 Nelson(1991)①提出的 EGARCH 或指数 GARCH(exponential GARCH)模型就是在这种思想上发展起来的。EGARCH 模型中的条件方差方程为

$$\ln(\sigma_t^2)=\omega+\beta\ln(\sigma_{t-1}^2)+\alpha\left|\frac{u_{t-1}}{\sigma_{t-1}}-\sqrt{\frac{2}{\pi}}\right|+\gamma\frac{u_{t-1}}{\sigma_{t-1}} \tag{5.2.3}$$

等式左边是条件方差的对数,这意味着杠杆影响是指数的,而不是二次的,所以条件方差的预测值一定是非负的。杠杆效应的存在能够通过 $\gamma<0$ 的假设得到检验。只要 $\gamma\neq0$,冲击的影响就存在着非对称性。

更高阶的EGARCH模型为

$$\ln(\sigma_t^2)=\omega+\sum_{j=1}^{q}\beta_j\ln(\sigma_{t-j}^2)+\sum_{i=1}^{p}\alpha_i\left|\frac{u_{t-i}}{\sigma_{t-i}}-E\left(\frac{u_{t-i}}{\sigma_{t-i}}\right)\right|+\sum_{k=1}^{r}\gamma_k\frac{u_{t-k}}{\sigma_{t-k}} \tag{5.2.4}$$

EViews 指定的 EGARCH 模型与一般的 Nelson 模型之间有两点区别。首先,Nelson 假设 u_t 的条件分布服从广义误差分布(GED),而 EViews 则允许其在正态分布、学生 t 分布或者 GED 中进行选择;其次,EViews 中指定的条件方差为

$$\ln(\sigma_t^2)=\omega+\beta\ln(\sigma_{t-1}^2)+\alpha\left|\frac{u_{t-1}}{\sigma_{t-1}}\right|+\gamma\frac{u_{t-1}}{\sigma_{t-1}} \tag{5.2.5}$$

这与式(5.2.3)的设定有所不同。但是在对这两个模型进行估计而得到的结果中,系数 α 和 β 的估计量是相同的,不同的只是截距项 ω 的值,它将根据分布假设和阶数 p 的变化而变化。例如,在一个正态分布的 $p=1$ 的模型中,差别是 $\alpha_1\sqrt{2/\pi}$。

Nelson 设定的主要优点之一是,由于式(5.2.4)描述了 σ_t^2 的对数,所以方差 σ_t^2 本身就是正的,而不论方程右端的系数是否为正。因此,与 GARCH 模型不同,估计式(5.2.4)无须施加任何限制。这使得式(5.2.4)成为求解过程更为简单并且更为灵活的一族动态模型。

5.2.3 PARCH 模型

Taylor(1986)和 Schwert(1989)介绍了标准差的 GARCH 模型。这个模型模拟的不是方差,而是标准差。这样,大幅冲击对条件方差的影响比在标准 GARCH 模型中要小。基于这种思想,Ding et al. (1993)②对该模型进一步加以拓展,提出了 PARCH(power ARCH)模型。该模型指定的条件方差方程的形式为

---

① NELSON D B. Conditional heterosdasticity in asset returns: a new approach[J]. Econometrica, 1991, 59(2): 347-370.

② DING Z X, GRANGER C W J, ENGLE R F. A long memory property of stock market returns and a new model[J]. Journal of empirical finance, 1993(1): 83-106.

$$\sigma_t^{\delta}=\omega+\sum_{j=1}^{q}\beta_j\sigma_{t-j}^{\delta}+\sum_{i=1}^{p}\alpha_i(|u_{t-i}|-\gamma_i u_{t-i})^{\delta} \tag{5.2.6}$$

式中：$\delta>0$，当 $i=1,2,\cdots,r$ 时，$|\gamma_i|\leqslant 1$；当 $i>r$ 时，$\gamma_i=0$，$r\leqslant p$。在 PARCH 模型中，标准差的幂参数 δ 是估计的，而不是指定的，用来评价冲击对条件方差的影响幅度；而 γ 是捕捉直到 r 阶的非对称效应的参数。

在对称的 PARCH 模型中，对于所有的 i，$\gamma_i=0$。需要注意，如果对于所有的 i，$\delta=2$ 且 $\gamma_i=0$，PARCH 模型就退化为一个标准的 GARCH 模型。和前面介绍的非对称模型一样，只要 $\gamma_i\neq 0$，非对称效应就会出现。

5.2.4　非对称的信息冲击曲线

在前面已经提到，Engle 和 Ng(1993)曾经绘制了非对称的信息冲击曲线，使得信息冲击的非对称影响变得更加直观。本节将以 EGARCH 模型为例，介绍非对称信息曲线的含义。

在 EGARCH 模型的条件方差方程

$$\ln(\sigma_t^2)=\omega+\beta\ln(\sigma_{t-1}^2)+\alpha\left|\frac{u_{t-1}}{\sigma_{t-1}}\right|+\gamma\frac{u_{t-1}}{\sigma_{t-1}} \tag{5.2.7}$$

中，假设残差 u_t 服从条件正态分布。

设

$$f\left(\frac{u_{t-1}}{\sigma_{t-1}}\right)=\alpha\left|\frac{u_{t-1}}{\sigma_{t-1}}\right|+\gamma\frac{u_{t-1}}{\sigma_{t-1}} \tag{5.2.8}$$

令 $z_t=u_t/\sigma_t$，则

$$f(z_t)=\alpha|z_{t-1}|+\gamma z_{t-1} \tag{5.2.9}$$

函数 $f(\cdot)$称为“信息冲击曲线”，就是在冲击 u_t/σ_t 下的描绘波动率 σ_t^2 的曲线。它将条件波动率的修正[这里是由 $\ln(\sigma_t^2)$ 给出]与“冲击信息”u_{t-1} 联系起来。当 $u_{t-1}>0$ 时，$\partial f/\partial z_{t-1}=\alpha+\gamma$；而 $u_{t-1}<0$ 时，$\partial f/\partial z_{t-1}=\alpha\times(-1)+\gamma$。$f(\cdot)$包含了非对称效应(注意：当没有冲击信息，即 $u_{t-1}=0$ 时，波动率将会最小)。可以证明，$f(u_{t-1})$是均值为零、方差为常数的白噪声，从而 $\ln(\sigma_t^2)$是一个 ARMA(1,1)过程，它在 $\beta\leqslant 1$ 时是平稳的[①]。

例 5.6　股票价格波动的 TARCH 模型和 EGARCH 模型

克里斯汀(Christie,1982)的研究认为，当股票价格下降时，资本结构中附加在债务上的权重增加，如果债务权重增加的消息泄露，资产持有者和购买者就会产生“未来资产收益率将导致更高波动性”的预期，从而导致该资产的股票价格波动。因此，对于股价反向冲击所产生的波动性，大于等量正向冲击产生的波动性，这种“利空消息”作用大于“利好消息”作用的非对称性，在美国等国家的一些股价指数序列当中已得到验证。

① 米尔斯. 金融时间序列的经济计量学模型[M]. 俞卓青，译. 北京：经济科学出版社，2002：146-149.

那么在我国的股票市场运行过程当中,是否也存在股票价格波动的非对称性呢?利用例5.1中沪市的股票价格收盘指数$\{sp_t\}$,我们估计了股票价格波动的两种非对称模型,结果如下:

1. TARCH 模型

均值方程:$\ln(sp_t)=0.0157+0.998\ln(sp_{t-1})+\hat{u}_t$　　(5.2.10)

$z=(3.5)\quad(1598)$

方差方程:$\hat{\sigma}_t^2=1.78\times10^{-5}+0.119\hat{u}_{t-1}^2+0.028\hat{u}_{t-1}^2 d_{t-1}+0.796\hat{\sigma}_{t-1}^2$　　(5.2.11)

$z=(13.75)\quad(12.42)\quad(2.02)\quad(72.97)$

$R^2=0.997$, 对数似然值$=8125$, $AIC=-5.66$, $SC=-5.65$

2. EGARCH 模型

均值方程:$\ln(sp_t)=0.024+0.997\ln(sp_{t-1})+\hat{u}_t$　　(5.2.12)

$z=(8.4)\quad(2529.1)$

方差方程:

$$\ln(\hat{\sigma}_t^2)=-0.196+0.132|\hat{u}_{t-1}/\hat{\sigma}_{t-1}|-0.016(\hat{u}_{t-1}/\hat{\sigma}_{t-1})+0.988\ln(\hat{\sigma}_{t-1}^2)$$

$z=(-17.33)\quad(27.7)\quad(-3.6)\quad(677.45)$　　(5.2.13)

$R^2=0.997$, 对数似然值$=8123$, $AIC=-5.66$, $SC=-5.64$

在 TARCH 模型中,杠杆效应项的系数$\gamma=0.028$,说明股票价格的波动具有“杠杆效应”:“利空消息”能比等量的“利好消息”产生更大的波动。当出现“利好消息”时,$u_{t-1}>0$,则$d_{t-1}=0$,所以该冲击只会给股票价格指数带来一个0.119(α的估计值)倍的冲击,而出现“利空消息”时,$u_{t-1}<0$,此时$d_{t-1}=1$,则这个“利空消息”会带来一个0.147(α和γ的估计值之和)倍的冲击。

这个利空消息能比等量的利好消息产生更大的波动性的结果在 EGARCH 模型中也能够得到印证。在 EGARCH 模型中,α的估计值为0.132,非对称项γ的估计值为-0.016。当$u_{t-1}>0$时,该信息冲击对条件方差的对数有一个$0.132+(-0.016)=0.116$倍的冲击;$u_{t-1}<0$时,它给条件方差的对数带来的冲击大小为$0.132+(-0.016)\times(-1)=0.148$倍。

根据估计出的 EGARCH 模型的结果,可以绘制出相应的信息曲线(图5.2.1)。

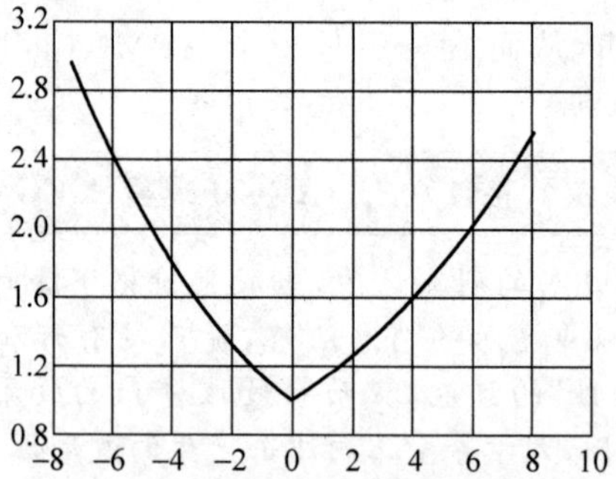

图5.2.1　沪市的股票价格收盘指数的信息冲击曲线

从图5.2.1可以看出,这条曲线在信息冲击小于0,也就是代表负冲击时,比较陡峭,而在正冲击时则比较平缓。这就说明了负冲击使得波动性的变化更大一些。

5.3　成分 ARCH 模型

5.3.1　成分 ARCH 模型的条件方差方程的设定

GARCH(1,1)模型将条件方差设定为

$$\sigma_t^2 = \omega + \alpha u_{t-1}^2 + \beta \sigma_{t-1}^2 \tag{5.3.1}$$

令 $\omega = \bar{\omega}(1-\alpha-\beta)$，其中 $\bar{\omega}$ 是非条件方差或长期波动率，则条件方差方程可以写为

$$\sigma_t^2 = \bar{\omega} + \alpha(u_{t-1}^2 - \bar{\omega}) + \beta(\sigma_{t-1}^2 - \bar{\omega}) \tag{5.3.2}$$

表示条件方差的均值趋近于 $\bar{\omega}$，这个 $\bar{\omega}$ 在所有时期都为常数。相反地，成分 ARCH (CARCH)模型允许均值趋近于一个变动的水平 q_t：

$$\sigma_t^2 - q_t = \alpha(u_{t-1}^2 - q_{t-1}) + \beta(\sigma_{t-1}^2 - q_{t-1}) \tag{5.3.3}$$

$$q_t = \omega + \rho(q_{t-1} - \omega) + \phi(u_{t-1}^2 - \sigma_{t-1}^2) \tag{5.3.4}$$

此处 σ_t^2 仍然是波动率，而 q_t 代替了 $\bar{\omega}$，它是随时间变化的长期变动率。式(5.3.3)描述了暂时成分 $\sigma_t^2 - q_t$，它将随 $\alpha+\beta$ 的作用收敛到零。式(5.3.4)描述了长期成分 q_t，它将在 ρ 的作用下收敛到 ω。典型的 ρ 在 0.99 和 1 之间，所以 q_t 缓慢地接近 ω。把暂时方程和长期方程联合起来得到

$$\begin{aligned}\sigma_t^2 = &(1-\alpha-\beta)(1-\rho)\omega + (\alpha+\phi)u_{t-1}^2 - [\alpha\rho + (\alpha+\beta)\phi]u_{t-2}^2 + \\ &(\beta-\phi)\sigma_{t-1}^2 - [\beta\rho - (\alpha+\beta)\phi]\sigma_{t-2}^2\end{aligned} \tag{5.3.5}$$

该方程表明了成分 ARCH 模型是一个非线性的、有约束的 GARCH(2,2)模型。

在成分 ARCH 模型的条件方差方程中，可以包含外生变量。这个外生变量可以放在长期方程中，也可以出现在暂时方程中(或者两者均可)。暂时方程中的外生变量将对变化率的短期移动产生影响，而长期方程中的变量将影响变动率的长期水平。

5.3.2　非对称的成分 ARCH 模型

在暂时方程中还可以引入非对称影响，称为非对称的成分 ARCH 模型。它的条件方差方程的形式为

$$q_t = \omega + \rho(q_{t-1} - \omega) + \phi(u_{t-1}^2 - \sigma_{t-1}^2) + \theta_1 \boldsymbol{z}_{1t} \tag{5.3.6}$$

$$\sigma_t^2 - q_t = \alpha(u_{t-1}^2 - q_{t-1}) + \gamma(u_{t-1}^2 - q_{t-1})d_{t-1} + \beta(\sigma_{t-1}^2 - q_{t-1}) + \theta_2 \boldsymbol{z}_{2t} \tag{5.3.7}$$

式中：$\boldsymbol{z}_{1t}$ 和 $\boldsymbol{z}_{2t}$ 为外生变量；d_{t-1} 为虚拟变量，表示负冲击，当 $u_{t-1}<0$ 时，$d_{t-1}=1$；否则，$d_{t-1}=0$。只要 $\gamma \neq 0$，冲击就会对变动率的短期波动产生非对称的影响；如果 $\gamma>0$，就意味着条件方差中存在暂时杠杆效应。需要注意，这种非对称效应只出现在短期波动中，对长期波动率的影响则主要体现在系数 ρ 的变化上。

例 5.7　股票价格指数的 CARCH 模型

例 5.3 已经估计了沪市股票价格收盘指数的 GARCH 模型，但是例 5.3 中的方差方程被假定为均值不变的。在引入了 CARCH 模型后，再对例 5.3 重新进行估计，得到的结果如下。

1. CARCH 模型

均值方程：$\ln(sp_t)=0.013+0.998\ln(sp_{t-1})+\hat{u}_t$　(5.3.8)

$z=(2.3)\quad(1\,241)$

方差方程：$\hat{q}_t=0.000\,2+0.994(\hat{q}_{t-1}-0.000\,2)+0.022(\hat{u}_{t-1}^2-\hat{\sigma}_{t-1}^2)$　(5.3.9)

$z=(9.94)\quad(749)\quad(6.27)$

$$\hat{\sigma}_t^2-\hat{q}_t=0.138(\hat{u}_{t-1}^2-\hat{q}_{t-1})+0.676(\hat{\sigma}_{t-1}^2-\hat{q}_{t-1})\tag{5.3.10}$$

$z=(10.56)\quad(20.87)$

$R^2=0.997$，　对数似然值$=8\,169$，　$AIC=-5.69$，　$SC=-5.67$

在暂时成分方程中，$(\hat{\alpha}+\hat{\beta})$之和为 0.814，小于 1，表示暂时成分 $\hat{\sigma}_t^2-\hat{q}_t$ 将收敛于零；而本例中 $\hat{\rho}=0.994$，长期波动率 $\hat{q}_t$ 则通过 ρ 的作用，缓慢地收敛于均值 0.000 2。

2. 非对称的 CARCH 模型

例 5.6 已经证明了股价的波动具有非对称效应，“利空消息”产生的波动比等量的“利好消息”产生的波动大。利用非对称 CARCH 模型，进一步验证这个结论：

均值方程：$\ln(sp_t)=0.006\,5+0.999\,2\ln(sp_{t-1})+\hat{u}_t$　(5.3.11)

$z=(28.85)\quad(307\,939.9)$

方差方程：

$$\hat{q}_t=0.000\,24+0.994(\hat{q}_{t-1}-0.000\,24)+0.023(\hat{u}_{t-1}^2-\hat{\sigma}_{t-1}^2)\tag{5.3.12}$$

$z=(9.13)\quad(661.66)\quad(5.78)$

$$\hat{\sigma}_t^2-\hat{q}_t=0.17(\hat{u}_{t-1}^2-\hat{q}_{t-1})-0.056(\hat{u}_{t-1}^2-\hat{q}_{t-1})d_{t-1}+0.715(\hat{\sigma}_{t-1}^2-\hat{q}_{t-1})$$

$z=(10.43)\quad(-3.74)\quad(26.14)$　(5.3.13)

$R^2=0.997$，　对数似然值$=8\,172$，　$AIC=-5.69$，　$SC=-5.67$

暂时方程(5.3.13)中的非对称项的系数 γ 为 -0.056，说明存在非对称效应，但与例 5.6 结论相反。由于虚拟变量 d_t 表示负冲击，所以可以解释为负的冲击比正的冲击带来的波动小。需要注意的是：这种非对称效应只出现在暂时方程中，也就是说，出现的这种非对称效应只是暂时的。由于 $\hat{\rho}=0.994$，它对长期波动率 $\hat{q}_t$ 的影响与对称的 CARCH 模型一样，以同样的速度使长期波动率 $\hat{q}_t$ 收敛于稳态。

5.4　多变量 ARCH 方法[①]

前 3 节介绍了单变量的 ARCH 模型，本节考虑 ARCH 模型的多变量形式。该方法能够有效地估计以自回归的形式表示的模型中误差项的方差和协方差。

5.4.1　多变量 ARCH 模型的基本形式

多元 ARCH 模型的均值方程可以用分块矩阵形式表示如下：

$$\begin{pmatrix} \boldsymbol{y}_1 \\ \boldsymbol{y}_2 \\ \vdots \\ \boldsymbol{y}_k \end{pmatrix} = \begin{pmatrix} \boldsymbol{X}_1 & 0 & \cdots & 0 \\ 0 & \boldsymbol{X}_2 & \cdots & 0 \\ \vdots & \vdots & \ddots & \vdots \\ 0 & 0 & \cdots & \boldsymbol{X}_k \end{pmatrix} \begin{pmatrix} \boldsymbol{\delta}_1 \\ \boldsymbol{\delta}_2 \\ \vdots \\ \boldsymbol{\delta}_k \end{pmatrix} + \begin{pmatrix} \boldsymbol{u}_1 \\ \boldsymbol{u}_2 \\ \vdots \\ \boldsymbol{u}_k \end{pmatrix} \tag{5.4.1}$$

式中：$\boldsymbol{y}_i$ 表示第 i 个方程的 $T\times 1$ 维因变量向量，$\boldsymbol{u}_i$ 表示第 i 个方程的 $T\times 1$ 维扰动项向量，$i=1,2,\cdots,k$，T 是样本观测值个数，k 是内生变量个数，$\boldsymbol{X}_i$ 表示第 i 个方程的 $T\times k_i$ 阶解释变量矩阵，如果含有常数项，则 $\boldsymbol{X}_i$ 的第一列全为 1，k_i 表示第 i 个方程的解释变量个数(包含常数项)，$\boldsymbol{\delta}_i$ 表示第 i 个方程的 $k_i\times 1$ 维系数向量，$i=1,2,\cdots,k$。式(5.4.1)可以简单地表示为

$$\boldsymbol{Y} = \boldsymbol{X\Delta} + \boldsymbol{u} \tag{5.4.2}$$

式中的矩阵可表示为

$$\boldsymbol{Y} = \begin{pmatrix} \boldsymbol{y}_1 \\ \boldsymbol{y}_2 \\ \vdots \\ \boldsymbol{y}_k \end{pmatrix} \quad \boldsymbol{\Delta} = \begin{pmatrix} \boldsymbol{\delta}_1 \\ \boldsymbol{\delta}_2 \\ \vdots \\ \boldsymbol{\delta}_k \end{pmatrix} \quad \boldsymbol{u} = \begin{pmatrix} \boldsymbol{u}_1 \\ \boldsymbol{u}_2 \\ \vdots \\ \boldsymbol{u}_k \end{pmatrix}$$

式中：设 $m=\sum_{i=1}^{k} k_i$，$\boldsymbol{\Delta}=(\boldsymbol{\delta}'_1,\boldsymbol{\delta}'_2,\cdots,\boldsymbol{\delta}'_k)'$ 是 $m\times 1$ 维向量。

设式(5.4.2)中不同时点的扰动项 $\boldsymbol{u}_t=(u_{1t},u_{2t},\cdots,u_{kt})'$，$t=1,2,\cdots,T$ 的均值为 $\boldsymbol{0}$，条件方差和协方差矩阵为 $\boldsymbol{H}_t$，由于 $\boldsymbol{H}_t$ 矩阵的表达式随着不同的设定而变化，将在以下各小节分别进行详细介绍。

同单方程 ARCH 模型的估计方法类似，多元 ARCH 估计量仍然使用极大似然估计法联合估计均值方程和条件方差方程。假设 GARCH 模型服从多变量正态分布，那么它的对数似然贡献为

$$\boldsymbol{l}_t = -\frac{k}{2}\ln(2\pi) - \frac{1}{2}\ln(|\boldsymbol{H}_t|) - \frac{1}{2}\boldsymbol{u}'_t\boldsymbol{H}_t^{-1}\boldsymbol{u}_t, \quad t=1,2,\cdots,T \tag{5.4.3}$$

这里的 k 是均值方程的数目。对于学生 t 分布，贡献的形式为

---

① 张世英，樊智. 协整理论与波动模型：金融时间序列分析及应用[M]. 北京：清华大学出版社，2004：267-272.

$$l_t=\ln\left\{\frac{\Gamma\left(\frac{v+k}{2}\right)v^{k/2}}{(v\pi)^{k/2}\Gamma\left(\frac{v}{2}\right)(v-2)^{k/2}}\right\}-\frac{1}{2}\ln(|\boldsymbol{H}_t|)-\frac{1}{2}(v+k)\ln\left[1+\frac{\boldsymbol{u}_t'\boldsymbol{H}_t^{-1}\boldsymbol{u}_t}{v-2}\right]①,\quad t=1,2,\cdots,T \tag{5.4.4}$$

式中：v 是自由度。

5.4.2　多变量 ARCH 模型条件方差和协方差矩阵的设定方法

在给定某一均值方程的设定以及分布假设后，就需要设定条件方差矩阵和协方差矩阵。本节依次考虑下面 3 个基本设定：对角 VECH、不变条件协相关(constant conditional correlation,CCC)和对角 BEKK(Baba-Engle-Kraft-Kroner,BEKK)。下面以多元 GARCH(1,1)模型为例来介绍条件方差和协方差矩阵的设定。

1. 对角 VECH

设 $\boldsymbol{u}_t$ 表示一个 $k\times1$ 维向量随机序列，且有 $\boldsymbol{u}_t|\boldsymbol{Y}_{t-1}\sim N(0,\boldsymbol{H}_t)$，$\boldsymbol{Y}_{t-1}$ 是到 $t-1$ 时的信息集，$\boldsymbol{H}_t$ 是 $k\times k$ 维正定矩阵。Bollerslev(1988)②利用下面的方程，提出了一个一般的条件协方差多变量 VECH 模型的限制性形式，方差方程的形式为

$$\boldsymbol{H}_t=\boldsymbol{M}+\boldsymbol{A}\cdot(\boldsymbol{u}_{t-1}\boldsymbol{u}_{t-1}')+\boldsymbol{B}\cdot\boldsymbol{H}_{t-1},\quad t=1,2,\cdots,T \tag{5.4.5}$$

式中：算子“·”表示 2 个矩阵的元素与元素乘积(Hadamard 算子)③。系数矩阵 $\boldsymbol{M}$、$\boldsymbol{A}$ 和 $\boldsymbol{B}$ 是 $k\times k$ 维的对称矩阵。可以利用不同的方式确定系数矩阵中的参数。

(1) 无限制形式(Indefinite Matrix)

向量 ARCH 类模型主要是研究 $\boldsymbol{H}_t$ 的不同动态特性。确定参数的最常用的方式是允许矩阵中的参数无限制地变化，即用无限制矩阵来确定参数。这种情况下，模型可以用下面的单方程形式写出：

$$(\boldsymbol{H}_t)_{ij}=(\boldsymbol{M})_{ij}+(\boldsymbol{A})_{ij}(u_{it-1}u_{jt-1})+(\boldsymbol{B})_{ij}(\boldsymbol{H}_{t-1})_{ij},\quad t=1,2,\cdots,T \tag{5.4.6}$$

式中的$(\boldsymbol{H}_t)_{ij}$ 就是矩阵 $\boldsymbol{H}_t$ 中的第 i 行、第 j 列的元素。式(5.4.6)中每个矩阵都包含了 $k(k+1)/2$ 个参数。这个模型是一个对角 VECH 的最无约束的形式，但是它并不能保证条件协方差矩阵是半正定的(PSD)。

(2) 满秩矩阵法(Full Rank Matrix)

Ding 和 Engle(2001)④认为，将系数矩阵限定为半正定有很多种方式，最常用的就是

---

① 式(5.4.4)中的 $\Gamma(\cdot)$ 代表 γ 函数，说明请参看本章式(5.1.34)的页下注。

② TIM B, ENGLE R F, WOOLDRIDGE J M. A capital-asset pricing model with time-varying covariances[J]. Journal of political economy, 1988, 96(1): 116-131.

③ 在一些文献中也有使用 Vech(·)算子，Vech(·)称为向量半算子，它表示把对称矩阵的下三角阵按列依次堆积而成的$[k(k+1)]/2$ 维列向量。如果在式(5.4.5)中使用该算子，矩阵系数 $\boldsymbol{A}$ 和 $\boldsymbol{B}$ 就变成$[k(k+1)]/2$ 维的对角矩阵，因此该方法也称对角 VECH 方法。

④ DING Z X, ENGLE R F. Large scale conditional covariance matrix modeling, estimation and testing[J]. Academia economic paper, 2001, 29(2): 157-184.

减少参数的个数。考虑下面这个例子：

$$\boldsymbol{H}_t = \widetilde{\boldsymbol{M}}\widetilde{\boldsymbol{M}}' + \widetilde{\boldsymbol{A}}\widetilde{\boldsymbol{A}}' \cdot (\boldsymbol{u}_{t-1}\boldsymbol{u}'_{t-1}) + \widetilde{\boldsymbol{B}}\widetilde{\boldsymbol{B}}' \cdot \boldsymbol{H}_{t-1}, \quad t = 1,2,\cdots,T \tag{5.4.7}$$

式中的矩阵 $\widetilde{\boldsymbol{M}}$、$\widetilde{\boldsymbol{A}}$ 和 $\widetilde{\boldsymbol{B}}$ 是任意一个最大秩数为 k 的矩阵。例如，可以使用系数矩阵的秩数为 k 的 Cholesky 因子化矩阵。尽管这个方法包含的参数数目与无限制形式的一样多，但是它保证了条件协方差为半正定的。

（3）秩数为 1 法

秩数为 1 法(rank 1 matrix)将需要估计的参数数目减少为 k，保证了条件协方差为半正定。在这种情况下，要估计的系数矩阵被限定为除了第一列以外，其他的系数均为 0。

在(2)和(3)两种设定中，所得到的系数矩阵都是 $\widetilde{\boldsymbol{M}}$、$\widetilde{\boldsymbol{A}}$ 和 $\widetilde{\boldsymbol{B}}$ 的元素。这些系数必须进行下列转换：$\boldsymbol{M} = \widetilde{\boldsymbol{M}}\widetilde{\boldsymbol{M}}'$、$\boldsymbol{A} = \widetilde{\boldsymbol{A}}\widetilde{\boldsymbol{A}}'$ 和 $\boldsymbol{B} = \widetilde{\boldsymbol{B}}\widetilde{\boldsymbol{B}}'$。

（4）标量法

标量法(scalar)将 $k \times k$ 矩阵中的元素值设为一个常数，这样：

$$\boldsymbol{B} = b \times \boldsymbol{ee}' \tag{5.4.8}$$

式中的 b 是一个标量，$\boldsymbol{e}$ 是 $k \times 1$ 维元素为 1 的向量(同样的设定也可以应用于系数矩阵 $\boldsymbol{A}$ 和 $\boldsymbol{M}$)。这个标量设定意味着对于一个指定项，方差和协方差方程的参数都是相同的。

（5）对角法

对角法(diagonal)是将系数矩阵 $\boldsymbol{M}$、$\boldsymbol{A}$ 和 $\boldsymbol{B}$ 设定为对角的，这样对角线以外的所有元素都是 0。系数矩阵这样的一种设定是基于这样的假设，即条件协方差矩阵 $\boldsymbol{H}_t$ 中的元素 h_{ijt} 仅取决于其自身的过去值，同其他变量的过去值无关。在这些设定参数的方法中，系数没有被限制为正，这样 $\boldsymbol{H}_t$ 也就不一定为半正定的。

（6）方差目标

对于常数矩阵 $\boldsymbol{M}$，可以在系数中加上一个方差目标(variance target)的限制，这样就对系数矩阵的值加上了这样的约束：

$$\boldsymbol{M} = \boldsymbol{M}_0 \cdot (\boldsymbol{ee}' - \boldsymbol{A} - \boldsymbol{B}) \tag{5.4.9}$$

式中的 $\boldsymbol{M}_0$ 是扰动项的无条件样本方差矩阵。使用这个选项时，不需要估计常数矩阵，就减少了需要估计的参数的个数。

也可以为每个估计项的系数矩阵设定其特殊的类型。例如，如果估计一个多变量 GARCH(1,1)模型，它的常数项是一个无限制矩阵，并且 ARCH 和 GARCH 项的系数矩阵秩数为 1，那么参数的个数为 $k[(k+1)/2]+2k$，而不是 $3k(k+1)/2$。

2. 不变条件协相关

多变量 ARCH 模型是 Bollerslev(1990)[①]在模拟欧洲货币体系中的汇率协同变动模型时提出的。CCC 方法是一个具有时变条件方差和协方差，但是具有不变条件协相关系数的多变量时间序列模型，在模型中，每个条件方差都表示为一个单变量的广义自回归条

① BOLLERSLEV T. Modelling the coherence in short-run nominal exchange rates: a multivariate generalized ARCH model[J]. The review of economics and statistics, 1990, 72(3): 498-505.

件异方差过程。

令 $\boldsymbol{Y}$ 代表 $k \times T$ 维的内生变量矩阵，T 表示样本容量，k 表示内生变量的个数，它具有时变的 $k \times k$ 维条件协方差矩阵 $\boldsymbol{H}_t$。

令 h_{ijt} 代表 $\boldsymbol{H}_t$ 中的第 i 行，第 j 列的元素，$\boldsymbol{y}_t=(y_{1t},y_{2t},\cdots,y_{kt})'$，$\boldsymbol{u}_t=(u_{1t},u_{2t},\cdots,u_{kt})'$，$t=1,2,\cdots,T$，$y_{it}$ 和 u_{it} 分别代表了 $\boldsymbol{y}_t$ 和 $\boldsymbol{u}_t$ 中的第 i 个元素。那么时刻 $t-1$ 估计出的 y_{it} 和 y_{jt} 的相关性的一个测量，可用条件协相关系数表示为

$$\rho_{ijt}=h_{ijt}/\sqrt{h_{iit}h_{jjt}} \tag{5.4.10}$$

对所有的时刻 t，$-1\leqslant\rho_{ijt}\leqslant 1$。一般来讲，由于 $\boldsymbol{H}_t$ 是随着时间变化的，因此这种相关性的测量也是时变的。然而，在某些应用中，时变的条件协方差也可以表示为与相对应的两个条件方差的单位根等比例变化，即

$$h_{ijt}=\rho_{ijt}(h_{iit}h_{jjt})^{1/2},\quad j=1,2,\cdots,k,i=j+1,j+2,\cdots,k \tag{5.4.11}$$

Bollerslev(1990)利用如下形式的方程设定条件协方差矩阵的元素：

$$\begin{aligned} h_{iit}&=m_i+\alpha_i u_{it-1}^2+b_i h_{iit-1} \\ h_{ijt}&=\rho_{ij}/\sqrt{h_{iit}h_{jjt}} \end{aligned} \tag{5.4.12}$$

利用方差目标可以将这些约束应用于常数项

$$m_i=\sigma_0^2(1-a_i-b_i),\quad i=1,2,\cdots,k \tag{5.4.13}$$

这里的 σ_0^2 是扰动项的无条件样本方差。

当方差方程中包含外生变量时，可以选择特殊系数或者一般系数。对于一般系数，系统认为每个方程中的外生变量具有相同的斜率 g，而选择特殊系数则意味着方程间的每个外生变量的影响 e_i 都是不同的。

$$h_{iit}=m_i+\alpha_i u_{it-1}^2+b_i h_{iit-1}+e_i x_{1t}+g x_{2t} \tag{5.4.14}$$

3. 对角 BEKK

BEKK(Engle，Kroner，1995)[①]模型的定义如下：

$$\boldsymbol{H}_t=\boldsymbol{M}\boldsymbol{M}'+\boldsymbol{A}(\boldsymbol{u}_{t-1}\boldsymbol{u}_{t-1}')\boldsymbol{A}'+\boldsymbol{B}\boldsymbol{H}_{t-1}\boldsymbol{B}' \tag{5.4.15}$$

BEKK 的一般形式中 $\boldsymbol{A}$ 和 $\boldsymbol{B}$ 是无限制的，如将 $\boldsymbol{A}$ 和 $\boldsymbol{B}$ 限定为对角矩阵，这个对角 BEKK 模型与对角 VECH 模型完全相同，也就是都含有一个矩阵秩数为 1 的系数矩阵。

例 5.8　日元、瑞士法郎、英镑汇率收益率的多元 GARCH 模型

本例建立了日元(jy_t)、瑞士法郎(sf_t)和英国英镑(bp_t)的周收益率的多元 GARCH(1,1)模型，估计区间为 1979 年 12 月 31 日—2000 年 12 月 25 日。其中的收益率定义为汇率的对数一阶差分，该模型中的均值方程是一个常数项的回归方程，形式为

$$\begin{aligned} \ln(jy_t/jy_{t-1})&=c_1+u_{1t} \\ \ln(sf_t/sf_{t-1})&=c_2+u_{2t} \\ \ln(bp_t/bp_{t-1})&=c_3+u_{3t} \end{aligned} \tag{5.4.16}$$

① ENGLE R F，KRONER K F. Multivariate simultaneous generalized ARCH[J]. Econometric theory，1995，11(1)：122-150.

式中：$\boldsymbol{u}_t=(u_{1t},u_{2t},u_{3t})'$服从均值为 0、方差为 $\boldsymbol{H}_t$ 的条件正态分布。在估计过程中，选择的模型类型为对角 VECH 模型，系数限制设值为无限制形式(indefimite matrix)，得到的估计结果为

均值方程：

$$\ln(jy_t/jy_{t-1})=-0.0009+\hat{u}_{1t} \tag{5.4.17}$$
$$z=(-1.94)$$

$$\ln(sf_t/sf_{t-1})=6.18\times10^{-5}+\hat{u}_{2t} \tag{5.4.18}$$
$$z=(0.13)$$

$$\ln(bp_t/bp_{t-1})=-1.17\times10^{-5}+\hat{u}_{3t} \tag{5.4.19}$$
$$z=(-0.031)$$

令矩阵 $\boldsymbol{M}$ 为方差方程中常数项的系数矩阵，矩阵 $\boldsymbol{A}$ 为方差方程中 ARCH 项的系数矩阵，矩阵 $\boldsymbol{B}$ 为方差方程中 GARCH 项的系数矩阵[这 3 个矩阵都是对称矩阵，所以每个矩阵需要估计的系数个数为 3×(3+1)/2=6 个]，方差方程可表示为

$$\hat{\boldsymbol{H}}_t=\hat{\boldsymbol{M}}+\hat{\boldsymbol{A}}\cdot(\hat{\boldsymbol{u}}_{t-1}\hat{\boldsymbol{u}}'_{t-1})+\hat{\boldsymbol{B}}\cdot\hat{\boldsymbol{H}}_{t-1} \tag{5.4.20}$$

我们可以用矩阵的形式表示式(5.4.20)的方差估计结果。其中条件方差矩阵 $\hat{\boldsymbol{H}}_t$ 为

$$\hat{\boldsymbol{H}}_t=\begin{pmatrix}\hat{h}_{11,t} & \hat{h}_{12,t} & \hat{h}_{13,t}\\ \hat{h}_{21,t} & \hat{h}_{22,t} & \hat{h}_{23,t}\\ \hat{h}_{31,t} & \hat{h}_{32,t} & \hat{h}_{33,t}\end{pmatrix}$$

那么 3 个系数矩阵估计结果分别为

$$\hat{\boldsymbol{M}}=\begin{pmatrix}6.72\times10^{-6} & 5.13\times10^{-6} & -4.26\times10^{-6}\\ 5.13\times10^{-6} & 9.93\times10^{-6} & -8.34\times10^{-6}\\ -4.26\times10^{-6} & -8.34\times10^{-6} & 1.37\times10^{-5}\end{pmatrix}$$

$$\hat{\boldsymbol{A}}=\begin{pmatrix}0.060 & 0.058 & 0.078\\ 0.058 & 0.057 & 0.076\\ 0.078 & 0.076 & 0.100\end{pmatrix},\quad \hat{\boldsymbol{B}}=\begin{pmatrix}0.917 & 0.914 & 0.878\\ 0.914 & 0.912 & 0.875\\ 0.878 & 0.875 & 0.840\end{pmatrix}$$

矩阵 $\hat{\boldsymbol{A}}$ 中的各个元素表示了各变量的上一期残差的平方之间的相互影响关系，而矩阵 $\hat{\boldsymbol{B}}$ 中的各个元素则表示了各变量的上一期方差和协方差之间的相互影响关系。写成方程形式，则条件方差方程为

$$\hat{h}_{11,t}=6.72\times10^{-6}+0.060\times\hat{u}^2_{1,t-1}+0.917\times\hat{h}_{11,t-1} \tag{5.4.21}$$
$$z=(5.66)\qquad(7.33)\qquad(78.88)$$

$$\hat{h}_{22,t}=9.93\times10^{-6}+0.057\times\hat{u}_{2,t-1}^2+0.912\times\hat{h}_{22,t-1} \tag{5.4.22}$$

$$z=(4.55)\qquad(8.24)\qquad(80.09)$$

$$\hat{h}_{33,t}=1.37\times10^{-5}+0.100\times\hat{u}_{3,t-1}^2+0.840\times\hat{h}_{33,t-1} \tag{5.4.23}$$

$$z=(5.59)\qquad(13.18)\qquad(65.65)$$

这3个方程中,每个方程的上期残差平方项和方差项的系数之和都小于1,满足约束条件,并且系数之和都接近于1,表明汇率周收益率的数据受到冲击时,其影响存在较为长久的异方差效应。

条件协方差方程:

$$\hat{h}_{12,t}=5.13\times10^{-6}+0.058\times\hat{u}_{1,t-1}\hat{u}_{2,t-1}+0.914\times\hat{h}_{12,t-1} \tag{5.4.24}$$

$$z=(5.35)\qquad(9.62)\qquad(101.37)$$

$$\hat{h}_{13,t}=-4.26\times10^{-6}+0.078\times\hat{u}_{1,t-1}\hat{u}_{3,t-1}+0.878\times\hat{h}_{13,t-1} \tag{5.4.25}$$

$$z=(-4.72)\qquad(11.55)\qquad(95.03)$$

$$\hat{h}_{23,t}=-8.34\times10^{-6}+0.076\times\hat{u}_{2,t-1}\hat{u}_{3,t-1}+0.875\times\hat{h}_{23,t-1} \tag{5.4.26}$$

$$z=(-5.38)\qquad(10.90)\qquad(82.82)$$

$$\text{对数似然值}=9\,674,\quad AIC=-17.63,\quad SC=-17.56$$

协方差方程表示的就是各个变量之间的冲击的交互影响,如条件协方差方程$h_{12,t}$中,$\hat{u}_{1,t-1}\hat{u}_{2,t-1}$项的系数0.058就表示了日元和瑞士法郎汇率的周收益率的上期残差平方之间的影响大小,而$\hat{h}_{12,t-1}$项的系数则表示了这两个变量的上期残差之间的影响大小。从估计的结果来看,每个协方差方程中的系数$a_{i,j}$和$b_{i,j}$之和都在0.951~0.972范围波动,都接近于1,这表示日元、瑞士法郎和英镑汇率的周收益率波动的条件方差之间的相互影响是持久的,体现了当前世界经济一体化的背景下,各个国家之间的金融波动呈现出趋同的现象。

5.5 EViews软件的相关操作[①]

5.5.1 ARCH检验

例5.1中的式(5.1.13)是利用OLS估计的,由于它的残差序列出现了波动的成群现象,所以需要对该方程进行ARCH检验。普通回归方程有两个ARCH检验:ARCH LM检验和残差平方相关图检验,下面我们将分别进行介绍。

1. ARCH LM检验

普通回归方程的ARCH检验都是在残差检验下拉列表中进行的,需要注意的是,只

① EViews 10 IHS Global Inc.,2017. User's Guide Ⅱ,Chapter 25,pp. 244-266;Chapter 39,pp. 645-686.

有使用最小二乘法、二阶段最小二乘法和非线性最小二乘法估计的方程才有此项检验。

单击 View\Residual Diagnostics，在其下拉列表中选择 Heteroskedasticity Test 选项，在弹出的对话框中选择 ARCH 项，并在 Number of Lags 设定框中输入滞后阶数“3”，确认后就得到了方程式(6.1.13)的 ARCH LM 检验结果。

2. 残差平方相关图检验

单击 View\Residual Diagnostics，在其下拉列表选择 Correlogram Squared Residuals 选项，它是对方程进行残差平方相关图的检验。单击该命令，会弹出一个输入计算自相关和偏自相关系数的滞后阶数设定的对话框，默认的设定为“36”，单击 OK 按钮，得到检验结果。

5.5.2 ARCH 模型的建立

建立 ARCH 和 GARCH 模型，只需单击 Object/New Object /Equation，得到方程设定对话框，然后在 Method 的下拉菜单中选择 ARCH，即得到图 5.5.1 所示对话框。ARCH 模型需要指定均值方程和方差方程。

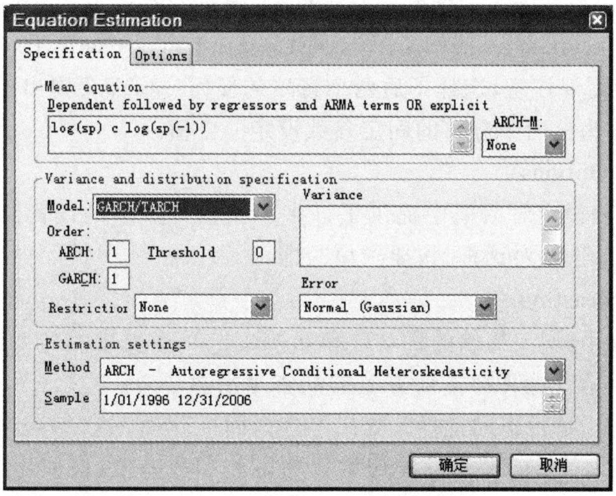

图 5.5.1　ARCH 模型定义对话框

1. 均值方程(Mean equation)

在因变量编辑栏中输入均值方程形式，均值方程的形式可以用回归列表形式列出因变量及解释变量。如果方程包含常数，可在列表中加入 c。当需要估计一个更复杂的均值方程时，还可以用公式的形式输入均值方程。如果估计的式子中含有 ARCH-M 项，就需要在 ARCH-M 下拉框中的 4 个选项中进行选择：选项 None 表示方程中不含有 ARCH-M 项；选项 Std. Dev. 表示在方程中加入条件标准差 σ；选项 Variance 则表示在方程中含有条件方差 σ^2；选项 Log(Var)表示在均值方程中加入条件方差的对数 $\ln(\sigma^2)$ 作为解释变量。

2. 方差设定和分布设定(Variance and distribution specification)

(1) 在图 5.5.1 中的 Model 列表列出了 4 种不同类型的 ARCH 模型,当选择 GARCH/TARCH 模型、EGARCH 模型和 PARCH 时,需要输入 ARCH 项和 GARCH 项的阶数。缺省的形式为包含一阶 ARCH 项和一阶 GARCH 项的模型,这是最普遍的设定。如果要估计一个非对称的模型,就需要在右侧的 Threshold 编辑栏中输入非对称项的数目,缺省的设置是不估计非对称的模型,即该选项的个数为 0。这里需要注意,EViews 只能估计 Component ARCH(1,1)模型,也就是说如果选择该项,则不能再选择 ARCH 项和 GARCH 项的阶数,但可以通过选择包含非对称项来估计非对称 Component ARCH 模型,但该模型也只能包含一个非对称项。

(2) 在 Variance 栏中,可以根据需要列出包含在方差方程中的外生变量。由于 EViews 在进行方差回归时总会包含一个常数项作为解释变量,所以不必在变量表中列出 c。

(3) 约束(Restriction)下拉列表则允许进行 IGARCH 约束或者方差目标约束(variance target),也可以不进行任何约束(none)。

(4) Error 组合框用来设定误差的分布形式,缺省的形式为 Normal(Gaussian),备选的选项有 Student's-t,Generalized Error(GED)、Student's-t with fixed df. 和 GED with fixed parameter。需要注意,选择了后两个选项的任何一项都会弹出一个选择框,需要在这个选择框中分别为这两个分布的固定参数设定一个值。

3. 估计选项(Options)

EViews 在方程设定对话框中提供了许多关于估计选项的设置。只需单击 Options 按钮,就会出现估计选项对话框,按要求填写即可。

(1) 回推(backcasting)

在缺省的情况下,MA 初始的扰动项和 GARCH 项中要求的初始预测方差都使用回推方法来确定初始值。计算样本前方差的缺省平滑算子 $\lambda=0.7$,EViews 也允许按照步长为 0.1 从 0.1 到 1 进行不同选择。如果不选择回推算法,EViews 会设置残差为零来初始化 MA 过程,用无条件方差来设置初始化的方差和残差值,但使用回推指数平滑算法来初始化 GARCH 模型通常比使用无条件方差的效果要理想。

(2) 系数协方差(coefficient covariance)

heteroskedasticity consistent covariance 选项是利用 Bollerslev 和 Wooldridge(1992)的方法计算准极大似然(QML)的协方差和标准差。当怀疑残差不服从正态分布时,应该使用这个选项。只有选定这一选项,协方差的估计才可能是一致的,才可能产生正确的标准差。需要注意的是,选择该项进行估计时,参数估计值将保持不变,改变的只是协方差矩阵。

(3) 导数方法(derivatives)

目前,EViews 使用数值导数方法估计 GARCH 模型。在计算导数的时候,可以利用 Accuracy 按钮获得更高的精度(采用较小的步长计算)或者 Speed 按钮达到更快的速度(采用较大的步长计算)。

(4) 迭代过程(iterative process)和优化方法(optimization algorithm)

如果利用GARCH模型的默认设置进行估计却不收敛时,可以通过调整优化算法(Marquardt,BHH/Gauss-Newton)、改变初始参数值、增加迭代的最大次数或者调整收敛准则等选项进行迭代控制。

5.5.3 ARCH模型的输出

在模型设定及估计选项设定结束后,单击"OK"按钮,就可以估计ARCH模型。不同形式的ARCH模型的输出结果不尽相同,下面将分别介绍。

1. GARCH模型的输出结果

GARCH模型的估计结果可以分为两部分:上半部分提供了均值方程的标准结果;下半部分提供了方差方程(variance equation)的结果,包括系数、标准差、z统计量和方差方程系数的P值。在方差方程的输出结果中,C代表了式(5.1.18)中的常数项ω,RESID(−1)^2项对应的系数是式(5.1.18)中的ARCH项u_{t-1}^2的系数α,GARCH(−1)项对应的系数是式(5.1.18)中GARCH项σ_{t-1}^2的系数β。在表的底部是一组标准的回归统计量,使用的残差来自均值方程。

2. GARCH-M模型的输出结果

估计GARCH-M模型,首先需要在条件方差方程中加入残差的条件方差的某种形式[条件方差σ^2、条件标准差σ或条件方差的对数$\log(\sigma^2)$],其他选项的填写和一般的GARCH模型类似。

GARCH-M模型的结果可以分为两部分:上半部分提供了均值方程的标准结果,输出表中的@SQRT(GARCH)项对应的系数就是式(5.1.41)中的条件标准差σ_t的系数ρ;下半部分,即方差方程部分包括系数、标准差、z统计量和方差方程系数的p值,输出结果形式和GARCH模型类似。

3. TARCH模型的输出结果

要估计例5.6中介绍的TARCH模型,仍选择GARCH/TARCH项,但由于在该TARCH模型中包含了一项非对称项,所以Threshold选项栏中应该输入1,其他选项的设定和GARCH(1,1)模型完全相同。在方差方程的输出结果中,RESID(−1)^2 * (RESID(−1)<0)的系数就代表了式(5.2.1)中的非对称项$u_{t-1}^2 d_{t-1}$的系数γ,其他结果输出和GARCH模型类似。

4. EGARCH模型的输出结果

例5.6还给出了股票价格指数的EGARCH模型。这个模型在EViews中的设定与GARCH(1,1)模型的设定大体相同,只是在选择ARCH模型时,应该选择EGARCH项。一旦选择此项,非对称项的选项Threshold就相应地变为Asymmetric。在此框中输入1,即该EGARCH模型只含有一个非对称项。在输出结果表上部给出条件方差方程表达式,可以对照式(5.2.3)写出估计的方差方程式。

5. CARCH模型的输出结果

EViews只能估计CARCH(1,1)模型。因此,这个模型的设定与其他的模型略有不同。为了估计例 5.7 中的 CARCH 模型,需要在模型设定对话框中选择 Component ARCH(1,1)选项。这时,原来在对话框中出现的设定 ARCH、GARCH 的阶数的选项及非对称项的个数的 Threshold 选项被新出现的 Include Threshold Terms 选项所代替。由于估计的是对称的 CARCH 模型,所以不选择此项。其他的选项与 GARCH(1,1)模型的设定相同。在输出结果表上部给出条件方差方程表达式,可以对照式(5.3.3)和式(5.3.4)写出估计的方差方程式。

6. 非对称的 CARCH 模型的输出结果

同 CARCH(1,1)模型一样,EViews 6.0 只能估计非对称的 CARCH(1,1)模型。它的设定与对称的 CARCH(1,1)模型的设定只有一项不同:非对称的 CARCH(1,1)模型需要选择 Include Threshold Terms 复选框。在输出结果表上部给出条件方差方程表达式,可以对照式(5.3.6)和式(5.3.7)写出估计的方差方程式。

5.5.4 ARCH 模型的视图和过程

ARCH 模型估计出以后,EViews 会提供各种视图和过程进行推理与诊断检验。

1. ARCH 模型的视图

(1) Actual,Fitted,Residual 窗口列示了各种残差形式,如表格、图形和标准残差。

(2) Garch Graph 视图,选择 View/Garch Graph,在弹出的对话框中有两个选项:Conditional Standard Deviation 和 Conditional Variance,分别显示了对样本中的每个观测值绘制的向前一步预测的标准差 σ_t 和方差 σ_t^2,其中 t 时刻的观察值是利用直到 $t-1$ 期可得到的信息得出的预测值。

(3) 显示了估计的系数协方差矩阵。大多数 ARCH 模型(ARCH-M 模型除外)的矩阵都是分块对角的,因此均值系数和方差系数之间的协方差就十分接近零。如果在均值方程中包含常数,那么在协方差矩阵中就存在两个 C:第一个 C 是均值方程的常数,第二个 C 是方差方程的常数。

(4) 对估计出的系数进行标准假设检验。

(5) 显示了标准残差的相关图(自相关和偏自相关)、残差平方相关图、ARCH LM 检验结果。这个窗口可以用于检验均值方程中的剩余的序列相关性和检查均值方程的设定。如果均值方程是被正确设定的,那么所有的 Q 统计量都不显著。

需要注意的是,ARCH 模型过程中的几种检验结果都是根据标准差 u_t/σ_t 计算得出的。标准差 u_t/σ_t 被定义为传统的均值方程中的残差除以条件标准差。

如果模型设定正确,标准差应该是独立同分布的随机变量,并且均值为 0,方差为 1。如果标准差还服从正态分布,那么估计值就是渐近有效的极大似然估计。然而,即使残差的分布不是正态的,估计值在准极大似然(QML)的假设下仍是一致的。

2. ARCH 模型的过程

对于 ARCH 模型的过程,只介绍其中比较特殊的两项:Proc/Forecast(预测)和 Proc/Make GARCH Variance Series(生成 GARCH 方差序列)。

(1) 预测

单击 ARCH 方程菜单中的 Proc/Forecast，弹出预测对话框。使用估计的 ARCH 模型可以计算因变量的静态和动态的预测值、预测标准差及条件方差 σ_t^2。只有当估计 ARCH 模型时，对话框中的"GARCH(optional)"选项才是可选的。

(2) 生成 GARCH 方差序列

这个命令可以将条件方差 σ_t^2 以序列的形式保存在工作文件中。条件方差序列的命名默认为 GARCH01、GARCH02 等。取平方根就会得到如 View/Garch Gragh/Conditional Standard Deviation 所示的条件标准差。

5.5.5 绘制估计的信息冲击曲线

为了更为具体地分析非对称性的效果，可以根据估计出的结果，绘制相应的信息冲击曲线。下面以例 5.6 中 EGARCH 模型的方差方程中的波动性 σ_t^2 相对于反向冲击 u/σ 为例，介绍使用 EViews 来绘制信息影响曲线的方法。

设 $z=u/\sigma$，首先在工作文件中估计沪市股票价格指数数据的 EGARCH 模型，然后通过选择 Procs/Make GARCH Variance Series 产生条件方差序列 σ^2，序列名为 *garch*01。选择 Procs/Make Residual Series 生成残差序列 *resid*1，利用 Genr 功能计算 $z=u/\sigma$：

$$z = resid1/sqr(garch01)$$

利用 Excel 软件将 z 按由小到大排列，记为 *z_sort*，然后重新建立含有 z 的非时间序列工作文件 SIG，样本期间是 1～2 870，利用 EGARCH 模型的系数 α 和 γ，通过以下的命令生成序列：

Series log(s) = 0.132 * abs(z_sort) − 0.016 * z_sort

式中：s 为序列名字。注意：EViews 会从对数表达式中自动生成序列 *s*。

最后，选择 *z_sort* 和 *s* 序列，先双击 Open Group，然后双击 View/Graph/xy line，得到沪市股票价格指数的信息冲击曲线 5_6_if_line(例 5.6 中的图 5.2.1)。

5.5.6 多变量 ARCH 模型的估计

1. 多变量 ARCH 模型的建立和设置

建立多变量 ARCH 模型需要建立联立方程系统(system)，例 5.8 所建联立方程系统为

$$\text{dlog}(jy) = c(1)$$
$$\text{dlog}(sf) = c(2)$$
$$\text{dlog}(bp) = c(3)$$

创建和设定系统(system)结束后，单击工具条的 Estimate 键，弹出系统估计对话框(图 5.5.2)。标有 System Estimation 的组合框提供了许多估计方法选项，可以从中选择估计参数的方法。图 5.5.2 显示了选择 ARCH-Conditional Heteroskedasticty 方法时，与 ARCH 模型相对应的各种选项。ARCH 模型设定(ARCH model specification)中的模型(Model)选项中，允许从 3 个不同的多变量 ARCH 模型中进行选择：对角 VECH

(Diagonal VECH),条件不变协相关(Constant Conditional Correlation,CCC)和对角BEKK(Diagonal BEKK)。自回归阶数(Auto-regressive order)表示包含在模型中的自回归项的数目,即ARCH项、GARCH项,以及非对称项TARCH项的数目。也可以使用方差回归因子(Variance)编辑区来设定方差方程中所包含的回归因子。

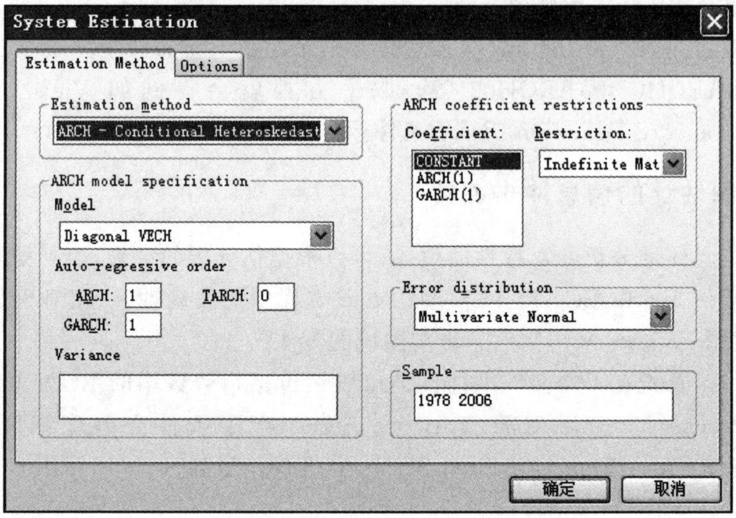

图5.5.2　多变量ARCH估计对话框

利用对话框中的ARCH coefficient restrictions部分中的选项,可以确定方差方程中的自回归项和回归因子的系数。系数(Coefficient)列表中显示了每个自回归项和回归因子项,因此可以选择想要修改的任意一项进行相应的设定,并在限制(Restriction)区域内设定该项的类型系数。对于对角VECH方法,每个系数矩阵都可被限制为标量(Scalar)、对角(Diagonal)、秩数为1(Rank One),满秩(Full Rank),无穷矩阵(Indefinite Matrix)或者(在不变系数的情况下)方差目标(Variance Target)。BEKK模型选项的大部分功能都相同,除了ARCH、GARCH和TARCH项被限制为对角系数。对于CCC模型来说,标量是ARCH、GARCH和TARCH项的唯一选项,常数项则可以选择标量或者方差目标。对于外生变量,则可以在特殊和一般之间进行选择,分别代表着将所有的方差方程的参数都限制为相同的(common),或者没有任何限制(individual)。

2. 迭代选项(Options)

当选择ARCH为估计方法时,在Options选项页会出现下面这些ARCH选项:

(1) Starting coefficient:表示EViews应该使用何种初始值开始迭代过程。缺省的,该初始值由EViews Supplied决定,也可以选择User Supplied,通过c系数向量或者自行选择来设定初始值。

(2) Starting (presample):表示样本前的条件方差和期望新息是利用何种方法计算的。

(3) Coefficient name:指定在方差方程中所使用的系数的名称。它可以与均值方程中的名称不同。

(4) 如果在 Coefficient covariance 选项中的 Covariance method 中选择了 Bollerslev-Wooldridge，EViews 还会报告稳健的标准差(robust)。

通过基本的设定，我们就能够得到 ARCH 的解析导数，因为在估计过程中系统会自发应用这些导数。对一个更复杂的模型来说，无论是在均值方程或者条件方差方程中，都会使用数值或数值和分析导数。解析导数一般，但不是绝对地比数值导数计算得快。

3. 多变量 ARCH 模型的估计结果

多变量 ARCH 的估计结果比较特殊，以例 5.8 的估计结果对其进行简单的解释。

系数结果部分在顶部，分为两个部分：一部分包含了估计出的均值方程的系数，例 5.8 中均值方程，式(5.4.17)～式(5.4.19)的参数估计为 c(1)、c(2)和 c(3)，列在系数列表中的上半部分；另一部分则是估计出的方差方程的系数，系数 c(4)～c(9)是方差方程中的常数项矩阵 $\boldsymbol{M}$ 的系数；c(10)～c(15)是条件方差和协方差矩阵 $\boldsymbol{H}$ 的系数。

需要注意，多变量 ARCH 模型中的方差系数的数目是非常大的，即使在这个较小的 3 变量系统中，也需要估计 18 个系数，这使得解释起来较为复杂。EViews 的输出结果中也提供了转换后的方差矩阵 $\boldsymbol{A}$ 和协方差矩阵 $\boldsymbol{B}$ 的系数估计结果，可以帮助解释这些变量。在下面的统计结果中，首先描述了在估计中使用的协方差模型，在例 5.8 中，就是对角 VECH 模型，然后给出了多变量 ARCH 模型形式，接着以矩阵元素的形式给出常数项矩阵 $\boldsymbol{M}$、ARCH 项的系数矩阵 $\boldsymbol{A}$(用 $A1$ 表示)、GARCH 项的系数矩阵 $\boldsymbol{B}$(用 $B1$ 表示)的系数值和相应的统计量。

第6章 受限因变量模型[①]

本章关注的问题是因变量受到某种限制的情况，这时需要建立的经济计量模型称为受限因变量模型(limited dependent variable model)。这种情况下，由于数据收集规则或者经济人自我选择行为的结果，人们所获得的样本数据来自总体的一个子集，可能不能完全反映总体。如果使用传统的经济计量方法来分析这样的样本而不考虑所抽样本的选择性，那么对经济关系进行的统计评估结果将会发生偏差，这就是所谓的"样本选择偏差"，赫克曼(Heckman)以微观经济理论来解释个体资料的样本选择问题并提出了 Heckman 样本选择模型。

许多经济社会问题的描述变量都为计数变量，计数数据中零元素和绝对值较小的数据出现得较为频繁，以这些变量为被解释变量，研究它们的影响因素构成了计量经济学中的另一类问题，称为计数模型。

本章的最后介绍了广义线性模型。广义线性模型是普通线性模型的一般化形式，它可适用于因变量为连续型数据和离散型数据两种情况。在实际应用中离散型因变量的情形更加常见，如属性数据、计数数据等。广义线性模型在生物、医学、经济和社会数据分析中有广泛的应用，尤其在微观调查数据的统计分析上有重要应用。

6.1 受限因变量的数据特征与模型方法

在现实的经济问题中，有时会遇到因变量是连续的，但是受到某种限制不能完全被观测到的情形，此时得到的数据就出现了审查(censoring)或者断尾(truncation)的现象。也就是说所得到的因变量的观测值来源于总体的一个受限制的子集，并不能完全反映总体的实际特征，这一类数据由于违背了经典计量经济学模型对被解释变量样本观测值的要求，因此进行普通的最小二乘估计会产生偏误。审查样本、截断样本以及选择性样本在非实验性的社会科学研究中广泛存在，詹姆斯·托宾(James Tobin)1958 年的论文引发了对这类问题的现代研究。

6.1.1 审查、截断和选择性样本

对于这 3 种类型的样本数据，因变量都具有截断特征。其具体表述如下：若对于随机变量 y 有某个数值 c，对于 $y\leqslant c$ 的所有样本，y 的观测值是可获得的，而对于其他样本仅仅已知 $y>c$ 的事实，具体观测值获得不了，则称为 y 是右截断的；同时还有左截断，即

---

① 布林. 删截、选择性样本及截断数据的回归模型[M]. 郑冰岛，译. 上海：格致出版社，2012.
李子奈，叶阿忠. 高级应用计量经济学[M]. 北京：清华大学出版社，2012：第 4 章.
靳云汇，金赛男，等. 高级计量经济学(下册)[M]. 北京：北京大学出版社，2011：第 21 章.
格林. 计量经济分析[M]. 6 版. 张成思，译. 北京：中国人民大学出版社，2011：第 24 章.

已知所有大于某一阈值 c 的 y 的观测值，但对于其他所有样本仅仅知道 $y \leqslant c$ 的事实，具体观测值获得不了。一个典型的例子是收入，对于样本中的高收入群体我们可能仅仅知道其年收入是 10 万美元以上，而不知道具体是多少。还可能存在两个或者更多的阈值，如存在两个阈值 d, c（不妨设 $d > c$），若 $c < y < d$ 时已知 y 的具体数值，而当 $y \leqslant c$ 时，仅知道 $y \leqslant c$ 的信息，而不知道 y 的具体样本值；同样当 $y \geqslant d$ 时，仅仅知道 $y \geqslant d$ 的信息，而非具体数值。

下面详细说明 3 种样本的特征、区别和联系。

1. 审查样本

假设有一个截断性的因变量 y 的样本，设 $\boldsymbol{x}$ 是解释变量。若对于所有样本都有 $\boldsymbol{x}$ 的观测值，则样本称为是被审查的(censored)。以右截断为例，既能获得所有 $y \leqslant c$ 的 $\boldsymbol{x}$ 值（此时 y 的观测值可获得），也可知道 $y > c$ 时 $\boldsymbol{x}$ 的观测值。

2. 截断样本

如果仅仅是对于那些有观测值的 y 才可以观测到 $\boldsymbol{x}$ 的样本，则该样本被称为截断性样本(truncation)，某些抽样会导致截断问题。截断是数据收集效应，与数据生成无关，当样本数据从研究总体的子样本中抽取时就会出现。

3. 选择性样本

还存在一类选择性样本问题，它的因变量也是截断样本，但是和审查问题的区别在于决定因变量 y 是否有观测值的机制不同。在审查问题中，如前面举的因变量是高收入群体的例子，y 的观测值的特性取决于其本身，如 y 大于阈值 10 万美元时，y 的观测值是不可确切获得的。而在选择性样本问题中，y 能否被观测到取决于另一个变量 z 的值。例如，要研究成年人给予其孩子零花钱的数额(y)，因为不是所有的成年人都有孩子，所以在某些子样本中不具备 y 的观测值。设 $z_i = 1$ 表示第 i 位成年人有孩子；相反，$z_i = 0$。则需要两个步骤来解决问题：①拟合所有样本中成年人有孩子的概率；②在所有有孩子的成年人中拟合 y 的期望值。此时会有两类解释变量：$\boldsymbol{w}$ 用以解释成年人是否有孩子；自变量 $\boldsymbol{x}$ 用以解释 y 的观测值。对于所有的样本，都能得到 $\boldsymbol{w}$ 和 $\boldsymbol{x}$ 的观测值，并不管其是处于被选择范围之内(y 可被观测到)还是之外(y 不能具体观测到)。

表 6.1.1 给出了 3 类样本的特征总结。

表 6.1.1　审查、截断样本和选择性样本

样本类型	因变量	自变量
审查样本	y 仅在其值满足某些条件时，如 $y > c$ 时，才可获知其确切取值。y 是截断的随机变量	无论 y 是否有确切的取值，对于整个样本，自变量 x 都具有观测值
截断样本	y 仅在其值满足某些条件时，如 $y > c$ 时，才具有观测值。y 是截断的随机变量	仅当 y 具备观测值时，自变量才具有观测值
选择性样本	y 仅当一个随机变量 z 满足某些条件，如 $z = 1$ 时，才具有观测值。y 是截断的随机变量	无论 y 是否有观测值，对于整个样本，自变量 $\boldsymbol{x}$ 和 $\boldsymbol{w}$ 都可被观测

6.1.2　受限因变量数据不能用普通最小二乘估计①的原因

受限因变量模型认为存在一个潜在的因变量 y_i^*，y 是 y_i^* 的现实观测值，潜在因变

① 李子奈，叶阿忠. 高级应用计量经济学[M]. 北京：清华大学出版社，2012：155-157.

量的回归模型为

$$y_i^* = \boldsymbol{x}'_i\boldsymbol{\beta} + u_i, \quad i=1,2,\cdots,N \tag{6.1.1}$$

式中：$\boldsymbol{x}_i=(x_{1i},x_{2i},\cdots,x_{ki})'$为解释变量向量，$\boldsymbol{\beta}=(\beta_1,\beta_2,\cdots,\beta_k)'$是 $k\times 1$ 维系数向量。假设 u_i 是独立且服从正态分布的随机误差项，均值为 0，方差为 σ^2。观测变量和潜在变量的关系为

$$y_i=\begin{cases} y_i^*, & y_i^*>c \\ c, & y_i^*\leqslant c \end{cases} \tag{6.1.2}$$

不妨设 $c=0$，求得 y_i 的条件均值为

$$E(y_i \mid \boldsymbol{x}_i)=p(y_i>0 \mid \boldsymbol{x}_i)E(y_i \mid y_i>0,\boldsymbol{x}_i) \tag{6.1.3}$$

式中：

$$E(y_i \mid y_i>0,\boldsymbol{x}_i)=\boldsymbol{x}'_i\boldsymbol{\beta}+\sigma\frac{\varphi(\boldsymbol{x}'_i\boldsymbol{\beta}/\sigma)}{\Phi(\boldsymbol{x}'_i\boldsymbol{\beta}/\sigma)}=\boldsymbol{x}'_i\boldsymbol{\beta}+\sigma\lambda_i \tag{6.1.4}$$

其中

$$\lambda_i=\frac{\varphi(\boldsymbol{x}'_i\boldsymbol{\beta}/\sigma)}{\Phi(\boldsymbol{x}'_i\boldsymbol{\beta}/\sigma)}$$

其中 $\varphi(\cdot)$是标准正态分布概率密度函数，$\Phi(\cdot)$是标准正态分布函数。将模型(6.1.1)与式(6.1.4)比较可知，由于因变量的截断问题使得采用普通最小二乘估计忽略了非线性项。

进一步地计算表明

$$\mathrm{var}(u_i)=\sigma^2\left(1-\lambda_i^2+\lambda_i-\frac{\boldsymbol{x}'_i\boldsymbol{\beta}}{\sigma}\right) \tag{6.1.5}$$

由此可见普通最小二乘法同时忽略了随机误差项实际上的异方差性。

6.1.3　审查回归模型

1. 模型的形式

考虑下面的潜在因变量回归模型：

$$y_i^* = \boldsymbol{x}'_i\boldsymbol{\beta} + \sigma u_i, \quad i=1,2,\cdots,N \tag{6.1.6}$$

式中：σ 为比例系数；y^* 为潜在变量。被观察的数据 y 与潜在变量 y^* 的关系如下：

$$y_i=\begin{cases} 0, & y_i^*\leqslant 0 \\ y_i^*, & y_i^*>0 \end{cases} \tag{6.1.7}$$

换句话说，y_i^* 的所有负值被定义为 0 值。我们称这些数据在 0 处进行了左截取(审查)(left censored)，而不是把观测不到的 y_i^* 的所有负值简单地从样本中除掉。此模型称为规范的审查回归模型，也称 Tobit 模型。

更一般地，可以在任意有限点的左边和右边截取(审查)，即

$$y_i=\begin{cases} \underline{c}_i, & y_i^*\leqslant \underline{c}_i \\ y_i^*, & \underline{c}_i<y_i^*<\bar{c}_i \\ \bar{c}_i, & \bar{c}_i\leqslant y_i^* \end{cases} \tag{6.1.8}$$

式中：$\underline{c}_i$，$\bar{c}_i$ 代表截取（审查）点，是常数值。如果没有左截取（审查）点，可以设为 $\underline{c}_i=-\infty$。如果没有右截取（审查）点，可以设为 $\bar{c}_i=\infty$。规范的 Tobit 模型是具有 $\underline{c}_i=0$ 和 $\bar{c}_i=\infty$的一个特例。

对于 Tobit 模型，如果假定扰动项服从标准正态分布，则有

$$P(y_i=0)=P(y_i^*\leqslant 0)=1-\Phi\left(\frac{\boldsymbol{x}'_i\boldsymbol{\beta}}{\sigma}\right) \tag{6.1.9}$$

在 $y_i^*>0$ 处，y_i 与 y_i^* 有相同的概率分布。可以证明：

$$E(y\mid \boldsymbol{x})=\Phi\left(\frac{\boldsymbol{x}'_i\boldsymbol{\beta}}{\sigma}\right)(\boldsymbol{x}'_i\boldsymbol{\beta}+\sigma\lambda) \tag{6.1.10}$$

其中

$$\lambda=\frac{\varphi\left(\frac{\boldsymbol{x}'_i\boldsymbol{\beta}}{\sigma}\right)}{\Phi\left(\frac{\boldsymbol{x}'_i\boldsymbol{\beta}}{\sigma}\right)}$$

解释变量的边际影响为

$$\frac{\partial E(y\mid \boldsymbol{x})}{\partial x_i}=\beta_i\Phi\left(\frac{\boldsymbol{x}'_i\boldsymbol{\beta}}{\sigma}\right) \tag{6.1.11}$$

2. 审查回归模型的极大似然估计

可以采用极大似然法估计审查回归模型的参数，对数似然函数为

$$\ln L=\sum_{i\in(y_i=\underline{c}_i)}\ln F[(\underline{c}_i-\boldsymbol{x}'_i\boldsymbol{\beta})/\sigma]+\sum_{i\in(\underline{c}_i<y_i<\bar{c}_i)}\ln f[(y_i-\boldsymbol{x}'_i\boldsymbol{\beta})/\sigma]+\sum_{i\in(y_i=\bar{c}_i)}\ln\{1-F[(\bar{c}_i-\boldsymbol{x}'_i\boldsymbol{\beta})/\sigma]\} \tag{6.1.12}$$

求式(6.1.12)的最大值即可得参数 $\boldsymbol{\beta}$，σ 的估计。这里，f，F 分别是 u 的密度函数和分布函数。

特别地，对于 Tobit 模型，设 $u_i\sim N(0,1)$，这时对数似然函数为

$$\ln L=\sum_{y_i>0}-\frac{1}{2}\left[\ln(2\pi)+\ln\sigma^2+\frac{(y_i-\boldsymbol{x}'_i\boldsymbol{\beta})^2}{\sigma^2}\right]+\sum_{y_i=0}\ln\left[1-\Phi\left(\frac{\boldsymbol{x}'_i\boldsymbol{\beta}}{\sigma}\right)\right] \tag{6.1.13}$$

式(6.1.13)是由两部分组成的。第一部分对应没有限制的观测值，与经典回归的表达式是相同的；第二部分对应受限制的观测值。因此，此似然函数是离散分布与连续分布的混合。将似然函数最大化就可以得到参数的极大似然估计。

例 6.1　审查回归模型的实例 1

本例研究已婚妇女工作时间问题，共有 50 个调查数据，来自美国人口普查局[U. S. Bureau of the Census(Current Population Survey，1993)]，其中 y 表示已婚妇女工作时间，$x_1\sim x_4$ 分别表示已婚妇女的未成年子女个数、年龄、受教育的年限和丈夫的收入。只要已婚妇女没有提供工作时间，就将工作时间作零对待，符合审查回归模型的特点。本例采用 Tobit 模型，分布函数采用标准正态分布，计算结果为

$$\hat{y}=18.63-6.205x_1-0.94x_2+3.05x_3+0.000\,156x_4 \tag{6.1.14}$$

$$z=(0.9)\quad(-1.95)\quad(-2.88)\quad(2.27)\quad(0.92)$$

式(6.1.14)中回归系数为正,则解释变量越大,已婚妇女工作时间越长。例如已婚妇女受教育的年限(x_3)越长或丈夫的收入(x_4)越高,则工作的时间越长,但是x_4的系数不显著并且也很小,所以对已婚妇女工作时间影响不大。式(6.1.14)中回归系数为负,则解释变量越大,已婚妇女工作时间越短,如已婚妇女的未成年子女个数(x_1)越多或年龄(x_2)越大,则工作的时间越短。且x_1,x_2的系数都很显著,说明这两个因素对已婚妇女工作时间有较大影响(表6.1.2)。

表6.1.2　已婚妇女工作时间数据

序号	y	x_1	x_2	x_3	x_4	序号	y	x_1	x_2	x_3	x_4
1	0	0	69	16	0	26	4	2	23	11	2 300
2	40	0	27	12	37 400	27	0	2	32	14	11 000
3	0	0	58	12	30 000	28	40	1	34	20	8 809
4	40	2	29	12	18 000	29	0	1	37	11	32 800
5	20	0	58	12	60 000	30	3	0	53	11	0
6	0	1	36	12	55 000	31	45	0	26	12	15 704
7	38	0	52	13	33 000	32	0	5	42	13	41 000
8	37	0	29	16	28 000	33	32	2	47	12	48 200
9	37	0	46	14	33 000	34	38	1	43	14	0
10	0	0	67	7.5	0	35	0	0	62	12	0
11	0	0	65	12	0	36	8	1	29	12	0
12	38	0	51	12	29 650	37	0	0	62	13	0
13	5	2	36	13	0	38	0	0	57	10	20 000
14	6	0	22	2.5	12 000	39	0	3	34	16	60 000
15	32	1	30	14	45 000	40	50	3	32	16	33 000
16	40	2	34	12	39 000	41	45	0	60	12	0
17	0	3	38	16	39 750	42	20	0	53	12	45 000
18	14	5	34	11	1 200	43	29	1	37	12	25 400
19	0	0	48	11	0	44	0	0	70	12	0
20	0	3	27	12	14 500	45	45	3	28	12	24 000
21	48	1	43	13	16 887	46	15	0	52	11	0
22	40	2	33	12	28 320	47	0	1	38	13	14 000
23	0	0	58	12	500	48	40	0	57	16	0
24	10	0	46	13	1 000	49	40	1	52	16	22 000
25	50	0	52	21	99 999	50	9	1	54	12	0

本例选自:易丹辉. 数据分析与EViews应用[M]. 北京:中国统计出版社,2000:234.

例 6.2　审查回归模型的实例 2

本例研究文化娱乐性支出的影响因素，利用 409 个观测样本，因变量为家庭消费性支出中文化娱乐性支出(y)。选取与该项支出相关的解释变量，包括：家庭全年总收入(x_1)、被访问者的年龄(x_2)、被访问者所在地是否为农村(x_3，农村取 1，否则取 0)、是否受到过高等教育(x_4，1 表示是，0 表示否)等。在本例中因变量有很多的 0 值，样本数据符合审查回归模型的特点，因此采用 Tobit 模型进行回归，左截断点为 0，回归结果如下：

$$\hat{y}=0.027x_1-87.44x_2-2\,372.33x_3+3\,815.92x_4 \tag{6.1.15}$$
$$z=(6.42)\qquad(-7.63)\qquad(-2.34)\qquad(3.93)$$

从回归结果可以看出，收入水平和教育水平对文化娱乐性支出有正向的影响，收入水平和教育水平越高此项支出越高，家庭收入每增加 100 元，文化娱乐性支出平均增加 2.7 元；而受过高等教育的家庭比没有受过高等教育的家庭平均多支出 3 815.92 元；文化娱乐性支出随着年龄的增长会有所下降；生活在农村的家庭文化娱乐性支出要比非农村家庭平均低 2 372.33 元。

数据来源：2010 年中国社会综合调查数据库，网址：http://www.cnsda.org/index.php。

6.1.4　截断回归模型

截断问题，形象地说就是掐头或者去尾，即在很多实际问题中，不能从全部个体中抽取因变量的样本观测值，而只能从大于或小于某个数的范围内抽取样本的观测值，此时需要建立截断因变量模型。例如，在研究与收入有关的问题时，收入作为被解释变量。从理论上讲，收入应该是从零到正无穷，但实际中由于各种客观条件的限制，只能获得处在某个范围内的样本观测值。这就是一个截断问题。因此，截断分布是更大的、非截断分布的一部分。例如仅调查那些收入在贫困线以下的家庭，研究收入与教育的关系，此时 OLS 必然导致有偏的估计。即使研究者所感兴趣的仅仅是贫困家庭中的此项关系，其参数估计仍然有偏误(Berk，1983)。

截断回归模型的形式如下：

$$y_i=\boldsymbol{x}'_i\boldsymbol{\beta}+u_i,\quad i=1,2,\cdots,N \tag{6.1.16}$$

式中：y_i 只有在 $\underline{c}_i<\boldsymbol{x}_i'\boldsymbol{\beta}+u_i<\bar{c}_i$ 时才能取得样本观测值，$\underline{c}_i$，$\bar{c}_i$ 为两个常数。

对于截断回归模型，仍然可以采用极大似然法估计模型的参数，只不过此时极大似然估计的密度函数是条件密度。

例 6.3　截断回归模型的实例

仍然采用例 6.1 中研究妇女工作时间的数据。其中 y 表示已婚妇女工作时间，x_1～x_4 分别表示已婚妇女的未成年子女个数、年龄、受教育的年限和丈夫的收入。在 50 个样本中有 18 个样本的因变量为 0 值，如果采用截断回归模型进行估计，截断点选为 0，则这部分样本将被排除，利用其余的 32 个因变量非 0 的样本进行估计，结果如下：

$$\hat{y} = -4.10 + 0.27x_1 - 0.15x_2 + 2.64x_3 + 0.000\,212x_4 \qquad (6.1.17)$$
$$z = (-0.26) \quad (0.12) \quad (-0.60) \quad (2.82) \quad (1.86)$$

利用截断回归模型(6.1.17)得出了与审查回归模型(6.1.14)不同的估计结果。回归系数为正,则解释变量越大,已婚妇女工作时间越长。式(6.1.17)中的估计结果为已婚妇女未成年子女个数(x_1)越多,受教育的年限(x_3)越长或丈夫的收入(x_4)越高,则工作的时间越长,但是 x_1 的系数不显著,说明该变量对已婚妇女工作时间没有显著影响。注意,例6.1的式(6.1.14)与式(6.1.17)中变量 x_1 系数的符号相反,在式(6.1.14)中 x_1 系数为负数,则已婚妇女未成年子女个数越多,工作时间越短,说明如果利用工作时间大于零的截断样本来拟合变量之间的关系,可以发现未成年子女个数越多,则妇女的工作时间越长。

6.2　Heckman样本选择模型

赫克曼(Heckman,1974)[①]在研究美国已婚妇女是否选择工作这一经济现象时提出了选择性问题。由于能直接观测的是选择工作的已婚妇女的市场工资,而选择不工作的妇女的收入不能观测,显然市场工资只能从选择工作的群体中观测,这样得到的市场工资样本就是所谓选择性样本。选择性样本不是从已婚妇女这个总体中随机抽取得到的,由此导致使用选择性样本来推断总体特征就有可能产生偏差,即所谓"选择性偏差",因此模型从设定到估计与检验均需考虑这种选择性数据并基于模型分析其偏差。Heckman以微观经济理论来解释个体资料的样本选择问题并提出了Heckman样本选择模型。

6.2.1　Heckman样本选择模型的形式

在Heckman选择框架下,因变量仅对于部分数据可观察得到,本质上是观察值遗失问题。他认为观察值经常由于微观经济主体的"自选择"行为而遗失,观察值遗失原因与未遗失观察值性质之间的关系需要一个精妙的理论结构来解释。Heckman(1976)[②]提出的选择模型,有时也被称为Heckit模型,是估计存在样本选择偏差的一种方法。令 y 是选择工作的已婚妇女的市场工资,$\boldsymbol{x}$ 是 y 的影响因素,由于样本选择问题,它不是总能观测得到;z 为二元隐性变量,当 $z_i=1$ 时已婚妇女选择工作;当 $z_i=0$ 时已婚妇女选择不工作,$\boldsymbol{w}$ 是 z 的影响因素。z 的取值决定 y 是否能观测到,选择不工作的妇女的收入不能观测到。Heckman线性选择模型包含两个方程,分别为响应方程(response equation)和选择方程(selection equation),则模型的一般形式为

$$\text{响应方程:}\quad y_i = \boldsymbol{x}_i'\boldsymbol{\beta} + u_i \qquad (6.2.1)$$

$$\text{选择方程:}\quad z_i = \boldsymbol{w}_i'\boldsymbol{\gamma} + \varepsilon_i \qquad (6.2.2)$$

式中:z_i 为一个二元变量,仅当 $z_i=1$ 时,y_i 可被观测。

---

① HECKMAN J. Shadow prices, market wages, and labor supply[J]. Econometrica, 1974, 42(4): 679-694.

② HECKMAN J. The common structure of statistical models of truncation, sample selection, and limited dependent variables and a simple estimator for such models[J]. Annals of economic and social measurement, 1976, 5: 475-492.

$$z_i = \begin{cases} 1, & y_i \text{ 可被观测到} \\ 0, & y_i \text{ 不可被观测到} \end{cases} \tag{6.2.3}$$

u_i 和 ε_i 是服从二元正态分布的误差项：

$$\begin{bmatrix} u_i \\ \varepsilon_i \end{bmatrix} \sim N \begin{bmatrix} \sigma^2 & \rho\sigma \\ \rho\sigma & 1 \end{bmatrix} \tag{6.2.4}$$

式中：σ 为尺度参数；ρ 为相关系数。在这个模型中，ε_i 的方差可不识别，不妨设为 1①。选择方程用来确定 y_i 是否可观测到。估计 Heckman 选择模型通常有两种方法：Heckman 两步法和最大似然方法。

6.2.2 Heckman 样本选择模型的估计方法

1. Heckman 两步法

Heckman 两步法是基于下面的观察：

$$E(y_i \mid z_i = 1) = \boldsymbol{x}'_i\boldsymbol{\beta} + \rho\sigma\lambda_i(\boldsymbol{w}'_i\boldsymbol{\gamma}) \tag{6.2.5}$$

式中：$\lambda(x) = \phi(x)/\Phi(x)$，称为逆米尔斯比率(inverse Mills ratio(Greene，2008)②)，$\phi(x)$ 和 $\Phi(x)$ 分别是标准正态密度和累计分布函数。这样可以指定一个回归模型：

$$y_i = \boldsymbol{x}'_i\boldsymbol{\beta} + \rho\sigma\lambda_i(\boldsymbol{w}'_i\boldsymbol{\gamma}) + v_i \tag{6.2.6}$$

Heckman 两步法首先估计选择方程(6.2.2)得到 $\hat{\boldsymbol{\gamma}}$，并计算 $\hat{\lambda}_i = \varphi(\boldsymbol{w}'_i\hat{\boldsymbol{\gamma}})/\Phi(\boldsymbol{w}'_i\hat{\boldsymbol{\gamma}})$。然后利用最小二乘法估计如下的方程：

$$y_i = \boldsymbol{x}'_i\boldsymbol{\beta} + \rho\sigma\hat{\lambda}_i + v_i \tag{6.2.7}$$

得到 $\boldsymbol{\beta}$ 和 $\theta = \rho\sigma$ 的一致估计。标准误偏差 σ 的估计量可以从通常的回归标准误差 s 中得到，也可计算得到 ρ 的估计量 $\hat{\rho} = \hat{\theta}/s$。

两步法的系数协方差阵由下式给出：

$$\hat{\boldsymbol{\Omega}} = \hat{\sigma}^2(\boldsymbol{X}^{*\prime}\boldsymbol{X}^*)^{-1}(\boldsymbol{X}^{*\prime}(I - \hat{\rho}^2\hat{\boldsymbol{\Delta}})\boldsymbol{X}^* + \boldsymbol{Q})(\boldsymbol{X}^{*\prime}\boldsymbol{X}^*)^{-1} \tag{6.2.8}$$

式中：$\boldsymbol{X}_i^* = (\boldsymbol{x}'_i, \hat{\lambda}_i)'$；$\hat{\boldsymbol{\Delta}}$ 是对角线元素为 $\hat{\delta}_i = \hat{\lambda}_i(\hat{\lambda}_i - \boldsymbol{w}'_i\hat{\boldsymbol{\gamma}})$ 的对角矩阵；$\boldsymbol{I}$ 为单位矩阵；$\boldsymbol{Q} = \hat{\rho}^2(\boldsymbol{X}^{*\prime}\hat{\boldsymbol{\Delta}}\boldsymbol{W})\hat{\boldsymbol{V}}(\boldsymbol{X}^{*\prime}\hat{\boldsymbol{\Delta}}\boldsymbol{W})$，$\hat{\boldsymbol{V}}$ 是从选择方程式(6.2.2)得到的系数协方差矩阵，$\boldsymbol{W}$ 是选择方程(6.2.2)的解释变量矩阵。

2. 最大似然法

最大似然法利用给定的对数似然函数估计 Heckman 选择模型：

$$\begin{aligned} \ln L(\boldsymbol{\beta}, \boldsymbol{\gamma}, \rho, \sigma \mid \boldsymbol{X}, \boldsymbol{W}) = & \sum_{i \mid z_i = 0} \ln(1 - \Phi(\boldsymbol{w}'_i\boldsymbol{\gamma})) + \\ & \sum_{i \mid z_i = 1} -\ln(\sigma) + \ln\left(\varphi\left(\frac{y_i - \boldsymbol{x}'_i\boldsymbol{\beta}}{\sigma}\right)\right) + \\ & \ln\left(1 - \Phi\left(\frac{-\left(\boldsymbol{w}'_i\boldsymbol{\gamma} + \rho\left(\frac{y_i - \boldsymbol{x}'_i\boldsymbol{\beta}}{\sigma}\right)\right)}{\sqrt{1-\rho^2}}\right)\right) \end{aligned} \tag{6.2.9}$$

---

① 详细推导和说明见：AMEMIYA T. Tobit models: a survey[J]. Journal of econometrics，1984，24：3-61.

② GREENE W H. Econometric analysis[M]. 6th ed. Upper Saddle River，NJ：Prentice-Hall，2008.

式中：第一个求和项表示 $z_i=0$ 时的观测(y_i 不可观测时)，第二个求和项是 $z_i=1$ 时的观测(y_i 可观测时)。这是一个简单的关于参数 β,γ,ρ,σ 最大化对数似然函数问题。

使用上面列出的 Heckman 两步法可以得到优化的起始值。与大多数最大似然估计一样，估计参数的协方差矩阵可以通过 $(-\boldsymbol{H})^{-1}$(其中 $\boldsymbol{H}$ 为 Hessian 矩阵，信息矩阵)和 $(\boldsymbol{GG}')^{-1}$(其中 $\boldsymbol{G}$ 是梯度的矩阵)中任一个被计算，或利用 $\boldsymbol{H}^{-1}\boldsymbol{GG}'\boldsymbol{H}^{-1}$(Huber/White 矩阵)来计算。

例 6.4 Heckman 选择模型实例 1

Heckman 选择模型的一个典型例子是 Mroz(1987)研究已婚妇女的劳动力供给问题。他建立了妇女工资方程来研究妇女参加工作的影响因素，Mroz 所研究的 753 名妇女中只有 428 名有工作，所以利用 Heckman 选择模型来模拟已婚妇女的样本选择行为。工资方程由下式给出：

$$Wage_i=\beta_1+\beta_2 Exper_i+\beta_3 Exper_i^2+\beta_4 Educ_i+\beta_5 City_i+u_i \tag{6.2.10}$$

式中：$Wage_i$ 表示妇女工资，$Exper_i$ 是每位妇女经历的测度(a measure of each woman's experience)，$Educ_i$ 是她的受教育水平，$City_i$ 为是否生活在城市的虚拟变量。

选择方程由下式给出：

$$LFP_i=\gamma_1+\gamma_2 Age_i+\gamma_3 Age_i^2+\gamma_4 Faminc_i+\gamma_5 Educ_i+\gamma_6 Kids_i+\varepsilon_i \tag{6.2.11}$$

式中：LFP_i 为二进制变量，妇女有工作时值为 1，否则为 0，即

$$LFP_i=\begin{cases}1, & \text{妇女 } i \text{ 有工作，则 } Wage_i>0\\ 0, & \text{妇女 } i \text{ 没有工作，则 } Wage_i=0\end{cases} \tag{6.2.12}$$

式(6.2.11)中，Age_i 是妇女的年龄；$Faminc_i$ 是非妇女赚取的家庭收入的水平，采用 Heckman 两步法的估计结果如下：

工资方程

$$\begin{aligned}wage_i=&-1.67+0.03Exper_i-0.000\,05Exper_i^2+0.44Educ_i+0.45City_i+\hat{u}_i\\ t=&(-0.82)\quad(0.43)\qquad(-0.03)\qquad(4.45)\qquad(1.42)\end{aligned} \tag{6.2.13}$$

选择方程

$$\begin{aligned}LFP_i=&-4.14+0.18Age_i-0.002Age_i^2+0.000\,004\,5Faminc_i+\\ t=&(-2.96)\quad(2.80)\qquad(-3.12)\qquad(1.07)\\ &0.10Educ_i-0.45Kids_i+\hat{\varepsilon}_i\\ &(4.30)\qquad(-3.48)\end{aligned} \tag{6.2.14}$$

式(6.2.14)中 $Kids_i$ 是妇女是否有孩子的虚拟变量。

由选择方程的估计结果可知，妇女选择是否参加工作主要取决于年龄、教育水平和是否有孩子，并且与年龄呈倒 U 形的关系，教育水平越高越倾向于选择参加工作，而没有孩子的妇女比有孩子的妇女选择参加工作的概率大。工资方程的估计结果表明，妇女的工资水平主要取决于教育水平和是否生活在城市中，教育水平越高工资越高，而城市妇女的工资高于非城市妇女的工资。

本例选自：MROZ T. The sensitivity of an empirical model of married women's hours of work to economic and statistical assumptions[J]. Econometrica, 1987, 55: 765-799.

例 6.5 Heckman 选择模型实例 2

本例研究老年人对子女的财富代际转移问题。已有的研究表明,父母是否选择向子女转移财富及转移数量代际转移与父母和子女的特征变量有关,如父母年龄、健康状况或收入水平等,子女的性别、是否为独生子女等。利用中国健康与养老追踪调查(CHARLS)2013 年全国基线调查的 4 634 个样本数据定量研究老年人对子女财富代际转移的影响因素。

转移方程的因变量(y)为父母对子女家庭财富转移的数量(单位:元),选择方程的因变量为二元变量(z),表示父母是否选择向子女家庭转移财富(转移取为 1,不转移则为 0)。选取的解释变量包括:父母的年龄(x_1)、是否为独生子女(x_2,是取为 1,否则为 0)、子女的性别(x_3,男性取为 1,女性取为 0)、父母是否为农村户口(x_4,农村户口取 1,否则取 0),父母的收入(x_5)、父母是否健康(x_6,健康取 1,否则取 0);父母是否照顾孙子女(x_7,照顾取 1,否则取 0)、是否与父母同住(x_8,同住取 1,否则取 0)。利用 Heckman 选择模型分别建立转移方程和选择方程。

极大似然法的估计结果:

转移方程

$$\hat{y} = -143.8x_1 + 7\,134x_2 + 299x_3 - 1\,515x_4 + 385\ln(x_5) + 1\,133x_6$$
$$t = (-8.79)\quad (8.18)\quad (0.96)\quad (-4.15)\quad (3.39)\quad (2.1) \tag{6.2.15}$$

选择方程

$$\hat{z} = -1.25 + 0.86x_2 + 0.06\ln(x_5) + 0.17x_6 + 0.097x_7 + 0.06x_8 \tag{6.2.16}$$
$$t = (-11.95)\quad (6.94)\quad (4.97)\quad (3.06)\quad (2.14)\quad (1.58)$$

从选择方程的估计结果可以看出,独生子女家庭(x_2)、父母收入水平(x_5)、父母是否健康(x_6)、父母参与照顾孙子女(x_7)或者与父母同住(x_8)都会增加老人向子女财富转移的概率。

从转移方程的估计结果可以看出父母的年龄(x_1)越大向子女财富转移的数量越少;独生子女家庭(x_2)中,父母对子女家庭财富转移的概率更大,并且与非独生子女家庭相比,父母对独生子女家庭的财富转移平均要多 7 134 元,这说明在独生子女家庭中父代财富向子代转移的现象更明显;父母对子女的财富转移偏向于儿子(x_3),对儿子家庭财富转移要比对女儿家庭财富转移平均多 299 元,但系数不显著,说明这种情况已不多了;相比较而言农村的父母(x_4)财富转移量少于非农村户口的父母;父母收入水平(x_5)较高、健康状况良好(x_6)的家庭向子女转移的财富更多。

数据来源:2013 年中国健康与养老追踪调查(CHARLS)数据库,网址:http://charls.ccer.edu.cn/zh-CN。

6.3 计数模型

在实际应用中,我们应该根据要研究的变量的数据类型选择合适的模型。当因变量 y 表示事件发生的数目,是离散的整数,即为计数变量,并且数值较小,取零的个数多,而解释变量多为定性变量时,应该考虑应用计数模型(count models)。例如,一个公司提出申请的专利的数目,以及在一个固定的时间间隔内的失业人员的数目。在计数模型中应用较广泛的为泊松模型。

6.3.1 泊松模型的形式与参数估计

设每个观测值 y_i 都来自一个服从参数为 $m(\boldsymbol{x}_i,\boldsymbol{\beta})$ 的泊松分布的总体

$$m(\boldsymbol{x}_i,\boldsymbol{\beta}) \equiv E(y_i \mid \boldsymbol{x}_i,\boldsymbol{\beta}) = \mathrm{e}^{\boldsymbol{x}_i'\boldsymbol{\beta}} \tag{6.3.1}$$

对于泊松模型(poisson model),给定 $\boldsymbol{x}_i$ 时 y_i 的条件密度是泊松分布:

$$f(y_i \mid \boldsymbol{x}_i,\boldsymbol{\beta}) = \frac{\mathrm{e}^{-m(\boldsymbol{x}_i,\boldsymbol{\beta})} m(\boldsymbol{x}_i,\boldsymbol{\beta})^{y_i}}{y_i!} \tag{6.3.2}$$

由泊松分布的特点

$$\mathrm{var}(y_i \mid \boldsymbol{x}_i,\boldsymbol{\beta}) = E(y_i \mid \boldsymbol{x}_i,\boldsymbol{\beta}) = m(\boldsymbol{x}_i,\boldsymbol{\beta}) = \mathrm{e}^{\boldsymbol{x}_i'\boldsymbol{\beta}} \tag{6.3.3}$$

参数 $\boldsymbol{\beta}$ 的极大似然估计(MLE)量通过最大化如下的对数似然函数来得到

$$L(\beta) = \sum_{i=1}^{N} [y_i \ln m(\boldsymbol{x}_i,\boldsymbol{\beta}) - m(\boldsymbol{x}_i,\boldsymbol{\beta}) - \ln(y_i!)] \tag{6.3.4}$$

倘若条件均值函数被正确地指定且 y 的条件分布为泊松分布,则极大似然估计量 $\hat{\boldsymbol{\beta}}$ 是一致的、有效的且服从渐近正态分布。

泊松假定的约束条件在经验应用中经常不成立。最重要的约束条件是式(6.3.3)中的条件均值和条件方差相等。如果这一条件被拒绝,模型就被错误设定。这里要注意泊松估计量也可以被解释成准极大似然估计量。这种结果的含义在下面讨论。

6.3.2 负二项式模型的形式与参数估计

对泊松模型的常用替代是使用一个负二项式(negative binomial)分布的似然函数极大化来估计模型的参数。负二项式分布的对数似然函数如下:

$$L(\boldsymbol{\beta},\eta) = \sum_{i=1}^{N} \{y_i \ln[\eta^2 m(\boldsymbol{x}_i,\boldsymbol{\beta})] - (y_i + 1/\eta^2)\ln[1 + \eta^2 m(\boldsymbol{x}_i,\boldsymbol{\beta})] + \ln \Gamma(y_i + 1/\eta^2) - \ln(y_i!) - \ln \Gamma(1/\eta^2)\} \tag{6.3.5}$$

式中:η^2 是和参数 $\boldsymbol{\beta}$ 一起估计的参数。当数据过度分散时,经常使用负二项式分布,这样条件方差大于条件均值,即下面的矩条件成立:

$$E(y_i \mid \boldsymbol{x}_i,\boldsymbol{\beta}) = m(\boldsymbol{x}_i,\boldsymbol{\beta}) \tag{6.3.6}$$

$$\mathrm{var}(y_i \mid \boldsymbol{x}_i,\boldsymbol{\beta}) = m(\boldsymbol{x}_i,\boldsymbol{\beta})[1 + \eta^2 m(\boldsymbol{x}_i,\boldsymbol{\beta})] \tag{6.3.7}$$

因此,η^2 测量了条件方差超过条件均值的程度。

6.3.3 准极大似然估计

如果因变量的分布不能被假定为泊松分布,那么就要在其他分布假定之下执行准极大似然估计(quasi-maximum likelihood,QML)。即使分布被错误假定,这些准极大似然估计量也能产生一个条件均值被正确设定的参数的一致估计,即对于这些 QML 模型,对一致性的要求是条件均值被正确设定。

关于 QML 估计的进一步的细节参见 Gourieroux，Monfort，和 Trognon(1984a，1984b)[①]。Wooldridge(1990)[②]介绍了在估计计数模型参数时 QML 方法的使用，也可参见关于广义线性模型(McCullagh 和 Nelder，1989)[③]的扩展的相关文献。

1. 泊松准极大似然估计

如果条件均值被正确设定，泊松极大似然估计也是服从其他分布类型的数据的准极大似然估计。它将产生参数$\boldsymbol{\beta}$的一致估计量。

2. 指数准极大似然估计

指数分布的对数似然函数如下：

$$L(\boldsymbol{\beta})=\sum_{i=1}^{N}-\ln m(\boldsymbol{x}_i,\boldsymbol{\beta})-y_i/m(\boldsymbol{x}_i,\boldsymbol{\beta}) \tag{6.3.8}$$

和其他 QML 估计量一样，倘若 $m(\boldsymbol{x}_i,\boldsymbol{\beta})$被正确指定，即使 y 的条件分布不是指数分布，指数分布的准极大似然估计仍是一致的。

3. 正态准极大似然估计

正态分布的似然函数如下：

$$L(\boldsymbol{\beta})=\sum_{i=1}^{N}\left\{-\frac{1}{2}\left(\frac{y_i-m(\boldsymbol{x}_i,\boldsymbol{\beta})}{\sigma}\right)^2-\frac{1}{2}\ln\sigma^2-\frac{1}{2}\ln 2\pi\right\} \tag{6.3.9}$$

对于固定的σ^2 和正确设定的 $m(\boldsymbol{x}_i,\boldsymbol{\beta})$，即使分布不是正态的，正态分布的对数极大似然函数仍提供了一致的估计。

4. 负二项式准极大似然估计

最大化式(6.3.5)所表示的负二项式分布的对数似然函数，对于固定的 η^2，可以得到参数$\boldsymbol{\beta}$的准极大似然估计。倘若 $m(\boldsymbol{x}_i,\boldsymbol{\beta})$被正确指定，即使 y 的条件分布不服从负二项式分布，这个准极大似然估计量仍是一致的。

例 6.6　计数模型的实例 1

本例研究轮船发生事故的次数与轮船的特征属性、运行时间之间的关系。因变量 y 表示平均每月轮船发生事故数。解释变量是轮船特征属性，包括轮船类型、建造时间、使用时期等。轮船类型有 5 种，分别用 $x_1\sim x_5$ 表示；4 个建造时间，分别用 $y_1\sim y_4$ 表示；z_1，z_2 表示两个使用时期；da 表示运行时间。

本例数据符合计数模型的条件，故采用泊松模型建模。注意到定性数据较多，为防止多重共线性，在引进虚拟变量时，需要人为地去掉一个。例如，轮船类型有 5 种 $x_1\sim$

① GOURIEROUX C，MONFORT A，TROGNON C. Pseudo-maximum likelihood methods：theory[J]. Econometrica，1984，52(3)：681-700.

GOURIEROUX C，MONFORT A，TROGNON C. Pseudo-maximum likelihood methods：applications to poisson models[J]. Econometrica，1984，52(3)：701-720.

② WOOLDRIDGE J M. Quasi-likelihood methods for count data[M]//PESARAN M H，SCHMIDT P. Handbook of applied econometrics：Volum 2. Malden，MA：Blackwell，1990：352-406.

③ MCCULLAGH P，NELDER J A. Generalized linear models[M]. 2nd ed. London：Chapman & Hall，1989.

x_5，则去掉 x_1，而在模型中只用其余4个变量 $x_2\sim x_5$，同样4个建造时间 $y_1\sim y_4$，在模型中只用其余3个变量 $y_2\sim y_4$，两个使用时期在模型中只用 z_2。模型如下：

$$\ln(y_i)=\boldsymbol{x}'_i\boldsymbol{\beta}+u_i,\quad i=1,2,\cdots,N \tag{6.3.10}$$

估计后的结果如下：

$$\begin{aligned}\ln\hat{y}=&-5.59-0.35x_2-0.76x_3-0.14x_4+0.27x_5+0.66y_2+0.76y_3+\\ z=&(-6.4)\quad(-1.3)\quad(-2.3)\quad(-0.5)\quad(1.1)\quad(4.3)\quad(4.3)\\ &0.37y_4+0.37z_2+0.9\ln(da)\\ &(1.5)\quad(3.1)\quad(8.9)\end{aligned}\tag{6.3.11}$$

轮船类型对事故发生有影响，如类型是 x_5 的系数是正的，会使事故发生的可能增加；建造时间 $y_2\sim y_4$ 的系数基本是递减的，表明建造时间越长，则发生事故的可能越大；使用时期 z_2 也对事故发生产生很大影响，使用时间越长，则发生事故的可能越大；运行时间 $\ln(da)$ 的系数是0.9，表明运行时间每增加1%，则发生事故数量会增加0.9%，因此对发生事故有显著的影响。如表6.3.1所示。

表6.3.1　轮船事故分析数据

观测值序号	y	x_1	x_2	x_3	x_4	x_5	y_1	y_2	y_3	y_4	z_1	z_2	da
1	0	1	0	0	0	0	1	0	0	0	1	0	127
2	0	1	0	0	0	0	1	0	0	0	0	1	63
3	3	1	0	0	0	0	0	1	0	0	1	0	1 095
4	4	1	0	0	0	0	0	1	0	0	0	1	1 095
5	6	1	0	0	0	0	0	0	1	0	1	0	1 512
6	18	1	0	0	0	0	0	0	1	0	0	1	3 353
7	NA	1	0	0	0	0	0	0	0	1	1	0	NA
8	11	1	0	0	0	0	0	0	0	1	0	1	2 244
9	39	0	1	0	0	0	1	0	0	0	1	0	44 882
10	29	0	1	0	0	0	1	0	0	0	0	1	17 176
11	58	0	1	0	0	0	0	1	0	0	1	0	28 609
12	53	0	1	0	0	0	0	1	0	0	0	1	20 370
13	12	0	1	0	0	0	0	0	1	0	1	0	7 064
14	44	0	1	0	0	0	0	0	1	0	0	1	13 099
15	NA	0	1	0	0	0	0	0	0	1	1	0	NA
16	18	0	1	0	0	0	0	0	0	1	0	1	7 117
17	1	0	0	1	0	0	1	0	0	0	1	0	1 179
18	1	0	0	1	0	0	1	0	0	0	0	1	552
19	0	0	0	1	0	0	0	1	0	0	1	0	781
20	1	0	0	1	0	0	0	1	0	0	0	1	676
21	6	0	0	1	0	0	0	0	1	0	1	0	783
22	2	0	0	1	0	0	0	0	1	0	0	1	1 948
23	NA	0	0	1	0	0	0	0	0	1	1	0	NA
24	1	0	0	1	0	0	0	0	0	1	0	1	274
25	0	0	0	0	1	0	1	0	0	0	1	0	251

续表

观测值序号	y	x_1	x_2	x_3	x_4	x_5	y_1	y_2	y_3	y_4	z_1	z_2	da
26	0	0	0	0	1	0	1	0	0	0	0	1	105
27	0	0	0	0	1	0	0	1	0	0	1	0	288
28	0	0	0	0	1	0	0	1	0	0	0	1	192
29	2	0	0	0	1	0	0	0	1	0	1	0	349
30	11	0	0	0	1	0	0	0	1	0	0	1	1 208
31	NA	0	0	0	1	0	0	0	0	1	1	0	NA
32	4	0	0	0	1	0	0	0	0	1	0	1	2 051
33	0	0	0	0	0	1	1	0	0	0	1	0	45
34	NA	0	0	0	0	1	1	0	0	0	0	1	NA
35	7	0	0	0	0	1	0	1	0	0	1	0	789
36	7	0	0	0	0	1	0	1	0	0	0	1	437
37	5	0	0	0	0	1	0	0	1	0	1	0	1 157
38	12	0	0	0	0	1	0	0	1	0	0	1	2 161
39	NA	0	0	0	0	1	0	0	0	1	1	0	NA
40	1	0	0	0	0	1	0	0	0	1	0	1	542

注：表中的 NA 表示缺失数据。

本例选自：易丹辉. 数据分析与 EViews 应用[M]. 北京：中国统计出版社，2002：240。

例 6.7　计数模型的实例 2

本例利用 2010 年企业创新能力与抗风险能力关联度研究中 143 家企业的调查数据建立计数模型，研究企业的内外部支持投入与企业申请专利个数之间的定量关系。选取的因变量为企业申请专利个数，符合计数模型因变量的特点。自变量包括企业内部用于科技活动的经费支出（x_1，亿元）、政府对企业创新的支持[x_2，本例用来自政府部门的科技活动资金（$x_{2,1}$）和研究开发费计扣减免税（$x_{2,2}$）之和表示，亿元]、是否为国家、省、市创新基金项目支持企业（x_3，是取 1，否取 0）、当年科技创新项目数（x_4）。采用计数模型中的泊松模型建模，模型形式为

$$\ln(y_i)=\boldsymbol{x}'_i\boldsymbol{\beta}+u_i,\quad i=1,2,\cdots,N \tag{6.3.12}$$

模型的估计结果如下：

$$\ln(\hat{y})=0.64+0.15x_1+0.14x_2+0.88x_3+0.014x_4 \tag{6.3.13}$$

$$z=(10.3)\quad(1.05)\quad(5.24)\quad(10.38)\quad(31.13)$$

从回归结果可以看出所选取的自变量均对申请专利数有显著的正向影响，并且政府对企业科技创新支持的影响仅次于企业内部对科技创新的投入，这说明政府虽然较少直接参与该样本中的企业创新行为，但是通过间接或直接的激励形式，显著地推进了企业创新。而各类科技创新基金项目也是企业创新的主要依托，有助于企业开展科技研究并获得较多的专利数目。

数据来源：2010 年中国社会综合调查数据库，网址：http：//www.cnsda.org/index.php。

6.4　广义线性模型

广义线性模型(generalized linear models,GLMs)是常见的普通线性模型的直接推广,它可适用于因变量为连续型数据和离散型数据两种情况。在实际应用中离散型因变量的情形更加常见,如属性数据、计数数据等。广义线性模型包含了 Logit 模型、Probit 模型和 Poisson 计数模型等很多模型。广义线性模型在生物、医学、经济和社会数据的统计分析上有重要的应用。Nelder 和 Wedderburn① 给出了广义线性模型的详细介绍。

6.4.1　广义线性模型的形式

1. 指数分布族

设 Y_i 服从指数分布,线性指数分布族的密度函数为

$$f(y_i,\theta_i,\phi,w_i)=\exp\left(\frac{y_i\theta_i-b(\theta_i)}{\phi/w_i}+c(y_i,\phi,w_i)\right) \tag{6.4.1}$$

式中:$b(\cdot)$,$c(\cdot)$为分布所对应的两个函数;$\theta_i=\theta(\mu_i)$;$\phi>0$ 为一个可能已知的度量离散性的参数;$w_i>0$ 为已知的先验权重参数。Y_i 的均值和方差为

$$E(Y_i)=b'(\theta_i)=\mu_i \tag{6.4.2}$$

$$\text{var}(Y_i)=(\phi/w_i)b''(\theta_i)=(\phi/w_i)V_\mu(\mu_i) \tag{6.4.3}$$

式中:$b'(\theta_i)$和 $b''(\theta_i)$分别为函数 $b(\theta_i)$的一阶导数和二阶导数;$V_\mu(u_i)$为由分布所确定的均值和方差的连接函数。表 6.4.1 所示为指数分布族常见的分布及其参数。

表 6.4.1　指数分布族常见的分布及其参数

分　布	θ_i	$b(\theta_i)$	V_μ	ϕ
正态分布(Normal)	μ_i	$\frac{\theta_i^2}{2}$	1	σ^2
伽马分布(Gamma)	$-1/\mu_i$	$-\ln(-\theta_i)$	μ^2	v
逆高斯分布(Inverse Gaussian)	$-1/(2\mu_i^2)$	$-(-2\theta_i)^{1/2}$	μ^3	λ
泊松分布(Poisson)	$\ln(\mu_i)$	e^{θ_i}	μ	1
二项式比例分布(binomial proportion)	$\ln\left(\frac{p_i}{1-p_i}\right)$	$\ln(1+e^{\theta_i})$	$\mu(1-\mu_i)$	1
负二项式分布(negative binomial)	$\ln\left(\frac{k_i\mu_i}{1+k_i\mu_i}\right)$	$\frac{-\ln(1-e^{\theta_i})}{k_i}$	$\mu(1+k_i\mu)$	1

2. 广义线性模型的形式

设有 i 个独立的因变量 $Y_i(i=1,2,\cdots,N)$,每个因变量的条件均值均依赖于 k 维解

① NELDER J A, WEDDERBURN R W M. Generalized linear models[J]. Journal of the royal statistical society,1972,135: 370-384.

释变量向量 $\boldsymbol{x}_i$ 和系数向量 $\boldsymbol{\beta}$，将 Y_i 分解成均值 μ_i 和随机误差项 ε_i 两部分：

$$Y_i=\mu_i+\varepsilon_i,\quad i=1,2,\cdots,N \tag{6.4.4}$$

传统的线性回归模型假定均值与解释变量和系数之间是线性关系，即 $\mu_i=\boldsymbol{x}_i'\boldsymbol{\beta}$，随机误差项 ε_i 的均值为零，方差为常数并且服从正态分布。Nelder 和 McCullagh(1972)给出的广义线性模型允许条件均值通过一个非线性函数与解释变量和系数之间建立线性关系，并且随机误差项可以是指数分布族中的任意一个，即与普通的线性回归模型相比，广义线性模型有如下 3 个方面的推广：

(1) Y_i 可取连续值或离散值，并且在实际应用中取离散值的情况更为常见。

(2) Y_i 的分布属于指数分布族，指数分布族中包含正态分布。

(3) 存在一个光滑可逆的连接函数 $g(x)$，使得 $g(\mu_i)=\eta_i$，$\eta_i=\boldsymbol{x}_i'\boldsymbol{\beta}+o_i$，$i=1,2,\cdots,N$。

通过选择合适的分布和连接函数，广义线性模型包含了一组模型，常见的模型如表 6.4.2 所示。

表 6.4.2　广义线性模型所包含的常见模型①

模　型	分　布	连接函数
线性回归模型	正态分布	$g(\mu)=\mu$
指数回归模型	正态分布	$g(\mu)=\ln(\mu)$
Logit 回归模型	二项分布	$g(\mu)=\ln(\mu/(1-\mu))$
Probit 回归模型	二项分布	$g(\mu)=\Phi^{-1}(\mu)$
Poisson 计数模型	泊松分布	$g(\mu)=\ln(\mu)$

GLMs 极大似然估计量的重要性质只依赖于两个矩，这样 GLMs 方程的设定主要是确定均值和方差，其中均值是由连接函数的假设决定的，均值和方差之间的关系由分布来确定。Wedderburn(1974)②指出为了求出系数和协方差的准极大似然(QML)估计只需设定式(6.4.2)与式(6.4.3)中的均值和方差。而对于从指数分布族中得到的方差函数，似然函数和准似然函数是一致的。McCullagh(1983)③给出了所有指数分布族准极大似然估计量的结果，从而反映普通的极大似然估计。准极大似然(QML)估计量是分析 GLMs 及其相关模型的重要工具。

Gourioux，Monfort 和 Trognon(1984)④表明 GLMs 最大似然估计的一致性只要求正确地设定条件均值，错误地设定均值与方差的关系会导致无效的统计推断。而在 QML 估计中，稳健的协方差的校正并不要求 GLMs 条件方差的正确设定。广义线性模型的均值和方差为

① 详细内容和其他的设定参见 McCullagh and Nelder(1981)、Hardin and Hilbe(2007)。

② WEDDERBURN R W M. Quasi-likelihood functions，generalized linear models and the Gauss-Newton method [J]. Biometrika，1974，61(3)：439-447.

③ MCCULLAGH P. Quasi-likelihood functions[J]. Annals of statistics，1983，11：59-67.

④ GOURIEROUX C，MONFORT A，TROGNON A. Pseudo maximum likelihood methods：application to poisson models[J]. Econometrica，1984，52(3)：701-720.

$$\mu = g^{-1}(\eta) \tag{6.4.5}$$

$$V = (\phi / w) V_{\mu}(g^{-1}(\eta)) \tag{6.4.6}$$

3. 连接函数

连接函数的反函数给出了因变量的均值与解释变量之间的关系,因此连接函数的选择通常要考虑均值所满足的约束条件。例如二项式比例分布和负二项式分布的均值在0～1,相应地一般使用 Logit,Probit,Log-Log 连接函数；Poisson 分布和 Gamma 分布的均值是正数,Log、Power 和 Box-Cox 系列的连接函数与 Poisson 分布和 Gamma 分布相匹配,常用的连接函数在表 6.4.3 中列出。典型连接函数的形式为 $\eta = g(\mu) = \theta(\mu)$,即指数分布族中的典型参数与连接函数相等。相关分布的典型连接函数在表 6.4.4 中给出。

表 6.4.3 广义线性模型的连接函数

连接函数名称	函数形式	μ 的取值范围
Identity	μ	$(-\infty,\infty)$
Log	$\ln(\mu)$	$(0,\infty)$
Log-Complement	$\ln(1-\mu)$	$(-\infty,1)$
Logit	$\ln(\mu/(1-\mu))$	$(0,1)$
Probit	$\Phi^{-1}(\mu)$	$(0,1)$
Log-Log	$-\ln(-\ln(-\mu))$	$(0,1)$
Complementary Log-Log	$\ln[-\ln(1-\mu)]$	$(0,1)$
Inverse	$1/\mu$	$(-\infty,\infty)$
Power(p)	μ^p, 当 $p\neq 0$ $\ln(\mu)$, 当 $p=0$	$(0,\infty)$
Power Odds Ratio(p)	μ^p, 当 $p\neq 0$ $\ln(\mu)$, 当 $p=0$	$(0,1)$
Box-Cox(p)	$(\mu^p-1)/p$, 当 $p\neq 0$ $\ln(\mu)$, 当 $p=0$	$(0,\infty)$
Box-Cox Odds Ratio(p)	$(\mu^p-1)/p$, 当 $p\neq 0$ $\ln(\mu)$, 当 $p=0$	$(0,1)$

表 6.4.4 相关分布的典型连接函数

分　布	连接函数
正态分布(Normal)	Identity
伽马分布(Gamma)	Inverse
逆高斯分布(Inverse Gaussian)	Power($p=-2$)
泊松分布(Poisson)	Log
二项式比例分布(binomial proportion)	Logit

6.4.2 广义线性模型的参数估计

1. 系数向量的极大似然估计

GLMs 的估计可以分成 3 个基本的部分：系数向量($\boldsymbol{\beta}$)的估计、系数协方差矩阵($\boldsymbol{\Sigma}$)的估计和度量离散性的参数(ϕ)的估计。可以采用极大似然法估计系数向量。设 $\boldsymbol{y}=(y_1,y_2,\cdots,y_N)'$，$\boldsymbol{\mu}=(\mu_1,\mu_2,\cdots,\mu_N)'$，对数似然函数如下：

$$l(\boldsymbol{\mu},\boldsymbol{y},\phi,\boldsymbol{w})=\sum_{i=1}^{N}\ln f(y_i,\phi_i,\phi,w_i) \tag{6.4.7}$$

对数似然函数关于$\boldsymbol{\beta}$求导得

$$\begin{aligned}\frac{\partial l}{\partial \boldsymbol{\beta}}&=\sum_{i=1}^{N}\frac{\partial \ln f(y_i,\theta_i,\phi,w_i)}{\partial\theta_i}\left(\frac{\partial\theta_i}{\partial\boldsymbol{\beta}}\right)\\&=\sum_{i=1}^{N}\left(\frac{y_i-b'(\theta_i)}{\phi/w_i}\right)\left(\frac{\partial\theta_i}{\partial\boldsymbol{\mu}}\right)\left(\frac{\partial\mu_i}{\partial\boldsymbol{\eta}}\right)\left(\frac{\partial\eta_i}{\partial\boldsymbol{\beta}}\right)\\&=\sum_{i=1}^{N}\frac{w_i}{\phi}\left(\frac{y_i-\mu_i}{V_\mu(\mu_i)}\right)\left(\frac{\partial\mu_i}{\partial\boldsymbol{\eta}}\right)\boldsymbol{x}_i\end{aligned} \tag{6.4.8}$$

最后的等式根据$\dfrac{\partial\theta_i}{\partial\boldsymbol{\mu}}=V_\mu(\mu_i)^{-1}$得到。离散性参数对于一阶条件并不重要，因此在求 β 的估计时可以忽略它，在求极大似然估计时通常取为 1。定义下面的成比例的离差(scaled deviance)D^* 和非比例的离差(unscaled deviance)D 是有用的：

$$D^*(\boldsymbol{\mu},\boldsymbol{y},\phi,\boldsymbol{w})=-2[l(\boldsymbol{\mu},\boldsymbol{y},\phi,\boldsymbol{w})-l(\boldsymbol{y},\boldsymbol{y},\phi,\boldsymbol{w})]$$

$$D(\boldsymbol{\mu},\boldsymbol{y},\phi,\boldsymbol{w})=\phi D^*(\boldsymbol{\mu},\boldsymbol{y},\phi,\boldsymbol{w})$$

其中，成比例的离差等于无约束的对数似然函数 $l(\boldsymbol{y},\boldsymbol{y},\phi,\boldsymbol{w})$ 和参数估计的似然函数 $l(\boldsymbol{\mu},\boldsymbol{y},\phi,\boldsymbol{w})$之差。非比例的离差等于离散性参数乘以成比例的离差。可以看出，最大化对数似然函数等价于最小化离差。有 3 种计算极大似然估计的方法：Newton-Raphson 法、BHHH(Berndt, Hall, Hall and Hausman)法和 IRLS(Iterated Reweighted Least Squares)-Fisher Scoring 法。

2. 准极大似然估计

Wedderburn(1974)[①]提出了准极大似然(quasi-likelihoods)估计方法。在不能或者不必要完整地给出分布形式，但是能确切地知道均值与方差之间的关系时可以采用准极大似然估计方法。准极大似然估计将分布设定所要求的指数分布族进行了扩展，允许采用较为灵活的均值和方差函数设定，从而也放松了对数据的要求。例如，对于非整数数据不能估计 Poisson 似然函数，但是基于均值与方差相等这一假设所得到的准极大似然函数却不存在这一问题。再如，在准极大似然估计中，可以修改泊松分布、二项式比例分布或者负二项式分布的方差函数，从而使得离散性参数是无约束的。

---

① WEDDERBURN R W M. Quasi-likelihood functions, generalized linear models and the Gauss-Newton method[J]. Biometrika, 1974, 61(3): 439-447.

设 Y_i 相互独立，且均值为 μ_i，方差为 $\text{var}(Y_i)=(\phi/w_i)V_\mu(\mu_i)$，定义函数：

$$U_i=u(\mu_i,y_i,\phi,w_i)=\frac{y_i-\mu_i}{(\phi/w_i)V_\mu(\mu_i)} \tag{6.4.9}$$

积分得

$$Q(\mu_i,y_i,\phi,w_i)=\int_y^{\mu_i}\frac{y_i-t}{(\phi/w_i)V_\mu(t)}\mathrm{d}t \tag{6.4.10}$$

上述积分如果存在，它与极大似然函数类似。利用函数 Q 定义准极大似然函数：

$$q(\mu,y,\phi,w)=\sum_{i=1}^{N}Q(\mu_i,y_i,\phi,w_i) \tag{6.4.11}$$

与普通的似然函数类似，可以通过将准极大似然函数关于参数最大化来求参数估计。与 GLM 普通最大似然估计一样，参数的准极大似然估计也不依赖于离散性参数 ϕ，离散性参数可以采用 Pearson χ^2 统计量进行估计。

对于某些形式的均值方差函数，准极大似然与线性指数分布族的普通极大似然函数相对应，准极大似然方法与普通最大似然方法等价，而对于其他的设定形式则没有相应的对应关系(表 6.4.5)。但是不管怎样，准极大似然估计量分布的性质都与普通极大似然估计类似[详见 McCullagh(1983)①]。

还可以计算比例的和非比例的准似然函数差：

$$D^*(\mu,y,\phi,w)=-2q(\mu,y,\phi,w) \tag{6.4.12}$$

$$D(\mu,y,\phi,w)=-2\phi D^*(\mu,y,\phi,w) \tag{6.4.13}$$

表 6.4.5　准极大似然估计的方差函数及其与指数分布族的对应关系

V_μ	约束条件	分　布
1	无约束	正态分布
μ	$\mu>0, y\geqslant 0$	泊松分布
μ^2	$\mu>0, y>0$	伽马分布
μ^r	$\mu>0, r\neq 0,1,2$	无对应分布
e^μ	无约束	无对应分布
$\mu(1-\mu)$	$0<\mu<1, 0\leqslant y\geqslant 1$	二项式比例分布
$\mu^2(1-\mu)^2$	$0<\mu<1, 0\leqslant y\geqslant 1$	无对应分布
$\mu(1+k\mu)$	$\mu>0, y\geqslant 0$	负二项式分布

3. 系数估计量协方差矩阵的估计

系数估计量协方差矩阵的估计有多种方法，这些方法在正确设定似然函数的前提下，可以通过求信息矩阵的逆得到估计量协方差矩阵($\boldsymbol{\Sigma}$)渐近一致的估计量。期望 Hessian

① MCCULLAGH P. Quasi-likelihood functions[J]. Annals of statistics, 1983, 11(1): 59-67.

矩阵($\boldsymbol{I}$)、观测值的 Hessian 矩阵($\boldsymbol{H}$)和梯度的外积($\boldsymbol{J}$)分别为

$$\hat{\boldsymbol{I}} = -E\left(\frac{\partial^2 l}{\partial \boldsymbol{\beta} \partial \boldsymbol{\beta}'}\right)\Bigg|_{\beta} = \boldsymbol{X}' \hat{\boldsymbol{\Lambda}}_I \boldsymbol{X} \tag{6.4.14}$$

$$\hat{\boldsymbol{H}} = -\left(\frac{\partial^2 l}{\partial \boldsymbol{\beta} \partial \boldsymbol{\beta}'}\right)\Bigg|_{\beta} = \boldsymbol{X}' \hat{\boldsymbol{\Lambda}}_H \boldsymbol{X} \tag{6.4.15}$$

$$\hat{\boldsymbol{J}} = \sum_{i=1}^{N}\left(\frac{\partial \ln f_i}{\partial \boldsymbol{\beta}} \frac{\partial \ln f_i}{\partial \boldsymbol{\beta}'}\right)\Bigg|_{\beta} = \boldsymbol{X}' \hat{\boldsymbol{\Lambda}}_J \boldsymbol{X} \tag{6.4.16}$$

式中：$\hat{\boldsymbol{I}}$、$\hat{\boldsymbol{H}}$ 和 $\hat{\boldsymbol{J}}$ 为对角矩阵，对角线元素分别为

$$\hat{\lambda}_{I,i} = (w_i/\hat{\phi}) V_{\mu}(\hat{\mu}_i)^{-1}\left(\frac{\partial \mu_i}{\partial \eta}\right)^2 \tag{6.4.17}$$

$$\hat{\lambda}_{H,i} = \lambda_{I,i} + (w_i/\hat{\phi})(y_i - \hat{\mu}_i)\left\{V_{\mu}(\hat{\mu}_i)^{-2}\left(\frac{\partial \mu_i}{\partial \eta}\right)^2\left(\frac{\partial V_{\mu}(\hat{\mu}_i)}{\partial \mu}\right) - V_{\mu}(\hat{\mu}_i)^{-1}\left(\frac{\partial^2 \mu_i}{\partial \eta^2}\right)\right\} \tag{6.4.18}$$

$$\hat{\lambda}_{J,i} = \left\{(w_i/\hat{\phi})(y_i - \hat{\mu}_i) V_{\mu}(\hat{\mu}_i)^{-1}\left(\frac{\partial \mu_i}{\partial \eta}\right)\right\}^2 \tag{6.4.19}$$

在实际应用中，EViews 可以自动将系数估计方法和协方差矩阵的估计方法相匹配，也可以自由选择。例如当估计量是用 IRLS(迭代加权最小二乘)方法得出的时，协方差矩阵的估计为 $\hat{\boldsymbol{\Sigma}} = \boldsymbol{I}^{-1}$。如果方差函数被错误地设定，那么直接求信息矩阵的逆得到的协方差矩阵的估计不再是一致的。Huber-White Sandwich 估计量对方差函数错误设定是稳健的，EViews 提供了两种形式的估计量，即 $\hat{\boldsymbol{\Sigma}}_{IJ} = \hat{\boldsymbol{I}}^{-1}\hat{\boldsymbol{J}}\hat{\boldsymbol{I}}^{-1}$ 和$\hat{\boldsymbol{\Sigma}}_{HJ} = \hat{\boldsymbol{H}}^{-1}\hat{\boldsymbol{J}}\hat{\boldsymbol{H}}^{-1}$。

4. 离散性参数的估计

估计系数向量时，离散性参数(ϕ)可能被忽略。为了估计离散性参数，将分布族分为自由离散性参数和固定离散性参数两类。对于自由离散性参数分布族(如正态分布、Gamma 分布和逆 Gaussian 分布等)必须估计离散性参数。可以通过使用广义的 Pearson χ^2 统计量获得

$$\hat{\phi}_P = \frac{1}{N-k}\sum_{i=1}^{N}\frac{\omega_i (y_i - \hat{\mu}_i)^2}{V_{\mu}(\hat{\mu}_i)} \tag{6.4.20}$$

在线性指数分布族中，离散性参数(ϕ)还可以利用式(6.4.21)给出的统计量进行估计：

$$\hat{\phi}_D = \frac{1}{N-k}\sum_{i=1}^{N}\frac{\omega_i (y_i - \hat{\mu}_i)^2}{V_{\mu}(\hat{\mu}_i)} \tag{6.4.21}$$

当分布族是固定离散性参数时(如 Poisson 分布、二项分布和负二项分布等)，ϕ 理论上等于 1。但是样本数据经常违背理论假设，很多时候离散性参数超过 1，称为过度离散。过度离散会导致有些统计推断是无效的。修正过度离散最简单的方法是使用上述自由离散参数的估计方法对其进行估计，并且在计算协方差矩阵时使用这一估计量。

例 6.8　广义线性模型实例

401K 计划也称 401K 条款，是指美国 1978 年《国内税收法》第 401 条 K 项的规定。它是一种由雇员、雇主共同缴费建立起来的完全基金式的养老保险制度。按照该计划，企业为员工设立专门的 401K 账户，员工每月从其工资中拿出一定比例的资金存入养老金账户，投入退休计划中的资金享受延迟付税的优惠，而企业一般也按一定的搭配比例向该账户存入相应资金。与此同时，企业向员工提供 3～4 种不同的证券组合投资计划。员工可任选一种进行投资。员工退休时，可以选择一次性领取、分期领取和转为存款等方式使用。401K 计划既不是普及私营企业每一个人的退休福利计划，也不是政府主导的全民社会福利计划。企业如果为雇员提供 401K 退休计划，雇员可以自愿参加这一计划。Papke 和 Wooldridge(1996)利用广义线性模型(GLM)研究了 401K 计划参与率(*PRATE*)与企业补偿比例(*MRATE*)之间的关系。其他的解释变量包括企业雇员的人数(*EMP*)、计划实施的时间(*AGE*)和二元哑变量(*SOLE*)(401K 计划是否为公司唯一的福利计划)。利用 1987 年 4 735 个样本中满足企业补偿比例小于等于 1 的子样本进行回归分析。采用 binomial proportion 分布和 Logit 连接函数，二项分布中的试验次数取默认值 1。估计结果如下：

$$E(PRATE \mid \boldsymbol{x}) = G(5.058 + 1.390 \times MRATE - 1.002 \times \ln(EMP) + 0.052 \times \ln(EMP)^2 + 0.0501 \times AGE - 0.00052 \times AGE^2 + 0.008 \times SOLE) \tag{6.4.22}$$

式中：$G(\cdot)$为 Logit 连接函数的反函数。

广义线性模型(GLMs)与普通最小二乘(OLS)法的估计结果如表 6.4.6 所示。

表 6.4.6　广义线性模型与普通最小二乘法的估计结果

解释变量	OLS	GLMs
常数项	1.213 (23.63)	5.058 (11.85)
MRATE	0.156 (13.51)	1.39 (13.85)
ln(*EMP*)	−0.112 (−8.23)	−1.002 (−9.01)
$\ln(EMP)^2$	0.005 7 (6.47)	0.052 (7.35)
AGE	0.006 (5.99)	0.050 1 (5.75)
AGE^2	−0.000 07 (−2.95)	−0.000 52 (−2.44)
SOLE	−0.000 1 (−0.016)	0.008 0 (0.17)
R^2	0.143	

注：对于 OLS 圆括号内的值为 t 统计量，对于 GLMs 圆括号内的值为 z 统计量。

广义线性模型中自变量对因变量条件均值的边际影响为

$$\frac{\partial E(y \mid \boldsymbol{x})}{\partial x_j}=g(\boldsymbol{x}'\boldsymbol{\beta})\beta_j, \quad 其中\ g(z)=\frac{\mathrm{d}G(z)}{\mathrm{d}z}。$$

在本例中，$g(z)=\frac{\mathrm{d}G(z)}{\mathrm{d}z}=\exp(z)/[1+\exp(z)]^2$。

当 $z\to\infty$ 时 $g(z)\to 0$，因此在保持其他变量不变的条件下，随着企业搭配比例（*MRATE*）增加，其对参与率的影响将趋近于 0。大多数采用 401K 计划的企业也有一些其他的福利措施，因此令 *SLOPE*＝0，*AGE* 和 *BMP* 取其均值分别为 13 和 4 620，计算搭配比例处于不同水平时对参与率的边际影响。计算可得当 *MRATE*＝0、*MRATE*＝0.5 和 *MRATE*＝1.0 时的边际影响分别为 0.288、0.197 和 0.118。随着搭配比例的提高，其边际影响逐渐下降。并且不难发现通过线性回归模型估计出来的边际影响为 0.156，处于 GLM 给出的估计结果最大值和最小值之间。与线性回归相比，GLM 捕捉到了自变量对因变量的线性影响。

本例选自：PAPKE L E, WOOLDRIDGE J M. Econometric methods for fractional variables with an application to 401 (K) Plan participation rates[J]. Journal of applied econometrics 1996, 11: 619-632.

6.5　EViews 软件的相关操作[①]

6.5.1　审查回归模型

1. 模型的估计

估计审查模型，打开 Equation Estimation 对话框（图 6.5.1，例 6.1），Method 选项中选择 CENSORED 估计方法。在 Equation specification 文本框中，输入被审查的因变量的名字及一系列回归项。审查回归模型的估计只支持列表形式的设定。

然后，在右侧 Distribution 栏的 3 种分布（Normal，Logistic，Extreme Value）中选择一种作为误差项的分布。

还需要在 Dependent variable censoring points 一栏提供关于被检查因变量的临界点的信息。临界点可以是数值、表达式、序列，还可以是空的。有两种情况需要考虑：

① 临界点对于所有个体都是已知的。

② 临界点只对具有审查观察值的个体是已知的。

（1）临界点对所有个体都已知

按照要求在编辑栏的左编辑区（Left）和右编辑区（Right）输入临界点表达式。注意如果在编辑区域留下空白，将假定该种类型的观测值没有被审查。

例如，在规范的 Tobit 模型中，数据在 0 值左边审查，在 0 值右边不被审查。这种情况可以被指定为

左编辑区：0

① EViews 10, IHS Global Inc., 2017. User's Guide Ⅱ, Chapter 29, p357-p389, Chapter 30, p391-p420.

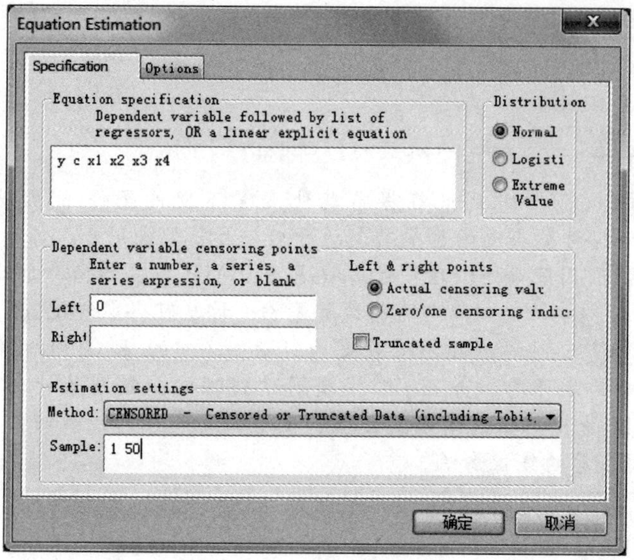

图 6.5.1　审查模型对话框

右编辑区：[blank]

而一般的左边和右边审查由下式给出：

左编辑区：$\underline{c}_i$
右编辑区：$\bar{c}_i$

允许更一般的设定，这时审查点已知，但在观察值之间有所不同。简单地在适当的编辑区域输入包含审查点的序列名字。

(2) 临界点通过潜在变量产生并且只对被审查的观测值个体已知

在一些情况下，假设临界点对于一些个体($\underline{c}_i$ 和 $\bar{c}_i$ 不是对所有的观察值都是可观察的)是未知的，此时可以通过设置 0～1 虚拟变量(审查指示变量)来审查数据。EViews 提供了另外一种数据审查的方法来适应这种形式。简单地，在估计对话框中选择"zero/one censoring indicator"选项，然后在合适的编辑区域输入审查指示变量的序列名。对应于审查指示变量值为 1 的观察值要进行审查处理，而变量值为 0 的观察值不进行审查。

例如，假定我们有个人失业时间的观察值，但其中的一些观察值反映的是在取得样本时仍然继续失业的情况，这些观察值可以看作在报告值的右边审查。如果变量 *rcens* 是一个代表审查的指示变量，可以选择 zero/one censoring indicator 设置，并在编辑区域输入：

左编辑区：[blank]
右编辑区：rcens

如果数据在左边和右边都需要审查，对于每种形式的审查使用单独的审查指示变量：

左编辑区：lcens
右编辑区：rcens

这里，lcens 也是审查指示变量。完成模型的指定后，单击 OK 按钮。EViews 将会使用合适的迭代步骤估计模型的参数。

2. 估计结果的输出

估计结果的第一部分给出的是通常输出结果表头信息，包括误差项的分布、样本个数，估计的算法和收敛所需的迭代次数、审查临界点的信息等，如果被估计的模型是典型的 Tobit 模型(在 0 点左截断的)，在估计方法中会标注“TOBIT”。对于其他的审查模型输出结果中也会给出审查临界点的详细信息(输出结果的最下边)。在表头的下方会给出关于系数估计结果的信息，包括系数的估计值、渐进标准差，z 统计量和所对应的 p 值。和其他受限因变量模型一样，在审查回归模型中，x_{ij} 的系数不能直接解释为自变量对因变量的边际影响，自变量的变动有两个方面的影响：一方面是对因变量均值的影响，另一方面是对因变量被观测到的概率的影响。

除了回归系数，还给出一个名为 Scale 的估计结果，它是比例系数 σ 的估计值，这个比例系数可以用来估计残差的标准差。在系数估计结果的下面会给出一些关于因变量和基于极大似然估计计算的统计量。

3. 模型的预测与产生残差

EViews 提供了预测因变量期望 $E(y|\boldsymbol{x},\boldsymbol{\beta},\sigma)$ 的选项，或预测潜在变量期望 $E(y^*|\boldsymbol{x},\boldsymbol{\beta},\sigma)$ 的选项。从工具栏选择 Forecast 打开预测对话框。为了预测因变量的期望，应该选择 Expected dependent variable，并输入一个序列名称用于保存输出结果。为了预测潜在变量的期望，单击 Index-Expected latent variable，并输入一个序列的名称用于保存输出结果。潜在变量的期望 $E(y^*|\boldsymbol{x},\boldsymbol{\beta})$ 可以从如下关系中得到

$$E(y^* \mid \boldsymbol{x},\boldsymbol{\beta},\sigma)=\boldsymbol{x}'\boldsymbol{\beta} \tag{6.5.1}$$

通过选择 Procs/Make Residual Series，并从残差的 3 种类型中选择一种，可以产生审查模型的残差序列。审查模型的残差也有 3 种类型，与前述类似。

6.5.2　截断回归模型

1. 模型的估计

估计一个截断回归模型和估计一个审查模型遵循同样的步骤，在 Equation Specification 对话框的 Method 中，选择 CENSORED 估计方法。出现估计审查和截断回归模型对话框。在 Equation Specification 区域键入截断因变量的名称和回归项的列表，并从 3 种分布中选择一种作为误差项的分布。选择 Truncated sample 选项估计截断模型。

有两点需要补充说明：

首先，截断估计只对截断点已知的模型进行估计。如果用指标指定截断点，EViews 将会给出错误信息，指出这种选择是无效的。

其次，如果有一些因变量的值在截断点之外，EViews 将会发出错误信息。而且，

EViews 将会自动排除掉严格等于截断点的所有观察值。例如,如果指定零作为左截断点,如果有观察值低于零,EViews 将会发出错误信息,并将排除严格等于零的任何观察值。

2. 估计结果输出

截断回归模型的估计输出结果基本与审查回归模型的输出结果相同,只是在输出结果的表头部分会以"Truncated sample"字样标注是截断性样本的估计结果。

6.5.3 Heckman 选择模型

1. 模型的估计

在 Equation Estimation 对话框的 Method 对话框中,选择 HECKIT-Heckman Selectiom 估计方法(图 6.5.2,例 6.4)。

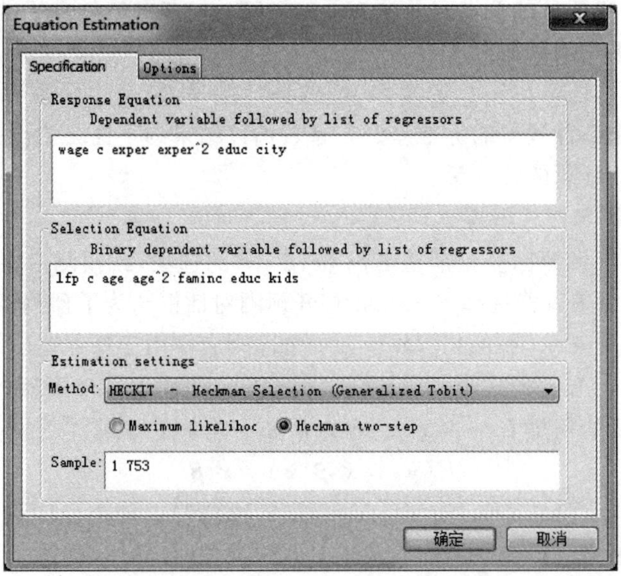

图 6.5.2 Heckman 选择模型的估计对话框

方程设定对话框分成两个部分,分别为响应方程(Response Equation)和选择方程(Selection Equation)对话框,在两个对话框分别键入因变量和自变量来完成方程的设定。注意在选择方程中因变量一定是取值为 0 和 1 的形式。在估计方法中可以选择极大似然法(maximun likelihoc)和赫克曼两步法(Heckman two-step)。

如果选择极大似然估计方法,单击 Options 按钮选项可以选择,包括系数协方差矩阵的估计方法、初始值的设定和估计法则 3 个部分。在系数协方差矩阵的估计方法中可以选择 Outer Product of Gradients,Information,Matrix 和 Huber/White 方法。对于初值,可以选择通过 Heckman 两步法获得初值或者不同权重的初值,如果选择用户设定选项,EViews 将从工作文件中的系数向量中获得初值。在估计法则中,默认的是 Newton-Raphon 方法。

2. 估计结果输出

估计结果会分别给出响应方程和选择方程的估计结果，包括系数的估计值、标准误、t 统计量和相应的 p 值。在估计结果的下面会给出一些与其他估计方法类似的统计量。如果选择极大似然法进行估计，除了给出参数的估计结果外，还会给出 ρ 和 σ 的估计值及相应的标准差和显著性检验信息。

6.5.4　计数模型

1. 模型的估计与结果输出

估计一个计数模型，打开 Equation Estimation 对话框，然后在估计方法中选择 COUNT 作为估计方法。EViews 显示计数模型估计对话框。在编辑区域，列出被解释变量和解释变量。必须通过列表形式指定计数模型。

在 Options 标签中，可以根据需要改变缺省估计的运算法则、收敛准则、初始值和计算系数协方差的方法。EViews 提供的 5 种计数模型的估计方法：

Poisson[ML and QML]；
Negative binomial[ML]；
Exponential[QML]；
Normal/NLS[QML]；
Negative binomial[QML]。

从上面的 5 种计数模型中选择一种，并且对于 Negative binomial[QML]模型需要指定一个值作为固定的方差参数。前 4 种方法对应 4 种因变量的分布，分别为泊松分布、负二项分布、指数分布和正态分布。输出结果部分如其他估计方法，包括表头信息、系数的估计结果、标准误、z 统计量和相应的 p 值。在底部会输出一些熟知的统计量。

2. 模型的预测与产生残差

选择 Forecast 可以预测因变量 $\hat{y}$ 和线性指标($\boldsymbol{x}'\hat{\boldsymbol{\beta}}$)，二者的关系为 $\hat{y}=\exp(\boldsymbol{x}'\hat{\boldsymbol{\beta}})$。选择 Proc\Make Residual Series，可以产生计数模型的 3 种类型残差，残差类型参照本书初级第 5 章表 5.1.2。

6.5.5　广义线性模型

1. 方程的输入

估计广义线性模型，在 Equation Estimation 对话框(图 6.5.3，例 6.8)的 Method 中选择 GLM-Generalized Linear Models。在方程设定区域输入因变量和线性方程部分，有两种输入方式，最简单的是列表法，首先是因变量名，然后是线性方程部分的变量，其中可以包含 PDL 项，但是不能包含 ARMA 项。也可输入形如“Y＝c(1)＋c(2) * X”的表达式，但是这种设定仅仅是为了语法上的方便，并不代表一个线性回归的均值方程。

2. 分布的设定

在 Family 对应的下拉菜单中选择分布，默认的分布是正态分布，也可以选择指数分布族中的其他分布，但是最后的 3 个分布[Exponential Mean，Power Mean(p)，Binomial

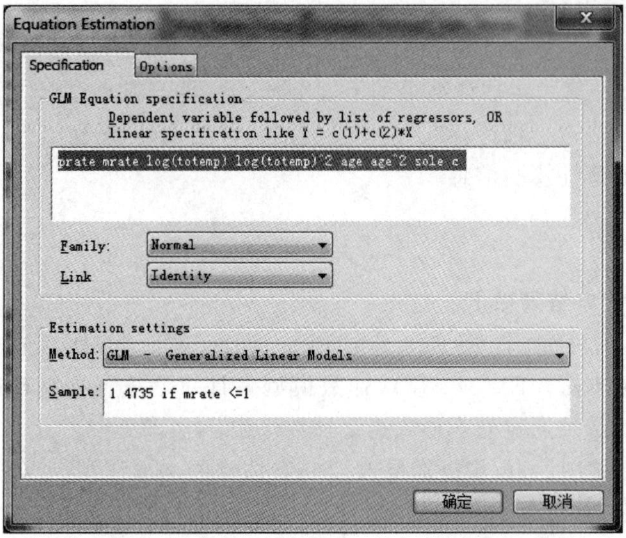

图 6.5.3　广义线性模型的估计对话框

Squared]是为了设定准极大似然估计的,而非指数分布族中的分布。有的分布还需要进行相应参数的设定。例如,二项计数和二项比例分布均需要设定实验的次数。

3. 连接函数

在 Link 对应的下拉菜单中选择连接函数,一般来说典型连接函数是默认的连接函数。但是对于负二项式分布默认为 Log 连接函数,而 Exponential Mean、Power Mean(p)和 Binomial Squared 准极大似然分布族默认的连接函数分别为 Identity、Log、Logit 函数。选择连接函数后可能还会需要指定相应的参数。EViews 并不要求连接函数与给定的分布相关联,这样就可能会导致对于某个给定的分布和所选择的连接函数,会返回一个无效的均值,此时极大似然估计失败。

4. 估计选项

单击 Options 按钮,可以对 GLMs 进行一些其他的设置。其包括扩展方程的设定、选择离散性估计量、选择估计算法和对系数协方差矩阵的估计进行选择等。Specification Options 允许计算线性预测值的偏移(offset),在 offset 编辑区域嵌入一个序列名或者表达式,就可以将偏移保存在相应的序列中。Frequency weights 编辑区域应该用于在工作文件中指定每个观察值的复制,在实际应用中,频数权重主要是方差加权的形式和反映观测值的个数。还可以使用 Weights 下拉菜单的选项中进行方差加权,加权序列的类型包括方差(Variance)、标准差(Std. deviation)、方差的倒数(Inverse variance)、标准差的倒数(Inverse std. dev)等,在编辑区域输入相应的序列名称,EViews 会自动转换成合适的权重序列。例如,选择 Inverse variance,然后输入序列 w 就可以直接指定权重。如果选择的是 Variance,EViews 将会取序列 w 的倒数作为权重。

在 Dispersion Options 下拉菜单中可以选择离散性参数的计算方法,包含 4 个选项,分别是默认方法(Default)、Pearson 卡方统计量(Pearson Chi-Sq.)、取为固定值 1(Fixed at 1)和用户指定(User-Specified)。另外如果所选择的分布族是线性指数分布族,还可以选择离差统计量(Deviance statistic)进行计算。默认方法所采用的计算方法与分布族相关,对于具有自由离散性参数的分布族,默认的方法是使用 Pearson 卡方统计量,否则取为 1。

在 Coefficient Covariance Options 中可以选择协方差矩阵的计算方法。如果选择 Ordinary,则采用所计算的信息矩阵的倒数进行估计,还可以选择 Huber/White sandwich 估计量,或者选择 HAC(Newey-West)方法。在 Information matrix 菜单中可供选择的信息矩阵的计算方法包括 Hessian-observed、Hessian-expected 和 OPG-BHHH。

在 Estimation Options 中可以指定最优算法和初值等。Optimization Algorithm 下拉菜单中包括 Newton-Raphson、BFGS、OPG -BHHH、Fisher Scoring(IRLS)和 EViews legacy 等方法,默认的是 Newton-Raphson。Step method 下拉菜单中包括 Marquardt、Dogleg 和 Line search 方法,默认的是 Marquardt 方法。

5. 估计结果的输出

输出结果的最顶部仍然会显示估计的基本信息,包括估计方法、观测值个数、分布族、连接函数的类型、离散性参数的计算方法、收敛信息和系数协方差矩阵的计算方法等。接下来是系数的估计值、标准误、z 统计量和相应的 p 值。在输出结果的底部给出统计量的汇总表,除了前面介绍过的常用统计量外,还会给出离差(deviance)、离差统计量(deviance statistic)和有约束的离差(restricted deviance),离差统计量是离差除以自由度得到的。还会给出 Pearson 残差平方和、Pearson 统计量和离散性参数的估计值。

6. 模型的预测与产生残差

EViews 提供了利用广义线性模型进行样本内和样本外预测的功能。从方程工具栏中选择 Procs/Forecast,然后单击想要预测的对象。既可以计算因变量均值 μ_i 的预测值,也可以计算线性部分 η_i 拟合值。像其他方法一样,可以选择预测样本,显示预测图。

通过 Procs/Make Residual Series 选项产生下面 3 种残差类型中的一种类型:

普通残差:$\hat{\varepsilon}_{oi}=(y_i-\hat{\mu}_i)$

加权或者 Pearson 残差:$\hat{\varepsilon}_{pi}=[(1/\omega_i)V_\mu(\hat{\mu}_i)]^{-1/2}(y_i-\hat{\mu}_i)$

标准化的残差:$\hat{\varepsilon}_{si}=[(\hat{\phi}/\omega_i)V_\mu(\hat{\mu}_i)]^{-1/2}(y_i-\hat{\mu}_i)$

广义残差:$\hat{\varepsilon}_{gi}=[(\hat{\phi}/\omega_i)V_\mu(\hat{\mu}_i)]^{-1/2}(\partial\hat{\mu}_i/\partial\eta)(y_i-\hat{\mu}_i)$

第 7 章　极大似然估计[①]

极大似然估计法(maximum likelihood,ML),是不同于最小二乘法的另一种参数估计方法,是从极大似然原理发展起来的其他估计方法的基础。虽然其应用没有最小二乘法普遍,但在计量经济学理论上占据很重要的地位,因为极大似然原理比最小二乘原理更本质地揭示了通过样本估计总体参数的内在机理,计量经济学理论的发展更多的是以极大似然估计原理为基础的,对于一些特殊的计量经济学模型,只有极大似然方法才是很成功的估计方法。

7.1　极大似然估计的基本原理和计算方法

极大似然估计着眼于不同的总体产生不同的样本这个事实,一组样本更有可能来自某个特定参数的总体而不是其他总体。以正态分布总体为例,参数为期望和方差,如果已经得到 N 个样本观测值,那么参数取何值时最可能产生已经得到的 N 个样本观测值呢?显然,要对每个可能的正态分布估计取得当前这 N 个样本观测值的联合概率,然后选择能使观测值的联合概率达到最大的参数值作为未知参数的估计。样本观测值联合概率函数称为变量的似然函数,通过似然函数极大化求得总体参数估计量的方法称为极大似然法。

7.1.1　极大似然估计的基本原理

设总体的概率函数为 P,其类型是已知的,但含有未知参数(向量)$\boldsymbol{\psi}$。我们的目的就是依据从该总体抽得的随机样本 $y_1,y_2,\cdots,y_N$,寻求对 $\boldsymbol{\psi}$ 的估计。

观测值 $y_1,y_2,\cdots,y_N$ 的联合概率函数被给定为

$$L(\boldsymbol{y};\ \boldsymbol{\psi})=\prod_{i=1}^{N}P(y_i) \tag{7.1.1}$$

式中:$\boldsymbol{y}=(y_1,y_2,\cdots,y_N)'$。将这一联合概率函数视为参数 $\boldsymbol{\psi}$ 的函数,称为样本的似然函数(likelihood function)。

极大似然原理就是寻求 ψ 的估计值 $\hat{\boldsymbol{\psi}}$,使得似然函数 $L(\boldsymbol{y};\ \boldsymbol{\psi})$对于给定的观测值 $y_1,y_2,\cdots,y_N$ 而言达到最大值,$\hat{\boldsymbol{\psi}}$ 称为极大似然估计量。

在 $L(\boldsymbol{y};\ \boldsymbol{\psi})$关于 ψ_j($j=1,2,\cdots,n$,n 是未知参数的个数)的偏导数存在时,要使

---

① 李子奈,叶阿忠. 高等应用计量经济学[M]. 北京:清华大学出版社,2012: 第 2 章.
格林. 计量经济分析[M]. 张成思,译. 6 版. 北京:中国人民大学出版社,2011: 第 12 章.
李雪松. 高级计量经济学[M]. 北京:中国社会科学出版社,2008: 第 1 章.

$L(\boldsymbol{y};\boldsymbol{\psi})$取最大值，$\boldsymbol{\psi}$ 必须满足

$$\frac{\partial}{\partial \Psi_j} L(\boldsymbol{y};\boldsymbol{\psi}) = 0,\quad j=1,2,\cdots,n \tag{7.1.2}$$

由上式可解得 $n\times 1$ 向量 $\boldsymbol{\psi}$ 的极大似然估计值 $\hat{\boldsymbol{\psi}}$。

因为 $L(\boldsymbol{y};\boldsymbol{\psi})$与 $\ln L(\boldsymbol{y};\boldsymbol{\psi})$在同一点处取极值，所以 $\hat{\boldsymbol{\psi}}$ 也可以由

$$\frac{\partial}{\partial \Psi_j} \ln L(\boldsymbol{y};\boldsymbol{\psi}) = 0,\quad j=1,2,\cdots,n \tag{7.1.3}$$

求得，因为对数可将乘积变成求和，所以，式(7.1.3)往往比直接使用式(7.1.2)来得方便。$\ln L(\boldsymbol{y};\boldsymbol{\psi})$被称为对数似然函数。

现以一个含有 k 个变量的多元线性回归方程为例，简单地介绍线性回归模型的对数极大似然估计方法。

多元线性回归模型的一般形式为

$$y_i = \beta_0 + \beta_1 x_{1i} + \beta_2 x_{2i} + \cdots + \beta_k x_{ki} + u_i,\quad i=1,2,\cdots,N \tag{7.1.4}$$

式中：k 为解释变量个数；N 为观测值个数，随机扰动项 $u_i \sim N(0,\sigma^2)$。

那么

$$y_i \sim N(\mu_i,\sigma^2)$$

式中

$$\mu_i = \beta_0 + \beta_1 x_{1i} + \beta_2 x_{2i} + \cdots + \beta_k x_{ki} \tag{7.1.5}$$

y 的随机抽取的 N 个样本观测值的联合概率函数为

$$\begin{aligned} L(\boldsymbol{\beta},\sigma^2) &= P(y_1,y_2,\cdots,y_N) \\ &= \frac{1}{(2\pi)^{N/2}\sigma^N} \mathrm{e}^{-\frac{1}{2\sigma^2}\sum_{i=1}^{N}(y_i-\mu_i)^2} \end{aligned} \tag{7.1.6}$$

这就是变量 y 的似然函数。

对似然函数求极大值和对数似然函数求极大值是等价的，式(7.1.6)的对数似然函数形式为

$$\begin{aligned} \ln L(\boldsymbol{\beta},\sigma^2) &= -\frac{N}{2}\ln(2\pi\sigma^2) - \frac{1}{2\sigma^2}\sum_{i=1}^{N}(y_i-\mu_i)^2 \\ &= \sum_{i=1}^{N}\left(-\frac{1}{2}\ln(2\pi\sigma^2) - \frac{1}{2\sigma^2}(y_i-\mu_i)^2\right) \end{aligned} \tag{7.1.7}$$

注意，可以将对数似然函数写成所有观测值的对数似然贡献和的形式，即

$$\ln L(\boldsymbol{\beta},\sigma^2) = \sum_{i=1}^{N} l_i(\boldsymbol{\beta},\sigma^2) \tag{7.1.8}$$

这里对数似然的单个贡献(用小写字母表示)由下面的式子给出：

$$l_i(\boldsymbol{\beta},\sigma^2) = -\frac{1}{2}\ln(2\pi\sigma^2) - \frac{1}{2\sigma^2}(y_i-\mu_i)^2 \tag{7.1.9}$$

式(7.1.7)也可用标准正态分布的密度函数 ϕ 表示，即

$$\ln L(\boldsymbol{\beta},\sigma^2)=-\frac{N}{2}\ln(2\pi)-\frac{1}{2}\sum_{i=1}^{N}\ln(\sigma^2)-\frac{1}{2\sigma^2}\sum_{i=1}^{N}(y_i-\mu_i)^2$$

$$=\sum_{i=1}^{N}\left\{\ln\phi\left[\frac{(y_i-\mu_i)}{\sigma}\right]-\frac{1}{2}\ln(\sigma^2)\right\} \tag{7.1.10}$$

式中：标准正态分布的对数似然函数 ϕ 为

$$\ln\phi(z_i)=-\frac{N}{2}\ln(2\pi)-\frac{1}{2}\sum_{i=1}^{N}z_i^2,\quad z_i=\frac{y_i-\mu_i}{\sigma} \tag{7.1.11}$$

这里对数似然函数每个观测值的贡献式(7.1.9)又可以由下面的式子给出：

$$l_i(\boldsymbol{\beta},\sigma)=\ln\phi\left(\frac{y_i-\mu_i}{\sigma}\right)-\frac{1}{2}\ln(\sigma^2) \tag{7.1.12}$$

7.1.2　极大似然估计量的计算方法

当(对数)似然函数求最大值所满足的一阶条件有确切的表达式，有时可以使用解析方法求参数的极大似然估计，一般情形下，可以使用数值解法，本节主要介绍数值解法。

1. 解析方法

(1) 一元线性模型的极大似然估计

一元线性回归模型形式为

$$y_i=\beta_0+\beta_1x_i+u_i,\quad i=1,2,\cdots,N \tag{7.1.13}$$

式中：$E(u_i\,|\,x_i)=0$，$\text{var}(u_i\,|\,x_i)=\sigma^2$，$u_i\sim N(0,\sigma^2)$。

随机抽取 N 组样本观测值 $y_i,x_i(i=1,2,\cdots,N)$，设 y_i 来自如下的正态分布总体：

$$y_i\sim N(\beta_0+\beta_1x_i,\sigma^2) \tag{7.1.14}$$

于是，y_i 的概率密度函数为

$$P(y_i)=\frac{1}{\sqrt{2\pi}\sigma}\mathrm{e}^{-\frac{1}{2\sigma^2}(y_i-\beta_0-\beta_1x_i)^2},\quad i=1,2,\cdots,N \tag{7.1.15}$$

因为 y_i 是相互独立的，所以，y_i 的所有样本观测值的联合概率密度函数，也即似然函数为

$$L(\beta_0,\beta_1,\sigma^2)=\frac{1}{(2\pi)^{N/2}\sigma^N}\mathrm{e}^{-\frac{1}{2\sigma^2}\sum_{i=1}^{N}(y_i-\beta_0-\beta_1x_i)^2} \tag{7.1.16}$$

对数似然函数如下：

$$\ln L(\beta_0,\beta_1,\sigma^2)=-\frac{N}{2}\ln(2\pi\sigma^2)-\frac{1}{2\sigma^2}\sum_{i=1}^{N}(y_i-\beta_0-\beta_1x_i)^2 \tag{7.1.17}$$

求似然函数或者对数似然函数的最大值点即可获得参数的极大似然估计量。求对数似然函数 $\ln L(\beta_0,\beta_1,\sigma^2)$ 最大值需满足的一阶条件为

$$\frac{\partial}{\partial\beta_0}\ln L(\beta_0,\beta_1,\sigma^2)=0,\quad \frac{\partial}{\partial\beta_1}\ln L(\beta_0,\beta_1,\sigma^2)=0,$$

$$\frac{\partial}{\partial\sigma^2}\ln L(\beta_0,\beta_1,\sigma^2)=0 \tag{7.1.18}$$

解得参数的估计量为

$$\hat{\beta}_0=\bar{y}-\hat{\beta}_1\bar{x},\quad \hat{\beta}_1=\frac{N\sum_{i=1}^{N}x_iy_i-\sum_{i=1}^{N}x_i\sum_{i=1}^{N}y_i}{N\sum_{i=1}^{N}x_i^2-\left(\sum_{i=1}^{N}x_i\right)^2}=\frac{\sum_{i=1}^{N}(x_i-\bar{x})(y_i-\bar{y})}{\sum_{i=1}^{N}(x_i-\bar{x})^2} \tag{7.1.19}$$

$$\hat{\sigma}^2=\frac{1}{N}\sum_{i=1}^{N}(y_i-\hat{\beta}_0-\hat{\beta}_1x_i)^2 \tag{7.1.20}$$

其中：$\bar{x}=\frac{1}{N}\sum_{i=1}^{N}x_i,\bar{y}=\frac{1}{N}\sum_{i=1}^{N}y_i$。

在满足古典线性回归模型基本假定下，一元线性回归模型参数的极大似然估计量与普通最小二乘估计量是相同的。

(2) 多元线性模型的极大似然估计

将多元线性回归模型(7.1.4)写成矩阵形式：

$$\boldsymbol{Y}=\boldsymbol{X\beta}+\boldsymbol{u} \tag{7.1.21}$$

其中

$$\boldsymbol{Y}=\begin{bmatrix}y_1\\y_2\\\vdots\\y_N\end{bmatrix},\quad \boldsymbol{\beta}=\begin{bmatrix}\beta_0\\\beta_1\\\vdots\\\beta_k\end{bmatrix},\quad \boldsymbol{u}=\begin{bmatrix}u_1\\u_2\\\vdots\\u_N\end{bmatrix},\quad \boldsymbol{X}=\begin{bmatrix}1&x_{11}&\cdots&x_{k1}\\1&x_{12}&\cdots&x_{k2}\\\vdots&\vdots&\vdots&\vdots\\1&x_{1N}&\cdots&x_{kN}\end{bmatrix}$$

则 $\boldsymbol{Y}$ 的随机抽取的 N 个样本观测值的联合概率密度函数为

$$L(\beta,\sigma^2)=\frac{1}{(2\pi)^{N/2}\sigma^N}e^{-\frac{1}{2\sigma^2}(\boldsymbol{Y}-\boldsymbol{X\beta})'(\boldsymbol{Y}-\boldsymbol{X\beta})} \tag{7.1.22}$$

取对数似然函数

$$\ln L(\beta,\sigma^2)=-\frac{N}{2}\ln(2\pi\sigma^2)-\frac{1}{2\sigma^2}(\boldsymbol{Y}-\boldsymbol{X\beta})'(\boldsymbol{Y}-\boldsymbol{X\beta}) \tag{7.1.23}$$

求对数似然函数 $\ln L(\boldsymbol{\beta},\sigma^2)$ 的最大值，只需满足一阶条件

$$\frac{\partial}{\partial\beta}\ln L(\beta,\sigma^2)=0,\quad \frac{\partial}{\partial\sigma^2}\ln L(\beta,\sigma^2)=0 \tag{7.1.24}$$

从中可以解出参数估计量为

$$\hat{\beta}=(\boldsymbol{X}'\boldsymbol{X})^{-1}(\boldsymbol{X}'\boldsymbol{Y}),\quad \hat{\sigma}^2=\frac{1}{N}(\boldsymbol{Y}-\boldsymbol{X}\hat{\boldsymbol{\beta}})'(\boldsymbol{Y}-\boldsymbol{X}\hat{\boldsymbol{\beta}}) \tag{7.1.25}$$

2. 数值方法①

首先，求极大似然估计的迭代公式。为求极大似然估计，需要求解

$$\frac{\partial}{\partial\boldsymbol{\psi}}\ln L(\boldsymbol{y};\boldsymbol{\psi})=0 \tag{7.1.26}$$

设 $\tilde{\boldsymbol{\psi}}$ 是参数向量的精确值，采用 Taylor 展开式，取一次近似，并设 $\hat{\boldsymbol{\psi}}$ 表示参数空间

① 大日康史. 日本 S-W 景气指数的开发[J]. 经济学论丛，同志社大学，1992，44(1)：25-60.

上的任意一点,则可将$\frac{\partial \ln L(\boldsymbol{y};\boldsymbol{\psi})}{\partial \boldsymbol{\psi}}$表示成

$$\left.\frac{\partial \ln L}{\partial \boldsymbol{\psi}}\right|_{\psi=\tilde{\psi}}=\left.\frac{\partial \ln L}{\partial \boldsymbol{\psi}}\right|_{\psi=\hat{\psi}}+\left.\frac{\partial^2 \ln L}{\partial \boldsymbol{\psi}\partial \boldsymbol{\psi}'}\right|_{\Psi=\hat{\psi}}(\tilde{\boldsymbol{\psi}}-\hat{\boldsymbol{\psi}}) \tag{7.1.27}$$

令其为 0,可得

$$\tilde{\boldsymbol{\psi}} \approx \hat{\boldsymbol{\psi}}-\left[\left.\frac{\partial^2 \ln L}{\partial \boldsymbol{\psi}\partial \boldsymbol{\psi}'}\right|_{\psi=\hat{\psi}}\right]^{-1}\left.\frac{\partial \ln L}{\partial \boldsymbol{\psi}}\right|_{\psi=\hat{\psi}} \tag{7.1.28}$$

于是得到迭代公式

$$\boldsymbol{\psi}^{(l+1)} \approx \boldsymbol{\psi}^{(l)}-\left[\left.\frac{\partial^2 \ln L}{\partial \boldsymbol{\psi}\partial \boldsymbol{\psi}'}\right|_{\psi=\Psi^{(l)}}\right]^{-1}\left.\frac{\partial \ln L}{\partial \boldsymbol{\psi}}\right|_{\psi=\psi^{(l)}} \tag{7.1.29}$$

求 $\boldsymbol{\psi}^{(l)}(l=1,2,\cdots)$的收敛值

$$\lim_{l\to\infty}\boldsymbol{\psi}^{(l)}=\tilde{\boldsymbol{\psi}} \tag{7.1.30}$$

即对于充分小的正数 δ,有$|\boldsymbol{\psi}^{(l+1)}-\boldsymbol{\psi}^{(l)}|\leqslant\delta$,$\tilde{\boldsymbol{\psi}}$ 为所求的未知参数向量的估计值。

式(7.1.29)中对数似然函数的二阶导数矩阵$\partial^2 \ln L/\partial\boldsymbol{\psi}\partial\boldsymbol{\psi}'$被称为**海塞(Hessian)矩阵**,而对数似然函数的一阶导数$\partial \ln L/\partial\boldsymbol{\psi}$ 被称为**得分向量**或 **Jacobian 向量**。计算式(7.1.29)中的海塞矩阵的逆矩阵,计算量是很大的。其计算方法有多种,近似的方法可节省时间但缺少严密性,而严密的方法又有计算时间长的缺点。实际应用中要根据所用计算机的功能选择适当的方法。

牛顿法是较严密的方法,然而计算时间较长。这种方法是采取解析的微分或数值微分求似然函数的 Jacobian 向量和 Hessian 矩阵的方法。由于解析的方法非常复杂,在这里不加介绍①。事实上,在实际应用中,严密的牛顿法都采用数值微分计算。数值微分就是使用以下的近似公式,计算对数似然函数的导数:

$$\frac{\partial \ln L(\boldsymbol{\psi})}{\partial \psi_i} \approx \frac{\ln L(\boldsymbol{\psi}'^i,\psi_i+k)-\ln L(\psi'^i,\boldsymbol{\psi}_i-k)}{2k} \tag{7.1.31}$$

式中:$\boldsymbol{\psi}'^i$ 为 $\boldsymbol{\psi}$ 中除第 i 个元素之外的其他全体元素。当 k 充分接近 0 时,此式可达到任意精度。类似地,对于二阶导数使用下式:

$$\frac{\partial^2 \ln L(\boldsymbol{\psi})}{\partial\psi_i\partial\psi_j} \approx \frac{\dfrac{\partial \ln L(\boldsymbol{\psi}'^j,\psi_j+k)}{\partial\psi_i}-\dfrac{\partial \ln L(\boldsymbol{\psi}'^j,\psi_j-k)}{\partial\psi_i}}{2k} \tag{7.1.32}$$

对于严密的牛顿法来说,无论是利用解析微分还是利用数值微分,计算量都是相当大的。

7.1.3 优化算法

解决非线性估计问题通常都归结为要找到能够优化(最大或最小)一个目标函数 $F(\boldsymbol{\psi})$的参数 $\boldsymbol{\psi}$ 的值。最常用的迭代优化算法是从某个初始设定的参数值 $\boldsymbol{\psi}^{(0)}$ 出发,以

① 高铁梅,陈磊,王金明,等.经济周期波动的分析与预测方法[M].2 版.北京:清华大学出版社,2015:319-326.

得到更好的参数值 $\boldsymbol{\psi}^{(1)}$。这个过程一直重复进行，得到 $\boldsymbol{\psi}^{(2)}, \boldsymbol{\psi}^{(3)}, \cdots$，直到目标函数 F 在迭代过程中不再优化为止。

在优化过程中有 3 个主要部分：

（1）获得初始参数值。

（2）每次迭代都更新备选系数向量 $\boldsymbol{\psi}$ 。

（3）决定什么时候达到最优值。

如果目标函数在全局上都是凹的，那么就只存在一个最大值，能够在每次迭代中都优化目标函数的任何算法，最后都能找到这个最大值。如果目标函数不是全局凹的，不同的算法可能会找到不同的局部极大值，这时所有的算法都会面临同一个难题，即不能区分一个局部极大值和全局最大值。

区分不同算法的主要标准就是它们找到最大值的速度的快慢。遗憾的是，对于这个问题并没有硬性和严密的准则。对于一些问题来说，某些算法可能更快一些，而对于其他问题可能就不一定。一般来讲，算法大致分为 3 类：二阶导数方法、一阶导数方法和无导数方法。二阶导数方法会估计当前的参数值，以及目标函数在每个观测值上的一阶和二阶导数；一阶导数方法在迭代过程中只使用目标函数的一阶导数；而无导数方法则不计算导数。

1. 二阶导数方法

对于二元选择模型、排序选择模型、审查回归模型和计数模型，一般都选择二阶导数方法进行估计。这里只介绍二阶导数方法中的 Newton-Raphson 法和 Quadratic hill-climbing 法。

（1）Newton-Raphson（牛顿-拉夫森）法

$\boldsymbol{\psi}^{(i)}$ 的备选参数值可以利用 Newton-Raphson 方法来获得，即在当前的参数值 $\boldsymbol{\psi}^{(i)}$ 下，线性化一阶条件 $\partial F/\partial \boldsymbol{\psi}$：

$$\begin{gathered}\boldsymbol{g}^{(i)}+\boldsymbol{H}^{(i)}(\boldsymbol{\psi}^{(i+1)}-\boldsymbol{\psi}^{(i)})=\mathbf{0}\\ \boldsymbol{\psi}^{(i+1)}=\boldsymbol{\psi}^{(i)}-\boldsymbol{H}^{-1(i)}\boldsymbol{g}^{(i)}\end{gathered}\tag{7.1.33}$$

式中：$\boldsymbol{g}$ 为梯度向量 $\partial F/\partial \boldsymbol{\psi}$ ；$\boldsymbol{H}$ 为海塞矩阵 $\partial^2 F/\partial \boldsymbol{\psi}^2$。

如果函数是二次多项式，Newton-Raphson 一次迭代就可以找到最大值。否则，算法是否成功，就要依赖于一个局部二次近似值是否能够准确地捕捉到函数的形状。

（2）Quadratic hill-climbing（Goldfeld-Quandt，戈德菲尔德-匡特）法

Goldfeld 和 Quandt 提出的 Quadratic hill-climbing 法是 Newton-Raphson 的一个直接变形。Quadratic hill-climbing 在海塞矩阵中加入了一个修正矩阵（或者岭因素 ridge factor），修正了 Newton-Raphson 算法。Quadratic hill-climbing 的更新算法由下式给出：

$$\boldsymbol{\psi}^{(i+1)}=\boldsymbol{\psi}^{(i)}-\widetilde{\boldsymbol{H}}^{-1(i)}\boldsymbol{g}^{(i)}\tag{7.1.34}$$

式中：

$$-\widetilde{\boldsymbol{H}}^{(i)}=-\boldsymbol{H}^{(i)}+\alpha\boldsymbol{I}\tag{7.1.35}$$

式中：$\boldsymbol{I}$ 为单位矩阵；α 为使用这个算法选择出来的一个正数。

这个修正的效果就是使得参数估计沿着梯度向量的方向进行。思想就是：当远离最大值时,函数的局部二次近似值就可能是这个函数的总体形状的一个较差的向导,所以沿着梯度向量的方向进行估计可能更好。这个修正项可能在远离最优值的位置上会有更好的表现,并且考虑到当海塞矩阵接近于奇异阵时方向向量的计算。

2. 一阶导数方法

由于二阶导数方法在每次迭代中都要估计二阶导数矩阵的 $k(k+1)/2$ 个元素,其中的 k 是未知参数的个数,它可能比较耗费计算时间,而且计算二阶导数可能难以精确。还有一个选择就是应用只需要参数值的目标函数的一阶导数方法。

对于一般的非线性模型(非线性最小二乘模型、ARCH 模型、GARCH 模型、非线性系统估计、GMM(广义矩模型)和状态空间模型),有两个一阶导数方法可以选择: Gauss-Newton/BHHH 法或者 Marquardt 法。

(1) Gauss-Newton/BHHH 法

这个算法与 Newton-Raphson 法类似,但是利用了每个观测值对目标函数的贡献的梯度向量的外积和代替了海塞矩阵的逆矩阵中的负值。对于最小二乘和对数似然函数,在能够最大化函数的参数值上估计这个近似值,渐近等于实际的海塞矩阵。但在远离最大值时估计,这个近似值就会非常不准确。

用梯度的外积近似替代海塞矩阵的逆矩阵中的负值的优点是:

① 仅仅需要估计一阶导数。

② 外积一定是半正定的。

缺点是:在远离最大值的地方,这个近似值可能会给函数的总体形状提供一个不准确的导向,所以就需要更多次迭代以达到收敛。

(2) Marquardt 法

Marquardt 算法修正 Gauss-Newton 算法的方式与 Quadratic hill-climbing 修正 Newton-Raphson 算法的方法一样[通过在海塞估计值中加入一个修正矩阵(或岭元素)]。岭修正解决了当梯度的外积接近于奇异值时的数学问题,并有可能提高收敛速度。正如上面所述,这个算法使得更新的参数值沿着梯度的方向进行估计。

3. 无导数方法

无导数方法的优化程序并不需要计算导数。格点搜索是一个主要的例子[①]。搜索使目标函数 $F(\boldsymbol{\psi})$最大化的 $\boldsymbol{\psi}$ 值的一种明显的方法就是试探法。如果 $\boldsymbol{\psi}$ 只有一个元素并且大概知道最优值的范围,格点搜索就是一个可行的方法。格点搜索仅仅在参数值的一个格上计算目标函数,并选择具有最大值的参数。但是如果 $\boldsymbol{\psi}$ 包含不止一个参数,即对于多参数模型,格点搜索计算量很大。

7.1.4 极大似然估计量的特点分析[②]

1. 常规条件

假定$(y_1, y_2, \cdots, y_N)$是密度函数为 $f(y_i|\boldsymbol{\psi})$ 的总体中的一个随机样本,而且满足如

① 汉密尔顿.时间序列分析(上册)[M].夏晓华,译.北京:中国人民大学出版社,2015:第 5 章,153.

② 格林,计量经济分析(第六版)[M].张成思,译.北京:中国人民大学出版社,2011:480-487.

下的常规条件(regularity conditions)：

(1) $f(y_i|\boldsymbol{\Psi})$ 对 $\boldsymbol{\Psi}$ 的前三阶导数都是连续的，而且对几乎所有 y_i 和所有 $\boldsymbol{\psi}$ 都是有限的。这个条件保证了 $\ln L$ 的导数存在一个近似 Taylor 展开式和有限方差。

(2) 满足计算 $\ln f(y_i|\boldsymbol{\psi})$ 的一阶和二阶导数所需要的条件。

(3) 对 $\boldsymbol{\psi}$ 的所有值，$|\partial^3 \ln L/\partial\boldsymbol{\psi}\partial\boldsymbol{\psi}'|$ 都小于一个具有有限期望的函数，这个条件保证能截断 Taylor 展开。

2. 极大似然估计量的性质

设 $\tilde{\boldsymbol{\psi}}$ 是参数向量的真实值，$\hat{\boldsymbol{\psi}}$ 是参数向量的极大似然估计值，在常规条件下，极大似然估计量具有如下渐近性质：

(1) 一致性：$\text{plim}\hat{\psi}=\tilde{\psi}$。

(2) 渐近正态性：$\hat{\psi}\sim N[\tilde{\psi},(\boldsymbol{H}(\tilde{\psi}))^{-1}]$，其中 $\boldsymbol{H}(\tilde{\psi})=-E[\partial^2\ln L/\partial\tilde{\psi}\partial\tilde{\psi}']$。

(3) 渐近有效性：$\hat{\boldsymbol{\psi}}$ 是渐近有效的，且达到所有一致估计量的 Cramer-Rao 下界。①

(4) 恒定性：若 $c(\tilde{\boldsymbol{\psi}})$ 是一个连续且连续可微的函数，则 $\delta=c(\tilde{\boldsymbol{\psi}})$ 的极大似然估计量为 $c(\hat{\boldsymbol{\psi}})$。

7.2　极大似然的估计实例

利用对数极大似然估计法估计一个模型，主要的工作是将样本中各个观测值的对数似然贡献描述为一个未知参数的函数，建立极大似然函数形式。

本节将以一元线性回归模型、AR(1)模型、GARCH(1,1)模型和加权最小二乘模型为例，详细论述对数极大似然的建立过程。

7.2.1　一元线性回归模型的极大似然函数

对于普通的一元线性回归模型

$$y_i=\beta_0+\beta_1 x_i+u_i,\quad i=1,2,\cdots,N \tag{7.2.1}$$

式中：$\boldsymbol{x},\boldsymbol{y}$ 为观测序列；β_0,β_1 为模型的参数，扰动项 $u_i\sim N(0,\sigma_u^2)$。则含有 N 个观测值的样本的对数似然函数(观测值密度的对数)可以写成

$$\ln L(\boldsymbol{\psi})=-\frac{N}{2}[\ln(2\pi)+\ln\sigma_u^2]-\sum_{I=1}^{N}\frac{(y_I-\beta_0-\beta_1 x_I)^2}{2\sigma_u^2} \tag{7.2.2}$$

式中：$\boldsymbol{\psi}$ 为参数向量，$\boldsymbol{\psi}=(\beta_0,\beta_1,\sigma_u^2)'$。可以将对数似然函数写成每个观测值的对数似然贡献的和的形式：

---

① 关于 Cramer-Rao 下界的说明请参看：格林. 计量经济分析(第六版)[M]. 张成思，译. 北京：中国人民大学出版社，2011：486.

$$\ln L(\boldsymbol{\psi}) = \sum_{i=1}^{N} l_i(\boldsymbol{\psi}) \tag{7.2.3}$$

这里每个观测值的贡献由下面的式子给出

$$l_i(\boldsymbol{\psi}) = \ln \phi\left(\frac{y_i - \beta_0 - \beta_1 x_i}{\sigma_u}\right) - \frac{1}{2}\ln(\sigma_u^2) \tag{7.2.4}$$

例 7.1　一元线性回归方程的极大似然估计

以本书初级第2章例2.1的消费函数作为例子,分析普通回归方程的极大似然估计方法。消费函数的被解释变量 cs 为实际居民消费,解释变量为实际可支配收入 inc,变量均为剔除了价格因素的实际年度数据,样本区间为1985—1996年。那么消费函数的方程形式就可以写成

$$cs_t = \alpha + \beta inc_t + u_t, \quad t = 1, 2, \cdots, T \tag{7.2.5}$$

式中:u_t 服从正态分布,$cs = CS/CPI$,$inc = YD/CPI$,CPI 代表1978年为1的居民消费价格指数,α 代表自发消费,β 代表边际消费倾向,则参数向量为 $\boldsymbol{\psi} = (\alpha, \beta, \sigma_u^2)'$,观测值个数 $T=12$。利用前面的式(7.2.2),我们可以写出这个方程的对数极大似然函数:

$$\begin{aligned}\ln L(\boldsymbol{\psi}) &= -\frac{12}{2}[\ln(2\pi) + \ln \sigma_u^2] - \sum_{t=1}^{12} \frac{(cs_t - \alpha - \beta inc_t)^2}{2\sigma_u^2} \\ &= \sum_{t=1}^{12}\left\{\ln[\phi(z_t)] - \frac{1}{2}\ln \sigma_u^2\right\}\end{aligned} \tag{7.2.6}$$

式中:$z_t = (cs_t - \alpha - \beta inc_t)/\sigma_u$,进行极大似然求解之后,得到 α 和 β 的估计值,写成回归方程的形式为

$$cs_t = 490.4 + 0.75 inc_t + \hat{u}_t \tag{7.2.7}$$

$$z = (8.43) \qquad (58.85)$$

对数似然值 $= -172.4$,　$AIC = 12.4$,　$SC = 12.48$

这个结果与本书初级第2章例2.1的结果相同,说明对于该线性方程,利用极大似然估计得到的结果与利用普通最小二乘估计得到的结果基本相同。

7.2.2　AR(1)模型的极大似然函数[①]

一阶自回归过程,记作AR(1),形式如下:

$$Y_t = c + \phi Y_{t-1} + u_t \tag{7.2.8}$$

式中:u_t 为一个白噪声过程,且 $u_t \sim \text{i.i.d.}\ N(0, \sigma^2)$。在此情形下,总体参数向量为 $\boldsymbol{\psi} = (c, \phi, \sigma^2)'$。

首先考察样本中第一个观察值 y_1 的概率分布。由于在 $|\phi| < 1$ 时,存在一个满足式(7.2.8)的协方差平稳过程,此时

$$E(Y_1) = c/(1-\phi), \quad \text{var}(Y_1) = \sigma^2/(1-\phi^2)$$

① 汉密尔顿.时间序列分析[M].夏晓华,译.北京:中国人民大学出版社,2015:5.2节.

所以,第一个观察值的密度函数形式为

$$f_{Y_1}(y_1;\boldsymbol{\psi})=\frac{1}{\sqrt{2\pi}\sqrt{\sigma^2/(1-\phi^2)}}\exp\left[\frac{-\{y_1-[c/(1-\phi)]\}^2}{2\sigma^2/(1-\phi^2)}\right] \tag{7.2.9}$$

接下来考虑第二个随机变量 Y_2 在观察到 $Y_1=y_1$ 的条件下的分布。由式(7.2.8)可知

$$Y_2=c+\phi Y_1+u_2 \tag{7.2.10}$$

可以将随机变量 Y_1 视作确定性常数 y_1。在此情形下,式(7.2.10)给出 Y_2 作为常数 $(c+\phi y_1)$ 和随机变量 u_2 的和。因此

$$(Y_2\mid Y_1=y_1)\sim N[(c+\phi y_1),\sigma^2]$$

$$f_{Y_2|Y_1}(y_2\mid y_1;\boldsymbol{\psi})=\frac{1}{\sqrt{2\pi\sigma^2}}\exp\left[\frac{-(y_2-c-\phi y_1)^2}{2\sigma^2}\right] \tag{7.2.11}$$

一般地,$Y_1,Y_2,\cdots,Y_{t-1}$ 只通过 Y_{t-1} 对 Y_t 起作用,第 t 个观察值以前 $t-1$ 个观察值为条件的分布为

$$\begin{aligned}&f_{Y_t|Y_{t-1},Y_{t-2},\cdots,Y_1}(y_t\mid y_{t-1},y_{t-2},\cdots,y_1;\boldsymbol{\psi})\\&=f_{Y_t|Y_{t-1}}(y_t\mid y_{t-1};\boldsymbol{\psi})\\&=\frac{1}{\sqrt{2\pi\sigma^2}}\exp\left[\frac{-(y_t-c-\phi y_{t-1})^2}{2\sigma^2}\right]\end{aligned} \tag{7.2.12}$$

完全样本的似然函数 $L(\boldsymbol{\psi})$ 为

$$\begin{aligned}L(\boldsymbol{\psi})&=f_{Y_{T-1},Y_{T-2},\cdots,Y_1}(y_T,y_{T-1},\cdots,y_1;\boldsymbol{\psi})\\&=f_{Y_1}(y_1,\boldsymbol{\psi})\prod_{t=2}^{T}f_{Y_t|Y_{t-1}}(y_t\mid y_{t-1};\boldsymbol{\psi})\end{aligned} \tag{7.2.13}$$

其对数似然函数可由式(7.2.13)取对数求得:

$$\ln L(\boldsymbol{\psi})=\ln f_{Y_1}(y_1;\boldsymbol{\psi})+\sum_{t=2}^{T}\ln f_{Y_t|Y_{t-1}}(y_t\mid y_{t-1};\boldsymbol{\psi}) \tag{7.2.14}$$

将式(7.2.9)和式(7.2.12)代入式(7.2.14),得到样本容量为 T 的 AR(1)过程的对数似然函数:

$$\begin{aligned}\ln L(\boldsymbol{\psi})=&-\frac{1}{2}\ln(2\pi)-\frac{1}{2}\ln[\sigma^2/(1-\phi^2)]-\frac{\{y_1-[c/(1-\phi)]\}^2}{2\sigma^2/(1-\phi^2)}-\\&[(T-1)/2]\ln(2\pi)-[(T-1)/2]\ln(\sigma^2)-\sum_{t=2}^{T}\left[\frac{-(y_t-c-\phi y_{t-1})^2}{2\sigma^2}\right]\end{aligned} \tag{7.2.15}$$

例 7.2　AR(1)模型的极大似然估计

设 Y 的数据生成过程为(120 个月,即 $T=120$)

$$Y_t=-0.5+0.85Y_{t-1}+u_t,\quad t=2,3,\cdots,T,\quad Y_1=0 \tag{7.2.16}$$

式中：u_t 为一个白噪声过程，$u_t \sim \text{i.i.d.}\, N(0,\sigma^2)$。根据AR(1)过程

$$Y_t = c + \phi Y_{t-1} + u_t \tag{7.2.17}$$

的样本量为 T 的对数似然函数式(7.2.15)，可以写出对数似然函数每个观测值的贡献：

$$l_t(\boldsymbol{\psi}) = \begin{cases} -\dfrac{1}{2}\ln(2\pi) - \dfrac{1}{2}\ln[\sigma^2/(1-\phi^2)] - \dfrac{\{y_1 - [c/(1-\phi)]\}^2}{2\sigma^2/(1-\phi^2)}, & t=1 \\ -\dfrac{1}{2}\ln(2\pi) - \dfrac{1}{2}\ln(\sigma^2) - \left[\dfrac{-(y_t - c - \phi \times y_{t-1})^2}{2\sigma^2}\right], & t>1 \end{cases} \tag{7.2.18}$$

总体参数向量为$[\boldsymbol{\psi}]=(c,\phi,\sigma^2)'$。

利用极大似然估计方法估计该AR(1)模型，可以得到如下的估计结果：

$$y_t = -0.55 + 0.84 y_{t-1} + \hat{u}_t$$
$$z = (-3.19) \quad (17.34)$$

对数似然值$=-160.76$，　$AIC=2.75$，　$SC=2.82$

7.2.3 GARCH(q,p)模型的极大似然函数

标准的GARCH(q,p)模型的形式为

$$y_t = \boldsymbol{x}_t'\boldsymbol{\gamma} + u_t$$
$$\sigma_t^2 = \omega + \sum_{i=1}^{p}\alpha_i u_{t-i}^2 + \sum_{j=1}^{q}\beta_j \sigma_{t-j}^2, \quad t=1,2,\cdots,T \tag{7.2.19}$$

式中：$\boldsymbol{x}_t=(1,x_{1t},x_{2t},\cdots,x_{kt})'$。要想写出GARCH($q,p$)模型的极大似然函数，首先要分析扰动项 u_t 的密度函数。为了方便起见，式(7.2.19)采用另外一种方法来表示，它对 u_t 的序列相关施以更强的假定。

假设

$$u_t = \sqrt{h_t} \times v_t \tag{7.2.20}$$

式中：$\{v_t\}$为一个i.i.d序列，其均值为0，方差为1：

$$E(v_t)=0, \quad \text{var}(v_t)=1$$

如果 h_t 的变化服从

$$h_t = \omega + \sum_{i=1}^{p}\alpha_i u_{t-i}^2 + \sum_{j=1}^{q}\beta_j \sigma_{t-j}^2 \tag{7.2.21}$$

那么式(7.2.20)意味着

$$E(u_t^2 \mid u_{t-1},u_{t-2},\cdots) = \sigma_t^2 = \omega + \sum_{i=1}^{p}\alpha_i u_{t-i}^2 + \sum_{j=1}^{q}\beta_j \sigma_{t-j}^2 \tag{7.2.22}$$

因此，如果 u_t 是由式(7.2.20)和式(7.2.21)产生的，那么 u_t 服从GARCH(q,p)过程，并且线性投影式(7.2.22)是其条件期望。

如果 $v_t \sim \text{i.i.d.}\, N(0,1)$，$y_t$ 的条件分布为正态分布，其均值为 $\boldsymbol{x}_t'\boldsymbol{\gamma}$，方差为 h_t，则其

密度函数为

$$f(y_t \mid \boldsymbol{Y}_{t-1}) = \frac{1}{\sqrt{2\pi h_t}} \exp\left[\frac{-(y_t - \boldsymbol{x}'_t\boldsymbol{\gamma})^2}{2h_t}\right] \tag{7.2.23}$$

式中：$\boldsymbol{Y}_{t-1}$ 表示直到 $t-1$ 时刻的信息集合，

$$h_t = \omega + \sum_{i=1}^{p} \alpha_i (y_{t-i} - \boldsymbol{x}'_{t-i}\boldsymbol{\gamma})^2 + \sum_{j=1}^{q} \beta_j h_{t-j} \tag{7.2.24}$$

将待估计的未知参数列成一个向量：

$$\boldsymbol{\psi} = (\boldsymbol{\gamma}', \omega, \alpha_1, \cdots, \alpha_p, \beta_1, \cdots, \beta_q)'$$

则样本对数似然函数是

$$\ln L(\boldsymbol{\psi}) = -\frac{T}{2}\ln(2\pi) - \frac{1}{2}\sum_{t=1}^{T}\ln(h_t) - \frac{1}{2}\sum_{t=1}^{T}(y_t - \boldsymbol{x}'_t\boldsymbol{\gamma})^2/h_t \tag{7.2.25}$$

但是，很多金融时间序列的无条件分布不同于正态分布，它们具有更宽的尾部。也就是说，即使式(7.2.20)中的 v_t 为正态分布，u_t 的无条件分布也是一个非正态分布。大量事实表明，u_t 的条件分布也常常是非正态的。

对于非正态分布可以使用其他方法。例如，博勒斯莱文(1987)[①]认为式(7.2.20)中的 v_t 可以取自一个自由度为 k 的 t 分布，k 可视作由极大似然函数估计的参数。如果 u_t 是具有 k 个自由度、方差为 h_t 的 t 分布，当 $k>2$ 时，其密度函数为[②]

$$f(u_t) = \frac{\Gamma[(k+1)/2]}{\pi^{1/2}\Gamma(k/2)}(k-2)^{-1/2} h_t^{-1/2}\left[1 + \frac{u_t^2}{h_t(k-2)}\right]^{-(k+1)/2} \tag{7.2.26}$$

该密度函数可用来取代式(7.2.23)中的正态设定，未知参数向量变为

$$\boldsymbol{\psi} = (\boldsymbol{\gamma}', \omega, \alpha_1, \cdots, \alpha_p, \beta_1, \cdots, \beta_q, k)$$

这样，样本对数似然函数就变成

$$\sum_{t=1}^{T} \ln f(y_t \mid Y_t;\ \boldsymbol{\psi}) = T\ln\left\{\frac{\Gamma[(k+1)/2]}{\pi^{1/2}\Gamma(k/2)}(k-2)^{-1/2}\right\} - \frac{1}{2}\sum_{t=1}^{T}\ln h_t - \frac{k+1}{2}\sum_{t=1}^{T}\ln\left[1 + \frac{(y_t - \boldsymbol{x}'_t\boldsymbol{\gamma})^2}{h_t(k-2)}\right] \tag{7.2.27}$$

这样对数似然函数式(7.2.27)在 $k>2$ 的约束下关于 $\boldsymbol{\psi}$ 数值最大化。

例 7.3　GARCH(q, p)模型的极大似然估计

根据式(7.2.19)中描述的 GARCH(q, p)模型和式(7.2.27)的对数极大似然函数，利用极大似然估计方法重新估计第 5 章例 5.3 的股票价格指数的 GARCH(1,1)模型，选择的样本序列为 1996 年 1 月 1 日—2006 年 12 月 31 日的上海证券交易所的日股票价格收盘指数$\{sp_t\}$。

---

① BOLLERSLEV T. A conditionally heteroskedasic time series model for speculative prices and rates of return [J]. Review of economics and statistics, 1987, 69(3): 542-547.

② 式(7.2.26)中的 $\Gamma(\cdot)$ 函数的说明请参见 5.1.6 小节中式(5.1.34)的页下注。

GARCH(1,1)模型的形式为

$$\text{均值方程：} \ln(sp_t) = c + \gamma \ln(sp_{t-1}) + u_t \tag{7.2.28}$$

$$\text{方差方程：} \sigma_t^2 = \omega + \alpha u_{t-1}^2 + \beta \sigma_{t-1}^2 \tag{7.2.29}$$

式中的 u_t 的密度函数由式(7.2.26)给出。GARCH(1,1)模型的对数极大似然函数为

$$\ln L(\boldsymbol{\psi}) = T\ln\left\{\frac{\Gamma[(k+1)/2]}{\pi^{1/2}\Gamma(k/2)}(k-2)^{-1/2}\right\} - \frac{1}{2}\sum_{t=1}^{T}\ln(\sigma_t^2) - \left[\frac{(k+1)}{2}\right]\sum_{t=1}^{T}\ln\left\{1+\frac{[\ln(sp_t)-c-\gamma\ln(sp_{t-1})]^2}{\sigma_t^2(k-2)}\right\} \tag{7.2.30}$$

式中

$$\sigma_t^2 = \omega + \alpha[\ln(sp_t) - c - \gamma\ln(sp_{t-1})]^2 + \beta\sigma_{t-1}^2 \tag{7.2.31}$$

它的未知参数向量为 $\boldsymbol{\psi} = (c, \gamma, \omega, \alpha, \beta, k)'$。

利用对数极大似然函数估计出的向量参数为

$$\hat{\boldsymbol{\psi}} = (0.00497, 0.999, 1.94\times 10^{-5}, 0.23, 0.75, 3.259)'$$

写成方程的形式为

$$\text{均值方程：} \ln(sp_t) = 0.00497 + 0.999\ln(sp_{t-1}) + \hat{u}_t \tag{7.2.32}$$

$$z = (0.88) \qquad (1285)$$

$$\text{方差方程：} \hat{\sigma}_t^2 = 1.94\times 10^{-5} + 0.23\hat{u}_{t-1}^2 + 0.75\hat{\sigma}_{t-1}^2 \tag{7.2.33}$$

$$z = (4.99) \qquad (6.23) \qquad (28.6)$$

对数似然值 $=8376$， $AIC=-5.83$， $SC=-5.82$

由于在估计时，第 5 章例 5.3 选择的是正态分布(Normal)，而本例选择的是 t 分布，故结果有所差异。

7.2.4 具有异方差的一元线性回归模型的极大似然函数

古典线性回归模型的一个重要假设是总体回归方程的随机扰动项 u_i 同方差，即它们具有相同的方差 σ^2。如果随机扰动项的方差随观测值的不同而不同，即 u_i 的方差为 σ_i^2，就出现了异方差，用符号表示为 $E(u_i^2)=\sigma_i^2$。

下面推导一元线性回归模型的加权最小二乘法的极大似然函数。设方程的形式为

$$y_i = \gamma_0 + \gamma_1 x_i + u_i \tag{7.2.34}$$

式中

$$u_i \sim N(0, \sigma_i^2), \quad i = 1, 2, \cdots, N$$

则

$$E(y_i) = \gamma_0 + \gamma_1 x_i, \quad \mathrm{var}(y_i) = \mathrm{var}(u_i) = \sigma_i^2$$

这样，y_i 的密度函数就可以写成

$$f(y_i) = \frac{1}{\sqrt{2\pi}\sigma_i}\exp\left[-\frac{(y_i - \gamma_0 - \gamma_1 x_i)^2}{2\sigma_i^2}\right] \tag{7.2.35}$$

此时，系数向量为 $\boldsymbol{\psi} = (\gamma_0, \gamma_1)'$，方程(7.2.34)的对数极大似然函数为

$$\ln L(\boldsymbol{\psi})=-\frac{N}{2}\ln(2\pi)-\sum_{i=1}^{N}\ln(\sigma_i)-\sum_{i=1}^{N}\frac{(y_i-\gamma_0-\gamma_1x_i)^2}{2\sigma_i^2} \tag{7.2.36}$$

事实上，由于一般不知道异方差的形式，所以上述的极大似然估计很难实现。所以人们通常采用的经验方法是：并不对原模型进行异方差检验，而是直接选择加权最小二乘法，尤其是采用截面数据做样本时。如果确实存在异方差性，则被有效地消除了；如果不存在异方差性，则加权最小二乘法等价于普通最小二乘法。

其具体步骤如下：①

(1) 选择普通最小二乘法估计原模型，得到随机误差项的近似估计量 $\hat{e}_i=y_i-\hat{\gamma}_0-\hat{\gamma}_1x_i$。

(2) 建立 $1/|\hat{e}_i|$ 的数据序列。

(3) 选择加权最小二乘法，以 $1/|\hat{e}_i|$ 序列作为权，进行估计得到参数估计量。实际上是以 $1/|\hat{e}_i|$ 乘原模型的两边，得到一个新模型，采用普通最小二乘法估计新模型。

接下来重新估计加权最小二乘法的极大似然函数。首先将方程(7.2.34)两侧分别乘上加权序列 $1/|\hat{e}_i|$，得到了形式如下的方差不变的方程：

$$\tilde{y}_i=\tilde{\gamma}_0+\gamma_1\tilde{x}_i+\tilde{u}_i \tag{7.2.37}$$

式中：$\tilde{y}_i=y_i\times1/|\hat{e}_i|$，$\tilde{\gamma}_0=\gamma_0\times1/|\hat{e}_i|$，$\tilde{x}_i=x_i\times1/|\hat{e}_i|$，$\tilde{u}_i=u_i\times1/|\hat{e}_i|$，$\tilde{u}_i\sim N(0,\sigma_u^2)$。此时，$\sigma_u^2$ 就表示了 u_i 经过加权以后的、不变的方差。这样，$\tilde{y}_i\sim N(\tilde{\gamma}_0+\gamma_1\tilde{x}_i,\sigma_u^2)$，它的密度函数为

$$f(\tilde{y}_i)=\frac{1}{\sqrt{2\pi}\sigma_u}\exp\left[-\frac{(\tilde{y}_i-\tilde{\gamma}_0-\gamma_1\tilde{x}_i)^2}{2\sigma_u^2}\right] \tag{7.2.38}$$

对数似然函数为

$$\ln L(\boldsymbol{\psi})=-\frac{N}{2}\ln(2\pi)-N\ln(\sigma_u)-\sum_{i=1}^{N}\frac{(\tilde{y}_i-\tilde{\gamma}_0-\gamma_1\tilde{x}_i)^2}{2\sigma_u^2} \tag{7.2.39}$$

例 7.4　具有异方差的一元线性回归模型的极大似然估计

根据本书初级第 3 章例 3.4，各省人均家庭交通及通信支出(cum)和可支配收入(in)的关系，样本个数为 30，考虑如下具有异方差性的方程：

$$cum_i=\gamma_0+\gamma_1in_i+u_i \tag{7.2.40}$$

为消除方程中的异方差，利用加权最小二乘法求解，根据方程(7.2.39)，设 $\hat{e}_i=cum_i-\hat{\gamma}_0-\hat{\gamma}_1in_i$，可以写出式(7.2.40)的对数极大似然函数：

$$\ln L(\boldsymbol{\psi})=-\frac{30}{2}\times ln(2\pi)-\sum_{i=1}^{30}ln[\sigma_i\times(1/|\hat{e}_i|)]-\sum_{t=1}^{30}\frac{[cum_i\times(1/|\hat{e}_i|)-\gamma_0\times(1/|\hat{e}_i|)-\gamma_1in_i\times(1/|\hat{e}_i|)]^2}{2\sigma_i^2\times(1/|\hat{e}_i|)^2} \tag{7.2.41}$$

① 李子奈. 计量经济学[M]. 北京：高等教育出版社，2001：57-60.

它的未知参数向量为 $\boldsymbol{\psi}=(\gamma_0,\gamma_1)'$。

利用对数极大似然函数估计出的向量参数为

$$\hat{\boldsymbol{\psi}}=(-46.99,0.056)'$$

写成方程的形式为

$$c\hat{u}m_i=-46.99+0.056in_i \tag{7.2.42}$$

$$z=(-392.59)(225.50)$$

$$\text{对数似然值}=-82.24,\quad AIC=5.62,\quad SC=5.71$$

本例利用对数极大似然函数估计出的结果和本书初级第 3 章例 3.4 相同。

7.3　EViews 软件的相关操作[①]

用对数极大似然估计来估计一个模型，主要的工作是建立用来求解似然函数的说明文本。用 EViews 指定对数极大似然函数的说明非常容易，因为似然函数的说明只是一系列对序列的赋值语句，这些赋值语句在极大化的过程中被反复地计算。我们所要做的只是写下一组语句，在计算时，这些语句将描述一个包含每个观测值对似然函数贡献的序列。

7.3.1　似然对象的建立

要创建一个似然对象，选择 Object/New Object.../LogL。似然窗口将打开一个空白说明视图。说明视图是一个文本窗口，在这个窗口里可以输入描述统计模型的说明语句。

例如，根据前面的式(7.2.6)给出的一元线性回归方程的极大似然函数，写出例 7.1 的对数极大似然说明(图 7.3.1)。

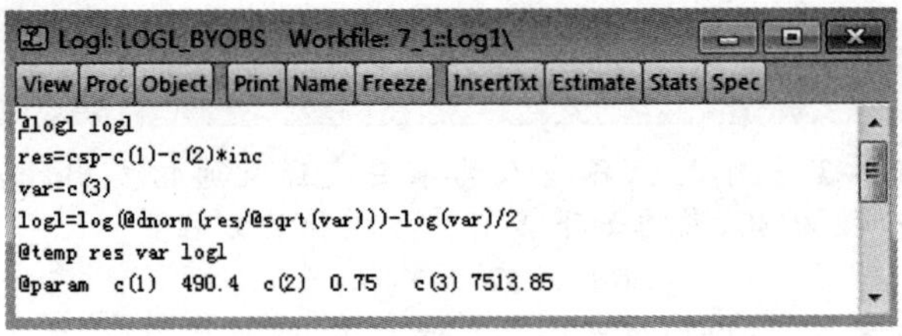

图 7.3.1　一元线性回归方程的极大似然说明

1. 似然的定义

正如前面所描述的那样，似然说明的主线是一系列赋值语句，在计算时，这些赋值语句将产生一个包含样本中每个观测值的对数似然贡献的序列。每个似然说明都必须包含一个控制语句，该语句命名了保存似然贡献的序列。

---

① EViews 10，IHS Global Inc.，2017，User's Guide Ⅱ，Chapter 37，pp. 565-586.

控制语句的格式为

```
@logL series_name
```

这里@logL 是关键字，series_name 是保存似然贡献的序列的名字，这行语句可以写在似然说明的任何位置。

例如，对于图 7.3.1 中的似然说明来说，第一行：@logL log1 是似然贡献的序列的说明。当对模型进行计算时，EViews 将在现有参数值下执行每个赋值语句，并将结果保存到指定名称的序列里。如果序列不存在，系统将自动创建；如果已经存在，系统将使用现有的序列，并覆盖序列原来的内容。

如果想在估计完成后删除说明中的一个或多个序列，可以使用@temp 语句：

```
@temp series_name1 sereis_name2 ...
```

这个语句告诉 EViews 在计算完成说明之后，将删除列表中的序列。当 logL 创建了许多中间结果，而又不愿工作文件被包含这些结果的序列弄得混乱时，删除这些序列将是很有用的。例如，图 7.3.1 中的@temp 语句就是命令 EViews 在估计结束后，删除估计产生的中间序列 res、var 和 log1。

这里需要强调一点，在似然说明的文本中可以加入说明语句，说明语句的前面加上撇号“'”，则这个语句将不被执行。

2. 参数名

一般地，出现在说明中的已命名的系数向量中的每一个元素都将被视为待估参数，所以必须保证所有的系数确实能影响一个或多个似然贡献的值。如果一个参数对似然贡献没有任何影响，那么在进行参数估计时，将遇到一个奇异错误。而除了系数元素外所有的对象在估计过程中都将被视为固定的、不可改变的。

例如，创建含有 2 个元素的系数向量 beta 和含有 1 个元素的系数向量 sigma2：

```
coef(2) beta
coef(1) sigma2
```

这样，就可以将图 7.3.1 中的似然说明写成如下的形式：

```
@logL log1
res=y-beta(1)-beta(2) * x
var=sigma2(1)
log1=log(@dnorm(res/@sqrt(var)))-log(var)/2
```

应该注意到除了系数向量外所有的对象在估计过程中都将被视为固定的、不可改变的。例如，假定 omega 是工作文件中一个已命名的标量(scalar omega)，如果将表达式 res=y-beta(1)-beta(2) * x 定义为 res=y-omega-beta(2) * x，EViews 将不会估计 omega，omega 的值将被固定在估计的开始值上。

3. 估计的顺序

logL 说明包含了一个或多个能够产生包含似然贡献的序列的赋值语句。在执行这些赋值语句的时候,EViews 总是自上而下地执行,所以后面计算要用到的表达式应放在前面。EViews 是在整个样本区间内重复地计算每个表达式,它对模型进行重复计算时采用方程顺序和样本观测值顺序两种不同方式,这就要求必须指定采用哪种方式,即观测值顺序和方程执行的顺序。

(1) 观测值顺序

默认情形下,EViews 按照观测值顺序来计算模型,此种方式首先用第一个观测值来计算所有的赋值语句,接下来利用第二个观测值来计算所有的赋值语句,如此往复,直到估计样本中所有观测值都使用过。这是用观测值顺序来计算递归模型的正确顺序,递归模型中每一个观测值的似然贡献依赖于前面的观测值,如 AR 模型或 ARCH 模型。

(2) 方程执行的顺序

我们也可以改变计算的顺序,这样 EViews 就可以用方程顺序来计算模型。先用所有的观测值来计算第一个赋值语句,然后用所有的观测值计算第二个赋值语句,如此往复,对说明中的每一个赋值语句都用同样方式进行计算。这是用中间序列的总量统计作为后面计算的输入的这类模型的正确顺序。

也可以通过在说明中加入一条语句声明所选择的计算方法。如果按方程顺序计算,只需加入一行关键字“@byeqn”;而如果按样本顺序计算,则可以用关键字“@byobs”。如果没有给出关键字,那么系统默认为“@byobs”。无论如何,如果在说明中有递归结构,或要求基于中间结果的总量统计进行计算,要想得到正确的结果,就必须选择适当的计算顺序。

4. LogL 似然说明

以一元线性回归模型的极大似然说明为例,其余例子的似然说明可见课件和相应的工作文件。

```
@logl logl
res=csp-c(1)-c(2)*inc
var=c(3)
logl=log(@dnorm(res/@sqrt(var)))-log(var)/2
```

在这个说明文本中,@logl log1 是似然贡献的序列的说明,即 log1 序列中储存了不同时刻 t 的对数似然贡献;res=cs−c(1)−c(2)*inc 语句计算了方程(7.2.5)的残差;参数 c(1) 和 c(2) 分别代表了式(7.2.5)中的未知参数 α 和 β;var 是对数似然函数(7.2.6)中的待估参数 σ_u^2;logl=log(@dnorm(res/@sqrt(var)))−log(var)/2 语句就是说明极大似然贡献的计算方程,这里的@dnorm 函数表示的是标准正态分布。

7.3.2 似然对象的估计、视图和过程

定义了一个似然对象以后,就可以利用 EViews 寻找使得似然函数取最大值的参数值,只需要在似然窗口工具栏中单击 Estimate 按钮就可以打开估计对话框(图 7.3.2)。然后根据需要对各个估计选项进行选择,单击 OK 按钮就可以得到似然对象的估计结果。

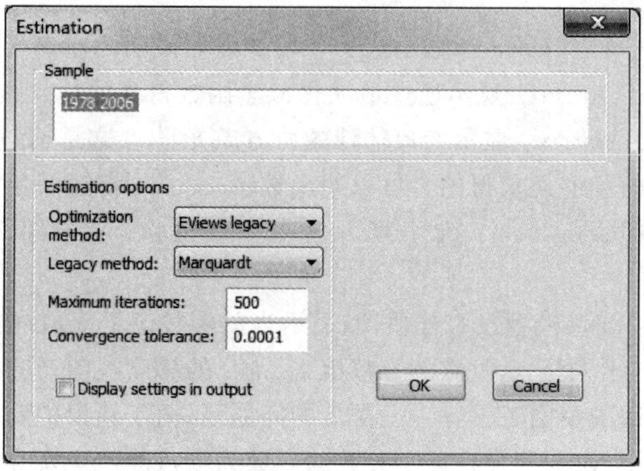

图 7.3.2　似然对象的估计对话框

1. 初值

由于 EViews 使用迭代法求极大似然估计，初值的选择就显得非常重要。对于似然函数只有一个极大值的问题，只是经过多少次迭代使估计收敛的问题。对于那些多个极大值的似然函数所面临的问题是决定选择极大值中哪一个。在某些情况下，如果不给出合理的初值，EViews 将无法作出估计。

默认情况下，EViews 使用储存在系数向量或估计前的向量中的值。如果在说明中用了@param 语句，那么就用语句指定的值来代替。

在例 7.1 中，为未知参数 c(1)，c(2)赋初值的一个方法是简单的 OLS 法，c(3)表示 OLS 估计的残差方差，可以在命令窗口中输入下面的赋值语句：c(3)=cs_ols. @se^2，或 c(3)=cs_ols. @ssr/27，即方程 cs_ols 的残差平方和除以样本个数减 2($T-2=27$)。可选择地，也可以在系数向量中修改 c(3)的数值。设置后，马上估计 logL 模型，那么将用设置在系数向量里的值作为初值。

为未知参数初始值赋值的另一种方法是在似然模型说明中加入@param 语句。例如，如果在 logL 的说明中加入了下面的行：

```
@param   c(1)   490.4   c(2)   0.75   c(3)   7 513.85
```

那么 EViews 会将初值设置为：c(1)=490.4，c(2)=0.75，c(3)=7 513.85。

2. 估计样本

在估计对数似然函数的参数时，在 Estimation Options 对话框里指定使用的观测值的样本。EViews 在当前参数值下，将使用观测值顺序或方程顺序用样本中的每一个观测值来对 logL 中每个表达式进行计算。所有这些计算都服从于 EViews 中关于序列表达式计算的规则。

如果在对数似然序列的初始参数值中有缺失值，EViews 将发出错误信息，而估计过程也将终止。相对于其他的 EViews 内部过程的处理方式，在估计模型参数时，logL 估计不能进行终点调整或去掉那些欠缺值的观测值。

3. LogL 视图

(1) likelihood Specification：显示定义和编辑似然说明的窗口。

(2) Estimation Output：显示通过最大化似然函数得到的估计结果。

(3) Covariance Matrix：显示参数估计的协方差矩阵。这是通过计算在最优参数值下一阶导数的外积的和的逆求得的。可以用函数@coefcov 将其保存为对称矩阵。

(4) Wald Coefficient Test：执行 Wald 系数限制检验。参看第 3 章关于 Wald 检验的讨论。

(5) Gradients：如果模型没有被估计，显示当前参数值下 logL 的梯度(一阶导数)视图，若模型已经被估计，则显示收敛的参数值下 logL 的梯度视图，它在处理收敛性或奇异点问题时是一个有用的鉴别工具。一个常见的问题是，由于错误的定义似然过程，不恰当的初值，或是模型不可识别等导致某个参数的导数为零可能产生奇异矩阵。

(6) Check Derivatives：如果使用了@param 语句，显示在初值下数值微分和解析微分(如果可获得)的值，如果没有使用@param 语句，则给出在当前值下数值微分和解析微分的值，以及用模型中所有样本计算的每个系数数值微分的和。

4. LogL 过程

(1) Estimate：弹出一个设置估计选项的对话框，并估计对数似然函数的参数，输出极大似然函数估计结果，根据结果可以写成的方程形式。

(2) Make Model：建立一个估计对数似然函数说明的未命名的模型对象。

(3) Make Gradient Group：在参数估计值下创建一个未命名的对数似然函数的梯度组(一阶导数)。这些梯度常用来构造拉格朗日乘数检验。

(4) Update Coefs from LogL：用似然函数对象得出的估计值来更新系数向量。该过程可以将极大似然估计结果作为其他估计问题的初始值。

7.3.3　问题解答

1. 出错处理

由于 logL 对象具有极大的灵活性，所以使用对数似然方法进行估计比使用其他 EViews 的内部估计方法更容易出错。如果在估计时遇到了困难，下面的建议将有助于解决这些问题。

(1) 检查似然说明

一个简单错误包括错误符号就可以使估计过程终止，同时还必须检查模型的每个参数是否已事先定义。另外，模型中出现的每个参数必须直接地或间接地影响似然估计，使用 Check Derivatives 视图来确认是否已经正确地计算了导数。

(2) 选择初值

如果由于缺失值或是数学运算域错误(对负数取对数或取平方根，除数为零等)导致样本中似然贡献无法评价，那么将立刻停止估计并给出错误信息“Cannot compute @logl due to missing values”(由于缺失值无法计算@logL)。另外，选择不恰当的初值也可能使似然函数估计效果不理想，应该给参数一个合理的初值。如果存在一个近似求解该问题的简单估计方法，可以把由该方法得到的估计值作为极大似然估计的初值。

(3) 估计前正确处理滞后值问题

与其他 EViews 估计程序不同，在估计一个对数似然模型时，logL 估计程序不会用 NAs 或滞后形式从样本中自动去掉某个观测值。如果似然说明包含滞后值，那么就必须从估计样本的开始值中去掉一些观测值，或者对说明作出标记，从而使开始样本中的错误的值不会影响到整个样本[参见 AR(1)和 GARCH 模型的示例]。工作文件中包含了所有的似然函数说明及相应的中间结果序列(只要不使用@temp 语句删除它们)，因此可以通过检验对数似然说明和中间结果序列的值，来发现滞后和缺失值的问题。

(4) 修正模型参数

如果存在导致参数值出现数学错误的问题，可以考虑修正模型参数以将之限制在其有效域内。当出现错误时，大多数估计过程中的错误信息本身都具有解释含义。而错误信息"near singular matrix"(近似奇异矩阵)可能不是很明确。当 EViews 不能计算出由导数外积之和构成的矩阵的逆以至不能决定优化过程下一步的方向时，就会给出这个错误信息。这个错误可以意味着各种类型的错误，包括不适当的初值，如果模型在理论上或有效数据上不可识别，总是出现这种错误。

2. 约束

似然对象可以用来估计极大(或极小)化各类目标函数的参数。尽管似然方法的主要用途是指定对数似然函数，但是只要目标函数是对样本进行累加的，就可以用似然方法来求解最小二乘或最小距离估计的问题。

必须注意的是，对数似然中估计参数使用的算法并不是对任意的问题都适用。在似然贡献的导数的外积之和的基础上，该算法给出了对数似然函数的 Hessian 矩阵的近似值。该近似值是建立在极大似然目标函数的函数形式和统计特性的基础之上的，只有当描述似然贡献的序列，以及其单个贡献都被正确地设定并具有好的理论对数似然定义时，参数值的标准差才有意义。

用来描述似然贡献的表达式必须符合 EViews 关于序列表达式的规则。其中之一就是不能在似然说明中使用矩阵运算。如果想写出联立方程模型的似然函数说明，只能利用行列式和二次型的表达式，当模型中的方程个数超过 3 个时，写出该模型的似然函数说明虽然可行，但是会非常复杂。

3. 选择步长

在每次迭代时，我们可以按照给定的最优步长方向寻找参数的最优值。EViews 在每次迭代时，都要进行一个简单的搜寻来决定一个能够优化目标函数的步长 λ。这个步骤常常被称为挤压或伸展。EViews 还会通过一个简单的搜寻来决定 Marquardt 和 Quadratic hill-climbing 算法的比例因素 α。

尽管 EViews 进行了搜寻较好步长的简单尝试，由于方向向量的计算常常比步长的选择要重要得多，所以 λ 在每次迭代时并不一定是最优的。然而，也有可能是 EViews 找不到一个能够提高目标函数的步长。在这种情况下，EViews 会弹出一个错误信息对话框。

第 8 章　向量自回归和向量误差修正模型

传统的经济计量方法(如联立方程模型等结构性方法)是以经济理论为基础来描述变量关系的模型。遗憾的是,经济理论通常并不足以对变量之间的动态联系提供一个严密的说明,而且内生变量既可以出现在方程的左端又可以出现在方程的右端,使得估计和推断变得更加复杂。为了解决这些问题而出现了一种用非结构性方法来建立各个变量之间关系的模型。本章所要介绍的向量自回归(vector autoregression,VAR)模型和向量误差修正(vector error correction model,VEC)模型就是非结构化的多方程模型。

8.1　向量自回归(VAR)模型[①]

向量自回归(VAR)是基于数据的统计性质建立模型,VAR 模型把系统中每一个内生变量作为系统中所有内生变量的滞后值的函数来构造模型,从而将单变量自回归模型推广到由多元时间序列变量组成的"向量"自回归模型。VAR 模型是处理多个相关经济指标的分析与预测最容易操作的模型之一,并且在一定的条件下,多元 MA 和 ARMA(自回归滑动平均)模型也可转化成 VAR 模型,因此近年来 VAR 模型受到越来越多的经济工作者的重视。

1980 年,西姆斯(C. A. Sims)[②]将 VAR 模型引入经济学中,推动了经济系统动态性分析的广泛应用。VAR 模型常用于预测相互联系的时间序列系统及分析随机扰动对变量系统的动态冲击,从而解释各种经济冲击对经济变量形成的影响。

8.1.1　非限制向量自回归模型的一般形式

VAR(p)模型的数学表达式为

$$\boldsymbol{y}_t = \boldsymbol{\Phi}_1 \boldsymbol{y}_{t-1} + \cdots + \boldsymbol{\Phi}_p \boldsymbol{y}_{t-p} + \boldsymbol{H}\boldsymbol{x}_t + \boldsymbol{\varepsilon}_t, \quad t = 1, \cdots, T \tag{8.1.1}$$

式中:$\boldsymbol{y}_t$ 为 k 维内生变量列向量;$\boldsymbol{x}_t$ 为 d 维外生变量列向量;p 为滞后阶数;T 为样本个数。$k\times k$ 维矩阵 $\boldsymbol{\Phi}_1,\cdots,\boldsymbol{\Phi}_p$ 和 $k\times d$ 维矩阵 $\boldsymbol{H}$ 是待估计的系数矩阵。$\boldsymbol{\varepsilon}_t$ 是 k 维随机扰动列向量,它们相互之间可以同期相关,但不与自己的滞后值相关且不与等式右边的变量相关,假设 $\boldsymbol{\Sigma}$ 是 $\boldsymbol{\varepsilon}_t$ 的协方差矩阵,是一个($k\times k$)的正定矩阵。式(8.1.1)可以展开表示为

$$\begin{pmatrix} y_{1t} \\ y_{2t} \\ \vdots \\ y_{kt} \end{pmatrix} = \boldsymbol{\Phi}_1 \begin{pmatrix} y_{1t-1} \\ y_{2t-1} \\ \vdots \\ y_{kt-1} \end{pmatrix} + \cdots + \boldsymbol{\Phi}_p \begin{pmatrix} y_{1t-p} \\ y_{2t-p} \\ \vdots \\ y_{kt-p} \end{pmatrix} + \boldsymbol{H} \begin{pmatrix} x_{1t} \\ x_{2t} \\ \vdots \\ x_{dt} \end{pmatrix} + \begin{pmatrix} \varepsilon_{1t} \\ \varepsilon_{2t} \\ \vdots \\ \varepsilon_{kt} \end{pmatrix}, \quad t = 1, 2, \cdots, T \tag{8.1.2}$$

---

① 汉密尔顿.时间序列分析(上册)[M].夏晓华,译.北京:中国人民大学出版社,2015:第 10-12 章.

② SIMS C A. Macroeconomics and reality[J]. Econometrica,1980,48:1-48. Reprinted in GRANGER C W J. Modelling economic series[M]. Oxford:Clarendon Press. 1990.

即含有 k 个时间序列变量的 VAR(p)模型由 k 个方程组成。

例如：作为 VAR 模型的一个例子，假设工业产量(IP)和货币供应量($M1$)联合地由一个双变量的 VAR 模型决定。内生变量滞后二阶的 VAR(2)模型是

$$M1_t = c_2 + a_{21} IP_{t-1} + a_{22} M1_{t-1} + b_{21} IP_{t-2} + b_{22} M1_{t-2} + \varepsilon_{2,t} \tag{8.1.3}$$

$$IP_t = c_1 + a_{11} IP_{t-1} + a_{12} M1_{t-1} + b_{11} IP_{t-2} + b_{12} M1_{t-2} + \varepsilon_{1,t} \tag{8.1.4}$$

其中，c_i，a_{ij}，b_{ij} 是要被估计的参数。也可表示成

$$\begin{pmatrix} IP_t \\ M1_t \end{pmatrix} = \begin{pmatrix} c_1 \\ c_2 \end{pmatrix} + \begin{pmatrix} a_{11} & a_{12} \\ a_{21} & a_{22} \end{pmatrix} \begin{pmatrix} IP_{t-1} \\ M1_{t-1} \end{pmatrix} + \begin{pmatrix} b_{11} & b_{12} \\ b_{21} & b_{22} \end{pmatrix} \begin{pmatrix} IP_{t-2} \\ M1_{t-2} \end{pmatrix} + \begin{pmatrix} \varepsilon_{1,t} \\ \varepsilon_{2,t} \end{pmatrix} \tag{8.1.5}$$

将式(8.1.2)做简单变换，表示为

$$\tilde{y}_t = \tilde{\boldsymbol{\Phi}}_1 \tilde{y}_{t-1} + \cdots + \tilde{\boldsymbol{\Phi}}_p \tilde{y}_{t-p} + \tilde{\boldsymbol{\varepsilon}}_t, \quad t = 1, 2, \cdots, T \tag{8.1.6}$$

式中：$\tilde{\boldsymbol{y}}_t$ 是 $\boldsymbol{y}_t$ 关于外生变量 $\boldsymbol{x}_t$ 回归的残差。式(8.1.6)可以简写为

$$\tilde{\boldsymbol{\Phi}}(L)\tilde{\boldsymbol{y}}_t = \tilde{\boldsymbol{\varepsilon}}_t \tag{8.1.7}$$

式中：$\tilde{\boldsymbol{\Phi}}(L) = \boldsymbol{I}_k - \tilde{\boldsymbol{\Phi}}_1 L - \tilde{\boldsymbol{\Phi}}_2 L^2 - \cdots - \tilde{\boldsymbol{\Phi}}_p L^p$，是滞后算子 L 的 $k \times k$ 的参数矩阵。一般称式(8.1.1)和式(8.1.6)为非限制向量自回归模型(unrestricted VAR)。冲击向量 $\tilde{\boldsymbol{\varepsilon}}_t$ 是白噪声向量，被称为简化形式的冲击向量。

为了叙述方便，下面考虑的 VAR 模型是不含外生变量的非限制向量自回归模型，仍用$\boldsymbol{\Phi}$ 表示系数矩阵，形如下式：

$$\boldsymbol{y}_t = \boldsymbol{\Phi}_1 \boldsymbol{y}_{t-1} + \cdots + \boldsymbol{\Phi}_p \boldsymbol{y}_{t-p} + \boldsymbol{\varepsilon}_t \quad 或 \quad \boldsymbol{\Phi}(L)\boldsymbol{y}_t = \boldsymbol{\varepsilon}_t \tag{8.1.8}$$

如果行列式 det[$\boldsymbol{\Phi}(L)$]的根都在单位圆外，则式(8.1.8)满足平稳性条件，可以将其表示为无穷阶的向量动平均[vector moving average, VMA(∞)]形式

$$\boldsymbol{y}_t = \boldsymbol{\Theta}(L)\boldsymbol{\varepsilon}_t \tag{8.1.9}$$

式中

$$\boldsymbol{\Theta}(L) = \boldsymbol{\Phi}(L)^{-1}, \quad \boldsymbol{\Theta}(L) = \boldsymbol{\Theta}_0 + \boldsymbol{\Theta}_1 L + \boldsymbol{\Theta}_2 L^2 + \cdots, \quad \boldsymbol{\Theta}_0 = \boldsymbol{I}_k$$

当 VAR 的参数估计出来之后，由于$\boldsymbol{\Phi}(L)\boldsymbol{\Theta}(L) = \boldsymbol{I}_k$，所以也可以得到相应的 VMA($\infty$)模型的参数估计。

8.1.2 非限制 VAR 模型的估计

传统的 VAR 理论要求模型中每一个变量是平稳的，对于非平稳时间序列需要经过差分，得到平稳序列再建立 VAR 模型，这样通常会损失水平序列所包含的信息。而随着协整理论的发展，对于非平稳时间序列，只要各变量之间存在协整关系也可以直接建立 VAR 模型，或者建立 8.6 节所描述的向量误差修正模型。关于协整理论和向量误差修正模型的详细论述可参考 8.5 节和 8.6 节。

令($pk+d$)×1 阶向量

$$\boldsymbol{Z}_t = (\boldsymbol{y}'_{t-1}, \cdots, \boldsymbol{y}'_{t-p}, \boldsymbol{x}'_t)' \tag{8.1.10}$$

表示 VAR 模型在时期 $t(t=1,2,\cdots,T)$ 的全部回归变量集合，则式(8.1.1)可改写为如下形式：

$$\boldsymbol{Y}=\boldsymbol{BZ}+\boldsymbol{E} \tag{8.1.11}$$

其中，$\boldsymbol{Y}=(\boldsymbol{y}_1,\boldsymbol{y}_2,\cdots,\boldsymbol{y}_T)$ 是 $k\times T$ 维的内生变量矩阵，$\boldsymbol{E}=(\boldsymbol{\varepsilon}_1,\boldsymbol{\varepsilon}_2,\cdots,\boldsymbol{\varepsilon}_T)$ 是 $k\times T$ 维的随机扰动项矩阵；相应地，$\boldsymbol{B}=(\boldsymbol{\Phi}_1,\boldsymbol{\Phi}_2,\cdots,\boldsymbol{\Phi}_p,\boldsymbol{H})$ 是 $k\times(pk+d)$ 维的系统参数矩阵，$\boldsymbol{Z}=(\boldsymbol{Z}_1,\boldsymbol{Z}_2,\cdots,\boldsymbol{Z}_T)$ 是 $(pk+d)\times T$ 维的回归变量数据矩阵。

式(8.1.11)的紧凑形式可以表示为

$$\boldsymbol{y}=(\boldsymbol{Z}'\otimes\boldsymbol{I}_k)\boldsymbol{\beta}+\boldsymbol{\varepsilon} \tag{8.1.12}$$

式(8.1.12)中，算子$\otimes$表示克罗内克积(Kronecker product)，简称叉积[①]，$\boldsymbol{y}=\mathrm{vec}(\boldsymbol{Y})$ 是 Tk 维列向量，$\boldsymbol{\beta}=\mathrm{vec}(\boldsymbol{B})$ 是 $k(pk+d)$ 维列向量，$\boldsymbol{\varepsilon}=\mathrm{vec}(\boldsymbol{E})$ 是 Tk 维列向量，$\mathrm{vec}(\cdot)$ 为矩阵拉直运算符，$\boldsymbol{I}_k$ 是 k 维单位矩阵，且有 $\boldsymbol{\varepsilon}\sim N(0,\boldsymbol{I}_T\otimes\boldsymbol{\Sigma})$。

由于仅仅有内生变量的滞后值出现在等式的右边，所以不存在同期相关性问题，用普通最小二乘(OLS)法能得到 VAR 简化式模型的一致且有效的估计量。即使扰动向量 $\boldsymbol{\varepsilon}_t$ 有同期相关，OLS 仍然是有效的，因为所有的方程有相同的回归量，其与广义最小二乘(GLS)法是等价的。注意，由于任何序列相关都可以通过增加更多的 $\boldsymbol{y}_t$ 的滞后而被消除(absorbed)，所以对扰动项序列不相关的假设并不非常严格。因此对非限制 VAR 模型的估计可以通过最小二乘(OLS)法来进行，最小二乘估计量为

$$\hat{\boldsymbol{\beta}}=((\boldsymbol{ZZ}')^{-1}\boldsymbol{Z}'\otimes\boldsymbol{I}_k)\boldsymbol{y} \tag{8.1.13}$$

其协方差矩阵为

$$\mathbf{V}(\hat{\boldsymbol{\beta}})=(\boldsymbol{ZZ}')^{-1}\otimes\boldsymbol{\Sigma} \tag{8.1.14}$$

其中 $\hat{\boldsymbol{\beta}}=\mathrm{vec}(\hat{\boldsymbol{B}})$，$\boldsymbol{\Sigma}$ 为随机扰动项的协方差矩阵。不施加限制性条件，由最小二乘法可得 $\boldsymbol{\Sigma}$ 矩阵的估计量为

$$\hat{\boldsymbol{\Sigma}}=\frac{\hat{\boldsymbol{E}}\hat{\boldsymbol{E}}'}{T-(pk+d)} \tag{8.1.15}$$

式中：$\hat{\boldsymbol{E}}=\boldsymbol{Y}-\hat{\boldsymbol{B}}\boldsymbol{Z}$。

8.1.3　具有线性约束的 VAR 模型及估计方法[②]

式(8.1.1)所示的 k-变量 VAR(p)模型中包含了 $k(kp+d)$ 个系数，即使对于适度

---

① 设 $\boldsymbol{A}=(a_{ij})_{n\times m}$，$\boldsymbol{B}=(b_{ij})_{p\times q}$，定义 $\boldsymbol{A}$ 与 $\boldsymbol{B}$ 的克罗内克积为

$$\boldsymbol{A}\otimes\boldsymbol{B}=\begin{pmatrix}a_{11}\boldsymbol{B} & a_{12}\boldsymbol{B} & \cdots & a_{1m}\boldsymbol{B}\\ a_{21}\boldsymbol{B} & a_{22}\boldsymbol{B} & \cdots & a_{2m}\boldsymbol{B}\\ \vdots & \vdots & \ddots & \vdots\\ a_{n1}\boldsymbol{B} & a_{n2}\boldsymbol{B} & \cdots & a_{nm}\boldsymbol{B}\end{pmatrix}$$

显然，$\boldsymbol{A}\otimes\boldsymbol{B}$ 是 $np\times mq$ 阶矩阵，是分块矩阵，其第 (i,j) 块是 $a_{ij}\boldsymbol{B}$。

② LÜTKEPOHL H. New introduction to multiple time series analysis[M]. New York: Springer-Verlag, 2007.

的滞后阶数 p，VAR 模型也需要估计大量的未知参数。因此，对于有限的宏观数据样本，模型的过度参数化成为准确识别 VAR 模型参数的常见问题。有两种方法来处理过度参数化问题：一是使用贝叶斯估计(Bayesian estimation)，具体参见本章 8.7 节；二是通过对参数矩阵施加线性约束来减少估计参数的数量。本节主要介绍 VAR 模型的线性约束问题，关于 SVAR(结构向量自回归)模型的约束形式请参见 8.2 节。

VAR 模型线性约束的一般思想是，基于对 VAR 模型系数 $\boldsymbol{\beta}$ 的先验信息，定义线性约束形式为

$$\boldsymbol{\beta}=\boldsymbol{R}\boldsymbol{\gamma}+\boldsymbol{r} \tag{8.1.16}$$

其中，$\boldsymbol{\beta}=\mathrm{vec}(\boldsymbol{B})$，$\boldsymbol{R}$ 是 $k(pk+d)\times M$ 维约束矩阵，$\boldsymbol{\gamma}$ 是 $M\times 1$ 维无约束参数向量，$\boldsymbol{r}$ 是 $k(pk+d)\times 1$ 维已知的常数向量。

将式(8.1.16)代入式(8.1.12)可得

$$\boldsymbol{y}-(\boldsymbol{Z}'\otimes\boldsymbol{I}_k)\boldsymbol{r}=(\boldsymbol{Z}'\otimes\boldsymbol{I}_k)\boldsymbol{R}\boldsymbol{\gamma}+\boldsymbol{\varepsilon} \tag{8.1.17}$$

定义 $\boldsymbol{z}\equiv\boldsymbol{y}-(\boldsymbol{Z}'\otimes\boldsymbol{I}_k)\boldsymbol{r}$，则 $\boldsymbol{\gamma}$ 的 OLS 估计量可表示为

$$\hat{\boldsymbol{\gamma}}_{\mathrm{OLS}}=(\boldsymbol{R}'(\boldsymbol{ZZ}'\otimes\boldsymbol{I}_k)\boldsymbol{R})^{-1}\boldsymbol{R}'(\boldsymbol{Z}\otimes\boldsymbol{I}_k)\boldsymbol{z} \tag{8.1.18}$$

$\hat{\boldsymbol{\gamma}}_{\mathrm{OLS}}$ 的协方差矩阵的估计量可表示为

$$\hat{\boldsymbol{V}}(\hat{\boldsymbol{\gamma}}_{\mathrm{OLS}})=(\boldsymbol{R}'(\boldsymbol{ZZ}'\otimes\boldsymbol{I}_k)\boldsymbol{R})^{-1}\boldsymbol{R}'(\boldsymbol{ZZ}'\otimes\hat{\boldsymbol{\Sigma}})\boldsymbol{R}(\boldsymbol{R}'(\boldsymbol{ZZ}'\otimes\boldsymbol{I}_k)\boldsymbol{R})^{-1} \tag{8.1.19}$$

其中，估计量 $\hat{\boldsymbol{\Sigma}}$ 为残差协方差矩阵。

为修正误差项的同期相关问题，可基于 $\hat{\boldsymbol{\Sigma}}$ 来构造 $\boldsymbol{\gamma}$ 的 GLS 估计量：

$$\hat{\boldsymbol{\gamma}}_{\mathrm{GLS}}=(\boldsymbol{R}'(\boldsymbol{ZZ}'\otimes\hat{\boldsymbol{\Sigma}}^{-1})\boldsymbol{R})^{-1}\boldsymbol{R}'(\boldsymbol{Z}\otimes\hat{\boldsymbol{\Sigma}}^{-1})\boldsymbol{z} \tag{8.1.20}$$

并通过迭代方式估计 $\hat{\boldsymbol{\gamma}}_{\mathrm{GLS}}$。在每次迭代过程中使用当前残差重新计算 $\hat{\boldsymbol{\Sigma}}$，直到迭代过程收敛或达到最大迭代次数。$\hat{\boldsymbol{\gamma}}_{\mathrm{GLS}}$ 的协方差矩阵的一致估计量可表示为

$$\hat{\boldsymbol{V}}(\hat{\boldsymbol{\gamma}}_{\mathrm{GLS}})=(\boldsymbol{R}'(\boldsymbol{ZZ}'\otimes\hat{\boldsymbol{\Sigma}}^{=1})\boldsymbol{R})^{-1} \tag{8.1.21}$$

基于 $\boldsymbol{\gamma}$ 的估计结果，可获得全部系数向量 $\boldsymbol{\beta}$ 的相应估计值和协方差矩阵：

$$\hat{\boldsymbol{\beta}}_{\mathrm{OLS}}=\boldsymbol{R}\hat{\boldsymbol{\gamma}}_{\mathrm{OLS}}+\boldsymbol{r} \tag{8.1.22}$$

$$\hat{\boldsymbol{V}}(\hat{\boldsymbol{\beta}}_{\mathrm{OLS}})=\boldsymbol{R}(\boldsymbol{R}'(\boldsymbol{ZZ}'\otimes\boldsymbol{I}_k)\boldsymbol{R})^{-1}\boldsymbol{R}'(\boldsymbol{ZZ}'\otimes\hat{\boldsymbol{\Sigma}})\boldsymbol{R}(\boldsymbol{R}'(\boldsymbol{ZZ}'\otimes\boldsymbol{I}_k)\boldsymbol{R})^{-1}\boldsymbol{R}' \tag{8.1.23}$$

以及

$$\hat{\boldsymbol{\beta}}_{\mathrm{GLS}}=\boldsymbol{R}\hat{\boldsymbol{\gamma}}_{\mathrm{GLS}}+\boldsymbol{r} \tag{8.1.24}$$

$$\hat{\boldsymbol{V}}(\hat{\boldsymbol{\beta}}_{\mathrm{GLS}})=\boldsymbol{R}(\boldsymbol{R}'(\boldsymbol{ZZ}'\otimes\hat{\boldsymbol{\Sigma}}^{=1})\boldsymbol{R})^{-1}\boldsymbol{R}' \tag{8.1.25}$$

8.1.4　滞后阶数 p 的确定

VAR 模型中一个重要的问题就是滞后阶数的确定。在选择滞后阶数 p 时，一方面想使滞后阶数足够大，以便能完整反映所构造模型的动态特征。另一方面，滞后阶数越大，需要估计的参数也就越多，模型的自由度就减少。所以通常进行选择时，需要综合考虑，既要有足够数目的滞后项，又要有足够数目的自由度。事实上，这是 VAR 模型的一

个缺陷,在实际中常常会发现,将不得不限制滞后项的数目,使它少于反映模型动态特征所应有的理想数目。下面介绍几种确定滞后阶数的检验方法。

1. 确定滞后阶数的 LR 检验

LR(likelihood ratio,似然比)检验方法,从最大的滞后阶数开始,检验原假设:在滞后阶数为 j 时,系数矩阵 $\boldsymbol{\Phi}_j$ 的元素均为 0;备择假设为:系数矩阵 $\boldsymbol{\Phi}_j$ 中至少有一个元素显著不为 0。χ^2(Wald)统计量如下:

$$LR=(T-m)\{\ln|\hat{\boldsymbol{\Sigma}}_{j-1}|-\ln|\hat{\boldsymbol{\Sigma}}_j|\}\sim\chi^2(k^2) \tag{8.1.26}$$

式中:m 是在备择假设下每个方程中的参数个数,$m=d+kj$,d 是外生变量的个数,k 是内生变量个数;$\hat{\boldsymbol{\Sigma}}_{j-1}$ 和 $\hat{\boldsymbol{\Sigma}}_j$ 分别表示滞后阶数为($j-1$)和 j 的 VAR 模型的残差协方差矩阵的估计,

$$|\hat{\boldsymbol{\Sigma}}|=\det\left(\frac{1}{T-m}\sum_t\hat{\boldsymbol{\varepsilon}}_t\hat{\boldsymbol{\varepsilon}}_t'\right) \tag{8.1.27}$$

式中:$\hat{\boldsymbol{\varepsilon}}_t$ 是 k 维残差列向量,可以选择是否做自由度调整,如果不做自由度调整,则式(8.1.27)不减 m。

注意,式(8.1.26)使用的是 Sims(1980)小样本调整用的($T-m$),而不是 T。从最大滞后阶数开始,比较 LR 统计量和 5%水平下的临界值,当 $LR>\chi^2_{0.05}$ 时,拒绝原假设,表示统计量显著,此时表示增加滞后值能够显著增大极大似然的估计值;否则,不拒绝原假设。每次减少一个滞后数,直到拒绝原假设。

2. AIC 和 SC

实际研究中,大家比较常用的方法还有 AIC(Akaike information criterion)和 SC(Schwarz criterion),SC 有时又称 BIC(Bayes information criterion),其计算方法可由下式给出:

$$AIC=-2l/T+2n/T \tag{8.1.28}$$

$$SC=-2l/T+n\ln T/T \tag{8.1.29}$$

其中在 VAR 模型(8.1.1)中 $n=k(d+pk)$是被估计的参数的总数,k 是内生变量个数,T 是样本长度,d 是外生变量的个数,p 是滞后阶数,通过假定误差项服从多元正态(高斯)分布,计算对数似然值 l:

$$l=-\frac{Tk}{2}(1+\ln 2\pi)-\frac{T}{2}\ln|\hat{\boldsymbol{\Sigma}}| \tag{8.1.30}$$

需要注意的是,一些参考文献通过不同的方法来定义 AIC 和 SC。AIC 和 SC 要求它们的值越小越好。在利用这些准则建立一个初步的模型之后,还必须检验它的恰当性,这与单变量模型的诊断性检验类似,如分析模型的稳健性及残差序列的交叉相关性等。

8.1.5 VAR 模型的预测

VAR 模型的一个重要应用是对内生变量的预测。将 VAR 模型用于预测的优点是,VAR 模型各方程的右侧都是内生变量的滞后值,可以直接进行预测,不必像联立方程模

型,需要先把外生变量值预测出来后,才能预测内生变量。

1. 预测误差

考虑 8.1.2 小节的 VAR 模型

$$\boldsymbol{y}=(\boldsymbol{Z}'\otimes\boldsymbol{I}_k)\boldsymbol{\beta}+\boldsymbol{\varepsilon} \tag{8.1.12$'$}$$

对模型进行参数估计,虽然生成 $\boldsymbol{y}$ 的真实模型尚不知道,但得到了未知参数估计量为

$$\hat{\boldsymbol{\beta}}=((\boldsymbol{Z}\boldsymbol{Z}')^{-1}\boldsymbol{Z}'\otimes\boldsymbol{I}_k)\boldsymbol{y} \tag{8.1.13$'$}$$

用第 t 个样本点上所有内生滞后变量取值构成的行向量,可以估计出 $\hat{\boldsymbol{y}}_t$:

$$\hat{\boldsymbol{y}}=(\boldsymbol{Z}'\otimes\boldsymbol{I}_k)\hat{\boldsymbol{\beta}} \tag{8.1.31}$$

对于给定样本期内内生变量的观测值 $\boldsymbol{y}_t(t\leqslant T)$,由式(8.1.31)得到的 $\hat{\boldsymbol{y}}$ 是拟合值。对于给定样本以外($t>T$)由式(8.1.31)得到的 $\hat{\boldsymbol{y}}$ 是内生变量预测值。为了方便起见,将这两种情况得到的 $\hat{\boldsymbol{y}}$ 统称为预测值。预测值的误差为实际值与预测值之差,即

$$\hat{\boldsymbol{\varepsilon}}=\boldsymbol{y}-\hat{\boldsymbol{y}}=\boldsymbol{y}-(\boldsymbol{Z}'\otimes\boldsymbol{I}_k)\hat{\boldsymbol{\beta}} \tag{8.1.32}$$

误差的来源由随机扰动项 $\boldsymbol{\varepsilon}$ 不确定引起,因为 $\boldsymbol{\varepsilon}$ 在预测区间未知,$\boldsymbol{y}$ 的预测值实际上是对 $\boldsymbol{y}$ 的均值的预测,误差项始终取其期望值。然而,虽然期望值为零,但是任何样本点上几乎都不能为 0,并且 $\boldsymbol{\varepsilon}$ 的方差越大,预测误差将越大。在时间序列的动态预测中,滞后内生变量的误差使不确定性更为复杂。

2. 预测评价

对于 VAR 模型预测功能的评价,通常可以将整个样本区间分成两部分,用样本前一段数据估计模型,然后利用所估计的模型对余下的数据点进行预测,一般是用 85%～90%的数据进行估计,剩余的数据进行检验。通过实际值 $\boldsymbol{y}$ 和预测值 $\hat{\boldsymbol{y}}$ 的对比,评价模型预测功能。假设预测样本期为 $t=T+1,\cdots,T+h$,有几种计算方法对预测精度进行度量:

$$\text{平均绝对误差}(MAE)_i=\frac{1}{h}\sum_{t=T+1}^{T+h}|\hat{y}_{it}-y_{it}|,\quad i=1,2,\cdots,k \tag{8.1.33}$$

$$\text{平均相对误差}(MPE)_i=\frac{1}{h}\sum_{t=T+1}^{T+h}\left|\frac{\hat{y}_{it}-y_{it}}{y_{it}}\right|,\quad i=1,2,\cdots,k \tag{8.1.34}$$

$$\text{均方根误差}(RMSE)_i=\sqrt{\frac{1}{h}\sum_{t=T+1}^{T+h}(\hat{y}_{it}-y_{it})^2},\quad i=1,2,\cdots,k \tag{8.1.35}$$

$$\text{Theil 不等系数 }U_i=\frac{\sqrt{\frac{1}{h}\sum_{t=T+1}^{T+h}(\hat{y}_{it}-y_{it})^2}}{\sqrt{\frac{1}{h}\sum_{t=T+1}^{T+h}\hat{y}_{it}^2}+\sqrt{\frac{1}{h}\sum_{t=T+1}^{T+h}y_{it}^2}},\quad i=1,2,\cdots,k \tag{8.1.36}$$

式中:下标 i 是 VAR 模型 k 个内生变量方程的序号。

MAE 和 $RMSE$ 受内生变量量纲影响,MPE 和 Theil 不相等系数是不受量纲影响的相对指标,Theil 不等系数的分子就是 $RMSE$,因此度量的是相对 $RMSE$。

例 8.1 我国货币政策效应实证分析的 VAR 模型

凯恩斯学派认为货币供给量变动对经济的影响是间接地通过利率变动来实现的。货币政策的传递主要有两个途径：一是货币供给与利率的关系，即流动性偏好途径；二是利率与投资的关系，即利率弹性途径。根据凯恩斯的理论，当货币供给量增加时，货币供给大于货币需求，供给相对过剩，利率下降，刺激投资，促进国民经济增长。当然他假定利率变动是由市场调节的，与货币供给量呈反方向变动。货币学派主要强调货币供给量对经济的短期影响，而长期中，货币数量的作用主要在于影响价格以及其他用货币表示的量，而不能影响实际国内生产总值。

1. 无约束 VAR(2)模型

为了研究货币供应量和利率的变动对经济波动的影响，利用我国 1995 年 1 季度—2015 年 4 季度的季度数据[①]，将实际 GDP 增长率记为 gdp_r、实际 M2 增长率记为 $m2\_r$、实际利率记为 rr(银行同业拆借利率减去通货膨胀率)，并做季节调整，然后利用 VAR(p)模型对这 3 个变量之间的关系进行实证研究：

$$\begin{pmatrix} rr_t \\ m2\_r_t \\ gdp\_r_t \end{pmatrix} = \begin{pmatrix} c_1 \\ c_2 \\ c_3 \end{pmatrix} + \boldsymbol{\Phi}_1 \begin{pmatrix} rr_{t-1} \\ m2\_r_{t-1} \\ gdp\_r_{t-1} \end{pmatrix} + \cdots + \boldsymbol{\Phi}_p \begin{pmatrix} rr_{t-p} \\ m2\_r_{t-p} \\ gdp\_r_{t-p} \end{pmatrix} + \begin{pmatrix} \varepsilon_{1t} \\ \varepsilon_{2t} \\ \varepsilon_{3t} \end{pmatrix} \tag{8.1.37}$$

取 $p = 2$，VAR(2)模型的估计结果如下：

$$\begin{pmatrix} rr_t \\ m2\_r_t \\ gdp\_r_t \end{pmatrix} = \begin{pmatrix} 2.42 \\ 3.83 \\ -0.21 \end{pmatrix} + \begin{pmatrix} 0.734 & 0.071 & -0.231 \\ 0.432 & 1.111 & -0.579 \\ -0.011 & 0.131 & 1.023 \end{pmatrix} \begin{pmatrix} rr_{t-1} \\ m2\_r_{t-1} \\ gdp\_r_{t-1} \end{pmatrix} +$$

$$\begin{pmatrix} 0.105 & -0.118 & 0.730 \\ -0.401 & -0.298 & 0.456 \\ 0.0098 & -0.059 & -0.111 \end{pmatrix} \begin{pmatrix} rr_{t-2} \\ m2\_r_{t-2} \\ gdp\_r_{t-2} \end{pmatrix} + \begin{pmatrix} e_{1t} \\ e_{2t} \\ e_{3t} \end{pmatrix} \tag{8.1.38}$$

经检验上述模型是平稳的。3 个方程的拟合优度分别为 $R^2_{rr}=0.89$，$R^2_{m2\_r}=0.77$，$R^2_{gdp\_r}=0.86$。

同时，为了检验扰动项之间是否存在同期相关关系，可用残差的同期相关矩阵来描述。用 $\boldsymbol{e}_i$ 表示第 i 个方程的残差，$i=1,2,3$。其结果如表 8.1.1 所示。

表 8.1.1 残差的同期相关矩阵

$\boldsymbol{e}$	$\boldsymbol{e}_1$	$\boldsymbol{e}_2$	$\boldsymbol{e}_3$
$\boldsymbol{e}_1$	1	0.35	−1.12
$\boldsymbol{e}_2$	0.35	1	−0.14
$\boldsymbol{e}_3$	−1.12	−0.14	1

从表中可以看到实际利率方程和实际 GDP 增长率方程、实际 $M2$ 增长率方程的残差项之间存在的同期相关系数比较高，进一步表明实际利率、实际 GDP 增长率和实

① 数据处理：季度实际 GDP 增长率利用统计局公布的数据；季度 M2 采用转换成季度数据的居民消费价格基期指数来消除价格因素，然后计算同比增长率；名义利率采用银行同业拆借利率(3 个月)减去通货膨胀率，得到实际利率。

际 M2 增长率之间存在着同期的影响关系，尽管得到的估计量是一致估计量，但是在本例中却无法刻画它们之间的这种同期影响关系。

2. 具有线性约束 VAR(2)模型

根据经济学理论，假定在利率方程中实际 GDP 增长率的 2 阶滞后对实际利率没有影响；在实际 M2 增长率方程中实际利率的 1 阶滞后、实际 GDP 增长率的 1 阶和 2 阶滞后对实际 M2 增长率没有影响；在实际 GDP 增长率方程中实际 M2 增长率的 1 阶和 2 阶滞后对实际 GDP 增长率没有影响。即约束如下：

$$\boldsymbol{\Phi}_1=\begin{pmatrix}NA & NA & NA\\ 0 & NA & 0\\ NA & 0 & NA\end{pmatrix},\quad \boldsymbol{\Phi}_2=\begin{pmatrix}NA & NA & 0\\ NA & NA & 0\\ NA & 0 & NA\end{pmatrix} \tag{8.1.39}$$

式中："NA"表示待估参数，"0"表示该参数约束为 0。

上述具有线性约束的 VAR(2)模型的结果如下：

$$\begin{pmatrix}rr_t\\ m2\_r_t\\ gdp\_r_t\end{pmatrix}=\begin{pmatrix}2.308\\ 3.141\\ 0.676\end{pmatrix}+\begin{pmatrix}0.664 & 0.101 & -0.145\\ 0 & 1.259 & 0\\ 0.123 & 0 & 1.100\end{pmatrix}\begin{pmatrix}rr_{t-1}\\ m2\_r_{t-1}\\ gdp\_r_{t-1}\end{pmatrix}+$$

$$\begin{pmatrix}0.165 & -0.147 & 0\\ 0.002 & -0.476 & 0\\ -0.074 & 0 & -0.181\end{pmatrix}\begin{pmatrix}rr_{t-2}\\ m2\_r_{t-2}\\ gdp\_r_{t-2}\end{pmatrix}+\begin{pmatrix}e_{1t}\\ e_{2t}\\ e_{3t}\end{pmatrix} \tag{8.1.40}$$

3 个方程的估计系数和拟合优度变化都不大，由于篇幅的限制没有列出 t 统计量，从 t 统计量可以看出各个估计参数基本都显著了。

8.2　结构 VAR(SVAR)模型

8.2.1　SVAR 模型的形式

在式(8.1.1)或式(8.1.6)中，可以看出，VAR 模型并没有给出变量之间当期相关关系的确切形式，即在模型的右端不含内生变量的当期值，而这些当期相关关系隐藏在误差项的相关结构之中，是无法解释的，所以将式(8.1.1)和式(8.1.6)称为 **VAR 模型的简化形式**[①]。模型中的误差项 $\boldsymbol{\varepsilon}_t$ 是不可观测的，通常被称为新息(innovations)向量，有时也称异常(surprise)向量，可以被看作不可解释的随机扰动。本节要介绍的结构 VAR 模型(structural VAR，SVAR)，实际是指 VAR 模型的结构式，即在模型中包含变量之间的当期关系。

1. 两变量的 SVAR 模型[②]

为了明确变量间的当期关系，首先来研究两变量的 VAR 模型结构式和简化式之间的转化关系。例如含有两个变量($k=2$)、滞后一阶($p=1$)的 VAR 模型结构式可以表示为下式：

---

① 后文如果不特别说明，VAR 模型都是指 VAR 模型的简化式，VAR 模型的结构式用 SVAR 表示。

② 刘金全. 现代宏观经济冲击理论[M]. 长春：吉林大学出版社，2000：159-167.

$$\begin{cases}x_t=\gamma_{10}+c_{12}z_t+\gamma_{11}x_{t-1}+\gamma_{12}z_{t-1}+u_{xt}\\ z_t=\gamma_{20}+c_{21}x_t+\gamma_{21}x_{t-1}+\gamma_{22}z_{t-1}+u_{zt}\end{cases},\quad t=1,2,\cdots,T \tag{8.2.1}$$

在模型(8.2.1)中假设:

(1) 随机误差 u_{xt} 和 u_{zt} 是白噪声序列,不失一般性,假设方差 $\sigma_x^2=\sigma_z^2=1$。

(2) 随机误差 u_{xt} 和 u_{zt} 之间不相关,$\mathrm{cov}(u_{xt},u_{zt})=0$。

式(8.2.1)一般称为一阶结构向量自回归模型[SVAR(1)]。它是一种结构式经济模型,引入了变量之间的作用与反馈作用,其中系数 c_{12} 表示变量 z_t 的单位变化对变量 x_t 的**即时作用**,γ_{21} 表示 x_{t-1} 的单位变化对 z_t 的**滞后影响**。虽然 u_{xt} 和 u_{zt} 是单纯出现在 x_t 和 z_t 中的随机冲击,但如果 $c_{21}\neq 0$,则作用在 x_t 上的随机冲击 u_{xt} 通过对 x_t 的影响,能够即时传到变量 z_t 上,这是一种间接的即时影响;同样,如果 $c_{12}\neq 0$,则作用在 z_t 上的随机冲击 u_{zt} 也可以对 x_t 产生间接的即时影响。冲击的交互影响体现了变量作用的双向和反馈关系。

为了导出 VAR 模型的简化式方程,将上述模型表示为矩阵形式:

$$\begin{pmatrix}1 & -c_{12}\\ -c_{21} & 1\end{pmatrix}\begin{pmatrix}x_t\\ z_t\end{pmatrix}=\begin{pmatrix}\gamma_{10}\\ \gamma_{20}\end{pmatrix}+\begin{pmatrix}\gamma_{11} & \gamma_{12}\\ \gamma_{21} & \gamma_{22}\end{pmatrix}\begin{pmatrix}x_{t-1}\\ z_{t-1}\end{pmatrix}+\begin{pmatrix}u_{xt}\\ u_{zt}\end{pmatrix}$$

该模型可以简单地表示为

$$\boldsymbol{C}_0\boldsymbol{y}_t=\boldsymbol{\Gamma}_0+\boldsymbol{\Gamma}_1\boldsymbol{y}_{t-1}+\boldsymbol{u}_t,\quad t=1,2,\cdots,T \tag{8.2.2}$$

式中:

$$\boldsymbol{y}_t=\begin{pmatrix}x_t\\ z_t\end{pmatrix},\quad \boldsymbol{u}_t=\begin{pmatrix}u_{xt}\\ u_{zt}\end{pmatrix},\quad \boldsymbol{C}_0=\begin{pmatrix}1 & -c_{12}\\ -c_{21} & 1\end{pmatrix},\quad \boldsymbol{\Gamma}_0=\begin{pmatrix}\gamma_{10}\\ \gamma_{20}\end{pmatrix},\quad \boldsymbol{\Gamma}_1=\begin{pmatrix}\gamma_{11} & \gamma_{12}\\ \gamma_{21} & \gamma_{22}\end{pmatrix}$$

假设 $\boldsymbol{C}_0$ 可逆,可导出简化式方程为

$$\begin{aligned}\boldsymbol{y}_t&=\boldsymbol{C}_0^{-1}\boldsymbol{\Gamma}_0+\boldsymbol{C}_0^{-1}\boldsymbol{\Gamma}_1\boldsymbol{y}_{t-1}+\boldsymbol{C}_0^{-1}\boldsymbol{u}_t\\ &=\boldsymbol{\Phi}_0+\boldsymbol{\Phi}_1\boldsymbol{y}_{t-1}+\boldsymbol{\varepsilon}_t\end{aligned} \tag{8.2.3}$$

式中:

$$\boldsymbol{\Phi}_0=\boldsymbol{C}_0^{-1}\boldsymbol{\Gamma}_0=\begin{pmatrix}\phi_{10}\\ \phi_{20}\end{pmatrix},\quad \boldsymbol{\Phi}_1=\boldsymbol{C}_0^{-1}\boldsymbol{\Gamma}_1=\begin{pmatrix}\phi_{11} & \phi_{12}\\ \phi_{21} & \phi_{22}\end{pmatrix},\quad \boldsymbol{\varepsilon}_t=\boldsymbol{C}_0^{-1}\boldsymbol{u}_t=\begin{pmatrix}\varepsilon_{1t}\\ \varepsilon_{2t}\end{pmatrix}$$

从而可以看到,简化式扰动项 $\boldsymbol{\varepsilon}_t$ 是结构式扰动项 $\boldsymbol{u}_t$ 的线性组合,因此代表一种复合冲击。因为 u_{xt} 和 u_{zt} 是不相关的白噪声序列,则可以断定上述 ε_{1t} 和 ε_{2t} 也是白噪声序列,并且均值和方差为

$$E(\varepsilon_{1t})=0,E(\varepsilon_{1s}\varepsilon_{1t})=0,s\neq t,\quad \mathrm{var}(\varepsilon_{1t})=\frac{\sigma_x^2+c_{12}^2\sigma_z^2}{(1-c_{12}c_{21})^2}=\frac{1+c_{12}^2}{(1-c_{12}c_{21})^2}$$

$$E(\varepsilon_{2t})=0,E(\varepsilon_{2s}\varepsilon_{2t})=0,s\neq t,\quad \mathrm{var}(\varepsilon_{2t})=\frac{\sigma_z^2+c_{21}^2\sigma_x^2}{(1-c_{12}c_{21})^2}=\frac{1+c_{21}^2}{(1-c_{12}c_{21})^2},$$

$$t=1,2,\cdots,T$$

同期的 ε_{1t} 和 ε_{2t} 之间的协方差为

$$\mathrm{cov}(\varepsilon_{1t},\varepsilon_{2t})=E(\varepsilon_{1t}\varepsilon_{2t})=\frac{c_{21}\sigma_x^2+c_{12}\sigma_z^2}{(1-c_{12}c_{21})^2}=\frac{c_{21}+c_{12}}{(1-c_{12}c_{21})^2} \tag{8.2.4}$$

从式(8.2.4)可以看出当 $c_{12}\neq 0$ 或 $c_{21}\neq 0$ 时，VAR 模型简化式中的扰动项不再像结构式中那样不相关，正如例 8.1 中的表 8.1.1 所显示的情况。当 $c_{12}=c_{21}=0$ 时，即变量之间没有即时影响，上述协方差为 0，相当于对 $\boldsymbol{C}_0$ 矩阵施加约束。

为了分析方便，定义冲击向量 $\boldsymbol{\varepsilon}_t$ 的协方差矩阵为

$$\boldsymbol{\Sigma}=\begin{bmatrix}\mathrm{var}(\varepsilon_{1t}) & \mathrm{cov}(\varepsilon_{1t},\varepsilon_{2t})\\ \mathrm{cov}(\varepsilon_{1t},\varepsilon_{2t}) & \mathrm{var}(\varepsilon_{2t})\end{bmatrix}=\begin{pmatrix}\sigma_{11} & \sigma_{12}\\ \sigma_{21} & \sigma_{22}\end{pmatrix} \tag{8.2.5}$$

2. 多变量的 SVAR 模型

下面考虑 k 个变量的情形，p 阶结构向量自回归模型 SVAR(p)为

$$\boldsymbol{C}_0\boldsymbol{y}_t=\boldsymbol{\Gamma}_1\boldsymbol{y}_{t-1}+\boldsymbol{\Gamma}_2\boldsymbol{y}_{t-2}+\cdots+\boldsymbol{\Gamma}_p\boldsymbol{y}_{t-p}+\boldsymbol{u}_t,\quad t=1,2,\cdots,T \tag{8.2.6}$$

式中：

$$\boldsymbol{C}_0=\begin{bmatrix}1 & -c_{12} & \cdots & -c_{1k}\\ -c_{21} & 1 & \cdots & -c_{2k}\\ \vdots & \vdots & \ddots & \vdots\\ -c_{k1} & -c_{k2} & \cdots & 1\end{bmatrix},\quad \boldsymbol{\Gamma}_i=\begin{bmatrix}\gamma_{11}^{(i)} & \gamma_{12}^{(i)} & \cdots & \gamma_{1k}^{(i)}\\ \gamma_{21}^{(i)} & \gamma_{22}^{(i)} & \cdots & \gamma_{2k}^{(i)}\\ \vdots & \vdots & \ddots & \vdots\\ \gamma_{k1}^{(i)} & \gamma_{k2}^{(i)} & \cdots & \gamma_{kk}^{(i)}\end{bmatrix},\quad i=1,2,\cdots,p,$$

$$\boldsymbol{u}_t=\begin{bmatrix}u_{1t}\\ u_{2t}\\ \vdots\\ u_{kt}\end{bmatrix}$$

可以将式(8.2.6)写成滞后算子形式：

$$\boldsymbol{C}(L)\boldsymbol{y}_t=\boldsymbol{u}_t,\quad E(\boldsymbol{u}_t\boldsymbol{u}_t')=\boldsymbol{I}_k \tag{8.2.7}$$

式中：$\boldsymbol{C}(L)=\boldsymbol{C}_0-\boldsymbol{\Gamma}_1L-\boldsymbol{\Gamma}_2L^2-\cdots-\boldsymbol{\Gamma}_pL^p$，$\boldsymbol{C}(L)$是滞后算子 L 的 $k\times k$ 的参数矩阵，$\boldsymbol{C}_0\neq\boldsymbol{I}_k$。需要注意的是，本书讨论的 SVAR 模型，$\boldsymbol{C}_0$ 矩阵均是主对角线元素为 1 的矩阵。如果 $\boldsymbol{C}_0$ 是一个下三角矩阵，则 SVAR 模型称为递归的 SVAR 模型。

不失一般性，在式(8.2.7)中假定结构式误差项(结构冲击)$\boldsymbol{u}_t$ 的方差-协方差矩阵为单位矩阵 $\boldsymbol{I}_k$。同样，如果矩阵多项式 $\boldsymbol{C}(L)$ 可逆，可以表示出 SVAR 的无穷阶的 VMA(∞)形式：

$$\boldsymbol{y}_t=\boldsymbol{D}(L)\boldsymbol{u}_t \tag{8.2.8}$$

式中：

$$\boldsymbol{D}(L)=\boldsymbol{C}(L)^{-1},\quad \boldsymbol{D}(L)=\boldsymbol{D}_0+\boldsymbol{D}_1L+\boldsymbol{D}_2L^2+\cdots,\quad \boldsymbol{D}_0=\boldsymbol{C}_0^{-1}$$

式(8.2.8)通常称为经济模型的最终表达式，因为其中所有内生变量都表示为 $\boldsymbol{u}_t$ 的分布滞后形式。而且结构冲击 $\boldsymbol{u}_t$ 是不可直接观测得到，需要通过 $\boldsymbol{y}_t$ 各元素的响应才可观测到。可以通过估计式(8.1.8)，转变简化式的误差项得到结构冲击 $\boldsymbol{u}_t$。从式(8.1.9)和式(8.2.8)可以得到

$$\boldsymbol{\Theta}(L)\boldsymbol{\varepsilon}_t=\boldsymbol{D}(L)\boldsymbol{u}_t \tag{8.2.9}$$

式(8.2.9)对于任意的 t 都是成立的,称为典型的 SVAR 模型。由于$\boldsymbol{\Theta}_0=\boldsymbol{I}_k$,可得

$$\boldsymbol{\Theta}_0\boldsymbol{\varepsilon}_t=\boldsymbol{\varepsilon}_t=\boldsymbol{D}_0\boldsymbol{u}_t \quad \text{或} \quad \boldsymbol{D}_0^{-1}\boldsymbol{\varepsilon}_t=\boldsymbol{u}_t \tag{8.2.10}$$

式(8.2.10)两端平方取期望,可得

$$\boldsymbol{\Sigma}=\boldsymbol{D}_0\boldsymbol{D}_0' \tag{8.2.11}$$

所以我们可以通过对 $\boldsymbol{D}_0$ 施加约束来识别 SVAR 模型。

更一般地,如果式(8.2.6)中的随机误差项存在同期相关,则 k 个变量的 p 阶结构向量自回归模型 SVAR(p)需扩展为

$$\boldsymbol{C}_0\boldsymbol{y}_t=\boldsymbol{\Gamma}_1\boldsymbol{y}_{t-1}+\boldsymbol{\Gamma}_2\boldsymbol{y}_{t-2}+\cdots+\boldsymbol{\Gamma}_p\boldsymbol{y}_{t-p}+\boldsymbol{B}\boldsymbol{u}_t,\quad t=1,2,\cdots,T \tag{8.2.12}$$

其中,$\boldsymbol{B}$ 是 $k\times k$ 的可逆矩阵,且有 $E(\boldsymbol{u}_t)=\boldsymbol{0}_k$,$E(\boldsymbol{u}_t\boldsymbol{u}_t')=\boldsymbol{I}_k$。其他变量和参数矩阵定义与式(8.2.6)相同。

则由式(8.2.9)给出的简化式误差项$\boldsymbol{\varepsilon}_t$ 与结构式冲击$\boldsymbol{u}_t$ 之间的关系可改写为

$$\boldsymbol{\Theta}(L)\boldsymbol{\varepsilon}_t=\boldsymbol{D}(L)\boldsymbol{B}\boldsymbol{u}_t \tag{8.2.13}$$

类似于式(8.2.10),可求得

$$\boldsymbol{D}_0^{-1}\boldsymbol{\varepsilon}_t=\boldsymbol{B}\boldsymbol{u}_t \quad \text{或} \quad \boldsymbol{C}_0\boldsymbol{\varepsilon}_t=\boldsymbol{B}\boldsymbol{u}_t \tag{8.2.14}$$

为与 EViews 中的习惯表述相一致,定义 $k\times k$ 可逆矩阵 $\boldsymbol{A}=\boldsymbol{C}_0=\boldsymbol{D}_0^{-1}$,则式(8.2.14)可改写为

$$\boldsymbol{A}\boldsymbol{\varepsilon}_t=\boldsymbol{B}\boldsymbol{u}_t \tag{8.2.15}$$

称上述模型为 AB-型 SVAR 模型,$\boldsymbol{A}$ 和 $\boldsymbol{B}$ 称为结构因子矩阵。特别地,在式(8.2.10)后一个表达式中 $\boldsymbol{A}=\boldsymbol{C}_0$,$\boldsymbol{B}=\boldsymbol{I}_k$。

将式(8.2.15)给出的 AB-型 SVAR 模型改写为

$$\boldsymbol{\varepsilon}_t=\boldsymbol{A}^{-1}\boldsymbol{B}\boldsymbol{u}_t=\boldsymbol{S}\boldsymbol{u}_t \tag{8.2.16}$$

其中,$\boldsymbol{S}=\boldsymbol{A}^{-1}\boldsymbol{B}$,则称式(8.2.10)为 S-型 SVAR 模型。由于该模型满足 $E(\boldsymbol{\varepsilon}_t\boldsymbol{\varepsilon}_t')=E(\boldsymbol{S}\boldsymbol{u}_t\boldsymbol{u}_t'\boldsymbol{S}')$,进而可得到$\boldsymbol{\Sigma}=\boldsymbol{S}\boldsymbol{S}'$。

8.2.2　SVAR 模型的识别条件①

前面已经提到,在 VAR 简化式中变量间的当期关系没有直接给出,而是隐藏在误差项相关关系的结构中。自 Sims 的研究开始,VAR 模型在很多研究领域取得了成功,在一些研究课题中,VAR 模型取代了传统的联立方程模型,被证实为实用且有效的统计方法。然而,VAR 模型存在参数过多的问题,如式(8.1.1)中,一共有 $k(kp+d)$个参数,只有所含经济变量较少的 VAR 模型才可以通过 OLS 和极大似然估计得到满意的估计结果。

为了解决这一参数过多的问题,计量经济学家提出了许多方法。这些方法的出发点都是通过对参数空间施加约束条件从而减少所估计的参数。SVAR 模型就是这些方法

① AMISANO G, GIANNINI C. Topics in structural VAR econometrics[M]. 2nd ed. Berlin Heidelberg: Springer-Verlag, 1997.

中较为成功的一种。

在经济模型的结构式和简化式之间进行转化时，经常遇到模型的识别性问题，即能否从简化式参数估计得到相应的结构式参数。

对于 k 元 p 阶简化 VAR 模型

$$\boldsymbol{y}_t = \boldsymbol{\Phi}_1 \boldsymbol{y}_{t-1} + \cdots + \boldsymbol{\Phi}_p \boldsymbol{y}_{t-p} + \boldsymbol{\varepsilon}_t \tag{8.2.17}$$

利用极大似然方法，需要估计的参数个数为

$$k^2 p + (k + k^2)/2^{①} \tag{8.2.18}$$

而对于相应的 k 元 p 阶的 SVAR 模型

$$\boldsymbol{C}_0 \boldsymbol{y}_t = \boldsymbol{\Gamma}_1 \boldsymbol{y}_{t-1} + \cdots + \boldsymbol{\Gamma}_p \boldsymbol{y}_{t-p} + \boldsymbol{u}_t \tag{8.2.19}$$

来说，需要估计的参数个数为

$$k^2 p + k^{2②} \tag{8.2.20}$$

要想得到结构式模型唯一的估计参数，要求识别的阶条件和秩条件，即简化式的未知参数不比结构式的未知参数多(识别的阶条件和秩条件的详细介绍请参见本书初级第 7 章 7.1.2 小节的"联立方程系统的识别")。因此，如果不对结构式参数加以限制，将出现模型不可识别的问题。对于 k 元 p 阶 SVAR 模型，需要对结构式施加的限制条件个数为式(8.2.20)和式(8.2.18)的差，即施加 $k(k-1)/2$ 个限制条件才能估计出结构式模型的参数。这些约束条件可以是同期(短期)的，也可以是长期的。

特别地，对于式(8.2.15)表示的 AB-型的 SVAR 模型，其满足 $E(\boldsymbol{A}\boldsymbol{\varepsilon}_t\boldsymbol{\varepsilon}'_t\boldsymbol{A}') = E(\boldsymbol{B}\boldsymbol{u}_t\boldsymbol{u}'_t\boldsymbol{B}')$，进而得到 $\boldsymbol{A\Sigma A}' = \boldsymbol{BB}'$。如果 $\boldsymbol{\Sigma}$ 的形式已知，则 $\boldsymbol{A\Sigma A}' = \boldsymbol{BB}'$ 是对矩阵 $\boldsymbol{A}$、$\boldsymbol{B}$ 的 $2k^2$ 个未知参数施加了 $k(k+1)/2$ 个非线性限制条件，剩下 $2k^2 - k(k+1)/2$ 个自由参数。

8.2.3　SVAR 模型的约束形式

为了详细说明 SVAR 模型的约束形成，从式(8.2.9)和式(8.2.10)出发，可以得到

$$\boldsymbol{\Theta}(L)\boldsymbol{D}_0 \boldsymbol{u}_t = \boldsymbol{D}(L)\boldsymbol{u}_t \tag{8.2.21}$$

式中：$\boldsymbol{\Theta}(L)$、$\boldsymbol{D}(L)$分别是 VAR 模型和 SVAR 模型相应的 VMA(∞)模型的滞后算子式，这就隐含着

$$\boldsymbol{\Theta}_i \boldsymbol{D}_0 = \boldsymbol{D}_i, \quad i = 0, 1, 2, \cdots \tag{8.2.22}$$

因此，只需要对 $\boldsymbol{D}_0$ 进行约束，就可以识别整个结构系统。又由式(8.2.8)知 $\boldsymbol{D}_0 = \boldsymbol{C}_0^{-1}$，因此如果 $\boldsymbol{C}_0$ 或 $\boldsymbol{D}_0$ 是已知的，可以通过估计式(8.2.10)和式(8.2.22)非常容易地得到滞后多项式的结构系数和结构新息 $\boldsymbol{u}_t$。在有关 SVAR 模型的文献中，这些约束通常来自经济理论，表示经济变量和结构冲击之间有意义的长期和短期关系。

---

① VAR 模型的误差向量 $\boldsymbol{\varepsilon}_t$ 的方差-协方差矩阵有 $(k^2+k)/2$ 个待估参数。

② $\boldsymbol{C}_0$ 是主对角线元素为 1 的 $k \times k$ 阶矩阵，有 $k^2 - k$ 个待估参数，SVAR 模型的误差向量 $\boldsymbol{u}_t$ 的方差-协方差矩阵是对角矩阵，所以只有 k 个待估参数。

1. 短期约束

短期约束通常直接施加在矩阵 $\boldsymbol{D}_0$ 上,表示经济变量对结构冲击的同期响应,常见的可识别约束是简单的 0 约束排除方法。

(1) 通过 Cholesky-分解建立递归形式的短期约束

Sims 提出使 $\boldsymbol{D}_0$ 矩阵的上三角为 0 的约束方法,这是一个简单的对协方差矩阵 $\boldsymbol{\Sigma}$ 的 Cholesky-分解。下面,首先介绍 Cholesky-分解的基本思想①。

对于任意实对称正定矩阵 $\boldsymbol{\Sigma}$,存在唯一的主对角线元素为 1 的下三角形矩阵 $\boldsymbol{G}$ 和唯一的主对角线元素为正的对角矩阵 $\boldsymbol{Q}$,使得

$$\boldsymbol{\Sigma} = \boldsymbol{GQG}' \tag{8.2.23}$$

利用这一矩阵 $\boldsymbol{G}$ 可以构造一个 k 维向量 $\boldsymbol{u}_t$,构造方法为 $\boldsymbol{u}_t = \boldsymbol{G}^{-1}\boldsymbol{\varepsilon}_t$,设

$$\boldsymbol{\Sigma} = E(\boldsymbol{\varepsilon}_t\boldsymbol{\varepsilon}_t'),\quad t = 1,2,\cdots,T$$

则

$$E(\boldsymbol{u}_t\boldsymbol{u}_t') = [\boldsymbol{G}^{-1}]E(\boldsymbol{\varepsilon}_t\boldsymbol{\varepsilon}_t')[\boldsymbol{G}^{-1}]' = [\boldsymbol{G}^{-1}]\boldsymbol{\Sigma}[\boldsymbol{G}^{-1}]' = [\boldsymbol{G}^{-1}]\boldsymbol{GQG}'[\boldsymbol{G}']^{-1} = \boldsymbol{Q}$$

由于 $\boldsymbol{Q}$ 是对角矩阵,可得 $\boldsymbol{u}_t$ 的元素互不相关,其 (j,j) 元素是 u_{jt} 的方差。令 $\boldsymbol{Q}^{1/2}$ 表示其 (j,j) 元素为 u_{jt} 标准差的对角矩阵。注意到式(8.2.23)可写为

$$\boldsymbol{\Sigma} = \boldsymbol{GQ}^{1/2}\boldsymbol{Q}^{1/2}\boldsymbol{G}' = \boldsymbol{PP}' \tag{8.2.24}$$

式中:$\boldsymbol{P} = \boldsymbol{GQ}^{1/2}$ 是一个下三角矩阵。式(8.2.24)被称为 Cholesky(乔利斯基)分解。

Sims 施加约束的基本过程是:

由于 $\boldsymbol{\Sigma}$ 是正定矩阵,所以可得到 Cholesky 因子 $\boldsymbol{P}$,即 $\boldsymbol{PP}' = \boldsymbol{\Sigma}$。而且,当给定矩阵 $\boldsymbol{\Sigma}$ 时,Cholesky 因子是唯一确定的。

对于 VAR 模型 $\boldsymbol{\Phi}(L)\boldsymbol{y}_t = \boldsymbol{\varepsilon}_t$,$\boldsymbol{\varepsilon}_t \sim VWN(\boldsymbol{0}_k, \boldsymbol{\Sigma})$②,两边都乘以 $\boldsymbol{P}^{-1}$,根据式(8.2.7),得到

$$\boldsymbol{P}^{-1}\boldsymbol{\Phi}(L)\boldsymbol{y}_t = \boldsymbol{C}(L)\boldsymbol{y}_t = \boldsymbol{u}_t \tag{8.2.25}$$

式中:$\boldsymbol{u}_t = \boldsymbol{P}^{-1}\boldsymbol{\varepsilon}_t$。由于

$$E(\boldsymbol{u}_t\boldsymbol{u}_t') = E[\boldsymbol{P}^{-1}\boldsymbol{\varepsilon}_t(\boldsymbol{P}^{-1}\boldsymbol{\varepsilon}_t)'] = E[\boldsymbol{P}^{-1}\boldsymbol{\varepsilon}_t\boldsymbol{\varepsilon}_{tt}'(\boldsymbol{P}^{-1})'] = \boldsymbol{P}^{-1}(\boldsymbol{P}')^{-1}\boldsymbol{\Sigma} = \boldsymbol{I}_k \tag{8.2.26}$$

所以 $\boldsymbol{u}_t$ 是协方差为单位矩阵的白噪声向量,即 $\boldsymbol{u}_t \sim VWN(\boldsymbol{0}_k, \boldsymbol{I}_k)$。

在向量 $\boldsymbol{\varepsilon}_t$ 中的各元素可能是当期相关的,而向量 $\boldsymbol{u}_t$ 中的各元素不存在当期相关关系,即这些随机扰动是相互独立的。这些相互独立的随机扰动可以被看作导致内生变量向量 $\boldsymbol{y}_t$ 变动的最终因素。

由式(8.2.25)还可以得出

$$\boldsymbol{C}(L) = \boldsymbol{C}_0 - \boldsymbol{\Gamma}_1 L - \cdots - \boldsymbol{\Gamma}_p L^p \tag{8.2.27}$$

式中:$\boldsymbol{C}_0 = \boldsymbol{P}^{-1}$,$\boldsymbol{\Gamma}_i = \boldsymbol{P}^{-1}\boldsymbol{\Phi}_i\ (i = 1,2,\cdots,p)$,$\boldsymbol{PP}' = \boldsymbol{\Sigma}$。很明显,$\boldsymbol{C}_0$ 是下三角矩阵。这意

① 汉密尔顿.时间序列分析[M].夏晓华,译.北京:中国人民大学出版社,2015:4.4 节.

② VWN($\boldsymbol{0}_k$,$\boldsymbol{\Sigma}$)表示均值为 $\boldsymbol{0}_k$、协方差矩阵为 $\boldsymbol{\Sigma}$ 的白噪声向量。这里 $\boldsymbol{0}_k$ 表示 k 维零向量,本书中零向量或零矩阵都用大写粗体的 $\boldsymbol{0}$ 表示,下标为维数。

味着变量间的当期关系可以用递归的形式表示出来,得到的正交 VMA(∞)表示(或 Wold 表示)形式为

$$\boldsymbol{y}_t=\boldsymbol{\Theta}(L)\boldsymbol{P}\boldsymbol{u}_t=\sum_{i=0}^{\infty}\boldsymbol{\Theta}_i\boldsymbol{P}\boldsymbol{u}_{t-i}=\sum_{i=0}^{\infty}\boldsymbol{D}_i\boldsymbol{u}_{t-i} \tag{8.2.28}$$

式中:$\boldsymbol{D}_i=\boldsymbol{\Theta}_i\boldsymbol{P}(i=1,2,\cdots)$,$\boldsymbol{D}_0=\boldsymbol{P}$。注意到 $\boldsymbol{D}_0=\boldsymbol{P}$,所以冲击 $\boldsymbol{u}_t$ 对 $\boldsymbol{y}_t$ 中的元素的当期冲击效应是由 Cholesky 因子 $\boldsymbol{P}$ 决定的。更需要注意的是,由于 $\boldsymbol{P}$ 是下三角矩阵,由式(8.2.25)可知,这要求向量 $\boldsymbol{y}_t$ 中的 $y_{2t},\cdots,y_{kt}$ 的当期值对第一个分量 y_{1t} 没有影响,因此 Cholesky 分解因子 $\boldsymbol{P}$ 的决定和 VAR 模型中变量的次序有关,而且在给定变量次序的模型中,Cholesky 分解因子矩阵 $\boldsymbol{P}$ 是唯一的。

综上所述,只要式(8.2.6)中的 $\boldsymbol{C}_0$ 是主对角线元素为 1 的下三角矩阵,则 SVAR 模型是一种递归模型,而且是恰好识别的。

(2) 依据经济理论假设的短期约束

一般短期约束的施加不必是下三角形式的,只要满足式(8.2.11),约束可以施加给 $\boldsymbol{D}_0$ 的任何元素。同时,由式(8.2.8)可知,SVAR 模型中的同期表示矩阵 $\boldsymbol{C}_0$ 是 $\boldsymbol{D}_0$ 的逆,即 $\boldsymbol{D}_0=\boldsymbol{C}_0^{-1}$,因此也可以通过对 $\boldsymbol{C}_0$ 施加限制条件实现短期约束。

对于形如式(8.2.19)的 k 个变量 p 阶 SVAR 模型,需要对结构式施加 $k(k-1)/2$ 个限制条件才能识别出结构冲击。例如,对于税收 $\ln(y_{1t})$、政府支出 $\ln(y_{2t})$ 和产出 $\ln(y_{3t})$ 的三变量 SVAR 模型来说①,由于模型中包含 3 个内生变量,则 $k(k-1)/2=3$,因此需要对模型施加 3 个约束条件,才能识别出结构冲击。根据经济理论可作出如下的 3 个假设:

① 实际 GDP 影响当期的税收收入,但不会影响政府支出,即 $\boldsymbol{C}_0$ 矩阵中 $c_{23}=0$。

② 税收冲击可能对政府支出有影响,但税收不依赖于同期的政府支出,即 $\boldsymbol{C}_0$ 矩阵中 $c_{12}=0$。

③ 关于税收的实际产出弹性假设,可以通过回归模型得出平均的税收的产出弹性为 1.71,即 $c_{13}=1.71$。

2. 长期约束

关于长期约束的概念最早是由 Blanchard 和 Quah 在 1989 年提出的,是为了识别模型供给冲击对产出的长期影响。施加在结构 *VMA*(∞)模型的系数矩阵 $\boldsymbol{D}_q(q=1,2,\cdots)$ 上的约束通常称为长期约束。最常见的长期约束的形式是对 $\boldsymbol{\Psi}=\sum_{q=0}^{\infty}\boldsymbol{D}_q$ 的第 i 行第 j 列元素施加约束,典型的是 0 约束形式,表示第 j 个变量对第 i 个变量的累积乘数影响为 0。

关于长期约束更详细的说明及其经济含义可参考 8.4 节的脉冲响应函数。为了识别 SVAR 模型,在实际应用中短期约束和长期约束可以同时存在。

---

① 李晓芳,高铁梅,梁云芳. 税收和政府支出政策对产出动态冲击效应的计量分析[J]. 财贸经济,2005(2):32-39.

例 8.2　基于 SVAR 模型的货币政策效应的实证分析

货币政策主要是指中央银行通过调整利率和货币供应量，影响投资、社会需求及总支出，进而对经济增长产生作用。凯恩斯学派和货币主义学派都承认货币供应量对经济有影响，虽然途径不一样，但都是诱发经济波动的主要原因。为了验证利率和货币供给的冲击对经济波动的影响，例 8.1 使用了 VAR 模型，但是其缺点是不能刻画变量之间的同期相关关系，而这种同期相关关系隐藏在扰动项变动中，因此可以通过本节介绍的 SVAR 模型来识别，这就涉及对模型施加约束的问题。首先建立三变量的 SVAR(2) 模型，其形式如下：

$$\boldsymbol{C}_0\boldsymbol{y}_t=\boldsymbol{\Gamma}_1\boldsymbol{y}_{t-1}+\boldsymbol{\Gamma}_2\boldsymbol{y}_{t-2}+\boldsymbol{u}_t \tag{8.2.29}$$

式中：$y_t=(rr_t,m2\_r_t,\ gdp\_r_t)$。假定式(8.2.29)是 AB-型 SVAR 模型，则 $\boldsymbol{A\varepsilon}_t=\boldsymbol{Bu}_t$，且 $\boldsymbol{A}=\boldsymbol{C}_0$，设 $\boldsymbol{B}$ 为对角矩阵。$\boldsymbol{A}$ 矩阵和 $\boldsymbol{B}$ 矩阵的形式分别为

$$\boldsymbol{A}=\begin{pmatrix}1 & a_{12} & a_{13}\\ a_{21} & 1 & a_{23}\\ a_{31} & a_{32} & 1\end{pmatrix},\quad \boldsymbol{B}=\begin{pmatrix}b_{11} & 0 & 0\\ 0 & b_{22} & 0\\ 0 & 0 & b_{33}\end{pmatrix},\quad \boldsymbol{\varepsilon}_t=(\varepsilon_{1t},\varepsilon_{2t},\varepsilon_{3t})',$$

$$\boldsymbol{u}_t=(u_{1t}\quad u_{2t}\quad u_{3t})' \tag{8.2.30}$$

式中：$\boldsymbol{\varepsilon}_t$ 是 VAR 模型的扰动项，u_{1t}、u_{2t} 和 u_{3t} 分别表示作用在实际利率 rr，$m2\_r_t$ 和 gdp_r_t 上的结构式冲击，即结构式扰动项，$\boldsymbol{u}_t\sim VWN(\boldsymbol{0}_k,\boldsymbol{I}_k)$。一般而言，简化式扰动项 $\boldsymbol{\varepsilon}_t$ 是结构式扰动项 $\boldsymbol{u}_t$ 的线性组合，因此代表一种复合冲击。

由于式(8.2.29)中有 3 个内生变量，因此至少需要施加 $2k^2-k(k+1)/2=12$ 个约束才能使得 SVAR 模型满足可识别条件。本例中约束 $\boldsymbol{B}$ 矩阵是对角矩阵，相当于施加了 k^2-k 个约束条件，$\boldsymbol{A}$ 矩阵($\boldsymbol{C}_0$ 矩阵)对角线元素为 1，相当于施加了 k 个约束条件，因此共施加 $k^2=9$ 个约束条件。对 $\boldsymbol{A}$ 矩阵的约束相当于对 $\boldsymbol{C}_0$ 矩阵施加约束，即对变量之间的同期相关关系的约束。根据经济理论，本例再施加如下 3 个约束条件：①当期实际 M2 增长率对当期实际利率的变化没有反应，即 $a_{21}=0$；②当期实际 M2 增长率对当期实际 GDP 增长率的变化没有反应，即 $a_{23}=0$；③当期实际 GDP 增长率对当期实际 M2 增长率的变化没有反应，即 $a_{32}=0$。

在模型(8.2.29)满足可识别条件的情况下，可以估计得到 SVAR 模型的所有未知参数，从而可得矩阵 $\boldsymbol{A}$ 及 $\boldsymbol{\varepsilon}_t$ 和 $\boldsymbol{u}_t$ 的线性组合的估计结果如下(设 VAR 模型的估计残差 $\hat{\boldsymbol{\varepsilon}}_t=\boldsymbol{e}_t$)：

$$\hat{\boldsymbol{A}}\boldsymbol{e}_t=\begin{pmatrix}1 & -0.153 & -0.348\\ 0 & 1 & 0\\ 0.354 & 0 & 1\end{pmatrix}\begin{pmatrix}e_{1t}\\ e_{2t}\\ e_{3t}\end{pmatrix}=\begin{pmatrix}0.943 & 0 & 0\\ 0 & 2.414 & 0\\ 0 & 0 & 0.843\end{pmatrix}\begin{pmatrix}\hat{u}_{1t}\\ \hat{u}_{2t}\\ \hat{u}_{3t}\end{pmatrix}$$

或者可以表示为

$$\begin{aligned}e_{1t}&=0.153\times e_{2t}+0.348\times e_{3t}+0.943\times\hat{u}_{1t}\\ e_{2t}&=2.414\times\hat{u}_{2t}\\ e_{3t}&=-0.354\times e_{1t}+0.843\times\hat{u}_{3t}\end{aligned}$$

本章将在例 8.5 中，利用脉冲响应函数讨论实际利率和实际货币供给量波动的变动对实际产出波动的影响。

8.3 Granger因果关系的定义和检验[①]

在经济变量中有一些变量显著相关，但它们未必都是有意义的。例如：曾经有人做过分析发现有的国家的教师工资与酒精消费之间存在正相关，路旁的小树年增长率与国民收入的年增长率可能有较强的正相关，这是一些看起来毫无意义的相关关系。对于如何分析变量之间的相关关系，计量经济学家还存在着争论。

判断一个变量的变化是否是另一个变量变化的原因，是经济计量学中的常见问题。Granger提出一个判断因果关系的一个检验，这就是Granger因果关系检验(Granger causality tests)。

8.3.1 Granger因果关系的定义

VAR模型的另一个重要的应用是分析经济时间序列变量之间的因果关系。本节讨论由Granger(1969)提出、Sims(1972)推广的如何检验变量之间因果关系的方法。

Granger解决了 x 是否引起 y 的问题，主要看现在的 y 能够在多大程度上被过去的 x 解释，加入 x 的滞后值是否使解释程度提高。如果 x 在 y 的预测中有帮助，或者 x 与 y 的相关系数在统计上显著，就可以说"y 是由 xGranger引起的"。

考虑对 y_t 进行 s 期预测的均方误差(MSE)：

$$MSE=\frac{1}{s}\sum_{i=1}^{s}(\hat{y}_{t+i}-y_{t+i})^2 \tag{8.3.1}$$

这样可以更正式地用如下的数学语言来描述Granger因果的定义：如果关于所有的 $s>0$，基于 $(y_t,y_{t-1},\cdots)$ 预测 y_{t+s} 得到的均方误差，与基于 $(y_t,y_{t-1},\cdots)$ 和 $(x_t,x_{t-1},\cdots)$ 两者得到的 y_{t+s} 的均方误差相同，则 y 不是由 x Granger引起的。对于线性函数，若有

$$MSE[\hat{E}(y_{t+s}\mid y_t,y_{t-1},\cdots)]=MSE[\hat{E}(y_{t+s}\mid y_t,y_{t-1},\cdots,x_t,x_{t-1},\cdots)] \tag{8.3.2}$$

可以得出结论：x 不能Granger引起 y。等价地，如果式(8.3.2)成立，则称 x 对于 y 是外生的。这个意思相同的第三种表达方式是 x 关于未来的 y 无线性影响信息。

注意到"x Granger引起 y"这种表达方式并不意味着 y 是 x 的效果或结果。Granger因果检验度量对 y 进行预测时 x 的前期信息对均方误差 MSE 的减少是否有贡献，并以此作为因果关系的判断基准。用和不用 x 的前期信息相比，MSE 无变化，称 x 在Granger意义下对 y 无因果关系；相反，当 x 的前期信息对 MSE 的减少有贡献时，称 x 在Granger意义下对 y 有因果关系。

Granger给出这一定义的含义是如果一个事件 X 是另一个事件 Y 的原因，则事件 X 可以领先于事件 Y。尽管在某种意义上人们可以同意这一点，但是对于用它来判断因果

① GRANGER C W J. Investigating causal relations by econometric models and cross-spectral methods[J]. Econometrica, 1969, 37(3): 424-438.

关系的方向,又可持怀疑态度。例如,闪电和雷鸣的关系问题,在地面上观测它们必然是闪电之后才能听到雷鸣。从而按 Granger 的因果关系基准,闪电被判断为雷鸣的原因,这就说明记录现象的时间有不吻合时,可能出现错误的推论。

可以将上述结果推广到 k 个变量的 VAR(p)模型中去,考虑模型(8.1.8),利用从 $(t-1)$ 至 $(t-p)$ 期的所有信息,得到 $\boldsymbol{y}_t$ 的最优预测如下:

$$\hat{\boldsymbol{y}}_t = \hat{\boldsymbol{\Phi}}_1 \boldsymbol{y}_{t-1} + \cdots + \hat{\boldsymbol{\Phi}}_p \boldsymbol{y}_{t-p}, \quad t = 1, 2, \cdots, T \tag{8.3.3}$$

VAR(p)模型中 Granger 因果关系如同两变量的情形,可以判断是否存在过去的影响。注意:式(8.3.3)中 $\boldsymbol{y}_t$ 的 k 个变量之间要存在协整关系。作为两变量情形的推广,对多个变量的组合给出如下的系数约束条件:在多变量 VAR(p)模型中不存在 y_{jt} 到 y_{it} 的 Granger 意义下的因果关系的必要条件是

$$\hat{\phi}_{ij}^{(q)} = 0, \quad q = 1, 2, \cdots, p \tag{8.3.4}$$

式中:$\hat{\phi}_{ij}^{(q)}$ 为 $\hat{\boldsymbol{\Phi}}_q$ 的第 i 行第 j 列的元素。

8.3.2　Granger 因果关系检验

Granger 因果关系检验实质上是检验一个变量的滞后变量是否可以引入其他变量方程中。一个变量如果受到其他变量的滞后影响,则称它们具有 Granger 因果关系。

在一个二元 p 阶的 VAR 模型中,

$$\begin{pmatrix} y_t \\ x_t \end{pmatrix} = \begin{pmatrix} \phi_{10} \\ \phi_{20} \end{pmatrix} + \begin{pmatrix} \phi_{11}^{(1)} & \phi_{12}^{(1)} \\ \phi_{21}^{(1)} & \phi_{22}^{(1)} \end{pmatrix} \begin{pmatrix} y_{t-1} \\ x_{t-1} \end{pmatrix} + \begin{pmatrix} \phi_{11}^{(2)} & \phi_{12}^{(2)} \\ \phi_{21}^{(2)} & \phi_{22}^{(2)} \end{pmatrix} \begin{pmatrix} y_{t-2} \\ x_{t-2} \end{pmatrix} + \cdots +$$

$$\begin{pmatrix} \phi_{11}^{(p)} & \phi_{12}^{(p)} \\ \phi_{21}^{(p)} & \phi_{22}^{(p)} \end{pmatrix} \begin{pmatrix} y_{t-p} \\ x_{t-p} \end{pmatrix} + \begin{pmatrix} \varepsilon_{1t} \\ \varepsilon_{2t} \end{pmatrix} \tag{8.3.5}$$

当且仅当系数矩阵中的系数 $\phi_{12}^{(q)}$ $(q=1,2,\cdots,p)$全部为 0 时,变量 x 不能 Granger 引起 y,等价于变量 x 外生于变量 y。这时,判断 Granger 原因的直接方法是利用 F-检验来检验下述联合检验:

H_0:$\phi_{12}^{(q)} = 0, q = 1, 2, \cdots, p$

H_1:至少存在一个 q 使得 $\phi_{12}^{(q)} \neq 0$

其统计量为

$$S_1 = \frac{(RSS_0 - RSS_1)/p}{RSS_1/(T-2p-1)} \sim F(p, T-2p-1) \tag{8.3.6}$$

服从 F 分布。如果 S_1 大于 F 的临界值,则拒绝原假设;否则不拒绝原假设:x 不能 Granger 引起 y。其中,RSS_1 是式(8.3.5)中 y 方程的残差平方和:

$$RSS_1 = \sum_{t=1}^{T} \hat{\varepsilon}_{1t}^2 \tag{8.3.7}$$

RSS_0 是不含 x 的滞后变量($\phi_{12}^{(q)} = 0, q = 12, \cdots, p$),如下方程的残差平方和:

$$y_t = \phi_{10} + \phi_{11}^{(1)} y_{t-1} + \phi_{11}^{(2)} y_{t-2} + \cdots + \phi_{11}^{(p)} y_{t-p} + \tilde{\varepsilon}_{1t} \tag{8.3.8}$$

则有

$$RSS_0 = \sum_{t=1}^{T} \hat{\varepsilon}_{1t}^2 \tag{8.3.9}$$

在满足高斯分布的假定下，检验统计量式(8.3.6)具有精确的 F 分布。如果回归模型形式是如式(8.3.5)的 VAR 模型，一个渐近等价检验可由下式给出：

$$S_2 = \frac{T(RSS_0 - RSS_1)}{RSS_1} \sim \chi^2(p) \tag{8.3.10}$$

注意，S_2 服从自由度为 p 的 χ^2 分布。如果 S_2 大于 χ^2 的临界值，则拒绝原假设；否则不拒绝原假设：x 不能 Granger 引起 y。

Granger 因果检验得到了广泛的应用和发展，其中最好的方法是格韦克、米斯和登特(1983)提出的一个最简单、最直接的基于蒙特卡罗模拟的检验方法。但是 Granger 因果检验的任何一种检验结果都和滞后长度 p 的选择有关，并对处理序列非平稳性的方法选择结果极其敏感。

例 8.3　Granger 因果检验

利用例 8.1 的非约束 VAR(2) 模型检验实际利率(rr)、实际 M2 增长率($m2\_r$)和实际 GDP 增长率(gdp_r)之间是否有显著的 Granger 关系。原假设：x 不能 Granger 引起 y。其结果如表 8.3.1 所示。

表 8.3.1　Granger 因果检验的结果

方程	原　假　设	χ^2 统计量	自由度	p 值
rr 方程	$m2\_r$ 不能 Granger 引起 rr	5.706	2	0.057 7
	gdp_r 不能 Granger 引起 rr	5.584	2	0.061 3
	$m2\_r$、gdp_r 不能同时 Granger 引起 rr	19.561	4	0.000 6
$m2\_r$ 方程	rr 不能 Granger 引起 $m2\_r$	1.736	2	0.419 8
	gdp_r 不能 Granger 引起 $m2\_r$	2.559	2	0.278 2
	rr、gdp_r 不能同时 Granger 引起 $m2\_r$	4.897	4	0.298 0
gdp_r 方程	rr 不能 Granger 引起 gdp_r	0.009 8	2	0.995 1
	$m2\_r$ 不能 Granger 引起 gdp_r	15.205	2	0.000 5
	rr、$m2\_r$ 不能同时 Granger 引起 gdp_r	16.604	4	0.002 3

注：表中对于每一个方程来说，前两行是关于每一个其他滞后内生变量在特定显著性条件下的 χ^2 统计量，第三行是方程中所有滞后内生变量在显著性条件下的 χ^2 统计量。

从表 8.3.1 的结果可以看到：

在第一个方程(实际利率方程)中，在 10%显著性水平拒绝“实际 M2 增长率和实际 GDP 增长率不能 Granger 引起实际利率”的原假设，而且两个变量的联合检验在 1%显著性水平也拒绝原假设，表明实际 M2 增长率和实际 GDP 增长率在 Granger 意义下影响实际利率。

在第二个方程(实际 M2 增长率)中,无论实际利率和实际 GDP 增长率的 Granger 因果检验,还是联合检验都不能拒绝原假设,说明实际利率和实际 GDP 增长率在 Granger 意义下外生于实际 M2 增长率。

在第三个方程(实际 GDP 增长率方程)中,实际利率的 Granger 因果检验不能拒绝原假设,说明实际利率外生于实际 GDP 增长率,但是实际 M2 增长率的 Granger 因果检验和联合检验都拒绝原假设,表明实际 M2 增长率在 Granger 意义下影响实际 GDP 增长率。

8.4　脉冲响应函数和方差分解[①]

在实际应用中,由于 VAR 模型是一种非理论性的模型,它无须对变量做任何先验性约束,因此在分析 VAR 模型时,往往不分析一个变量的变化对另一个变量的影响如何,而是分析当一个误差项发生变化,或者说模型受到某种冲击时对系统的动态影响,这种分析方法称为脉冲响应函数方法(impulse response function,IRF)。本节简单介绍脉冲响应函数的基本思想。

8.4.1　脉冲响应函数的基本思想

用时间序列模型来分析影响关系的一种思路,是考虑扰动项的影响是如何传播到各变量的。下面先根据两变量的 VAR(2)模型来说明脉冲响应函数的基本思想:

$$\begin{cases} x_t = a_1 x_{t-1} + a_2 x_{t-2} + b_1 z_{t-1} + b_2 z_{t-2} + \varepsilon_{1t} \\ z_t = c_1 x_{t-1} + c_2 x_{t-2} + d_1 z_{t-1} + d_2 z_{t-2} + \varepsilon_{2t} \end{cases}, \quad t = 1,2,\cdots,T \tag{8.4.1}$$

式中:a_i, b_i, c_i, d_i 是参数,扰动项 $\boldsymbol{\varepsilon}_t = (\varepsilon_{1t}, \varepsilon_{2t})'$ 假定是具有下面这样性质的白噪声向量:

$$\begin{aligned} &E(\varepsilon_{it}) = 0, \quad 对于\ \forall t, \quad i = 1,2 \\ &\text{var}(\boldsymbol{\varepsilon}_t) = E(\boldsymbol{\varepsilon}_t \boldsymbol{\varepsilon}_t') = \boldsymbol{\Sigma} = \{\sigma_{ij}\}, \quad 对于\ \forall t \\ &E(\varepsilon_{it}\varepsilon_{is}) = 0, \quad 对于\ \forall t \neq s, \quad i = 1,2 \end{aligned} \tag{8.4.2}$$

假定上述系统从 0 期开始活动,且设 $x_{-1} = x_{-2} = z_{-1} = z_{-2} = 0$,又设于第 0 期给定了扰动项 $\varepsilon_{10} = 1, \varepsilon_{20} = 0$,并且其后均为 0,即 $\varepsilon_{1t} = \varepsilon_{2t} = 0 (t = 1,2,\cdots)$,称此为第 0 期给 x 以脉冲,下面讨论 x_t 与 z_t 的响应,$t=0$ 时:

$$x_0 = 1, \quad z_0 = 0$$

将其结果代入式(8.4.1),$t=1$ 时:

$$x_1 = a_1, \quad z_1 = c_1$$

再把此结果代入式(8.4.1),$t=2$ 时:

$$x_2 = a_1^2 + a_2 + b_1 c_1, \quad z_2 = c_1 a_1 + c_2 + d_1 c_1$$

① 山本拓.経済の時序列分析[M].东京:創文社,1987:207-225.

继续这样计算下去,设求得结果为

$$x_0, x_1, x_2, x_3, x_4, \cdots$$

称为由 x 的脉冲引起的 x 的响应函数。同样所求得

$$z_0, z_1, z_2, z_3, z_4, \cdots$$

称为由 x 的脉冲引起的 z 的响应函数。

当然,第 0 期的脉冲反过来,从 $\varepsilon_{10}=0, \varepsilon_{20}=1$ 出发,可以求出由 z 的脉冲引起的 x 的响应函数和 z 的响应函数。因为以上这样的脉冲响应函数明显地捕捉到冲击的效果,所以同用于计量经济模型的冲击乘数分析是类似的。

8.4.2 VAR 模型的脉冲响应函数

将上述讨论推广到多变量的 VAR(p)模型上去,由式(8.1.8)可得

$$\begin{aligned} \boldsymbol{y}_t &= (\boldsymbol{I}_k - \boldsymbol{\Phi}_1 L - \cdots - \boldsymbol{\Phi}_p L^p)^{-1} \boldsymbol{\varepsilon}_t \\ &= (\boldsymbol{I}_k + \boldsymbol{\Theta}_1 L + \boldsymbol{\Theta}_2 L^2 + \cdots) \boldsymbol{\varepsilon}_t, \quad t=1,2,\cdots,T \end{aligned} \tag{8.4.3}$$

VMA(∞)表达式的系数可按下面的方式给出,由于 VAR(p)模型的系数矩阵 $\boldsymbol{\Phi}_i$ 和 VMA(∞)模型的系数矩阵 $\boldsymbol{\Theta}_i$ 必须满足下面关系:

$$(\boldsymbol{I}_k - \boldsymbol{\Phi}_1 L - \cdots - \boldsymbol{\Phi}_P L^p)(\boldsymbol{I}_k + \boldsymbol{\Theta}_1 L + \boldsymbol{\Theta}_2 L^2 + \cdots) = \boldsymbol{I}_k \tag{8.4.4}$$

$$\boldsymbol{I}_k + \boldsymbol{K}_1 L + \boldsymbol{K}_2 L^2 + \cdots = \boldsymbol{I}_k \tag{8.4.5}$$

式中:$\boldsymbol{K}_1 = \boldsymbol{K}_2 = \cdots = 0$。关于 $\boldsymbol{K}_q$ 的条件递归定义了 VMA 系数:

$$\begin{aligned} &\boldsymbol{\Theta}_1 = \boldsymbol{\Phi}_1 \\ &\boldsymbol{\Theta}_2 = \boldsymbol{\Phi}_1 \boldsymbol{\Theta}_1 + \boldsymbol{\Phi}_2 \\ &\vdots \qquad\qquad\qquad\qquad\qquad\qquad \text{若 } q-p<0, \text{令} \boldsymbol{\Theta}_{q-p} = \boldsymbol{0}_k, \quad q=1,2,\cdots \\ &\boldsymbol{\Theta}_q = \boldsymbol{\Phi}_1 \boldsymbol{\Theta}_{q-1} + \boldsymbol{\Phi}_2 \boldsymbol{\Theta}_{q-2} + \cdots + \boldsymbol{\Phi}_p \boldsymbol{\Theta}_{q-p}, \quad \text{若 } q-p=0, \text{令} \boldsymbol{\Theta}_{q-p} = \boldsymbol{I}_k \end{aligned} \tag{8.4.6}$$

考虑 VMA(∞)的表达式

$$\boldsymbol{y}_t = (\boldsymbol{I}_k + \boldsymbol{\Theta}_1 L + \boldsymbol{\Theta}_2 L^2 + \cdots) \boldsymbol{\varepsilon}_t, \quad t=1,2,\cdots,T \tag{8.4.7}$$

$\boldsymbol{y}_t$ 的第 i 个变量 y_{it} 可以写成

$$y_{it} = \sum_{j=1}^{k} [\theta_{ij}^{(0)} \varepsilon_{jt} + \theta_{ij}^{(1)} \varepsilon_{jt-1} + \theta_{ij}^{(2)} \varepsilon_{jt-2} + \theta_{ij}^{(3)} \varepsilon_{jt-3} + \cdots], \quad t=1,2,\cdots,T \tag{8.4.8}$$

式中:k 为变量个数。

仅考虑两个变量的情形:$\boldsymbol{\Theta}_q = (\theta_{ij}^{(q)}), q=0,1,2,\cdots, \ i,j=1,2$

$$\begin{pmatrix} y_{1t} \\ y_{2t} \end{pmatrix} = \begin{pmatrix} \theta_{11}^{(0)} & \theta_{12}^{(0)} \\ \theta_{21}^{(0)} & \theta_{22}^{(0)} \end{pmatrix} \begin{pmatrix} \varepsilon_{1t} \\ \varepsilon_{2t} \end{pmatrix} + \begin{pmatrix} \theta_{11}^{(1)} & \theta_{12}^{(1)} \\ \theta_{21}^{(1)} & \theta_{22}^{(1)} \end{pmatrix} \begin{pmatrix} \varepsilon_{1t-1} \\ \varepsilon_{2t-1} \end{pmatrix} + \begin{pmatrix} \theta_{11}^{(2)} & \theta_{12}^{(2)} \\ \theta_{21}^{(2)} & \theta_{22}^{(2)} \end{pmatrix} \begin{pmatrix} \varepsilon_{1t-2} \\ \varepsilon_{2t-2} \end{pmatrix} + \cdots \tag{8.4.9}$$

现在假定在基期给 y_1 一个单位的脉冲,即

$$\varepsilon_{1t} = \begin{cases} 1, & t=0 \\ 0, & \text{其他} \end{cases}$$

$\varepsilon_{2t}=0, t=0,1,2,\cdots$,如图 8.4.1 所示。

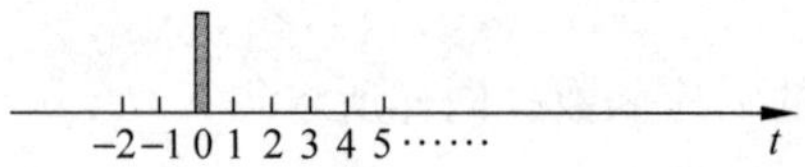

图 8.4.1　在基期给 y_1 一个单位的脉冲

则由 y_1 的脉冲引起的 y_2 的响应函数为

$$t=0,\quad y_{20}=\theta_{21}^{(0)}$$
$$t=1,\quad y_{21}=\theta_{21}^{(1)}$$
$$t=2,\quad y_{22}=\theta_{21}^{(2)}$$
$$\vdots$$

因此,一般地,由 y_j 的脉冲引起的 y_i 的响应函数可以求出如下:

$$\theta_{ij}^{(0)},\theta_{ij}^{(1)},\theta_{ij}^{(2)},\theta_{ij}^{(3)},\theta_{ij}^{(4)},\cdots$$

且由 y_j 的脉冲引起的 y_i 的累积(accumulate)响应函数可表示为 $\sum_{q=0}^{\infty}\theta_{ij}^{(q)}$。

$\boldsymbol{\Theta}_q$ 的第 i 行、第 j 列元素可以表示为

$$\theta_{ij}^{(q)}=\frac{\partial y_{i,t+q}}{\partial \varepsilon_{jt}},\quad q=0,1,\cdots,\quad t=1,2,\cdots,T \tag{8.4.10}$$

作为 q 的函数,它描述了在时期 t,第 j 个变量的扰动项增加一个单位,其他扰动不变,且其他时期的扰动均为常数的情况下 $y_{i,t+q}$ 对 ε_{jt} 的一个单位冲击的反应,我们把它称作脉冲—响应函数。

也可以用矩阵的形式表示为

$$\boldsymbol{\Theta}_q=\frac{\partial \boldsymbol{y}_{t+q}}{\partial \boldsymbol{\varepsilon}_t'},\quad q=0,1,2,\cdots \tag{8.4.11}$$

即 $\boldsymbol{\Theta}_q$ 的第 i 行第 j 列元素等于时期 t 第 j 个变量的扰动项增加一个单位,其他扰动不变,且其他时期的扰动均为常数时,对时期 $t+q$ 的第 i 个变量值的影响。

一般地,如果冲击不是一个单位,假定 $\boldsymbol{\varepsilon}_t$ 的第一个元素变化 δ_1,第二个元素变化 $\delta_2,\cdots$,第 k 个元素变化 δ_k,则时期 t 冲击为 $\boldsymbol{\delta}=(\delta_1,\delta_2,\cdots,\delta_k)'$,而 t 到 $t+q$ 的其他时期没有冲击,向量 $\boldsymbol{y}_{t+q}$ 的响应表示为

$$\begin{aligned}\boldsymbol{\psi}(q,\boldsymbol{\delta},\boldsymbol{\Omega}_{t-1})&=E(\boldsymbol{y}_{t+q}\mid \boldsymbol{\varepsilon}_t=\boldsymbol{\delta},\boldsymbol{\varepsilon}_{t+1}=\boldsymbol{0},\cdots,\boldsymbol{\varepsilon}_{t+q}=\boldsymbol{0},\boldsymbol{\Omega}_{t-1})-\\&\quad E(\boldsymbol{y}_{t+q}\mid \boldsymbol{\varepsilon}_t=\boldsymbol{0},\boldsymbol{\varepsilon}_{t+1}=\boldsymbol{0},\cdots,\boldsymbol{\varepsilon}_{t+q}=\boldsymbol{0},\boldsymbol{\Omega}_{t-1})\\&=\boldsymbol{\Theta}_q\boldsymbol{\delta},\quad q=0,1,2,\cdots\end{aligned} \tag{8.4.12}$$

式中:$\boldsymbol{\Omega}_{t-1}$ 为 $t-1$ 期的信息集合。但是对于上述脉冲响应函数的结果的解释却存在一个问题:前面我们假设协方差矩阵 $\boldsymbol{\Sigma}$ 是非对角矩阵,这意味着扰动项向量 $\boldsymbol{\varepsilon}_t$ 中的其他元素随着第 j 个元素 ε_{jt} 的变化而变化,这与计算脉冲响应函数时假定 ε_{jt} 变化,而 $\boldsymbol{\varepsilon}_t$ 中其他元素不变化相矛盾。这就需要利用一个正交化的脉冲响应函数来解决这个问题。

常用的正交化方法是 Cholesky 分解,8.2.3 小节给出了 Cholesky 分解的 Cholesky 因子矩阵 $\boldsymbol{P}$,以及协方差矩阵为单位矩阵的白噪声向量 $\boldsymbol{u}_t=\boldsymbol{P}^{-1}\boldsymbol{\varepsilon}_t$,由式(8.2.28)和式(8.4.11)可知,在时期 t,其他变量和早期变量不变的情况下 $\boldsymbol{y}_{t+q}$ 对 u_{jt} 的一个单位冲

击的反应为

$$\frac{\partial \boldsymbol{y}_{t+q}}{\partial u_{jt}}=\frac{\partial \boldsymbol{y}_{t+q}}{\partial \boldsymbol{\varepsilon}_t'}\frac{\partial \boldsymbol{\varepsilon}_t}{\partial u_{jt}}=\boldsymbol{\Theta}_q\boldsymbol{P}_j \tag{8.4.13}$$

式中：$\boldsymbol{P}_j$ 表示式(8.2.24)中 Cholesky 分解得到的 $\boldsymbol{P}$ 矩阵的第 j 列元素[①]。由前面的讨论可知矩阵 $\boldsymbol{P}$ 的选择与变量次序有关。

8.4.3 广义脉冲响应函数

VAR 模型的动态分析一般采用"正交"脉冲响应函数来实现，而正交化通常采用式(8.4.13)形式的 Cholesky 分解完成，但是 Cholesky 分解的结果严格地依赖于模型中变量的次序。本节介绍的由 Koop 等(1996)年提出的广义脉冲响应函数克服了上述缺点。

考虑式(8.4.3)形式的 VAR 模型，其中扰动项满足式(8.4.2)的假定，且其方差协方差矩阵 $\boldsymbol{\Sigma}$ 是正定矩阵，扰动项之间可以存在同期相关关系，即 $\boldsymbol{\Sigma}$ 不一定是对角矩阵，则式(8.4.12)不能成立。

在式(8.4.12)中假定冲击不是发生在所有的变量上，只是发生在第 j 个变量上，则有

$$\boldsymbol{\psi}(q,\delta_j,\boldsymbol{\Omega}_{t-1})=E(\boldsymbol{y}_{t+q}\mid \varepsilon_{jt}=\delta_j,\boldsymbol{\Omega}_{t-1})-E(\boldsymbol{y}_{t+q}\mid \boldsymbol{\Omega}_{t-1}),\quad q=0,1,\cdots \tag{8.4.14}$$

式中：$\boldsymbol{\Omega}_{t-1}$ 表示 $t-1$ 期的信息集合。由于 $\boldsymbol{\Sigma}$ 不是对角矩阵，意味着 $\boldsymbol{\varepsilon}_t$ 各元素之间存在同期相关关系，则给 ε_{jt} 一个冲击，$\boldsymbol{\varepsilon}_t$ 中的其他元素同期也会发生变化，因此，为了得到式(8.4.14)的结果，需要首先计算由于 ε_{jt} 的变化而引起的 $\boldsymbol{\varepsilon}_t$ 中其他元素同期发生的变化，此时 $\boldsymbol{\delta}=E(\boldsymbol{\varepsilon}_t\mid\varepsilon_{jt}=\delta_j)$，假定 $\boldsymbol{\varepsilon}_t$ 服从多元正态分布，则

$$\boldsymbol{\delta}=E(\boldsymbol{\varepsilon}_t\mid\varepsilon_{jt}=\delta_j)=(\sigma_{1j},\sigma_{2j},\cdots,\sigma_{kj})'\sigma_{jj}^{-1}\delta_j=\boldsymbol{\Sigma}_j\sigma_{jj}^{-1}\delta_j \text{②} \tag{8.4.15}$$

式中：$\sigma_{jj}=E(\varepsilon_{jt}^2)$，$\boldsymbol{\Sigma}_j=E(\varepsilon_t\varepsilon_{jt})$表示 $\boldsymbol{\varepsilon}_t$ 协方差矩阵 $\boldsymbol{\Sigma}$ 的第 j 列元素，此时，变量 j 的冲击引起的向量 $\boldsymbol{y}_{t+q}$ 的响应为

$$\boldsymbol{\psi}(q,\delta_j,\boldsymbol{\Omega}_{t-1})=\boldsymbol{\Theta}_q\boldsymbol{\delta}=\left(\frac{\boldsymbol{\Theta}_q\boldsymbol{\Sigma}_j}{\sqrt{\sigma_{jj}}}\right)\left(\frac{\delta_j}{\sqrt{\sigma_{jj}}}\right),\quad q=0,1,2,\cdots \tag{8.4.16}$$

若设

$$\delta_j=\sqrt{\sigma_{jj}} \tag{8.4.17}$$

则响应的广义脉冲响应函数为

$$\boldsymbol{\psi}_j^{(q)}=\sigma_{jj}{}^{-1/2}\boldsymbol{\Theta}_q\boldsymbol{\Sigma}_j,\quad q=0,1,2,\cdots \tag{8.4.18}$$

当协方差矩阵 $\boldsymbol{\Sigma}$ 是对角矩阵时，正交脉冲与广义脉冲的结果是一致的。当协方差矩阵 $\boldsymbol{\Sigma}$ 是非对角矩阵时，Cholesky 正交脉冲与广义脉冲只在 $j=1$ 时相等[③]。

---

① 详细推导过程可参考：汉密尔顿. 时间序列分析[M]. 夏晓华，译. 北京：中国人民大学出版社，2015：11.4 节.

② 公式来源：KOOP G M，PESARAN M H，POTTER S M. Impulse response analysis in nonlinear multivariate models[J]. Journal of econometrics，1996，74(1)：119-147.

③ 详细的证明可参考：PESARANA H H，SHINB Y. Generalized impulse response analysis in linear multivariate models[J]. Economics letters，1998，58(1)：17-29.

例 8.4 钢铁行业的需求对下游相关行业变化的响应

本例选择钢铁行业及其主要的下游行业的销售收入数据作为各行业的需求变量，利用脉冲响应函数分析各下游行业自身需求的变动对钢铁行业需求的影响。

分别用 y_1 表示钢材销售收入；y_2 表示建材销售收入；y_3 表示汽车销售收入；y_4 表示机械销售收入；y_5 表示家电销售收入。样本区间为1999年1月—2002年12月，所采用数据均做了季节调整，单位根检验表明5个变量都是 $I(1)$ 序列，并进行了协整检验，存在协整关系。这表明，所选的各下游行业的销售收入与钢铁工业的销售收入之间具有长期的均衡关系。本例建立5变量的VAR(3)模型，下面分别给各下游行业销售收入一个正的冲击，采用广义脉冲方法得到关于钢材销售收入的脉冲响应函数图。在各图中，横轴表示冲击作用的滞后期间数(单位：月度)，纵轴表示钢材销售收入的响应(亿元)，实线表示脉冲响应函数，代表了钢材销售收入对相应的行业销售收入的冲击的反应，虚线表示正负两倍标准差偏离带(图8.4.2～图8.4.5)。

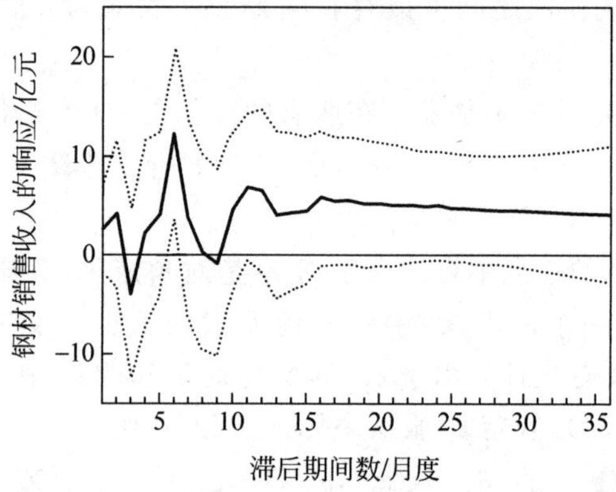

图 8.4.2 建材行业需求冲击引起钢铁行业的响应函数

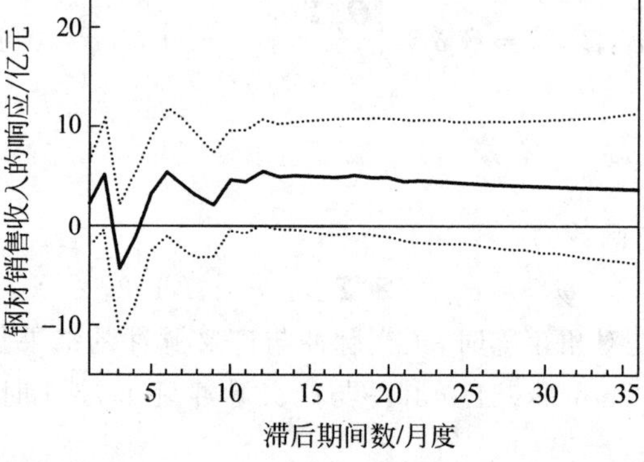

图 8.4.3 汽车行业需求冲击引起钢铁行业的响应函数

从图8.4.2中可以看出，当在本期给建材行业销售收入一个正冲击后，钢材销售收入在前4期内小幅上下波动之后在第6期达到最高点($\theta_{12}^{(6)}=12.03$，即在第6期 y_1 对

y_2 的响应是 12.03)；从第 9 期以后开始稳定增长。这表明建材行业受外部条件的某一冲击后，经市场传递给钢铁行业，给钢铁行业带来同向的冲击，而且这一冲击具有显著的促进作用和较长的持续效应。

从图 8.4.3 中可以看出，当在本期给汽车行业销售收入一个正冲击后，钢材销售收入在前 5 期内会上下波动；从第 5 期以后开始稳定增长($\theta_{13}^{(5)}=1.76$)。这表明汽车行业的某一冲击也会给钢铁行业带来同向的冲击，即汽车行业销售收入增加会在 5 个月后对钢材的销售收入产生稳定的拉动作用。

从图 8.4.4 中可以看出，机械行业销售收入的正冲击经市场传递也会给钢材销售收入带来正面的影响，并且此影响具有较长的持续效应。

从图 8.4.5 中可以看出当在本期给家电行业销售收入一个正冲击后，也会给钢材销售收入带来正面的冲击，但是冲击幅度不是很大。

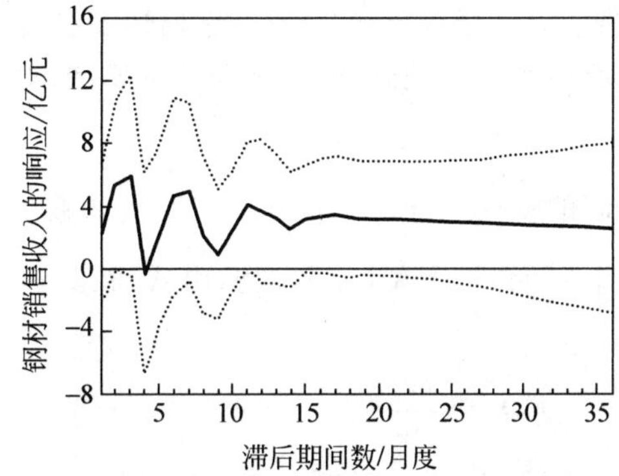

图 8.4.4　机械行业需求冲击引起钢铁行业的响应函数

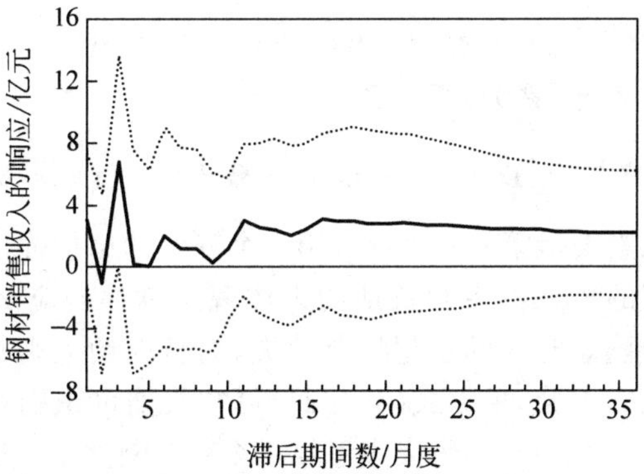

图 8.4.5　家电行业需求冲击引起钢铁行业的响应函数

综上所述，由于市场化程度、政府保护政策等各方面的原因，各下游相关行业的外部冲击会通过市场给钢铁行业带来不同程度的影响，但都是同向的影响。政府可以利用这种现象，对市场进行有区别、有重点的调整，减少盲目的重复建设项目。

资料来源：高铁梅，孔宪丽，刘玉，等. 中国钢铁工业供给与需求影响因素的动态分析[J]. 管理世界，2004(6)：73-81.

8.4.4　SVAR 模型的脉冲响应函数

为了解决 VAR 模型脉冲响应函数非正交化的问题，由 Cholesky 分解可将正定的协方差矩阵 $\boldsymbol{\Sigma}$ 分解为

$$\boldsymbol{\Sigma}=\boldsymbol{GQG}' \tag{8.4.19}$$

式中：$\boldsymbol{G}$ 是下三角形矩阵，$\boldsymbol{Q}$ 是主对角线元素为正的对角矩阵。利用这一矩阵 $\boldsymbol{G}$ 可以构造一个 k 维向量 $\boldsymbol{u}_t$，构造方法为 $\boldsymbol{u}_t=\boldsymbol{G}^{-1}\boldsymbol{\varepsilon}_t$，则 $\boldsymbol{\varepsilon}_t=\boldsymbol{G}\boldsymbol{u}_t$，因此 VMA(∞)可以表示为

$$\boldsymbol{y}_t=(\boldsymbol{I}+\boldsymbol{\Theta}_1L+\boldsymbol{\Theta}_2L^2+\cdots)\boldsymbol{G}\boldsymbol{u}_t=\boldsymbol{D}(L)\boldsymbol{u}_t \tag{8.4.20}$$

则由式(8.4.10)和式(8.4.11)可导出一个正交的脉冲响应函数

$$d_{ij}^{(q)}=\frac{\partial y_{i,t+q}}{\partial u_{jt}},\quad q=0,1,2,\cdots$$

上式表示 $\boldsymbol{D}_q$ 的第 i 行、第 j 列元素($q=0,1,\cdots$)，它描述了在时期 t，第 j 个变量的扰动项增加一个单位，其他扰动不变，且其他时期的扰动均为常数的情况下 $y_{i,t+q}$ 对 u_{jt} 的一个结构冲击的反应。

同样由 y_j 的脉冲引起的 y_i 的累积(accumulate)响应函数可表示为 $\sum_{q=1}^{\infty}d_{ij}^{(q)}$。

不失一般性，对于一个 n 元的 SVAR(p)模型，由式(8.2.8)可得 SVAR 模型的脉冲响应函数为

$$\boldsymbol{D}_q=\frac{\partial \boldsymbol{y}_{t+q}}{\partial \boldsymbol{u}_t'},\quad q=0,1,2,\cdots \tag{8.4.21}$$

对于 AB-型的 SVAR 模型，由式(8.2.8)和式(8.2.9)可求得

$$\boldsymbol{D}(L)=\boldsymbol{\Theta}(L)\boldsymbol{A}^{-1}\boldsymbol{B} \tag{8.4.22}$$

它的脉冲响应函数为

$$\boldsymbol{D}_q=\boldsymbol{\Theta}_q\boldsymbol{A}^{-1}\boldsymbol{B},\quad q=0,1,2,\cdots \tag{8.4.23}$$

则其累积脉冲响应函数矩阵($\boldsymbol{\Psi}$)可表示为

$$\boldsymbol{\Psi}=\sum_{q=0}^{\infty}\boldsymbol{D}_q=(\boldsymbol{I}+\boldsymbol{\Theta}_1L+\boldsymbol{\Theta}_2L^2+\cdots)\boldsymbol{A}^{-1}\boldsymbol{B} \tag{8.4.24}$$

则 $\boldsymbol{\Psi}$ 的第 i 行第 j 列元素表示第 i 个变量对第 j 个变量的结构冲击的累积响应。

8.2.3 小节所介绍的短期约束和长期约束体现在脉冲响应函数上，表现为：短期约束意味着脉冲响应函数随着时间的变化将会消失，而长期约束则意味着对响应变量未来的值有一个长期的影响。因此，根据式(8.4.24)可知长期可识别约束依矩阵 $\boldsymbol{\Psi}$ 的形式指定，典型的是 0 约束形式，$\psi_{ij}=0$ 的约束表示第 i 个变量对第 j 个变量的结构冲击的长期(累积)响应为 0。从脉冲响应函数的角度出发，前面所介绍的 SVAR 模型的长期约束的经济含义就非常明显了。

例 8.5　产出对货币供应量和利率变化的响应函数

因为在 SVAR 模型中可以得到正交化的脉冲响应函数，即可以单独考虑各个变量的冲击对其他变量的影响。以例 8.2 的 SVAR(2)模型为例，分析货币政策的变化对产

出的影响。首先要计算出 SVAR(2)模型的结构因子矩阵 $\boldsymbol{A}$ 和 $\boldsymbol{B}$ 的估计结果，然后利用式(8.4.23)计算正交的脉冲响应函数。

在图 8.4.6 和图 8.4.7 中，横轴表示冲击作用的滞后期间数(单位：季度)，纵轴表示实际 GDP 增长率的变化，实线表示脉冲响应函数，虚线表示正负两倍标准差偏离带。

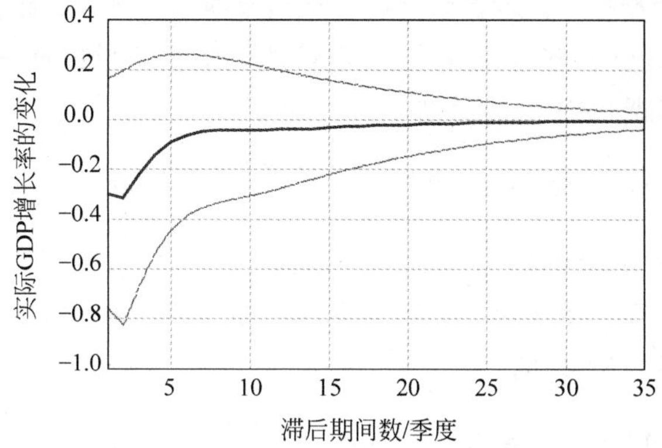

图 8.4.6　实际利率的结构冲击引起的实际 GDP 增长率的响应函数

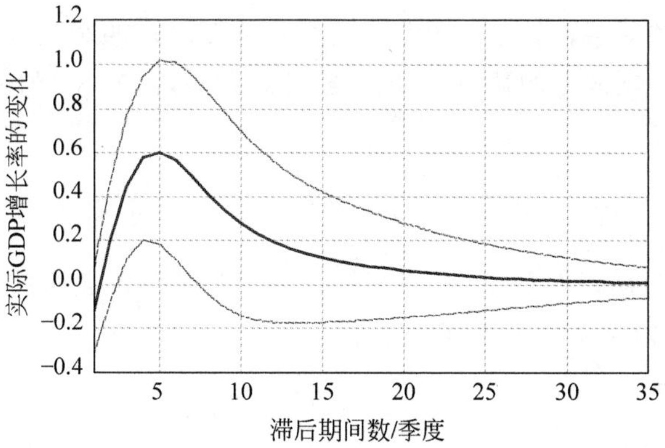

图 8.4.7　实际 M2 增长率的结构冲击引起的实际 GDP 增长率的响应函数

从图 8.4.6 中可以看出，给实际利率一个正的冲击，在第 2 期对实际 GDP 增长率有最大的负的影响，然后开始逐渐减弱，到第 6 期逐渐趋于 0，但其影响都是负的。这与经济理论是相吻合的——紧缩的货币政策，对经济有负的影响。

从图 8.4.7 中可以看出，给实际 M2 增长率一个正的冲击，在第 5 期对实际 GDP 增长率有最大的正的影响，然后震荡变小，其影响于第 12 期小于 0.2，逐渐趋于 0，表明增加货币供应量的扩张性政策对产出有较长期的影响。

8.4.5　方差分解

脉冲响应函数描述的是 VAR 模型中的一个内生变量的冲击给其他内生变量所带来的影响。而方差分解(variance decomposition)是通过分析每一个结构冲击对内生变量变化(通常用方差来度量)的贡献度,进一步评价不同结构冲击的重要性。因此,方差分解给出对 VAR 模型中的变量产生影响的每个随机扰动的相对重要性的信息。其基本思想如下所述。

脉冲响应函数是随着时间的推移,观察模型中的各变量对于冲击是如何反应的,然而对于只是要简单地说明变量间的影响关系又稍稍过细了一些。因此,Sims 于 1980 年[①]依据 VMA(∞)表示,提出了方差分解方法,定量地但是相当粗糙地把握变量间的影响关系。其思路如下:根据式(8.4.8)得到

$$y_{it} = \sum_{j=1}^{k} (\theta_{ij}^{(0)} \varepsilon_{jt} + \theta_{ij}^{(1)} \varepsilon_{jt-1} + \theta_{ij}^{(2)} \varepsilon_{jt-2} + \theta_{ij}^{(3)} \varepsilon_{jt-3} + \cdots),$$

$$i = 1, 2, \cdots, k, t = 1, 2, \cdots, \mathrm{T} \tag{8.4.25}$$

可知各个括号中的内容是第 j 个扰动项 ε_j 从无限过去到现在时点对 y_i 影响的总和。求其方差,假定 ε_j 无序列相关,则

$$E[(\theta_{ij}^{(0)} \varepsilon_{jt} + \theta_{ij}^{(1)} \varepsilon_{jt-1} + \theta_{ij}^{(2)} \varepsilon_{jt-2} + \cdots)^2] = \sum_{q=0}^{\infty} (\theta_{ij}^{(q)})^2 \sigma_{jj}, \quad i, j = 1, 2, \cdots, k \tag{8.4.26}$$

这是把第 j 个扰动项对第 i 个变量从无限过去到现在时点的影响,用方差加以评价的结果。此处还假定扰动项向量的协方差矩阵 $\boldsymbol{\Sigma}$ 是对角矩阵,则 y_i 的方差是上述方差的 k 项简单和:

$$\operatorname{var}(y_i) = \sum_{j=1}^{k} \left\{ \sum_{q=0}^{\infty} (\theta_{ij}^{(q)})^2 \sigma_{jj} \right\}, \quad i = 1, 2, \cdots, k \tag{8.4.27}$$

y_i 的方差可以分解成 k 种不相关的影响,因此为了测定各个扰动项相对 y_i 的方差有多大程度的贡献,定义了如下尺度:

$$RVC_{j \to i}(\infty) = \frac{\sum_{q=0}^{\infty} (\theta_{ij}^{(q)})^2 \sigma_{jj}}{\operatorname{var}(y_i)} = \frac{\sum_{q=0}^{\infty} (\theta_{ij}^{(q)})^2 \sigma_{jj}}{\sum_{j=1}^{k} \left\{ \sum_{q=0}^{\infty} (\theta_{ij}^{(q)})^2 \sigma_{jj} \right\}}, \quad i, j = 1, 2, \cdots, k \tag{8.4.28}$$

即相对方差贡献率(relative variance contribution,RVC)是根据第 j 个变量基于冲击的方差对 y_i 的方差的相对贡献度来观测第 j 个变量对第 i 个变量的影响。

实际上,不可能用直到 $s=\infty$ 的 $\theta_{ij}^{(q)}$ 项和来评价。如果模型满足平稳性条件,则 $\theta_{ij}^{(q)}$ 随着 q 的增大呈几何级数性的衰减,所以只需取有限的 s 项。VAR(p)模型的前 s 期的预测误差是

$$\boldsymbol{\Theta}_0 \boldsymbol{\varepsilon}_t + \boldsymbol{\Theta}_1 \boldsymbol{\varepsilon}_{t-1} + \boldsymbol{\Theta}_2 \boldsymbol{\varepsilon}_{t-2} + \cdots + \boldsymbol{\Theta}_{s-1} \boldsymbol{\varepsilon}_{t-s+1}, \quad \boldsymbol{\Theta}_0 = \boldsymbol{I}_k$$

可得近似的相对方差贡献率:

---

① SIMS C A. Comparison of interwar and postwar busiiness cycles[J]. American economic review, 1980, 70: 250-259.

$$RVC_{j\to i}(s)=\frac{\sum_{q=0}^{s-1}(\theta_{ij}^{(q)})^2\sigma_{jj}}{\sum_{j=1}^{k}\left\{\sum_{q=0}^{s-1}(\theta_{ij}^{(q)})^2\sigma_{jj}\right\}},\quad i,j=1,2,\cdots,k \tag{8.4.29}$$

式中：$RVC_{j\to i}(s)$具有如下的性质：

(1) $0\leqslant RVC_{j\to i}(s)\leqslant 1, i,j=1,2,\cdots,k$　(8.4.30)

(2) $\sum_{j=1}^{k}\mathrm{RVC}_{j\to i}(s)=1, i=1,2,\cdots,k$　(8.4.31)

当$RVC_{j\to i}(s)$大时，意味着第 j 个变量对第 i 个变量的影响大；相反地，$RVC_{j\to i}(s)$小时，可以认为第 j 个变量对第 i 个变量的影响小。

例 8.6　下游相关行业对钢铁行业变化的贡献程度

例 8.4 分析了钢铁销售收入对下游相关行业冲击变化的响应。本例中将利用方差分析的基本思想分析各下游行业对钢铁行业变动的贡献程度。数据的处理和例 8.4 一样，结果如图 8.4.8～图 8.4.11 所示，各图中横轴表示滞后期间数(月度)，纵轴表示该行业需求对钢材需求的贡献率(百分数)。

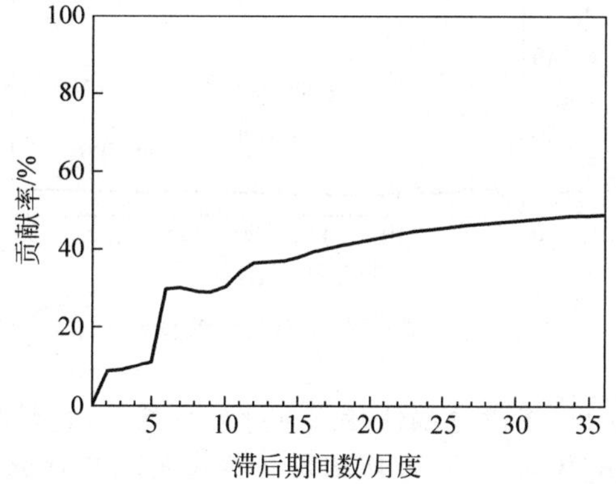

图 8.4.8　建材行业需求冲击对钢铁行业需求的贡献率

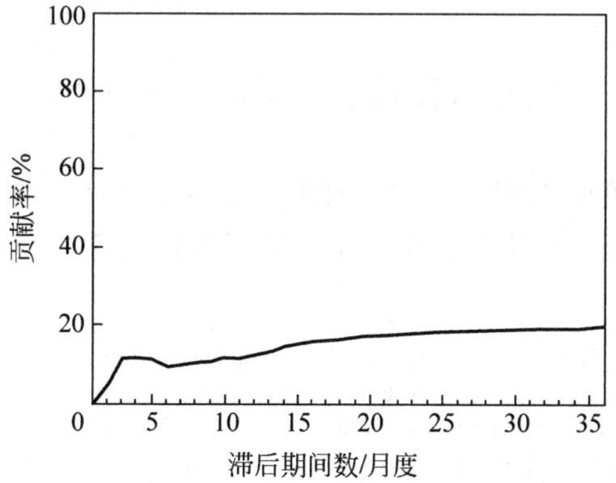

图 8.4.9　汽车行业需求冲击对钢铁行业需求的贡献率

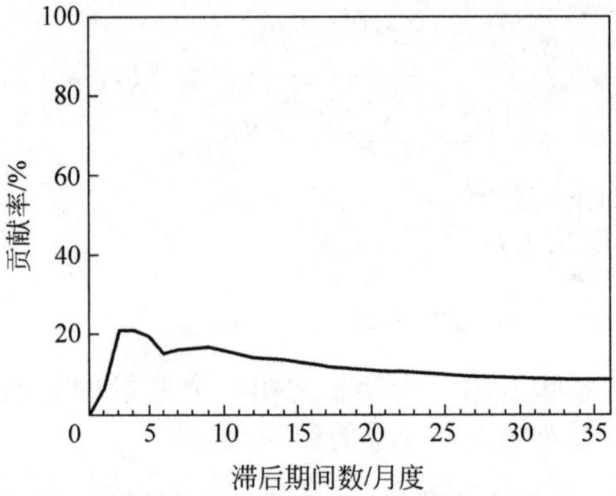

图 8.4.10　机械行业需求冲击对钢铁行业需求的贡献率

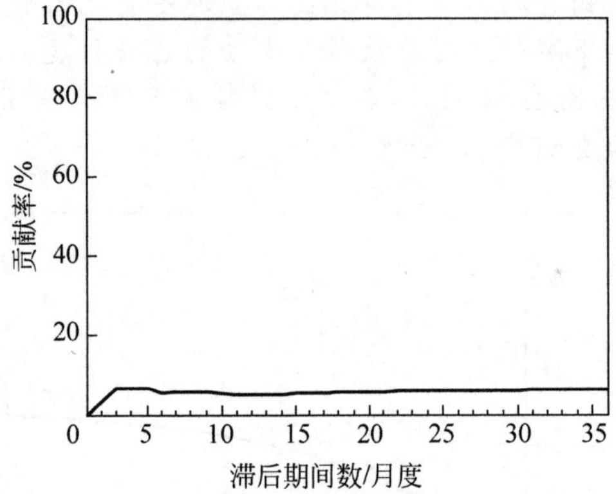

图 8.4.11　家电行业需求冲击对钢铁行业需求的贡献率

从 4 个图中可以看出，不考虑钢铁行业自身的贡献率，建材行业对钢铁行业的贡献率最大，达到 48.7%[$RVC_{2\to1}(35)=48.7\%$]，其次是汽车行业，其对钢铁行业的贡献率是逐渐增加的，在第 35 期达到 20.55%左右[$RVC_{3\to1}(35)=20.55\%$]，机械行业和家电行业的贡献率较小，分别为 8%和 6%左右。

8.5　Johansen 协整检验①

第 2 章 2.3 节介绍的协整检验和误差修正模型主要是针对单方程而言的，本节将推广到 VAR 模型。而且前面所介绍的协整检验是基于回归的残差序列进行检验，本节介绍的

① JOHANSEN S, JUSELIUS K. Maximum likelihood estimation and inferences on cointegration-with applications to the demand for money[J]. Oxford bulletin of economics and statistics, 1990, 52(2): 169-210.

JOHANSEN S. Estimation and hypothesis testing of cointegration vectors in gaussian vector autoregressive models[J]. Econometrica, 1991, 59: 1551-1580.

JOHANSEN S. Likelihood-based inference in cointegrated vector autoregressive models[M]. Oxford: Oxford University Press, 1995.

Johansen 协整检验基于回归系数的协整检验，有时也称 JJ(Johansen-Juselius)检验。

虽然 ADF 检验比较容易实现，但其检验方式存在一定欠缺性——在第一阶段需要设计线性模型进行 OLS 估计，应用不方便。Johansen 在 1988 年及 1990 年与 Juselius 一起提出的一种以 VAR 模型为基础的检验回归系数的方法，是一种进行多变量协整检验的较好的方法。

下面将对于 k 个时间序列 $\boldsymbol{y}_t=(y_{1t},y_{2t},\cdots,y_{kt})'(t=1,2,\cdots,T)$，讨论这 k 个经济指标之间是否具有协整关系。协整的定义如下：

k 维向量时间序列 $\boldsymbol{y}_t$ 的分量间被称为 d,b 阶协整，记为 $\boldsymbol{y}_t\sim CI(d,b)$，如果满足以下条件，就简称 $\boldsymbol{y}_t$ 是协整的，向量 $\boldsymbol{\beta}$ 又称协整向量。

(1) $\boldsymbol{y}_t\sim I(d)$，要求 $\boldsymbol{y}_t$ 的每个分量都是 d 阶单整的。

(2) 存在非零向量 $\boldsymbol{\beta}$，使得 $\boldsymbol{\beta}'\boldsymbol{y}_t\sim I(d-b)$，$0<b\leqslant d$。

对于 k 维向量时间序列 $\boldsymbol{y}_t$ 最多可能存在 $k-1$ 个线性无关的协整向量，为讨论方便，先考虑最简单的二维情形，不妨记 $\boldsymbol{y}_t=(y_{1t},y_{2t})'(t=1,2,\cdots,T)$，其中 y_1,y_2 都是 $I(1)$时间序列。若存在 c_1，使得 $y_1-c_1y_2\sim I(0)$；另有 c_2，也使得 $y_1-c_2y_2\sim I(0)$，则

$$(y_{1t}-c_1y_{2t})-(y_{1t}-c_2y_{2t})=(c_1-c_2)y_{2t}\sim I(0),\quad t=1,2,\cdots,T$$

由于 $y_2\sim I(1)$，所以只能有 $c_1=c_2$，可见 y_1,y_2 协整时，协整向量 $\boldsymbol{\beta}=(1,-c_1)'$是唯一的。一般地，设由 $\boldsymbol{y}_t$ 的协整向量组成的矩阵为 $\boldsymbol{B}$，则矩阵 $\boldsymbol{B}$ 的秩为 $\text{rank}(\boldsymbol{B})=r$，那么 $0\leqslant r\leqslant k-1$。

下面将上述讨论扩展到多指标的情形，介绍 JJ 检验的基本思想。首先建立一个 VAR(p)模型：

$$\boldsymbol{y}_t=\boldsymbol{\Phi}_1\boldsymbol{y}_{t-1}+\cdots+\boldsymbol{\Phi}_p\boldsymbol{y}_{t-p}+\boldsymbol{H}\boldsymbol{x}_t+\boldsymbol{\varepsilon}_t,\quad t=1,2,\cdots,T \tag{8.5.1}$$

式中：$\boldsymbol{y}_t$ 的各分量都是非平稳的 $I(1)$变量；$\boldsymbol{x}_t$ 是一个确定的 d 维的外生向量，代表趋势项、常数项等确定性项；$\boldsymbol{\varepsilon}_t$ 是 k 维扰动向量。在式(8.5.1)两端减去 $\boldsymbol{y}_{t-1}$，通过添项和减项的方法，可得下面的式子：

$$\Delta\boldsymbol{y}_t=\boldsymbol{\Pi}\boldsymbol{y}_{t-1}+\sum_{i=1}^{p-1}\boldsymbol{\Gamma}_i\Delta\boldsymbol{y}_{t-i}+\boldsymbol{H}\boldsymbol{x}_t+\boldsymbol{\varepsilon}_t \tag{8.5.2}$$

式中：

$$\boldsymbol{\Pi}=\sum_{i=1}^{p}\boldsymbol{\Phi}_i-I,\quad \boldsymbol{\Gamma}_i=-\sum_{j=i+1}^{p}\boldsymbol{\Phi}_j \tag{8.5.3}$$

由于 $I(1)$过程经过差分变换将变成 $I(0)$过程，即式(8.5.2)中的 $\Delta\boldsymbol{y}_t,\Delta\boldsymbol{y}_{t-j}(j=1,2,\cdots,p)$都是 $I(0)$变量构成的向量，那么只要 $\boldsymbol{\Pi}\boldsymbol{y}_{t-1}$ 是 $I(0)$的向量，即 $\boldsymbol{y}_{t-1}$ 的各分量之间具有协整关系，就能保证 $\Delta\boldsymbol{y}_t$ 是平稳过程。$\boldsymbol{y}_{t-1}$ 的各分量之间是否具有协整关系主要依赖于矩阵 $\boldsymbol{\Pi}$ 的秩。设 $\boldsymbol{\Pi}$ 的秩为 r，则存在 3 种情况：$r=k$，$r=0$，$0<r<k$。

(1) 如果 $r=k$，显然只有当 $\boldsymbol{y}_{t-1}$ 的各分量都是 $I(0)$变量时，才能保证 $\boldsymbol{\Pi}\boldsymbol{y}_{t-1}$ 是 $I(0)$变量构成的向量。而这与已知的 y_t 为 $I(1)$过程相矛盾，所以必然有 $r<k$。

(2) 如果 $r=0$，意味着 $\boldsymbol{\Pi}=0$，因此式(8.5.2)仅仅是一个差分方程，各项都是 $I(0)$变量，不需要讨论 $\boldsymbol{y}_{t-1}$ 各分量之间是否具有协整关系。

(3) 下面讨论 $0<r<k$ 的情形：

$0<r<k$ 表示存在 r 个线性无关的协整组合，其余 $k-r$ 个关系可被其线性表示。在这种情况下，$\boldsymbol{\Pi}$ 可以分解成两个 $(k\times r)$ 阶矩阵 $\boldsymbol{\alpha}$ 和 $\boldsymbol{\beta}$ 的乘积：

$$\boldsymbol{\Pi}=\boldsymbol{\alpha\beta}' \tag{8.5.4}$$

式中：矩阵 $\boldsymbol{\alpha}$ 和 $\boldsymbol{\beta}$ 的秩 $\text{rank}(\boldsymbol{\alpha})=r$，$\text{rank}(\boldsymbol{\beta})=r$，将式(8.5.4)代入式(8.5.2)，得到

$$\Delta \boldsymbol{y}_t=\boldsymbol{\alpha\beta}'\boldsymbol{y}_{t-1}+\sum_{i=1}^{p-1}\boldsymbol{\Gamma}_i\Delta\boldsymbol{y}_{t-i}+\boldsymbol{Hx}_t+\boldsymbol{\varepsilon}_t \tag{8.5.5}$$

式(8.5.5)要求 $\boldsymbol{\beta}'\boldsymbol{y}_{t-1}$ 为一个 $I(0)$ 向量，其每一行都是 $I(0)$ 组合变量，即 $\boldsymbol{\beta}$ 的每一列所表示的 $\boldsymbol{y}_{t-1}$ 各分量的线性组合都是一种协整形式，所以矩阵 $\boldsymbol{\beta}$ 决定了 $\boldsymbol{y}_{t-1}$ 各分量之间协整向量的个数与形式。因此 $\boldsymbol{\beta}$ 称为**协整向量矩阵**，r 为协整向量的个数。

矩阵 $\boldsymbol{\alpha}$ 的每一行 $\boldsymbol{\alpha}_i$ 是出现在第 i 个方程中的 r 个协整组合的一组权重，故称为**调整参数矩阵**，与前面介绍的误差修正模型的调整系数的含义一样。而且容易发现 $\boldsymbol{\alpha}$ 和 $\boldsymbol{\beta}$ 并不是唯一的，因为对于任何非奇异 $r\times r$ 矩阵 $\boldsymbol{D}$，乘积 $\boldsymbol{\alpha\beta}'$ 和 $\boldsymbol{\alpha D}(\boldsymbol{D}^{-1}\boldsymbol{\beta}')$ 都等于 $\boldsymbol{\Pi}$。

将 $\boldsymbol{y}_t$ 的协整检验变成对矩阵 $\boldsymbol{\Pi}$ 的分析问题，这就是 Johansen 协整检验的基本原理。因为矩阵 $\boldsymbol{\Pi}$ 的秩等于它的非零特征根的个数，因此可以通过对非零特征根个数的检验来检验协整关系和协整向量的秩。略去关于 $\boldsymbol{\Pi}$ 的特征根的求解方法，设矩阵 $\boldsymbol{\Pi}$ 的特征根为 $\lambda_1>\lambda_2>\cdots>\lambda_k$。

8.5.1 特征根迹检验

由 r 个最大特征根可得到 r 个协整向量，而对于其余 $k-r$ 个非协整组合来说，$\lambda_{r+1},\cdots,\lambda_k$ 应该为 0，于是可得到原假设、备择假设为

$$H_{r0}:\ \lambda_{r+1}=0$$

$$H_{r1}:\ \lambda_{r+1}>0,\quad r=0,1,\cdots,k-1$$

相应的检验统计量为

$$\eta_r=-T\sum_{i=r+1}^{k}\ln(1-\lambda_i),\quad r=0,1,\cdots,k-1 \tag{8.5.6}$$

η_r 称为特征根迹统计量。依次检验这一系列统计量的显著性：

(1) 当 η_0 不显著时(η_0 值小于某一显著性水平下的 Johansen 分布临界值)，接受 $H_{00}(r=0)$，表明有 k 个单位根、0 个协整向量(不存在协整关系)。当 η_0 显著时(η_0 值大于某一显著性水平下的 Johansen 分布临界值)，拒绝 H_{00}，则表明至少有一个协整向量，必须接着检验 η_1 的显著性。

(2) 当 η_1 不显著时，接受 H_{10}，表明只有 1 个协整向量，依次进行下去，直到接受 H_{r0}，说明存在 r 个协整向量。这 r 个协整向量就是对应于最大的 r 个特征根的经过标准化的特征向量。根据右边假设检验，大于临界值拒绝原假设。继续检验的过程可归纳为如下的序贯过程：

$\eta_1<$临界值，接受 H_{10}，表明只有 1 个协整向量；

η_1>临界值，拒绝 H_{10}，表明至少有 2 个协整向量；

⋮

η_r<临界值，接受 H_{r0}，表明只有 r 个协整向量。

8.5.2 最大特征值检验

对于 Johansen 协整检验，另外一个类似的检验方法是

$$H_{r0}: \lambda_{r+1}=0$$

$$H_{r1}: \lambda_{r+1}>0, \quad r=0,1,\cdots,k-1$$

检验统计量是基于最大特征值的，其形式为

$$\xi_r=-T\ln(1-\lambda_{r+1}), \quad r=0,1,\cdots,k-1 \tag{8.5.7}$$

式中：ξ_r 称为最大特征根统计量，简记为 λ-max 统计量。检验从下往上进行，首先检验 ξ_0，可得：

如果 ξ_0<临界值，接受 H_{00}，无协整向量；

如果 ξ_0>临界值，拒绝 H_{00}，至少有 1 个协整向量。

接受 $H_{00}(r=0)$，表明最大特征根为 0，无协整向量，否则接受 H_{01}，至少有 1 个协整向量；如果 ξ_1 显著，拒绝 H_{10}，接受至少有 2 个协整向量的备择假设 H_{11}；依次进行下去，直到接受 H_{r0}，共有 r 个协整向量。

8.5.3 协整方程的形式

与单变量时间序列可能出现均值非零、包含确定性趋势或随机趋势一样，协整方程也可以包含截距和确定性趋势。由式(8.5.2)假设方程可能会出现如下情况(Johansen，1995)：

(1) $\boldsymbol{y}_t$ 没有确定性趋势，协整方程没有截距：

$$\boldsymbol{\Pi y}_{t-1}+\boldsymbol{Hx}_t=\boldsymbol{\alpha\beta}'\boldsymbol{y}_{t-1} \tag{8.5.8}$$

(2) $\boldsymbol{y}_t$ 没有确定性趋势，协整方程有截距项 $\boldsymbol{\rho}_0$：

$$\boldsymbol{\Pi y}_{t-1}+\boldsymbol{Hx}_t=\boldsymbol{\alpha}(\boldsymbol{\beta}'\boldsymbol{y}_{t-1}+\boldsymbol{\rho}_0) \tag{8.5.9}$$

(3) $\boldsymbol{y}_t$ 有确定性线性趋势 $\boldsymbol{\alpha}_\perp\boldsymbol{\gamma}_0$，但协整方程只有截距：

$$\boldsymbol{\Pi y}_{t-1}+\boldsymbol{Hx}_t=\boldsymbol{\alpha}(\boldsymbol{\beta}'\boldsymbol{y}_{t-1}+\boldsymbol{\rho}_0)+\boldsymbol{\alpha}_\perp\boldsymbol{\gamma}_0 \tag{8.5.10}$$

(4) $\boldsymbol{y}_t$ 和协整方程都有线性趋势，协整方程的线性趋势表示为 $\boldsymbol{\rho}_1\boldsymbol{t}$：

$$\boldsymbol{\Pi y}_{t-1}+\boldsymbol{Hx}_t=\boldsymbol{\alpha}(\boldsymbol{\beta}'\boldsymbol{y}_{t-1}+\boldsymbol{\rho}_0+\boldsymbol{\rho}_1\boldsymbol{t})+\boldsymbol{\alpha}_\perp\boldsymbol{\gamma}_0 \tag{8.5.11}$$

(5) $\boldsymbol{y}_t$ 有二次趋势 $\boldsymbol{\alpha}_\perp(\boldsymbol{\gamma}_0+\boldsymbol{\gamma}_1\boldsymbol{t})$，协整方程有截距和线性趋势：

$$\boldsymbol{\Pi y}_{t-1}+\boldsymbol{Hx}_t=\boldsymbol{\alpha}(\boldsymbol{\beta}'\boldsymbol{y}_{t-1}+\boldsymbol{\rho}_0+\boldsymbol{\rho}_1\boldsymbol{t})+\boldsymbol{\alpha}_\perp(\boldsymbol{\gamma}_0+\boldsymbol{\gamma}_1\boldsymbol{t}) \tag{8.5.12}$$

式中：$\boldsymbol{\alpha}_\perp$ 是 $k\times(k-r)$ 阶矩阵，它被称为 $\boldsymbol{\alpha}$ 的正交互余(orthogonal complement)矩阵[①]，即 $\boldsymbol{\alpha}'\boldsymbol{\alpha}_\perp=0$，且 $rk(\boldsymbol{\alpha}\,|\,\boldsymbol{\alpha}_\perp)=k$。

---

① 米尔斯. 金融时间序列的经济计量学模型[M]. 俞卓青，译. 2 版. 北京：经济科学出版社，2002：267-308.

与 $\boldsymbol{\alpha}_{\perp}$ 有关的项是协整关系的外部确定项，当确定项同时出现在协整关系的内部和外部时，$\boldsymbol{\Pi}$ 的分解不是唯一可识别的。Johansen(1995)指出可将属于误差修正项内的那部分外生项正交地投影于 $\boldsymbol{\alpha}$ 空间上，所以 $\boldsymbol{\alpha}_{\perp}$ 是 $\boldsymbol{\alpha}$ 的0空间，即 $\boldsymbol{\alpha}'\boldsymbol{\alpha}_{\perp}=0$。

还有两个需要注意的细节：

(1) Johansen协整检验的临界值对 $k=10$ 的序列都是有效的。而且临界值依赖于趋势假设，对于包含其他确定性回归量的模型可能不适合。例如，VAR模型中如果包含转移(变迁)虚拟变量，可能使水平系列 $\boldsymbol{y}_t$ 产生一个不连续的线性趋势。

(2) 迹统计量和最大特征值统计量的结论可能产生冲突。对这样的情况，建议检验估计得到的协整向量，并将选择建立在协整关系的解释能力上，参考例8.7。

例8.7　协整检验

在例8.4的VAR(3)模型中曾提到在 $\boldsymbol{y}_t=(y_{1t},y_{2t},y_{3t},y_{4t},y_{5t})'(t=1,2,\cdots,T)$ 这5个变量之间存在协整关系，表8.5.1给出协整检验的结果。

表8.5.1　序列协整检验的结果

原　假　设	特征根	迹统计量(p值)	λ-max统计量(p值)
0个协整向量	0.68	110.27(0.000 0)*	50.63(0.000 2)*
至少1个协整向量	0.55	59.64(0.002 7)*	35.86(0.003 5)*
至少2个协整向量	0.26	23.78(0.210 0)	13.82(0.379 6)
至少3个协整向量	0.20	9.95(0.284 0)	9.80(0.225 1)
至少4个协整向量	0.003	0.15(0.699 0)	0.15(0.699 0)

注：*表明在5%的显著性水平下拒绝原假设。

上述结果是在选择第三种协整方程的基础上得到的，表明这5个变量之间存在协整关系，迹检验和最大特征根检验都表明存在两个协整向量。当然也可以选择其他形式的协整方程进行检验，其结果都表明存在协整关系。由于前面建立的模型主要是VAR模型，不需要确定协整向量的个数，所以只需证明存在协整关系即可。

如果取 $r=2$，仍然选择第三种协整方程的形式，利用极大似然估计的方法，可得到如下的 $\boldsymbol{\beta}$ 矩阵的估计量，$\boldsymbol{\beta}$ 矩阵的每一列都是协整向量：

$$\hat{\boldsymbol{\beta}}'=\begin{pmatrix} -0.13 & -0.12 & -0.04 & 0.09 & 0.006 \\ 0.002 & -0.32 & -0.001 & 0.07 & -0.04 \end{pmatrix}$$

以协整向量为系数建立序列 $\boldsymbol{z}_1,\boldsymbol{z}_2$，可以检验 $\boldsymbol{z}_1,\boldsymbol{z}_2$ 是平稳的：

$$z_{1t}=-0.13\times y_{1t}-0.12\times y_{2t}-0.04\times y_{3t}+0.09\times y_{4t}+0.006\times y_{5t}$$

$$z_{2t}=0.002\times y_{1t}-0.32\times y_{2t}-0.001\times y_{3t}+0.07\times y_{4t}-0.04\times y_{5t}$$

$$t=1,2,\cdots,T$$

但是正如前面讨论的那样，这些估计是不唯一的，从而提出了我们如何解释它们的问题。这将涉及向量误差修正模型的识别问题①。

① 关于向量误差修正模型的识别问题可参考：米尔斯.金融时间序列的经济计量学模型[M].俞卓青，译.2版.北京：经济科学出版社，2002：307-323.

8.6　向量误差修正(VEC)模型

Engle 和 Granger 将协整与误差修正模型结合起来，建立了向量误差修正(vector error correction，VEC)模型。在第 2 章已经证明只要变量之间存在协整关系，就可以由自回归分布滞后模型导出误差修正模型。而在 VAR 模型中的每个方程都是一个自回归分布滞后模型，因此，可以认为 VEC 模型是含有协整约束的 VAR 模型，多应用于具有协整关系的非平稳时间序列建模。

8.6.1　VEC 模型的基本思想

如果式(8.5.1)的 $\boldsymbol{y}_t$ 所包含的 k 个 $I(1)$ 序列之间存在协整关系，则不包含外生变量的式(8.5.5)可写为

$$\Delta \boldsymbol{y}_t = \boldsymbol{\alpha}\boldsymbol{\beta}'\boldsymbol{y}_{t-1} + \sum_{i=1}^{p-1} \boldsymbol{\Gamma}_i \Delta \boldsymbol{y}_{t-i} + \boldsymbol{\varepsilon}_t, \quad t = 1,2,\cdots,T \tag{8.6.1}$$

式中每个方程的误差项都具有平稳性。一个协整体系有多种表示形式，用误差修正模型表示是当前处理这种问题的普遍方法，即

$$\Delta \boldsymbol{y}_t = \boldsymbol{\alpha}\, \boldsymbol{ecm}_{t-1} + \sum_{i=1}^{p-1} \boldsymbol{\Gamma}_i \Delta \boldsymbol{y}_{t-i} + \boldsymbol{\varepsilon}_t \tag{8.6.2}$$

式中的每一个方程都是一个误差修正模型。$\boldsymbol{ecm}_{t-1} = \boldsymbol{\beta}'\boldsymbol{y}_{t-1}$ 是误差修正项向量，反映变量之间的长期均衡关系，系数矩阵 $\boldsymbol{\alpha}$ 反映了变量之间偏离长期均衡状态时，将其调整到均衡状态的调整速度。所有作为解释变量的差分项的系数反映各变量的短期波动对作为被解释变量的短期变化的影响，我们可以剔除其中统计不显著的滞后差分项。

考虑一个两变量(y_1, y_2)的包含误差修正项，但没有滞后差分项的 VEC 模型。误差修正项是

$$ecm_t = y_{2t} - b y_{1t}, \quad t = 1,2,\cdots,T \tag{8.6.3}$$

则 VEC 模型为

$$\Delta \boldsymbol{y}_t = \boldsymbol{\alpha}\, ecm_{t-1} + \boldsymbol{\varepsilon}_t, \quad t = 1,2,\cdots,T \tag{8.6.4}$$

式中：$\boldsymbol{\alpha} = (\alpha_1, \alpha_2)'$，写成单方程形式为

$$\Delta y_{1t} = \alpha_1 (y_{2t-1} - b y_{1t-1}) + \varepsilon_{1t} \tag{8.6.5}$$

$$\Delta y_{2t} = \alpha_2 (y_{2t-1} - b y_{1t-1}) + \varepsilon_{2t} \tag{8.6.6}$$

式中：系数 α_1, α_2 代表调整速度。在这个简单的模型中，等式右端唯一的变量是误差修正项。在长期均衡中，这一项为 0。然而，如果 y_1, y_2 在上一期偏离了长期均衡，则误差修正项非零，α_1 和 α_2 会将其向均衡状态调整。

8.6.2　VEC 模型的函数形式

由于序列 y_1, y_2 的不同特征，模型还可以指定成不同的形式：

(1) 如果两个内生变量 y_1 和 y_2 不含趋势项，并且协整方程有截距 μ，则 VEC 模型有如下形式：

$$\Delta y_{1t} = \alpha_1(y_{2t-1} - \mu - by_{1t-1}) + \varepsilon_{1t} \tag{8.6.7}$$

$$\Delta y_{2t} = \alpha_2(y_{2t-1} - \mu - by_{1t-1}) + \varepsilon_{2t} \tag{8.6.8}$$

(2) 假设在序列中有线性趋势 $\boldsymbol{\delta}$，则 VEC 模型有如下形式：

$$\Delta y_{1t} = \delta_1 + \alpha_1(y_{2t-1} - \mu - by_{1t-1}) + \varepsilon_{1t} \tag{8.6.9}$$

$$\Delta y_{2t} = \delta_2 + \alpha_2(y_{2t-1} - \mu - by_{1t-1}) + \varepsilon_{2t} \tag{8.6.10}$$

(3) 类似地，协整方程中可能有趋势项 ρt，其形式为

$$\Delta y_{1t} = \delta_1 + \alpha_1(y_{2t-1} - \mu - \rho t - by_{1t-1}) + \varepsilon_{1t} \tag{8.6.11}$$

$$\Delta y_{2t} = \delta_2 + \alpha_2(y_{2t-1} - \mu - \rho t - by_{1t-1}) + \varepsilon_{2t} \tag{8.6.12}$$

(4) 如果序列中存在着隐含的二次趋势项 $\boldsymbol{\zeta} t$，等价于 VEC 模型的括号外也存在线性趋势项，其形式为

$$\Delta y_{1t} = \delta_1 + \zeta_1 t + \alpha_1(y_{2t-1} - \mu - \rho t - by_{1t-1}) + \varepsilon_{1t} \tag{8.6.13}$$

$$\Delta y_{2t} = \delta_2 + \zeta_2 t + \alpha_2(y_{2t-1} - \mu - \rho t - by_{1t-1}) + \varepsilon_{2t} \tag{8.6.14}$$

上述仅讨论了简单的 VEC 模型，与 VAR 类似，我们可以构造结构 VEC 模型，同样也可以考虑 VEC 模型的 Granger 因果检验、脉冲响应函数和方差分解。关于 VAR 模型和 VEC 模型更多的讨论，可参考 Davidson 和 Mackinnon(1993)及汉密尔顿(1999)[①]的详细讨论。

例 8.8 基于具有约束条件的 VEC 模型分析中国货币政策效应

为了进一步了解 VEC 模型中协整向量的约束，本例选择中国的实际 M1($m1$)、实际社会消费品零售总额(sl，简称实际消费)、实际固定资产投资(if)、实际工业总产值(tiv)、实际一年期贷款利率(rr)、居民消费价格指数(cpi，1990 年 1 月为 100)6 个变量研究货币政策对各类总需求的影响，其中实际 M1、实际消费采用 1990 年 1 月为 1 的居民消费价格指数进行平减，实际工业总产值采用 1990 年 1 月为 1 的工业品出厂价格指数进行平减，固定资产投资采用 1990 年 1 月为 1 的投资价格指数进行平减[②]、实际利率等于名义利率减去通货膨胀率。样本区间从 1997 年 1 月—2007 年 12 月，并对各指标进行季节调整，消除了季节要素。设 $y_t = [\ln(m1_t)\ln(sl_t)\ln(if_t), \ln(tiv_t), rr_t, \ln(cpi_t)]'$，单位根检验的结果表明 y_t 的各指标均是 $I(1)$ 序列，Johansen 协整检验的两个统计量均表明存在 2 个协整向量，在此基础上，估计类似式(8.6.1)的 VEC 模型：

$$\Delta \boldsymbol{y}_t = \boldsymbol{\alpha\beta}'\boldsymbol{y}_{t-1} + \sum_{i=1}^{p-1} \boldsymbol{\Gamma}_i \Delta \boldsymbol{y}_{t-i} + \boldsymbol{\varepsilon}_t, \quad t = 1, 2, \cdots, T \tag{8.6.15}$$

---

① DAVIDSON R D, MACKINNON G. Estimation and inference in econometrics[M]. Oxford: Oxford University Press, 1993: 715-730.

汉密尔顿. 时间序列分析[M]. 夏晓华，译. 北京：中国人民大学出版社，2015：第 19 章.

② 由于没有月度环比的工业品出厂价格指数和投资价格指数，无法推出以某年为基年的工业品出厂价格指数和投资价格指数，本书这两个价格指数采用 EViews 中的频率转换功能中的二次函数插值方法，将年度的以 1990 年为 100 的工业品出厂价格指数和投资价格指数转变为月度投资价格指数，并进一步转化为 1990 年 1 月为 100 的价格指数。

其中$\boldsymbol{\beta}$为 6×2 的矩阵，其每一列所表示的各变量的线性组合都是一种协整形式，因此$\boldsymbol{\beta}$称为协整向量矩阵，协整向量的个数为 2。$\boldsymbol{\alpha}$也是 6×2 的矩阵，其每一行元素是出现在第i个方程中的对应误差修正项的系数，即调整系数，故称为调整参数矩阵。模型(8.6.15)中差分项的滞后阶数为$p=2$，其中协整向量的估计结果如表 8.6.1 所示。

表 8.6.1　协整向量矩阵$\boldsymbol{\beta}$的估计结果

变量名称	$\ln(sl_t)$	$\ln(if_t)$	$\ln(m1_{t-1})$	$\ln(tiv_t)$	rr_{t-4}	$\ln(cpi_{t-3})$	常数项
协整向量(1)	1	0	−0.78 (−27.48)	0	−0.04 (−7.91)	−1.54 (−4.72)	8.99
协整向量(2)	0.78 (2.39)	1	0	−1.58 (−7.33)	0.037 (4.17)	0	0.18

注：表中(　)的数据表示系数对应的t统计量。

经检验，由表 8.6.1 中的协整向量分别得到的 2 个线性组合序列都是平稳的，即都是$I(0)$的。表 8.6.1 中取值为 1 或 0 的变量系数是本例施加的约束，如协整方程 1 表示实际消费方程，假设实际消费与实际 M1、实际利率和物价之间存在长期均衡关系，而约束其他变量系数为 0，即

$$\ln(sl_t)=0.78\ln(m1_{t-1})+0.04rr_{t-4}+1.54\ln(cpi_{t-3})-8.99+ecm_{1t} \tag{8.6.16}$$

式中：ecm_{1t}表示实际消费、实际 M1、实际利率和物价的线性组合序列，也是协整方程(8.6.16)的残差项，并将作为后面误差修正模型的误差修正项。实际消费方程中的系数表示：在其他条件不变的情况下，前 1 期实际 M1 每增加 1 个百分点，当期实际消费平均将增加 0.78 个百分点；而在其他条件不变的情况下，前 3 期物价每提高 1 个百分点，当期实际消费平均提高 1.54 个百分点；前 4 期实际利率提高 1 个百分点，当期实际消费平均增加 0.04 个百分点；前 3 期物价每提高 1 个百分点，当期实际消费平均提高 1.54 个百分点。通常人们认为，提高利率，居民会增加储蓄进而减少消费，即替代效应。然而利率变化对消费的影响还存在收入效应，当收入效应大于替代效应时，会使得当前消费增加。本书结论表明，长期而言实际利率对实际消费影响的收入效应大于替代效应。

协整方程 2 表示实际投资方程，假设实际固定资产投资与实际消费、实际利率、物价和实际工业总产值之间存在长期均衡关系，而约束其他变量系数为 0，即

$$\ln(if_t)=-0.78\ln(sl_t)+0.58\ln(tiv_t)-0.037rr_{t-4}-0.18+ecm_{2t} \tag{8.6.17}$$

式中：ecm_{2t}表示实际投资、实际消费、实际利率和实际工业总产值的线性组合序列，也是协整方程(8.6.17)的残差项，并将作为后面误差修正模型的误差修正项。实际投资方程中的系数分别表示：在其他条件不变的情况下，实际工业总产值每提高 1 个百分点，实际投资平均提高 0.58 个百分点；前 4 期实际利率每提高 1 个百分点，实际投资平均降低 0.037 个百分点；同时，实际消费每提高 1 个百分点，当期实际投资平均降低 0.78 个百分点。

式(8.6.16)和式(8.6.17)分别给出了实际消费和实际投资的长期均衡方程,在此基础上讨论变量之间的短期关系,可以建立下面的VEC模型:

$$\Delta \boldsymbol{y}_t = \boldsymbol{\alpha} \boldsymbol{ecm}_{t-1} + \boldsymbol{\Gamma}_1 \Delta \boldsymbol{y}_{t-1} + \boldsymbol{\varepsilon}_t, \quad t=1,2,\cdots,T \tag{8.6.18}$$

式中的每一个方程都是一个误差修正模型。$\boldsymbol{ecm}_{t-1} = \boldsymbol{\beta}' \boldsymbol{y}_{t-1}$ 是误差修正项向量,反映变量之间的长期均衡关系,本例中 $\boldsymbol{ecm}_{t-1} = (\boldsymbol{ecm}_{1t-1}, \boldsymbol{ecm}_{2t-1})'$。由于篇幅限制,本例不再列出矩阵$\boldsymbol{\alpha}$ 和 $\boldsymbol{\Gamma}_1$ 的估计结果。此时,可以根据模型实现脉冲响应函数和方差分解,并分析变量之间的短期影响关系。

但在实际应用中常常发现调整系数矩阵中部分参数不显著,为了使模型更合理,可以采用两种方式对VEC模型的调整系数矩阵进行约束:第一种,像约束协整向量一样,可以根据需要直接对调整系数矩阵进行约束;第二种,将VEC模型转变为联立方程系统,然后删除不显著的变量,将模型由"一般"转变为"简单"(联立方程系统的估计可参考本书的初级第7章)。在联立方程设定过程中甚至可以在各方程中加入其他变量差分项的当期和多期滞后项,形式更自由,篇幅限制,本例仅给出在联立方程中调整后的实际消费和实际投资的误差修正模型的估计结果:

① 实际消费的误差修正模型:

$$\begin{aligned}\Delta \ln(sl_t) = & -\underset{(-2.56)}{0.054} ecm_{1t-1} - \underset{(-2.58)}{0.21} \Delta \ln(sl_{t-1}) + \underset{(2.93)}{0.22} \Delta \ln(sl_{t-3}) + \underset{(2.37)}{0.19} \Delta \ln(sl_{t-4}) + \\ & \underset{(2.34)}{0.24} \Delta \ln(m1_t) + \underset{(2.98)}{0.10} \Delta \ln(tiv_{t-1}) + \underset{(2.37)}{0.007} \Delta rr_{t-3} + \underset{(2.07)}{0.004} \Delta rr_{t-4} + \\ & \underset{(3.12)}{1.5} \Delta \ln(cpi_{t-3}) \\ & R^2 = 0.15 \qquad DW = 2.1 \end{aligned} \tag{8.6.19}$$

② 实际投资的误差修正模型:

$$\begin{aligned}\Delta \ln(if_t) = & -\underset{(-1.8)}{0.1} ecm_{2t-1} - \underset{(-7.55)}{0.67} \Delta \ln(if_{t-1}) - \underset{(-3.76)}{0.35} \Delta \ln(if_{t-2}) - \underset{(-2.58)}{0.2} \Delta \ln(if_{t-3}) + \\ & \underset{(1.74)}{0.84} \Delta \ln(m1_t) + \underset{(2.95)}{0.52} \Delta \ln(tiv_t) + \underset{(2.92)}{0.59} \Delta \ln(tiv_{t-1}) + \underset{(2.55)}{0.48} \Delta \ln(tiv_{t-2}) - \\ & \underset{(-2.89)}{0.04} \Delta rr_{t-2} - \underset{(-1.7)}{4.16} \Delta \ln(cpi_{t-2}) \\ & R^2 = 0.35 \quad DW = 1.93 \end{aligned} \tag{8.6.20}$$

从式(8.6.19)和式(8.6.20)的结果可以看出,采用联立方程系统对向量误差修正模型进行估计,可以根据需要对所包含的变量形式进行修正,相当于对调整系数和短期影响变量做了约束。

8.7 贝叶斯VAR模型

VAR模型的主要缺点在于需要估计的参数过多,这将导致模型的过度拟合问题:尽管模型的样本内拟合效果良好,但所估计的系数大多不显著,而且随着预测期间的延长,样本外预测效果会迅速恶化。解决过度拟合问题的一种方法是 8.2 节介绍的 SVAR 模型，通过对参数空间施加短期约束和长期约束来减少待估参数；另一种施加参数约束的方法是基于贝叶斯方法估计 VAR 模型，将这种分析方法称为贝叶斯 VAR(Bayesian vector autoregression，BVAR)模型。本节简单介绍 BVAR 模型的基本思想。

8.7.1 贝叶斯 VAR 模型的基本思想

贝叶斯原理告诉我们，若 $\pi(\boldsymbol{\theta})$ 是数据采集之前随机变量 $\boldsymbol{\theta}$ 的先验概率分布，$\pi(\boldsymbol{y}\mid\boldsymbol{\theta})$ 是 $\boldsymbol{\theta}$ 关于数据集 $\boldsymbol{y}$ 的后验分布，$\pi(\boldsymbol{\theta}\mid\boldsymbol{y})$ 可通过把先验分布 $\pi(\boldsymbol{\theta})$ 和似然函数 $L(\boldsymbol{y}\mid\boldsymbol{\theta})$ 联合起来得到，具体形式为

$$\pi(\boldsymbol{\theta}\mid\boldsymbol{y})=\frac{\pi(\boldsymbol{\theta})L(\boldsymbol{y}\mid\boldsymbol{\theta})}{\int\pi(\boldsymbol{\theta})L(\boldsymbol{y}\mid\boldsymbol{\theta})\mathrm{d}\boldsymbol{\theta}} \tag{8.7.1}$$

式(8.7.1)的分母部分 $\int\pi(\boldsymbol{\theta})L(\boldsymbol{y}\mid\boldsymbol{\theta})\mathrm{d}\boldsymbol{\theta}$ 是一个不具有随机性的标准化常数，它的作用只是为了保证后验分布 $\pi(\boldsymbol{\theta}\mid\boldsymbol{y})$ 的积分等于 1。这个表达式的重要部分是分子，由此可以看到，后验分布与先验分布和似然函数的乘积成比例，用公式表示为

$$\pi(\boldsymbol{\theta}\mid\boldsymbol{y})\propto\pi(\boldsymbol{\theta})L(\boldsymbol{y}\mid\boldsymbol{\theta}) \tag{8.7.2}$$

式中：符号“$\propto$”读作“正比于”，表示符号两端的式子成比例。

在贝叶斯统计和计量经济学中，将参数的真实值看作服从某一分布的随机变量。因此，贝叶斯估计的主要目的是确定感兴趣参数的后验分布的矩，如均值和标准差(其对应于经典估计中的系数值和系数标准误)。由于在后验分布的密度函数中包括参数 $\boldsymbol{\theta}$ 的所有可利用信息，因此，可以很容易计算后验分布的矩的点估计。

BVAR 模型通过“收紧”参数取值范围的方式来实现对参数的约束：假设 VAR 参数服从一特定的先验分布，将该先验分布通过由数据计算出的似然函数进行调整，得到参数的后验分布。通过合理设置先验分布可以缩小参数的取值范围，这将有助于避免无约束 VAR 的自由度损失问题。为说明 BVAR 模型估计的具体过程，设定 VAR(p)模型的形式如下：

$$\boldsymbol{y}_t=\boldsymbol{\Phi}_1\boldsymbol{y}_{t-1}+\cdots+\boldsymbol{\Phi}_p\boldsymbol{y}_{t-p}+\boldsymbol{\varepsilon}_t,\quad \boldsymbol{\varepsilon}_t\sim N(0,\boldsymbol{\Sigma}) \tag{8.7.3}$$

式中：$t=1,2,\cdots,T$，T 为时间序列长度；$\boldsymbol{y}_t$ 为 k 维内生变量列向量；p 为滞后阶数；$\boldsymbol{\Phi}_1,\cdots,\boldsymbol{\Phi}_p$ 为 $k\times k$ 维待估系数矩阵；$\boldsymbol{\varepsilon}_t$ 为 k 维扰动列向量；$\boldsymbol{\Sigma}$ 为 $k\times k$ 维正定协方差矩阵。如果定义

$$\boldsymbol{Y}=\begin{pmatrix}\boldsymbol{y}'_1\\ \boldsymbol{y}'_2\\ \vdots\\ \boldsymbol{y}'_T\end{pmatrix}_{T\times k},\quad \boldsymbol{X}=\begin{pmatrix}\boldsymbol{y}'_0 & \boldsymbol{y}'_{-1} & \cdots & \boldsymbol{y}'_{1-p}\\ \boldsymbol{y}'_1 & \boldsymbol{y}'_0 & \cdots & \boldsymbol{y}'_{2-p}\\ \vdots & \vdots & \ddots & \vdots\\ \boldsymbol{y}'_{T-1} & \boldsymbol{y}'_{T-2} & \cdots & \boldsymbol{y}'_{T-p}\end{pmatrix}_{T\times kp},\quad \boldsymbol{\Phi}=\begin{pmatrix}\boldsymbol{\Phi}'_1\\ \boldsymbol{\Phi}'_2\\ \vdots\\ \boldsymbol{\Phi}'_p\end{pmatrix}_{kp\times k},\quad \boldsymbol{E}=\begin{pmatrix}\boldsymbol{\varepsilon}'_1\\ \boldsymbol{\varepsilon}'_2\\ \vdots\\ \boldsymbol{\varepsilon}'_T\end{pmatrix}_{T\times k}$$

则式(8.7.3)的紧凑形式可以表示为

$$\boldsymbol{Y}=\boldsymbol{X\Phi}+\boldsymbol{E} \tag{8.7.4}$$

式(8.7.4)还可以进一步表示为

$$\boldsymbol{y}=(\boldsymbol{I}_k\otimes\boldsymbol{X})\boldsymbol{\theta}+\boldsymbol{\varepsilon} \tag{8.7.5}$$

式中：$\boldsymbol{y}=\text{vec}(\boldsymbol{Y})$是 Tk 维列向量；$\boldsymbol{\theta}=\text{vec}(\boldsymbol{\Phi})$是 k^2p 维列向量；$\boldsymbol{\varepsilon}=\text{vec}(\boldsymbol{E})$是 Tk 维列向量；vec(.)为矩阵拉直运算符；$\boldsymbol{I}_k$ 是 k 维单位矩阵，且有$\boldsymbol{\varepsilon}\sim N(0,\boldsymbol{\Sigma}\otimes\boldsymbol{I}_T)$。

基于方程(8.7.5)的似然函数可以表示为

$$L(\boldsymbol{y}\mid\boldsymbol{\theta},\boldsymbol{\Sigma})\propto|\boldsymbol{\Sigma}\otimes\boldsymbol{I}_T|^{-1/2}\exp\left\{-\frac{1}{2}(\boldsymbol{y}-(\boldsymbol{I}_k\otimes\boldsymbol{X})\boldsymbol{\theta})'(\boldsymbol{\Sigma}\otimes\boldsymbol{I}_T)^{-1}(\boldsymbol{y}-(\boldsymbol{I}_k\otimes\boldsymbol{X})\boldsymbol{\theta})\right\} \tag{8.7.6}$$

为描述获得后验分布的矩的一般过程，假设 VAR 模型的扰动项的协方差矩阵$\boldsymbol{\Sigma}$已知，参数$\boldsymbol{\theta}$的先验分布为多元正态分布

$$\boldsymbol{\pi}(\boldsymbol{\theta})\propto|\boldsymbol{V}_0|^{-1/2}\exp\left\{-\frac{1}{2}(\boldsymbol{\theta}-\boldsymbol{\theta}_0)'\boldsymbol{V}_0^{-1}(\boldsymbol{\theta}-\boldsymbol{\theta}_0)\right\} \tag{8.7.7}$$

式中：$\boldsymbol{\theta}_0$ 为先验分布的均值向量；$\boldsymbol{V}_0$ 为先验分布的协方差矩阵。基于式(8.7.2)，将先验分布和似然函数进行组合得到参数$\boldsymbol{\theta}$的后验分布

$$\begin{aligned}\boldsymbol{\pi}(\boldsymbol{\theta}\mid\boldsymbol{y})\propto\exp\Big\{-\frac{1}{2}\big[&(\boldsymbol{V}_0^{-1/2}(\boldsymbol{\theta}-\boldsymbol{\theta}_0))'(\boldsymbol{V}_0^{-1/2}(\boldsymbol{\theta}-\boldsymbol{\theta}_0))+\\&((\boldsymbol{\Sigma}^{-1/2}\otimes\boldsymbol{I}_T)\boldsymbol{y}-(\boldsymbol{\Sigma}^{-1/2}\otimes\boldsymbol{X})\boldsymbol{\theta})'((\boldsymbol{\Sigma}^{-1/2}\otimes\boldsymbol{I}_T)\boldsymbol{y}-(\boldsymbol{\Sigma}^{-1/2}\otimes\boldsymbol{X})\boldsymbol{\theta})\big]\Big\}\end{aligned} \tag{8.7.8}$$

式(8.7.8)是一个多元正态分布。为对$\boldsymbol{\pi}(\boldsymbol{\theta}\mid\boldsymbol{y})$的形式进行简化，定义

$$\boldsymbol{\omega}=\begin{bmatrix}\boldsymbol{V}_0^{-1/2}\boldsymbol{\theta}_0\\(\boldsymbol{\Sigma}^{-1/2}\otimes\boldsymbol{I}_T)\boldsymbol{y}\end{bmatrix},\quad \boldsymbol{W}=\begin{bmatrix}\boldsymbol{V}_0^{-1/2}\\(\boldsymbol{\Sigma}^{-1/2}\otimes\boldsymbol{X})\end{bmatrix} \tag{8.7.9}$$

式(8.7.8)可以被改写为

$$\begin{aligned}\boldsymbol{\pi}(\boldsymbol{\theta}\mid\boldsymbol{y})&\propto\exp\left\{-\frac{1}{2}(\boldsymbol{\omega}-\boldsymbol{W}\boldsymbol{\theta})'(\boldsymbol{\omega}-\boldsymbol{W}\boldsymbol{\theta})\right\}\\&\propto\exp\left\{-\frac{1}{2}(\boldsymbol{\theta}-\bar{\boldsymbol{\theta}})'\boldsymbol{W}'\boldsymbol{W}(\boldsymbol{\theta}-\bar{\boldsymbol{\theta}})+(\boldsymbol{\omega}-\boldsymbol{W}\bar{\boldsymbol{\theta}})'(\boldsymbol{\omega}-\boldsymbol{W}\bar{\boldsymbol{\theta}})\right\}\end{aligned} \tag{8.7.10}$$

式中：后验均值$\bar{\boldsymbol{\theta}}$的表示式为

$$\bar{\boldsymbol{\theta}}=(\boldsymbol{W}'\boldsymbol{W})^{-1}\boldsymbol{W}'\boldsymbol{\omega}=[\boldsymbol{V}_0^{-1}+(\boldsymbol{\Sigma}^{-1}\otimes\boldsymbol{X}'\boldsymbol{X})]^{-1}[\boldsymbol{V}_0^{-1}\boldsymbol{\theta}_0+(\boldsymbol{\Sigma}^{-1}\otimes\boldsymbol{X})'\boldsymbol{y}] \tag{8.7.11}$$

由于矩阵$\boldsymbol{\Sigma}$是已知的，方程(8.7.10)的第二项$(\boldsymbol{\omega}-\boldsymbol{W}\bar{\boldsymbol{\theta}})'(\boldsymbol{\omega}-\boldsymbol{W}\bar{\boldsymbol{\theta}})$是非随机的，因此，后验分布可以简化为

$$\boldsymbol{\pi}(\boldsymbol{\theta}\mid\boldsymbol{y})\propto\exp\left\{-\frac{1}{2}(\boldsymbol{\theta}-\bar{\boldsymbol{\theta}})'\boldsymbol{W}'\boldsymbol{W}(\boldsymbol{\theta}-\bar{\boldsymbol{\theta}})\right\}=\exp\left\{-\frac{1}{2}(\boldsymbol{\theta}-\bar{\boldsymbol{\theta}})'\bar{\boldsymbol{V}}^{-1}(\boldsymbol{\theta}-\bar{\boldsymbol{\theta}})\right\} \tag{8.7.12}$$

则后验分布的协方差矩阵可以由下式给出

$$\bar{V}=[\boldsymbol{V}_0^{-1}+(\boldsymbol{\Sigma}^{-1}\otimes\boldsymbol{X}'\boldsymbol{X})]^{-1} \tag{8.7.13}$$

至此，我们通过先验分布和似然函数获得了后验分布的全部信息。

8.7.2　先验分布

贝叶斯计量分析的基础是研究者能够基于经验,合理指定参数的先验分布,从而增强对参数真实值的统计推断能力。本节主要介绍 3 种不同的先验分布:Litterman/Minnesota 先验分布、Normal-Wishart 先验分布和 Sims-Zha 先验分布。

1. Litterman/Minnesota 先验分布

美国明尼苏达(Minnesota)大学和明尼阿波利斯(Minneapolis)联邦储备银行的研究人员对确定贝叶斯 VAR 先验进行了大量的前期工作①,这些先验分布通常被称为 Litterman 先验分布或 Minnesota 先验分布。Litterman/Minnesota 先验分布基于协方差矩阵 $\boldsymbol{\Sigma}$ 已知假设,并且用其估计量 $\hat{\boldsymbol{\Sigma}}$ 来替代 $\boldsymbol{\Sigma}$,这一假设简化了对后验分布的计算过程。可以用 3 种方式计算 $\boldsymbol{\Sigma}$ 的估计量:

(1) 单变量 AR。矩阵 $\hat{\boldsymbol{\Sigma}}$ 被约束为对角阵,其对角线元素 $\hat{\sigma}_{ii}$ 是 VAR 模型的第 i 个方程的误差方差的 OLS 估计。

(2) 整体 VAR。估计整体 VAR 模型,并将估计得到的协方差矩阵作为 $\hat{\boldsymbol{\Sigma}}$ 的初始估计。这种方式并不总是可行的,因为可能没有足够的观测值来估计整体 VAR 模型。

(3) 对角 VAR。矩阵 $\hat{\boldsymbol{\Sigma}}$ 被约束为对角阵,并估计整体 VAR 模型。

由于协方差矩阵 $\boldsymbol{\Sigma}$ 用 $\hat{\boldsymbol{\Sigma}}$ 来替代,我们只需指定 VAR 模型参数 $\boldsymbol{\theta}$ 的先验分布。Litterman 先验假设参数 $\boldsymbol{\theta}$ 的先验分布为多元正态分布,即 $\boldsymbol{\theta} \sim N(\boldsymbol{\theta}_0, \boldsymbol{V}_0)$。其中,均值 $\boldsymbol{\theta}_0=\mu_1(1,1,\cdots,1)'$ 是 k^2p 维列向量,μ_1 为超参数。为减少 VAR 模型的过度拟合风险,通常设定 μ_1 的初值为 0,此时 $\boldsymbol{\theta}_0=\boldsymbol{0}$(称为零均值模型),但在理论上 μ_1 取任何值都是可行的。矩阵 $\boldsymbol{V}_0=\boldsymbol{I}_k \otimes \boldsymbol{U}_0$ 是 $k^2p \times k^2p$ 维协方差矩阵,其中,$\boldsymbol{U}_0$ 是 $kp \times kp$ 维分块对角矩阵,对角线元素由 p 个 $k \times k$ 维子块矩阵构成,每个子块矩阵的元素设定为

$$u_{ij}^{l}=\begin{cases}\left(\dfrac{\lambda_1}{l^{\lambda_3}}\right)^2, & i=j\\ \left(\dfrac{\lambda_1\lambda_2\sigma_i}{l^{\lambda_3}\sigma_j}\right)^2, & i\neq j\end{cases} \tag{8.7.14}$$

式中:$l=1,2,\cdots,p$ 为 VAR 模型的滞后阶数,在这里表示矩阵 $\boldsymbol{U}_0$ 对角上的第 l 个分块矩阵,$i,j=1,2,\cdots,k$,σ_i^2 是 $\boldsymbol{\Sigma}$ 的第 i 个对角线元素,矩阵 $\boldsymbol{U}_0$ 的其他非对角线元素设定为 0。

上述参数的协方差矩阵的先验设定,将指定矩阵 $\boldsymbol{V}_0$ 所有元素的复杂选择简化为指定 3 个标量 λ_1、λ_2 和 λ_3,前两个标量 λ_1 和 λ_2 用来控制整体参数的"收紧"程度以及交叉变量的相关性(λ_1 越小意味着参数对应的方差越小,乘积 $\lambda_1 \times \lambda_2$ 越小意味着两个参数的相关

① LITTERMAN R B. Forecasting with bayesian vector autoregressions-five years of experience[J]. Journal of business & economic statistics, 1986, 4(1): 25-38.

DOAN T, LITTERMAN R B, SIMS C A. Forecasting and conditional projection using realistic prior distribution [J]. Econometric review, 1984, 3: 1-100.

性越小),第三个标量 λ_3 用来控制滞后变量方差的衰减速度(当滞后长度增加时,对应的协方差以更快速度衰减到 0)。3 个超参数值的改变可以导致更小(或更大)的系数的方差,将其称为收紧(或放松)先验分布。这 3 个标量值的选择依赖于实践经验,研究者可以根据对其取不同数值来进行试验,具体参见 Litterman(1986)。

基于参数 $\boldsymbol{\theta}$ 的 Litterman/Minnesota 先验分布,可计算后验分布为 $\boldsymbol{\theta} \sim N(\bar{\boldsymbol{\theta}}, \bar{\boldsymbol{V}})$,其中

$$\bar{\boldsymbol{V}} = [\boldsymbol{V}_0^{-1} + (\hat{\boldsymbol{\Sigma}}^{-1} \otimes \boldsymbol{X}'\boldsymbol{X})]^{-1}, \quad \bar{\boldsymbol{\theta}} = \bar{\boldsymbol{V}}[\boldsymbol{V}_0^{-1}\boldsymbol{\theta}_0 + (\hat{\boldsymbol{\Sigma}}^{-1} \otimes \boldsymbol{X})'\boldsymbol{y}] \tag{8.7.15}$$

Litterman/Minnesota 先验的主要优点是能够很容易得到后验推断,然而,该先验分布忽略了矩阵 $\boldsymbol{\Sigma}$ 的不确定性,没有能够提供一个完全意义上的贝叶斯推断。

2. Normal-Wishart 先验分布

如果放松协方差矩阵 $\boldsymbol{\Sigma}$ 已知的假设,则可以指定矩阵 $\boldsymbol{\Sigma}$ 的先验分布。一个已知的正态数据的共轭先验分布是 Normal-Wishart 分布[①],即参数 $\boldsymbol{\theta}$ 的先验分布为多元正态分布 $\boldsymbol{\theta} \sim N(\boldsymbol{\theta}_0, \boldsymbol{\Sigma} \otimes \boldsymbol{V}_0)$,其中,$\boldsymbol{\theta}_0 = \mu_1(1,1,\cdots,1)'$ 为 k^2p 维列向量,定义 $k^2p \times k^2p$ 维矩阵 $\boldsymbol{\Sigma} \otimes \boldsymbol{V}_0 = \lambda_1 \boldsymbol{I}_{kp}^2$,标量 μ_1 和 λ_1 为超参数。协方差矩阵 $\boldsymbol{\Sigma}$ 的先验分布定义为 Wishart 分布 $\boldsymbol{\Sigma}^{-1} \sim W(v_0, \boldsymbol{S}_0^{-1})$,其中,$v_0 = k$ 为 Wishart 分布的自由度,$\boldsymbol{S}_0 = \boldsymbol{I}_k$ 为标量矩阵。根据贝叶斯估计原则,参数 $\boldsymbol{\theta}$ 的后验分布为[②]

$$\boldsymbol{\theta} \mid \boldsymbol{\Sigma} \sim N(\bar{\boldsymbol{\theta}}, \boldsymbol{\Sigma} \otimes \bar{\boldsymbol{V}}), \quad \boldsymbol{\Sigma}^{-1} \sim W(\bar{v}, \bar{\boldsymbol{S}}^{-1}) \tag{8.7.16}$$

式中:

$$\bar{\boldsymbol{V}} = [\boldsymbol{V}_0^{-1} + \boldsymbol{X}'\boldsymbol{X}]^{-1}$$

$$\bar{\boldsymbol{\theta}} = (\boldsymbol{\Sigma} \otimes \bar{\boldsymbol{V}})[(\boldsymbol{\Sigma} \otimes \boldsymbol{V}_0)^{-1}\boldsymbol{\theta}_0 + (\boldsymbol{\Sigma}^{-1} \otimes \boldsymbol{X}'\boldsymbol{X})\hat{\boldsymbol{\theta}}] \tag{8.7.17}$$

$\hat{\boldsymbol{\theta}}$ 为 VAR 模型的 OLS 估计量,且有

$$\bar{v} = v_0 + T$$

$$\bar{\boldsymbol{S}} = \boldsymbol{S}_0 + [\hat{\boldsymbol{\theta}}'(\boldsymbol{\Sigma}^{-1} \otimes \boldsymbol{X}'\boldsymbol{X})\hat{\boldsymbol{\theta}} + \boldsymbol{\theta}_0'(\boldsymbol{\Sigma} \otimes \boldsymbol{V}_0)\boldsymbol{\theta}_0 - \bar{\boldsymbol{\theta}}'((\boldsymbol{\Sigma} \otimes \boldsymbol{V}_0)^{-1} + (\boldsymbol{\Sigma}^{-1} \otimes \boldsymbol{X}'\boldsymbol{X}))\bar{\boldsymbol{\theta}}]\boldsymbol{I}_k \tag{8.7.18}$$

由于共轭先验分布与似然函数、后验分布具有相同的分布函数形式,因此,可以将先验信息看作与似然函数同分布的虚拟观察值。在下一部分将讨论如何利用这一思想来建立 SVAR 模型的先验分布。

3. Sims-Zha 先验分布

Sims 和 Zha(1998)基于虚拟观测值方法构建了 SVAR 模型的先验分布[③]。为描述 Sims-Zha 先验的具体细节,假设 k 维内生变量列向量 y_t 同期具有相关关系,则 SVAR 模型可表示为

---

① 如果先验分布和似然函数可以使得先验分布和后验分布有相同的形式,则称先验分布与似然函数共轭。

② 洪锡熙. 正态分布的共轭分布及贝叶斯估计[J]. 数理统计与管理,1994,13(6):51-55.
EViews 10 HIS Global Inc.,2017,User's Guide Ⅱ,Chapter 40,pp. 745-753.

③ SIMS C A,ZHA T. Bayesian methods for dynamic multivariate models[J]. International economic review,1998,39(4):949-968.

$$\boldsymbol{C}_0\boldsymbol{y}_t=\boldsymbol{\Gamma}_1\boldsymbol{y}_{t-1}+\cdots+\boldsymbol{\Gamma}_p\boldsymbol{y}_{t-p}+\boldsymbol{u}_t,\quad \boldsymbol{u}_t\sim N(\boldsymbol{0},\boldsymbol{I}_k) \tag{8.7.19}$$

式中：$t=1,2,\cdots,T$，$\boldsymbol{y}_t$ 是 k 维内生变量列向量，p 是滞后阶数；$\boldsymbol{\Gamma}_1,\cdots,\boldsymbol{\Gamma}_p$ 为 $k\times k$ 维待估系数矩阵，$\boldsymbol{C}_0\neq\boldsymbol{I}_k$ 为 $k\times k$ 维矩阵，且 $\boldsymbol{\Sigma}=(\boldsymbol{C}_0^{-1})'\boldsymbol{C}_0^{-1}$，$\boldsymbol{\Sigma}$ 为式(8.7.3)所示的 VAR 模型的协方差矩阵；$\boldsymbol{u}_t$ 是 k 维扰动列向量。与式(8.7.4)的矩阵定义相类似，式(8.7.19)的紧凑形式可以表示为

$$\boldsymbol{Y}\boldsymbol{C}_0-\boldsymbol{X}\boldsymbol{\Gamma}_+=\boldsymbol{U} \tag{8.7.20}$$

式中：$\boldsymbol{Y}$ 为 $T\times k$ 维矩阵；$\boldsymbol{X}$ 为 $T\times kp$ 维矩阵；$\boldsymbol{\Gamma}_+$ 为 $kp\times k$ 维矩阵；$\boldsymbol{U}$ 为 $T\times k$ 维矩阵。并令

$$\boldsymbol{Z}=[\boldsymbol{Y}\quad -\boldsymbol{X}],\quad \boldsymbol{\Gamma}=\begin{bmatrix}\boldsymbol{C}_0\\ \boldsymbol{\Gamma}_+\end{bmatrix} \tag{8.7.21}$$

为得到参数矩阵 $\boldsymbol{\Gamma}$ 的向量表示形式，首先需要定义 k^2 维列向量 $\boldsymbol{\gamma}_0=\mathrm{vec}(\boldsymbol{C}_0)$ 和 k^2p 维列向量 $\boldsymbol{\gamma}_+=\mathrm{vec}(\boldsymbol{\Gamma}_+)$，并进一步定义 $k^2(p+1)$ 维列向量：

$$\boldsymbol{\gamma}=\begin{bmatrix}\boldsymbol{\gamma}_0\\ \boldsymbol{\gamma}_+\end{bmatrix} \tag{8.7.22}$$

Sims 和 Zha 建议基于条件分布形式给出参数 $\boldsymbol{\gamma}$ 的先验分布，具体地

$$\begin{aligned}\pi(\boldsymbol{\gamma})&=\pi_0(\boldsymbol{\gamma}_0)\pi_+(\boldsymbol{\gamma}_+\mid\boldsymbol{\gamma}_0)=\pi_0(\boldsymbol{\gamma}_0)\varphi(\boldsymbol{\gamma}_+-\mu(\boldsymbol{\gamma}_0),H(\boldsymbol{\gamma}_0))\\&=\pi_0(\boldsymbol{\gamma}_0)\mid H(\boldsymbol{\gamma}_0)\mid^{-1/2}\exp\{-0.5(\boldsymbol{\gamma}_+-\mu(\boldsymbol{\gamma}_0))'H(\boldsymbol{\gamma}_0)^{-1}(\boldsymbol{\gamma}_+-\mu(\boldsymbol{\gamma}_0))\}\end{aligned} \tag{8.7.23}$$

式中：$\pi_0(\boldsymbol{\gamma}_0)$ 是 $\boldsymbol{\gamma}_0$ 的边缘分布函数，条件分布函数 $\pi_+(\boldsymbol{\gamma}_+\mid\boldsymbol{\gamma}_0)=\varphi(\boldsymbol{\gamma}_+-\mu(\boldsymbol{\gamma}_0),H(\boldsymbol{\gamma}_0))$ 为正态分布，$\mu(\boldsymbol{\gamma}_0)$ 和 $H(\boldsymbol{\gamma}_0)$ 根据 $\boldsymbol{\gamma}_0$ 的先验分布信息计算得到。条件似然函数的形式为

$$\begin{aligned}L(\boldsymbol{y}\mid\boldsymbol{\gamma})&\propto\mid\boldsymbol{C}_0\mid^T\exp\{-0.5\mathrm{trace}(\boldsymbol{Z}\boldsymbol{\Gamma})'(\boldsymbol{Z}\boldsymbol{\Gamma})\}\propto\mid\boldsymbol{C}_0\mid^T\exp\{-0.5\boldsymbol{\gamma}'(\boldsymbol{I}_k\otimes\boldsymbol{Z}'\boldsymbol{Z})\boldsymbol{\gamma}\}\\&\propto\mid\boldsymbol{C}_0\mid^T\exp\{-0.5[\boldsymbol{\gamma}'_0(\boldsymbol{I}_k\otimes\boldsymbol{Y}'\boldsymbol{Y})\boldsymbol{\gamma}_0-2\boldsymbol{\gamma}'_+(\boldsymbol{I}_k\otimes\boldsymbol{X}'\boldsymbol{Y})\boldsymbol{\gamma}_0+\boldsymbol{\gamma}'_+(\boldsymbol{I}_k\otimes\boldsymbol{X}'\boldsymbol{X})\boldsymbol{\gamma}_+]\}\end{aligned} \tag{8.7.24}$$

结合式(8.7.23)和式(8.7.24)可以得到参数 $\boldsymbol{\gamma}$ 的后验分布为

$$\begin{aligned}\Pi(\boldsymbol{\gamma})\propto{}&\pi_0(\boldsymbol{\gamma}_0)\mid\boldsymbol{C}_0\mid^T\mid H(\boldsymbol{\gamma}_0)\mid^{-1/2}\exp\{-0.5[\boldsymbol{\gamma}'_0(\boldsymbol{I}_k\otimes\boldsymbol{Y}'\boldsymbol{Y})\boldsymbol{\gamma}_0-2\boldsymbol{\gamma}'_+(\boldsymbol{I}_k\otimes\boldsymbol{X}'\boldsymbol{Y})\boldsymbol{\gamma}_0+\\&\boldsymbol{\gamma}'_+(\boldsymbol{I}_k\otimes\boldsymbol{X}'\boldsymbol{X})\boldsymbol{\gamma}_++(\boldsymbol{\gamma}_+-\mu(\boldsymbol{\gamma}_0))'H(\boldsymbol{\gamma}_0)^{-1}(\boldsymbol{\gamma}_+-\mu(\boldsymbol{\gamma}_0)]\}\end{aligned} \tag{8.7.25}$$

由于式(8.7.25)给出的后验分布是一个非标准形式的分布函数，即使对于较小的 SVAR 模型系统参数向量 $\boldsymbol{\gamma}$ 的维数也是非常大的，因此直接对其进行似然分析是不可行的。但可以通过解析方法来获得 $\boldsymbol{\gamma}_+\mid\boldsymbol{\gamma}_0$ 的分布函数：

$$\pi_+(\boldsymbol{\gamma}_+\mid\boldsymbol{\gamma}_0)=\varphi(\boldsymbol{\gamma}_0^*,[\boldsymbol{I}\otimes\boldsymbol{X}'\boldsymbol{X}+H(\boldsymbol{\gamma}_0)^{-1}]^{-1}) \tag{8.7.26}$$

式中：

$$\boldsymbol{\gamma}_0^*=[\boldsymbol{I}\otimes\boldsymbol{X}'\boldsymbol{X}+H(\boldsymbol{\gamma}_0)^{-1}]^{-1}[(\boldsymbol{I}\otimes\boldsymbol{X}'\boldsymbol{Y})\boldsymbol{\gamma}_0+H(\boldsymbol{\gamma}_0)^{-1}\mu(\boldsymbol{\gamma}_0)] \tag{8.7.27}$$

参数 $\boldsymbol{\gamma}_0$ 的协方差矩阵 $\boldsymbol{H}(\boldsymbol{\gamma}_0)$ 的设定方式与 Litterman/Minnesota 先验分布存在两点不同：第一，没有对变量本身的滞后值和其他内生变量的滞后值的先验方差进行区分；第二，只是在分母上使用一个因子 σ_j^2 对协方差矩阵 $\boldsymbol{H}(\boldsymbol{\gamma}_0)$ 的元素进行修正，而不是使用

因子比率 σ_i^2/σ_j^2。为了便于理解,定义 $k^2p\times k^2p$ 维协方差矩阵 $\boldsymbol{H}(\boldsymbol{\gamma}_0)=\boldsymbol{I}_k\otimes\boldsymbol{H}_0$,$\boldsymbol{H}_0$ 是 $kp\times kp$ 维分块对角矩阵,对角线元素由 p 个 $k\times k$ 维子块矩阵构成,每个子块矩阵的元素设定为

$$h_{ij}^l=\left(\frac{\lambda_0\lambda_1}{l^{\lambda_3}\sigma_j}\right)^2 \tag{8.7.28}$$

式中:$l=1,2,\cdots,p$ 为 BVAR 模型的滞后阶数,在这里表示矩阵 $\boldsymbol{H}_0$ 对角上的第 l 个分块矩阵,$i,j=1,2,\cdots,k$,σ_j^2 是 $\boldsymbol{\Sigma}$ 的第 j 个对角线元素,矩阵 $\boldsymbol{H}_0$ 的其他非对角线元素设定为 0。

通常,可以利用"单变量 AR"或"对角 VAR"方法来获得矩阵 $\boldsymbol{\Sigma}$ 的估计值。标量 λ_0、λ_1 和 λ_3 是 3 个超参数,其中,λ_0 和 λ_1 用来控制参数 $\boldsymbol{\gamma}_0$ 和 $\boldsymbol{\gamma}_+$ 的"收紧"程度,λ_3 用来控制滞后变量方差的衰减速度。

由于可以将先验信息看作与似然函数同分布的虚拟观测值,因此,Sim 和 Zha 建议使用虚拟观测值来改进 SVAR 模型的预测效果。Doan 等(1984)的研究发现,对于向量自回归模型的内生变量向量 $\boldsymbol{y}_t$ 的第 i 个分量 y_{it},$i=1,2,\cdots,k$,它的全部滞后值的平均值(记为 $\bar{y}_i$)可以作为 y_{it} 的一个好的预测值,但对预测 y_{jt}(当 $i\neq j$ 时)没有帮助。基于上述思想,可以按如下形式定义 $k+1$ 个虚拟观测值:

$$\boldsymbol{Y}^d=\begin{pmatrix}\boldsymbol{Y}_1^d\\ \boldsymbol{Y}_2^d\end{pmatrix},\quad \boldsymbol{X}^d=\begin{pmatrix}\boldsymbol{X}_1^d\\ \boldsymbol{X}_2^d\end{pmatrix}$$

且有

$$\begin{pmatrix}\boldsymbol{Y}^d\\ \boldsymbol{Y}\end{pmatrix}\boldsymbol{C}_0+\begin{pmatrix}\boldsymbol{X}^d\\ \boldsymbol{X}\end{pmatrix}\boldsymbol{\Gamma}_+=\begin{pmatrix}\boldsymbol{U}^d\\ \boldsymbol{U}\end{pmatrix} \tag{8.7.29}$$

在式(8.7.29)中,$\boldsymbol{U}^d$ 为 $k+1$ 维扰动项矩阵,矩阵 $\boldsymbol{Y}_1^d$、$\boldsymbol{X}_1^d$、$\boldsymbol{Y}_2^d$ 和 $\boldsymbol{X}_2^d$ 定义为

$$\boldsymbol{Y}_1^d=\begin{bmatrix}\mu_5\bar{y}_{10} & 0 & \cdots & 0\\ 0 & \mu_5\bar{y}_{20} & \cdots & 0\\ \vdots & \vdots & \ddots & \vdots\\ 0 & 0 & \cdots & \mu_5\bar{y}_{k0}\end{bmatrix}_{k\times k},\quad \boldsymbol{X}_1^d=(\boldsymbol{Y}_1^d,\boldsymbol{Y}_1^d,\cdots,\boldsymbol{Y}_1^d)_{k\times kp}$$

$$\boldsymbol{Y}_2^d=(\mu_6\bar{y}_{10}\quad \mu_6\bar{y}_{20}\quad \cdots\quad \mu_6\bar{y}_{k0})_{1\times k},\quad \boldsymbol{X}_2^d=(\boldsymbol{Y}_2^d,\boldsymbol{Y}_2^d,\cdots,\boldsymbol{Y}_2^d)_{1\times kp}$$

式中:$\bar{y}_{i0}$ 是 $\bar{y}_i$ 的初值,$i=1,2,\cdots,k$;μ_5 和 μ_6 为超参数,用来控制内生变量与其滞后项之间的相关程度。当 $\mu_5\to\infty$时,意味着内生变量向量 $\boldsymbol{y}_t$ 为差分平稳的;当 $\mu_6\to\infty$时,意味着内生变量向量 $\boldsymbol{y}_t$ 存在共同趋势。

(1) Sims-Zha normal-Wishart 先验分布

Sims-Zha normal-Wishart 先验是指将协方差矩阵 $\boldsymbol{\Sigma}$ 的先验分布设定为 Wishart 分布,即

$$\boldsymbol{\Sigma}^{-1}\sim W(v_0,\boldsymbol{S}_0^{-1}) \tag{8.7.30}$$

式中:$v_0=k$ 为 Wishart 分布的自由度,$\boldsymbol{S}_0=\lambda_0^{-2}[\boldsymbol{Y}-\boldsymbol{X}(\boldsymbol{X}'\boldsymbol{X})^{-1}\boldsymbol{X}'\boldsymbol{Y}]'[\boldsymbol{Y}-\boldsymbol{X}(\boldsymbol{X}'\boldsymbol{X})^{-1}\boldsymbol{X}'\boldsymbol{Y}]$为标量矩阵,则矩阵 $\boldsymbol{\Sigma}$ 的后验分布可参见式(8.7.18)。

(2) Sims-Zha normal-flat 先验分布

Sims-Zha normal-flat 先验又称无信息先验，将协方差矩阵$\boldsymbol{\Sigma}$的先验分布设定为①

$$\pi(\boldsymbol{\Sigma}) \propto |\boldsymbol{\Sigma}|^{-\frac{(m+1)}{2}} \tag{8.7.31}$$

则$\boldsymbol{\Sigma}$的后验估计为

$$\overline{\boldsymbol{\Sigma}} = T^{-1}(\boldsymbol{Y} - \boldsymbol{X}\boldsymbol{\Gamma}_{+}^{*})'(\boldsymbol{Y} - \boldsymbol{X}\boldsymbol{\Gamma}_{+}^{*}) \tag{8.7.32}$$

式中：参数矩阵$\boldsymbol{\Gamma}_{+}^{*}$基于式(8.7.27)计算得到。

例 8.9　基于 BVAR 模型的货币政策效应实证分析

BVAR 模型的估计结果对先验分布和超参数的设定非常敏感，因此，合理设定先验分布形式和超参数值是估计 BVAR 模型的关键。这一方面取决于研究者对 BVAR 模型中待估参数的先验信息的了解，另一方面还取决于研究者通过超参数所施加的约束情况。为了将 BVAR 模型与 VAR 模型的估计结果进行对比，并直观说明 BVAR 模型中的超参数设定原则，本节进一步基于贝叶斯方法估计例 8.1 所构建的用于分析货币供应量和利率变动对经济波动影响的 VAR(2)模型。设定 BVAR 模型的先验分布为 Litterman/Minnesota 先验，并基于单变量 AR 方法估计协方差矩阵$\boldsymbol{\Sigma}$，估计结果由表 8.7.1 给出。

表 8.7.1　货币政策效应的 BVAR 模型估计结果

模型	基准模型：VAR(2)模型（例 8.1 的无约束 VAR(2)模型）			模型	模型Ⅰ：BVAR(2)模型 超参数：$\mu_1=0,\lambda_1=0.1,\lambda_2=0.99,\lambda_3=1$		
变量	rr_t	$m2\_r_t$	gdp_r_t	变量	rr_t	$m2\_r_t$	gdp_r_t
rr_{t-1}	0.734	0.432	−0.011	rr_{t-1}	0.550	0.185	−0.053
rr_{t-2}	0.105	−0.401	0.009 8	rr_{t-2}	0.112	−0.081	−0.007
$m2\_r_{t-1}$	0.071	1.111	0.131	$m2\_r_{t-1}$	0.011	0.575	0.070
$m2\_r_{t-2}$	−0.118	−0.298	−0.059	$m2\_r_{t-2}$	−0.017	0.035	0.015
gdp_r_{t-1}	−0.231	−0.579	1.023	gdp_r_{t-1}	−0.237	−0.228	0.600
gdp_r_{t-2}	0.073	0.456	−0.111	gdp_r_{t-2}	−0.048	−0.012	0.094
常数项	2.423	3.826	−0.208	常数项	3.407	7.693	1.777
模型	模型Ⅱ：BVAR(2)模型 超参数：$\mu_1=0,\lambda_1=4,\lambda_2=0.99,\lambda_3=1$			模型	模型Ⅲ：BVAR(2)模型 超参数：$\mu_1=0,\lambda_1=4,\lambda_2=0.99,\lambda_3=4$		
变量	rr_t	$m2\_r_t$	gdp_r_t	变量	rr_t	$m2\_r_t$	gdp_r_t
rr_{t-1}	0.734	0.432	−0.011	rr_{t-1}	0.772	0.382	0.002
rr_{t-2}	0.105	−0.401	0.009	rr_{t-2}	0.061	−0.370	−0.003
$m2\_r_{t-1}$	0.071	1.110	0.130	$m2\_r_{t-1}$	0.049	1.070	0.121
$m2\_r_{t-2}$	−0.117	−0.297	−0.059	$m2\_r_{t-2}$	−0.089	−0.252	−0.045

① JEFFREYS A. The theory of probability[M]. 2nd ed. Cambridge: Cambridge University Press, 1961.

续表

模型	模型Ⅱ：BVAR(2)模型 超参数：$\mu_1=0,\lambda_1=4,\lambda_2=0.99,\lambda_3=1$			模型	模型Ⅲ：BVAR(2)模型 超参数：$\mu_1=0,\lambda_1=4,\lambda_2=0.99,\lambda_3=4$		
变量	rr_t	$m2\_r_t$	gdp_r_t	变量	rr_t	$m2\_r_t$	gdp_r_t
gdp_r_{t-1}	−0.231	−0.578	1.021	gdp_r_{t-1}	−0.234	−0.544	0.991
gdp_r_{t-2}	0.072	0.454	−0.109	gdp_r_{t-2}	0.063	0.372	−0.080
常数项	2.426	3.838	−0.209	常数项	2.478	4.241	−0.266

注：① 内生变量 rr_t 为实际利率(一年期存款利率减去通货膨胀率)，$m2\_r_t$ 为实际货币供应量增长率，gdp_r_t 为实际 GDP 增长率。

② 为了便于比较，在表 8.7.1 中还给出了 VAR(2)模型的估计结果。

BVAR 模型的估计原理是通过设定先验分布来收缩参数的取值区间，从而避免无约束 VAR 的自由度损失问题。显然，当样本量比较小时，BVAR 模型的估计结果要优于 VAR 模型。但当样本量足够大时，VAR 模型的 OLS 估计量是一致且有效的，而 BVAR 模型由于限制了参数的取值范围，这将导致 BVAR 模型的估计量是非一致的。

在例 8.9 中所使用的样本区间为 1998 年 1 季度至 2015 年 4 季度，共包括 70 个有效样本，我们假设这一样本容量足够大，则表 8.7.1 中的 VAR(2)模型的估计结果是一致估计量，并将该模型定义为基准模型。通过对比分析发现，模型Ⅰ的估计结果与基准模型差异很大，这主要是因为在模型Ⅰ中将 $\lambda_1(=0.1)$ 的值设定得过小，导致 BVAR 模型中参数的估计值无法接近其真实值。模型Ⅱ的估计结果支持这一判断，在模型Ⅱ中设定 $\lambda_1=4$(其他超参数值不变)，这一设定扩大了参数的取值范围，从而使得 BVAR 模型的估计结果与 VAR 模型的估计结果非常接近。模型Ⅲ是在模型Ⅱ设定的基础上，将 λ_3 的取值从 1 增加到 4，这一改变缩小了滞后变量参数的取值范围，导致模型Ⅲ的估计结果要比模型Ⅱ差。

因此，研究者在设定 BVAR 模型时，需要在降低自由度损失与控制约束的严厉程度两个问题之间进行权衡，尽可能使用有效的先验信息来提升 BVAR 模型的估计效果。

8.8 EViews 软件的相关操作[①]

8.8.1 VAR 模型的建立和估计

1. 建立 VAR 模型

为了创建一个 VAR 对象，应选择 Object/New object/VAR，便会出现图 8.8.1 所示

① EViews 10 User's Guide Ⅱ，IHS Global Inc.，2017. Chapter 40，p687-p754.

的对话框。在该对话框中包括两个标签：一是 Basics 标签，用于指定 VAR 模型的基本信息；二是 VAR Restricitions 标签，用于对 VAR 模型参数进行线性约束。

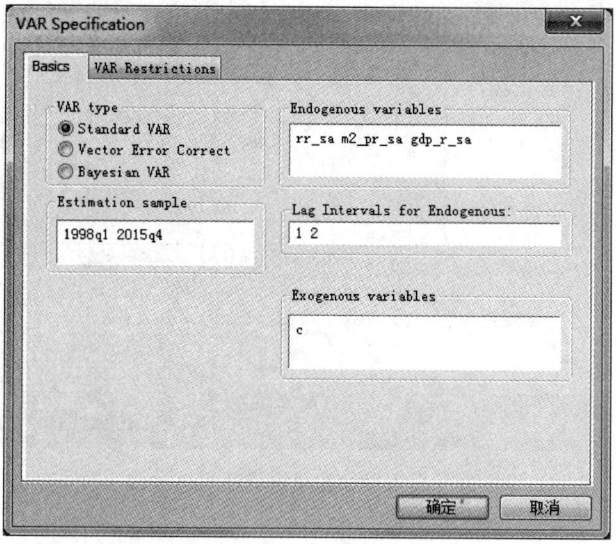

图 8.8.1　VAR 模型设定对话框

可以在 Basics 标签中添入相应的信息(以例 8.1 为例)：

(1) 选择模型类型(VAR type)：

① 标准向量自回归(Standard VAR)。

② 向量误差修正(Vector Error Correction)。

③ 贝叶斯向量自回归(Bayesian VAR)。

(2) 在 Estimation sample 编辑框中设置样本区间。

(3) 在 Endogenous variables 和 Exogenous variables 编辑栏中输入相应的内生变量和外生变量。系统通常会自动给出常数 c 作为外生变量。

(4) 在 Lag Intervals for Endogenous 编辑框中输入滞后信息，表明哪些滞后变量应该被包括在每个等式的右端。这一信息应该成对输入：每一对数字描述一个滞后区间。例如，滞后对

```
1  4
```

表示用系统中所有内生变量的 1 阶到 4 阶滞后变量作为等式右端的变量。

也可以添加代表滞后区间的任意数字，但都要成对输入。例如：

```
2  4  6  9  12  12
```

即为用 2～4 阶，6～9 阶及第 12 阶滞后变量。

2. VAR 模型的线性约束

可以在 VAR Restrictions 标签中指定 VAR 模型参数的线性约束(图 8.8.2)。

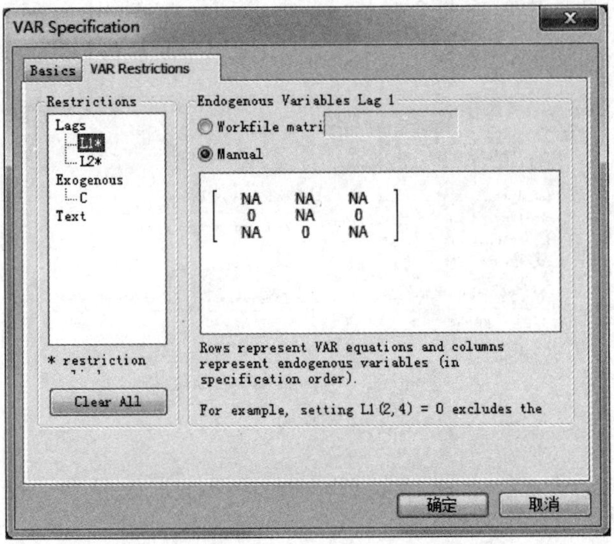

图 8.8.2　VAR 模型线性约束对话

(1) 选择受约束元素(Restrictions)：用户可通过选择内生变量滞后矩阵(L1,L2)或者内生变量系数向量(C)来指定 VAR 模型的受约束元素。

(2) 通过手工编辑指定约束(Manual)：当选择 Manual 单选按钮,用户可以通过编辑对话框中的矩阵元素来指定约束(矩阵的行代表 VAR 方程,矩阵的列代表内生变量)。矩阵的阶数由初始指定时内生变量的阶数决定。在指定的矩阵中,NA 代表需要被估计的参数,而其他元素被约束为特定的数值。

(3) 使用工作文件矩阵来指定约束(Workfile matric)：如果选择 Workfile matric 单选按钮,用户需要在后面的文本框中输入约束矩阵名,要求该矩阵已经保存在工作文件中。此外,约束矩阵需要具有正确的维数,并且对未约束元素赋值 NA,被约束元素需要赋予具体数值。

(4) 以文本形式指定约束(Text)：单击约束树的 Text 节点,则在标签的右端出现 Restriction Text 编辑区域,用户可以在其中以文本形式对滞后变量或内生变量的系数施加约束。用户可以使用方程形式的文本表述为一个或多个矩阵元素指定约束,并需要在方程文本前面加上@关键字。

(5) 使用下方的 Clear All 按钮清除已经施加的所有约束。

(6) 施加线性约束的 VAR 模型的参数估计方法选择：施加约束后,在 Basics 标签的左下方将显示"Restriction estimation"选项,用户可以指定相应的估计方法。如果用户没有选择 Iterate GLS weighting 复选框,EViews 将使用 1 步 GLS 估计；当选择 Iterate GLS weighting 复选框,并设定最大迭代次数和收敛参数时,EViews 将采用迭代 GLS 估计；当选择 Iterate GLS weighting 复选框,并指定最大迭代次数为 0 时,EViews 采用 OLS 估计。

3. VAR 估计的输出

VAR 指定对话框的 Basics 标签和 VAR Restrictions 标签均填写完毕后，单击 OK 按钮，显示 VAR 模型估计结果。

（1）表中的每一列对应 VAR 模型中一个内生变量的方程。对方程右端每一个变量，显示系数估计值、估计系数的标准差（圆括号中）及 t 统计量（方括号中）。注意：在估计系数显示区域，被约束参数的标准误用符号"—"显示，且不输出 t 统计量值。

（2）在输出结果的顶部显示 VAR 模型估计是否受约束的，并且给出了线性约束的文本表述。在约束的下方给出了相应的估计方法，如迭代 GLS 方法。

（3）在 VAR 对象估计输出的底部输出的第一部分是每个方程的标准 OLS 回归统计量。根据各自的残差分别计算每个方程的结果，并显示在对应的列中。输出的第二部分显示的是 VAR 模型的回归统计量：残差协方差均值的行列式值、对数似然值、AIC 和 SC 两个信息准则、系数的数量以及约束的数量。

4. VAR 模型滞后结构的检验

本部分将主要介绍如何确定 VAR 模型合适的滞后结构，在 VAR 对象工具栏的 View\Lag Structure 中提供了一系列的方法。

（1）AR 根的图表（AR Roots Table/Graph）

如果被估计的 VAR 模型所有根模的倒数小于 1，即位于单位圆内，则其是稳定的。如果模型不稳定，某些结果将不是有效的（如脉冲响应函数的标准误差）。共有 kp 个根，其中 k 是内生变量的个数，p 是最大滞后阶数。如果估计一个有 r 个协整关系的 VEC 模型，则应有 $k-r$ 个根等于 1。

如果所有单位根的模都小于 1，VAR 模型满足稳定性条件。如果有单位根的模大于 1，则会在输出结果的下方给出警告（warning）。还可给出单位根的图形表示，更直观一些，可以看到所有的单位根的模都落于单位圆内。

（2）滞后排除检验（Lag Exclusion Tests）

对 VAR 模型中每一个滞后执行排除检验。对于每一阶滞后，所有内生变量在特定显著性水平下的对于每一个方程的 χ^2（Wald）统计量被分别独立的列出，最后一列是联合的显著性水平。

（3）滞后长度标准（Lag Length Criteria）

计算出各种标准，选择标准 VAR 模型的滞后阶数，可以填入确切的最大滞后阶数来检验。表中将显示出直至最大滞后阶数的各种信息标准（如果在 VAR 模型中没有外生变量，滞后阶数从 1 开始，否则从 0 开始）。表中用"*"表示从每一列标准中选的滞后阶数。在 4～7 列中，是在标准值最小的情况下所选的滞后阶数。

5. VAR 残差检验

（1）相关图（Correlogram）

显示 VAR 模型在指定的滞后阶数的条件下得到的残差的交叉相关图（样本自相关）。

（2）混合的自相关检验（Portmanteau Autocorrelation Test）

计算与指定阶数所产生的残差序列相关的多变量 Box-Pierce/Ljung-Box Q 统计量。

同时计算出 Q 统计量和调整后的 Q 统计量(小样本修正)。

(3) 自相关 LM 检验(Autocorrelation LM Test)

计算与直到指定阶数所产生的残差序列相关的多变量 LM 检验统计量。

(4) 正态性检验(Normality Test)

这是 J-B 残差正态检验在多变量情形下的扩展。

(5) White 异方差检验(White Heteroskedasticity Test)

这些检验是针对系统方程的 White's 检验的扩展。

6. 建立系统(Make System)

用 VAR 对象的工具栏中的 Proc/Make System 可以产生一个与 VAR 对象设定等价的联立方程系统对象。这一过程有两个选择：

(1) 按变量次序(By Variable)：该选项产生一个系统,其详细的说明和系数的显示是以变量的次序来显示。如果想排除系统某些方程中特定变量的滞后,可以选用这个选项。

(2) 按滞后阶数(By Lag)：产生一个以滞后阶数的次序来显示其详细的说明和系数的系统。如果想排除系统某些方程中特定的滞后阶数来进行编辑,可以选用这个选项。

7. VAR 模型的预测(Forecast)

建立 VAR 模型后,在 VAR 对象工具栏中选择 Forecast 就可以对 VAR 模型的各个内生变量进行预测。

8.8.2 估计 SVAR 模型的结构因子矩阵

EViews 在估计 VAR 模型(非限制或线性约束)之后,在 VAR 对象工具栏的 Proc/Estimate Structural Factorization 过程中给出了 SVAR 模型结构因子矩阵($\boldsymbol{A}$ 和 $\boldsymbol{B}$)的估计结果。

由 $\boldsymbol{A}=\boldsymbol{C}_0$,再由式(8.2.12)可知,$\boldsymbol{A}^{-1}\boldsymbol{\Gamma}_i=\boldsymbol{\Phi}_i\ (i=1,2,\cdots,p)$,则 $\boldsymbol{\Gamma}_i=\boldsymbol{A}\boldsymbol{\Phi}_i$,$\boldsymbol{\Phi}_i$ 已由 VAR 模型估计出来了,因此只要结构因子矩阵($\boldsymbol{A}$ 和 $\boldsymbol{B}$)估计出来,SVAR 模型的全部未知参数就都计算出来了。结构因子矩阵用于 SVAR 模型的脉冲响应函数和方差分解。

有两种形式的可识别约束：短期和长期。短期约束基于 8.2 节所介绍的 A-B 型 SVAR 模型和 S-型 SVAR 模型,长期约束基于脉冲响应的累积响应函数。对于每一种形式,可识别约束都能被指定为文本形式或矩阵模式。

1. A-B 型短期约束

在许多问题中,对于 $\boldsymbol{A}$、$\boldsymbol{B}$ 矩阵的可识别约束是简单地排除 0 约束。在这种情况下,可以通过创建矩阵指定 $\boldsymbol{A}$、$\boldsymbol{B}$ 的约束,矩阵中未知元素定义为缺省值 NA,在矩阵中所有非缺省的值被固定为某一指定的约束值。

以例 8.2 为例,首先建立一个 VAR(3)模型,然后在 VAR 模型的菜单中选择 Proc/Estimate Structural Factorization,出现 SVAR Options 对话框(图 8.8.3)。在 Identifying Restrictions 标签中的左侧 Restriction 下的 Pattern Matrics 树型结构中选择矩阵 $\boldsymbol{A}$(或 $\boldsymbol{B}$)。

(1) 通过手工编辑指定约束(Manual)。如果用户在 Factorization Matrix A(或 B)框

架中选择 Manual 单选按钮，则可以在其下面的文本框中通过手工编辑结构因子矩阵 **A** 或 **B** 的元素。（矩阵的行代表 VAR 方程，矩阵的列代表内生变量）。矩阵的阶数由初始指定时内生变量的阶数决定。

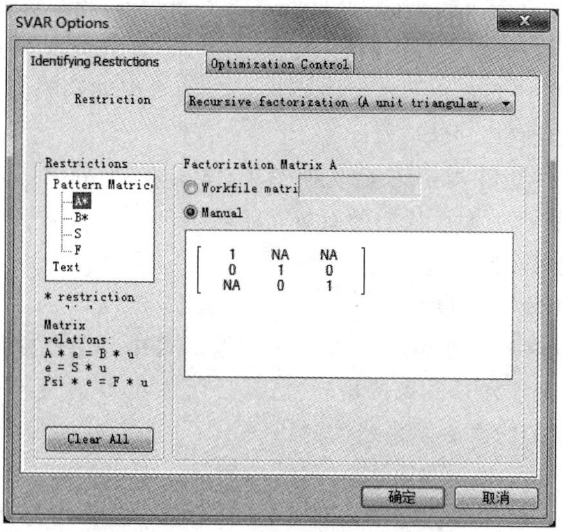

图 8.8.3　SVAR Options 对话框

（2）使用工作文件矩阵来指定约束（Workfile matric）：如果选择 Workfile matric 单选按钮，用户需要在后面的文本框中输入已约束矩阵名，要求该矩阵已经保存在工作文件中。此外，约束矩阵需要具有正确的维数，并且对未约束元素赋值 NA，被约束元素需要赋予具体数值。

（3）以文本形式指定约束（Text）：单击约束树的 Text 节点，则在标签的右端出现 Restriction Text 编辑区域，用户可以在其中以文本形式对滞后变量或内生变量的系数施加约束。用户可以使用方程形式的文本表述为一个或多个矩阵元素指定约束，并需要在方程文本前面加上@关键字，编辑区域下方有示例。

（4）使用下方的 Clear All 按钮清除已经施加的所有约束。

2. S-型短期约束

可以采用与 A-B 型 SVAR 模型短期约束相类似的方法，约束 S-型 SVAR 模型参数。

需要注意的是，尽管对矩阵 **S** 中元素施加约束更为方便，但用户无法从矩阵 $\boldsymbol{S}=\boldsymbol{A}^{-1}\boldsymbol{B}$ 中将矩阵 **A** 和矩阵 **B** 单独识别出来。

3. F-型长期约束

体现在关系式 $\boldsymbol{Ae}_t=\boldsymbol{Bu}_t$ 或 $\boldsymbol{e}_t=\boldsymbol{Su}_t$ 中的可识别约束，通常指短期约束。Blanchard 和 Quah(1989)[①]提出了另外一种可识别的方法，是基于脉冲响应长期性质的约束。针对

① BLANCHARD J, QUAH D. The dynamic effects of aggregate demand and aggregate supply disturbances[J]. The American economic review, 1989, 79(4): 655-673.

式(8.4.24),长期可识别约束依据累计响应函数矩阵$\boldsymbol{\Psi}$的形式指定,典型的是0约束形式。$\Psi_{ij}=0$的约束表示第i个变量对第j个结构冲击的长期响应为0。

应该注意式(8.4.24)中对长期响应的表达式包括$\boldsymbol{A}$的逆。EViews目前要求所有的约束对$\boldsymbol{A}$、$\boldsymbol{B}$矩阵中的元素是线性的,如果指定一长期约束,则矩阵$\boldsymbol{A}$必须是可识别的。

(1) 通过手工编辑指定F-型长期约束(Manual)。如果选择Manual单选按钮,然后选定矩阵$\boldsymbol{F}$,则可以在其下面的文本框中通过手工编辑长期约束矩阵$\boldsymbol{F}$的元素,从而实现对矩阵$\boldsymbol{F}$中元素的约束。

(2) 使用工作文件矩阵指定F-型长期约束(Workfile matrix)。先建立长期约束矩阵,然后在相应的编辑框中填入长期约束矩阵的名字。

(3) 用文本形式表示约束。

4. 对可识别约束说明的限制

(1) $\boldsymbol{A}$、$\boldsymbol{B}$、$\boldsymbol{S}$矩阵必须是非奇异方阵。在文本形式中,VAR模型的内生变量个数必须与方程个数一样;对于短期约束的矩阵模式,必须为$\boldsymbol{A}$、$\boldsymbol{B}$、$\boldsymbol{S}$矩阵提供模板矩阵。

(2) $\boldsymbol{A}$、$\boldsymbol{B}$、$\boldsymbol{S}$元素的约束必须是线性的。

(3) 在EViews中VEC模型不能实现结构分解。

(4) 可识别约束条件一般假定结构新息$\boldsymbol{u}_t$有单位方差。因此,通常估计$\boldsymbol{B}$矩阵的对角元素,以至于可以获得结构冲击的标准偏差。

5. 最优化控制

最优化控制(Optimization Control)的选项在SVAR Options对话框的Optimization Control栏下提供。用户可以指定初始值、迭代的最大数和收敛标准。此外,用户还可以指定标准化符号(Normalize signs)、忽略错误信息(Ignore errors)和记录最优化参数间隔(Optimization trace period)选项来辅助EViews的最优化迭代过程。

6. $\boldsymbol{A}$、$\boldsymbol{B}$、$\boldsymbol{S}$、$\boldsymbol{F}$矩阵的估计和输出

为了使用脉冲响应和方差分解的结构选项,必须先估计$\boldsymbol{A}$和$\boldsymbol{B}$这两个矩阵。一旦提供了上述所描述的任何一种形式的可识别约束,单击SVAR Options对话框的OK按钮,就可以估计$\boldsymbol{A}$、$\boldsymbol{B}$、$\boldsymbol{S}$矩阵。

假定扰动项是多元正态的,EViews使用极大似然估计法估计$\boldsymbol{A}$、$\boldsymbol{B}$、$\boldsymbol{S}$、$\boldsymbol{F}$矩阵。使用不受限制的参数代替受限制的参数计算似然值。对数似然值通过得分方法最大化,在这里梯度和期望信息矩阵使用解析法计算。

一旦估计收敛,EViews就会在VAR对象窗口中显示输出结果。第一部分输出为用户指定的约束条件;第二部分为无约束参数估计结果输出,包括估计值、标准误差和z统计量,以及对数似然的最大值(A-B型短期约束)或目标值(F-型长期约束);第三部分给出$\boldsymbol{A}$、$\boldsymbol{B}$、$\boldsymbol{S}$、$\boldsymbol{F}$矩阵参数的估计结果。

8.8.3 Granger因果检验

首先介绍在VAR模型中进行Granger因果检验。建立VAR模型后,在VAR对象的工具栏中选择View\Lag Structure\Pairwise Granger Causality Tests,将出现Granger

因果检验结果表。

Granger 因果检验主要是用来检验一个内生变量是否可以作为外生变量对待。对于 VAR 模型中的每一个方程，将输出每一个其他内生变量的滞后项（不包括它本身的滞后项）联合显著的 χ^2（Wald）统计量，在表的最后一行（All）列出了检验所有滞后内生变量联合显著的 χ^2 统计量数值。例 8.1 的检验结果在例 8.3 的表 8.3.1 列出。

其次在组（Group）的 View\Granger Causality 菜单里也可以实现 Granger 因果检验，但是需要先确定滞后阶数，然后输出变量的两两组合的检验结果。

VAR 模型和组（Group）的输出结果在形式和统计量上都不一样，在 VAR 中用的是 χ^2 统计量，而在 Group 中使用的是 F 统计量。但是含义是一样的：如 gdp_r 不能 Granger 引起 $m2\_r$，即在 $m2\_r$ 的方程中 gdp_r 的滞后变量应作为外生变量；rr 不能 Granger 引起 gdp_r，即在 gdp_r 的方程中 rr 的滞后变量应作为外生变量。这和例 8.3 讨论的结果基本一致的。

需要注意：如果估计一个 VEC 模型，Granger 因果检验仅检验其一阶差分，不检验误差修正项。

8.8.4　脉冲响应函数和方差分解的计算

为了得到脉冲响应函数，先建立一个 VAR 模型，然后在 VAR 对象的工具栏中选择 View/Impulse Response...或者直接单击工具栏的 Impulse，得到 Impulse Responses 对话框，有两个菜单页：Display 和 Impulse Definition。

1. Display 菜单提供的选项

（1）显示形式（display format）

选择以图或表来显示结果。如果选择 Combined Graphs，则 Response Standard Error 选项是灰色的，不显示标准误差。而且应注意：输出表的格式是按响应变量的顺序显示，而不是按脉冲变量的顺序显示。

（2）显示信息（display information）

输入产生冲击的变量（impulses）和希望观察其脉冲响应的变量（responses）。可以输入内生变量的名称，也可以输入变量的对应的序数。输入变量的顺序仅仅影响结果的显示。

可以在 Responses 栏中输入多个变量名，如果仅想观察一个变量的脉冲响应信息，则可在 Responses 栏中仅输入这个变量名。

还应定义一个确定响应函数轨迹的期间的正整数。如果想显示累计的响应，则需要单击 Accumulate Response 选项。对于稳定的 VAR 模型，脉冲响应函数应趋向于 0，且累计响应应趋向于某些非 0 常数。

（3）脉冲响应标准误差（response standard error）

提供计算脉冲响应标准误差的选项。解析的或 Monte Carlo 标准误差对一些 Impulse 选项和误差修正模型（VEC）一般不一定有效。若选择了 Monte Carlo，还需在下面的编辑框确定合适的迭代次数。

如果选择表的格式,被估计的标准误差将在响应函数值下面的括号内显示。如果选择以多图来显示结果,曲线图将包括关于脉冲相应的正负(+/−)两个标准偏离带。在 Combined Graphs 中将不显示标准误差偏离带。

2. Impulse Definition 菜单提供了转换脉冲的选项

(1) Residual-One Unit

设置脉冲为残差的一个单位的冲击。这个选项忽略了 VAR 模型残差的单位度量和相关性,所以不需要转换矩阵的选择。这个选项所产生的响应函数是 VAR 模型相对应 VMA(∞)模型的系数。

(2) Residual-One Std. Dev

设置脉冲为残差的一个标准偏差的冲击。这个选项忽略了 VAR 模型残差的相关性。

(3) Cholesky

用残差协方差矩阵的 Cholesky 因子的逆来正交化脉冲。这个选项为 VAR 模型的变量强加一个次序,并将所有影响变量的公共因素归结到在 VAR 模型中第一次出现的变量上。注意,如果改变变量的次序,将会明显地改变响应结果。可以在 Cholesky Ordering 的编辑框中重新定义 VAR 模型中变量的次序。

d. f. adjustment:在估计的残差协方差矩阵利用 Cholesky 因子时进行小样本的自由度修正。具有自由度修正的残差协方差矩阵的第(i,j)元素的计算是按下列公式计算的:

$$\frac{1}{T-m}\sum_t \hat{\varepsilon}_{it}\hat{\varepsilon}_{jt}$$

式中:m 为 VAR 模型中每一个方程中待估计参数的个数。

no d. f. adjustment:估计残差协方差矩阵的第(i,j)元素的计算是按下列公式计算的:

$$\frac{1}{T}\sum_t \hat{\varepsilon}_{it}\hat{\varepsilon}_{jt}$$

(4) 广义脉冲(generalized impulses)

当协方差矩阵$\boldsymbol{\Sigma}$是对角矩阵时,Cholesky 正交脉冲与广义脉冲的结果是一致的。当协方差矩阵$\boldsymbol{\Sigma}$是非对角矩阵时,Cholesky 正交脉冲与广义脉冲只在冲击发生在第一个变量的时候相等。

广义脉冲不依赖于变量的次序,EViews 计算第 j 个变量的广义脉冲时,是将第 j 个变量放在 Cholesky 分解次序中的第一个,然后计算每一个变量的冲击响应。例 8.4 就是选择广义脉冲这一选项。

(5) 结构分解(structural decomposition)

用结构因子分解矩阵估计的正交转换矩阵。如果没有先估计一个结构因子分解矩阵,或者没有对模型施加约束,这个选项不能用。例如例 8.5 中首先要计算出 SVAR(2)模型的结构因子矩阵 $\boldsymbol{A}$ 和 $\boldsymbol{B}$ 的估计结果,然后利用这一选项计算正交的脉冲响应函数。

(6) 用户指定(user specified)

这个选项允许用户定义脉冲。建立一个包含脉冲的矩阵(或向量),并在编辑框中输入矩阵的名字。如果 VAR 模型中有 k 个内生变量，则脉冲矩阵必须是 k 行和 1 列或 k 列的矩阵，每一列代表一个脉冲向量。

例如：一个有 $k(=3)$ 个变量的 VAR 模型，希望同步对第一个变量有正的一个单位的冲击，给第二个变量负的一个单位的冲击，可以建立一个 3×1 的脉冲矩阵 SHOCK，其值分别为：1，−1，0。在编辑框中键入矩阵的名字：SHOCK。

3. 方差分解的实现

为了得到 VAR 模型的方差分解，从 VAR 对象的工具栏中选 View/Variance Decomposition 项，可得到 VAR Variance Decompositions 对话框。需要提供和上面的脉冲响应函数一样的信息。而且应该注意，8.4.5 小节关于方差分解的介绍仅限于误差项无序列相关，因此所选的因子分解仅限于正交的因子分解。

Table 表示方式分别对每个内生变量显示方差分解。第二列 S. E. 是在给定预测水平上的变量的预测误差。出现这种预测误差的原因可能是：VAR 模型中的各个内生变量扰动项的当期值和未来值的变化。其余列显示了每个扰动项所引起的预测方差所占的比重，每行加起来是 100。

与脉冲响应函数一样，如果改变 VAR 模型中变量的顺序，基于 Cholesky 因子的方差分解能有明显的改变。例如，排在第一个变量的第一期分解完全依赖于它自己的扰动项。

只有像在 SVAR 模型中那样估计一个结构因子分解矩阵时，基于结构正交化的因子分解才是有效的。注意，如果 SVAR 模型是恰好可识别的，那么预测的标准误差将等同于 Cholesky 因子分解的标准误差。对于过度识别的 SVAR 模型，为了保持更有效的性质，所预测的标准误差可能不同于 Cholesky 因子分解的标准误差。

8.8.5 协整检验

为了实现协整检验，从 VAR 对象或 Group（组）对象的工具栏中选择 View/Cointegration Test...可出现 Johansen Cointegration Test 对话框。协整检验仅对已知非平稳的序列有效，所以需要首先对 VAR 模型中每一个序列进行单位根检验。EViews 软件中协整检验实现的理论基础是 Johansen(1991，1995a)协整理论。在 Cointegration Test Specification 的对话框中将提供关于检验的详细信息。

1. 协整检验的设定

（1）确定性趋势的说明

序列也许会有非零均值，或与随机趋势一样有确定趋势。类似地，协整方程也可能会有截距和确定趋势，关于协整的 2 个似然比(LR)检验统计量(trace 统计量和 λ-max 统计量)的渐近分布不再是通常的 χ^2 分布，它的分布依赖于与确定趋势有关的假设。因此，为了完成这个检验，需要提供关于基本数据的趋势假设。

EViews 在 Deterministic trend assumption of test 对话框中，为 8.5.3 小节讨论的 5 种可能形式提供了检验。

如果不能确定用哪一个趋势假设，可以选择 Summary of all 5 trend assumption（第 6 个选择）帮助确定趋势假设的选择。这个选项在 5 种趋势假设的每一个下面都标明协整关系的个数,可以看到趋势假设检验结果的敏感性。

(2) 外生变量

对话框还允许指定包含于 VAR 模型中的附加的外生变量 $\boldsymbol{x}_t$。常数和线性趋势不应被列在该编辑框中,因为它们在 5 个 Trend Specification 选项中得到了指定。假如确实包含外生变量,应当意识到 EViews 算出的临界值并没有考虑这些变量。

(3) 滞后区间

应当用一对数字确定协整检验的滞后区间。需要注意的是:滞后设定是指在辅助回归中的一阶差分的滞后项,不是指原序列。例如,如果在编辑栏中输入“1 2”,协整检验用 $\Delta\boldsymbol{y}_t$ 对 $\Delta\boldsymbol{y}_{t-1}$,$\Delta\boldsymbol{y}_{t-2}$ 和其他指定的外生变量做回归,此时与原序列 $\boldsymbol{y}_t$ 有关的最大的滞后阶数是 3。

2. 协整检验结果的解释

(1) 协整关系的数量

输出结果的第一部分给出了协整关系的数量,并以两种检验统计量的形式显示:第一种检验结果是所谓的迹统计量,列在第一个表格中;第二种检验结果是最大特征值统计量,列在第二个表格中。对于每一个检验结果,第一列显示了在原假设成立条件下的协整关系数;第二列是式(8.5.2)中$\boldsymbol{\Pi}$ 矩阵按由大到小排序的特征值;第三列是迹统计量或最大特征值统计量;第四列是在 5%显著性水平下的临界值;最后一列是根据 MacKinnon-Haug-Michelis(1999)提出的临界值所得到的 p 值。

为了确定协整关系的数量,依次进行从 $r=0$ 到 $r=k-1$ 的检验,直到被拒绝。这个序贯检验的结果在每一个表的最下方显示。

(2) 协整关系

输出的第二部分给出协整关系$\boldsymbol{\beta}$ 和调整参数$\boldsymbol{\alpha}$ 的估计。如果不强加一些任意的正规化条件,协整向量$\boldsymbol{\beta}$ 是不可识别的。在第一块中报告了基于正规化$\boldsymbol{\beta}'\boldsymbol{S}_{11}\boldsymbol{\beta}=\boldsymbol{I}$[其中 $\boldsymbol{S}_{11}$ 在 Johansen(1995a)作出了定义]的$\boldsymbol{\beta}$ 和$\boldsymbol{\alpha}$ 的估计结果。注意:在 Unrestricted Cointegrating Coefficients 下$\boldsymbol{\beta}$ 的输出结果:第一行是第一个协整向量,第二行是第二个协整向量,以此类推。

其余的部分是在每一个可能的协整关系数下($r=0,1,\cdots,k-1$)正规化后的估计输出结果。一个可选择的正规化方法是:在系统中,前 r 个变量作为其余 $k-r$ 个变量的函数。近似的标准误差在可识别参数的圆括号内输出。

8.8.6 VEC 模型的建立和估计

1. 如何估计 VEC 模型

由于 VEC 模型的表达式仅仅适用于协整序列,所以应先运行 Johansen 协整检验,并确定协整关系数。需要提供协整信息作为 VEC 对象定义的一部分。

如果要建立一个 VEC 模型,在如图 8.8.4 所示的 VAR 对象设定框中,从 VAR type 中选择 Vector Error Correct 项。在 VAR Specification 选项卡中,除了特殊情况外,应该提供与无约束的 VAR 模型相同的信息。

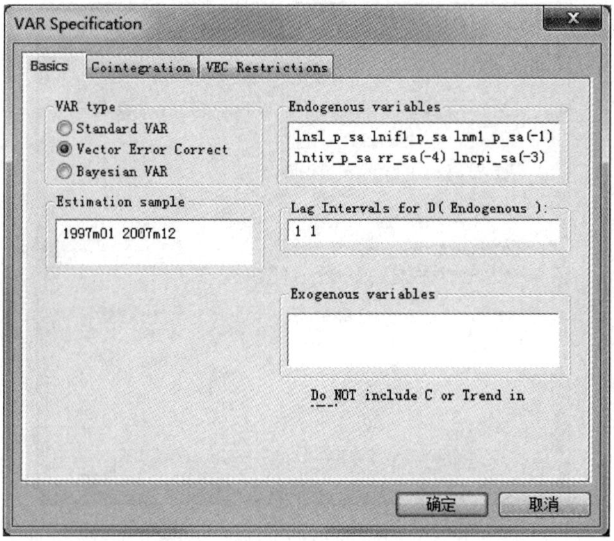

图 8.8.4　VEC 对象设定对话框

(1) 在 VEC 模型中滞后间隔的说明指一阶差分的滞后。例如,滞后说明“1　1”将包括 VEC 模型右侧的变量的一阶差分项的滞后,即 VEC 模型是两阶滞后约束的 VAR 模型。为了估计没有一阶差分项的 VEC 模型,指定滞后的形式为“0　0”。

(2) 对 VEC 模型常数和趋势的说明在 Cointegration 选项卡。必须从 5 个趋势假设说明中选择一个,也必须在 Number of Cointegrating 编辑框中填入协整关系的个数,即选定的长期方程个数,应该是一个小于 VEC 模型中内生变量个数的正数。

(3) 如果想强加约束于协整关系或(和)调整参数,用 VEC Restrictions 选项卡(图 8.8.5)。注意:如果没在 VAR Specification 选项卡中单击 Vector Error Correction 项,这一栏将是灰色的。

在图 8.8.5 中 $B(i,j)$表示$\boldsymbol{\beta}$矩阵转置的第(i,j)个元素,i 是指协整方程序号,j 是指协整方程的变量序号。例如,$B(2,1)$表示第 2 个协整方程中第 1 个变量的系数。注意:这个索引与$\boldsymbol{\beta}$的转置相对应。对矩阵$\boldsymbol{\alpha}$ 的约束类似。需要注意:这些约束只能是等式。

一旦填完这个对话框,单击“确定”按钮即可估计 VEC 模型。VEC 模型的估计分两步完成:第一步,从 Johansen 所用的协整检验估计协整关系;第二步,用所估计的协整关系构造误差修正项,并估计包括误差修正项作为回归量的一阶差分形式的 VEC 模型。

2. VEC 模型估计的输出

VEC 模型估计的输出包括两部分。第一部分显示了第一步从 Johansen 过程所得到的结果。如果不强加约束,EViews 将会用系统默认的可以识别所有的协整关系的正规化方法。系统默认的正规化表述为:将 VEC 模型中前 r 个变量作为剩余 $k-r$ 个变量的函数,其中 r 表示协整关系数,k 是 VEC 模型中内生变量的个数。注意:经使用发现 EViews 所列出的协整(长期)方程估计结果未必是协整的,所以还应分别对每个方程的

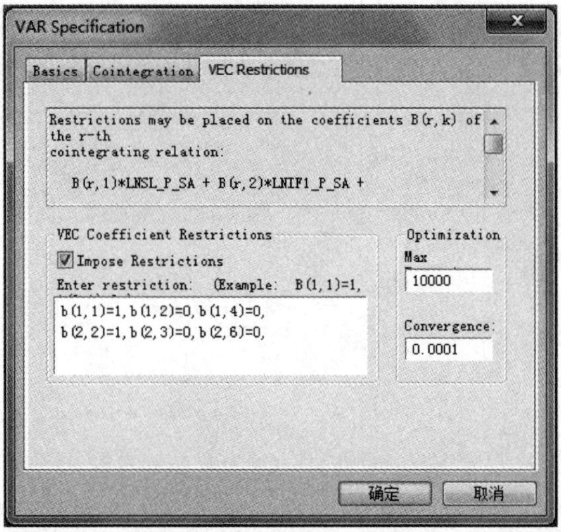

图 8.8.5　VEC 模型的 Restrictions 对话框

组成变量进行协整检验，如不协整，需重新修改约束，重新估计，直到估计的协整(长期)方程满足协整关系为止。

第二部分输出的每一列是在第一步之后以误差修正项作为回归量的一阶差分的 VAR 模型。每个方程前面是误差修正项的系数 $\alpha_1, \alpha_2, \cdots$ 以 CointEq1, CointEq2, …形式输出；后面是差分滞后项的系数，如例 8.8 式(8.6.18)中 $\Delta \boldsymbol{y}_{t-1}$ 的系数 $\boldsymbol{\Gamma}_1$，输出形式与无约束的 VAR 输出形式相同。

在 VEC 模型输出结果的底部，有系统的两个残差协方差矩阵的行列式值。第一个值标有(d. f. adjusted)，其计算用自由度修正的残差协方差矩阵，这是无约束的 VAR 模型的对数似然值。标有 Log Likelihood 的值是以没有修正自由度的残差协方差矩阵计算的。这个值与协整检验所输出的值是可比较的。

3. 建立系统 (Make System)

用 VAR 对象的工具栏中的 Proc\Make System 可以产生一个与 VEC 对象设定等价的联立方程系统对象，如例 8.8 就产生 6 个相应的误差修正模型，并根据经济意义对方程进行调试，例 8.8 中得到实际消费和实际投资 2 个误差修正模型。

8.8.7　贝叶斯 VAR 模型的估计

建立贝叶斯 VAR(BVAR)模型，需选择 Objects/New object/VAR，选择 Objects/New object/VAR，弹出 VAR Specification 对话框，在对话框左侧的 VAR Type 中选择 Bayesian VAR 单选按钮。则图 8.8.1 所示的 VAR 对话框将转变为 BVAR 指定对话框，由 3 个选项卡构成：Basics 选项卡、Prior type 选项卡和 Prior specification 选项卡。用户可以在 Basics 选项卡进行标准 VAR 设定，包括设定内生变量、滞后阶数、外生变量和样本区间。

1. 先验分布类型(Prior type)

用户可以在图 8.8.6 所示的 Prior type 选项卡中指定所使用的先验分布类型,以及选择初始残差协方差矩阵的计算方法。

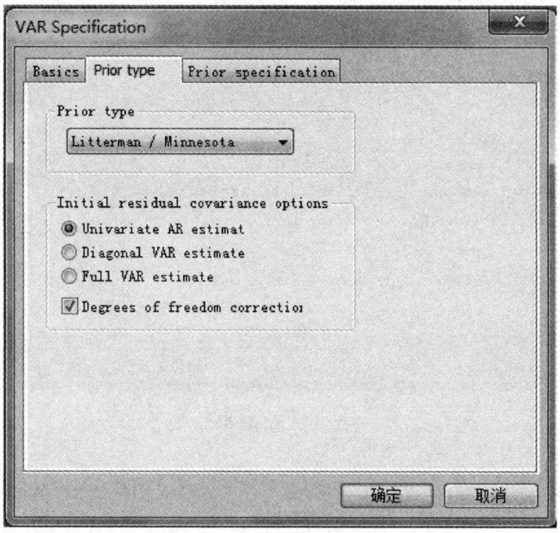

图 8.8.6　BVAR 模型设定对话框(1)

用户可以在 Prior type 下拉菜单中选择 4 种先验分布：Litterman/Minnesota 先验分布、Normal-Wishart 先验分布、Sims-Zha(normal-Wishart)先验分布和 Sims-Zha(normal-Flat)先验分布。

除 Normal-Wishart 先验分布之外,用户可以在 Initial residual covarianc options 选项组中为每个先验分布选择初始残差协方差矩阵的估计方法。

(1) Univariate AR estimate(单变量 AR 估计)：将初始残差协方差矩约束为对角阵,其对角线元素是 VAR 模型中单个方程的误差方差的 OLS 估计。

(2) Diagonal VAR estimate(对角 VAR 估计)：将残差协方差矩约束为对角阵,整体估计 VAR 模型,从而获得初始残差协方差矩估计。

(3) Full VAR estimate(整体 VAR 估计)：不对初始残差协方差矩进行约束,整体估计 VAR 模型,从而获得初始残差协方差矩估计。

此外,还可以选择 Degrees of freedom correction 复选框,要求 Eviews 在估计初始残差协方差矩时进行自由度修正。

2. 先验分布指定(Prior specification)

用户可以在图 8.8.7 所示的 Prior specification 选项卡中为先验分布的超参数赋值。当选择 Prior specification type 选项组中的 Hyper-parmeters 单选按钮时,用户可以在 Prior specification 选项卡中直接为超参数赋值；当选择 User-specifed 单选按钮时,需要用户提供一个用户已构建好的参数矩阵。

(1) Litterman/Minnesota 先验分布

对于 Litterman/Minnesota 先验分布,用户需要使用 4 个标量 μ_1、λ_1、λ_2 和 λ_3 来指定

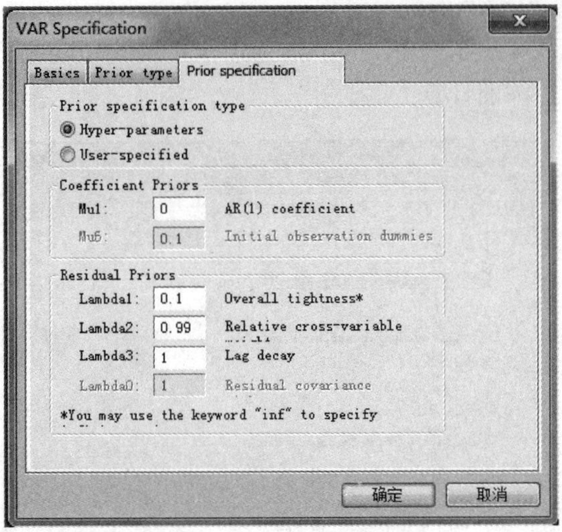

图 8.8.7 BVAR 模型设定对话框(2)

超参数。为减少参数估计时的过度拟合风险,先验分布均值中的所有元素趋于 0,因此,通常设置 $\mu_1=0$。

标量 λ_1 用来控制整体参数的"收紧"程度,以及先验信息和样本之间的相对重要性,当 λ_1 越小时,意味着参数能够变动的范围越小,先验信息相对越重要。标量 λ_2 用来控制交叉变量之间的相关性,当设置 $\lambda_2=0$ 时,意味着 VAR 模型退化为由单变量模型构成的向量。标量 $\lambda_3>0$ 用来控制滞后变量方差的衰减速度。作为参考,Koop 和 Korobilis (2009)设置 $\lambda_3=2$,而 Kadiyala 和 Karlsson(1997)设置 $\lambda_3=1$①。

如果用户希望使用矩阵形式来指定超参数值,选择 User-specifed 单选按钮,并在编辑框中输入已经建立好的先验系数均值(Coefficient means)向量名和先验系数协方差(Coefficient covariance)矩阵名。

(2) Normal-Wishart 先验分布

对于 Normal-Wishart 先验分布,用户可以指定两个超参数,其中,μ_1 用来控制参数 $\boldsymbol{\theta}$ 的先验分布的均值,λ_1 用来控制参数 $\boldsymbol{\theta}$ 的先验分布的协方差。

如果选择 User-specified 单选按钮,则需用户在编辑框中输入一个先验系数均值向量名。

(3) Sims-Zha 先验分布

根据对矩阵 $\boldsymbol{\Sigma}$ 的先验分布的不同设定,Sims-Zha 先验分布又分为 Sims-Zha(normal-Wishart)先验分布和 Sims-Zha(normal-Flat)先验分布。对两种 Sims-Zha 先验分布,均

① KOOP G, KOROBILIS D. Bayesian multivariate time series methods for empirical macroeconomics[J]. Foundations & trends in econometrics, 2009, 3(4): 267-358.

KADIVALA K R, KARLSSON S. Numerical methods for estimation and inference in bayesian VAR-models[J]. Journal of applied econometrics, 1997, 12(2): 99-132.

需要指定 5 个标量 μ_5、μ_6、λ_1、λ_3 和 λ_0。

标量 μ_5 和 μ_6 用来控制内生变量与其滞后项之间的相关程度。当 $\mu_5 \to \infty$ 时，意味内生变量向量 $\boldsymbol{y}_t$ 为差分平稳的；当 $\mu_6 \to \infty$ 时，意味内生变量向量 $\boldsymbol{y}_t$ 存在共同趋势。标量 λ_0 和 λ_1 用来控制待估参数的"收紧"程度，λ_3 用来控制滞后变量方差的衰减速度。

如果选择 User-specified 单选按钮，则需用户在编辑框中输入一个先验系数协方差矩阵名。

第 9 章　扩展的面板数据模型①

21 世纪以来，随着使用跨国时间序列数据研究购买力平价、经济增长收敛和国际研发溢出等问题的广泛开展，面板数据计量经济学的一个领域开始向宏观面板数据的研究拓展，同时随着定期进行微观调查的各类数据库的不断涌现，面板数据计量经济学的另一个领域也在向微观面板数据的研究深入开展。广大学者越来越关注面板数据模型的理论与应用研究，近年来的研究成果涵盖了经济学、管理学、统计学、人口学、环境科学、医学、遗传学、社会学等诸多领域。对面板数据模型的研究，一方面集中在利用时间序列方法考虑面板数据的非平稳性、虚假回归和协整，研究如何对面板数据进行单位根检验和协整检验；另一方面利用宏观面板数据具有较长时间序列的优势，研究经济关系的动态调整过程，即关注动态面板数据计量模型的估计及检验问题。目前许多计量经济软件已实现利用单方程回归模型的大多数方法来估计面板数据模型，如广义矩方法(generalized method of moments，GMM)、离散选择模型、受限因变量模型、非线性模型等。由于篇幅有限，本章主要介绍面板数据的单位根检验、协整检验、面板广义矩模型(GMM)和动态面板模型的估计及检验。其他方法可参见白仲林教授在《面板数据计量经济学》中的详细介绍。

9.1　面板数据的单位根检验

面板数据的单位根检验方法同普通的单序列的单位根检验方法虽然很类似，但两者又不完全相同。在第 2 章介绍的单序列单位根检验方法的基础上，本节将简要地介绍面板数据的 5 种单位根检验方法。

对面板数据考虑下面的 AR(1)过程：

$$y_{it}=\rho_i y_{it-1}+\boldsymbol{x}'_{it}\boldsymbol{\delta}_i+u_{it},\quad i=1,2,\cdots,N\quad t=1,2,\cdots,T_i \tag{9.1.1}$$

式中：$\boldsymbol{x}_{it}$ 表示模型中的外生变量向量，包括各截面的固定影响和时间趋势；N 表示截面成员的个数；T_i 表示第 i 个截面成员的观测时期数；参数 ρ_i 为自回归的系数；随机误差项 u_{it} 相互满足独立同分布假设。可见，对于式(9.1.1)所表示的 AR(1)过程，如果 $|\rho_i|<1$，则对应的序列 y_i 为平稳序列；如果 $|\rho_i|=1$，则对应的序列 y_i 为非平稳序列。

根据对式(9.1.1)中参数 ρ_i 的不同限制，可以将面板数据的单位根检验方法划分为

---

① 萧政. 面板数据分析[M]. 2 版. 北京：中国人民大学出版社，2012.
白仲林. 面板数据计量经济学[M]. 北京：清华大学出版社，2019.
伍德里奇. 横截面与面板数据的计量经济分析：上册[M]. 2 版. 北京：中国人民大学出版社，2016.
巴尔塔基. 面板数据计量经济分析[M]. 白仲林，等译. 4 版. 北京：机械工业出版社，2010.

两大类。一类为相同根情形下的单位根检验，这类检验方法假设面板数据中的各截面序列具有相同的单位根过程（common unit root process），即假设式（9.1.1）中的参数 ρ_i 满足 $\rho_i=\rho\ (i=1,2,\cdots,N)$；另一类为不同根情形下的单位根检验，这类检验方法允许面板数据中的各截面序列具有不同的单位根过程（individual unit root process），即允许参数 ρ_i 跨截面变化。

9.1.1　相同根情形下的单位根检验

1. LLC 检验①

LLC（Levin-Lin-Chu）检验仍采用 ADF 检验式形式，即检验时考虑式（9.1.2）所表示的模型：

$$\Delta y_{it}=\eta y_{it-1}+\sum_{j=1}^{p_i}\beta_{ij}\Delta y_{it-j}+\boldsymbol{x}'_{it}\boldsymbol{\delta}+u_{it},\quad i=1,2,\cdots,N\quad t=1,2,\cdots,T \tag{9.1.2}$$

式中：$\eta=\rho-1$；p_i 为第 i 个截面成员的滞后阶数，在该模型中允许其跨截面变化。LLC 检验的原假设为面板数据中的各截面成员时间序列均具有一个相同单位根，备择假设为各截面成员时间序列均没有单位根，即 $H_0:\eta=0$，$H_1:\eta<0$。

LLC 检验的主要思路是首先构造两组正交的残差序列作为代理变量，然后建立代理变量的混合回归模型，修正正交残差序列混合回归模型系数的 t 统计量，最后以此统计量检验面板数据存在单位根的 LLC 原假设。该检验方法的具体步骤如下：

（1）给定各截面成员的滞后阶数 p_i 后，分别估计 Δy_{it} 和 y_{it-1} 对滞后差分项 Δy_{it-j} 以及外生变量 $\boldsymbol{x}_{it}$ 的回归模型，得到的相应参数的估计值（$\hat{\beta}_{ij}$，$\hat{\boldsymbol{\delta}}$）和（$\dot{\beta}_{ij}$，$\dot{\boldsymbol{\delta}}$），并得到正交化残差序列

$$\hat{e}_{it}=\Delta y_{it}-\sum_{j=1}^{p_i}\hat{\beta}_{ij}\Delta y_{i,t-j}-\boldsymbol{x}'_{it}\hat{\boldsymbol{\delta}} \tag{9.1.3}$$

$$\hat{v}_{i,t-1}=y_{i,t-1}-\sum_{j=1}^{p_i}\dot{\beta}_{ij}\Delta y_{i,t-j}-\boldsymbol{x}'_{it}\dot{\boldsymbol{\delta}} \tag{9.1.4}$$

式中：两个正交化残差序列 $\hat{e}_{it}$ 和 $\hat{v}_{i,t-1}$ 从 Δy_{it} 与 $y_{i,t-1}$ 中剔除了自相关和确定项等外生变量的影响。由于各截面成员的时间序列存在个体异质性，利用式（9.1.2）误差项的估计标准差 $\hat{\sigma}_{u_i}$ 分别标准化 $\hat{e}_{it}$ 和 $\hat{v}_{i,t-1}$，则 Δy_{it} 和 $y_{i,t-1}$ 的代理变量分别为

$$\tilde{e}_{it}=\frac{\hat{e}_{it}}{\hat{\sigma}_{u_i}},\quad \tilde{v}_{i,t-1}=\frac{\hat{v}_{i,t-1}}{\hat{\sigma}_{u_i}} \tag{9.1.5}$$

式中：

① LEVIN A，LIN C F，CHU C. Unit root tests in panel data: asymptotic and finite-sample lewis，properties[J]. Journal of econometrics，2002，108(1)：1-24.

$$\hat{\sigma}_{u_i}=\frac{1}{T-p_i-1}\sum_{t=p_i+2}^{T}(\hat{e}_{it}-\hat{\eta}_i\hat{v}_{i,t-1})^2 \tag{9.1.6}$$

(2) 利用获得的代理变量 $\tilde{e}_{it}$ 和 $\tilde{v}_{i,t-1}$ 建立堆积数据的混合回归模型

$$\tilde{e}_{it}=\varphi\tilde{v}_{i,t-1}+\varepsilon_{it} \tag{9.1.7}$$

并计算回归系数 φ 的 t 统计量。

(3) 估计修正因子。Levin 等(2002)发现,当截面成员时间序列回归模型中含有确定性的常数项或时间趋势项时,混合回归模型(9.1.7)系数的 t 统计量渐近趋于负无穷。为此必须对 t 统计量进行修正。其修正因子是截面成员时间序列长期标准差和短期标准差之比

$$s_i=\frac{\sigma_{y_i}}{\hat{\sigma}_{u_i}} \tag{9.1.8}$$

其中,y_{it} 的长期方差 $\sigma_{y_i}^2$ 的估计

$$\hat{\sigma}_{y_i}^2=\frac{1}{T-1}\sum_{t=2}^{T}\Delta y_{it}^2+2\sum_{j=1}^{\bar{K}}\omega_{\bar{K}j}\left[\frac{1}{T-1}\sum_{t=2+j}^{T}\Delta y_{it}\Delta y_{i,t-j}\right] \tag{9.1.9}$$

式中:$\bar{K}$ 为一阶自回归项的滞后,其值取决于样本容量;$\omega_{\bar{K}j}$ 为样本协方差的权重,取决于核函数的选择,如果使用 Barlett 核函数,则

$$\omega_{\bar{K}j}=1-\frac{j}{\bar{K}+1} \tag{9.1.10}$$

于是可以得到修正因子 S_N 的估计值

$$\hat{S}_N=\frac{1}{N}\sum_{i=1}^{N}\hat{s}_i=\frac{1}{N}\sum_{i=1}^{N}\frac{\hat{\sigma}_{y_i}}{\hat{\sigma}_{u_i}} \tag{9.1.11}$$

(4) LLC 单位根检验统计量。计算混合回归模型(9.1.7)系数 φ 的 t 统计量

$$t_\varphi=\frac{\hat{\varphi}}{\hat{\sigma}(\hat{\varphi})} \tag{9.1.12}$$

其中,

$$\hat{\varphi}=\frac{\sum_{i=1}^{N}\sum_{t=2+p_i}^{T}\tilde{v}_{i,t-1}\tilde{e}_{it}}{\sum_{i=1}^{N}\sum_{t=2+p_i}^{T}\tilde{v}_{i,t-1}^2},\quad \hat{\sigma}(\hat{\varphi})=\frac{\hat{\sigma}_\varepsilon}{\sqrt{\sum_{i=1}^{N}\sum_{t=2+p_i}^{T}\tilde{v}_{i,t-1}^2}} \tag{9.1.13}$$

其中,

$$\hat{\sigma}_\varepsilon^2=\frac{1}{N\tilde{T}}\sum_{i=1}^{N}\sum_{t=2+p_i}^{T}(\tilde{e}_{it}-\hat{\varphi}\tilde{v}_{i,t-1})^2$$

其中,估计 $\hat{\sigma}_\varepsilon^2$ 所用的样本容量为 $N\tilde{T}$,$\tilde{T}=T-\bar{p}-1$,$\bar{p}=(1/N)\sum_{i=1}^{N}p_i$。

对混合回归模型(9.1.7)系数 φ 的 t_φ 统计量进行修正后,得到 LLC 检验统计量

$$t_{\varphi}^{*}=\frac{t_{\varphi}-N\tilde{T}\hat{S}_{N}\hat{\sigma}_{\varepsilon}^{-2}\hat{\sigma}(\hat{\varphi})\mu_{m\tilde{T}}^{*}}{\sigma_{m\tilde{T}}^{*}} \tag{9.1.14}$$

其中，均值调整因子 $\mu_{m\tilde{T}}^{*}$ 和标准差调整因子 $\sigma_{m\tilde{T}}^{*}$ 在 Levin 等(2002)论文的表 2 给出。

由于 LLC 检验是左侧检验，如果用样本计算的 LLC 统计量的值小于临界值，则拒绝原假设，即每个截面成员时间序列都是平稳的；如果样本计算的 LLC 统计量大于临界值，则不能拒绝原假设，即所有截面成员时间序列都含有单位根。

2. Breitung 检验[①]

Breitung 针对截面不相关、同质的面板数据，提出一种不含偏差修正过程的单位根检验，原假设为面板数据中的各截面序列均具有一个单位根。检验方法如下：

(1) 第一步与 LLC 检验法基本类似，只是 Breitung 检验法在估计 Δy_{it} 和 y_{it-1} 的回归模型，得到正交化残差序列时不包括外生变量 $\boldsymbol{x}_{it}$。正交化残差序列为

$$\hat{e}_{it}=(\Delta y_{it}-\sum_{j=1}^{p_i}\hat{\beta}_{ij}\Delta y_{i,t-j})/\hat{\sigma}_{u_i} \tag{9.1.15}$$

$$\hat{v}_{it-1}=(y_{it-1}-\sum_{j=1}^{p_i}\dot{\beta}_{ij}\Delta y_{i,t-j})/\hat{\sigma}_{u_i} \tag{9.1.16}$$

式中：$\hat{\beta}_{ij}$ 和 $\dot{\beta}_{ij}$ 分别为 Δy_{it} 和 y_{it-1} 对滞后差分项 Δy_{it-j} 回归得到的相应参数的估计值。$\hat{\sigma}_{u_i}$ 为模型(9.1.2)中对应于第 i 个截面成员的 ADF 检验式的估计标准差。

(2) Δy_{it} 和 y_{it-1} 的代理变量分别为

$$\hat{e}_{it}^{*}=\sqrt{\frac{T-t}{T-t+1}}\left(\hat{e}_{it}-\frac{\hat{e}_{i,t+1}+\cdots+\hat{e}_{i,T}}{T-t}\right) \tag{9.1.17}$$

$$\hat{v}_{it}^{*}=\hat{v}_{it}-c_{it} \tag{9.1.18}$$

式中：

$$c_{it}=\begin{cases}0 & \text{检验式中无截距和趋势}\\ \hat{v}_{i,1} & \text{检验式中有截距无趋势}\\ \hat{v}_{i,1}+((t-1)/T)\hat{v}_{i,T} & \text{检验式中有截距和趋势}\end{cases} \tag{9.1.19}$$

可见 Breitung 检验是先从 Δy_{it} 和 y_{it-1} 中剔出动态项 Δy_{it-j} 的影响，然后标准化，之后再退势获得相应的代理变量。

(3) 最后用代理变量对堆积数据做混合回归模型：

$$e_{it}^{*}=\varphi v_{it-1}^{*}+\varepsilon_{it} \tag{9.1.20}$$

并计算回归系数 φ 的 t 统计量，此 t 统计量即为 Breitung 检验统计量。Breitung 检验也是左侧检验，拒绝域在左侧，即用大的负值来拒绝原假设，即每个截面成员时间序列都是平稳的。

① BREITUNG J. The local power of some unit root tests for panel data[J]. Advances in econometrics, 2000, 15: 161-178.

3. Hadri 检验①

Hadri 检验与 KPSS 检验相类似。原假设是面板数据中的各截面序列都不含有单位根。计算步骤是首先对面板数据中的各截面序列建立如下回归：

$$y_{it}=\delta_i+\alpha_i t+u_{it} \tag{9.1.21}$$

然后利用各截面回归的残差项建立 LM 统计量，统计量的形式有如下两种：

$$LM_1=\frac{1}{N}\left(\sum_{i=1}^{N}\left(\sum_t S_i(t)^2/T^2\right)/\bar{f}_0\right) \tag{9.1.22}$$

$$LM_2=\frac{1}{N}\left(\sum_{i=1}^{N}\left(\sum_t S_i(t)^2/T^2\right)/f_{i0}\right) \tag{9.1.23}$$

式中：

$$S_i(t)=\sum_{s=1}^{t}\hat{u}_{is},\quad \bar{f}_0=\frac{1}{N}\sum_{i=1}^{N}f_{i0}$$

式中：f_{i0} 为第 i 个截面回归所对应的频率为零时的残差谱密度。

关于残差谱密度估计的详细内容可参见第 2 章 2.1.2 中第 8 小节的相关内容。

最后，根据得到的 LM 统计量计算式(9.1.24)所示的 Z 统计量

$$Z=\frac{\sqrt{N}\,(LM-\lambda)}{\omega} \tag{9.1.24}$$

式中：参数 λ 和 ω 的取值与式(9.1.20)所表示的回归形式有关，当回归中仅含有常数项时，$\lambda=1/6$，$\omega=1/45$，否则，$\lambda=1/15$，$\omega=11/6\,300$。Hadri 指出在原假设下，式(9.1.24)所示的 Z 统计量渐近服从标准正态分布。

9.1.2 不同根情形下的单位根检验

Im-Pesaran-Shin 检验、Fisher-ADF 检验和 Fisher-PP 检验对面板数据的不同截面分别进行单位根检验，其最终的检验在综合了各个截面的检验结果上，构造出统计量，对整个面板数据是否含有单位根作出判断。这几种检验具体的构造过程如下：

1. Im-Pesaran-Shin 检验②

在 Im-Pesaran-Shin 检验中，首先对每个截面成员进行单位根检验：

$$\Delta y_{it}=\eta_i y_{it-1}+\sum_{j=1}^{p_i}\beta_{ij}\Delta y_{it-j}+\boldsymbol{x}'_{it}\delta+\varepsilon_{it},\quad i=1,2,\cdots,N\quad t=1,2,\cdots,T \tag{9.1.25}$$

检验的原假设为

$$H_0:\ \eta_i=0,\quad \text{for}\quad \text{all}\quad i \tag{9.1.26}$$

检验的备择假设为

① HARDI K. Testing for stationarity in heterogeneous panel data[J]. Econometric journal, 2000, 3: 148-161.

② IM K S, PESARAN M H, SHIN Y. Testing for unit roots in heterogeneous panels[J]. Journal of econometrics, 2003, 115: 53-74.

$$H_1:\begin{cases}\eta_i=0, & i=1,2,\cdots,N_1\\ \eta_i<0, & i=N_1+1,N_1+2,\cdots,N\end{cases} \tag{9.1.27}$$

在对每个截面成员进行单位根检验之后，得到每个截面成员 η_i 的 t 统计量，记为 $t_{iT_i}(p_i)$，利用每个截面成员 η_i 的 t 统计量构造检验整个面板数据是否存在单位根的参数 η 的 t 统计量如下：

$$\bar{t}_{NT}=\left[\sum_{i=1}^{N}t_{iT_i}(p_i)\right]/N \tag{9.1.28}$$

在每个截面成员的滞后阶数为 0 的情况下，即式(9.1.28)中不存在差分项的滞后项，Im-Pesaran-Shin 通过模拟给出了统计量 $\bar{t}_{NT}$ 在不同显著性水平下的临界值。

如果截面成员中包含滞后项，即式(9.1.25)中存在差分项的滞后项，那么 Im-Pesaran-Shin 检验利用 $\bar{t}_{NT}$ 给出了服从一个渐近正态分布的统计量 $W_{\bar{t}_{NT}}$：

$$W_{\bar{t}_{NT}}=\frac{\sqrt{N}\left(\bar{t}_{NT}-N^{-1}\sum_{i=1}^{N}E(\bar{t}_{iT}(p_i))\right)}{\sqrt{N^{-1}\sum_{i=1}^{N}\operatorname{var}(t_{iT}(p_i))}}\rightarrow N(0,1) \tag{9.1.29}$$

因此，可以利用这个渐近正态分布的统计量检验存在滞后项的面板数据。另外，还需要指出的是，在 Im-Pesaran-Shin 检验中，需要设定每个截面成员是否存在截距项或者时间趋势项。

2. Fisher-ADF 检验和 Fisher-PP 检验①

Fisher-ADF 检验和 Fisher-PP 检验应用了 Fisher 的结果(1932)②，通过结合不同截面成员单位根检验的 p 值，构造出了两个统计量，渐近服从于卡方分布和正态分布，用来检验面板数据是否存在单位根。Fisher-ADF 检验和 Fisher-PP 检验的原假设与备择假设同 Im-Pesaran-Shin 检验相同，即原假设为式(9.1.26)，备择假设为式(9.1.27)。

渐近卡方统计量定义如下：

$$-2\sum_{i=1}^{N}\ln(\pi_i)\rightarrow\chi^2(2N) \tag{9.1.30}$$

式中：π_i 为第 i 组截面成员单位根检验的 p 值，卡方分布的自由度为 $2N$。

渐近正态分布的定义如下：

$$Z=\frac{1}{\sqrt{N}}\sum_{i=1}^{N}\phi^{-1}(\pi_i)\rightarrow N(0,1) \tag{9.1.31}$$

式中：ϕ^{-1} 为标准正态分布函数的反函数；π_i 为第 i 组截面成员单位根检验的 p 值。

---

① MADDALA G S, WU S. A comparative study of unit root tests with panel data and a new simple test[J]. Oxford bulletin of economics and statistics, 1999, 61: 631-652.

② FISHER R A. Statistical methods for research workers[M]. 4th ed. Edinburgh: Oliver & Boyd, 1932.

在进行 Fisher-ADF 检验时，还需要指出每组横截面成员是否包含常数项或者时间趋势项；在进行 Fisher-PP 检验时，需要指定具体的核函数 f_0，具体的核函数 f_0 形式请参见第2章2.1.2中第8小节。

例 9.1　面板数据的单位根检验

本例将以我国25个大城市(城区常住人口为300万～1 000万人，未考虑1 000万人口以上的特大城市)为研究样本①，对我国城市经济增长与城镇化水平之间的关系进行实证分析，其中用城市人均GDP(记为 y_i)度量各城市的经济发展水平，用各城市户籍人口占总人口的比重来衡量其城镇化水平(记为 urb_i)。本例首先对25个大城市取对数后的人均GDP[记为 $\ln(y_i)$]和城市户籍人口占总人口比重(记为 urb_i)的面板数据进行单位根检验，检验的样本区间为2003—2013年，图9.1.1和图9.1.2分别是 $\ln(y_i)$ 和 urb_i 的截面均值曲线。

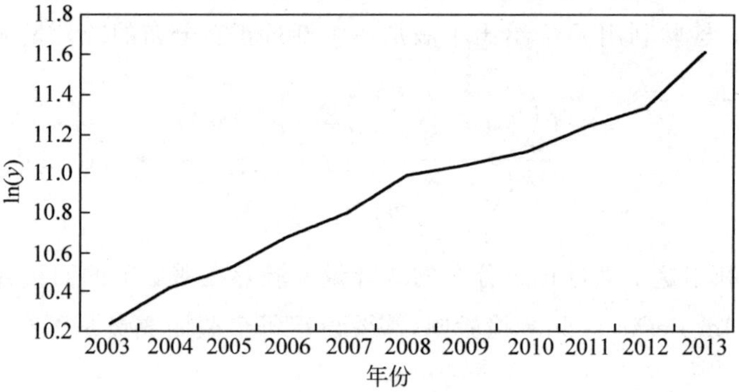

图 9.1.1　$\ln(y_i)$的截面均值曲线

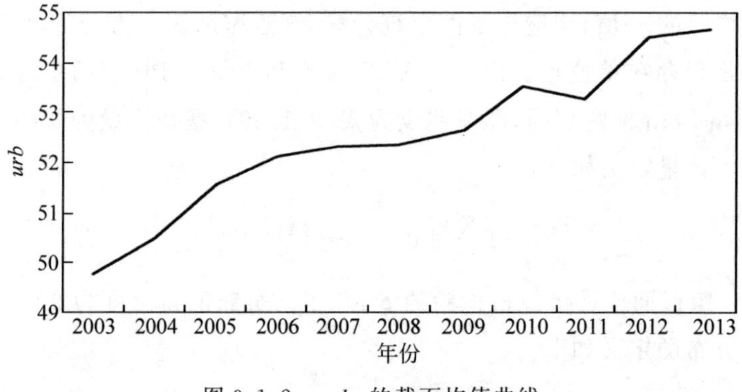

图 9.1.2　urb_i 的截面均值曲线

① 25个城市：郑州市、哈尔滨市、贵阳市、西安市、南宁市、江门市、太原市、唐山市、昆明市、长春市、淄博市、济南市、沈阳市、成都市、南京市、合肥市、青岛市、武汉市、常州市、杭州市、长沙市、大连市、苏州市、无锡市和宁波市。

各检验方法的检验结果分别由表 9.1.1 和表 9.1.2 给出。

表 9.1.1　$\ln(y_i)$面板数据单位根检验结果(滞后阶数由 SIC 准则确定)

检验方法	检验原假设	$\ln(y_i)$			$\Delta\ln(y_i)$		
		含截距	含截距和趋势	无	含截距	含截距和趋势	无
LLC 检验	$H_0: \eta=0$ $H_1: \eta<0$	−2.024 3 (0.021 5)	−8.235 0 (0.000 0)	19.288 (1.000 0)	−10.526 (0.000 0)	−9.285 6 (0.000 0)	−4.732 1 (0.000 0)
Breitung 检验	$H_0: \eta=0$ $H_1: \eta<0$	—	2.315 9 (0.989 7)	—	—	0.370 7 (0.644 6)	—
Hadri 检验	H_0: 平稳 H_1: 不平稳	10.556 (0.000 0)	8.089 7 (0.000 0)	—	2.022 9 (0.021 5)	9.849 1 (0.000 0)	—
Im-Pesaran-Shin 检验	$H_0: \eta_i=0$ $H_1: \eta_i<0$	4.878 5 (1.000 0)	−1.264 8 (0.103 0)	—	−6.283 5 (0.002 8)	−1.871 6 (0.030 6)	—
Fisher-ADF 检验	$H_0: \eta_i=0$ $H_1: \eta_i<0$	22.503 (0.999 7)	69.963 2 (0.032 6)	0.210 3 (1.000 0)	133.64 4 (0.000 0)	91.130 (0.000 3)	84.224 (0.001 8)
Fisher-PP 检验	$H_0: \eta_i=0$ $H_1: \eta_i<0$	56.614 (0.241 9)	67.909 (0.046 7)	0.167 5 (1.000 0)	146.88 (0.000 0)	124.67 (0.000 0)	98.085 (0.000 1)

注：表中列的是各方法的检验统计量，括号里是相应的接受原假设的 p 值。

从表 9.1.1 的检验结果可以看出，对于$\ln(y_i)$的水平值，大多数检验结果均表明面板数据接受原假设，存在单位根，是不平稳的，而 Hadri 检验方法的原假设的序列是平稳的，检验结果是拒绝原假设，也是不平稳的。对于一阶差分后的$\Delta\ln(y_i)$，大多数检验结果均表明拒绝原假设，面板数据不存在单位根，是平稳的，而 Hadri 检验方法的检验结果却不一致。综合以上结果，再结合图 9.1.1 $\ln(y_i)$的截面均值曲线，可以得出结论$\ln(y_i)$为 1 阶单整变量，即 $I(1)$变量。

表 9.1.2　urb_i 面板数据单位根检验结果(滞后阶数由 SIC 准则确定)

检验方法	检验原假设	urb_i			Δurb_i		
		含截距	含截距和趋势	无	含截距	含截距和趋势	无
LLC 检验	$H_0: \eta=0$ $H_1: \eta<0$	−24.906 (0.000 0)	−8.507 8 (0.000 0)	3.452 2 (0.999 7)	−8.964 7 (0.000 0)	−11.722 (0.000 0)	8.683 1 (0.000 0)
Breitung 检验	$H_0: \eta=0$ $H_1: \eta<0$	—	5.406 8 (1.000 0)	—	—	0.253 4 (0.600 0)	—

续表

检验方法	检验原假设	urb_i			Δurb_i		
		含截距	含截距和趋势	无	含截距	含截距和趋势	无
Hadri 检验	H_0: 平稳 H_1: 不平稳	7.803 7 (0.000 0)	11.098 (0.000 0)	—	3.158 8 (0.000 8)	34.218 (0.000 0)	—
Im-Pesaran-Shin 检验	$H_0: \eta_i=0$ $H_1: \eta_i<0$	−13.466 (0.000 0)	−3.224 6 (0.000 6)	—	−6.811 7 (0.000 0)	−2.259 0 (0.011 9)	—
Fisher-ADF 检验	$H_0: \eta_i=0$ $H_1: \eta_i<0$	104.29 (0.000 0)	100.91 (0.000 0)	9.972 1 (1.000 0)	144.86 (0.000 0)	113.46 (0.000 0)	213.86 (0.000 0)
Fisher-PP 检验	$H_0: \eta_i=0$ $H_1: \eta_i<0$	128.98 (0.000 0)	130.01 (0.000 0)	5.0769 (1.000 0)	201.20 (0.000 0)	187.85 (0.000 0)	228.00 (0.000 0)

注：表中列的是各方法的检验统计量，括号里是相应的接受原假设的 p 值。

表 9.1.2 的检验结果分歧比较大，对于 urb_i 的水平值，含有截距项与含有截距和趋势项的检验结果均表明拒绝原假设，不存在单位根，是平稳的；而不含有外生变量的检验方程的检验结果是接受原假设，存在单位根，Hadri 方法的检验结果是拒绝原假设，都得出不平稳的结论。对于一阶差分后的 Δurb_i，大多数检验结果均表明拒绝原假设，面板数据不存在单位根，是平稳的，而 Hadri 检验方法的检验结果却不一致。对以上结果进行分析，再结合图 9.1.2 urb_i 的截面均值曲线，本例认为 urb_i 是不平稳序列，因此 urb_i 为 1 阶单整变量，即 $I(1)$ 变量。

数据来源：中经网统计数据库_城市年度库，网址：http：//db.cei.gov.cn；中国城市统计年鉴(2004—2014)，中国统计出版社.

9.2 面板数据的协整检验

面板数据的协整检验方法可以分为两大类：一类是建立在 Engle and Granger 二步法检验基础上的面板协整检验，具体方法主要有 Pedroni 检验和 Kao 检验；另一类是建立在 Johansen 协整检验基础上的 Fisher 面板协整检验。

9.2.1 Pedroni 检验

Pedroni(1999)[①]提出了基于 Engle and Granger 二步法的面板数据协整检验方法，该方法以协整方程的回归残差为基础通过构造 7 个统计量来检验面板变量之间的协整关系。检验的原假设为面板变量之间不存在协整关系。

① PEDRONI P. Critical values for cointegration tests in heterogeneous panels with multiple regressors[J]. Oxford bulletin of economics and statistics, 1999, 61: 653-670.

考虑下面的回归模型：

$$y_{it}=\alpha_i+\delta_i t+\boldsymbol{x}'_{it}\boldsymbol{\beta}_i+u_{it} \tag{9.2.1}$$

$$y_{it}=y_{it-1}+e_{it} \tag{9.2.2}$$

$$\boldsymbol{x}_{it}=\boldsymbol{x}_{it-1}+\boldsymbol{\varepsilon}_{it} \tag{9.2.3}$$

式中：$\boldsymbol{\beta}_i=(\beta_{1i},\beta_{2i},\cdots,\beta_{ki})'$，$\boldsymbol{x}_{it}=(x_{1,it},x_{2,it},\cdots,x_{k,it})'$，$t=1,\cdots,T$，$i=1,\cdots,N$，$k$ 为模型中解释变量个数，参数 α_i 和 δ_i 是每个截面的个体和趋势效应，也可以设置为 0。

Pedroni 检验中假定截面个体之间是相互独立的，且误差过程 $\boldsymbol{w}_{it}=(e_{it},\boldsymbol{\varepsilon}'_{it})'$ 是稳定的，其渐近协方差矩阵为 $\boldsymbol{\Omega}_i$。所以有

$$\boldsymbol{\Omega}_i=\lim_{T\to\infty}E\left[T^{-1}\left(\sum_{t=1}^{T}\boldsymbol{w}_{it}\right)\left(\sum_{t=1}^{T}\boldsymbol{w}'_{it}\right)\right]=\boldsymbol{\Omega}_i^0+\boldsymbol{\Gamma}_i+\boldsymbol{\Gamma}'_i \tag{9.2.4}$$

其中，$\boldsymbol{\Omega}_i^0$ 是同期协方差，$\boldsymbol{\Gamma}_i$ 是自协方差的加权总和。

若将 $\boldsymbol{\Omega}_i$ 记成如下分块形式：

$$\boldsymbol{\Omega}_i=\begin{bmatrix}\boldsymbol{\Omega}_{ei} & \boldsymbol{\Omega}_{e\varepsilon i}\\ \boldsymbol{\Omega}'_{e\varepsilon i} & \boldsymbol{\Omega}_{\varepsilon i}\end{bmatrix} \tag{9.2.5}$$

则 $\boldsymbol{\Omega}_i$ 正规化后的下三角矩阵（$\boldsymbol{L}_i^2$）的分块元素为

$$\boldsymbol{L}_{11i}^2=(\boldsymbol{\Omega}_{ei}-\boldsymbol{\Omega}_{e\varepsilon i}\boldsymbol{\Omega}_{\varepsilon i}^{-1}\boldsymbol{\Omega}'_{e\varepsilon i}),\quad \boldsymbol{L}_{12i}^2=0,\quad \boldsymbol{L}_{21i}^2=\boldsymbol{\Omega}_{e\varepsilon i}/\boldsymbol{\Omega}_{\varepsilon i}^{1/2},\quad \boldsymbol{L}_{22i}^2=\boldsymbol{\Omega}_{\varepsilon i}^{1/2} \tag{9.2.6}$$

其中分块元素 $\boldsymbol{L}_{11i}^2$ 为 1×1 维矩阵，其估计值 $\hat{\boldsymbol{L}}_{11i}^2$ 为一具体数值。

由 Engle and Granger 二步法可知，在原假设下即变量之间不存在协整关系的条件下，残差序列为非平稳序列。因此基于 Engle and Granger 二步法的面板数据协整检验通常的做法是通过式(9.2.1)获得残差序列，然后利用辅助回归检验残差序列是否为平稳序列，辅助回归的形式如下：

$$\hat{u}_{it}=\rho_i\hat{u}_{it-1}+v_{it},\quad i=1,\cdots,N \tag{9.2.7}$$

或者

$$\hat{u}_{it}=\rho_i\hat{u}_{it-1}+\sum_{j=1}^{p_i}\psi_{ij}\Delta\hat{u}_{it-j}+v_{it},\quad i=1,\cdots,N \tag{9.2.8}$$

在式(9.2.7)或式(9.2.8)中，ρ_i 表示对应于第 i 个截面个体的残差自回归系数，Pedroni 检验在对残差进行平稳性检验时，使用的具体原假设和备择假设分为下面两种情形：

(1) H_0：$\rho_i=1$，　H_1：$(\rho_i=\rho)<1$。

(2) H_0：$\rho_i=1$，　H_1：$\rho_i<1$。

第一种情形 Pedroni 将其称作维度内（within-dimension）检验，主要检验同质面板数据的协整关系，其构造了 4 个面板（panel）统计量对原假设进行检验，即面板方差率统计量（panel v-statistic）、类似于 PP 检验中 ρ 统计量的面板 ρ 统计量（panel rho-statistic）、类似于 PP 检验中 t 统计量的面板 PP 统计量（panel PP-statistic）和类似于 ADF 检验中 t 统计量的面板 t 统计量（panel ADF-statistic）。

第二种情形 Pedroni 将其称作维度间（between-dimension）检验，主要检验异质面板数据的协整关系，其构造了 3 个组（group）统计量对原假设进行检验，即类似于 PP 检验

中 ρ 统计量的组间 ρ 统计量、类似于 PP 检验中 t 统计量的组间 PP 统计量和类似于 ADF 检验中 t 统计量的组间 t 统计量(group ADF-statistic)。

7 个统计量的具体形式如下：

panel v-statistic：　$Z_{\hat{v}} \equiv \left(\sum_{i=1}^{N}\sum_{t=1}^{T}\hat{L}_{11i}^{-2}\hat{u}_{i,t-1}^{2}\right)^{-1}$

panel rho-statistic：　$Z_{\hat{\rho}} \equiv \left(\sum_{i=1}^{N}\sum_{t=1}^{T}\hat{L}_{11i}^{-2}\hat{u}_{i,t-1}^{2}\right)^{-1}\sum_{i=1}^{N}\sum_{t=1}^{T}\hat{L}_{11i}^{-2}(\hat{u}_{i,t-1}\Delta\hat{u}_{i,t}-\hat{\lambda}_i)$

panel PP-statistic：　$Z_t \equiv \left(\tilde{\sigma}^2\sum_{i=1}^{N}\sum_{t=1}^{T}\hat{L}_{11i}^{-2}\hat{u}_{i,t-1}^{2}\right)^{-1/2}\sum_{i=1}^{N}\sum_{t=1}^{T}\hat{L}_{11i}^{-2}(\hat{u}_{i,t-1}\Delta\hat{u}_{i,t}-\hat{\lambda}_i)$

panel ADF-statistic：　$Z_t^{*} \equiv \left(\tilde{s}^{*2}\sum_{i=1}^{N}\sum_{t=1}^{T}\hat{L}_{11i}^{-2}\hat{u}_{i,t-1}^{*2}\right)^{-1/2}$

$$\sum_{i=1}^{N}\sum_{t=1}^{T}(\hat{L}_{11i}^{-2}\hat{u}_{i,t-1}^{*}\Delta\hat{u}_{i,t}^{*})$$

group-rho-statistic：　$\tilde{Z}_{\hat{\rho}} \equiv \sum_{i=1}^{N}\left(\sum_{t=1}^{T}\hat{u}_{i,t-1}^{2}\right)^{-1}\sum_{t=1}^{T}(\hat{u}_{i,t-1}\Delta\hat{u}_{i,t}-\hat{\lambda}_i)$

group PP-statistic：　$\tilde{Z}_t \equiv \left(\sum_{i=1}^{N}(\hat{\sigma}_i^2\sum_{t=1}^{T}\hat{u}_{i,t-1}^{2})\right)^{-1/2}\sum_{t=1}^{T}(\hat{u}_{i,t-1}\Delta\hat{u}_{i,t}-\hat{\lambda}_i)$

group ADF-statistic：　$\tilde{Z}_t^{*} \equiv \sum_{i=1}^{N}\left(\sum_{t=1}^{T}\hat{s}_i^{*2}\hat{u}_{i,t-1}^{*2}\right)^{-1/2}\sum_{t=1}^{T}(\hat{u}_{i,t-1}^{*}\Delta\hat{u}_{i,t}^{*})$

式中：$\hat{\lambda}_i=\frac{1}{T}\sum_{l=1}^{p_i}\left(1-\frac{l}{p_i+1}\right)\sum_{t=l+1}^{T}\hat{v}_{it}\hat{v}_{it-l}$，$\hat{s}_i^2\equiv\frac{1}{T}\sum_{t=1}^{T}\hat{v}_{it}^2$；$\hat{\sigma}_i^2=\hat{s}_i^2+2\hat{\lambda}_i$；$\tilde{\sigma}^2\equiv\frac{1}{N}\sum_{i=1}^{N}\hat{L}_{11i}^{-2}\hat{\sigma}_i^2$；$\hat{s}_i^{*2}\equiv\frac{1}{T}\sum_{t=1}^{T}\hat{v}_{it}^{*2}$；$\tilde{s}^{*2}\equiv\frac{1}{N}\sum_{i=1}^{N}\hat{s}_i^{*2}$；$\hat{v}_{it}$ 和 $\hat{v}_{it}^{*}$ 分别为式(9.2.7)和式(9.2.8)中随机扰动项 v_{it} 的估计量。

Pedroni 证明，在假定条件下，上述 7 个统计量都渐近服从标准正态分布，可以用来进行统计检验。

9.2.2 Kao 检验

Kao 检验①与 Pedroni 检验遵循相同的基本方法，即也是在 Engle and Granger 二步法基础上发展起来的。但不同于 Pedroni 检验，Kao 检验在第一阶段将回归方程设定为每一个截面个体有不同的截距项和相同的系数，即第一阶段在估计式(9.2.1)所示的协整方程时设定其中的 α_i 是不同的，$\boldsymbol{\beta}_i$ 是相同的，并将所有的趋势系数 δ_i 设定为 0。

在第二阶段 Kao 检验基于 DF 检验和 ADF 检验的原理，对第一阶段所求得的残差序列进行平稳性检验。具体辅助回归形式如下：

$$\hat{u}_{it}=\rho\hat{u}_{it-1}+v_{it} \tag{9.2.9}$$

① KAO C. Spurious regression and residual-based tests for cointegration in panel data[J]. Journal of econometrics, 1999, 90: 1-44.

或者

$$\hat{u}_{it}=\tilde{\rho}\hat{u}_{it-1}+\sum_{j=1}^{p}\psi_{ij}\Delta\hat{u}_{it-j}+v_{it} \tag{9.2.10}$$

在原假设：不存在协整关系($\rho=1$)的条件下，Kao 给出了下面的检验统计量：

$$DF_{\rho}=\frac{T\sqrt{N}(\hat{\rho}-1)+3\sqrt{N}}{\sqrt{10.2}} \tag{9.2.11}$$

$$DF_{t}=\sqrt{1.25}t_{\rho}+\sqrt{1.875N} \tag{9.2.12}$$

$$DF_{\rho}^{*}=\frac{\sqrt{N}T(\hat{\rho}-1)+3\sqrt{N}\hat{\sigma}_{v}^{2}/\tilde{\sigma}_{v}^{2}}{\sqrt{3+36\hat{\sigma}_{v}^{4}/(5\tilde{\sigma}_{v}^{4})}} \tag{9.2.13}$$

$$DF_{t}^{*}=\frac{t_{\rho}+\sqrt{6N}\hat{\sigma}_{v}/(2\tilde{\sigma}_{v})}{\sqrt{\hat{\sigma}_{v}^{2}/(2\tilde{\sigma}_{v}^{2})+3\hat{\sigma}_{v}^{2}/(10\tilde{\sigma}_{v}^{2})}} \tag{9.2.14}$$

当 $p>0$(ADF 检验形式)时，统计量为

$$ADF=\frac{t_{\tilde{\rho}}+\sqrt{6N}\hat{\sigma}_{v}/(2\tilde{\sigma}_{v})}{\sqrt{\hat{\sigma}_{v}^{2}/(2\tilde{\sigma}_{v}^{2})+3\hat{\sigma}_{v}^{2}/(10\tilde{\sigma}_{v}^{2})}} \tag{9.2.15}$$

Kao 证明该统计量渐近服从标准正态分布，其中方差估计量 $\hat{\sigma}_{v}^{2}=\hat{\sigma}_{u}^{2}-\hat{\sigma}_{u\varepsilon}^{2}\hat{\sigma}_{\varepsilon}^{-2}$，长期方差估计量为 $\tilde{\sigma}_{v}^{2}=\tilde{\sigma}_{u}^{2}-\tilde{\sigma}_{u\varepsilon}^{2}\tilde{\sigma}_{\varepsilon}^{-2}$。

令

$$\boldsymbol{\omega}_{it}=\begin{bmatrix}u_{it}\\ \boldsymbol{\varepsilon}_{it}\end{bmatrix} \tag{9.2.16}$$

则其协方差估计量为

$$\hat{\boldsymbol{\Sigma}}=\begin{bmatrix}\hat{\sigma}_{u}^{2} & \hat{\sigma}_{u\varepsilon}\\ \hat{\sigma}_{u\varepsilon} & \hat{\sigma}_{\varepsilon}^{2}\end{bmatrix}=\frac{1}{NT}\sum_{i=1}^{N}\sum_{t=1}^{T}\hat{\boldsymbol{\omega}}_{it}\hat{\boldsymbol{\omega}}'_{it} \tag{9.2.17}$$

长期协方差的估计量为

$$\hat{\boldsymbol{\Omega}}=\begin{bmatrix}\tilde{\sigma}_{u}^{2} & \tilde{\sigma}_{u\varepsilon}\\ \tilde{\sigma}_{u\varepsilon} & \tilde{\sigma}_{\varepsilon}^{2}\end{bmatrix}=\frac{1}{N}\sum_{i=1}^{N}\left[\frac{1}{T}\sum_{t=1}^{T}\hat{\boldsymbol{\omega}}_{it}\hat{\boldsymbol{\omega}}'_{it}+\kappa(\hat{\boldsymbol{\omega}}_{i})\right] \tag{9.2.18}$$

式中：κ 为任意的核函数。

9.2.3 Fisher 面板协整检验

Maddala and Wu(1999)①基于 Fisher 所提出的单个因变量联合检验的结论，建立了可用于面板数据的另一种协整检验方法，该方法通过联合单个截面个体 Johansen 协整检验的结果获得对应于面板数据的检验统计量。关于单变量 Johansen 协整检验的详细过程可参见第 8 章 8.5 节。

Fisher 面板协整检验的主要步骤如下：

(1) 分别对各截面个体 i 进行单变量 Johansen 协整检验。设 π_i 为截面个体 i 的特

① MADDALA G S, WU S. A comparative study of unit root tests with panel data and a new simple test, [J]. Oxford bulletin of economics and statistics, 1999, 61: 631-652.

征根迹统计量或最大特征根统计量所对应的 p 值。

(2) 利用 Fisher 的结论建立式(9.2.19)所示的相应于面板数据协整检验的统计量。

$$\text{Fisher} = -2\sum_{i=1}^{N}\ln(\pi_i) \tag{9.2.19}$$

Maddala and Wu 证明在“存在相应个数协整向量”的原假设下,该统计量渐近服从自由度为 $2N$ 的卡方分布,如果无法拒绝原假设,则表明所检验的面板数据存在相应个数的协整向量。

例 9.2　面板数据的协整检验

面板数据的单位根检验结果表明 2003—2013 年我国 25 个大城市的对数人均 GDP($\ln(y_i)$)和城市户籍人口占总人口比重(urb_i)的面板数据均为 $I(1)$ 变量,进一步对这两个变量的面板数据进行协整检验。图 9.2.1 显示了这两个变量的 25 个城市数据的截面均值曲线,可以观察到存在大体相同的上升趋势。

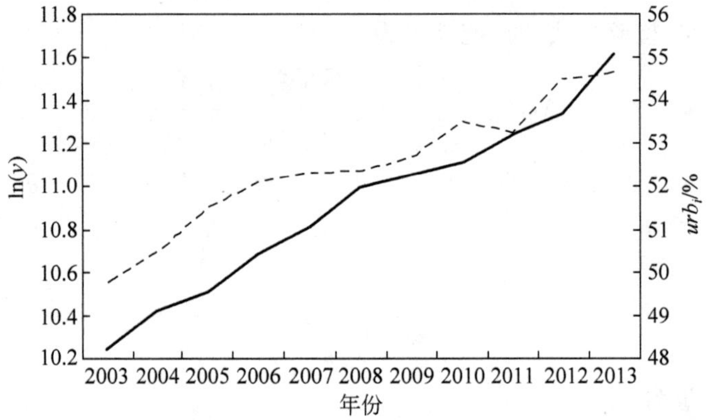

图 9.2.1　$\ln(y_i)$(左坐标,实线)和 urb_i[右坐标(%),虚线]的截面均值曲线

各检验方法的检验结果由表 9.2.1 和表 9.2.2 给出。

表 9.2.1　Kao 检验和 Pedroni 检验结果(滞后阶数由 SIC 准则确定)

检验方法	检验假设	统计量名	统计量值(p 值)
Kao 检验	H_0:不存在协整关系($\rho=1$)	ADF	1.299(0.097 0)*
Pedroni 检验(序列有确定性趋势而协整方程只有截距)	H_0: $\rho_i=1$ H_1: $(\rho_i=\rho)<1$	panel v-statistic	27.22(0.000 0)*
		panel rho-statistic	1.056(0.854 5)
		panel PP-statistic	−3.345(0.000 4)*
		panel ADF-statistic	−3.381(0.000 0)*
	H_0: $\rho_i=1$ H_1: $\rho_i<1$	group-rho-statistic	3.148(0.999 2)
		group PP-statistic	−6.459(0.000 0)*
		group ADF-statistic	−5.678(0.000 0)*

注:加“*”表示在 5%的显著性水平下拒绝原假设而接受备择假设。Pedroni 检验采用含有趋势和截距的方程形式。

表 9.2.2　Fisher 面板协整检验结果(选择序列有确定性趋势而协整方程只有截距的情况)

原假设	Fisher 联合迹统计量(p 值)	Fisher 联合 λ-max 统计量(p 值)
0 个协整向量	265.8(0.000 0)*	243.5(0.000 0)*
至少 1 个协整向量	113.5(0.000 0)*	113.5(0.000 8)*

注：加"*"表示在 5%的显著性水平下拒绝原假设而接受备择假设。

从表 9.2.1 和表 9.2.2 的检验结果可以看出，虽然我国 25 个大城市取对数后的人均 GDP[$\ln(y_i)$]和城市户籍人口占总人口比重(urb_i)的面板数据是非平稳的，但多数面板数据协整检验方法的检验结果表明这两个变量的面板数据之间存在协整关系。

数据来源：中经网统计数据库_城市年度库，网址：http://db.cei.gov.cn；中国城市统计年鉴(2004—2014)，中国统计出版社.

9.3　面板数据广义矩方法(GMM)[①]

由于传统的计量经济学模型估计方法，如普通最小二乘法、工具变量法和极大似然法等，都有各自的局限性，其参数估计量必须在模型满足某些假设条件时才具有良好的性质。广义矩方法允许随机误差项存在异方差和序列相关，所得到的参数估计量比其他参数估计方法更合乎实际。同时，GMM 不需要知道扰动项的确切分布，所以 GMM 估计量是非常稳健的。GMM 估计方法是将准则函数定义为工具变量与扰动项的相关函数，使其最小化得到参数的估计值。本节介绍面板数据模型的广义矩估计方法。

9.3.1　面板数据 GMM 的基本原理

变截距面板数据模型的基本形式为

$$y_{it}=f(\boldsymbol{x}_{it},\boldsymbol{\beta})+v_i+\gamma_t+u_{it},\quad i=1,2,\cdots,N,\quad t=1,2,\cdots,T \tag{9.3.1}$$

假定式(9.3.1)是线性条件均值方程：

$$y_{it}=\alpha+\boldsymbol{x}'_{it}\boldsymbol{\beta}+v_i+\gamma_t+u_{it},\quad i=1,2,\cdots,N,\quad t=1,2,\cdots,T \tag{9.3.2}$$

式中：y_{it} 是因变量；$\boldsymbol{x}_{it}=(x_{1,it},x_{2,it},\cdots,x_{k,it})'$ 是解释变量向量，$\boldsymbol{\beta}$ 是系数向量，α 为截距中的常数项部分，v_i 和 γ_t 分别代表截面和时期的特定效应(随机效应或固定效应)，u_{it} 是随机误差项，是模型中忽略的随截面成员和时期变化的因素的影响。面板数据模型(9.3.2)中 $\boldsymbol{\beta}$ 系数不能随截面或时期变化，即为不变参数。

广义矩估计方法的基本假设为：方程中的扰动项和一组工具变量不相关。为了得到

① 伍德里奇. 横截面与面板数据的计量经济分析[M]. 胡棋智，胡江华，王忠玉，译. 2 版. 北京：中国人民大学出版社，2016：292-296.

EViews 10 2017, Usets Guide Ⅱ, Chapter 45, pp 967-969.

GMM 估计量,将面板数据模型(9.3.1)中 $\boldsymbol{\beta}$ 系数所满足的矩条件写成含有特定效应的残差 $\boldsymbol{u}_i$ 和一组工具变量 $\boldsymbol{Z}_i$ 之间的正交化条件:

$$E[m(\boldsymbol{\beta},\boldsymbol{Z}_i)]=E[\boldsymbol{Z}_i'\boldsymbol{u}_i(\boldsymbol{\beta})]=\boldsymbol{0} \tag{9.3.3}$$

用样本的矩条件来替代理论矩条件式(9.3.3),即

$$m(\boldsymbol{\beta},\boldsymbol{Z}_i)=\sum_{i=1}^{N}\boldsymbol{Z}_i'\boldsymbol{u}_i(\boldsymbol{\beta})=\boldsymbol{0} \tag{9.3.4}$$

式中:$\boldsymbol{Z}_i$ 为截面个体 i 的 $T_i\times p$ 工具变量矩阵;p 为工具变量个数,并且

$$\boldsymbol{u}_i(\boldsymbol{\beta})=\boldsymbol{y}_i-f(\boldsymbol{x}_{it},\boldsymbol{\beta}) \tag{9.3.5}$$

是式(9.3.1)中含特定效应在内的残差序列。

GMM 估计就是最小化二次型

$$Q(\boldsymbol{\beta})=\left(\sum_{i=1}^{N}\boldsymbol{Z}_i'\boldsymbol{u}_i(\boldsymbol{\beta})\right)'\boldsymbol{A}\left(\sum_{i=1}^{N}\boldsymbol{Z}_i'\boldsymbol{u}_i(\boldsymbol{\beta})\right)=m(\boldsymbol{\beta},\boldsymbol{Z}_i)'\boldsymbol{A}m(\boldsymbol{\beta},\boldsymbol{Z}_i) \tag{9.3.6}$$

式(9.3.6)衡量了样本矩条件 m 和零点的“距离”,$\boldsymbol{A}$ 是权衡每个矩条件的加权矩阵,任何对称的正定矩阵 $\boldsymbol{A}$ 都将产生 $\boldsymbol{\beta}$ 的一个一致估计量。

9.3.2 面板数据 GMM 的估计方法

给出估计的系数向量 $\hat{\boldsymbol{\beta}}$,则系数协方差矩阵的估计量可以记为

$$\boldsymbol{V}(\hat{\boldsymbol{\beta}})=(\boldsymbol{G}'\boldsymbol{A}\boldsymbol{G})^{-1}(\boldsymbol{G}'\boldsymbol{A}\hat{\boldsymbol{\Omega}}\boldsymbol{A}\boldsymbol{G})(\boldsymbol{G}'\boldsymbol{A}\boldsymbol{G})^{-1} \tag{9.3.7}$$

式中:$\hat{\boldsymbol{\Omega}}$ 是

$$\boldsymbol{\Omega}=E(\boldsymbol{Z}_i'\boldsymbol{u}_i(\boldsymbol{\beta})\boldsymbol{u}_i(\boldsymbol{\beta})'\boldsymbol{Z}_i) \tag{9.3.8}$$

的一个估计量,$\boldsymbol{G}$ 是由下式给出的 $T_i\times k$ 阶导数矩阵

$$\boldsymbol{G}=-\sum_{i=1}^{N}\boldsymbol{Z}_i'\nabla f_i(\boldsymbol{\beta}) \tag{9.3.9}$$

在简单的线性情况下,$f(\boldsymbol{x}_{it},\boldsymbol{\beta})=\boldsymbol{x}_{it}'\boldsymbol{\beta}$,因此可以将系数估计量写成如下形式

$$\hat{\boldsymbol{\beta}}=\left[\left(\sum_{i=1}^{N}\boldsymbol{Z}_i'\boldsymbol{x}_i\right)'\boldsymbol{A}\left(\sum_{i=1}^{N}\boldsymbol{Z}_i'\boldsymbol{x}_i\right)\right]^{-1}\left[\left(\sum_{i=1}^{N}\boldsymbol{Z}_i'\boldsymbol{x}_i\right)'\boldsymbol{A}\left(\sum_{i=1}^{N}\boldsymbol{Z}_i'\boldsymbol{y}_i\right)\right] \tag{9.3.10}$$

系数协方差矩阵的估计量为

$$\begin{aligned}V(\hat{\boldsymbol{\beta}})=&\left[\left(\sum_{i=1}^{N}\boldsymbol{Z}_i'\boldsymbol{x}_i\right)'\boldsymbol{A}\left(\sum_{i=1}^{N}\boldsymbol{Z}_i'\boldsymbol{x}_i\right)\right]^{-1}\left[\left(\sum_{i=1}^{N}\boldsymbol{Z}_i'\boldsymbol{x}_i\right)'\right.\\&\left.\boldsymbol{A}\hat{\boldsymbol{\Omega}}\boldsymbol{A}\left(\sum_{i=1}^{N}\boldsymbol{Z}_i'\boldsymbol{x}_i\right)\right]\left[\left(\sum_{i=1}^{N}\boldsymbol{Z}_i'\boldsymbol{x}_i\right)'\boldsymbol{A}\left(\sum_{i=1}^{N}\boldsymbol{Z}_i'\boldsymbol{x}_i\right)\right]\end{aligned} \tag{9.3.11}$$

$$\hat{\boldsymbol{\Omega}}=\frac{1}{N}\sum_{i=1}^{N}(\boldsymbol{Z}_i'\hat{\boldsymbol{u}}_i\hat{\boldsymbol{u}}_i'\boldsymbol{Z}_i) \tag{9.3.12}$$

需要指出的是上述表达式里的求和是基于截面个体 i 计算的,同样也可以将上述表达式写成基于时期 t 计算的形式。

式(9.3.6)中加权矩阵 $\boldsymbol{A}$ 的最佳选择是 $\boldsymbol{A}=\hat{\boldsymbol{\Omega}}^{-1}$。关于加权矩阵 $\boldsymbol{A}$ 的选择方法基于

两阶段最小二乘法，White 的截面加权法，White period，White diagonal，Cross-section SUR(3SLS)，Cross-section weights，Period SUR，Period weights 等有不同的设置。例如，Cross-section SUR(3SLS)的加权矩阵按照下式计算

$$\boldsymbol{A}=\left(\frac{1}{T}\sum_{t=1}^{T}\boldsymbol{Z}'_t\hat{\boldsymbol{\Omega}}_N\boldsymbol{Z}_t\right)^{-1} \tag{9.3.13}$$

式中：$\hat{\boldsymbol{\Omega}}_N$ 是同期协方差矩阵的一个估计量。类似地，White period 加权矩阵如下式给出

$$\boldsymbol{A}=\left(\frac{1}{N}\sum_{i=1}^{N}\boldsymbol{Z}'_i\hat{\boldsymbol{u}}_i\hat{\boldsymbol{u}}'_i\boldsymbol{Z}_i\right)^{-1} \tag{9.3.14}$$

例 9.3　面板数据模型的广义矩估计

经济增长与城镇化水平相关性理论表明，城镇化所带来的集聚效应会有效促进城市经济的不断发展。但集聚也并非没有成本，当超过一定的城市规模后，集聚所带来的规模效应有可能转变为拥挤效应，进而使得城市经济增长水平与城镇化水平间呈现出相应的倒“U”形关系。

本例仍采取我国 25 个大城市(城区常住人口为 300 万～1 000 万人)为研究样本(城市名称见例 9.1 的页下注)，时间为 2003—2013 年，对我国城市经济增长与城镇化水平之间的关系进行实证分析。用各城市的人均 GDP(y_{it})度量其经济发展水平，用各城市户籍人口占总人口的比重(urb_{it})来衡量其城镇化水平，称为城镇化率。除城镇化率外，模型解释变量中还选取了产业结构变量 $X_{2,it}/X_{3,it}$，即二产产值比重($X_{2,it}$)/三产产值比重($X_{3,it}$)；人均地方公共财政支出(g_{it})；人均消费变量(cs_{it})；人均拥有道路面积($road_{it}$)。各变量除比例指标外均采用对数形式，变截距面板模型的具体形式为

$$\begin{aligned}\ln(y_{it})=&\alpha+v_i+\beta_1 urb_{it}+\beta_2 urb_{it}^2+\beta_3(X_{2,it}/X_{3,it})+\beta_4\ln(g_{it})+\\&\beta_5\ln(cs_{it})+\beta_6\ln(road_{it})+u_{it}\end{aligned} \tag{9.3.15}$$

式中：v_i 为随机影响变截距，urb_{it} 和 urb_{it}^2 的系数 β_1 和 β_2 刻画城市经济增长与城镇化率之间的相关性特征，如果 β_1 显著为正，β_2 显著为负，则城市经济增长与城镇化率之间具有相应的倒“U”形关系。

GMM 的工具变量选取：解释变量的滞后变量、人均固定资产投资(inv_{it})、人均财政支出_科学技术(tec_{it})、人均城市供水量($water_{it}$)、人均用电量(ele_{it})。

$$\begin{aligned}\ln(y_{it})=&2.79+v_i+0.027\times urb_{it}-0.000\,23\times urb_{it}^2+0.39\times(X_{2,it}/X_{3,it})\\t=&(48.98)\qquad(19.83)\qquad(-19.74)\qquad(53.77)\\&+0.4\ln(g_{it})+0.3\ln(cs_{it})+0.2\ln(road_{it})+u_{it}\\&(40.16)\qquad(18.34)\qquad(21.59)\end{aligned} \tag{9.3.16}$$

$R^2=0.85$　　$DW=1.3$　J 统计量$=11.97$　p 值(J 统计量)$=0.15$

由于工具变量个数多于解释变量个数,导致模型存在过度识别,为了检验过度识别的矩条件是否有效,我们采用 Sargan 检验(本书初级第 3 章 3.4.1 节介绍)。在面板数据模型(9.3.16)中给出的 J 统计量仍然是 Sargan 检验统计量,但与单方程不同的是,此处的 J 值就等于 GMM 目标函数的最小值,其分布 $J \sim \chi^2(p-k)$,其中 p 为工具变量矩阵的秩,k 为待估参数个数,原假设为"过度识别的矩条件是有效的"。式(9.3.16)的 J 统计量的 p 值为 0.15,不能拒绝原假设,说明过度识别的矩条件是有效的,也即模型所选择的工具变量是有效的。①

从式(9.3.16)可以看出,β_1 显著为正,β_2 显著为负,这表明我国大城市的经济增长水平与城镇化水平间具有显著的倒"U"形关系,同时产业结构、消费和地方政府公共财政支出等变量的增长都能有效地促进城市经济的增长。

模型结果说明城镇化率与城市产出之间存在显著的倒"U"形关系,与理论预期相一致。在一定时期内,城市化产生的集聚效应,使得城市化率越高,城市产出越高,然而随着城市化率的持续提高,城市化所带来的负外部性将会呈现加速增加,如在大城市中土地要素和房地产价格更高,物价水平也较别的城市更高,同时人口聚集带来了相应的公共基础设施利用的拥挤成本也越高;反过来,这些因素会限制人口向城市的聚集。

资料来源:中经网统计数据库_城市年度库,网址:http://db.cei.gov.cn;中国城市统计年鉴(2004—2014),北京:中国统计出版社。

9.4 动态面板数据回归模型②

很多经济关系本质上都具有动态性,面板数据的优势之一就在于它可以使研究者更好地理解动态调整过程。刻画这些动态关系的面板数据回归模型,即动态面板数据回归模型具有的共同特征是回归变量中含有滞后的被解释变量。本节重点讨论最常用的动态变截距面板数据回归模型。

9.4.1 动态面板数据回归模型简介

动态变截距面板数据回归模型的基本形式如下:

$$y_{it} = \alpha_i + \sum_{h=1}^{p} \phi_h y_{i,t-h} + \sum_{k=1}^{K} \beta_k x_{kit} + u_{it}, \quad i = 1,2,\cdots,N \quad t = 1,2,\cdots,T \tag{9.4.1}$$

式中:α_i 表示跨截面变化的个体效应,x_{kit} 为外生解释变量,N 表示截面成员的个数,T 表示观测时期数,p 表示自回归模型的阶数,K 表示外生解释变量个数,参数 ϕ_h 为相应

① HANSEN L P. Large sample properties of generalized method of moments estimators [J]. Econometrica, 1982, 50(4): 1029-1054.

ARELLANO M. Sargan's instrumental variables estimation and the generalized method of moments [J]. Journal of business & economic statistics, 2002, 20(4): 450-459.

② 白仲林. 面板数据计量经济学[M]. 北京:清华大学出版社,2019:第 4 章.

巴尔塔基. 面板数据计量经济分析[M]. 白仲林,等译. 4 版. 北京:机械工业出版社,2010:128-152.

自回归解释变量的系数，β_k 为相应外生解释变量系数，随机误差项 u_{it} 相互满足独立同分布假设。

由于自回归变截距面板数据模型解释变量并不是严格外生的，即该模型的解释变量之间、解释变量与个体效应之间并不是相互独立的，从而使得即使个体效应 α_i 为固定效应，ϕ_h 的组内回归最小二乘估计也是有偏的。

为了说明动态面板数据回归模型组内回归最小二乘估计的偏误，考虑最简单的一阶平稳自回归变截距模型

$$y_{it}=\alpha_i+\phi y_{it-1}+u_{it},\quad i=1,2,\cdots,N\quad t=1,2,\cdots,T \tag{9.4.2}$$

式中：$|\phi|<1$，并且式(9.4.2)满足如下假设：

(1) 对于 $i=1,2,\cdots,N$，如果个体效应 α_i 是随机效应，则 $\alpha_i\sim\text{i.i.d}(0,\sigma_\alpha^2)$。

(2) 对于 $i=1,2,\cdots,N,t=1,2,\cdots,T$，则 $u_{it}\sim\text{i.i.d}(0,\sigma_u^2)$。

(3) 对于 $i=1,2,\cdots,N,t=1,2,\cdots,T$，则 $E(\alpha_i u_{it})=0$。

如果式(9.4.2)为固定效应模型，则根据固定效应模型组内回归最小二乘估计量的公式可得参数的组内回归最小二乘估计为

$$\hat{\phi}_{FE}=\frac{\sum_{i=1}^{N}\sum_{t=1}^{T}(y_{it-1}-\bar{y}_{i,-1})(y_{it}-\bar{y}_i)}{\sum_{i=1}^{N}\sum_{t=1}^{T}(y_{it-1}-\bar{y}_{i,-1})^2} \tag{9.4.3}$$

式中：$\bar{y}_{i,-1}=\frac{1}{T}\sum_{t=1}^{T}y_{i,t-1}$；$\bar{y}_i=\frac{1}{T}\sum_{t=1}^{T}y_{i,t}$。

将式(9.4.2)代入式(9.4.3)可得

$$\hat{\phi}_{FE}=\phi+\frac{\sum_{i=1}^{N}\sum_{t=1}^{T}(y_{it-1}-\bar{y}_{i,-1})(u_{it}-\bar{u}_i)}{\sum_{i=1}^{N}\sum_{t=1}^{T}(y_{it-1}-\bar{y}_{i,-1})^2} \tag{9.4.4}$$

式中：$\bar{u}_i=\frac{1}{T}\sum_{t=1}^{T}u_{i,t}$。

可见，式(9.4.3)所示的参数 ϕ 的组内回归估计是有偏的。

此外，Nichell(1981)[①]证明，对于给定的 T，由大数定律可知

$$\underset{N\to\infty}{p\lim}\frac{1}{NT}\sum_{i=1}^{N}\sum_{t=1}^{T}(y_{it-1}-\bar{y}_{i,-1})(u_{it}-\bar{u}_i)=-\underset{N\to\infty}{p\lim}\frac{1}{N}\sum_{i=1}^{N}\sum_{t=1}^{T}\bar{u}_i\bar{y}_{i,-1}\text{②} \tag{9.4.5}$$

因此可得

$$\underset{N\to\infty}{p\lim}\frac{1}{NT}\sum_{i=1}^{N}\sum_{t=1}^{T}(y_{it-1}-\bar{y}_{i,-1})(u_{it}-\bar{u}_i) \tag{9.4.6}$$

① NICKELL S. Biases in dynamic models with fixed effects[J]. Econometrica, 1981, 49(6): 1417-1426.

② 概率极限(probabitity limits, Plim)，Plim() 表示() 中的式子依概率收敛。

$$=-\frac{\sigma_u^2}{T^2}\frac{(T-1)-T\phi+\phi^T}{(1-\phi)^2}\neq 0$$

类似可得

$$\underset{N\to\infty}{p\lim}\frac{1}{NT}\sum_{i=1}^{N}\sum_{t=1}^{T}(y_{it-1}-\bar{y}_{i,-1})^2=\frac{\sigma_u^2}{1-\phi^2}\left\{1-\frac{1}{T}-\frac{2\phi}{(1-\phi)^2}\frac{(T-1)-T\phi+\phi^T}{T^2}\right\} \tag{9.4.7}$$

可见,在自回归面板数据模型中,对于给定的 T,组内变化的滞后变量和组内变化的误差项是渐近相关的。

并进一步可得

$$\underset{N\to\infty}{p\lim}(\hat{\phi}_{FE}-\phi)=-\frac{1}{T-1}\left(1-\frac{1-\phi^T}{T(1-\phi)}\right)\left\{1-\frac{2\phi}{(1-\phi)(T-1)}\left[1-\frac{1-\phi^T}{T(1-\phi)}\right]\right\}^{-1} \tag{9.4.8}$$

可见对于给定的 T,式(9.4.3)所示的参数 ϕ 的组内回归估计也不是一致的。但如果 $N\to\infty$,$T\to\infty$,则组内估计仍具有一致性。因此,当面板数据具有较大的 T、较小的 N 时(常见于宏观面板数据),动态面板数据回归模型的组内估计是可以接受的;但当面板数据具有较小的 T、较大的 N 时(常见于微观面板数据),动态面板数据回归模型的组内估计存在较严重的偏差。

9.4.2　动态面板数据模型的估计

由于在动态面板数据模型中组内变化的滞后变量和组内变化的误差项是渐近相关的,进而使得动态面板数据模型的组内 OLS 估计量是有偏的和非一致的,类似于解决单方程回归模型的内生解释变量问题的方法,可以采用工具变量(IV)估计和广义矩估计替代 OLS 估计。

1. 工具变量估计

对于式(9.4.2)所示的一阶平稳自回归变截距模型,为了消除其个体效应,可以首先对模型取一阶差分,得到不包含个体效应的一阶差分模型

$$y_{it}-y_{it-1}=\phi(y_{it-1}-y_{it-2})+(u_{it}-u_{it-1}),\quad i=1,2,\cdots,N\quad t=3,\cdots,T \tag{9.4.9}$$

显然,在式(9.4.9)中,即使 $T\to\infty$,$(y_{it-1}-y_{it-2})$ 和 $(u_{it}-u_{it-1})$ 也是相关的,这使得参数 ϕ 的 OLS 估计不可能是一致的。然而,对于式(9.4.9)所示的差分模型,y_{it-2} 或者 $(y_{it-2}-y_{it-3})$ 与 $(y_{it-1}-y_{it-2})$ 相关,但是与 $(u_{it}-u_{it-1})$ 无关。因此,可以用 y_{it-2} 作为 $(y_{it-1}-y_{it-2})$ 的工具变量,得到差分模型中的参数 ϕ 的工具变量估计。

$$\hat{\phi}_{IV}^1=\frac{\sum_{i=1}^{N}\sum_{t=2}^{T}y_{it-2}(y_{it}-y_{it-1})}{\sum_{i=1}^{N}\sum_{t=2}^{T}y_{it-2}(y_{it-1}-y_{it-2})} \tag{9.4.10}$$

$$\hat{\phi}_{IV}^{2}=\frac{\sum_{i=1}^{N}\sum_{t=3}^{T}(y_{it-2}-y_{it-3})(y_{it}-y_{it-1})}{\sum_{i=1}^{N}\sum_{t=3}^{T}(y_{it-2}-y_{it-3})(y_{it-1}-y_{it-2})} \tag{9.4.11}$$

由于 y_{it-2} 和 $(y_{it-2}-y_{it-3})$ 与 $(u_{it}-u_{it-1})$ 不相关，因此，工具变量估计 $\hat{\phi}_{IV}^{1}$ 和 $\hat{\phi}_{IV}^{2}$ 均是参数 ϕ 的一致估计。事实上，只要式(9.4.2)所示的一阶平稳自回归变截距模型的误差项 u_{it} 不存在自相关，工具变量估计 $\hat{\phi}_{IV}^{1}$ 和 $\hat{\phi}_{IV}^{2}$ 就是参数 ϕ 的一致估计。

2. Arellano 和 Bond 广义矩估计(差分 GMM)

(1) 估计方法

动态面板数据模型的工具变量估计中所选择的工具变量，只是式(9.4.9)所示的差分模型中解释变量的工具变量之一。Arellano and Bond(1991)①认为，在动态面板数据模型中如果我们利用 y_{it} 的滞后项与误差项 u_{it} 之间的正交条件就可以得到一些额外的工具变量，进而提出了差分广义矩估计方法。差分广义矩估计方法选取 $y_{it-k}(2\leqslant k\leqslant t-1)$ 作为差分模型中内生解释变量 $(y_{it-1}-y_{it-2})$ 的工具变量，进而可以得到 $m=(T-2)(T-1)/2$ 个线性矩条件，表示如下：

$$E\left[(u_{it}-u_{it-1})y_{it-k}\right]=0,\quad k=2,\cdots,t-1,\quad t=3,4,\cdots,T \tag{9.4.12}$$

利用矩阵形式，式(9.4.12)可以表示为

$$E\left[\boldsymbol{Z}_i'\Delta\boldsymbol{u}_i\right]=0 \tag{9.4.13}$$

式中：$\Delta\boldsymbol{u}_i=(u_{i3}-u_{i2},u_{i4}-u_{i3},\cdots,u_{iT}-u_{iT-1})'_{(T-2)\times 1}$

$$\boldsymbol{Z}_i=\begin{pmatrix}[y_{i1}] & & & & \\ & [y_{i1}\quad y_{i2}] & & & \\ & & [y_{i1}\quad y_{i2}\quad y_{i3}] & & \\ & & & \ddots & \\ & & & & [y_{i1}\quad y_{i2}\quad\cdots\quad y_{iT-2}]\end{pmatrix}_{(T-2)\times m} \tag{9.4.14}$$

由于式(9.4.13)对于所有的截面个体 i 均成立，则可得

$$E\left[\boldsymbol{Z}'\Delta\boldsymbol{u}\right]=0 \tag{9.4.15}$$

式中：$\Delta\boldsymbol{u}=(\Delta\boldsymbol{u}_1',\Delta\boldsymbol{u}_2',\cdots,\Delta\boldsymbol{u}_N')'_{N(T-2)\times 1}$，$\boldsymbol{Z}=(\boldsymbol{Z}_1',\boldsymbol{Z}_2',\cdots,\boldsymbol{Z}_N')'_{N(T-2)\times m}$。

利用式(9.4.14)给出的矩条件可以得到式(9.4.2)所示模型中参数 ϕ 的广义矩估计为

$$\hat{\phi}_{\mathrm{GMM}}^{(1)}=\frac{\Delta\boldsymbol{y}_{-1}'\boldsymbol{Z}\boldsymbol{W}_N\boldsymbol{Z}'\Delta\boldsymbol{y}}{\Delta\boldsymbol{y}_{-1}'\boldsymbol{Z}\boldsymbol{W}_N\boldsymbol{Z}'\Delta\boldsymbol{y}_{-1}} \tag{9.4.16}$$

式中：$\Delta\boldsymbol{y}_{-1}$ 为 $\Delta\boldsymbol{y}$ 的一期滞后；加权矩阵 $\boldsymbol{W}_N=\left(\frac{1}{N}\sum_i\boldsymbol{Z}_i'\boldsymbol{H}_i\boldsymbol{Z}_i\right)^{-1}$

① ARELLANO M, BOND S. Some tests of specification for panel data: Monte Carlo evidence and an application to employment equations[J]. Review of economic studies, 1991, 58(3): 277-297.

$$\boldsymbol{H}_i = E(\Delta \boldsymbol{u}_i \Delta \boldsymbol{u}'_i) = \sigma_u^2 \begin{bmatrix} 2 & -1 & 0 & \cdots \\ -1 & 2 & \ddots & 0 \\ 0 & \ddots & \ddots & -1 \\ \vdots & 0 & -1 & 2 \end{bmatrix}_{(T-2)\times(T-2)} \tag{9.4.17}$$

如果 σ_u^2 已知,则根据式(9.4.16)计算得到的参数 ϕ 的估计值被称为一步(one-step)差分广义矩估计值。

如果 σ_u^2 未知,则需要先将加权矩阵 $\boldsymbol{W}_N$ 设定为单位对角矩阵,即 $\boldsymbol{W}_N=\boldsymbol{I}$,依据式(9.4.16)计算得到的参数 ϕ 的一步估计值 $\hat{\phi}_{\text{GMM}}^{(1)}$,利用计算得到的残差项 $\Delta \hat{u}_{it}$ 重新计算加权矩阵 $\hat{\boldsymbol{W}}_N$ 为

$$\hat{\boldsymbol{W}}_N = \left(\frac{1}{N}\sum_i \boldsymbol{Z}'_i \Delta \hat{\boldsymbol{u}}_i \Delta \hat{\boldsymbol{u}}'_i \boldsymbol{Z}_i\right)^{-1} \tag{9.4.18}$$

将新的加权矩阵 $\hat{\boldsymbol{W}}_N$ 代入式(9.4.16)中,则得到参数 ϕ 的第二次估计值,记为 $\hat{\phi}_{\text{GMM}}^{(2)}$,其形式为

$$\hat{\phi}_{\text{GMM}}^{(2)} = \frac{\Delta \boldsymbol{y}'_{-1} Z \hat{\boldsymbol{W}}_N \boldsymbol{Z}' \Delta \boldsymbol{y}}{\Delta \boldsymbol{y}'_{-1} Z \hat{\boldsymbol{W}}_N \boldsymbol{Z}' \Delta \boldsymbol{y}_{-1}} \tag{9.4.19}$$

估计值 $\hat{\phi}_{\text{GMM}}^{(2)}$ 称为参数 ϕ 的两步(two-step)差分广义矩估计值。上述求解过程继续下去,可以求得参数 ϕ 的 n 步(n-step)差分广义矩估计值。当式(9.4.2)所示的动态面板数据模型中包含外生解释变量时,外生解释变量均可以作为矩约束条件对模型进行估计。

(2)序列相关检验

对于利用差分 GMM 估计的动态面板模型,需要进行 Arellano 和 Bond(1991)提出的序列相关检验。该检验包括两个独立的统计量,分别为 A-B 一阶序列相关检验统计量(m_1)和 A-B 二阶序列相关检验统计量(m_2):

$$m_j = \frac{\rho_j}{\sqrt{\text{var}(\rho_j)}} \quad j=1,2 \tag{9.4.20}$$

其中

$$\rho_j = \frac{1}{T-3-j}\sum_{t=4+j}^{T} \rho_{tj}$$

$$\rho_{tj} = E(\Delta u_{it}, \Delta u_{it-j})$$

其中,ρ_j 是 j 阶的自协方差。Arellano-Bond 序列相关检验的原假设为:扰动项 u_i 独立同分布。当原假设成立时,扰动项差分 Δu_i 不存在二阶序列相关,即 A-B 二阶统计量(m_2)不显著。若拒绝原假设,表明模型设定的矩条件(9.4.13)不成立,差分 GMM 估计量是非一致的。此外,A-B 一阶统计量(m_1)应统计显著,且具有负的自相关系数,否则意味着扰动项 u_i 为白噪声序列。注意,这个检验只适用于截面效应模型的差分 GMM。

3. Arellano 和 Bover 广义矩估计(正交 GMM)

Arellano 和 Bover(1995)[①]提出了一个统一的广义矩框架,用来寻找动态面板数据模

① ARELLANO M, BOVER O. Another look at the instrumental variables estimation of error component models[J]. Journal of econometricss, 1995, 68(1): 29-51.

型的有效工具变量估计量。对于式(9.4.1)所示的动态变截距面板数据模型可以写成如下形式：

$$y_{it}=\sum_{h=1}^{p}\phi_h y_{it-h}+\sum_{k=1}^{K}\beta_k x_{kit}+v_{it},\quad i=1,2,\cdots,N\quad t=1,2,\cdots,T \tag{9.4.21}$$

式中：$v_{it}=\alpha_i+u_{it}$。由于 y_{it} 是个体效应 α_i 的函数，因此，式(9.4.21)中右侧的解释变量 y_{it-h} 与误差项 v_{it} 相关，进而使得参数的最小二乘估计量是有偏和非一致的。

使用向量形式，式(9.4.21)可以写成

$$\boldsymbol{y}_i=\boldsymbol{W}_i\boldsymbol{\eta}+\boldsymbol{\nu}_i,\quad i=1,2,\cdots,N \tag{9.4.22}$$

式中：$\boldsymbol{y}_i$ 是 $T\times 1$ 维被解释变量向量，$\boldsymbol{W}_i$ 是 $T\times(K+P)$ 维解释变量矩阵，$\boldsymbol{y}_i$ 和 $\boldsymbol{W}_i$ 的各分量是截面成员的经济指标时间序列，$\boldsymbol{\eta}$ 是 $(K+P)\times 1$ 维系数向量，$\boldsymbol{v}_i=\alpha_i\boldsymbol{l}_t+\boldsymbol{u}_i$ 是包含个体效应的 $T\times 1$ 维扰动项向量，$\boldsymbol{l}_T$ 是由 1 组成的 T 维列向量。当个体效应为固定效应时，$E(\boldsymbol{\nu}_i\boldsymbol{\nu}_i')=\boldsymbol{\Omega}$，与 $\boldsymbol{W}_i$ 独立，且对各截面成员相同；当个体效应为随机效应时，$E(\boldsymbol{\nu}_i\boldsymbol{\nu}_i')=\boldsymbol{\Omega}=\sigma_u^2\boldsymbol{I}_T+\sigma_\alpha^2\boldsymbol{l}_T\boldsymbol{l}_T'$。

Arellano 和 Bover 使用非奇异矩阵 $\boldsymbol{A}$ 对式(9.4.22)进行变换，矩阵 $\boldsymbol{A}$ 具体形式如下：

$$\boldsymbol{A}=\begin{bmatrix}\boldsymbol{C}\\ \boldsymbol{l}'_T/T\end{bmatrix}_{T\times T} \tag{9.4.23}$$

式中：$\boldsymbol{C}$ 是秩为$(T-1)$的任意$(T-1)\times T$ 维矩阵，使得 $\boldsymbol{C}\boldsymbol{l}_t=\boldsymbol{0}$。例如，$\boldsymbol{C}$ 可以是组内变换算子矩阵$(\boldsymbol{I}_T-\bar{\boldsymbol{J}}_T)$或一阶差分算子矩阵的前$(T-1)$行，其中 $\bar{\boldsymbol{J}}_T=\boldsymbol{J}_T/T$，$\boldsymbol{J}_t$ 为元素全部为 1 的 T 阶方阵。Arellano 和 Bover(1995)将 $\boldsymbol{C}$ 设定为前向正交离差算子矩阵，即它将被变换序列的前$(T-1)$个观测值减去其未来观测值的均值，其具体形式如式(9.4.24)所示。

$$\boldsymbol{C}=\operatorname{diag}\left[\frac{T-1}{T},\cdots,\frac{1}{2}\right]^{1/2}_{(T-1)\times(T-1)}\times\begin{pmatrix}1 & -\frac{1}{T-1} & -\frac{1}{T-1} & \cdots & -\frac{1}{T-1} & -\frac{1}{T-1} & -\frac{1}{T-1}\\ 0 & 1 & -\frac{1}{T-2} & \cdots & -\frac{1}{T-2} & -\frac{1}{T-2} & -\frac{1}{T-2}\\ \vdots & \vdots & \vdots & & \vdots & \vdots & \vdots\\ 0 & 0 & 0 & \cdots & 1 & -\frac{1}{2} & -\frac{1}{2}\\ 0 & 0 & 0 & \cdots & 0 & 1 & -1\end{pmatrix}_{(T-1)\times T} \tag{9.4.24}$$

经非奇异矩阵 $\boldsymbol{A}$ 变换后，式(9.4.22)的误差项变换后为

$$\boldsymbol{\nu}_i^{+}=\boldsymbol{A}\boldsymbol{v}_i=\begin{bmatrix}\boldsymbol{C}\boldsymbol{v}_i\\ \bar{\boldsymbol{v}}_i\end{bmatrix}_{T\times T} \tag{9.4.25}$$

其前$(T-1)$个元素与个体效应 α_i 无关，因此对相应的$(T-1)$个方程来说所有的外生变

量都是有效的工具变量。因此,经非奇异矩阵 **A** 变换后的整个方程系统的有效工具变量矩阵为

$$\boldsymbol{Z}_i=\begin{bmatrix}[\boldsymbol{x}_i' \quad y_{i1}] & & & & 0\\ & [\boldsymbol{x}_i' \quad y_{i1} \quad y_{i2}] & & & \\ & & \ddots & & \\ & & & [\boldsymbol{x}_i' \quad y_{i1} \quad y_{i2} \quad \cdots \quad y_{iT-1}] & \\ 0 & & & & \boldsymbol{x}_i'\end{bmatrix} \tag{9.4.26}$$

式中:$\boldsymbol{x}_i$ 为 $\boldsymbol{W}_i$ 中水平值与个体效应 α_i 无关的 $T\times K$ 维外生解释变量矩阵。

因此,相应的矩条件为

$$E\,[\boldsymbol{Z}_i'\boldsymbol{A}\boldsymbol{v}_i]=0 \tag{9.4.27}$$

利用式(9.4.27)给出的矩条件可以得到式(9.4.22)所示模型中参数 $\boldsymbol{\eta}$ 的广义矩估计为

$$\hat{\boldsymbol{\eta}}_{\mathrm{GMM}}=[\boldsymbol{W}'\bar{\boldsymbol{A}}'\boldsymbol{Z}(\boldsymbol{Z}'\bar{\boldsymbol{A}}\,\bar{\boldsymbol{\Omega}}\bar{\boldsymbol{A}}'\boldsymbol{Z})^{-1}\boldsymbol{Z}'\bar{\boldsymbol{A}}\boldsymbol{W}]^{-1}\boldsymbol{W}'\bar{\boldsymbol{A}}'\boldsymbol{Z}(\boldsymbol{Z}'\bar{\boldsymbol{A}}\bar{\boldsymbol{\Omega}}\bar{\boldsymbol{A}}'\boldsymbol{Z})^{-1}\boldsymbol{Z}'\bar{\boldsymbol{A}}\boldsymbol{y} \tag{9.4.28}$$

式中:$\boldsymbol{W}=(\boldsymbol{W}_1',\cdots,\boldsymbol{W}_N')'$;$\boldsymbol{y}=(\boldsymbol{y}_1',\cdots,\boldsymbol{y}_N')'$;$\boldsymbol{Z}=(\boldsymbol{Z}_1',\cdots,\boldsymbol{Z}_N')'$;$\bar{\boldsymbol{A}}=I_N\otimes\boldsymbol{A}$;$\bar{\boldsymbol{\Omega}}=\boldsymbol{I}_N\otimes\boldsymbol{\Omega}$ 。

在实际应用中,变换后系统的协方差矩阵 $\boldsymbol{\Omega}^+=\boldsymbol{A}\boldsymbol{\Omega}\boldsymbol{A}'$ 可由其一致估计量来代替,通常为

$$\hat{\boldsymbol{\Omega}}^+=\sum_{i=1}^{N}\hat{\boldsymbol{v}}_i^+\,\hat{\boldsymbol{v}}_i^{+'}/N \tag{9.4.29}$$

式中:$\hat{\boldsymbol{v}}_i^+$ 是预先进行一致估计所得到的残差。

因为工具变量 $\boldsymbol{Z}_i$ 是块对角矩阵,所以 Arellano 和 Bover(1995)证明如果 $\boldsymbol{C}$ 为上三角矩阵,则 $\hat{\boldsymbol{\eta}}_{\mathrm{GMM}}$ 不随 $\boldsymbol{C}$ 的选择而变化。

例 9.4　动态面板数据模型

本例采用例 9.3 的我国 25 个大城市的面板数据变量,利用动态面板模型方法来建模,对我国城市经济增长与城镇化水平之间的关系进行实证分析。用各城市的人均 GDP(y_{it})度量其经济发展水平,用各城市户籍人口占总人口的比重(urb_{it})来衡量其城镇化水平,称为城镇化率。考虑到经济增长的惯性动态特征,模型解释变量中引入城镇人均 GDP(y_i)的滞后变量,解释变量还选取了产业结构变量 $X_{2,it}/X_{3,it}$,即二产产值比重($X_{2,it}$)/三产产值比重($X_{3,it}$);人均地方公共财政支出(g_{it});人均消费变量(cs_{it});人均拥有道路面积($road_{it}$)。各变量除比例指标外均采用对数形式,模型的具体形式如下:

$$\begin{aligned}\ln(y_{it})=&\alpha_i+\phi\ln(y_{it-1})+\beta_1 urb_{it}+\beta_2 urb_{it}^2\\&+\beta_3(X_{2,it}/X_{3,it})+\beta_4\ln(g_{it})+\beta_5\ln(cs_{it})+\beta_6\ln(road_{it})+u_{it}\end{aligned} \tag{9.4.30}$$

式中:解释变量 $\ln(y_{it-1})$ 的系数 ϕ 刻画城市经济增长的动态特征,urb_{it} 与 urb_{it}^2 的系数 β_1 和 β_2 刻画城市经济增长与城镇化率之间的相关性特征,如果 β_1 显著为正,β_2 显著为负,则城市经济增长与城镇化率之间具有相应的倒“U”形关系。

分别利用差分 GMM 和正交 GMM 两种估计方法对式(9.4.30)所示的动态变截距面板数据模型进行估计，工具变量的选取请参见本例的工作文件。参数 ϕ 及 β_1 和 β_2 的相应估计结果由表 9.4.1 给出。

表 9.4.1　城市经济增长动态面板数据模型估计结果

解释变量	参　数	差分 GMM	正交 GMM
$\ln(y_{it-1})$	ϕ	0.258 9* (2.690)	0.241 9*** (11.269)
urb_{it}	β_1	0.099 6*** (3.630)	0.087 1*** (2.741)
urb_{it}^2	β_2	−0.000 92*** (−3.730)	−0.000 813** (−2.239)
X_{2it}/X_{3it}	β_3	0.232 4*** (4.283)	0.162 5*** (3.815)
$\ln(g_{it})$	β_5	0.207 5*** (3.194)	0.281 9*** (4.722)
$\ln(cs_{it})$	β_4	0.346 5*** (4.303)	0.220 2** (2.199)
$\ln(road_{it})$	β_4	0.131 4** (1.830)	0.188 9*** (2.852)
样本容量		225	225
		J 统计量 19.95 p 值(J 统计量)=0.34	J 统计量=14.71 p 值(J 统计量)=0.68
		A-B 一阶统计量 m_1= 2.16，p=0.03 A-B 二阶统计量 m_2=0.55，p=0.58	

注：系数下面是 t 统计量，*、**、*** 分别表示在 1%、5%、10%的显著性水平下拒绝参数不显著的原假设。

从表 9.4.1 可以看出，两个模型的 J 统计量都不能拒绝原假设，说明过度识别的矩条件是有效的，也即模型所选择的工具变量是有效的。差分 GMM 模型的 Arellano-Bond 序列相关检验的一阶统计量(m_1)显著，且具有负的自相关系数；二阶统计量(m_2)不显著，不存在二阶序列相关，说明模型设定是正确的。

差分 GMM 和正交 GMM 两种估计方法的估计结果均表明参数 ϕ 及 β_1 显著为正，参数 β_2 显著为负，这表明我国大城市的经济增长具有显著的惯性特征，并且大城市的经济增长水平与城镇化水平间具有显著的倒“U”形关系，同时产业结构、消费和地方政府公共财政支出等变量的增长都能有效地促进城市经济的增长。

数据来源：中经网统计数据库_城市年度库，网址：http：//db.cei.gov.cn；中国城市统计年鉴(2004—2014)，北京：中国统计出版社。

9.5　EViews 软件的相关操作①

对于处理和分析面板数据,除了 Pool 对象外,EViews 还提供了一种特殊结构的工作文件——面板结构的工作文件(Panel Workfile)。当面板数据的截面成员较多但时期较少时,一般都是侧重进行截面分析。可以通过 EViews 中的面板工作文件对这种“宽而短”的数据进行处理和建模分析。但是面板结构的工作文件还提供了适合于宏观面板模型这种“窄而长”数据类型的面板单位根检验、面板协整检验、面板 GMM 模型、动态面板模型等方法。

9.5.1　构建面板工作文件

1. 面板工作文件的创建方式

(1) 在 EViews 的主菜单下选择 File/New/ Workfile...打开工作文件建立对话框(图 9.5.1),在其中的工作文件结构类型的下拉列表中选择平衡面板(Balanced Panel)项,对其他项进行相应的设置后,单击 OK 按钮之后,EViews 便会建立一个具有合适结构的面板工作文件。面板工作文件中自动生成 2 个可以用来识别每个观测值所对应的时期和截面成员的序列(其中序列 crossid 识别截面成员,序列 dateid 识别时期)的序列。图 9.5.1 是例 9.1 建立面板结构的工作文件窗口。

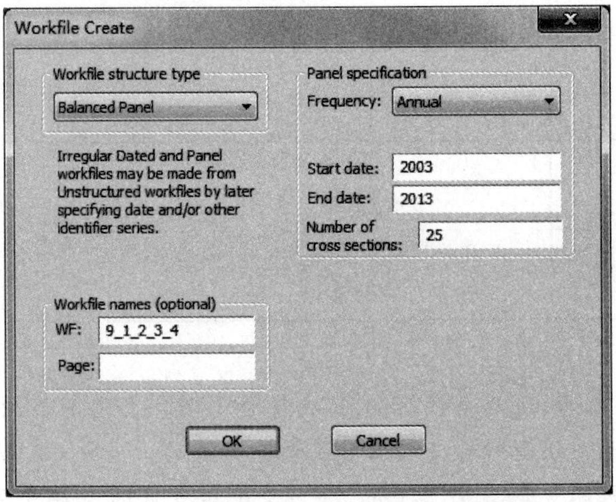

图 9.5.1　建立面板结构的工作文件窗口

(2) 序列 crossid 是以数字排序来标识截面成员的,如果希望用英文缩写来标识,也可在工作文件中建立与截面成员对应的字符串序列,如命名为 fcode,同时使得 fcode 与

① EViews 10 IHS Global Inc. ,2017. User's Guide Ⅱ. Chapter 44, p893-p916, Chapter 45, p917-p972, Chapter 47, p995-p1100.

crossid 对应。EViews 依照截面识别序列(crossid)和时期序列(dateid)的信息，将工作文件中的变量进行分类，从而使变量具有适当的堆积面板结构。

2. 面板工作文件的特点

与普通工作文件相比，面板工作文件主要有两个突出的特点：①在工作文件窗口最上方的数据和样本区间的信息栏中给出了观测数据的起止时期、截面成员个数以及观测值的总数。例如，例 9.1 的样本区间便是观测值的起始时期、截面个数和总样本个数：2003 2013×25－275obs。②在面板工作文件中，数据是以堆积的形式存放的，故称其为堆积面板数据。面板工作文件具有两个识别序列：识别截面成员 crossid 序列和识别时期 dateid 序列来识别各序列观测值堆积的变化，因此工作文件中每一个序列的各期观测值都具有二维信息，即每个序列的观测值标签都由两部分构成：一部分反映观测值的截面个体信息；另一部分反映观测值的时期信息，如年度数据：1－03，1－04，… ，1－13，2－03，2－04，…，注意年度用两位数表示。

9.5.2 面板数据的基本分析

EViews 为面板结构工作文件中的序列提供了多种面板特有的分析，如面板数据序列图、面板数据的单位根检验、面板数据的协整检验、面板数据的因果检验和面板数据主成分分析等。

1. 面板数据序列图

面板结构的工作文件提供了相应的显示图形工具。利用这些工具，我们可以显示堆积数据的图形，各截面成员独立的和联合的图形以及由各时期组内统计量构成的时间序列图。

打开面板数据序列窗口，选择 View/Graph...，EViews 将打开图形设置对话框。Option Pages 项下的菜单选择显示图形各种设置；Specific 项下的菜单是图形类型的选择。

具有面板数据特色的图形选择是，图形设置对话框右下方 Option Pages 项下的菜单选择如果选择 Stack cross section data，EViews 将显示一个含有所有观测值的堆积数据图；如果选择 Individual cross-section graph，EViews 将分别显示各截面成员对应的图；如果选择 Combined cross-section graph，EViews 将在一个图中显示各截面成员对应的曲线。剩下的两个选项显示的是每个时期的组内统计量图。

2. 面板数据的单位根检验

对于面板结构的数据 EViews 提供了多种单位根检验方法：LLC(Levin-Lin-Chu)，Breitung，Im-Pesaran-Shin，Fisher-ADF，Fisher-PP 和 Hadri 检验。关于这些检验方法的详细介绍参见“9.1　面板数据的单位根检验”。

在序列对象菜单中选择 View/Unit Root Test...，打开面板数据单位根检验对话框，可以进行单位根检验方法、趋势、截距和滞后阶数等方面的设置。默认情况下单位根检验方法为 Summary，EViews 将使用所有方法进行单位根检验，给出各个方法的面板数据整体检验结果，也可选择上述单一的单位根检验方法，显示其方法的面板数据检验结果。

3. 面板数据的协整检验

面板数据的协整检验可以在panel工作文件的组中完成。首先,在panel工作文件中将进行协整检验的多个序列构建一个组对象(Group),然后,选择Views/Cointegration Test/Panel Cointegration Test...,则显示面板数据协整检验的对话框。可以在Test type的下拉菜单中Pedroni(Engle-Granger based)、Kao(Engle-Granger based)、Fisher(combined Johansen)3种检验方法之间切换。当选择不同的检验方法时,对话框中其余的部分会发生相应的变化。

4. 面板数据的因果检验

在panel工作文件中可以实现面板数据的因果(Causality)检验。首先,在panel工作文件中将进行因果检验的多个序列构建一个组对象(Group),然后选择Views/Granger Causality...,则显示面板数据因果检验的对话框,我们可以在该对话框中对面板数据因果检验的形式进行选择,并指定检验方程的滞后阶数。对于面板结构的数据,EViews提供两种形式的因果检验,两种形式的因果检验对检验方程中系数的跨截面变化特征假设不同。第一种检验形式"Stacked test"假设检验方程中各系数对所有截面成员均相同,实际上该形式下的面板数据因果检验与使用堆积数据进行传统的格兰杰因果检验结果相同。第二种检验形式"Dumitrescu Hurlin"假设检验方程中各系数均为跨截面变化,该方法返回的统计量值为对各截面成员数据进行单独因果检验所得统计量值的平均值。

5. 面板数据主成分分析

利用panel工作文件的组对象也可以实现对面板数据进行主成分分析。首先,在panel工作文件中将进行主成分分析所包含的多个变量序列构建为一个组对象(Group),然后,选择Views/Principal components...,便可打开主成分分析对话框,该对话框的具体设置相关信息可参见"11.3.1　主成分分析的实现"。实际上在panel工作文件中对面板数据所进行的主成分分析与使用堆积数据进行主成分分析的结果相同。主成分分析方法可参见"第11章　主成分分析和因子分析"。

9.5.3　面板数据模型的建立与估计

1. 普通面板数据模型的建立和设定

EViews的面板工作文件中面板数据模型的建立与估计与单方程相同,也是用方程对象(Equation)来完成的。

(1) 在工作文件菜单中选择Object/New Object/ Equation,在随后出现的方程估计对话框中(图9.5.2)设定模型形式,指定方程结构和使用的样本的方法都与单方程一致,不再重复介绍。

(2) 方程形式设定后,需要选择一种估计方法。单击Method,会看到下拉菜单中的估计方法列表(图9.5.3),利用面板结构工作文件中的方程对象可以构建多种面板数据模型。

在面板结构工作文件的方程对象中可实现单方程中的大多数估计方法(图9.5.3),但是只有普通最小二乘、二阶段最小二乘和广义矩估计可以估计含有个体效应的变截距

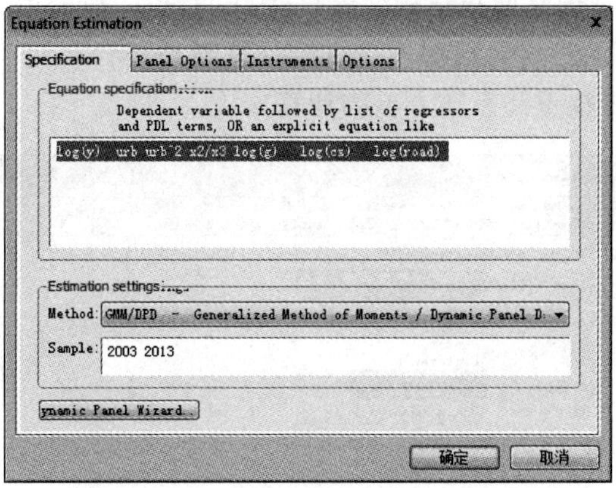

图 9.5.2　面板数据模型估计对话框

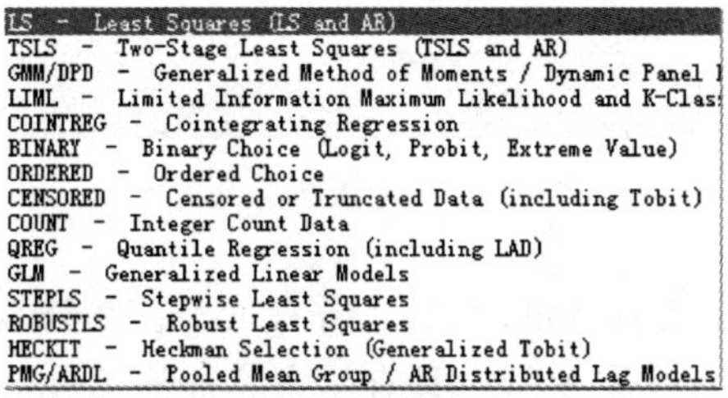

图 9.5.3　面板数据模型估计方法选择

面板数据模型，因为只有这 3 种方法提供了 Panel Options 窗口，可以对反映面板数据的个体效应和时期效应的面板结构设置进行选择，其他方法都没有针对面板数据的 Panel Options 窗口。因此其他方法都是使用堆积数据直接对相应的面板数据模型进行估计，即模型为相应的不变系数形式。

（3）所有方法都有和单方程类似的 Options 窗口。Options 窗口提供很多估计选项，这些选项允许进行以下操作：对估计方程加权、计算稳健的异方差和自相关协方差、控制估计算法的各种特征。

（4）面板数据模型设定后，EViews 将估计面板模型并显示其结果。显示的估计结果和单方程类似，只是增加了可用于 Sargan 检验的 J 统计量、工具变量矩阵的秩和 J 统计量的 p 值。

（5）面板数据模型估计后，估计结果中的固定效应或随机效应的估计值可以在视图里查看，在方程对象点击 View/Fixed/Random Effects，以表格形式显示固定效应或随机效应的估计值。

2. 面板数据模型的 GMM 估计

选择面板结构工作文件中方程对象的 Method 下拉菜单中的 GMM/DPD-Generalized Method of Moments/ Dynamic Panel Data。EViews 将显示出含有 4 个选项卡的对话框（图 9.5.3）。

Panel Options 选项卡是面板结构设置页(图9.5.4)。与最小二乘法下的面板结构设置页一样,在该设置页的相应对话框中可以设置模型是否含有截面或时期的固定或随机效应,并可以设定GLS权重和系数方差的计算方法。

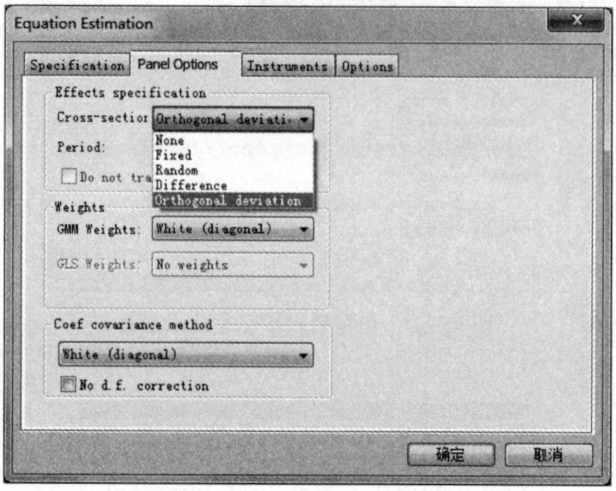

图9.5.4　面板结构设置页

Instruments 选项卡是工具变量设置页(图9.5.5)。在该页下,可以对GMM估计中使用的工具变量进行说明,指定模型中具有动态特征的工具变量,在GMM估计的工具变量说明中EViews提供关键字@dyn表示系列动态工具变量,具体使用方法可参看下面动态面板模型的相应说明。

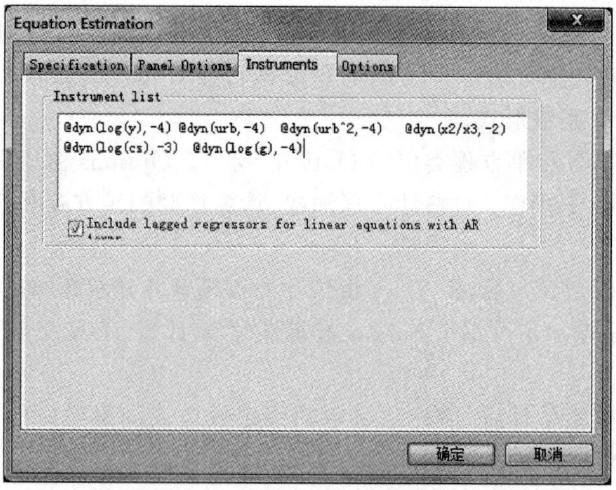

图9.5.5　面板工具变量设置页

3. 动态面板数据模型的估计

由于其他方法的操作与单方程的相应操作大体相同,因此,本小节主要介绍动态面板数据模型的相关操作。

（1）建立动态面板数据模型

使用广义矩估计的方法估计一个动态面板数据模型，首先应该选择面板结构工作文件中方程对象的 Method 下拉菜单中的 GMM/DPD-Generalized Method of Moments/Dynamic Panel Data。EViews 将显示出含有 4 个选项卡的对话框（图 9.5.2），并且在最下方有一个 Dynamic Panel Wizard 的按钮。

（2）动态面板数据模型的 DPD 向导

单击 Dynamic Panel Wizard 按钮，EViews 将打开一个帮助设置动态面板数据模型的 DPD 向导，DPD 向导将给出更细致的设置：如在可以选择是否在模型解释变量中包含时期效应虚拟变量；DPD 向导的工具变量设置页中，提供两个变量列表编辑框，其中，Transform(differences)项下输入的是在估计一阶差分方程时经一阶差分变换的严格外生的工具变量，No Transformation 项下输入的是在估计一阶差分方程时不进行差分变换的严格外生的工具变量；DPD 向导还可以对 GMM 权重矩阵的具体迭代次数进行设定，既可以选择一步迭代来计算 Arellano-Bond 一步估计量或选择两步迭代来计算 Arellano-Bond 两步估计量，也可选择 n 步迭代（迭代收敛）来重复权重矩阵计算，等等。

（3）动态面板数据模型解释变量中要包含被解释变量相应的滞后变量

动态面板数据模型中首先要把被解释变量的相应滞后变量作为模型中的解释变量。如例 9.4 构建的动态面板数据模型以人均 GDP 的对数 log(y)作为被解释变量，并以其滞后 1 期变量 log(y(−1))作为解释变量，然后指定模型中包含的其他解释变量。

（4）动态面板数据模型的面板结构设置页

使用动态面板模型时，面板结构设置页（图 9.5.4）还存在两方面值得注意的变化。首先，在处理个体效应时有 Difference 和 Orthogonal Deviations 两种附加选择，这些选择允许我们利用相应的方法变换模型中的个体效应，进而实现对动态面板数据模型的估计（图 9.5.4）。

Difference 表示估计的过程利用 Arellano 和 Bond(1991)提出的方法对模型进行一阶差分变换，消除个体效应。

Orthogonal Deviations 表示估计的过程使用 Arellano 和 Bover(1995)提出的正交变换方法消除模型中的个体效应。

其次，该设置页还提供了与 GMM 估计效率有关的额外选择，可用其选项取决于处理个体效应的设置。例如，如果将个体效应设定为 Difference 使用一阶差分方式处理个体效应，则 EViews 会提供包括一套修正的 GMM 权重选择。这些权重选择允许实现规范的 GMM 估计。

（5）动态面板数据模型的工具变量设置页

广义矩估计对话框中的 Instruments 选项卡是工具变量设置页（图 9.5.5）。在该页下，可以对 GMM 估计中使用的工具变量进行说明，指定模型中具有动态特征的工具变量。

在 GMM 估计的工具变量说明中 EViews 提供关键字@dyn 表示系列动态—时期工具变量。例如，指定一组与系列 X 相关的动态工具变量，则只需在工具变量文本框中输入“@dyn(X)”,EViews会默认使用序列 $X(T-2),X(T-3),\cdots,X(1)$ 作为每一个可获得时期的工具,也可以通过指定一个最小和最大滞后量作为附加参数来限制使用的滞后量的最大数量。例如,工具变量说明为@dyn(X,−2,−5),则指定EViews包含X的滞后2期到滞后5期变量作为每个时期的工具变量。如果@dyn说明中只有一个参数,EViews将使用这个参数作为考虑的最小滞后阶数,工具变量中包含直至可用的更高阶的滞后变量。例如,工具变量说明为@dyn(X,−5),则工具变量中包含 X 从滞后5阶开始到直至可用的更高阶滞后变量。

此外,EVeiws还使用关键@lev来表示GMM估计过程中不参与变换的变量,即该变量可直接用作变换后方程的工具变量。

(6) 差分GMM动态面板模型的序列相关检验

利用差分GMM估计的动态面板模型,需要进行Arellano和Bond(1991)提出的序列相关检验。该检验包括两个独立的统计量,分别为一阶序列相关和二阶序列相关检验统计量。

Arellano-Bond序列相关检验的原假设为:扰动项 u_i 独立同分布。当原假设成立时,扰动项差分 Δu_i 不存在二阶序列相关,即二阶统计量(m_2)不显著。此外,一阶统计量(m_1)应统计显著,且具有负的自相关系数,否则意味着扰动项 u_i 为白噪声序列。注意,这个检验只适用于截面效应模型的差分GMM估计方法。

计算Arellano-Bond统计量,在方程菜单View/Residual Diagnostics/Arellano-Bond Serial Correlation Test,则显示2个Arellano-Bond序列相关检验统计量。

第 10 章 状态空间模型和卡尔曼滤波①

在计量经济学文献中，状态空间模型（state space model）被用来估计不可观测的时间变量：理性预期、测量误差、长期收入和不可观测因素（趋势和循环要素）。许多时间序列模型，包括典型的线性回归模型和 ARIMA 模型都能作为特例写成状态空间的形式（state space form，SSF），并估计参数值。状态空间模型在经济计量学领域其他方面的大量应用，请参见 Hamilton（1994）和 Harvey（1989）。

利用状态空间形式表示动态系统主要有两个优点：第一，状态空间模型将不可观测的变量（状态变量）并入可观测模型并与其一起得到估计结果；第二，状态空间模型是利用强有力的迭代算法——卡尔曼滤波（Kalman filter）来估计的。卡尔曼滤波可以用来估计单变量和多变量的 ARMA 模型、马尔可夫转换模型和变参数模型等。

本章所介绍的内容只是经济领域状态空间模型使用的入门。所以本章主要侧重于介绍状态空间模型的应用，而不是理论和技术细节上的论述。

10.1 状态空间模型的定义

本节仅就如何定义并预测一个线性状态空间模型进行简要的讨论。状态空间模型一般应用于多变量时间序列。设 $\boldsymbol{y}_t$ 是包含 k 个经济变量的 $k \times 1$ 维可观测向量。这些变量与 $m \times 1$ 维向量 $\boldsymbol{\alpha}_t$ 有关，$\boldsymbol{\alpha}_t$ 被称为状态向量。定义"量测方程"（measurement equation）或称"信号方程"（signal equation）为

$$\boldsymbol{y}_t = \boldsymbol{Z}_t \boldsymbol{\alpha}_t + \boldsymbol{d}_t + \boldsymbol{u}_t, \quad t = 1, 2, \cdots, T \tag{10.1.1}$$

式中：T 表示样本长度，$\boldsymbol{Z}_t$ 表示 $k \times m$ 矩阵，$\boldsymbol{d}_t$ 表示 $k \times 1$ 向量，$\boldsymbol{u}_t$ 表示 $k \times 1$ 向量，是均值为 0，协方差矩阵为 $\boldsymbol{H}_t$ 的连续的不相关扰动项，即

$$E(\boldsymbol{u}_t) = \boldsymbol{0} \quad \mathrm{var}(\boldsymbol{u}_t) = \boldsymbol{H}_t \tag{10.1.2}$$

一般地，$\boldsymbol{\alpha}_t$ 的元素是不可观测的，然而可表示成一阶马尔可夫（Markov）过程。下面定义转移方程（transition equation）或称状态方程（state equation）为

$$\boldsymbol{\alpha}_t = \boldsymbol{T}_t \boldsymbol{\alpha}_{t-1} + \boldsymbol{c}_t + \boldsymbol{R}_t \boldsymbol{\varepsilon}_t, \quad t = 1, 2, \cdots, T \tag{10.1.3}$$

式中：$\boldsymbol{T}_t$ 表示 $m \times m$ 矩阵，$\boldsymbol{c}_t$ 表示 $m \times 1$ 向量，$\boldsymbol{R}_t$ 表示 $m \times g$ 矩阵，$\boldsymbol{\varepsilon}_t$ 表示 $g \times 1$ 向量，是均值为 0，协方差矩阵为 $\boldsymbol{Q}_t$ 的连续的不相关扰动项，即

---

① HARVEY A C. Forecasting, structural time series models and the kalman filter[M]. Cambridge: Cambridge University Press, 1989: Chapter 3, 4.
HAMILTON J D. Time series analysis[M]. Princeton: Princeton University Press, 1994: Chapter 13.
汉密尔顿. 时间序列分析[M]. 夏晓华，译. 北京：中国人民大学出版社，2015：第 13 章.
谷崎久志. 状态空间模型在经济学中的应用[M]. 东京：日本评论社，1993：1-48.

$$E(\boldsymbol{\varepsilon}_t)=\mathbf{0} \quad \mathrm{var}(\boldsymbol{\varepsilon}_t)=\boldsymbol{Q}_t \tag{10.1.4}$$

当 $k=1$ 时,变为单变量模型,量测方程可以写为

$$y_t=\boldsymbol{Z}_t\boldsymbol{\alpha}_t+d_t+u_t, \quad t=1,2,\cdots,T \tag{10.1.5}$$

$$\mathrm{var}(u_t)=h_t$$

若使上述的状态空间模型成立,还需要满足下面两个假定。

(1) 初始状态向量 $\boldsymbol{\alpha}_0$ 的均值为 $\boldsymbol{a}_0$,协方差矩阵为 $\boldsymbol{P}_0$,即

$$E(\boldsymbol{\alpha}_0)=\boldsymbol{a}_0 \quad \mathrm{var}(\boldsymbol{\alpha}_0)=\boldsymbol{P}_0 \tag{10.1.6}$$

(2) 在所有的时间区间上,扰动项 $\boldsymbol{u}_t$ 和 $\boldsymbol{\varepsilon}_t$ 相互独立,而且它们和初始状态 $\boldsymbol{\alpha}_0$ 也不相关,即

$$E(\boldsymbol{u}_t\boldsymbol{\varepsilon}'_s)=\mathbf{0}, \quad s,t=1,2,\cdots,T \tag{10.1.7}$$

且

$$E(\boldsymbol{u}_t\boldsymbol{\alpha}'_0)=\mathbf{0} \quad E(\boldsymbol{\varepsilon}_t\boldsymbol{\alpha}'_0)=\mathbf{0}, \quad t=1,2,\cdots,T \tag{10.1.8}$$

量测方程中的矩阵 $\boldsymbol{Z}_t,\boldsymbol{d}_t,\boldsymbol{H}_t$ 与转移方程中的矩阵 $\boldsymbol{T}_t,\boldsymbol{c}_t,\boldsymbol{R}_t,\boldsymbol{Q}_t$ 统称为系统矩阵。如不特殊指出,它们都被假定为非随机的。因此,尽管它们能随时间改变,但都是可以预先确定的。对于任一时刻 $\boldsymbol{t}$,$\boldsymbol{y}_t$ 能够被表示为当前的和过去的 $\boldsymbol{u}_t$ 和 $\boldsymbol{\varepsilon}_t$ 及初始向量 $\boldsymbol{\alpha}_0$ 的线性组合,所以模型是线性的。

例 10.1　一阶移动平均模型 MA(1)

一阶移动平均模型 MA(1)

$$y_t=\varepsilon_t+\theta\varepsilon_{t-1}, \quad t=1,2,\cdots,T \tag{10.1.9}$$

式中:$E(\varepsilon_t)=0$,$\mathrm{var}(\varepsilon_t)=\sigma^2$,$\mathrm{cov}(\varepsilon_t,\varepsilon_{t-s})=0$,通过定义状态向量 $\boldsymbol{\alpha}_t=(y_t,\theta\varepsilon_t)'$ 可以写成状态空间形式

$$y_t=(1,0)\,\boldsymbol{\alpha}_t, \quad t=1,2,\cdots,T \tag{10.1.10}$$

$$\boldsymbol{\alpha}_t=\begin{pmatrix}0 & 1\\ 0 & 0\end{pmatrix}\boldsymbol{\alpha}_{t-1}+\begin{pmatrix}1\\ \theta\end{pmatrix}\varepsilon_t \tag{10.1.11}$$

这种形式的特点是不存在量测方程噪声。

对于任一特殊问题的状态空间模型的表示形式是不唯一的,这一点很容易验证。只要通过定义一个任意的非奇异矩阵 $\boldsymbol{B}$,得到新的状态向量 $\boldsymbol{\alpha}_t^*=\boldsymbol{B}\boldsymbol{\alpha}_t$。用 $\boldsymbol{B}$ 矩阵左乘转移方程(10.1.3),得到

$$\boldsymbol{\alpha}_t^*=\boldsymbol{T}_t^*\boldsymbol{\alpha}_{t-1}^*+\boldsymbol{c}_t^*+\boldsymbol{R}_t^*\boldsymbol{\varepsilon}_t \tag{10.1.12}$$

式中:$\boldsymbol{T}_t^*=\boldsymbol{B}\boldsymbol{T}_t\boldsymbol{B}^{-1}$;$\boldsymbol{c}_t^*=\boldsymbol{B}\boldsymbol{c}_t$;$\boldsymbol{R}_t^*=\boldsymbol{B}\boldsymbol{R}_t$。相应的量测方程是

$$\boldsymbol{y}_t=\boldsymbol{Z}_t^*\boldsymbol{\alpha}_t^*+\boldsymbol{d}_t+\boldsymbol{u}_t \tag{10.1.13}$$

式中:$\boldsymbol{Z}_t^*=\boldsymbol{Z}_t\boldsymbol{B}^{-1}$。

对于任何特殊的统计模型,$\boldsymbol{\alpha}_t$ 的定义由结构确定。它的元素一般包含具有实际解释意义的成分,如趋势或季节要素。状态空间模型的目标是:所建立的状态向量 $\boldsymbol{\alpha}_t$ 包含了系统在时刻 t 的所有有关信息,同时又使用尽可能少的元素。所以如果状态空间模型的状态向量具有最小维数,则称为最小实现(minimal realization)。对一个好的状态空间模

型，最小实现是一个基本准则。

例 10.2　二阶自回归模型 AR(2)

对二阶自回归模型 AR(2)

$$y_t = \varphi_1 y_{t-1} + \varphi_2 y_{t-2} + u_t, \quad t = 1, 2, \cdots, T \tag{10.1.14}$$

式中：$E(u_t)=0$，$\mathrm{var}(u_t)=\sigma^2$，$\mathrm{cov}(u_t, u_{t-s})=0$，考虑两个可能的状态空间形式($k=1$，$m=2$)是

$$y_t = (1, 0)\,\boldsymbol{\alpha}_t \tag{10.1.15}$$

$$\boldsymbol{\alpha}_t = \begin{pmatrix} y_t \\ \varphi_2 y_{t-1} \end{pmatrix} = \begin{pmatrix} \varphi_1 & 1 \\ \varphi_2 & 0 \end{pmatrix} \boldsymbol{\alpha}_{t-1} + \begin{pmatrix} 1 \\ 0 \end{pmatrix} u_t \tag{10.1.16}$$

换一种形式

$$y_t = (1, 0)\,\boldsymbol{\alpha}_t^*$$

$$\boldsymbol{\alpha}_t^* = \begin{pmatrix} y_t \\ y_{t-1} \end{pmatrix} = \begin{pmatrix} \varphi_1 & \varphi_2 \\ 1 & 0 \end{pmatrix} \boldsymbol{\alpha}_{t-1}^* + \begin{pmatrix} 1 \\ 0 \end{pmatrix} u_t \tag{10.1.17}$$

系统矩阵 $\boldsymbol{Z}_t, \boldsymbol{H}_t, \boldsymbol{T}_t, \boldsymbol{R}_t, \boldsymbol{Q}_t$ 可以依赖于一个未知参数的集合。状态空间模型的一个主要的任务就是估计这些参数，在例 10.1 的 MA(1)模型中的参数$\{\theta, \sigma^2\}$和例 10.2 的 AR(2)模型中的参数$\{\varphi_1, \varphi_2, \sigma^2\}$是未知的，这些参数将通过 $\boldsymbol{\psi}$ 向量表示，并被称为超参数(hyperparameters)。超参数确定了模型的随机性质，在 $\boldsymbol{c}_t$ 和 $\boldsymbol{d}_t$ 中出现的参数仅影响确定性的可观测变量和状态的期望值。在状态空间模型中可以引入外生变量作为解释变量，也可以引入 $\boldsymbol{y}_t$ 的延迟变量，这些都可以放到 $\boldsymbol{d}_t$ 中去。如果 $\boldsymbol{c}_t$ 或 $\boldsymbol{d}_t$ 是未知参数的一个线性函数，这些未知参数也可以作为状态变量或者超参数的一部分元素。

10.2　卡尔曼滤波

当一个模型被表示成状态空间形式，就可以对其应用一些重要的算法求解。这些算法的核心是 Kalman 滤波。Kalman 滤波是在时刻 t 基于所有可得到的信息计算状态向量的最理想的递推过程。在某些工程问题中，状态向量的当前值具有重要影响(例如，它可以表示火箭在空间的坐标)。Kalman 滤波的主要作用是：当扰动项和初始状态向量服从正态分布时，能够通过预测误差分解计算似然函数，从而可以对模型中的所有未知参数进行估计，并且新的观测值一旦得到，就可以利用 Kalman 滤波连续地修正状态向量的估计。

以下设 $\boldsymbol{Y}_T$ 表示在 $t=T$ 时刻所有可利用的信息的信息集合，即 $\boldsymbol{Y}_T=\{\boldsymbol{y}_T, \boldsymbol{y}_{T-1}, \cdots, \boldsymbol{y}_1\}$。状态向量的估计问题根据信息的多少分为 3 种类型：

(1) 当 $t>T$ 时，超出样本的观测区间，是对未来状态的估计问题，称为预测(prediction)。

(2) 当 $t=T$ 时，估计观测区间的最终时点，即对现在状态的估计问题，称为滤波(filtering)。

(3) 当 $t<T$ 时,是基于利用现在为止的观测值对过去状态的估计问题,称为平滑(smoothing)。

进一步,假定 $\boldsymbol{a}_{t|t-1}$ 和 $\boldsymbol{P}_{t|t-1}$ 分别表示以利用到 $t-1$ 为止的信息集合 $\boldsymbol{Y}_{t-1}$ 为条件的状态向量 $\boldsymbol{\alpha}_t$ 的条件均值和条件误差协方差矩阵,即

$$\boldsymbol{a}_{t|t-1}=E(\boldsymbol{\alpha}_t\,|\boldsymbol{Y}_{t-1})$$
$$\boldsymbol{P}_{t\,|\,t-1}=\mathrm{var}(\boldsymbol{\alpha}_t\,|\boldsymbol{Y}_{t-1})$$

在本节假定系统矩阵 $\boldsymbol{Z}_t,\boldsymbol{H}_t,\boldsymbol{T}_t,\boldsymbol{R}_t$ 和 $\boldsymbol{Q}_t$ 是已知的,设初始状态向量 $\boldsymbol{\alpha}_0$ 的均值和误差协方差矩阵的初值为 $\boldsymbol{a}_0$ 和 $\boldsymbol{P}_0$,并假定 $\boldsymbol{a}_0$ 和 $\boldsymbol{P}_0$ 也是已知的。

10.2.1　Kalman 滤波的一般形式

1. 滤波

考虑状态空间模型(10.1.1)和模型(10.1.3),设 $\boldsymbol{a}_{t-1}$ 表示基于信息集合 $\boldsymbol{Y}_{t-1}$ 的 $\boldsymbol{\alpha}_{t-1}$ 的估计量,$\boldsymbol{P}_{t-1}$ 表示估计误差的 $m\times m$ 协方差矩阵,即

$$\boldsymbol{P}_{t-1}=E[(\boldsymbol{\alpha}_{t-1}-\boldsymbol{a}_{t-1})(\boldsymbol{\alpha}_{t-1}-\boldsymbol{a}_{t-1})'] \tag{10.2.1}$$

当给定 $\boldsymbol{a}_{t-1}$ 和 $\boldsymbol{P}_{t-1}$ 时,$\boldsymbol{\alpha}_t$ 的条件分布的均值由下式给定,即

$$\boldsymbol{a}_{t|t-1}=\boldsymbol{T}_t\boldsymbol{a}_{t-1}+\boldsymbol{c}_t \tag{10.2.2}$$

在扰动项和初始状态向量服从正态分布的假设下,$\boldsymbol{\alpha}_t$ 的条件分布的均值 $\boldsymbol{a}_{t|t-1}$ 是 $\boldsymbol{\alpha}_t$ 在最小均方误差意义下的一个最优估计量。估计误差的协方差矩阵是

$$\boldsymbol{P}_{t|t-1}=\boldsymbol{T}_t\boldsymbol{P}_{t-1}\boldsymbol{T}'_t+\boldsymbol{R}_t\boldsymbol{Q}_t\boldsymbol{R}'_t,\quad t=1,2,\cdots,T \tag{10.2.3}$$

式(10.2.2)和式(10.2.3)称为**预测方程**(pediction equations)。

一旦得到新的预测值 $\boldsymbol{y}_t$,就能够修正 $\boldsymbol{\alpha}_t$ 的估计 $\boldsymbol{a}_{t|t-1}$,**更新方程**(updating equations)是

$$\boldsymbol{a}_t=\boldsymbol{a}_{t|t-1}+\boldsymbol{P}_{t|t-1}\boldsymbol{Z}'_t\boldsymbol{F}_t^{-1}(\boldsymbol{y}_t-\boldsymbol{Z}_t\boldsymbol{a}_{t|t-1}-\boldsymbol{d}_t) \tag{10.2.4}$$

和

$$\boldsymbol{P}_t=\boldsymbol{P}_{t|t-1}-\boldsymbol{P}_{t|t-1}\boldsymbol{Z}'_t\boldsymbol{F}_t^{-1}\boldsymbol{Z}_t\boldsymbol{P}_{t|t-1} \tag{10.2.5}$$

式中:

$$\boldsymbol{F}_t=\boldsymbol{Z}_t\boldsymbol{P}_{t|t-1}\boldsymbol{Z}'_t+\boldsymbol{H}_t,\quad t=1,2,\cdots,T \tag{10.2.6}$$

上述式(10.2.2)~式(10.2.6)一起构成 Kalman 滤波的公式。

如果希望直接写成由 $\boldsymbol{a}_{t-1}$ 到 $\boldsymbol{a}_t$ 的递推过程或 $\boldsymbol{a}_{t|t-1}$ 的递归过程,式(10.2.2)~式(10.2.6)又可以改写为

$$\boldsymbol{a}_{t+1|t}=(\boldsymbol{T}_{t+1}-\boldsymbol{K}_t\boldsymbol{Z}_t)\boldsymbol{a}_{t|t-1}+\boldsymbol{K}_t\boldsymbol{y}_t+(\boldsymbol{c}_{t+1}-\boldsymbol{K}_t\boldsymbol{d}_t) \tag{10.2.7}$$

式中:$\boldsymbol{K}_t$ 被称为增益矩阵(gain matrix),由下式给定

$$\boldsymbol{K}_t=\boldsymbol{T}_{t+1}\boldsymbol{P}_{t|t-1}\boldsymbol{Z}'_t\boldsymbol{F}_t^{-1},\quad t=1,2,\cdots,T \tag{10.2.8}$$

对于误差协方差矩阵的递推过程是

$$\boldsymbol{P}_{t+1|t}=\boldsymbol{T}_{t+1}(\boldsymbol{P}_{t|t-1}-\boldsymbol{P}_{t|t-1}\boldsymbol{Z}'_t\boldsymbol{F}_t^{-1}\boldsymbol{Z}_t\boldsymbol{P}_{t|t-1})\boldsymbol{T}'_{t+1}+\boldsymbol{R}_{t+1}\boldsymbol{Q}_{t+1}\boldsymbol{R}'_{t+1},$$
$$t=1,2,\cdots,T \tag{10.2.9}$$

这就是著名的黎卡提方程(Riccati equation)。

Kalman 滤波的初值可以按 $\boldsymbol{a}_0$ 和 $\boldsymbol{P}_0$ 或 $\boldsymbol{a}_{1|0}$ 和 $\boldsymbol{P}_{1|0}$ 指定。这样,每当得到一个观测

值时，Kalman 滤波提供了状态向量的最优估计。当所有的 T 个观测值都已处理，Kalman 滤波基于信息集合 $\boldsymbol{Y}_T$，产生当前状态向量和下一时间期间状态向量的最优估计。这个估计包含了产生未来状态向量和未来观测值的最优预测所需的所有信息。

2. 平滑

平滑(smoothing)($t=T-1,T-2,\cdots,1$)

$$\boldsymbol{a}_{t|T}=\boldsymbol{a}_{t|t}+\boldsymbol{P}_{t|t}T'\boldsymbol{P}_{t+1|t}^{-1}(\boldsymbol{a}_{t+1|T}-\boldsymbol{T}\boldsymbol{a}_{t|t}-\boldsymbol{c}_t) \tag{10.2.10}$$

$$\boldsymbol{P}_{t|T}=\boldsymbol{P}_{t|t}+\boldsymbol{P}_{t|t}\boldsymbol{T}'\boldsymbol{P}_{t+1|t}^{-1}(\boldsymbol{P}_{t+1|T}-\boldsymbol{P}_{t+1|t})(\boldsymbol{P}_{t+1|t}^{-1})'\boldsymbol{T}\boldsymbol{P}'_{t|t} \tag{10.2.11}$$

式中：$\boldsymbol{a}_{T|T}$，$\boldsymbol{P}_{T|T}$ 是平滑的初值，由 Kalman 滤波最后的迭代得到。

3. 预测

如果量测方程(10.1.1)的扰动项和初始状态向量服从多元正态分布，则 $\boldsymbol{y}_t$ 关于 $\boldsymbol{Y}_{t-1}$ 的条件分布也是正态的。且这个条件分布的均值和协方差矩阵可以直接由 Kalman 滤波给定。

以信息集 $\boldsymbol{Y}_{t-1}$ 为条件，$\boldsymbol{\alpha}_t$ 服从具有均值 $\boldsymbol{a}_{t|t-1}$ 和协方差矩阵 $\boldsymbol{P}_{t|t-1}$ 的正态分布。如果量测方程被写为

$$\boldsymbol{y}_t=\boldsymbol{Z}_t\boldsymbol{a}_{t|t-1}+\boldsymbol{Z}_t(\boldsymbol{\alpha}_t-\boldsymbol{a}_{t|t-1})+\boldsymbol{d}_t+u_t \tag{10.2.12}$$

可以直接看出 $\boldsymbol{y}_t$ 的条件分布是正态的，$\boldsymbol{y}_t$ 的条件均值记为 $E_{t-1}(\boldsymbol{y}_t)$ 或 $\tilde{\boldsymbol{y}}_{t|t-1}$

$$E_{t-1}(\boldsymbol{y}_t)=\tilde{\boldsymbol{y}}_{t|t-1}=\boldsymbol{Z}_t\boldsymbol{a}_{t|t-1}+\boldsymbol{d}_t \tag{10.2.13}$$

预测误差向量

$$\boldsymbol{v}_t=\boldsymbol{y}_t-\tilde{\boldsymbol{y}}_{t|t-1},\quad t=1,2,\cdots,T \tag{10.2.14}$$

误差协方差矩阵由式(10.2.6)的 $\boldsymbol{F}_t$ 给定，即

$$\boldsymbol{F}_t=\boldsymbol{Z}_t\boldsymbol{P}_{t|t-1}\boldsymbol{Z}'_t+\boldsymbol{H}_t,\quad t=1,2,\cdots,T \tag{10.2.15}$$

由后面 10.2.2 小节的论述可以知道条件均值 $\tilde{\boldsymbol{y}}_{t|t-1}$ 是 $\boldsymbol{y}_t$ 的最小均方误差意义的最优估计量(mininum mean square estimator，MMSE)。因此，可以利用式(10.2.13)，以及 Kalman 滤波式(10.2.2)～式(10.2.6)，对 $\boldsymbol{y}_t$，$\boldsymbol{\alpha}_t$($t=T+1,T+2,\cdots$)进行预测。

10.2.2 Kalman 滤波的解释和性质

Kalman 滤波的导出依赖于扰动项和初始状态向量服从正态分布的假设。有了正态分布的假设，就能够基于信息集合 $\boldsymbol{Y}_T=\{\boldsymbol{y}_T,\boldsymbol{y}_{T-1},\cdots,\boldsymbol{y}_1\}$，利用 Kalman 滤波递推地计算 $\boldsymbol{\alpha}_t$ 的分布。这些条件分布自身也都服从正态分布，因此也就由它们的均值和协方差矩阵完全确定，这就是 Kalman 滤波计算的估计量。为了说明 $\boldsymbol{\alpha}_t$ 的条件均值是 $\boldsymbol{\alpha}_t$ 在最小均方误差意义下的一个最优估计量，下面首先介绍均方误差和最小均方估计的概念。

1. 均方误差

设 $\boldsymbol{z}$ 是随机向量，已知样本集合 $\boldsymbol{Z}_T=\{\boldsymbol{z}_T,\boldsymbol{z}_{T-1},\cdots,\boldsymbol{z}_1\}$，$\hat{\boldsymbol{z}}$ 是基于 $\boldsymbol{Z}_T$ 的 $\boldsymbol{z}$ 的任一估计量，则定义均方误差为

$$\mathrm{MSE}(\hat{\boldsymbol{z}})=E[(\boldsymbol{z}-\hat{\boldsymbol{z}})^2] \tag{10.2.16}$$

2. 最小均方估计

设 $\hat{\boldsymbol{z}}$ 是基于 $\boldsymbol{Z}_t$ 的 $\boldsymbol{z}$ 的任一估计量，$\hat{\boldsymbol{z}}^*$ 是其中使均方误差达到最小的 $\boldsymbol{z}$ 的估计量，即

$$E[(z-\hat{z}^*)^2] \leqslant E[(z-\hat{z})^2] \tag{10.2.17}$$

则称 $\hat{z}^*$ 为 z 的最小均方估计。

Kalman 滤波以信息集 $\boldsymbol{Y}_t$ 为条件，产生 $\boldsymbol{\alpha}_t$ 的条件均值和方差

$$\boldsymbol{a}_t = E(\boldsymbol{\alpha}_t \mid \boldsymbol{Y}_t) = E_t(\boldsymbol{\alpha}_t) \tag{10.2.18}$$

$$\boldsymbol{P}_t = E_t\{[\boldsymbol{\alpha}_t - E_t(\boldsymbol{\alpha}_t)][\boldsymbol{\alpha}_t - E_t(\boldsymbol{\alpha}_t)]'\} \tag{10.2.19}$$

式中：数学期望算子下面的下标 t 为关于 $\boldsymbol{Y}_t$ 的条件期望。

设 $\hat{\boldsymbol{\alpha}}_t$ 是以信息集 $\boldsymbol{Y}_t$ 为条件的 $\boldsymbol{\alpha}_t$ 的任一估计量，估计误差可以被分为两个部分

$$\boldsymbol{\alpha}_t - \hat{\boldsymbol{\alpha}}_t = [\boldsymbol{\alpha}_t - E(\boldsymbol{\alpha}_t \mid \boldsymbol{Y}_t)] + [E(\boldsymbol{\alpha}_t \mid \boldsymbol{Y}_t) - \hat{\boldsymbol{\alpha}}_t] \tag{10.2.20}$$

对式(10.2.20)两端平方，并求期望值，经过计算，由于混合乘积项为零，得到

$$\mathrm{MSE}(\hat{\boldsymbol{\alpha}}_t) = \mathrm{var}(\boldsymbol{\alpha}_t \mid \boldsymbol{Y}_t) + E\{[\hat{\boldsymbol{\alpha}}_t - E(\boldsymbol{\alpha}_t \mid \boldsymbol{Y}_t)]^2\} \tag{10.2.21}$$

在式(10.2.21)等号右边的第一项是 $\boldsymbol{\alpha}_t$ 的条件方差，由于 $\mathrm{var}(\boldsymbol{\alpha}_t \mid \boldsymbol{Y}_t) \geqslant 0$，且与估计量 $\hat{\boldsymbol{\alpha}}_t$ 无关，因此要想使式(10.2.21)达到最小，只需在第二项取 $\hat{\boldsymbol{\alpha}}_t = E(\boldsymbol{\alpha}_t \mid \boldsymbol{Y}_t)$ 即可。也就是说，$\boldsymbol{\alpha}_t$ 的最小均方估计就是由 Kalman 滤波所得到的条件均值 $\boldsymbol{a}_t = E(\boldsymbol{\alpha}_t \mid \boldsymbol{Y}_t)$，并且是唯一的。

当状态空间模型的扰动项的分布不能满足正态分布假定时，一般地，Kalman 滤波所产生的估计量 $\boldsymbol{a}_t$ 不再是状态向量 $\boldsymbol{\alpha}_t$ 的条件均值，换句话说，式(10.2.18)将不成立。但是如果限制估计量是观测值的线性组合，即在所有线性估计范围内，$\boldsymbol{a}_t$ 是具有最小均方误差意义上的最优估计量。此时称 $\boldsymbol{a}_t$ 是基于信息集 $\boldsymbol{Y}_t$ 的 $\boldsymbol{\alpha}_t$ 的最小均方线性估计量(minimum mean square linear estimator，MMSLE)，估计误差的协方差矩阵是由 Kalman 滤波给出的 $\boldsymbol{P}_t$ 矩阵。

进一步地，上述关于状态向量 $\boldsymbol{\alpha}_t$ 的论述也可以类似地用来解释 $\boldsymbol{y}_t$ 基于信息集 $\boldsymbol{Y}_{t-1}$ 的条件均值，用 $\tilde{\boldsymbol{y}}_{t|t-1}$ 表示，即

$$\tilde{\boldsymbol{y}}_{t|t-1} = \boldsymbol{Z}_t \boldsymbol{a}_{t|t-1} + \boldsymbol{d}_t \tag{10.2.22}$$

在正态假定下，是 $\boldsymbol{y}_t$ 在最小均方误差意义下的最优估计量，并且在不满足正态假定时，$\tilde{\boldsymbol{y}}_{t|t-1}$ 是 $\boldsymbol{y}_t$ 的最小均方线性估计量。

预测误差

$$\boldsymbol{v}_t = \boldsymbol{y}_t - \tilde{\boldsymbol{y}}_{t|t-1} = \boldsymbol{Z}_t(\boldsymbol{\alpha}_t - \boldsymbol{a}_{t|t-1}) + \boldsymbol{u}_t, \quad t = 1, 2, \cdots, T \tag{10.2.23}$$

被称为新息(innovations)，因为它代表在 $\boldsymbol{Y}_{t-1}$ 的基础上新观测值 $\boldsymbol{y}_t$ 所带来的信息。从更新方程(10.2.4)中可以看出，新息 $\boldsymbol{v}_t$ 对修正状态向量的估计量起到了关键的作用。

在正态假定下，根据 $\tilde{\boldsymbol{y}}_{t|t-1}$ 是最小均方误差意义下的最优估计量，可以推断 $\boldsymbol{v}_t$ 的均值是零向量。进一步地，从式(10.2.23)容易看出

$$\mathrm{var}(\boldsymbol{v}_t) = \boldsymbol{F}_t \tag{10.2.24}$$

式中：$\boldsymbol{F}_t$ 由式(10.2.6)给定。在不同的时间区间，新息 $\boldsymbol{v}_t$ 是不相关的，即

$$E(\boldsymbol{v}_t \boldsymbol{v}_s') = 0, \quad t \neq s, t, s = 1, 2, \cdots, T \tag{10.2.25}$$

10.2.3　修正的 Kalman 滤波递推公式

当量测方程和转移方程的扰动项是相关的时候，需要修改 Kalman 滤波。考虑具有

量测方程和转移方程的状态空间形式

$$\boldsymbol{y}_t = \boldsymbol{Z}_t \boldsymbol{\alpha}_t + \boldsymbol{d}_t + \boldsymbol{u}_t \tag{10.2.26}$$

$$\boldsymbol{\alpha}_t = \boldsymbol{T}_t \boldsymbol{\alpha}_{t-1} + \boldsymbol{c}_t + \boldsymbol{R}_t \boldsymbol{\varepsilon}_t, \quad t = 1,2,\cdots,T \tag{10.2.27}$$

假设

$$E(\boldsymbol{\varepsilon}_t \boldsymbol{u}'_s) = \begin{cases} \boldsymbol{G}_t, & t = s \\ \boldsymbol{0}, & t \neq s \end{cases} \tag{10.2.28}$$

式中：$\boldsymbol{G}_t$ 为已知的 $g \times k$ 矩阵。注意当量测方程和转移方程的干扰项在同时点相关，在不同时点不相关时，Kalman 滤波中的预测公式(10.2.2)和式(10.2.3)不变，更新方程进行如下修改：在式(10.2.4)和式(10.2.5)中矩阵 $\boldsymbol{P}_{t|t-1}\boldsymbol{Z}'_t$ 变为 $\boldsymbol{P}_{t|t-1}\boldsymbol{Z}'_t + \boldsymbol{R}_t\boldsymbol{G}_t$，式(10.2.6)变为

$$\boldsymbol{F}_t = \boldsymbol{Z}_t \boldsymbol{P}_{t|t-1} \boldsymbol{Z}'_t + \boldsymbol{Z}_t \boldsymbol{R}_t \boldsymbol{G}_t + \boldsymbol{G}'_t \boldsymbol{R}'_t \boldsymbol{Z}'_t + \boldsymbol{H}_t \tag{10.2.29}$$

Kalman 滤波一般形式中的式(10.2.7)～式(10.2.9)，通过结合预测方程和更新方程直接写成 $\boldsymbol{a}_{t|t-1}$ 的递归过程。修改如下：式(10.2.7)不变，增益矩阵 $\boldsymbol{K}_t$ 被修改为

$$\boldsymbol{K}_t = (\boldsymbol{T}_{t+1} \boldsymbol{P}_{t|t-1} \boldsymbol{Z}'_t + \boldsymbol{R}_t \boldsymbol{G}_t) \boldsymbol{F}_t^{-1}, \quad t = 1,2,\cdots,T \tag{10.2.30}$$

新息 $\boldsymbol{v}_t$ 的协方差矩阵 $\boldsymbol{F}_t$ 与式(10.2.6)一样，仍是

$$\boldsymbol{F}_t = \boldsymbol{Z}_t \boldsymbol{P}_{t|t-1} \boldsymbol{Z}'_t + \boldsymbol{H}_t, \quad t = 1,2,\cdots,T$$

误差协方差矩阵变成

$$\boldsymbol{P}_{t+1|t} = \boldsymbol{T}_{t+1} \boldsymbol{P}_{t|t-1} \boldsymbol{T}'_{t+1} - (\boldsymbol{T}_{t+1} \boldsymbol{P}_{t|t-1} \boldsymbol{Z}'_t + \boldsymbol{R}_t \boldsymbol{G}_t) \boldsymbol{F}_t^{-1} (\boldsymbol{T}_{t+1} \boldsymbol{P}_{t|t-1} \boldsymbol{Z}'_t + \boldsymbol{R}_t \boldsymbol{G}_t)' + \boldsymbol{R}_{t+1} \boldsymbol{Q}_{t+1} \boldsymbol{R}'_{t+1} \tag{10.2.31}$$

10.2.4 非时变模型及 Kalman 滤波的收敛性

在许多实际应用问题中，状态空间模型的系统矩阵 $\boldsymbol{Z}_t, \boldsymbol{d}_t, \boldsymbol{H}_t, \boldsymbol{T}_t, \boldsymbol{c}_t, \boldsymbol{R}_t$ 和 $\boldsymbol{Q}_t$ 都是不依赖于时间变化的，这样就可以写成不带时间下标的模型，称为非时变模型。一般允许 $\boldsymbol{c}_t$ 和 $\boldsymbol{d}_t$ 是依时间变化的，于是状态空间模型的量测方程(10.1.1)和转移方程(10.1.3)就可以写为

$$\boldsymbol{y}_t = \boldsymbol{Z}\boldsymbol{\alpha}_t + \boldsymbol{d}_t + \boldsymbol{u}_t, \quad \mathrm{var}(\boldsymbol{u}_t) = \boldsymbol{H} \tag{10.2.32}$$

$$\boldsymbol{\alpha}_t = \boldsymbol{T}\boldsymbol{\alpha}_{t-1} + \boldsymbol{c}_t + \boldsymbol{R}\boldsymbol{\varepsilon}_t, \quad \mathrm{var}(\boldsymbol{\varepsilon}_t) = \boldsymbol{Q} \tag{10.2.33}$$

$$E(\boldsymbol{u}_t \boldsymbol{\varepsilon}'_s) = 0, \quad \forall s,t \tag{10.2.34}$$

如果系统是稳定的，则转移矩阵 $\boldsymbol{T}$ 的所有的特征根的模应当小于 1，即

$$|\lambda_i(\boldsymbol{T})| < 1, \quad i = 1,2,\cdots,m \tag{10.2.35}$$

且如果初始协方差矩阵 $\boldsymbol{P}_{1|0}$ 是非负定的，则

$$\lim_{t\to\infty} \boldsymbol{P}_{t+1|t} = \bar{\boldsymbol{P}} \tag{10.2.36}$$

$\bar{\boldsymbol{P}}$ 独立于 $\boldsymbol{P}_{1|0}$，$\boldsymbol{P}_{t+1|t}$ 呈指数地迅速收敛到 $\bar{\boldsymbol{P}}$。

10.2.5 Kalman 滤波的初始条件

Kalman 滤波有以下两个初始条件。

(1) 仅当状态转移矩阵 $\boldsymbol{T}$、方差矩阵 $\boldsymbol{P}$ 和 $\boldsymbol{Q}$ 是非时变的且满足某些稳定性条件时,初始条件的求解才是可能的。如果初始条件的求解是可能的,可以利用关系式:

$$\mathrm{Vec}(\boldsymbol{P})=[\boldsymbol{I}-\boldsymbol{T}\otimes\boldsymbol{T}]^{-1}\mathrm{Vec}(\boldsymbol{RQR}') \tag{10.2.37}$$

求解初始条件 $\boldsymbol{P}_0$。式中 Vec(·)算子是把矩阵拉直,即表示矩阵的列是一列接着一列而形成一个向量,而运算符$\otimes$表示克罗内克积(Kronecker product),简称叉积[①],$\boldsymbol{I}$ 为单位矩阵。

(2) 如果初始条件的求解是不可能的,状态将按扩散先验处理。当利用扩散先验时,采用 Koopman,Shephard 和 Doornik(1999)[②]提出的方法将设置 $\boldsymbol{\alpha}_0=0$ 和 $\boldsymbol{P}_0=\kappa\boldsymbol{I}$,这里 κ 为一个任意的大数。如设 $\kappa=10^6$,然后通过乘以残差协方差矩阵的最大的对角线元素调整 $\boldsymbol{P}$。

10.3　状态空间模型超参数的估计

在 10.2 节讨论利用 Kalman 滤波递推公式求状态向量的估计量时,假定状态空间模型的系统矩阵 $\boldsymbol{Z}_t$,$\boldsymbol{H}_t$,$\boldsymbol{T}_t$,$\boldsymbol{R}_t$ 和 $\boldsymbol{Q}_t$ 是已知的。但实际上系统矩阵是依赖于一个未知参数的集合,这些未知参数用向量 $\boldsymbol{\psi}$ 表示,并被称为超参数。例如,在例 10.1 的一阶移动平均模型 MA(1)中 $\boldsymbol{\psi}=(\theta,\sigma^2)'$,在例 10.2 的二阶自回归模型 AR(2)中 $\boldsymbol{\psi}=(\varphi_1,\varphi_2,\sigma^2)'$。本节对于状态空间模型的量测方程(10.1.1)和状态方程(10.1.3)中含有未知参数的情况,介绍超参数的估计方法。

10.3.1　似然函数形式的预测误差分解

在许多问题中,特别在关于正态分布的各种估计问题中,极大似然法是最常用的方法,这主要表现在极大似然估计量常具有某些优良的性质。这里采用极大似然法估计未知的超参数。

极大似然法的原理通常用于观测值 $\boldsymbol{y}_1,\boldsymbol{y}_2,\cdots,\boldsymbol{y}_T$ 相互独立且具有同样分布的情形,此时它们的联合函数被给定为

$$L(\boldsymbol{y};\boldsymbol{\psi})=\prod_{t=1}^{T}P(\boldsymbol{y}_t) \tag{10.3.1}$$

式中:$P(\boldsymbol{y}_t)$是第 t 个观测值的概率函数;$L(\boldsymbol{y};\boldsymbol{\psi})$是样本 $y_1,y_2\cdots,y_T$ 的联合概率函数。一旦得到样本观测值,$L(\boldsymbol{y};\boldsymbol{\psi})$就可以被解释为似然函数,并且可以通过关于 $\boldsymbol{\psi}$ 使函数 $L(\boldsymbol{y};\boldsymbol{\psi})$达到最大来求出 $\boldsymbol{\psi}$ 的极大似然估计。

然而,经济时间序列的一个重要特征是经济变量间是不独立的,因此不能用式(10.3.1),而是利用条件概率函数代替联合概率函数将似然函数表示为

$$L(\boldsymbol{y};\boldsymbol{\psi})=\prod_{t=1}^{T}P(\boldsymbol{y}_t\mid\boldsymbol{Y}_{t-1}) \tag{10.3.2}$$

① 参见第 8 章 8.1.2 小节有关叉积介绍的页下注。

② KOOPMAN S J,SHEPHARD N,DOORNIK J A. Statistical algorithms for models in state space using SsfPack 2.2[J]. Econometrics journal,1999(2):107-160.

式中：$\boldsymbol{P}(\boldsymbol{y}_t|\boldsymbol{Y}_{t-1})$表示 $\boldsymbol{y}_t$ 以直到时刻 $t-1$ 的信息集合为条件的条件分布，即 $\boldsymbol{Y}_{t-1}=\{\boldsymbol{y}_{t-1},\boldsymbol{y}_{t-2},\cdots,\boldsymbol{y}_1\}$，$P(\boldsymbol{y}_t|\boldsymbol{Y}_{t-1})=P(\boldsymbol{y}_t|\boldsymbol{y}_1,\cdots,\boldsymbol{y}_{t-1})$。

在总体正态的假定之下，可以将式(10.3.2)的对数似然函数直接写为

$$\ln L(\boldsymbol{y};\boldsymbol{\psi})=-\frac{Tk}{2}\ln 2\pi-\frac{1}{2}\sum_{t=1}^{T}\ln|\boldsymbol{F}_t|-\frac{1}{2}\sum_{t=1}^{T}\boldsymbol{v}_t'\boldsymbol{F}_t^{-1}\boldsymbol{v}_t \qquad (10.3.3)$$

式中：$\boldsymbol{F}_t$ 由式(10.2.6)给定，且 $\boldsymbol{v}_t$ 由式(10.2.23)给定，即

$$\boldsymbol{v}_t=\boldsymbol{y}_t-\tilde{\boldsymbol{y}}_{t|t-1},\quad t=1,2,\cdots,T \qquad (10.3.4)$$

由前面 10.2.2 小节的论述可以知道条件均值 $\tilde{\boldsymbol{y}}_{t|t-1}$ 是 $\boldsymbol{y}_t$ 的最小均方误差意义的最优估计量，所以 $k\times1$ 向量 $\boldsymbol{v}_t$ 可以作为一个预测误差向量来解释。因此式(10.3.3)有时也称似然函数形式的预测误差分解。

10.3.2　超参数的估计方法

第 7 章 7.1.2 节介绍了极大似然估计的迭代公式

$$\boldsymbol{\psi}^{(l+1)}\approx\boldsymbol{\psi}^{(l)}-\left[\frac{\partial^2\ln L}{\partial\boldsymbol{\psi}\partial\boldsymbol{\psi}'}\bigg|_{\boldsymbol{\psi}=\boldsymbol{\psi}^{(l)}}\right]^{-1}\frac{\partial\ln L}{\partial\boldsymbol{\psi}}\bigg|_{\boldsymbol{\psi}=\boldsymbol{\psi}^{(l)}} \qquad (10.3.5)$$

$\boldsymbol{\psi}^{(l)}(l=1,2,\cdots)$的收敛值

$$\lim_{l\to\infty}\boldsymbol{\psi}^{(l)}=\tilde{\boldsymbol{\psi}} \qquad (10.3.6)$$

为所求的极大似然估计。式(10.3.5)中对数似然函数的二阶导数矩阵 $\partial^2\ln L/\partial\boldsymbol{\psi}\partial\boldsymbol{\psi}'$ 被称为海塞(Hessian)矩阵，而对数似然函数的一阶导数 $\partial\ln L/\partial\boldsymbol{\psi}$ 被称为 Jacobian 向量。第 7 章中介绍了求解似然函数估计的 Newton-Raphson 方法、Quadratic hill-climbing 方法、Gauss-Newton/BHHH 方法和 Marquardt 方法。本节介绍 DFP(Davidson-Fletcher Powell)法和 BFGS(Broyden-Fletcher-Goldfard-Shanno)法。

1. DFP 法

假设已给定任意的参数向量 $\boldsymbol{\psi}^l$(初值)和任意的正定对称矩阵 $\boldsymbol{\Pi}^l$。按下式迭代

$$\boldsymbol{d}^l=\boldsymbol{\Pi}^l\frac{\partial\ln L(\boldsymbol{\psi}^l)}{\partial\boldsymbol{\psi}} \qquad (10.3.7)$$

$$\boldsymbol{\psi}^{l+1}=\boldsymbol{\psi}^l+\boldsymbol{d}^l \qquad (10.3.8)$$

$$\boldsymbol{f}^l=\frac{\partial\ln L(\boldsymbol{\psi}^{l+1})}{\partial\boldsymbol{\psi}}-\frac{\partial\ln L(\boldsymbol{\psi}^l)}{\partial\boldsymbol{\psi}} \qquad (10.3.9)$$

$$\boldsymbol{\Pi}^{l+1}=\boldsymbol{\Pi}^l+\frac{\boldsymbol{d}^l\boldsymbol{d}^{l'}}{\boldsymbol{d}^{l'}\boldsymbol{f}^l}-\frac{\boldsymbol{\Pi}^l\boldsymbol{f}^l\boldsymbol{f}^{l'}\boldsymbol{\Pi}^l}{\boldsymbol{f}^{l'}\boldsymbol{\Pi}^l\boldsymbol{f}^l} \qquad (10.3.10)$$

当 $l=1,2,\cdots$，就求得序列$\{\boldsymbol{\psi}^l\}$，其收敛值 $\boldsymbol{\psi}^*=\lim\boldsymbol{\psi}^l$ 即作为所求的解。一般地取一个充分小的正数 δ，当后一个迭代值 $\boldsymbol{\psi}^{l+1}$ 和前一个 $\boldsymbol{\psi}^l$ 之差的模小于 δ，即认为已收敛，将其中的一个取作 $\boldsymbol{\psi}^*$，便得到了参数向量的解。对于式(10.3.7)和式(10.3.9)出现的对数似然函数的一阶导数可以用数值方法求解：

$$\frac{\partial\ln L(\boldsymbol{\psi})}{\partial\psi_i}\approx\frac{\ln L(\boldsymbol{\psi}'^i,\psi_i+k)-\ln L(\boldsymbol{\psi}'^i,\psi_i-k)}{2k} \qquad (10.3.11)$$

式中：$\boldsymbol{\psi}'^{i}$ 为 $\boldsymbol{\psi}$ 中除第 i 个元素之外的其他全体元素。当 k 充分接近 0 时，此公式可达到任意精度。

2. BFGS 法

BFGS 法与 DFP 法基本相同，只是将式(10.3.10)改为

$$\boldsymbol{\Pi}^{l+1}=\left(\boldsymbol{I}-\frac{\boldsymbol{d}^{l}\boldsymbol{f}^{l\prime}}{\boldsymbol{f}^{l\prime}\boldsymbol{d}^{l}}\right)\boldsymbol{\Pi}^{l}\left(\boldsymbol{I}-\frac{\boldsymbol{f}^{l}\boldsymbol{d}^{l\prime}}{\boldsymbol{f}^{l\prime}\boldsymbol{d}^{l}}\right)+\frac{\boldsymbol{d}^{l}\boldsymbol{f}^{l\prime}}{\boldsymbol{f}^{l\prime}\boldsymbol{d}^{l}} \tag{10.3.12}$$

关于极大似然估计量计算方法的详细介绍请参见第 7 章 7.1.2 小节。求解出系统矩阵的未知参数向量 $\boldsymbol{\psi}$ 后，代入系统矩阵，便可利用卡尔曼滤波估计状态空间模型。

10.4　状态空间模型的应用

许多经济问题利用状态空间模型的形式来表示是十分方便的，下面举几个典型的例子说明实际的经济问题如何表达成或转换成状态空间模型并求解。

10.4.1　可变参数模型的状态空间表示

通常的回归模型可用下式表示，即

$$y_t=\boldsymbol{x}'_t\boldsymbol{\beta}+u_t,\quad t=1,2,\cdots,T \tag{10.4.1}$$

其中：y_t 是因变量，$\boldsymbol{x}'_t$是 $m\times 1$ 的解释变量向量，$\boldsymbol{\beta}$ 是待估计的 $m\times 1$ 未知参数向量，u_t 是扰动项。这种回归方程式所估计的参数在样本期间内是固定的，可以采用普通最小二乘法、工具变数法等计量经济模型的常用方法进行估计。

实际上近年来，我国由于经济改革、各种各样的外界冲击和政策变化等因素的影响，经济结构正在逐渐发生变化，而用固定参数模型表现不出来这种经济结构的变化。因此，需要考虑采用可变参数模型(time-varying parameter model)。

$$y_t=\boldsymbol{x}'_t\boldsymbol{\beta}_t+\boldsymbol{z}'_t\boldsymbol{\gamma}+u_t,\quad t=1,2,\cdots,T \tag{10.4.2}$$

式中：$\boldsymbol{\beta}_t$ 是随时间改变的，体现了解释变量对因变量影响关系的改变，假定变参数 $\boldsymbol{\beta}_t$ 由 AR(1)描述：

$$\boldsymbol{\beta}_t=\psi\boldsymbol{\beta}_{t-1}+\boldsymbol{\varepsilon}_t \tag{10.4.3}$$

也可以扩展为 AR(p) 模型，并且假定

$$(u_t,\boldsymbol{\varepsilon}_t)'\sim N\left(\begin{pmatrix}0\\0\end{pmatrix},\ \begin{pmatrix}\sigma^2 & g\\ g & \boldsymbol{Q}\end{pmatrix}\right),\quad t=1,2,\cdots,T \tag{10.4.4}$$

在式(10.4.2)中，可变参数 $\boldsymbol{\beta}_t$ 是不可观测变量，必须利用可观测变量 y_t 和 $\boldsymbol{x}_t$ 来估计。可变参数模型显然是状态空间模型的形式，与式(10.1.1) 相对应，状态向量 $\boldsymbol{\alpha}_t$ 对应于可变参数向量$\boldsymbol{\beta}_t$；量测矩阵 $\boldsymbol{Z}_t=\boldsymbol{x}_t$，是具有变参数的解释变量矩阵；$\boldsymbol{d}_t=\boldsymbol{z}'_t\boldsymbol{\gamma}$，$\boldsymbol{z}_t$ 是具有固定参数的解释变量向量，$\boldsymbol{\gamma}$ 是固定参数。与式(10.1.3)相对应，$\boldsymbol{T}_t=\psi$，$\boldsymbol{c}_t=\boldsymbol{0}$，$\boldsymbol{R}_t=\boldsymbol{I}_m$($\boldsymbol{I}_m$ 是 $m\times m$ 的单位矩阵)。根据式(10.4.4)，u_t 和$\boldsymbol{\varepsilon}_t$ 不一定是相互独立的，且服从均值为 0，方差和协方差矩阵分别为 σ^2、$\boldsymbol{Q}$，且 $\mathrm{cov}(u_t,\boldsymbol{\varepsilon}_t)=g$ 的正态分布。

例 10.3　估计我国边际消费倾向的变参数模型

第 4 章例 4.1 利用间断点检验得出消费函数在 1978—2006 年期间有显著的改变，存在 2 个间断点（分别为 1986 年和 1998 年）。因此，本例构造消费方程的变参数模型，设 $cs=CS/CPI$，$inc=YD/CPI$，CS 代表名义居民消费，YD 代表名义居民可支配收入，CPI 代表 1978 年为 1 的居民消费价格指数，样本区间为 1978—2006 年。依据式(10.4.2)～式(10.4.4)，采用量测方程和状态方程误差协方差 $g\neq 0$ 的模型形式，状态空间模型估计结果为

量测方程：

$$cs_t = 245.95 + c_t \times inc_t + \hat{u}_t,\quad t=1,2,\cdots,T \tag{10.4.5}$$

状态方程：

$$c_t = 0.1325 + 0.826 \times c_{t-1} + \hat{\varepsilon}_t \tag{10.4.6}$$

$$\mathrm{cov}(\hat{u}_t, \hat{\varepsilon}_t) = 0.462$$

$$R^2 = 0.999 \qquad DW = 2.21$$

式中：cs_t 是实际居民消费，inc_t 是实际可支配收入。

c_t 为变参数，代表边际消费倾向，从边际消费倾向 c_t 的曲线图（图 10.4.1）可以看到 1978 年以来按可比价格计算的我国居民边际消费倾向变化很大，在 0.733～0.825 变动。收入每增加 100 亿元，将有 73.3 亿～82.5 亿元被用于居民消费。并且在 1989 年达到高峰，这是由于 1982 年开始的物价改革导致多年来平稳的物价出现了上涨，居民对物价的心理预期又导致 1988 年出现了抢购风，1990—1999 年居民边际消费倾向出现了大幅的下降，2000 年后回到 0.74～0.75 上下波动。

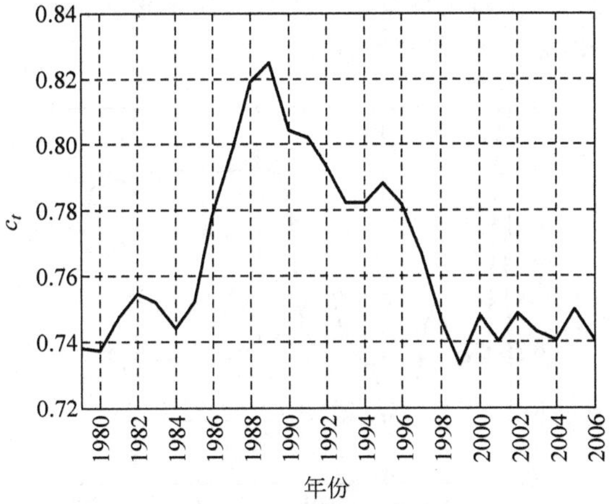

图 10.4.1　边际消费倾向 c_1

例 10.4　经济增长对钢材需求拉动作用的动态分析

本例选用 1999 年 1 月—2003 年 12 月，中国钢压延加工业销售收入（$steel_t$）代表钢材市场的需求变量，选择对钢铁工业影响较大的宏观经济变量：基本建设投资（$investj_t$）、

房地产开发投资($investf_t$)和出口商品总值($export_t$)作为解释变量,利用状态空间的变参数模型方法建立了动态的钢材需求模型(协整检验表明钢压延加工业销售收入与基本建设投资、房地产开发投资和出口商品总值之间具有长期的均衡关系):

$$\ln(steel_t) = -2.57 + \gamma_t \times \ln(investj_{t-5}) + \delta_t \times \ln(investf_{t-4}) + \lambda_t \times \ln(export_{t-7}) + u_t$$

$$R^2 = 0.79 \qquad DW = 2.34 \tag{10.4.7}$$

式中:γ_t、δ_t、λ_t 分别为各个时点上钢压延加工业销售收入对基本建设投资、房地产开发投资和出口商品总值的敏感程度,也称弹性。下面分别分析近年来基本建设投资、房地产开发投资和出口商品总值对钢材需求的动态影响。本例中的月度指标均做了季节调整。

1. 基本建设投资对钢材需求的拉动作用

从图10.4.2中可以看出钢材需求的基本建设投资弹性 γ_t 具有较大的波动性。2000年1月—2000年12月弹性 γ_t 由0.5下降到0.01左右,2001年上半年在低位上徘徊,但在2001年10月开始出现一个跳跃式的上升,增至0.4以上,在高位保持一年不变后,2003年降至0.3左右。由于1999年下半年投资增长速度的大幅下降,对钢材消费的拉动力较弱,钢材市场供大于求,价格持续低迷。从图10.4.2可以看出,2000年钢材需求的基本建设弹性 γ_t 基本上处于下降阶段。2001年以来,受道路、桥梁和厂房等基本建设投资高速增长的影响,国内钢材的消费逐年增加,有效地拉动了钢铁工业的发展。2002年基本建设投资完成了17 251.3亿元,同比增长率为16.4%。从图10.4.2中可以看到钢材需求的基本建设投资弹性 γ_t 经2000年的大幅下降之后,在2001年下半年开始发生跳跃式回升,在2001年12月达到最大值后,在0.4附近基本稳定不变,2003年虽有所下降,但仍保持在0.3左右。这表明在"十五"计划启动时期,基本建设投资中铁路、城市地铁、轻轨和机场等工程比例的逐步增加,钢材消费比例不断提高,使其对钢材需求的拉动作用显著增强。

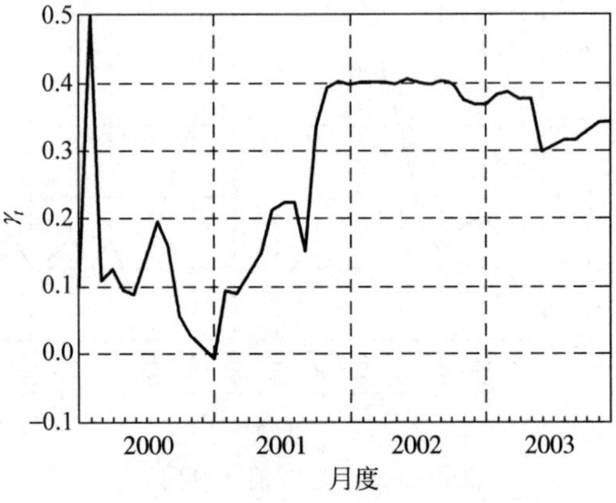

图10.4.2 钢材需求的基本建设投资弹性(γ_t)的变化

2. 房地产开发投资对钢材需求的拉动作用

从图10.4.3中可以看出钢材需求的房地产开发投资弹性 δ_t 波动性较大,在2001年9月出现了最高值0.7,但是总的趋势是逐渐上升,2002年下半年略有下降,2003年又持续上升到 0.3 以上。可见，房地产开发投资对国内钢材需求具有很强的拉动作用。

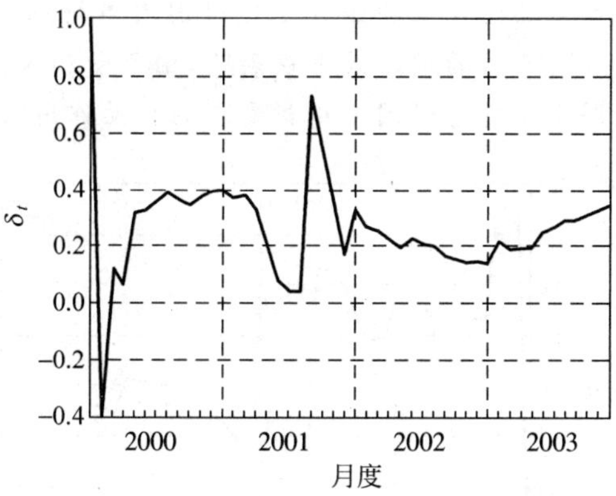

图 10.4.3　钢材需求的房地产开发投资弹性(δ_t)的变化

从图 10.4.3 中可以看出钢材需求的房地产开发投资弹性 δ_t 在 2001 年 8 月走出谷底后，基本上处于上升阶段。实证表明近年来房地产业对钢铁行业的拉动作用是显著的。

由于建筑用钢材的价格具有一定的波动性，因此使得房地产开发投资对钢材需求的拉动作用也相应地具有一定的波动性。但是入世对钢材需求的房地产开发投资弹性 δ_t 的走势没有大的影响，其主要原因是由于建筑用钢材(线材、带肋钢筋)属于低附加值产品，中国正式加入世贸组织后，进口钢材多为附加值较高的产品，因此对建筑用的线材、带肋钢筋等产品冲击不是很大。

3. 出口贸易对钢材需求的拉动作用

图 10.4.4 给出了钢材需求的出口产品总值弹性 λ_t 的变化，可以看出 λ_t 也存在较大的波动性。在 2000 年 1 月—2001 年 9 月，λ_t 基本在 0.5～0.9 波动，这一期间出口贸易对国内市场的钢材需求具有较大的拉动作用。而在 2001 年 10 月突然下跌到 0.33 之后，在 0.4～0.6 波动，表明入世之后出口贸易对国内市场的钢材需求的拉动作用明显减小。近年来随着国民经济的持续增长，贸易出口额也不断增长，从而在一定程度上带动了钢铁工业的发展。但由于出口贸易受世界经济形势影响较大，面对的不确定因素较多，因此其拉动作用波动性也较大。从图 10.4.4 中可以看出钢材需求的出口贸易弹性 λ_t 虽在 2000 年存在短期波动，但保持着较高值，这主要是由于 2000 年机电产品出口比例大幅增加所致。但是 2001 年由于美日经济低迷、出口环节不畅等内外因素影响，全国机电产品出口增幅相对于 2000 年出现大幅回落。另外，近年来我国的钢材产品在国际市场上竞争力较弱，并非国家创汇的主要产品，并且由于我国钢铁产品质量的限制，使得出口钢材的附加值相对较低。在全球钢铁工业产能过剩的大环境下，一些主要钢铁进口国限制进口的措施逐步实施，使得钢铁贸易自由度下降，中国钢材产品出口的贸易环境更加严峻。虽然机械及运输设备出口在总出口商品中比例有所上升，

但由于国内市场的钢材在品种和质量方面在某种程度上仍不能满足相关行业制造出口产品的需求。因此,出口商品结构上的这种变化对国内市场钢材需求的拉动作用并不大。图 10.4.4 中 2001 年 10 月的跳跃式下跌表明,由于受加入世贸组织和世界经济低迷的双重影响,使得我国出口贸易对国内钢材需求的拉动作用明显减弱。

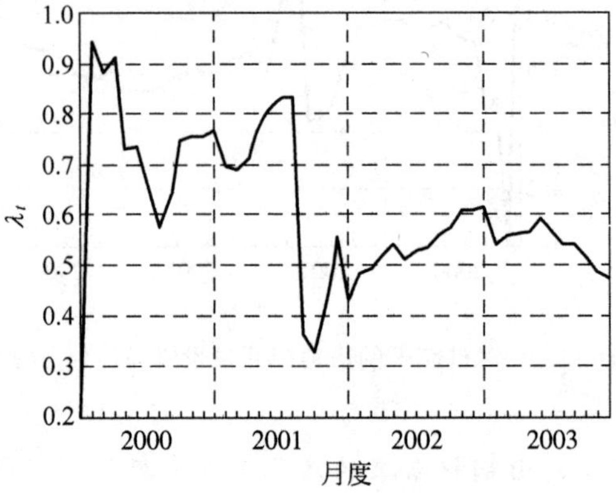

图 10.4.4　钢材需求的出口弹性(λ_t)

10.4.2　季节调整的状态空间形式

为了准确地测定和分析经济周期波动,必须从经济变量的时间序列中剔除季节因素的影响,才能真实地反映经济的实际波动情况。各国开发了大量的方法,但最著名、应用最广泛的是 1965 年在希斯金(J. Shiskin)主持下,由美国商务部开发的 X-11 方法,近年来,已发展为 X-12 方法。由于 X-12 方法是基于移动平均的季节调整方法,它的最大缺欠是使经济时间序列的两端各缺失一部分信息,因而对季节调整的精度影响很大,尤其是尾部信息的缺失影响更为严重。经济时间序列中的季节因素是一种不可观测分量,因此可以利用状态空间模型处理和求解不可观测向量这一特点,构造建立在严密数学模型基础上的季节调整模型。本节所给出的季节调整方法是构造状态空间形式,利用卡尔曼滤波进行状态向量的估计,然后利用极大似然方法进行超参数估计,最终直接求解出经济时间序列的趋势循环分量、季节分量和不规则分量。

下面以加法模型①为例介绍季节调整的状态空间形式,设: y_t 是 1 阶单整的时间序列:

量测方程:

$$y_t = TC_t + S_t + I_t, \quad t = 1, 2, \cdots, T \tag{10.4.8}$$

状态方程:

---

① 乘法模型取对数可转化为加法模型计算。

$$
\begin{cases}
TC_t = TC_{t-1} + \beta_t + \xi_t \\
\beta_t = \beta_{t-1} + \zeta_t \\
S_t = \sum_{j=1}^{[s/2]} \gamma_{jt} \\
I_t = \phi_1 I_{t-1} + \cdots + \phi_p I_{t-p} + \kappa_t
\end{cases}
\tag{10.4.9}
$$

式中：

$$
\begin{aligned}
&\gamma_{jt} = \gamma_{j,t-1}\cos\lambda_j + \gamma^*_{j,t-1}\sin\lambda_j + \omega_{jt} \\
&\gamma^*_{j,t} = -\gamma_{j,t-1}\sin\lambda_j + \gamma^*_{j,t-1}\cos\lambda_j + \omega^*_{jt}, \quad j = 1,\cdots,[s/2] \\
&\lambda_j = \frac{\lambda\pi j}{s}
\end{aligned}
\tag{10.4.10}
$$

式中：TC_t代表趋势循环要素；S_t 代表季节变动要素；I_t 代表不规则要素，它是 p 阶自回归 AR(p)模型；以上各式中的 ξ_t，ζ_t，ω_t，κ_t 均为干扰项，式中[ ]表示取整。

由于季节变动要素 S_t 是以年为周期的季节变化，本节使用三角函数模型进行拟合，即为式(10.4.9)中第三个公式，s 表示季节数，当$\{y_t\}$为季度或者月度数据时，s 分别取 4 或者 12。

季节调整模型的状态空间形式的量测方程与状态方程为

$$
y_t = \boldsymbol{Z\alpha}_t, \quad t = 1,2,\cdots,T \tag{10.4.11}
$$

$$
\boldsymbol{\alpha}_t = \boldsymbol{T\alpha}_{t-1} + \boldsymbol{R\varepsilon}_t \tag{10.4.12}
$$

式中：

$$
\boldsymbol{\alpha}_t = [TC_t, \beta_t, \gamma_{1t}, \gamma^*_{1t}, \cdots, \gamma_{[s/2]t}, \gamma^*_{[s/2]t}, I_t, \cdots, I_{t-p+1}]'
$$

$$
\boldsymbol{Z} = [1,0,1,0,\cdots,1,0,1,0,\cdots,0]
$$

$$
\boldsymbol{T} = \begin{bmatrix}
1 & 1 \\
0 & 1 \\
& & \cos\lambda_1 & \sin\lambda_1 \\
& & -\sin\lambda_1 & \cos\lambda_1 \\
& & & & \ddots \\
& & & & & \cos\lambda_{[s/2]} & \sin\lambda_{[s/2]} \\
& & & & & -\sin\lambda_{[s/2]} & \cos\lambda_{[s/2]} \\
& & & & & & & \phi_1 & \cdots & \phi_{p-1} & \phi_p \\
& & & & & & & 1 & \cdots & 0 & 0 \\
& & & & & & & \vdots & \ddots & \vdots & \vdots \\
& & & & & & & 0 & \cdots & 1 & 0
\end{bmatrix}
$$

$$
\boldsymbol{R}=\begin{bmatrix} 1 & 0 & 0 & 0 & \cdots & 0 \\ 0 & 1 & 0 & 0 & \cdots & 0 \\ 0 & 0 & 1 & 0 & \cdots & 0 \\ 0 & 0 & 0 & 1 & \cdots & 0 \\ \vdots & \vdots & \vdots & \vdots & \ddots & \vdots \\ 0 & 0 & 0 & 0 & \cdots & 1 \\ & & \boldsymbol{0}_P & & & \end{bmatrix},\quad \boldsymbol{\varepsilon}_t=\begin{bmatrix} \xi_t \\ \zeta_t \\ \omega_{1t} \\ \omega_{1t}^{*} \\ \vdots \\ \omega_{[s/2]t} \\ \omega_{[s/2]t}^{*} \\ \kappa_t \end{bmatrix},
$$

$$
\boldsymbol{Q}=\mathrm{diag}(\sigma_{\xi}^{2},\sigma_{\zeta}^{2},\sigma_{1}^{2*},\sigma_{1}^{2},\cdots,\sigma_{[s/2]}^{2*},\sigma_{[s/2]}^{2},\sigma_{\kappa}^{2})
$$

式中：diag()表示对角矩阵。

利用状态空间模型对结构时间序列进行季节调整时，还需要把状态空间模型的设定与时间序列的特征相结合，以保证所建模型能够更好地描述时间序列的特征。

设$\{y_t\}$为一个 d 阶单整的时间序列，对$\{y_t\}$进行 d 阶差分可得到一个平稳时间序列。我们把差分的思想应用到建立趋势循环要素 TC_t 的表达式。趋势循环要素表示序列中的长期趋势及主要运动，它是结构时间序列中最基本的因素，而时间序列的不平稳性正是由它的趋势循环要素引起的。所以，在建立趋势循环分量的模型时，要先考察时间序列的不平稳性，再利用序列的单整阶数 d 建模：

$$
(1-L)^{d}TC_t=\beta_t+\xi_t,\quad t=1,2,\cdots,T \tag{10.4.13}
$$

$$
\beta_t=\beta_{t-1}+\zeta_t \tag{10.4.14}
$$

所以，在利用状态空间模型进行季节调整时，要先考察时间序列的单整阶数 d，再用式(10.4.13)替代式(10.4.9)中 TC_t 的表达式来确定趋势循环要素，就可以得到结构时间序列季节调整的修正模型。

例 10.5　基于状态空间方法的季节调整模型(1 阶单整序列)

本例采用国内生产总值(GDP_t)的时间序列数据，季度序列的区间范围从 1995 年第 1 季度—2007 年第 4 季度，对 GDP_t 取对数，记为 $gdp_t=\ln(GDP_t)$，季节调整的状态空间模型的形式：

量测方程：

$$
gdp_t=gdp\_TC_t+gdp\_S_t+gdp\_I_t,\quad t=1,2,\cdots,T \tag{10.4.15}
$$

状态方程：

$$
\begin{cases} gdp\_TC_t=gdp\_TC_{t-1}+\beta_t+\xi_t \\ \beta_t=\beta_{t-1}+\zeta_t \\ gdp\_S_t=\sum\limits_{j=1}^{[s/2]}\gamma_{jt} \\ gdp\_I_t=\phi_1 gdp\_I_{t-1}+\phi_2 gdp\_I_{t-2}+\kappa_t \end{cases},\quad t=1,2,\cdots,T \tag{10.4.16}
$$

式(10.4.15)中，gdp_TC，gdp_S，gdp_I 分别代表 gdp_t 的趋势要素、季节要素和不规则要素。通过单位根检验发现 gdp_t 序列是一阶单整的。用式(10.4.9)TC_t 的表达式。由于是季度数据，季节数 $s=4$，在式(10.4.16)中不规则要素 I_t 的 AR(p)模型的自回归阶数 $p=2$。求解得到的 gdp_TC_t，再取指数，得到 GDP_TC_t 序列。

图 10.4.5 中的虚线为趋势循环要素，即 TC 序列，它已消除了原序列(实线)中的季节和不规则要素的影响，揭示了该指标的主要的变动趋势，由此可准确分析和预测 GDP_t 的发展态势。图 10.4.5 显示季度 GDP 的季节性波动都很规则，并呈增大趋势。

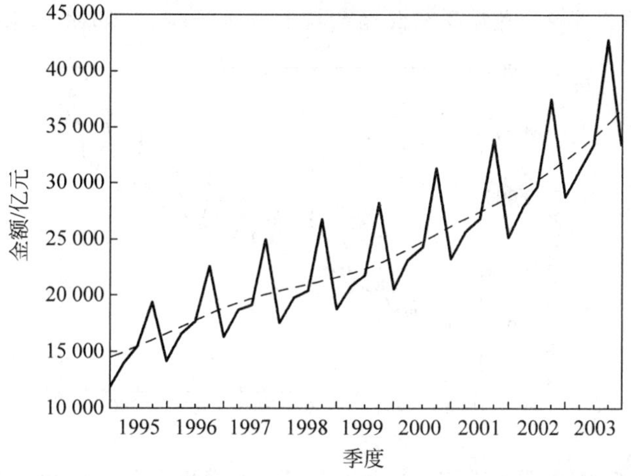

图 10.4.5　国民生产总值(实线，GDP_t)和趋势循环成分(虚线，GDP_TC_t)

例 10.6　基于状态空间方法的季节调整模型(2 阶单整序列)

本例采用社会消费品零售总额(SL_t)的时间序列数据，月度序列的区间范围为 1992 年 1 月—2004 年 4 月，季节调整的状态空间模型的形式为

量测方程：

$$SL_t = SL\_TC_t + SL\_S_t + SL\_I_t, \quad t=1,2,\cdots,T \tag{10.4.17}$$

状态方程：

$$\begin{cases} SL\_TC_t = 2\times SL\_TC_{t-1} - SL\_TC_{t-2} + \beta_t + \xi_t \\ \beta_t = \beta_{t-1} + \xi_t \\ SL\_S_t = \sum_{j=1}^{[s/2]} \gamma_{jt} \\ SL\_I_t = \phi_1 SL\_I_{t-1} + \phi_2 SL\_I_{t-2} + \kappa_t \end{cases}, \quad t=1,2,\cdots,T \tag{10.4.18}$$

式(10.4.17)中，SL_TC，SL_S，SL_I 分别代表社会消费品零售总额(SL_t)的趋势要素、季节要素和不规则要素。通过 X-12 季节调整分解出来的趋势循环要素 SL_TC_t 序列经过单位根检验发现是二阶单整的，为了更好地从原序列中提取季节要素，把式(10.4.9)中 TC_t 的表达式用式(10.4.13)代替。由于是月度数据，季节数 $s=12$，在式(10.4.18)中不规则要素 I_t 的 AR(p)模型的自回归阶数 $p=2$。

下面是利用状态空间模型进行季节调整的结果。图 10.4.6 中的虚线为趋势循环要素即 TC 序列，它已消除了原序列实线中的季节和不规则要素的影响，揭示了该指标的变动趋势，由此可准确分析和预测消费品市场的发展态势。图 10.4.6 显示消费品零售的季节性波动很规则，各年几乎相同。年底和年初的季节性影响很强，是消费旺季，而 7、8 两个月为消费淡季，其余各月的季节性变动不十分明显。图 10.4.6 还显示出随着经济的发展，这一指标的季节性因素逐渐变大。尤其近年来，商家在年底和春节前展开商战，人们集中购物，出现了消费高峰，但这并不一定表示景气变动引起的消费高涨，实际的销售增长并没有这样高，只有去掉季节性因素才能正确地分析真正的景气变动。如 1997—1999 年上半年，消费品零售额的增长都很平缓，2000 年以来有较大回升。

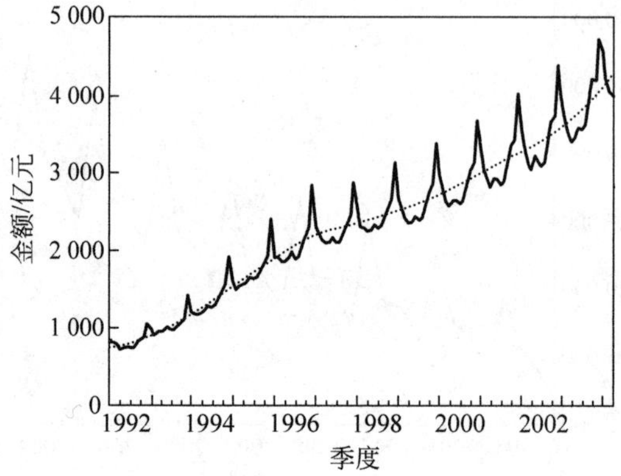

图 10.4.6　社会消费品零售总额(实线，SL_t)和趋势循环成分(虚线，SL_TC_t)

10.4.3　ARMAX 模型的状态空间形式

设 ARMAX(p,q)模型：

$$y_t = \beta_0 + \beta_1 x_{1t} + \beta_2 x_{2t} + \cdots + \beta_k x_{kt} + u_t, \quad t = 1, 2, \cdots, T \tag{10.4.19}$$

$$(1 - \phi_1 L - \phi_2 L^2 - \cdots - \phi_p L^p) u_t = (1 + \theta_1 L + \theta_2 L^2 + \cdots + \theta_q L^q) \varepsilon_t \tag{10.4.20}$$

式中：$y_t, x_{1t}, x_{2t}, \cdots, x_{kt}$ 协整，扰动项 $u_t \sim N(0, \sigma_u^2)$ 为平稳序列，服从 ARMA(p,q)过程，$\varepsilon_t \sim N(0, \sigma_\varepsilon^2)$ 为白噪声。令滞后算子多项式：$\Phi(L) = 1 - \phi_1 L - \phi_2 L^2 - \cdots - \phi_p L^p$

$$\Theta(L) = 1 + \theta_1 L + \theta_2 L^2 + \cdots + \theta_q L^q$$

并且特征根都落在单位圆外，则式(10.4.20)改写为

$$\Phi(L) u_t = \varepsilon_t + \theta_1 \varepsilon_{t-1} + \theta_2 \varepsilon_{t-2} + \cdots + \theta_q \varepsilon_{t-q} \tag{10.4.21}$$

设 $\Phi(L)$ 和 $\Theta(L)$ 可逆，则

$$u_t = (\Phi(L))^{-1} (\varepsilon_t + \theta_1 \varepsilon_{t-1} + \theta_2 \varepsilon_{t-2} + \cdots + \theta_q \varepsilon_{t-q}) \tag{10.4.22}$$

令

$$\xi_t = [\Phi(L)]^{-1} \varepsilon_t, \cdots, \xi_{t-q} = [\Phi(L)]^{-1} \varepsilon_{t-q}$$

或

$$\xi_t = [\Theta(L)]^{-1} u_t, \cdots, \xi_{t-p-1} = [\Theta(L)]^{-1} u_{t-p-1} \tag{10.4.23}$$

构建 ARMAX 模型的状态空间形式：

量测方程：

$$u_t = \boldsymbol{Z\alpha}_t \tag{10.4.24}$$

状态方程：

$$\boldsymbol{\alpha}_t = \boldsymbol{T\alpha}_{t-1} + \boldsymbol{\varepsilon}_t \tag{10.4.25}$$

式中：$u_t = y_t - \beta_0 - \beta_1 x_{1t} - \beta_2 x_{2t} - \cdots - \beta_k x_{kt}$，设 $m=\max(p-1, q)$，当 $i>p$ 时，$\phi_i=0$；当 $i>q$ 时，$\theta_i=0$。量测矩阵 $\boldsymbol{Z}$

$$\boldsymbol{Z} = (1, \theta_1, \theta_2, \cdots, \theta_m) \tag{10.4.26}$$

状态向量 $\boldsymbol{\alpha}$

$$\boldsymbol{\alpha}_t = (\xi_t, \xi_{t-1}, \xi_{t-2}, \cdots, \xi_{t-m})' \tag{10.4.27}$$

状态矩阵 $\boldsymbol{T}$ 和状态方程扰动项向量 $\boldsymbol{\varepsilon}_t$

$$\boldsymbol{T} = \begin{pmatrix} \phi_1 & \phi_2 & \cdots & \phi_{m-1} & \phi_m \\ 1 & 0 & \cdots & 0 & 0 \\ 0 & 1 & \cdots & 0 & 0 \\ \vdots & \vdots & \ddots & \vdots & \\ 0 & 0 & \cdots & 1 & 0 \end{pmatrix}, \quad \boldsymbol{\varepsilon}_t = \begin{pmatrix} \boldsymbol{\varepsilon}_t \\ 0 \\ 0 \\ \vdots \\ 0 \end{pmatrix} \tag{10.4.28}$$

式中：ξ_t 为待估计的不可观测变量，在此问题中我们关心的是超参数的估计：

$$\boldsymbol{\psi} = (\beta_0, \beta_1, \beta_2, \cdots, \beta_k, \phi_1, \phi_2, \cdots, \phi_p, \theta_1, \theta_2, \cdots, \theta_q, \sigma_\varepsilon^2)' \tag{10.4.29}$$

例 10.7　基于状态空间方法的 ARMAX 模型估计

本例采用发电量($elec_t$)的时间序列数据，月度序列的区间范围从 1980 年 1 月—2004 年 8 月，ARMAX(2,3)模型：

$$\Delta elec_t = \beta_0 + u_t, \quad t=1,2,\cdots,T \tag{10.4.30}$$

$$(1-\phi_1 L - \phi_2 L^2) u_t = (1+\theta_1 L + \theta_2 L + \theta_3 L^3)\varepsilon_t \tag{10.4.31}$$

式中：Δ为差分算子，经检验 u_t 为平稳序列，ARMAX(2,3)模型的状态空间形式：

量测方程：

$$\Delta elec_t = \beta_0 + \xi_t + \theta_1 \xi_{t-1} + \theta_2 \xi_{t-2} + \theta_3 \xi_{t-3}, \quad t=1,2,\cdots,T \tag{10.4.32}$$

状态方程：

$$\xi_t = \phi_1 \xi_{t-1} + \phi_2 \xi_{t-2} + \varepsilon_t \tag{10.4.33}$$

式中：状态向量 $\boldsymbol{\alpha}_t = (\xi_t, \xi_{t-1}, \xi_{t-2}, \xi_{t-3})'$，利用状态空间模型求解得到未知参数

$$\boldsymbol{\psi} = (\beta_0, \phi_1, \phi_2, \theta_1, \theta_2, \theta_3, \sigma_\varepsilon^2)'$$

代入式(10.4.19)和式(10.4.20)，得到 ARMAX 模型如下：

$$\Delta elec_t = 4.79 + u_t \tag{10.4.34}$$

$$u_t = 1.42 u_{t-1} - 0.505 u_{t-2} + \varepsilon_t + 1.178\varepsilon_{t-1} + 0.772\varepsilon_{t-2} + 0.234\varepsilon_{t-3} \tag{10.4.35}$$

对于式(10.4.19)和式(10.4.20)还可以扩展到回归变量 $\boldsymbol{X}$ 带有随机系数，即 $\beta_0, \beta_1, \beta_2, \cdots, \beta_k$ 可以是变参数的。

10.5　EViews 软件的相关操作①

EViews 状态空间对象对单方程或多方程动态系统提供了一个直接的、易于使用的界面来建立、估计及分析方程结果。它提供了大量的建立、平滑、滤波及预测工具，帮助我们利用状态空间形式来分析动态系统。

10.5.1　定义状态空间模型

在定义和估计一个状态空间模型时，第一步是创建一个状态空间对象。从主菜单中选择 Objects/New Object/Sspace，或在命令窗口键入命令 sspace。EViews 将创建一个状态空间对象，并打开一个空的状态空间说明窗口。

有两种方法定义一个状态空间模型。

(1) 最简单的方法就是利用 EViews 中的"自动指定"功能设定状态空间模型的标准形式。这种方式只需在状态空间过程(Procs)中选择 Define State Space 功能，就会弹出定义对话框，按照模型形式创建状态空间的过程。

(2) 描述状态空间模型的更一般方法是通过文本方式，使用关键字和文本来描述量测方程、状态方程、误差结构、初始条件和待估参数的初值(图 10.5.1)。式(10.1.1)中的状态向量 $\boldsymbol{\alpha}_t$ $(t=1,2,\cdots,T)$ 中的每一个元素，在本节中称为状态变量。下面介绍描述状态空间对象的一般语法。

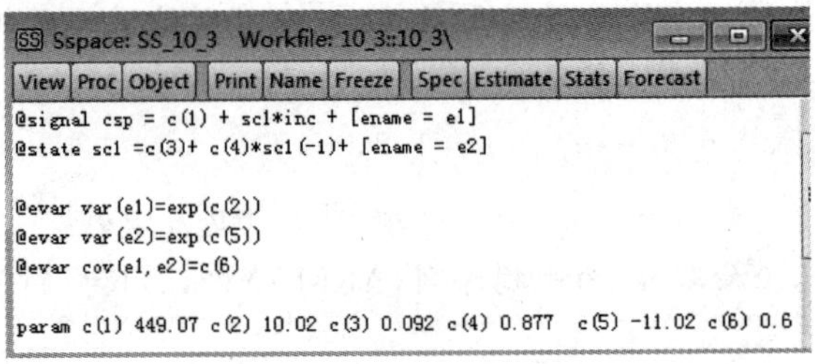

图 10.5.1　状态空间模型说明窗口

1. 定义状态空间模型的语句

(1) 量测方程

如果一个方程通过关键字"@signal"来明确定义，或没有用该关键字，EViews 都将其作为量测方程处理。要注意以下几点：

① 量测方程的因变量可以包含表达式。例如：

```
log(p) = sv1 + c(1) + c(3) * x + sv2 * y
```

式中：sv1，sv2 为状态变量，以下同。注意：状态变量需要由状态方程定义，在下面**状态**

① EViews 10，IHS Global Inc.，2017，User's Guide Ⅱ，Chapter 41，pp. 755-780.

方程介绍。

② 量测方程右端中不能包含量测变量(因变量表达式里的所有变量)的当期和未来值。下面的定义是不允许的：

```
z = sv1 + sv2 * x1 +  c(3) *  z(1) + c(1) + [var = exp(c(2))]
```

③ 量测方程必须是同期状态向量的线性方程。状态向量的非线性或存在超前或滞后状态变量将导致错误的信息。下面的定义是不允许的：

```
log(p) = c(1) + c(3) * x + sv1( - 1)
@signal y = sv1 * sv2 * x1 + [var = exp(c(1))]
```

④ 量测方程中可以包含外生变量和未知参数,也可以是这些元素的非线性形式。例如：

```
z = c(1)  +  sv1 + sv2 * x1 + sv3 * x2  +  [var = exp(c(2))]
```

式中：sv1,sv2,sv3 为状态变量。

⑤ 量测方程可以包含误差或误差方差指定的选项,如果方程中不包含误差或误差方差,方程是确定性的。状态空间模型中误差指定的详细内容参看后面的"误差和方差"。

(2) 状态方程

状态方程的定义必须包含关键字"@state",后面跟随一个有效的状态方程。必须注意以下几点：

① 每一个状态方程必须有一个唯一的因变量名,不允许使用表达式。以下的形式是不允许的：

```
@state exp(sv1) = sv1( - 1) + [var = exp(c(3))]
```

② 状态方程中不能包含量测方程的因变量及其超前、滞后变量。

③ 状态方程中可以包含外生变量和未知参数,可以是它们的非线性形式。

④ 每一个状态方程必须是状态变量一期滞后的线性方程。如果在状态方程中存在状态变量的非线性关系、同期、超前或多期滞后将产生错误信息。以下的形式是不允许的：

```
@state sv2 = log(sv2( - 1)) + [var = exp(c(3))]
@state sv3 = c(1) + c(2) * sv3( - 2) + [var = exp(c(3))]
```

状态变量的高阶滞后必须通过定义新的状态变量来实现。例如,AR(2)过程的不可观测误差通过下面两个状态方程定义：

```
@state sv1 = c(2) * sv1( - 1) + c(3) * sv2( - 1) + [var = exp(c(5))]
@state sv2 = sv1( - 1)
```

第一个是 sv1 的方程,c(2)是 AR(1)的系数,c(3)是 AR(2)的系数,二阶滞后的引入必须重新定义一个状态变量。因此,定义 sv2 为变量 sv1 的一阶滞后,sv2(−1)就表示了 sv1 的二阶滞后。与量测方程类似,在状态方程中还可以指定误差或误差方差。

(3) 误差与方差

在误差项的处理中,在定义其他模型时,EViews总是把一个隐含的误差项加到一个方程或系统对象的各个方程中去。但是如不特殊指定,状态空间量测方程或状态方程中不能包含误差项。误差项必须被加到(在方括号中)指定方程的后面。把一个误差项加到状态空间方程中去的最简单的方法是指定误差项的方差,即加一个误差表达式到已存在的方程中去。误差表达式由关键字"var"和一个赋值语句组成(用方括号括起)。指定的方差可以是已知常数值,也可以是包含待估计未知参数的表达式,还可以在方差中使用序列表达式建立时变参数模型。例如:

```
@signal y = c(1) + sv1 + sv2 + [var = 1]
@state sv1 = sv1(-1) + [var = exp(c(2))]
@state sv2 = c(3) + c(4) * sv2(-1) + [var = exp(c(2) * x)]
```

这种方差的直接指定方法不允许不同方程的误差之间存在相关关系。EViews默认误差项之间的协方差为零。如果指定误差项间存在相关关系,需要使用"命名误差"方法指定它们之间的关系。"命名误差"方法包括两部分:

① 用关键字"ename"后接等号和变量名为方程中的残差序列命名。

```
y = c(1) + sv1 * x1 + [ename = e1]
@state sv1 = sv1(-1) + [ename = e2]
```

② 键入关键字"@evar",后接误差方差或误差项协方差的赋值语句。

```
@evar cov(e1,e2) = c(2)
@evar var(e1) = exp(c(3))
@evar var(e2) = exp(c(4)) * x
```

也可以在状态方程中同时命名误差并直接给出方差表达式:

```
@state sv1 = sv1(-1) + [ename = e1,var = exp(c(3))]
@evar cov(e1,e2) = c(4)
```

@evar语句可以辨别出定义的是方差还是协方差,在每一个希望指定的命名误差方差或协方差之间要分行指定。如果误差项被命名,但没有相应的"var="或"@evar"说明,其方差或协方差默认为"NA"或"0"。用"ename="语句定义的误差项只能存在于@evar赋值语句中,而不能进入状态或量测方程中。

(4) 具体实例的状态空间模型形式

在例10.3中我国边际消费倾向的变参数模型的状态空间形式定义为(方差被限制为参数的非负函数,协方差为零):

```
@signal csp = c(1)  +  sg1 * inc  +  [var = exp(c(2))]
@state sg1 = c(3) + c(4) * sg1(-1) +  [var = exp(c(5))]
@param c(1) 449.07 c(2) 10.02 c(3) 0.092 c(4) 0.877 c(5) -11.02
```

式中:量测方程中的sg1是变参数的边际消费倾向。状态方程的一阶自回归的系数是

c(4)，量测方程和状态方程的方差分别由 exp(c(2))，exp(c(4)) 确定。当协方差不为零时要写成下面的形式：

```
@signal csp = c(1) + sc1 * inc + [ename = e1]
@statesc1 = c(3) + c(4) * sc1(-1) + [ename = e2]
@evar var(e1) = exp(c(2))
@evar var(e2) = exp(c(5))
@evar cov(e1,e2) = c(6)
@param c(1) 449.07 c(2) 10.02 c(3) 0.092 c(4) 0.877 c(5) -11.02 c(6) 0.6
```

(5) 指定未知参数(超参数)的初始值

EViews 用系数向量的值初始化所有超参数。如果想要设定未知参数的初值，可以在系数向量中改变数值，或者可以通过使用@param 语句来明确指定合适的超参数初值。一般采用回归方程或其他简单的方法确定超参数的初值。

(6) 指定状态向量和方差矩阵的初始条件

对于平稳模型，EViews 根据稳定状态条件能够解出 $\boldsymbol{\alpha}_0$ 和 $\boldsymbol{P}_0$。当无法解出初始条件时，EViews 将设置 $\boldsymbol{\alpha}_0=0$，$\boldsymbol{P}_0$ 为一个任意大的正数乘以单位矩阵。

如果有 $\boldsymbol{\alpha}_0$ 和 $\boldsymbol{P}_0$ 的先验信息，可以使用关键字@mprior 和@vprior 创建一个包含适当值的向量和矩阵。例如，假设有一个 2 个状态变量的状态空间模型，要设置状态向量与状态向量方差矩阵的初值如下：

$$\boldsymbol{\alpha}_0=\begin{bmatrix}\mathrm{sv1}\\\mathrm{sv2}\end{bmatrix}=\begin{bmatrix}1\\0\end{bmatrix},\quad \boldsymbol{P}_0=\mathrm{var}\begin{bmatrix}\mathrm{sv1}\\\mathrm{sv2}\end{bmatrix}=\begin{bmatrix}1 & 0.5\\0.5 & 2\end{bmatrix}$$

首先，创建一个向量对象，命名为 **a**0，输入初始值。然后，创建一个矩阵对象，命名为 **p**0，输入初始值。然后在编辑状态空间模型指定窗口，可以把下面两行加到状态空间对象中去：

```
@mprior a0
@vprior p0
```

注意，向量对象的长度必须与状态空间的维数相匹配，其元素的顺序要与状态方程的顺序相一致。

2. 自动指定状态空间模型

EViews 提供了“自动指定”工具栏帮助创建状态空间模型，可以简单地通过填写对话框的方式创建状态空间模型的文本表示。如果模型是具有固定参数、递归参数及不同的随机系数，或者误差项有一般 ARMA 结构的标准回归模型。

10.5.2 估计状态空间模型

1. 估计模型

一旦已经指定了一个状态空间模型，并且验证模型定义是正确的，即单击工具菜单的 Esimate 按钮或者选择 Procs/Estimate...，打开估计对话框估计模型(图 10.5.2)。和其他估计对象一样，EViews 允许选择估计样本区间、循环的最大次数、收敛值、估计算法、导数计算设置和是否显示初始值。对大部分问题,缺省设置提供了好的初始设置。

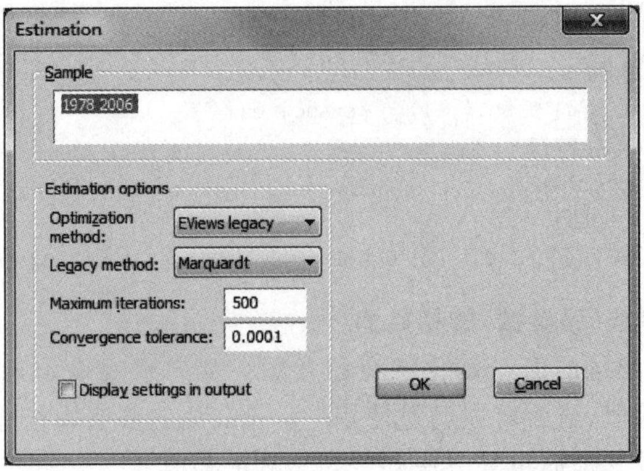

图 10.5.2　估计选择窗口

在进行模型估计时要注意:尽管 EViews 中卡尔曼滤波程序可以自动处理样本中的默认值,但 EViews 要求估计样本不能有缺失值。

2. 输出结果

单击 OK 按钮以后,EViews 在状态空间窗口显示估计结果。输出视窗的主体与其他 EViews 估计对象相似。上面的信息描述估计的基本信息:状态空间对象名、估计方法、估计的时间和日期、包含的样本数、收敛信息和系数估计。视窗的底部描述了极大对数似然估计值、估计参数的数目以及相关的信息准则。

输出结果中 c(1),…,c(5)是迭代估计出的未知参数,即超参数的估计值,同时显示了相应的标准差、z 统计量和 P 值。EViews 还显示最终的状态向量的一步向前预测值 $\alpha_{T+1|T}$ 和相应的 RMSE 值($P_{T+1|T}$ 对角线元素的平方根)。

由于 EViews 不显示 R^2 和 DW 统计量的值,可以利用公式计算:

(1) 首先计算量测方程的残差,以例 10.3 为例。

在过程 proc 中选择 Make Signal Series…,然后选择 one-step-ahead 中的 Prediction Residual,存储一步预测残差,记为 csp_e, csp_e_1= csp_e(−1)。

(2) 计量测方程因变量的离差平方和(TSS):

```
scalar  tss = @sumsq(csp - @mean(csp))
```

(3) 计算量测方程的 R^2:

```
scalar  r2 = 1 - @sumsq(csp_e)/tss = 0.999
```

(4) 计算量测方程的 DW 统计量:

```
scalar  dw = @sumsq(csp_e - csp_e_1)/@sumsq(csp_e) = 2.21
```

其中@sumsq 是求序列平方和的函数,@mean 是求序列均值的函数。

在有些问题中,需要求解的是未知的超参数,如例 10.7 所示,这样将输出的超参数估计值 c(1),…,c(5)代入表达式即可。

大多数情况是需要求解状态向量,如例 10.3～例 10.6,可以利用产生状态序列(Make State Series)的功能。模型估计后,在模型菜单 proc 中选择 Make State Series,产生状态序列。例如例 10.3 和例 10.4 选择“Filtered”(图 10.5.3),可以得到状态变量的滤波计算结果 $\boldsymbol{a}_t$。例如例 10.3 的消费模型中边际消费倾向的变参数 c_t,即状态变量序列 sc1,用 sc1f 的名字存储在工作区里。例 10.4 产生的状态向量 sh1f、sh2f、sh3f 分别为钢材销售收入对基本建设投资、房地产开发投资和出口商品总值的动态弹性 γ_t、σ_t、λ_t。

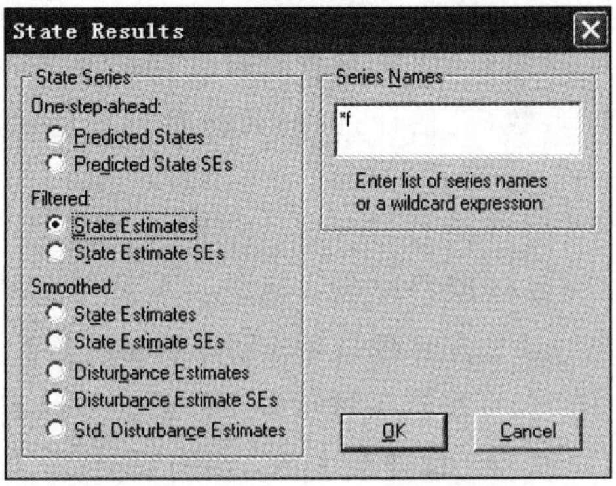

图 10.5.3　产生状态变量序列菜单

例 10.5 和例 10.6 在 Make State Series 对话框中选择“Smoothed”,得到平滑状态变量$\hat{\boldsymbol{\alpha}}_t$,其中的 su1f 和 sv1f 是求解得到的 gdp 和 SL 的趋势循环要素(TC)序列。

10.5.3　状态空间模型的视窗和过程

EViews 除了提供一系列专门工具指定状态空间模型,与其他的估计对象相比较,状态空间对象还提供了附加的视窗和过程检验估计结果,并且提取结果到其他 EViews 对象中。

1. 视窗

(1) 模型查看视窗

状态空间模型比较复杂。为了帮助检验模型定义,EViews 提供了视窗功能(specification view),允许在交互方式下查看模型文本定义、系数和协方差定义。单击 View 菜单选择 specification…,不管状态空间模型是否被估计,窗口都可以被使用。

① **文本窗口**。这是常见的模型指定的文本视窗(text screen)。当创建或编辑状态空间模型指定时,可以使用这个文本视窗。文本窗口也可以通过单击状态空间工具栏的 Spec 按钮进入。

② **系数描述**。系数描述是指状态空间模型指定结构的文本描述(coefficient description)。左边的变量 y_t 和 α_t 被表示为状态向量和残差项的线性函数,矩阵的元素是相应的系数。

③ **协方差描述**。协方差描述是指状态空间模型协方差矩阵(covariance description)

的文本描述。

④ **系数值描述**。系数值描述是指当前参数估计的量测方程和状态方程结构的数字描述。如果系统系数矩阵是时变的,EViews将提示对矩阵估计选择一个日期/观测值(coefficient values)。

⑤ **协方差值描述**。协方差值描述是指当前参数估计的状态空间模型指定结构的数值描述。如果系统协方差矩阵是时变参数的,EViews将提示对矩阵估计选择日期/观测值(covariance values)。

(2) 梯度视窗

和其他的估计对象视窗相似,如状态空间包含待估参数,梯度视窗(gradients and derivatives)提供了被估计参数(已估计)的对数似然估计的梯度的简要信息或当期参数值。

(3) 量测视窗

当单击View/Signal Views时,EViews显示一个包含视窗选择的次级菜单。选项Actual Signal Table和Actual Signal Graph分别以表和图的形式显示量测方程因变量。如果有多个量测方程,EViews将按顺序显示多个序列。在状态空间模型没有被估计的条件下,这两个选项也可以使用。选择Graph Signal Series...,将打开一个对话框,可以选择希望显示的结果,包括:量测变量一步向前预测$\tilde{\boldsymbol{y}}_{t|t-1}$、相应的一步预测残差$\tilde{\boldsymbol{u}}_{t|t-1}$和标准化残差$\tilde{\boldsymbol{e}}_{t|t-1}$;量测变量的平滑序列$\tilde{\boldsymbol{y}}_t$、相应的残差$\tilde{\boldsymbol{u}}_t$和标准化残差$\tilde{\boldsymbol{e}}_t$。输出结果中同时显示了加上2倍标准差的连线图。

选项STd. Residual Correlation Matrix和Std. Residual Covariance Matrix显示量测方程一步向前预测的标准化残差的相关系数矩阵和协方差矩阵。

(4) 状态视窗

为了检验不可观测的状态变量,单击View/State Views显示状态方程子菜单。EViews允许检验状态变量的初值和终值,或者画状态向量的各种平滑和滤波序列图。在估计前,视窗中有两个选项是可利用的:

选项Initial State Vector和Initial State Covariance Matrix显示状态向量的初始值$\boldsymbol{\alpha}_0$和协方差阵$\boldsymbol{P}_0$。如果未知参数已被估计,EViews将使用估计值计算初始条件。如果状态空间模型还没有被估计,EViews使用系数向量中的数值来估计初始条件。如果模型估计很困难,有可能是初始条件不合适造成的,可以检查这个初始条件找到估计困难的原因。

窗口中的其他选项,只对已被成功估计的模型有效:选项Final State Vetor和Final State Covariance Matrix,显示状态向量终值$\boldsymbol{a}_T$和协方差矩阵终值$\boldsymbol{P}_T$。Graph State Series...菜单显示了包含状态向量信息的各个选项的对话框。可以画出下列变量的线性图:状态向量的一步向前预测$\boldsymbol{a}_{t|t-1}$、滤波序列$\boldsymbol{a}_t$和平滑序列$\tilde{\boldsymbol{\alpha}}_t$,以及平滑过程相应的残差序列估计$\tilde{\boldsymbol{\varepsilon}}_t$和标准化残差估计。在每一曲线图中,显示数据被包在其2倍标准差带中。

2. 过程

如果已经对状态空间模型进行了估计，EViews 提供了额外的生成数据的工具。

（1）预测

允许利用选择的预测（forecasting）方法和初始化方法，产生状态变量、量测变量和相应的标准差的预测。

① 选择预测方法（forecast method）。

可以在动态预测、平滑预测和 n 步向前预测 3 种方法中选择其一。注意，任何在量测方程右边的延迟内生变量都被作为外生变量看待。

对于 n 步向前预测和动态预测，通常利用一步向前预测的状态向量和方差初始化状态向量。对于平滑预测，一般使用状态向量和方差的相应的平滑值进行预测的初始化。对某些情况，预测、滤波和平滑可以选择初始值的不同设置。EViews 的预测程序提供了可控的初始设置。然而，如果选择了不同的设置，根据可利用信息，预测的解释将发生变化。

② 预测结果输出（forecast output）。

EViews 允许在工作文件中以序列形式存储预测输出结果，只需单击输出框，在相应的编辑区域指定序列名。

可以指定一列变量名或一个通配符表达式。如果选择列变量名，变量名的数目必须与量测变量的数目相匹配。如果输出序列的名字已经在工作文件中存在，EViews 将覆盖序列的内容。如果使用一个通配符表达式，EViews 将在通配符表达式中的适当位置替换每一个量测变量的名字。

③ 设置初始条件（initialize states with）。

可以使用状态变量和状态协方差的"one-step"向前预测或"smoothed"预测估计值作为预测的初始值。这两种初始化方法在使用估计样本的信息数量上是不同的。一步向前预测使用直到预测期的信息，平滑预测使用全部估计期的信息。还可以使用"EViews computed"计算初始条件，在预测开始时，EViews 将求解 Riccati 代数方程，获得状态向量和状态向量协方差的初始值。如果不能得到初始状态的解，EViews 将使用扩散的初始值。最后，可以选择"User"提供一个向量和对称矩阵对象，并在编辑区域输入有效的 EViews 对象名。当计算 n 步向前预测时，EViews 将调整预测期的起始时期，以便使用指定的方法得到每一期的初始条件。对于一步向前预测和平滑预测方法，意味着在预测期间最初 $n-1$ 个观测值被作为估计样本，更早期的观测值被设为 NA。对于其他初始化方法，没有要求对预测样本的终点进行调整。

如果分别利用动态预测、平滑预测和 1 期（$n=1$）向前预测 3 种方法进行预测，分别得到预测结果，可以看出 1 期向前预测与实际值更接近。

（2）产生量测序列

利用产生量测序列（Make Signal Series...）的功能，可以创建序列保存各种量测变量预测结果。只需单击菜单就可进入显示结果对话框（图 10.5.4）。

可以选择量测变量的一步向前预测 $\tilde{y}_{t|t-1}$、相应的一步预测残差 $\tilde{\varepsilon}_{t|t-1}$、量测变量的

平滑序列 $\hat{y}_t$ 或相应的残差序列 $\hat{\varepsilon}_t$。EViews 还可以存储这些变量相应的标准差,或标准化一步向前残差 $\tilde{e}_{t|t-1}$ 和平滑残差 $\hat{e}_t$。

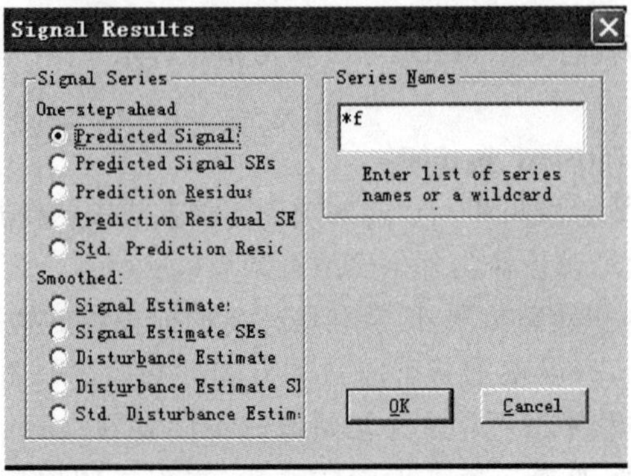

图 10.5.4　产生量测变量窗口

选择一步向前预测量测变量 $\tilde{y}_{t|t-1}$,则 EViews 将在工作文件中用名为 cspf 的序列来存储。单击 csp 和 cspf ,建立组,可以通过画图观察 csp 的模拟情况。

选择 one-step-ahead 中的 Prediction Residual,存储一步预测残差,记为 csp_e,还可以检验 csp_e 是否平稳。

在编辑区通过一列变量或通配符给序列命名,生成一组量测变量序列。当量测方程变量是表达式时,EViews 将只输出整个表达式的结果。

(3) 产生状态序列

利用产生状态序列(Make State Series)的功能,可以打开一个对话框保存各种状态变量的计算结果(图 10.5.5)。可以选择存储一步向前预测状态变量估计结果 $\boldsymbol{a}_{t|t-1}$,滤波状态变量均值 $\boldsymbol{a}_t$,平滑状态变量 $\hat{\boldsymbol{\alpha}}_t$,状态变量扰动项,标准化的状态扰动项,或相应的标准差序列。

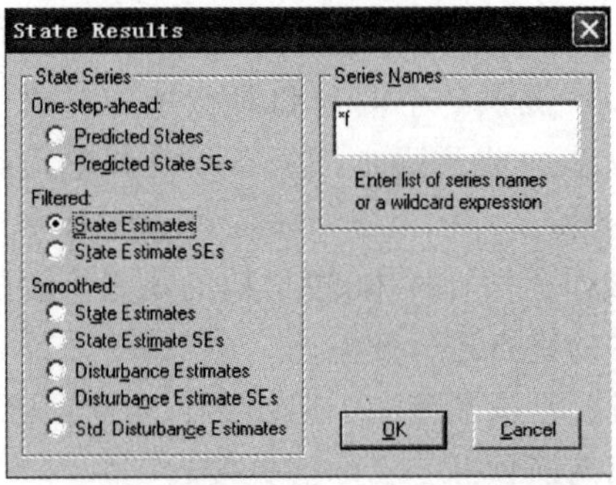

图 10.5.5　产生状态变量序列菜单

如例 10.3 在图 10.5.5 中选择存储状态变量滤波估计结果,消费模型中边际消费倾向的变参数 c_t,即状态变量序列 sc1,用 sc1f 的名字存储在工作区里,即图 10.4.1。

按不同的模型选择一种合适的状态变量输出类型(图 10.5.4),如变参数模型(例 10.3 和例 10.4)选择滤波估计结果(Filtered: State Estimates)比较合适,而季节调整模型(例 10.5 和例 10.6)选择平滑结果(Smoothed: State Estimates)较为合适。在编辑区键入输出序列的文件名。指定输出变量名的规则与 Forecast 过程描述的相同。注意,在存储状态结果时允许使用通配符“*”。这时,EViews 使用指定的状态变量名。

第 11 章 主成分分析和因子分析①

在建立多元回归模型时，为了更准确地反映事物的特征，人们经常会在模型中包含较多相关解释变量，这不仅使得问题分析变得复杂，而且变量之间可能存在多重共线性，使得数据提供的信息发生重叠，甚至会掩盖事物的真正特征。为了解决这些问题，需要采用降维的思想，将所有指标的信息通过少数几个指标来反映，在低维空间将信息分解为互不相关的部分以获得更有意义的解释。本章介绍的主成分分析和因子分析可用于解决这类问题。

11.1 主成分分析

主成分分析(principal components analysis，PCA)是由霍特林(Hotelling)于 1933 年首先提出的。它通过投影的方法，实现数据的降维，在损失较少数据信息的基础上把多个指标转化为几个有代表意义的综合指标。

11.1.1 主成分分析的基本思想

假如对某一问题的研究涉及 p 个指标，记为 $X_1, X_2, \cdots, X_p$，由这 p 个随机变量构成的随机向量为 $\boldsymbol{X}=(X_1, X_2, \cdots, X_p)'$，设 $\boldsymbol{X}$ 的均值向量为 $\boldsymbol{\mu}$，协方差矩阵为 $\boldsymbol{\Sigma}$。设 $\boldsymbol{Y}=(Y_1, Y_2, \cdots, Y_p)'$ 为对 $\boldsymbol{X}$ 进行线性变换得到的合成随机向量，即

$$\begin{pmatrix} Y_1 \\ Y_2 \\ \vdots \\ Y_p \end{pmatrix} = \begin{pmatrix} \alpha_{11} & \alpha_{12} & \cdots & \alpha_{1p} \\ \alpha_{21} & \alpha_{22} & \cdots & \alpha_{2p} \\ \vdots & \vdots & \ddots & \vdots \\ \alpha_{p1} & \alpha_{p2} & \cdots & \alpha_{pp} \end{pmatrix} \begin{pmatrix} X_1 \\ X_2 \\ \vdots \\ X_p \end{pmatrix} \tag{11.1.1}$$

设 $\boldsymbol{\alpha}_i=(\alpha_{i1}, \alpha_{i2}, \cdots, \alpha_{ip})'$，$\boldsymbol{A}=(\boldsymbol{\alpha}_1, \boldsymbol{\alpha}_2, \cdots, \boldsymbol{\alpha}_p)'$，则有

$$\boldsymbol{Y}=\boldsymbol{AX}, \quad i=1,2,\cdots,p \tag{11.1.2}$$

且

$$\begin{aligned} \mathrm{var}(Y_i) &= \boldsymbol{\alpha}'_i \boldsymbol{\Sigma} \boldsymbol{\alpha}_i, \quad i=1,2,\cdots,p \\ \mathrm{cov}(Y_i, Y_j) &= \boldsymbol{\alpha}'_i \boldsymbol{\Sigma} \boldsymbol{\alpha}_j, \quad i,j=1,2,\cdots,p \end{aligned} \tag{11.1.3}$$

---

① JOHNSON A R，WICHERN D W. 实用多元统计分析[M]. 陆璇，葛余博，等译. 4 版. 北京：清华大学出版社，2001：347-439.
JOHNSON D E. Applied multivariate methods for data analysis[M]. 北京：高等教育出版社，2004：93-217.
张尧庭，方开泰. 多元统计分析引论[M]. 北京：科学出版社，1999：322-340.
何晓群. 多元统计分析[M]. 北京：中国人民大学出版社，2004：135-195.
于秀林，任雪松. 多元统计分析[M]. 北京：中国统计出版社，1999：154-199.
高惠璇. 应用多元统计分析[M]. 北京：北京大学出版社，2005：265-324.

由式(11.1.1)和式(11.1.2)可以看出，可以对原始变量进行任意的线性变换，不同线性变换得到的合成变量 $\boldsymbol{Y}$ 的统计特征显然是不一样的。每个 Y_i 应尽可能多地反映 p 个原始变量的信息，通常用方差来度量“信息”，Y_i 的方差越大表示它所包含的信息越多。由式(11.1.3)可以看出将系数向量 $\boldsymbol{\alpha}_i$ 扩大任意倍数会使 Y_i 的方差无限增大，为了消除这种不确定性，增加约束条件：$\boldsymbol{\alpha}'_i\boldsymbol{\alpha}_i=1$。同时，为了有效地反映原始变量的信息，$\boldsymbol{Y}$ 的不同分量包含的信息不应重叠。综上所述，式(11.1.1)的线性变换需要满足下面的约束：

(1) $\boldsymbol{\alpha}'_i\boldsymbol{\alpha}_i=1$，即 $\alpha_{i1}^2+\alpha_{i2}^2+\cdots+\alpha_{ip}^2=1, i=1,2,\cdots,p$。

(2) Y_1 在满足约束(1)即 $\boldsymbol{\alpha}'_1\boldsymbol{\alpha}_1=1$ 的情况下，方差最大；Y_2 是在满足约束(1)，且与 Y_1 不相关的条件下，其方差达到最大……Y_p 是在满足约束(1)，且与 $Y_1,Y_2,\cdots,Y_{p-1}$ 不相关的条件下，在各种线性组合中方差达到最大者。

满足上述约束得到的合成变量 $Y_1,Y_2,\cdots,Y_p$ 分别称为原始变量的第一主成分、第二主成分……第 p 主成分，各成分方差在总方差中占的比重依次递减。在实际研究工作中，仅挑选前几个方差较大的主成分，以达到简化系统结构的目的。

11.1.2　总体主成分求解及其性质

11.1.1 小节中提到主成分分析的基本思想是考虑合成变量的方差大小及其对原始变量波动(方差)的贡献大小，而对于原始随机变量 $X_1,X_2,\cdots,X_p$，其协方差矩阵或相关矩阵正是对各变量离散程度和相关程度的度量。因此在实际求解主成分时，一般从原始变量的协方差矩阵或相关矩阵的结构分析出发。

1. 从协方差矩阵出发求解主成分

设 $\boldsymbol{\alpha}_1$ 是任意 $p\times1$ 向量，求解主成分就是在约束条件 $\boldsymbol{\alpha}'_1\boldsymbol{\alpha}_1=1$ 下，求 $\boldsymbol{X}$ 的线性函数 $Y_1=\boldsymbol{\alpha}'_1\boldsymbol{X}$ 使其方差达到最大，即 $\mathrm{var}(Y_1)=\boldsymbol{\alpha}'_1\boldsymbol{\Sigma}\boldsymbol{\alpha}_1$ 达到最大，且 $\boldsymbol{\alpha}'_1\boldsymbol{\alpha}_1=1$，其中 $\boldsymbol{\Sigma}$ 是随机变量向量 $\boldsymbol{X}=(X_1,X_2,\cdots,X_p)'$ 的协方差矩阵。设 $\lambda_1\geqslant\lambda_2\geqslant\cdots\geqslant\lambda_p\geqslant0$ 为 $\boldsymbol{\Sigma}$ 的特征值，$\boldsymbol{e}_1,\boldsymbol{e}_2,\cdots,\boldsymbol{e}_p$ 为 $\boldsymbol{\Sigma}$ 矩阵各特征值对应的标准正交特征向量，则对于任意的 $\boldsymbol{e}_i$ 和 $\boldsymbol{e}_j$，有

$$\boldsymbol{e}'_i\boldsymbol{e}_j=\begin{cases}1, & i=j\\ 0, & i\neq j\end{cases} \tag{11.1.4}$$

且

$$\boldsymbol{\Sigma}=\sum_{i=1}^{p}\lambda_i\boldsymbol{e}_i\boldsymbol{e}'_i,\quad \sum_{i=1}^{p}\boldsymbol{e}_i\boldsymbol{e}'_i=\boldsymbol{I} \tag{11.1.5}$$

因此

$$\boldsymbol{\alpha}'_1\boldsymbol{\Sigma}\boldsymbol{\alpha}_1=\boldsymbol{\alpha}'_1\left(\sum_{i=1}^{p}\lambda_i\boldsymbol{e}_i\boldsymbol{e}'_i\right)\boldsymbol{\alpha}_1\leqslant\lambda_1\boldsymbol{\alpha}'_1\left(\sum_{i=1}^{p}\boldsymbol{e}_i\boldsymbol{e}'_i\right)\boldsymbol{\alpha}_1=\lambda_1\boldsymbol{\alpha}'_1\boldsymbol{I}\boldsymbol{\alpha}_1=\lambda_1 \tag{11.1.6}$$

当 $\boldsymbol{\alpha}_1=\boldsymbol{e}_1$ 时有

$$\boldsymbol{e}'_1\boldsymbol{\Sigma}\,\boldsymbol{e}_1=\boldsymbol{e}'_1\lambda_1\boldsymbol{e}_1=\lambda_1\boldsymbol{e}'_1\boldsymbol{e}_1=\lambda_1 \tag{11.1.7}$$

此时 $\mathrm{var}(Y_1)=\boldsymbol{a}'_1\boldsymbol{\Sigma}\boldsymbol{a}_1$ 达到最大值为 λ_1。同理有 $\mathrm{var}(\boldsymbol{e}'_i\boldsymbol{X})=\lambda_i$，并且

$$\mathrm{cov}(\boldsymbol{e}'_i\boldsymbol{X},\boldsymbol{e}'_j\boldsymbol{X})=\boldsymbol{e}'_i\boldsymbol{\Sigma}\boldsymbol{e}_j=\lambda_j\boldsymbol{e}'_i\boldsymbol{e}_j=0,\quad i\neq j;\ i,j=1,2,\cdots,p \tag{11.1.8}$$

由上述推导得

$$Y_1 = \boldsymbol{e}'_1\boldsymbol{X},\quad \boldsymbol{Y}_2 = \boldsymbol{e}'_2\boldsymbol{X},\cdots,Y_p = \boldsymbol{e}'_p\boldsymbol{X} \tag{11.1.9}$$

$Y_1,Y_2,\cdots,Y_p$ 即为原始变量的 p 个主成分。因此,主成分的求解转变为求 $X_1,X_2,\cdots,X_p$ 协方差矩阵 $\boldsymbol{\Sigma}$ 的特征值和特征向量的问题。

2. 主成分的性质

性质 1　$\boldsymbol{Y}$ 的协方差矩阵为对角阵 $\boldsymbol{\Lambda}$,即

$$\text{var}(\boldsymbol{Y}) = \boldsymbol{\Lambda} = \begin{pmatrix} \lambda_1 & \cdots & 0 \\ \vdots & \ddots & \vdots \\ 0 & \cdots & \lambda_p \end{pmatrix} \tag{11.1.10}$$

性质 2　设 $\boldsymbol{\Sigma} = (\sigma_{ij})_{p\times p}$ 是随机变量向量 $\boldsymbol{X}$ 的协方差矩阵,可得 $\sum_{i=1}^{p}\text{var}(X_i) = \sum_{i=1}^{p}\text{var}(Y_i)$,即 $\sum_{i=1}^{p}\sigma_{ii} = \sum_{i=1}^{p}\lambda_i$。

事实上,记 $\boldsymbol{P} = (\boldsymbol{e}_1,\boldsymbol{e}_2,\cdots,\boldsymbol{e}_p)'$,则有 $\boldsymbol{PP}' = \boldsymbol{P}'\boldsymbol{P} = I$,且 $\boldsymbol{\Sigma} = \boldsymbol{P\Lambda P}'$。于是

$$\begin{aligned} \sum_{i=1}^{p}\text{var}(X_i) &= \sum_{i=1}^{p}\sigma_{ii} = tr(\boldsymbol{\Sigma}) = tr(\boldsymbol{P\Lambda P}') \\ &= tr(\boldsymbol{\Lambda P}'\boldsymbol{P}) = tr(\boldsymbol{\Lambda}) = \sum_{i=1}^{p}\lambda_i \end{aligned} \tag{11.1.11}$$

式中:$tr()$是迹函数,表示矩阵对角线元素的和。

由此可见,主成分分析是把 p 个随机变量的总方差分解为 p 个不相关随机变量的方差之和,则总方差中第 i 个主成分方差所占的比例

$$\frac{\lambda_i}{\lambda_1 + \lambda_2 + \cdots + \lambda_p} \tag{11.1.12}$$

称为第 i 个主成分的贡献度。称

$$\sum_{j=1}^{m}\lambda_j \Big/ \sum_{i=1}^{p}\lambda_i,\quad m \leqslant p \tag{11.1.13}$$

为前 m 个主成分的累积贡献度。

性质 3　第 k 个主成分 Y_k 与原始变量 X_i 的相关系数为 $r(Y_k,X_i)$称为因子载荷(或者因子负荷量),则有

$$\begin{aligned} r(Y_k,X_i) &= \frac{\text{cov}(Y_k,X_i)}{\sqrt{\text{var}(Y_k)}\ \sqrt{\text{var}(X_i)}} = \frac{\lambda_k e_{ki}}{\sqrt{\lambda_k}\ \sqrt{\sigma_{ii}}} \\ &= \frac{e_{ki}\sqrt{\lambda_k}}{\sqrt{\sigma_{ii}}},\quad i,k = 1,2,\cdots,p \end{aligned} \tag{11.1.14}$$

3. 从相关矩阵出发求解主成分

在实际应用时,为了消除原始变量量纲的影响,通常将数据标准化。考虑下面的标准化变化,令

$$Z_i = \frac{X_i - \mu_i}{\sqrt{\sigma_{ii}}},\quad i = 1,2,\cdots,p \tag{11.1.15}$$

式中：μ_i, σ_{ii} 分别表示随机变量 X_i 的期望与方差，则

$$E(Z_i)=0,\quad \mathrm{var}(Z_i)=1$$

令

$$\boldsymbol{V}^{1/2}=\begin{bmatrix} \sqrt{\sigma_{11}} & 0 & \cdots & 0 \\ 0 & \sqrt{\sigma_{22}} & \cdots & 0 \\ \vdots & \vdots & \ddots & \vdots \\ 0 & 0 & \cdots & \sqrt{\sigma_{pp}} \end{bmatrix}$$

因此，原始变量 $\boldsymbol{X}$ 的标准化形式可采用矩阵表示为

$$\boldsymbol{Z}=(Z_1,Z_2,\cdots,Z_p)'=(\boldsymbol{V}^{1/2})^{-1}(\boldsymbol{X}-\boldsymbol{\mu})$$

显然

$$E(\boldsymbol{Z})=\boldsymbol{0}$$

$$\mathrm{cov}(\boldsymbol{Z})=(\boldsymbol{V}^{1/2})^{-1}\boldsymbol{\Sigma}(\boldsymbol{V}^{1/2})^{-1}=\begin{bmatrix} 1 & r_{12} & \cdots & r_{1p} \\ r_{12} & 1 & \cdots & r_{2p} \\ \vdots & \vdots & \ddots & \vdots \\ r_{1p} & r_{2p} & \cdots & 1 \end{bmatrix}=\boldsymbol{R} \tag{11.1.16}$$

式中：r_{ij} 表示变量 X_i 与变量 X_j 的相关系数。由式(11.1.16)可以看出原始变量的相关矩阵就是原始变量标准化后的协方差矩阵，因此，由相关矩阵求主成分的过程与由协方差矩阵求主成分的过程是一致的。如果仍然采用$(\lambda_i,\boldsymbol{e}_i)$表示相关矩阵 $\boldsymbol{R}$ 对应的特征值和标准正交特征向量，根据式(11.1.9)有

$$Y_i=\boldsymbol{e}_i'\boldsymbol{Z}=\boldsymbol{e}_i'(\boldsymbol{V}^{1/2})^{-1}(\boldsymbol{X}-\boldsymbol{\mu}),\quad i=1,2,\cdots,p \tag{11.1.17}$$

由相关矩阵求得的主成分仍然满足性质 1～性质 3。性质 3 可以进一步表示为

$$r(Y_k,Z_i)=e_{ki}\sqrt{\lambda_k},\quad i,k=1,2,\cdots,p \tag{11.1.18}$$

11.1.3　样本的主成分

1. 样本统计量

在实际工作中，我们通常无法获得总体的协方差矩阵$\boldsymbol{\Sigma}$ 和相关矩阵$\boldsymbol{R}$。因此，需要采用样本数据来估计。设从均值向量为$\boldsymbol{\mu}$、协方差矩阵为$\boldsymbol{\Sigma}$ 的 p 维总体中得到 n 个样本，且样本数据矩阵为

$$\boldsymbol{x}=(\boldsymbol{x}_1,\boldsymbol{x}_2,\cdots,\boldsymbol{x}_n)'=\begin{bmatrix} x_{11} & x_{12} & \cdots & x_{1p} \\ x_{21} & x_{22} & \cdots & x_{2p} \\ \vdots & \vdots & \ddots & \vdots \\ x_{n1} & x_{n2} & \cdots & x_{np} \end{bmatrix} \tag{11.1.19}$$

则样本协方差矩阵为

$$\boldsymbol{S}=\frac{1}{n-1}\sum_{k=1}^{n}(\boldsymbol{x}_k-\bar{\boldsymbol{x}})(\boldsymbol{x}_k-\bar{\boldsymbol{x}})'=(s_{ij})_{p\times p} \tag{11.1.20}$$

式中：

$$\bar{\boldsymbol{x}}=(\bar{x}_1,\bar{x}_2,\cdots\bar{x}_p)',\quad \bar{x}_i=\frac{1}{n}\sum_{k=1}^{n}x_{ki},\quad i=1,2,\cdots,p$$

$$s_{ij}=\frac{1}{n-1}\sum_{k=1}^{n}(x_{ki}-\bar{x}_i)(x_{kj}-\bar{x}_j) \tag{11.1.21}$$

样本相关矩阵为

$$\hat{\boldsymbol{R}}=(r_{ij})_{p\times p},\quad r_{ij}=\frac{s_{ij}}{\sqrt{s_{ii}s_{jj}}} \tag{11.1.22}$$

样本协方差矩阵 $\boldsymbol{S}$ 是总体协方差矩阵$\boldsymbol{\Sigma}$ 的无偏估计量,样本相关矩阵 $\hat{\boldsymbol{R}}$ 是总体相关矩阵 $\boldsymbol{R}$ 的估计量。

2. 样本主成分及其性质

由于采用相关矩阵和协方差矩阵求解主成分的过程基本一致,因此本节仅介绍基于样本相关矩阵求解主成分的过程。设样本相关矩阵 $\hat{\boldsymbol{R}}$ 的特征值为 $\hat{\lambda}_1,\hat{\lambda}_2,\cdots,\hat{\lambda}_p$,且 $\hat{\lambda}_1\geqslant\hat{\lambda}_2\geqslant\cdots\geqslant\hat{\lambda}_p\geqslant0$[①],与特征值相对应的标准正交特征向量为 $\hat{\boldsymbol{e}}_1,\hat{\boldsymbol{e}}_2,\cdots,\hat{\boldsymbol{e}}_p$,根据式(11.1.17),第 i 个样本主成分可表示为

$$\boldsymbol{y}_i=\hat{\boldsymbol{e}}_i'\boldsymbol{x}=\hat{e}_{i1}\boldsymbol{x}_1+\hat{e}_{i2}\boldsymbol{x}_2+\cdots+\hat{e}_{ip}\boldsymbol{x}_p,\quad i=1,2,\cdots,p \tag{11.1.23}$$

而且

$$\mathrm{var}(\boldsymbol{y}_i)=\hat{\lambda}_i,\quad i=1,2,\cdots,p \tag{11.1.24}$$

$$\mathrm{cov}(\boldsymbol{y}_i,\boldsymbol{y}_k)=0,\quad i\neq k,i,k=1,2,\cdots,p \tag{11.1.25}$$

且由式(11.1.16)和性质2可得

$$\sum_{i=1}^{p}\hat{\lambda}_i=p \tag{11.1.26}$$

则第 i 个样本主成分的贡献度为 $\hat{\lambda}_i/p$,前 m 个样本主成分的累计贡献度为 $\sum_{i=1}^{m}\hat{\lambda}_i/p$。另外

$$\boldsymbol{r}(\boldsymbol{y}_k,\boldsymbol{x}_i)=\hat{e}_{ki}\sqrt{\hat{\lambda}_k} \tag{11.1.27}$$

3. 主成分个数的确定

主成分分析的目的之一是减少变量的个数,但是对于应保留多少个主成分没有确切地回答。通常需要综合考虑样本总方差的量、特征值的相对大小以及各主成分对现实的阐述。一般所取 m 使得累积贡献率达到85%以上为宜,即基于式(11.1.13)得到的值大于85%以上。另一个比较常用的可视的方法是碎石图,首先将特征值按照从大到小的顺序进行排列,碎石图是特征值 $\hat{\lambda}_i$ 与相应序号 i 的$(i,\hat{\lambda}_i)$图形,其中横轴表示序号,纵轴表示特征值 $\hat{\lambda}_i$。为了确定主成分的合适个数,选择碎石图斜率变化较大的拐弯点,通常在此序号之后的特征值取值比较小,则此序号作为主成分的个数。例如,图11.1.1所示的

① 由于相关矩阵 $\boldsymbol{R}$ 为正定矩阵,所以其特征根都是非负实数。

碎石图在 $i=2$ 处拐弯，则 m 选择 2。第三个经验的判断方法是只保留那些方差大于 1 的主成分。

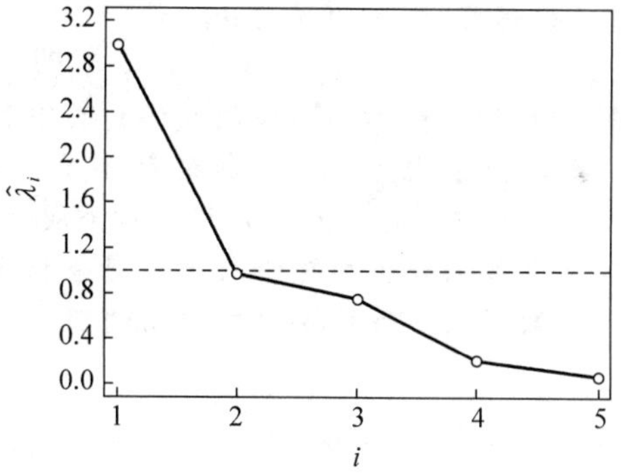

图 11.1.1　碎石图

例 11.1　宏观经济周期波动的主成分分析

采用景气指数方法对经济周期波动进行监测预测是一种国际比较通用的方法，其基本出发点是：经济周期波动是通过一系列经济活动来传递和扩散的，任何一个变量本身的波动都不足以代表宏观经济整体的波动。常用的计算景气指数的方法有扩散指数(DI)、合成指数(CI)、Stock-Waston 景气指数(SWI)以及基于主成分分析(PCA)得到的景气指数[①]。本例从一批对景气变动敏感、有代表的指标中筛选出 5 个反应宏观经济波动的一致指标组：工业增加值实际增速(*iva*)、发电量增速(*elec*)、工业行业产品销售收入实际增速(*sr*)、财政收入实际增速(*fr*)和进口实际增速(*imr*)，样本区间：1997 年 1 月—2013 年 12 月，采用 X-12 方法进行季节调整，消除了季节性因素和不规则因素，在指标名后加"_*tc*"表示。常用的方法是美国商务部采用的计算合成指数 CI 的方法。特别地，本例利用主成分分析降维的思想，提取主成分，并与合成指数 CI 的结果进行比较。一致指标组的主成分分析结果如表 11.1.1 所示。

表 11.1.1　一致指标组的主成分分析结果

		第 1 主成分	第 2 主成分	第 3 主成分	第 4 主成分	第 5 主成分
特征向量	*iva_tc*	0.461 0	−0.162 0	−0.576 0	0.295 0	0.585 0
	elec_tc	0.490 0	−0.116 0	−0.122 0	0.415 0	−0.748 0
	sr_tc	0.485 0	−0.158 0	−0.112 0	−0.846 0	−0.109 0
	fr_tc	0.363 0	0.921 0	0.118 0	0.011 0	0.081 0
	imr_tc	0.425 0	−0.296 0	0.792 0	0.158 0	0.282 0
特征值		3.861 0	0.573 0	0.388 0	0.098 0	0.079 0
贡献率		0.772 2	0.114 7	0.077 6	0.019 6	0.015 9
累积贡献率		0.772 2	0.886 9	0.964 5	0.984 1	1.000 0

① 各种计算景气指数方法的基本思想可参考：高铁梅，陈磊，王金明，张同斌. 经济周期波动的分析与预测方法[M]. 2 版. 北京：清华大学出版社，2015：第 6 章.

由表 11.1.1 可以看出,第 1 主成分的贡献率为 77.22%,已能较好地反映 5 个一致指标的总体变动情况,而且根据它们的特征值可以发现第 2 个特征值开始明显变小(小于 1),碎石图出现明显的拐弯,同时为了讨论方便,仅选择 $m=1$,提取第 1 个主成分反映经济变动。

表 11.1.1 中已经给出对应的特征向量,根据式(11.1.23)可以得到对应的主成分序列。图 11.1.2 中的实线给出了由主成分分析的第 1 主成分表示的一致景气指数(PCA),虚线给出的是由国际上常用的美国商务部计算合成指数的方法给出的一致合成指数(CI),可以发现二者的变化趋势和转折点几乎完全相同,只是波动的幅度略有差异。进一步表明:PCA 指数不仅能够反映景气波动的变化趋势和峰谷的转折点,而且能反映波动的幅度。

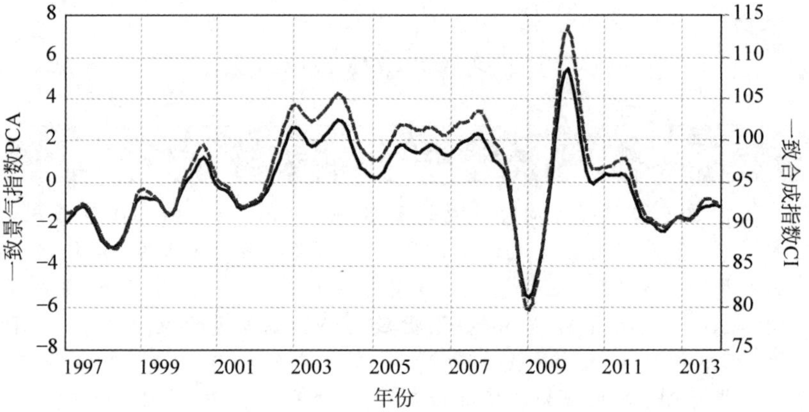

图 11.1.2　第 1 主成分得到的一致景气指数(PCA,实线,左坐标)与一致合成指数(CI,虚线,右坐标)

资料来源:中国经济信息网(www.cei.gov.cn)统计数据库,《宏观月度库》。

11.2　因子分析

因子分析(factor analysis,FA)是主成分分析的推广,相对于主成分分析,因子分析更侧重于解释被观测变量之间的相关关系或协方差之间的结构。因子分析的思想源于 1904 年查尔斯·斯皮尔曼(Charles Spearman)对学生考试成绩的研究。研究多指标问题时常常会发现,这些指标相关性形成的背景原因是各种各样的,其中共同的原因称为公共因子;每一个变量也含有其特定的原因,成为特定(特殊)因子。因子分析的实质就是用几个潜在的但不能观察的互不相关的随机变量去描述许多变量之间的相关关系(或者协方差关系),这些随机变量被称为因子。为了使得这些因子很好地替代原始数据,需要对这些因子给出合理的解释。同时为了使用这些因子,还需要对提取结果进行评价。因此,可以简单地将因子分析的目标概括为以下几方面:

(1) 考虑是否存在较少的不相关的随机变量可用于描述原始变量之间的关系。

(2) 如果存在公共因子,那么究竟应该选择几个。

(3) 对提取的公共因子的含义进行解释。

(4) 评价每一个原始变量与公共因子之间的关系。

(5) 可以将这些公共因子用于其他的统计分析。

本节将从这几个角度给出详细的介绍。需要注意的是因子分析从一系列高度相关的原始变量矩阵 $\boldsymbol{X}=(X_1,X_2,\cdots,X_p)'$ 中提取少数几个不相关的因子，所以如果原始变量之间不相关则没有必要进行因子分析。在实际研究和应用中，为了消除观察值之间由于量纲的差异而造成的影响，需要将观测值按照式(11.1.15)进行标准化处理。本节的讨论都是基于标准化后的序列，为了方便，把标准化后的随机变量矩阵记为 $\boldsymbol{Z}=(Z_1,Z_2,\cdots,Z_p)'$。

11.2.1　基本的因子分析模型

假如对某一问题的研究涉及 p 个指标，且这 p 个指标之间存在较强的相关性，则基本的因子模型可以表示为

$$\begin{aligned} Z_1 &= l_{11}F_1 + l_{12}F_2 + \cdots + l_{1m}F_m + \varepsilon_1 \\ Z_2 &= l_{21}F_1 + l_{22}F_2 + \cdots + l_{2m}F_m + \varepsilon_2 \\ &\vdots \qquad\qquad\qquad \vdots \\ Z_p &= l_{p1}F_1 + l_{p2}F_2 + \cdots + l_{pm}F_m + \varepsilon_p \end{aligned} \tag{11.2.1}$$

称式(11.2.1)中 $F_1,F_2,\cdots,F_m$ 为公共因子，$\varepsilon_1,\varepsilon_2,\cdots,\varepsilon_p$ 表示特殊因子，其中包含了随机误差，ε_i 只与第 i 个变量 Z_i 有关，l_{ij} 称为第 i 个变量 Z_i 在第 j 个因子 F_j 上的载荷(因子载荷)，由其构成的矩阵 $\boldsymbol{L}$ 称为因子载荷矩阵。式(11.2.1)进一步可以表示为下面的矩阵形式：

$$\boldsymbol{Z} = \boldsymbol{LF} + \boldsymbol{\varepsilon} \tag{11.2.2}$$

式中：$\boldsymbol{F}=(F_1,F_2,\cdots,F_m)'$；$\boldsymbol{\varepsilon}=(\varepsilon_1,\varepsilon_2,\cdots,\varepsilon_p)'$。注意式(11.2.1)中的 $F_1,F_2,\cdots,F_m$ 是不可观测的随机变量，因此，必须对随机变量 $\boldsymbol{F}$ 和 $\boldsymbol{\varepsilon}$ 做一些假定，使得模型具有特定的且能验证的协方差结构。假设

$$E(\boldsymbol{F})=\boldsymbol{0}, \quad \operatorname{cov}(\boldsymbol{F},\boldsymbol{F})=E(\boldsymbol{FF}')=\boldsymbol{I} \tag{11.2.3}$$

$$E(\boldsymbol{\varepsilon})=\boldsymbol{0}, \quad \operatorname{cov}(\boldsymbol{\varepsilon},\boldsymbol{\varepsilon})=E(\boldsymbol{\varepsilon\varepsilon}')=\boldsymbol{\Psi}=\begin{pmatrix} \psi_1 & 0 & \cdots & 0 \\ 0 & \psi_2 & \cdots & 0 \\ \vdots & \vdots & \ddots & \vdots \\ 0 & 0 & \cdots & \psi_p \end{pmatrix} \tag{11.2.4}$$

且 $\boldsymbol{F}$ 与 $\boldsymbol{\varepsilon}$ 独立，即

$$\operatorname{cov}(\boldsymbol{\varepsilon},\boldsymbol{F})=E(\boldsymbol{\varepsilon F}')=\boldsymbol{0} \tag{11.2.5}$$

满足式(11.2.3)～式(11.2.5)假定的模型(11.2.1)或模型(11.2.2)称为正交因子模型。式(11.2.3)假定公共因子的协方差矩阵为单位矩阵，表明公共因子之间相互独立。如果允许公共因子 $\boldsymbol{F}$ 是相关的，即 $\operatorname{cov}(\boldsymbol{F},\boldsymbol{F})$ 不是对角矩阵，这时模型称为斜交因子模型。本章主要讨论满足假定式(11.2.3)～式(11.2.5)的因子模型。

11.2.2　正交因子模型的性质

1. 正交因子模型的协方差结构

假定随机变量 $\boldsymbol{Z}$ 的协方差矩阵为 $\boldsymbol{\Sigma}$,则有

$$
\begin{aligned}
\boldsymbol{\Sigma} &= \operatorname{cov}(\boldsymbol{Z},\boldsymbol{Z}) = E(\boldsymbol{ZZ}') = E[(\boldsymbol{LF}+\boldsymbol{\varepsilon})(\boldsymbol{LF}+\boldsymbol{\varepsilon})'] \\
&= E[(\boldsymbol{LF}+\boldsymbol{\varepsilon})((\boldsymbol{LF})'+\boldsymbol{\varepsilon}')] \\
&= E[(\boldsymbol{LF}(\boldsymbol{LF})'+\boldsymbol{\varepsilon}(\boldsymbol{LF})'+\boldsymbol{LF\varepsilon}'+\boldsymbol{\varepsilon\varepsilon}')] \\
&= \boldsymbol{L}E(\boldsymbol{FF}')\boldsymbol{L}'+E(\boldsymbol{\varepsilon F}')\boldsymbol{L}'+\boldsymbol{L}E(\boldsymbol{F\varepsilon}')+E(\boldsymbol{\varepsilon\varepsilon}') \\
&= \boldsymbol{LL}'+\boldsymbol{\Psi}
\end{aligned}
\tag{11.2.6}
$$

$$
\operatorname{cov}(\boldsymbol{Z},\boldsymbol{F}) = E(\boldsymbol{ZF}') = E[(\boldsymbol{LF}+\boldsymbol{\varepsilon})\boldsymbol{F}'] = \boldsymbol{L}E(\boldsymbol{FF}')+E(\boldsymbol{\varepsilon F}') = \boldsymbol{L} \tag{11.2.7}
$$

2. 因子载荷 l_{ij} 的意义

由式(11.2.7)可得

$$
\begin{aligned}
\operatorname{cov}(Z_i,F_j) &= \operatorname{cov}\left(\sum_{k=1}^{m} l_{ik}F_k+\varepsilon_i,F_j\right) \\
&= \operatorname{cov}\left(\sum_{k=1}^{m} l_{ik}F_k,F_j\right)+\operatorname{cov}(\varepsilon_i,F_j) = l_{ij}
\end{aligned}
\tag{11.2.8}
$$

由于假定 Z_i 和 F_j 都是方差为 1 的随机变量,因此 l_{ij} 即为变量 Z_i 与因子 F_j 的相关系数。

3. 共同度与公因子的方差贡献

由式(11.2.6)可得

$$
\operatorname{var}(Z_i) = l_{i1}^2+l_{i2}^2+\cdots+l_{im}^2+\psi_i
$$

令

$$
l_{i1}^2+l_{i2}^2+\cdots+l_{im}^2 = \sum_{j=1}^{m} l_{ij}^2 = h_i^2
$$

则有

$$
\operatorname{var}(Z_i) = h_i^2+\psi_i = 1 \tag{11.2.9}
$$

式中:h_i^2 反映了公共因子对 Z_i 方差的贡献,称为公共方差,或者变量共同度。ψ_i 称为特殊方差,或者剩余方差。式(11.2.9)表明,h_i^2 接近 1 时,ψ_i 接近 0,说明 Z_i 包含的几乎全部信息都可以被公因子解释;当 h_i^2 接近 0 时,表明公共因子对 Z_i 的影响不大,主要由特殊因子描述。因此,h_i^2 也反映了变量 Z_i 对公共因子的依赖程度。与此类似,矩阵 $\boldsymbol{L}$ 的第 j 列元素反映了第 j 个因子 F_j 对原始变量向量 $\boldsymbol{Z}$ 的影响,记为

$$
g_j^2 = \sum_{i=1}^{p} l_{ij}^2 \tag{11.2.10}
$$

称为公共因子 F_j 对原始变量向量 $\boldsymbol{Z}$ 的方差贡献,g_j^2 是衡量公共因子相对重要性的一个尺度,其值越大反映 F_j 对原始变量向量 $\boldsymbol{Z}$ 的方差贡献也越大。

11.2.3　因子载荷的估计方法

因子分析的首要步骤是确定因子载荷,或估计得到因子载荷矩阵 $\boldsymbol{L}$,注意在

式(11.2.1)和式(11.2.2)中的 $F_1, F_2, \cdots, F_m$ 是不可观测的随机变量，因此因子载荷矩阵 $\boldsymbol{L}$ 的估计方法都比较复杂，常用的方法有极大似然法(maximum likelihood)、主成分方法(principal factors)、分块的协方差矩阵估计方法(partioned covariance, PACE)和迭代主成分方法(iterated principtal factors)等。

1. 极大似然法

如果假设公共因子 $\boldsymbol{F}$ 和特殊因子 $\boldsymbol{\varepsilon}$ 服从正态分布，即 $\boldsymbol{F} \sim N_m(\boldsymbol{0}, \boldsymbol{I})$，$\boldsymbol{\varepsilon} \sim N_p(\boldsymbol{0}, \boldsymbol{\Psi})$，$X_1, X_2, \cdots, X_p$ 的均值为 $\boldsymbol{\mu} = (\mu_1, \mu_2, \cdots, \mu_p)$，则观测值 $x_1, x_2, \cdots, x_n$ 为来自正态总体 $N_p(\boldsymbol{\mu}, \boldsymbol{\Sigma})$ 的样本，可以采用极大似然法估计因子载荷矩阵和特殊方差，似然函数是 $\boldsymbol{\mu}$ 和 $\boldsymbol{\Sigma}$ 的函数 $L(\boldsymbol{\mu}, \boldsymbol{\Sigma})$。

由于 $\boldsymbol{\Sigma} = \boldsymbol{L}\boldsymbol{L}' + \boldsymbol{\Psi}$，因此似然函数可以更清楚地表示为 $L(\boldsymbol{\mu}, \boldsymbol{L}, \boldsymbol{\Psi})$，记 $(\boldsymbol{\mu}, \boldsymbol{L}, \boldsymbol{\Psi})$ 的估计量为 $(\hat{\boldsymbol{\mu}}, \hat{\boldsymbol{L}}, \hat{\boldsymbol{\Psi}})$，则有

$$L(\hat{\boldsymbol{\mu}}, \hat{\boldsymbol{L}}, \hat{\boldsymbol{\Psi}}) = \max L(\boldsymbol{\mu}, \boldsymbol{L}, \boldsymbol{\Psi}) \tag{11.2.11}$$

可以证明 $\hat{\boldsymbol{\mu}} = \bar{\boldsymbol{X}}$，而 $(\hat{\boldsymbol{L}}, \hat{\boldsymbol{\Psi}})$ 满足下列方程组[①]

$$\begin{cases} \hat{\boldsymbol{\Sigma}}\hat{\boldsymbol{\Psi}}^{-1}\hat{\boldsymbol{L}} = \hat{\boldsymbol{L}}(\boldsymbol{I}_m + \hat{\boldsymbol{L}}\hat{\boldsymbol{\Psi}}^{-1}\hat{\boldsymbol{L}}') \\ \hat{\boldsymbol{\Psi}} = \operatorname{diag}(\hat{\boldsymbol{\Sigma}} - \hat{\boldsymbol{L}}\hat{\boldsymbol{L}}') \end{cases} \tag{11.2.12}$$

由于 $\boldsymbol{L}$ 的解不是唯一的，为了得到唯一的解，可附加方便计算的唯一性条件：$\boldsymbol{L}'\boldsymbol{\Psi}\boldsymbol{L}$ 是对角矩阵。式(11.2.12)中的 $(\hat{\boldsymbol{L}}, \hat{\boldsymbol{\Psi}})$ 可用迭代方法得到。

对于极大似然解，当因子数增加时，原来因子的估计载荷及对 $\boldsymbol{X}$ 的贡献将发生变化，这与主成分解和主因子解不同。当原始数据确实服从多变量正态分布时，采用极大似然法估计模型还有一个优点就是可以构造似然比(LR)检验，用于检验所选择因子数是否合适。

2. 主成分方法

用主成分方法确定因子载荷，就是对随机变量进行主成分分析，把前面几个主成分作为原始公共因子。其具体过程如下，设有 p 个变量 $\boldsymbol{Z} = (Z_1, Z_2, \cdots, Z_p)'$，可以求得从大到小排序的 p 个主成分 $Y_1, Y_2, \cdots, Y_p$，根据 11.1 节的内容可知，原始变量与主成分之间存在如下的关系：

$$\begin{pmatrix} Y_1 \\ Y_2 \\ \vdots \\ Y_p \end{pmatrix} = \begin{pmatrix} \alpha_{11} & \alpha_{12} & \cdots & \alpha_{1p} \\ \alpha_{21} & \alpha_{22} & \cdots & \alpha_{2p} \\ \vdots & \vdots & \ddots & \vdots \\ \alpha_{p1} & \alpha_{p2} & \cdots & \alpha_{pp} \end{pmatrix} \begin{pmatrix} Z_1 \\ Z_2 \\ \vdots \\ Z_p \end{pmatrix} \tag{11.2.13}$$

由于 $\boldsymbol{A} = (\boldsymbol{\alpha}_1, \boldsymbol{\alpha}_2, \cdots, \boldsymbol{\alpha}_p)' = (\boldsymbol{e}_1, \boldsymbol{e}_2, \cdots, \boldsymbol{e}_p)'$ 为正交矩阵，则有

$$\boldsymbol{Z} = \boldsymbol{A}'\boldsymbol{Y} \tag{11.2.14}$$

如果在式(11.2.13)中仅取前 m 个主成分，把其余的 $p-m$ 个主成分用特殊因子 ε_i 代替，

① 王学民. 应用多元分析[M]. 2 版. 上海：上海财经大学出版社，2004：273.

则式(11.2.14)可以表示为

$$\begin{cases} Z_1 = \alpha_{11}Y_1 + \alpha_{21}Y_2 + \cdots + \alpha_{m1}Y_m + \varepsilon_1 \\ Z_2 = \alpha_{12}Y_1 + \alpha_{22}Y_2 + \cdots + \alpha_{m2}Y_m + \varepsilon_2 \\ \quad\vdots \\ Z_p = \alpha_{1p}Y_1 + \alpha_{2p}Y_2 + \cdots + \alpha_{mp}Y_m + \varepsilon_p \end{cases} \tag{11.2.15}$$

式(11.2.15)已与式(11.2.1)的形式一致,Y_i 表示主成分,因此相互独立。为了使 Y_i 符合式(11.2.3)假设的公共因子,需要将主成分 Y_i 的方差转变为 1。由 11.1 节的介绍可知,主成分方差为特征根 λ_i,只需要将 Y_i 除以标准差 $\sqrt{\lambda_i}$ 即可,令

$$F_i = Y_i / \sqrt{\lambda_i}, \quad l_{ij} = \sqrt{\lambda_i}\alpha_{ji} \tag{11.2.16}$$

则式(11.2.15)转变为

$$\begin{cases} Z_1 = l_{11}F_1 + l_{12}F_2 + \cdots + l_{1m}F_m + \varepsilon_1 \\ Z_2 = l_{21}F_1 + l_{22}F_2 + \cdots + l_{2m}F_m + \varepsilon_2 \\ \quad\vdots \\ Z_p = l_{p1}F_1 + l_{p2}F_2 + \cdots + l_{pm}F_m + \varepsilon_p \end{cases} \tag{11.2.17}$$

式(11.2.17)已与式(11.2.1)不仅在形式上一致,而且完全符合式(11.2.3)～式(11.2.5)的假设。由此就得到因子载荷矩阵和一组初始公共因子。

3. 分块的协方差矩阵估计方法

这个方法是由 Ihara 和 Kano(1986)①提出的,是一种封闭形式(非迭代)的估计量。主要思想是将相关矩阵(或协方差矩阵)按照变量进行分块,因此称为分块的协方差估计量。不同的变量分块可能会导致不同的估计结果。Cudeck 等(1983)②和 Kano(1990)③分别提出一个有效的方法来确定一个合意的分块。由于 PACE 的估计量是非迭代的,因此比较适用于较大的因子模型估计。

4. 迭代主成分方法

迭代主成分方法也叫主因子法或主轴因子方法,是对主成分法的一种修正。首先对原始变量进行标准化处理,其相关矩阵与协方差矩阵一致,使其因子模型满足式(11.2.1),根据式(11.2.6)有

$$\boldsymbol{\Sigma} = \boldsymbol{R} = \boldsymbol{LL}' + \boldsymbol{\Psi} \tag{11.2.18}$$

令

$$\boldsymbol{R}^* = \boldsymbol{R} - \boldsymbol{\Psi} = \boldsymbol{LL}' \tag{11.2.19}$$

式中:$\boldsymbol{R}^*$ 为调整相关矩阵或约相关矩阵。不妨设特殊因子 ε_i 的方差的初始估计为 ψ_i^*,

① IHARA M,KANO Y. A new estimator of the uniqueness in factor analysis[J]. Psychometrika,1986,51(4):563-566.

② CUDECK R,BROWNE M W. Cross-validation of covariance structures[J]. Multivariate behavioral research,1983,18(2):147-167.

③ KANO Y. Noniterative estimation and the choice of the number of factors in exploratory factor analysis[J]. Psychometrika,1990,55(2):277-291.

则有 $h_i^{*2}=1-\psi_i^*$，且相应的样本相关矩阵为 $\hat{\boldsymbol{R}}$，则对应的约相关矩阵为

$$\hat{\boldsymbol{R}}^*=\hat{\boldsymbol{R}}-\boldsymbol{\Psi}^*=\begin{pmatrix} h_1^{*2} & r_{12} & \cdots & r_{1p} \\ r_{12} & h_2^{*2} & \cdots & r_{2p} \\ \vdots & \vdots & \ddots & \vdots \\ r_{1p} & r_{2p} & \cdots & h_p^{*2} \end{pmatrix} \tag{11.2.20}$$

设 $\hat{\boldsymbol{R}}^*$ 的前 m 个特征值依次为 $\lambda_1^*\geqslant\lambda_2^*\geqslant\cdots\geqslant\lambda_m^*\geqslant0$，相应的正交单位特征向量为 $\boldsymbol{e}_1^*$，$\boldsymbol{e}_2^*$，…，$\boldsymbol{e}_m^*$，则对应的因子载荷矩阵 $\boldsymbol{L}$ 的解为

$$\hat{\boldsymbol{L}}=(\sqrt{\lambda_1^*}\boldsymbol{e}_1^*,\sqrt{\lambda_2^*}\boldsymbol{e}_2^*,\cdots,\sqrt{\lambda_m^*}\boldsymbol{e}_m^*)' \tag{11.2.21}$$

根据式(11.2.21)和式(11.2.18)，可以进一步由下式得到特殊因子方差的估计量为

$$\hat{\psi}_i=1-\hat{h}_i^2=1-\sum_{j=1}^m\hat{l}_{ij}^2,\quad i=1,2,\cdots,p \tag{11.2.22}$$

如果希望得到拟合程度更好的解，则可以采用迭代的方法，即利用式(11.2.22)得到的特殊因子方差估计量代入式(11.2.20)重复上述步骤，直到所求解比较稳定为止。

下面介绍几种求特殊因子方差和公共因子方差初始估计的常用方法：

(1) 复合相关系数(squared multiple correlations，SMC)方法

SMC 是比较常用的一种方法，令 $\psi_i^*=1/r^{ii}$，其中 r^{ii} 是 $\hat{\boldsymbol{R}}^{-1}$ 的第 i 个对角元素，此时公共因子方差的估计值为 $\hat{h}_i^2=1-\psi_i^*=1-1/r^{ii}$，它表示 X_i 与其他 $p-1$ 个解释变量之间的复合相关系数。

(2) 最大相关系数(max absolute correlation)方法

最大相关系数方法是用第 i 个变量 X_i 与其他变量相关系数绝对值的最大值来估计，即令 $\hat{h}_i^2=\max_{i\neq j}|r_{ij}|$，其中 r_{ij} 表示第 i 个变量 X_i 与第 j 个变量 X_j 的相关系数。

(3) 对角线比例方法(fraction of diagonals)

该方法使用相关矩阵(或协方差矩阵)对角线元素的固定比例 α。特殊的可以取 $\alpha=1$，此时结果等同于主成分求解得到的结果。

(4) 分块的协方差矩阵估计方法

由于第 3 种方法 PACE 的估计量是非迭代的，因此，比较适合为迭代估计方法提供初值。

(5) 特殊的直接取 $\boldsymbol{h}_i^{*2}=\mathbf{1}$，则 $\boldsymbol{\psi}_i^*=\mathbf{0}$，此时得到的 $\hat{\boldsymbol{L}}$ 也是一个主成分解。

11.2.4　因子数目的确定方法及检验

上述求解过程中重要的是如何确定公因子数目 m，这是因子分析中最重要的一步，很多学者对这一问题进行了深入讨论，有一些主观的标准，还有一些客观的标准。本小节将列出其中两种常用的方法。

1. 因子数目的确定方法

(1) 最小特征值(Kaiser-Guttman minimum eigenvalue)

Kaiser-Guttman 规则也叫作“特征值大于 1”方法，是最常用的一种方法。只需要计算离差矩阵(相关矩阵、协方差矩阵)的特征值，特征值超过平均值的个数作为因子个数。特别地，对于相关矩阵，特征值的均值为 1，所以通常取特征值大于 1 的数作为公因子数。而最小特征值方法是一种改进的 Kaiser-Guttman 方法，可以任意设定特征值取值的门限值。

(2) 总方差比例(fraction of total variance)

总方差比例是指选择公因子个数 m，使得前 m 个特征值的和超过公因子总方差的某一门限值。这种方法多用于主成分分析方法，比较典型的是这些成分构成总方差的比例为 85%。

(3) MAP(minimum average partial，最小平均偏相关)方法

Velicer(1976)①提出的最小平均偏相关方法原理是：给定 m 个成分($m=0,1,\cdots,p-1$)，计算偏相关系数平方的平均值，应保留因子的个数是使得平均值最小化的个数。基本思想如下：对于已标准化的 p 个原始变量和前 m($m=0,1,\cdots,p-1$)个公共因子，根据式(11.2.3)、式(11.2.6)和式(11.2.7)，可得它们的协方差矩阵为

$$\boldsymbol{C}=\begin{bmatrix}\boldsymbol{R}_{p\times p} & \boldsymbol{L}_{p\times m}\\ \boldsymbol{L}' & \boldsymbol{I}_{m\times m}\end{bmatrix} \tag{11.2.23}$$

则固定了 m 个因子后，p 个原始变量的偏协方差矩阵可以表示为

$$\boldsymbol{C}_1^*=\boldsymbol{R}-\boldsymbol{L}\boldsymbol{L}'=\boldsymbol{\Psi} \tag{11.2.24}$$

则其偏相关矩阵可以表示为

$$\boldsymbol{R}^*=\boldsymbol{D}^{-1/2}\boldsymbol{C}_1^*\boldsymbol{D}^{-1/2} \tag{11.2.25}$$

式中：$\boldsymbol{D}=\mathrm{diag}(\boldsymbol{C}_1^*)$，定义

$$f_m=\sum\sum_{i\neq j}(r_{ij}^*)^2/[p(p-1)] \tag{11.2.26}$$

式中：r_{ij}^* 为式(11.2.25)中 $\boldsymbol{R}^*$ 矩阵的第 i 行第 j 列元素。f_m 表示在给定前 m 个因子的条件下，偏相关系数平方的平均值，如果 f_m 达到最小值，则取相应的 m 作为应该保留的因子个数。

(4) 分割线段(broken stick)

分割线段模型的基本原理是：首先，计算离差矩阵中第 j 个最大特征值对方差的贡献度，然后计算从分割线段分布得到的相应的期望值。当前者超过后者时，所对应的 j 即为应该保留的因子个数(Jackson，1993)②。

---

① VELICER W F. Determining the number of components from the matrix of partial correlations[J]. Psychometrika，1976，41(3)：321-327.

② JACKSON D A. Stopping rules in principal components analysis：a comparison of heuristical and statistical approaches[J]. Ecology，1993，74(8)：2204-2214.

(5) 平行分析[parallel analysis(mean,quantile)]

平行分析(Horn,1965; Humphreys and Ilgen,1969; Humphreys and Montanelli,1975)①是将(非简化或简化)离差矩阵的特征值和使用不相关数据模拟的结果进行比较。

平行分析模拟使用的数据与原始数据有着相同方差和观测值个数,是由随机生成器生成的独立随机变量数据集。计算模拟数据的 Pearson 协方差和相关矩阵及其特征值。只要原始数据的特征值超过模拟数据的对应值,相应的个数将作为保留因子数。比较的门限可以选择模拟数据的均值[Horn(1965),也可以设定一个分位数作为评价标准 Glorfeld(1995)]②。

2. 公共因子个数的大样本检验③

采用极大似然估计模型时,假设公共因子和特殊因子均服从正态分布,而正态分布的假定,可以帮助我们构造模型充分性的检验。设提取 m 个公共因子的模型成立,则检验 m 个公共因子的充分性等价于检验

$$H_0: \boldsymbol{\Sigma} = \boldsymbol{L}\boldsymbol{L}' + \boldsymbol{\Psi} \tag{11.2.27}$$

对应的备择假设 H_1 为 $\boldsymbol{\Sigma}$ 是任意其他的正定矩阵,在原假设成立的条件下可以构造下面的似然比统计量

$$-2\ln\Lambda = n\ln\left(\frac{|\hat{\boldsymbol{\Sigma}}|}{|\boldsymbol{S}_n|}\right) \tag{11.2.28}$$

式中: $\boldsymbol{S}_n$ 为协方差矩阵的极大似然估计量; $\hat{\boldsymbol{\Sigma}}=\hat{\boldsymbol{L}}\hat{\boldsymbol{L}}'+\hat{\boldsymbol{\Psi}}$,其中 $\hat{\boldsymbol{L}}$ 和 $\hat{\boldsymbol{\Psi}}$ 分别表示 $\boldsymbol{L}$ 和 $\boldsymbol{\Psi}$ 的极大似然估计量,而 $\hat{\boldsymbol{\Sigma}}=\hat{\boldsymbol{L}}\hat{\boldsymbol{L}}'+\hat{\boldsymbol{\Psi}}$ 是 $\boldsymbol{\Sigma}=\boldsymbol{L}\boldsymbol{L}'+\boldsymbol{\Psi}$ 的极大似然估计量。式(11.2.28)的统计量服从 χ^2 分布。

特别地,Bartlett 在 1954 年证明了近似可以用多重因子 $[n-1-(2p+4m+5)/6]$ 代替式(11.2.28)中的 n。利用 Bartlett 修正,只要 n 和 $n-p$ 大,若

$$[n-1-(2p+4m+5)/6]\ln\left(\frac{|\hat{\boldsymbol{L}}\hat{\boldsymbol{L}}'+\hat{\boldsymbol{\Psi}}|}{|\boldsymbol{S}_n|}\right) > \chi^2[(p-m)^2-p-m]/2 \tag{11.2.29}$$

则在显著性水平 α 下拒绝原假设 H_0,认为 m 个因子是不充分的。式(11.2.29)表示的 χ^2 统计量也称 Bartlettχ^2 统计量。由于式(11.2.29)中的自由度必须大于 0,进一步化简可以得到

---

① HORN J L. A rationale and test for the number of factors in factor analysis[J]. Psychometrika, 1965, 30(2): 179-185.

HUMPHREYS L G, ILGEN D R. Note on a criterion for the number of common factors[J]. Educational and psychological measurement, 1969, 29(3): 571-578.

HUMPHREYS L G, MONTANELLI R J. An investigation of the parallel analysis criterion for determining the number of common factors[J]. Multivariate behavioral research, 1975, 10(2): 193-205.

② GLORFELD L W. An improvement on Horn's parallel analysis methodology for selecting the correct number of factors to retain[J]. Educational and psychological measurement, 1995, 55(3): 377-393.

③ 证明过程参考: JOHNSON A R, WICHERN D W. 实用多元统计分析[M]. 陆璇,葛余博,等译. 4 版. 北京:清华大学出版社,2001: 429-431.

$$m < \frac{1}{2}(2p + 1 - \sqrt{8p + 1}) \tag{11.2.30}$$

在选择 m 时,必须根据上述方法进行判断模型的充分性。

例 11.2 纽约股票交易所股票收益率的因子分析(1)

曾有学者研究了纽约票股交易所的 5 只股票[阿莱德化学(*allied*)、杜邦(*dupont*)、联合碳化物(*union*)、埃克森(*exxon*)和德士古(*texaco*)]从 1975 年 1 月到 1976 年 12 月期间周回报率之间的关系[①]。周回报率定义为(本周五收盘价－上周五收盘价)/上周五收盘价,如有拆股或支付股息时进行相应调整。连续 100 周的观测值表现出独立同分布,但是各股之间的回报率受总体经济状况的影响,也存在相关关系。表 11.2.1 给出各指标的相关矩阵。从表 11.2.1 可以看出各股收益率之间存在一定的相关性,本例采用因子分析计算其因子载荷矩阵、共同度、剩余方差以及相应的贡献度。

表 11.2.1 各指标的相关矩阵

	allied	*dupont*	*union*	*exxon*	*texaco*
allied	1.00	0.58	0.51	0.39	0.46
dupont	0.58	1.00	0.60	0.39	0.32
union	0.51	0.60	1.00	0.44	0.43
exxon	0.39	0.39	0.44	1.00	0.52
texaco	0.46	0.32	0.43	0.52	1.00

首先采用主成分方法求解 $m=1$ 和 $m=2$ 时的结果,如表 11.2.2 所示。

表 11.2.2 主成分求解的不同因子数的因子分析结果

指标名称	一个因子解($m=1$)		两个因子解($m=2$)		
	公因子 F_1 上的载荷 l_{i1}	变量共同度 $\hat{h}_i$	公因子 F_1 上的载荷 l_{i1}	公因子 F_2 上的载荷 l_{i2}	变量共同度 $\hat{h}_i$
阿莱德化学(*allied*)	0.70	0.50	0.70	−0.09	0.50
杜邦(*dupont*)	0.71	0.50	0.71	−0.25	0.56
联合碳化物(*union*)	0.72	0.52	0.72	−0.11	0.53
埃克森(*exxon*)	0.62	0.38	0.62	0.23	0.43
德士古(*texaco*)	0.62	0.38	0.62	0.28	0.46

在表 11.2.2 中,当 $m=2$ 时,共同度 $\hat{h}_1^2=0.70^2+(-0.09)^2\approx 0.50$,剩余方差 $\hat{\psi}_1=1-\hat{h}_1^2=1-0.50=0.50$。其他变量相对应的共同度和剩余方差以此类推。从表 11.2.2 中可以发现所有股票都高度依赖于 F_1,且载荷都差不多相等,可称为市场因

① 数据来源是 EViews 6.0 软件的 Example Files\EV6 Manual Data\Chapter 12-Groups\子目录下工作文件 stocks.wf1。

子，代表总的经济条件。而在因子 F_2 上，化学类股票在此因子上均有负载荷，石油类股票在此因子上有正的载荷，表明因子 F_2 将不同行业股票加以区分，称为行业因子。为了验证主成分求解的结果，采用极大似然进行估计，结果如表 11.2.3 所示。

表 11.2.3　极大似然求解的股票收益率因子分析结果

指标名称	两个因子解($m=2$)		
	因子载荷估计 F_1	因子载荷估计 F_2	变量共同度 $\hat{h}_i$
阿莱德化学(*allied*)	0.68	0.19	0.50
杜邦(*dupont*)	0.70	0.52	0.75
联合碳化物(*union*)	0.68	0.25	0.53
埃克森(*exxon*)	0.62	−0.07	0.39
德士古(*texaco*)	0.79	−0.44	0.82
Bartlett χ^2 统计量	0.575	p 值	0.448
χ^2 统计量	0.598	p 值	0.440

从表 11.2.3 中可以看出由式(11.2.29)得到的 Bartlett χ^2 统计量和式(11.2.28)得到的 χ^2 统计量的 p 值分别为 0.448 和 0.440，有足够的理由认为 $m=2$ 较好地解释了原模型各变量的变动。因此，通过因子分析实现了将 5 维数据变量降至 2 维的目的。同时比较极大似然估计和主成分估计的结果可以发现：同样在因子 F_1 上有大的正的载荷，称为市场因子；而因子 F_2 的结果与主成分分析载荷的符号正好相反，同样也是区分了行业，因此也称行业因子。我们需要进一步通过因子旋转才能发现有用的因子模式。

例 11.3　影响我国物价波动多因素的因子分析(1)

随着我国市场化程度的深化以及经济全球化进程的加快，我国物价的波动不仅反映了国内市场中总供给和总需求的矛盾，而且受国际经济的影响，尤其是国际市场价格的影响也越来越大。受国内经济波动、居民收入及财富变化、生产成本价格上涨、国际石油、粮食等原材料价格的影响使得我国物价的波动变得极其复杂。由于物价的波动不是取决于某一种因素，或某几个指标，而是受多方面因素的影响，此时简单的多元回归分析已经无法满足分析的需要。

本例选择能够反映上述因素的 15 个经济变量(表 11.2.4)，采用因子分析方法分析各因素对物价波动的影响，样本区间为 2000 年第 1 季度—2008 年第 3 季度。本例基于样本相关矩阵采用主成分方法求解，按照特征根大于 1 的准则，选取因子数目 $m=4$，求解结果如表 11.2.4 所示。

从表 11.2.4 中可以看出：4 个公因子对原始变量方差的累计贡献率为 85.89%，可见通过因子分析实现了将 15 维数据变量降至 4 维的目的。采用表 11.2.4 的信息还可以得到各变量对应的共同度和剩余方差，如对于第一个变量

$$\hat{h}_1^2 = 0.84^2 + (-0.15)^2 + 0.39^2 + (-0.15)^2 \approx 0.91$$

$$\hat{\psi}_1 = 1 - \hat{h}_1^2 = 1 - 0.91 = 0.09$$

其他变量相对应的共同度和剩余方差以此类推。

表 11.2.4 影响物价波动多因素的因子分析结果

指标类型	指标名称	公因子 F_1 上的载荷 l_{i1}	公因子 F_2 上的载荷 l_{i2}	公因子 F_3 上的载荷 l_{i3}	公因子 F_4 上的载荷 l_{i4}	变量共同度 $\hat{h}_i$
CPI	居民消费价格指数(*CPI*,上年同期=100)	**0.84**	−0.15	0.39	−0.15	0.91
成本因素	原材料、燃料、动力购进价格指数(*RMPI*,上年同期=100)	**0.79**	−0.54	−0.17	−0.14	0.97
	工业品出厂价格指数(*PPI*,上年同期=100)	**0.82**	−0.51	−0.08	−0.14	0.96
	农副产品类购进价格指数(*API*,上年同期=100)	**0.76**	−0.21	−0.21	−0.01	0.66
	商品房销售价格指数(*HPI*,上年同期=100)*	**0.91**	0.12	−0.06	−0.18	0.89
	工业企业成本费用利润率(*cpm*)	**0.87**	0.24	−0.18	0.06	0.84
需求因素	全部从业人员人均报酬增速(*incr_a*)*	0.27	0.37	**0.77**	−0.13	0.81
	城镇家庭人均可支配收入增速(*incr_u*)*	0.61	0.41	**0.59**	−0.05	0.89
货币因素	外汇储备同比增速(*res*)	0.48	**0.58**	−0.46	−0.23	0.83
	货币乘数(*B*)*	0.44	**0.44**	−0.56	0.31	0.80
	M2 增速(*m2*)*	0.22	**0.76**	−0.19	−0.19	0.70
	GDP 增长率(*gdp*)*	**0.83**	0.30	0.00	0.40	0.94
国际因素	G7① 工业品出厂价格指数(*PPI_G7*,上年同期=100)	**0.67**	−0.56	0.19	−0.13	0.81
	G7 支出法 GDP 同比增速(*gdp_G7*)	0.19	−0.50	−0.18	**0.62**	0.69
股价指数	上证收盘综合指数同比增速(*sz*)	0.25	0.20	0.40	**0.79**	0.88
特征值		6.35	2.86	2.09	1.58	
贡献率/%		42.33	19.08	13.92	10.56	
累计贡献率/%		42.33	61.41	75.33	85.89	

注:表中加“*”的指标由于存在明显的季节要素,进行了季节调整。

同时,通过表 11.2.4 各公因子的载荷可以看出:代表成本因素的各上游价格指数在公因子 F_1 上有较高的载荷,可称为成本因子;代表居民需求增长的两个收入变量在公因子 F_3 上有较高的载荷,可称为需求因子;表示货币因素的 3 个变量在公因子 F_2 上有较高的载荷,可称为货币因子;代表财富变化的股票指数在公因子 F_4 上有较高的载荷,称为财富因子。但还有一些变量的载荷并不是很明确,我们可以通过因子旋转得到实际意义更加明确的因子模式。

① G7 代表西方七国,具体包括:加拿大、法国、德国、意大利、日本、英国、美国。资料来源于中国经济信息网 OECD 数据库。本例选择 G7 的工业品出厂价格指数和 GDP 代表国际因素。

11.2.5　因子旋转

因子分析的目的不仅是求出公共因子，更重要的是知道每个公共因子的实际意义，以便对所研究的问题作出进一步的分析。公共因子是否容易解释，很大程度上取决于因子载荷矩阵 $\boldsymbol{L}$ 的元素结构。假设因子载荷矩阵 $\boldsymbol{L}$ 是基于相关矩阵得到的，则其所有元素均在 -1 到 1 之间，如果 $\boldsymbol{L}$ 的所有元素都接近 0 或 ± 1，公共因子的含义就容易解释了，否则公因子含义将含糊不清。设 $\boldsymbol{L}$ 是通过某种方法估计得到的因子载荷矩阵，令

$$\boldsymbol{L}^* = \boldsymbol{LT} \quad \text{且} \quad \boldsymbol{TT}' = \boldsymbol{I} \tag{11.2.31}$$

$$\boldsymbol{\Sigma} = \boldsymbol{LL}' + \boldsymbol{\Psi} = \boldsymbol{LTT}'\boldsymbol{L}' + \boldsymbol{\Psi} \tag{11.2.32}$$

式(11.2.31)和式(11.2.32)表明因子载荷矩阵是不唯一的，对一任意正交阵 $\boldsymbol{T}$，$\boldsymbol{LT}$ 也是一个因子载荷矩阵。因此，实际中求得一个载荷矩阵 $\boldsymbol{L}$ 之后，可通过右乘正交阵 $\boldsymbol{T}$，使 $\boldsymbol{LT}$ 更具有实际意义，这种变换载荷矩阵的方法称为因子轴旋转。因子的旋转方法有正交旋转和斜交旋转。正交旋转与斜交旋转区别就在于：正交旋转得到的新公共因子仍然是相互独立的，但斜交旋转则放宽了这一限制，相应的公共因子结构不满足式(11.2.3)～式(11.2.5)的方差结构，因而可能得到更为简洁的形式。

正交矩阵 $\boldsymbol{T}$ 的不同选取法构成了正交旋转的各种不同方法，如最大方差旋转法(varimax)、全体旋转(变量和因子同时旋转，equamax)、四分旋转(quartimax)等。最常采用的是最大方差旋转法，其旋转目的是使得因子载荷矩阵的元素取值尽可能地向两极分化，部分元素取尽可能大的值，部分元素尽量接近零值。本节主要介绍最大方差旋转法，其基本思想如下：

先考虑两个因子($m=2$)的平面正交旋转，设因子载荷矩阵为

$$\boldsymbol{L} = \begin{pmatrix} l_{11} & l_{12} \\ l_{21} & l_{22} \\ \vdots & \vdots \\ l_{p1} & l_{p2} \end{pmatrix} \tag{11.2.33}$$

取正交矩阵为

$$\boldsymbol{T} = \begin{pmatrix} \cos\varphi & -\sin\varphi \\ \sin\varphi & \cos\varphi \end{pmatrix}$$

式中：φ 为坐标平面上因子轴旋转的角度，则

$$\boldsymbol{L}^* = \boldsymbol{LT} = \begin{pmatrix} l_{11}\cos\varphi + l_{12}\sin\varphi & -l_{11}\sin\varphi + l_{12}\cos\varphi \\ \vdots & \vdots \\ l_{p1}\cos\varphi + l_{p2}\sin\varphi & -l_{p1}\sin\varphi + l_{p2}\cos\varphi \end{pmatrix} = \begin{pmatrix} l_{11}^* & l_{12}^* \\ \vdots & \vdots \\ l_{p1}^* & l_{p2}^* \end{pmatrix} \tag{11.2.34}$$

经过旋转以后，自然希望两个"新"因子的贡献越分散越好——希望 p 个变量中一部分主要与第一个因子有关，其余部分主要与第二个因子有关。令

$$\begin{aligned} d_{ij} &= l_{ij}^*/h_i, \quad i=1,2,\cdots,p;\ j=1,2 \\ \bar{d}_j &= \frac{1}{p}\sum_{i=1}^{p} d_{ij}^2, \quad j=1,2 \end{aligned} \tag{11.2.35}$$

d_{ij} 取平方是为了消除因子载荷符号不同带来的影响,除以 h_i 是为了消除各个变量共同度之间的差异所造成的不平衡。则 $d_{1j}^2,\cdots,d_{pj}^2$ 的方差可以表示为

$$V_j=\frac{1}{p}\sum_{i=1}^{p}(d_{ij}^2)^2-\bar{d}_j^2,\quad j=1,2 \tag{11.2.36}$$

要求总方差最大,即

$$\max G=V_1+V_2 \tag{11.2.37}$$

根据求极值的微分条件,考虑 G 对 φ 求一阶导为 0,即

$$\mathrm{d}G/\mathrm{d}\varphi=0 \tag{11.2.38}$$

计算后 φ 满足①

$$\tan 4\varphi=\frac{c_1-2c_2c_3/p}{c_4-(c_2^2-c_3^2)/p} \tag{11.2.39}$$

令

$$u_i=\left(\frac{l_{i1}}{h_i}\right)^2-\left(\frac{l_{i2}}{h_i}\right)^2,\quad v_i=2\frac{l_{i1}l_{i2}}{h_i^2}$$

则

$$c_1=2\sum_{i=1}^{p}u_iv_i,\quad c_2=\sum_{i=1}^{p}u_i,\quad c_3=\sum_{i=1}^{p}v_i,\quad c_4=\sum_{i=1}^{p}(u_i^2-v_i^2)$$

当公共因子个数大于 2 时,可以逐次对每两个进行上述的旋转,设存在 m 个公共因子,则需要进行 C_m^2 次变换,这样就完成一轮旋转。如果旋转完毕,并不能认为已经达到预期的效果,可以在第一轮所得结果基础上继续上述旋转过程,可得第二轮旋转结果。每一次旋转以后,所得载荷矩阵各列平方的相对方差之和总会比上一次有所增加,而另一方面由于载荷矩阵每一个元素的绝对值均不大于 1,因此,其方差最终一定会收敛于某一个极限。实际中,通常经过若干次旋转以后,如果总方差改变不大,则可以停止旋转。

例 11.4　纽约股票交易所股票收益率的因子分析(2)

在例 11.2 的基础上,本例对股票周收益率进行方差最大化的正交旋转,旋转后的公共因子记为 $\widetilde{F}_i(i=1,2)$,相应的载荷记为 $\tilde{l}_{ij}$,其结果如表 11.2.5 所示。

表 11.2.5　旋转后的因子载荷矩阵

指标名称	(ML)未旋转的因子载荷		旋转后的因子载荷	
	公因子 F_1 上的载荷 l_{i1}	公因子 F_2 上的载荷 l_{i2}	公因子 $\widetilde{F}_1$ 上的载荷 $\tilde{l}_{i1}$	公因子 $\widetilde{F}_2$ 上的载荷 $\tilde{l}_{i2}$
阿莱德化学(*allied*)	0.68	0.19	0.39	**0.60**
杜邦(*dupont*)	0.70	0.52	0.17	**0.85**
联合碳化物(*union*)	0.68	0.25	0.34	**0.64**
埃克森(*exxon*)	0.62	−0.07	**0.51**	0.36
德士古(*texaco*)	0.79	−0.44	**0.88**	0.20

① 详细计算证明过程可参考:张尧庭,方开泰.多元统计分析引论[M].北京:科学出版社,1982:334-338.

从表 11.2.5 可以看出石油股票(德士古和埃克森)在因子 $\widetilde{F}_1$ 有较高的载荷,而化学股票(阿莱德化学、杜邦、联合碳化物)在因子 $\widetilde{F}_2$ 有较高的载荷。进一步表明正交化的因子旋转将行业区分开,因子 $\widetilde{F}_1$ 代表引起石油股票波动的独特的经济力量,因子 $\widetilde{F}_2$ 代表引起化学股票波动的独特的经济力量。

例 11.5　影响物价波动多因素的因子分析(2)

本例对例 11.3 的结果采用方差最大化的正交旋转方法进行因子旋转,希望得到更好的结果,本例进行了两次旋转以后,总方差变化不大,结束旋转。旋转后的公共因子记为 $\widetilde{F}_i(i=1,2,\cdots,4)$,相应的载荷记为 $\widetilde{l}_{ij}$,其结果如表 11.2.6 所示。

表 11.2.6　影响物价波动多因素的因子分析旋转后的结果

指标类型	指标名称	公因子 $\widetilde{F}_1$ 上的载荷 $\widetilde{l}_{i1}$	公因子 $\widetilde{F}_2$ 上的载荷 $\widetilde{l}_{i2}$	公因子 $\widetilde{F}_3$ 上的载荷 $\widetilde{l}_{i3}$	公因子 $\widetilde{F}_4$ 上的载荷 l_{i4}
CPI	居民消费价格指数(*CPI*,上年同期=100)	**0.77**	0.08	0.54	0.12
成本因素	原材料、燃料、动力购进价格指数(*RMPI*,上年同期=100)	**0.97**	0.10	−0.10	0.01
	工业品出厂价格指数(*PPI*,上年同期=100)	**0.97**	0.08	0.00	0.04
	农副产品类购进价格指数(*API*,上年同期=100)	**0.73**	0.33	−0.03	0.13
	商品房销售价格指数(*HPI*,上年同期=100)*	**0.69**	0.55	0.32	0.03
	工业企业成本费用利润率(*cpm*)	**0.54**	**0.67**	0.21	0.24
需求因素	全部从业人员人均报酬增速(*incr_a*)*	−0.01	−0.04	**0.90**	0.09
	城镇家庭人均可支配收入增速(*incr_u*)*	0.23	0.25	**0.86**	0.22
货币因素	外汇储备同比增速(*res*)	0.11	**0.88**	0.08	−0.18
	货币乘数(*B*)*	0.06	**0.81**	−0.20	0.30
	M2 增速(*m2*)*	−0.23	**0.73**	0.29	−0.16
	GDP 增长率(*gdp*)*	0.41	**0.59**	0.29	0.58

续表

指标类型	指标名称	公因子$\widetilde{F}_1$上的载荷$\widetilde{l}_{i1}$	公因子$\widetilde{F}_2$上的载荷$\widetilde{l}_{i2}$	公因子$\widetilde{F}_3$上的载荷$\widetilde{l}_{i3}$	公因子$\widetilde{F}_4$上的载荷l_{i4}
国际因素	G7工业品出厂价格指数(PPI_G7,上年同期=100)	**0.87**	−0.17	0.15	0.06
	G7支出法GDP同比增速(gdp_G7)	0.33	−0.16	−0.46	**0.59**
股价指数	上证收盘综合指数同比增速(sz)	−0.07	0.02	0.29	**0.89**

注：表中加“*”的指标由于存在明显的季节要素，进行了季节调整。

从表11.2.6旋转后的各公因子的载荷可以看出各因子所代表的意义更明确：代表成本因素的各上游价格指数和G7国家PPI的变化在公因子F_1上有较高的载荷，可称F_1为成本因子，同时也表明我国价格的变化，尤其是原材料类价格的变化和国际PPI的变化有较高的相关性；代表居民需求增长的两个收入变量在公因子F_3上有最高的载荷，可称F_3为需求因子；表示包括GDP增长率在内的货币因素在公因子F_2上的载荷都是最大的，可称F_2为货币因子；代表财富变化的股票指数和表示国际经济形势的G7国家GDP指数同比增速在公因子F_4上载荷最大，称为财富因子和国际经济因子。通过观察旋转后的因子载荷，可以发现各因子所代表实际意义更明确。

本例主要考察物价波动，通过观察可以发现CPI在各公因子的载荷分别为0.77、0.08、0.54和0.12，可见代表成本和需求变动的因子$\widetilde{F}_1$和$\widetilde{F}_3$对CPI变化的解释能力是最强的，即在样本区间内物价波动受成本推动和需求拉动的影响较大，其中成本推动占主导地位。

11.2.6　因子得分

前面介绍了如何获得公共因子和估计因子载荷矩阵，但有时候需要把公共因子表示成原始变量的线性组合，对每个样本计算公共因子的估计值，也就是求因子得分，因子得分可以作为进一步分析的原始数据。例如：对学生的各科成绩进行分析，可发现依赖于两个因子——全面智力和适应开闭卷的能力，实际中我们不仅仅希望归纳出影响学生成绩的因子，而且希望知道每一个学生对这两种能力作出什么评价，或者说他在这两个公共因子上应打多少分。这就需要求解个体在公共因子上的得分。下面介绍两种常用的因子得分估计方法。

1. 加权最小二乘法

对于因子模型

$$\boldsymbol{Z}=\boldsymbol{LF}+\boldsymbol{\varepsilon} \tag{11.2.40}$$

因子载荷矩阵 $\boldsymbol{L}$ 及特殊因子方差矩阵 $\boldsymbol{\Psi}$ 是已知的，可以假定特殊因子 $\boldsymbol{\varepsilon}$ 是误差。如果 $\mathrm{var}(\varepsilon_i)=\psi_i$ 对于 $i=1,2,\cdots,p$ 不全相等，巴特莱特(Bartlett,1937)①建议采用加权最小二乘法。采用误差方差的倒数作为权系数，则误差平方的加权和可以表示为

$$\sum_{i=1}^{p}\frac{\boldsymbol{\varepsilon}_i^2}{\psi_i}=\boldsymbol{\varepsilon}'\boldsymbol{\Psi}^{-1}\boldsymbol{\varepsilon}=(\boldsymbol{Z}-\boldsymbol{LF})'\boldsymbol{\Psi}^{-1}(\boldsymbol{Z}-\boldsymbol{LF}) \tag{11.2.41}$$

选择 $\boldsymbol{F}$ 的估计值使得式(11.2.41)最小化，其解为

$$\hat{\boldsymbol{F}}=(\boldsymbol{L}'\boldsymbol{\Psi}^{-1}L)^{-1}\boldsymbol{L}'\boldsymbol{\Psi}^{-1}\boldsymbol{Z} \tag{11.2.42}$$

若对原载荷矩阵改用旋转后的载荷矩阵 $\boldsymbol{L}^*=\boldsymbol{LT}$，则相应的因子得分可表示为 $\hat{\boldsymbol{F}}^*=\boldsymbol{T}'\hat{\boldsymbol{F}}$。

如果采用主成分分析方法估计因子载荷矩阵，习惯上采用未加权的最小二乘过程生成因子得分，则因子得分为

$$\hat{\boldsymbol{F}}=(\boldsymbol{L}'\boldsymbol{L})^{-1}\boldsymbol{L}'\boldsymbol{Z} \tag{11.2.43}$$

2. 回归法

仍然考虑因子模型(11.2.2)

$$\boldsymbol{Z}=\boldsymbol{LF}+\boldsymbol{\varepsilon} \tag{11.2.44}$$

假设原始变量已标准化。在因子模型中也可以反过来将公共因子表示为变量的线性组合，建立公因子 $\boldsymbol{F}$ 对变量 $\boldsymbol{Z}$ 的回归方程：

$$F_j=b_{j1}Z_1+b_{j2}Z_2+\cdots+b_{jp}Z_p+\varepsilon_j,\quad j=1,\cdots,m \tag{11.2.45}$$

令

$$\boldsymbol{B}=\begin{bmatrix} b_{11} & b_{12} & \cdots & b_{1p} \\ b_{21} & b_{22} & \cdots & b_{2p} \\ \vdots & \vdots & \ddots & \vdots \\ b_{m1} & b_{m2} & \cdots & b_{mp} \end{bmatrix}$$

则 $\boldsymbol{B}$ 是需要估计的回归系数，但是 $\boldsymbol{F}_j$ 是不可观测的。由因子载荷的意义有

$$\begin{aligned} l_{ij}&=E(Z_iF_j)=E[Z_i(b_{j1}Z_1+b_{j2}Z_2+\cdots b_{jp}Z_p)] \\ &=b_{j1}r_{i1}+b_{j2}r_{i2}+\cdots+b_{jp}r_{ip},\quad i=1,2\cdots,p \end{aligned} \tag{11.2.46}$$

即

$$\begin{cases} b_{j1}r_{11}+\cdots+b_{jp}r_{1p}=l_{1j} \\ \cdots\quad\cdots\quad\cdots\quad\cdots \\ b_{j1}r_{p1}+\cdots+b_{jp}r_{pp}=l_{pj} \end{cases},\quad j=1,2,\cdots,m$$

则有 $\boldsymbol{B}=\boldsymbol{L}'\boldsymbol{R}^{-1}$，其中 $\boldsymbol{R}$ 为样本相关矩阵，于是公共因子的估计为

① BARTLETT M S. The statistical conception of mental factors[J]. British journal of psychology, 1937, 28(1): 97-104.

$$\hat{F}=BZ=L'R^{-1}Z \tag{11.2.47}$$

由样本计算相关矩阵,并估计因子载荷矩阵即可求得因子得分的估计值。

3. 因子得分的评价

由于因子的不确定性,使得大量学者关注模型估计结果评价的问题。Gorsuch(1983)[①]和Grice(2001)[②]给出了关于下述测量方法的详细讨论。

(1) 不确定性指标(indeterminacy indices)

度量不确定性指标可以分为截然不同的两类。第一类指标测量每一个因子和被观测变量之间的多元相关系数 r 和它的平方 r^2。多元相关系数的平方 r^2 是矩阵 $\boldsymbol{P}=\boldsymbol{\Sigma}^{-1}\boldsymbol{L}$ 的对角线元素,其中 $\boldsymbol{\Sigma}$ 是可观测的离差矩阵。这些指标的取值在0和1之间,数值越大越好。第二类不确定性指标给出可供选择的因子得分之间的最小相关系数 r^*, $r^*=2r^2-1$。最小相关系数取值范围为-1到1。较大的正值是比较满意的,因为它表明不同的得分集合将会产生相似的结果。

(2) 有效性、单一性和相关精确性指标(validity, univocality, correlational accuracy indices)

定义 $\boldsymbol{R}_{ff}$ 作为总体因子相关矩阵,$\boldsymbol{R}_{ss}$ 作为因子得分相关矩阵,$\boldsymbol{R}_{fs}$ 作为已知因子与被估计得分的相关矩阵。一般来说,希望这些矩阵是相似的。总体因子相关矩阵 $\boldsymbol{R}_{ff}=\hat{\boldsymbol{W}}'\boldsymbol{\Sigma}\hat{\boldsymbol{W}}$,其中 $\hat{\boldsymbol{W}}$ 是 $p\times m$ 从因子模型估计中得到的因子得分系数矩阵。$\boldsymbol{R}_{ss}$ 可以通过被估计得分的矩得到。$\boldsymbol{R}_{fs}$ 的计算则比较复杂,可以参考Gorsuch(1983)。

$\boldsymbol{R}_{fs}$ 的对角元素被称为有效性系数(validity coefficients),这些系数在-1到1之间,较高的正值是理想的。有效性系数和多元相关系数 r 存在差异,表明计算得到的因子得分的确定性较低。一般获得的有效性值至少为0.80,如果希望使用得分序列作为替代变量,则有效系数需要大于0.90。

$\boldsymbol{R}_{fs}$ 的非对角线元素称为单一性(univocality),用于测量被估计的因子得分与其他因子的相关程度。$\boldsymbol{R}_{fs}$ 的非对角线元素与 $\boldsymbol{R}_{ff}$ 的非对角线元素的差异,表明单一性偏差(univocality bias)。

为了评价估计得到的得分序列的相关精确性(correlational accuracy),可以比较矩阵 $\boldsymbol{R}_{ss}$ 和矩阵 $\boldsymbol{R}_{ff}$ 的值。

例11.6 纽约股票交易所股票收益率的因子分析(3)

在例11.4获得稳定的因子旋转结果之后,可以进一步计算因子得分序列,用于考察化学行业和石油行业公共因子的波动特征。本例采用回归法计算两个因子的因子得分,其序列值如图11.2.1和图11.2.2所示。

---

① GORSUCH R L. Factor analysis[M]. Hillsdale, New Jersey: Lawrence Erlbaum Associates, Inc., 1983.

② GRICE J W. Computing and evaluating factor scores[J]. Psychological methods, 2001, 6(4): 430-450.

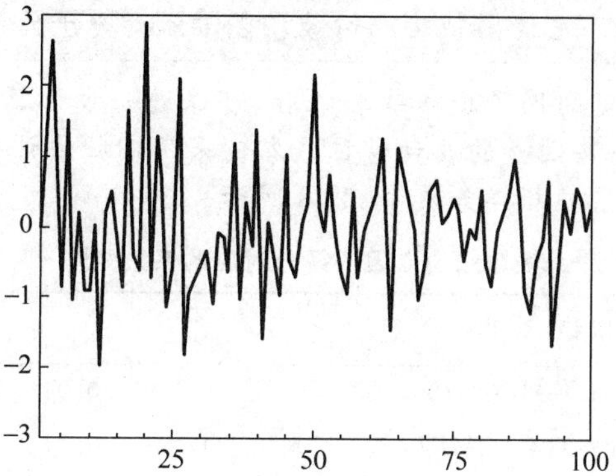

图 11.2.1　因子$\widetilde{F}_1$的得分序列

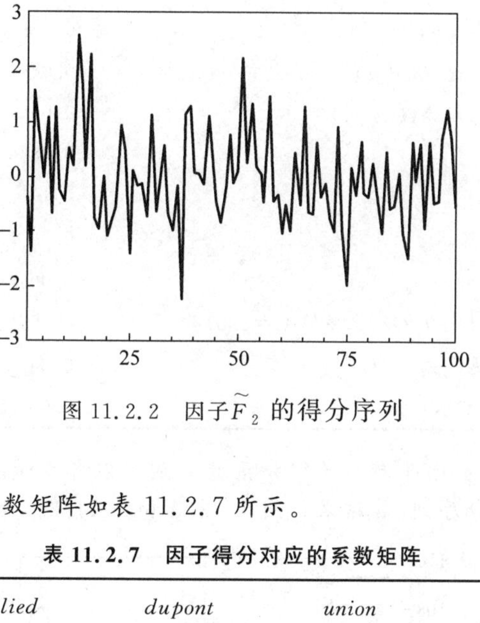

图 11.2.2　因子$\widetilde{F}_2$的得分序列

因子得分对应的系数矩阵如表 11.2.7 所示。

表 11.2.7　因子得分对应的系数矩阵

	allied	*dupont*	*union*	*exxon*	*texaco*
$\widetilde{F}_1$	0.04	−0.18	0.02	0.11	0.86
$\widetilde{F}_2$	0.19	0.66	0.22	0.05	−0.22

由表 11.2.7 和式(11.2.47)可得

$$\widetilde{F}_1 = 0.04 \times Z_1 - 0.18 \times Z_2 + 0.02 \times Z_3 + 0.11 \times Z_4 + 0.86 \times Z_5$$

式中：$Z_1, Z_2, \cdots, Z_5$ 分别表示标准化后的 *allied*、*dupont*、*union*、*exxon* 和 *texaco* 序列。

同时，也可以采用不定性、单一性等评价指标对本例的结果进行评价，可参考本章 11.3 节的相关内容。

例 11.7 影响我国物价波动多因素的因子分析(3)

在例 11.5 获得稳定的因子旋转结果之后,可以进一步计算因子得分序列,用于考察影响物价波动的各公共因子的波动特征。本例采用回归法计算 4 个公因子的因子得分,其因子得分对应的系数矩阵如表 11.2.8 所示。

表 11.2.8 因子得分对应的系数矩阵

指标名称	$\tilde{F}_1$	$\tilde{F}_2$	$\tilde{F}_3$	$\tilde{F}_4$
居民消费价格指数(*CPI*,上年同期=100)	0.04	−0.37	0.80	0.06
原材料、燃料、动力购进价格指数(*RMPI*,上年同期=100)	0.71	−0.23	−0.51	0.47
工业品出厂价格指数(*PPI*,上年同期=100)	0.15	0.00	0.14	−0.43
农副产品类购进价格指数(*API*,上年同期=100)	−0.08	0.27	−0.18	−0.01
商品房销售价格指数(*HPI*,上年同期=100)*	0.44	0.24	−0.35	−0.30
工业企业成本费用利润率(*cpm*)	0.03	0.09	0.10	−0.10
全部从业人员人均报酬增速(*incr_a*)*	−0.08	0.01	0.23	−0.02
城镇家庭人均可支配收入增速(*incr_u*)*	−0.09	−0.08	0.53	−0.14
外汇储备同比增速(*res*)	−0.28	0.42	0.05	−0.09
货币乘数(*B*)*	−0.10	0.15	0.10	−0.04
M2 增速(*m2*)*	0.08	0.22	−0.04	−0.15
GDP 增长率(*gdp*)*	−0.05	0.20	−0.09	0.81
G7 工业品出厂价格指数(*PPI_G7*,上年同期=100)	0.00	0.06	−0.03	−0.15
G7 支出法 GDP 同比增速(*gdp_G7*)	−0.04	−0.06	−0.05	0.10
上证收盘综合指数同比增速(*sz*)	0.06	−0.02	−0.18	0.54

用表 11.2.8 中各公因子对应的得分系数分别乘以各变量标准化后的序列即可得到各公因子对应的得分序列,其结果如图 11.2.3 和图 11.2.4 所示。

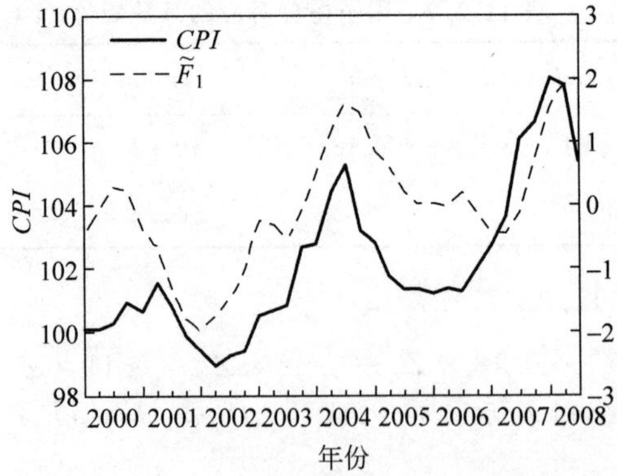

图 11.2.3 因子 $\tilde{F}_1$ 的得分序列(虚线,右坐标)和 *CPI*(实线,左坐标)

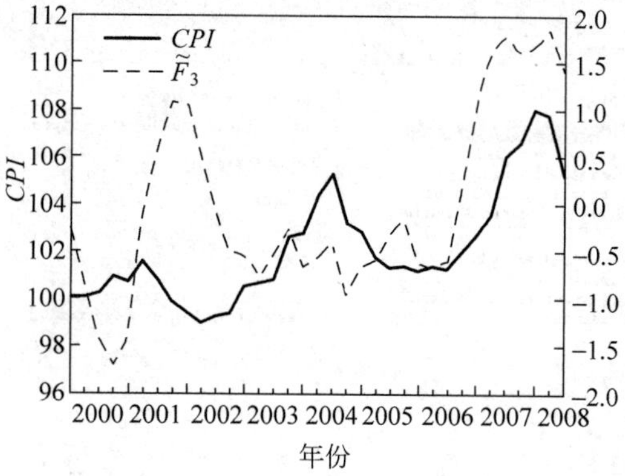

图 11.2.4　因子$\widetilde{F}_3$的得分序列(虚线,右坐标)和 *CPI*(实线,左坐标)

根据例 11.5 的结论可知,公因子 $\widetilde{F}_1$ 对 *CPI* 的说明能力最大,从图 11.2.3 也可以看出:公因子 $\widetilde{F}_1$ 与 *CPI* 具有非常相似的波动,即在物价波动的上升期,成本因子都具有较高的得分;而在物价波动的下降期,成本因子的得分都趋于下降。

同样,根据例 11.5 的结论可知,公因子 $\widetilde{F}_3$ 对 *CPI* 的说明能力第二大,从图 11.2.4 也可以看出:从 2006 年 3 季度以来公因子 $\widetilde{F}_3$ 具有较高的得分,可见 2007 年下半年到 2008 年上半年我国经历的通货膨胀,受需求拉动的影响也比较大。

由于其他两个公因子对 *CPI* 的说明能力较低,本例将不做介绍。

11.3　EViews 软件的相关操作①

11.3.1　主成分分析的实现

EViews 可以通过估计相关矩阵或协方差矩阵得到一组序列的主成分,并且以多种方式显示。可以显示特征值、特征向量的表,也可以显示特征值的排序图,估计载荷的散点图和得分值。同时,还可以将估计结果以独立的对象保存到相应的工作文件中。

本节以例 11.1 的数据为例,介绍主成分分析的实现过程。首先将所涉及的变量建成一个组,例 11.1 中 5 个指标:iva、elec、sr、fr、imr 组成一个组(group_11_1)。选择组菜单的 View/Principal Components...,出现如图 11.3.1 所示的窗口。

在窗口中有两个选项卡:Components 和 Calculation,控制着组中各序列离差矩阵的计算和估计。默认地,EViews 完成主成分分析使用普通的(Pearson)相关矩阵,也可以在这个菜单下重新设定主成分的计算。

① EViews 10, IHS Global Inc., 2017. User's Guide Ⅰ, Chapter 12, p590-p602; User's Guide Ⅱ, Chapter 49, p1044-p1087.

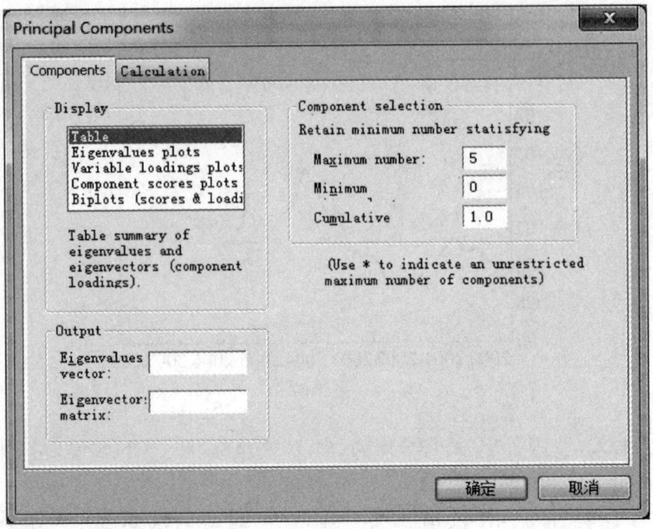

图 11.3.1　主成分估计窗口

1. 主成分计算的设定

Components选项卡用于设定显示主成分和保存方差的特征值与特征向量。在Display选项组中可以以表的形式显示特征值和特征向量,或者按照特征值的大小以线性图的形式显示,或者是载荷、得分的散点图,或者两个都显示(biplot)。选择不同的显示方式,对话框中其余的内容也会发生相应的改变。

(1) 以Table形式显示

如果选择Table,则有两个设置框中的数值需要进行调整。如果同意默认的设置,单击"确定"按钮,EViews将把结果以表的形式输出。表头描述了观测值的样本区间、计算离差矩阵的方法以及保留成分的个数(在例11.1中显示了所有的5个主成分)。表的第一部分概括了特征值(value)、相应特征值与后一项的差(difference)、对总方差的累积解释比例(cumulative proportion)等。由于计算采用相关矩阵,所以5个特征值之和等于5。例11.1的第一个成分占总方差的77.22%,第二个成分占总方差的11.47%。前两个成分占总方差的88.69%。表的第二部分描述了线性组合的系数,第一个主成分(标为"PC1")大约等于所有5个一致指标的线性组合,它可以解释为一般的经济景气指数。另外,还会输出所计算的相关矩阵。

(2) 以碎石图形式显示

如果在主对话框的Display部分选择Eigenvalues plots,则显示按顺序排列的特征值的线性图(碎石图)。在对话框的下面将发生改变,可以选择显示特征值(碎石图)、特征值的差、方差累积贡献率其中之一,或是全部。默认的EViews仅显示特征值排序的碎石图。

(3) 其他显示形式

剩下的3个选项分别显示(变量)载荷图(variable loadings plot)、主成分得分图

(component scores plot)，或者两个都显示。其中变量载荷图给出对应主成分的变量载荷系数，从图中可以看出如何根据原始变量合成新的主成分；主成分得分图显示对应于样本区间内的观测值成分的得分值；biplot[Biplots(scores & loadings)]则表示在一个图中同时显示载荷系数和得分值。

2. 保存主成分得分序列

如果想保存主成分得分序列，直接从组(Group)菜单中选择 Proc/Make Principal Components...，则出现保存得分序列的窗口(Principal Components)，这个窗口又有 2 个可以切换的选项对话框。

(1) Save results 选择对话框的设置

第一个选项是 Output，需要在 Scores series 中输入得分序列的文件名，即主成分序列的文件名，在例 11.1 中，我们输入第一主成分的名字"PAC1"，用于保存第一个主成分，也可以根据需要保存对应得分(主成分)的载荷、特征值和特征向量。

第二个选项是 Scaling，用于选择得分序列和载荷计算的权重。有 4 个选项：Normalize loadings，Normalize scores，Symmetric weights 和 User loading weight，默认的 Normalize loadings 表示标准化载荷，使得所有观测值得分对特征值有标准的比例；选择 Normalize scores，所有变量标准化为 1；选择 Symmetric weights，将会有对称的权重；选择 User loading weight，可以用户自己定义权重。

(2) Calculation 选择对话框的设置

单击窗口的 Calculation 选择对话框，可以选择计算离差矩阵的方法，在 Type 下拉菜单中选择是使用相关(correlation)还是协方差(covariance)矩阵。在 Method 下拉菜单中选择计算方法：Ordinary，Ordinary(uncentered)，Spearman rank-order or Kendall's tau-a，or Kendall's tau-b。在该对话框中，还可以设定计算使用的观测值样本。

11.3.2 因子分析的实现

EViews 中因子分析的实现是通过因子对象完成的。从工作文件的窗口选择 Object/New Object，选中 Factor；或者选中相应的序列，右击，选择 Open/as Factor...；或者打开一个已经存在的组对象，选择 Proc/Make Factor...会弹出图 11.3.2 所示的因子分析设定窗口。从图 11.3.2 中可以看出，因子分析设定窗口也包含两个切换对话页：Estimation 和 Data。

1. Estimation 选项卡

Estimation 选项卡用于控制主要的估计设置，其中主要包括估计方法(Method)、因子数(Number of factors)、公共方差的初值(Initial communalities)以及估计属性(Options)4 个方面的设置。

(1) 估计方法

在 Method 的下拉菜单中，EViews 提供了多种估计方法：极大似然估计法、广义最小二乘法、不加权最小二乘法、主成分分析法、迭代主成分分析法以及非迭代的分区协方差估计方法(PACE)。选择不同的方法，右边的属性部分将会显示不同的设置。

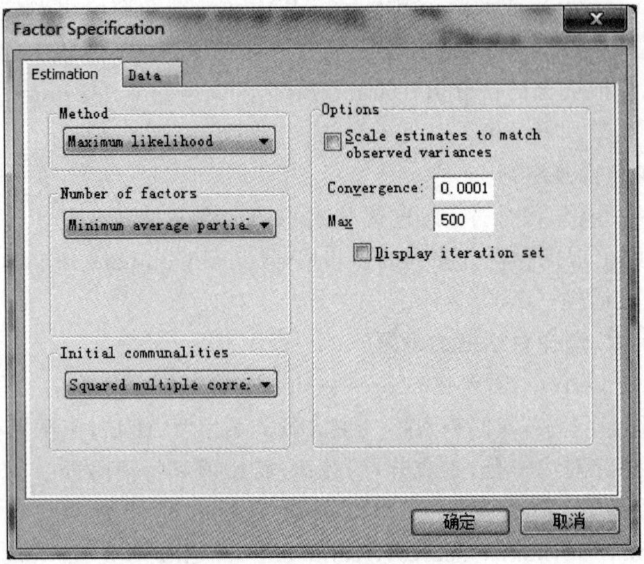

图 11.3.2　因子分析设定窗口

(2) 因子数

EViews 提供了很多的方法选择因子数,各种方法的简要概括可参考 11.2.4 小节的介绍。默认地,EViews 使用 Velicer 的 MAP 方法。实证模拟结果表明:MAP 方法和平行分析方法比起其他常用的方法来更精确。可以根据需要选择不同的方法,但是页面也会发生相应的改变。

(3) 公共方差的初值

大部分估计方法都需要公共方差的初值。例如,对主成分估计方法,初始的公共方差是构建估计的基础。在 EViews 中可以从 Initial communalities 的下拉菜单中选择不同的方法。

(4) 估计属性

估计属性主要包括对迭代控制、scaling、随机数生成器以及 Heywood 情况的选择和设置。选中 Scale estimates to match observed variances 复选框,可控制剩余方差和公共方差之和等于离差矩阵的对角元素。需要注意的是,当比例因子复选框(scaling)被选中以后,输出的剩余方差和载荷不同于用于计算拟合统计量的结果,估计结果将会标明比例结果的存在。

2. Data 选项卡

单击 Data 后出现的对话框分为两部分——协方差设置(covariance specification)和协方差属性(covariance options)。

(1) 类型

类型(type)确定因子分析是基于协方差矩阵还是相关矩阵,或者采用用户已经根据相关测量方法定义的矩阵(user-matrix)。

（2）方法

可以用方法（method）下拉菜单设定计算相关矩阵（或协方差矩阵）的方法：普通 Pearson 协方差、非中心协方差、斯皮尔曼秩协方差（Spearman rank-order covariances）和 Kendall's tau（肯德尔）相关测量。注意，当选择 Spearman 和 Kendall's tau 时，不能计算因子模型的因子得分。如果希望在选择这两个方法时计算因子得分，估计因子模型时需要用户设定矩阵。

（3）变量

在变量（variables）框中应列出用于因子分析的序列名称，或包含这些序列的组名。

（4）样本

样本（sample）项主要用于设定分析的观测值的样本，同时表明是否希望样本是均衡的。默认的，如果遇到缺失数据，EViews 将删除相关变量中的缺失数据。

（5）偏相关或偏协方差

偏相关或偏协方差（partialing）可用于一对变量的分析，只需在相应的编辑框中列出变量名称。偏相关或偏协方差的分析不支持因子得分的计算，在这种选择下要计算因子得分，同样也需要使用用户设定矩阵估计模型。

（6）权重

当选择使用加权方法时，将会提示需要输入权重（weighting）序列的名称。有 5 种不同的权重选择：频率、方差、标准偏差、比例方差和比例标准偏差。

（7）自由度修正

可以选择使用极大似然估计量或者自由度修正规则计算协方差。默认的，EViews 计算（没有自由度修正的）ML 估计的协方差。

3. 输出估计结果

在输出结果的顶部给出了估计设置的基本信息及信息的基本状态，在标题信息下面的第一部分给出了估计得到的没有经过旋转的正交因子载荷、共同度（共性方差）和剩余方差。共同度由载荷矩阵的行计算得到，如例 11.2，在极大似然求解估计结果（表 11.2.3）中，*allied* 对应的共同度为 $0.50=0.684^2+0.188^2$。

以例 11.2 的输出结果为例说明：例 11.2 中的表 11.2.1 是在 Factor 对象中选 View/Observed Covariance Matrix/Covariance，得到的各指标相关矩阵；表 11.2.2 是在因子分析设定窗口（图 11.3.2）的 Method 中选择主成分方法，然后在 Number of Factor 选择用户指定因子数，分别选择（Number：$m=1$ 和 $m=2$）计算得到的，表 11.2.2 中仅列出了因子载荷和公共方差（共同度，communality）；表 11.2.3 是在因子分析设定窗口（图 11.3.2）的 Method 中选择极大似然方法（maximum likelihood），然后选择因子数（Number：$m=2$）计算得到的，表 11.2.3 中不仅列出了因子载荷和共同度，还列出了 Bartlett χ^2 统计量和 χ^2 统计量。输出结果的最后一部分给出了检验结果的基本拟合度。第一行显示差异函数。对于采用极大似然估计的模型，EViews 给出 χ^2 拟合度的检验和 Bartlett 调整检验。这两个检验的 p 值分别为 0.440 和 0.448，表明模型结果能很好地解释数据的波动。

以例 11.3 的输出结果为例说明：例 11.3 是在因子分析设定窗口(图 11.3.2)的 Method 中选择主成分方法，然后在 Number of Factor 选择 Minimun eigenvalue(按照特征根大于 1 的准则)选取因子个数计算得到的。表 11.2.4 列出了因子载荷和公共方差(共同度，communality)，以及特征值和贡献率。

11.3.3　因子旋转的操作

为了使因子具有实际的意义，可以对初始回归的结果进行因子旋转。在 EViews 中简单地单击 Factor 对象工具条中的 Rotate 按钮，或者选择 Proc/Rotate...，都可以调用 Factor Rotation 对话框。

在因子旋转设定对话框中，Type 和 Method 下拉菜单可用于设定基本的旋转类型和方法，其中的一些方法，可能需要输入一些参数值。默认的，在旋转前，EViews 不列出载荷权重。为了标准化数据，可以单击 Row weight 下拉菜单选择 Kaiser 或者 Cureton-Mulaik。

另外，如果没有旋转载荷，EViews 自动使用单位矩阵作为旋转迭代的初值，也可以在 Starting values 下拉菜单中选择合适的方式，如 Random 或 User-specified。如果已经完成一次旋转，也可以使用已经存在的结果作为下一次旋转的初值。

设置完毕单击 OK 按钮即可。EViews 的估计结果将列出旋转的载荷、因子相关关系、因子旋转矩阵、旋转后的载荷矩阵和旋转目标函数值，例 11.4 中的表 11.2.5 和例 11.5 的表 11.2.6 都是选择 Rotation Method：Orthogonal Varimax 计算得到旋转载荷结果。EViews 会把结果保存在因子对象中，从因子对象中选择 View/Rotation Results，可以随时查看旋转结果的输出表。

11.3.4　计算因子得分

1. 显示形式

为了获得得分系数和得分序列，在因子对象的工具条中单击 Score，或者从因子对象菜单选择 View/Scores...，可得到因子得分设定(Factor Scores)对话框。

可以选择的显示形式(Display)包括：①Table summary，以表的形式显示因子得分系数、不确定性指标、有效系数和单一性测量；②Spreadsheet，因子得分值表；③Line graph，得分线性图；④Scatterplot，成对因子的得分散点图；⑤Biplot graph，成对因子得分和载荷的双标图。

2. 得分系数

估计得分，需要先设定一个计算得分系数的方法，确定是使用精确系数(exact coefficients)还是粗略系数(coarse coefficients)或者基于因子载荷计算的粗略系数(coarse loadings)。默认的，EViews 采用精确系数估计得分。根据相应的选择，还需要提供其他的信息。

(1) 如果选择 Exact coefficients 或者 Coarse coefficients，将提示选择估计方法(coef method)，在其下拉菜单中可以选择：回归(thurst one's regression)、Bartlett 加权最小二

乘(Bartlett weighted least squares)等方法。

(2) 如果选择 Coarse coefficients 或者 Coarse loadings，EViews 将提示 coarse 方法和中止值。

3. 得分序列

在计算得分时，需要给定可观测变量的集合以及相应的样本，得分的计算将基于给定样本范围内标准化后观测值的线性组合得到。

EViews 自动在 Observables 编辑框中填入用于计算的原始变量的名字，需要选择标准化时的矩(均值)是采用估计得到的矩还是原观测值的矩。特别地，计算得分和估计时采用相同的数据，则两种情况的矩是相同的。因此，如果计算得分的观测值或变量不同于估计，这个选择将是非常重要的。

4. 图属性

当选择用图视图显示结果时，需要设定要显示的因子。默认的，EViews 给出所有因子的图，与前面主成分分析中讨论的相似。

5. 保存得分

得分程序提供了将得分值以序列的形式保存在工作文件中的功能。使用 Proc/Make Scores...可以保存得分，此时 EViews 将会打开一个与视图对话框有细微差别的对话框。EViews 用 Output specification 部分代替 Display 部分，在这一部分编辑框中输入一系列需要保存的得分即可。

如果需要保存前两个因子作为"AA"和"BB"序列，则在编辑框中输入"AA BB"。如果仅仅输入指数"1 2"，而且事先没有用 Proc/Name Factors...为因子命名，EViews 将会把前两个因子用默认的名字"F1"和"F2"保存。例 11.6 保存了 F1 和 F2 因子序列；例 11.7 保存了 F1、F2、F3 和 F4 因子序列。

因子得分的输出结果依次给出：计算因子得分的系数(例 11.6 的表 11.2.7 和例 11.7 的表 11.2.8)、不确定性指标(多元相关系数及其平方、最小相关系数)、有效系数、单一性指标、因子得分的相关矩阵 $\boldsymbol{R}_{ss}$ 和总体因子的相关矩阵 $\boldsymbol{R}_{ff}$。有效系数和单一性指标一起构成了 $\boldsymbol{R}_{fs}$ 矩阵。

11.3.5　因子视图

EViews 提供了一系列的因子对象视图，可用于得到所估计模型的各种属性。

1. 概述说明(Specification)

该视图给出了估计及旋转设置详细的文本说明。第一部分给出估计设置(采用的方法、变量名称)，第二部分给出因子旋转设置(旋转的类型、方法等)，第三部分给出因子序列的名字。

2. 估计结果(Estimation Output)

选择 View/Estimation Output，将会显示主要的估计输出结果。与单击 Stats 工具条的功能相同。

3. 旋转结果(Rotation Results)

选择 View/Rotation Results,将会显示完成旋转以后的结果表。

4. 拟合度概览(Goodness-of-fit Summary)

选择 View/Goodness-of-fit Summary,将会显示拟合优度统计量的表。对于用 ML 或者 GLS 估计的模型,EViews 会计算各种绝对和相对的拟合测量。

5. 矩阵视图(Matrix Views)

该视图可以显示各种协方差矩阵的表格视图,如可观测值的协方差矩阵、约化的协方差矩阵、拟合的协方差矩阵和残差协方差矩阵。

6. 因子结构矩阵(Factor Structure Matrix)

因子结构矩阵给出原始变量和因子之间的相关关系,其相关矩阵等于载荷矩阵(可能是旋转后的)乘以因子相关矩阵 $\boldsymbol{L\Psi}$ 。对于正交的因子,结构矩阵比较简单,相关矩阵等于载荷矩阵 $\boldsymbol{L}$。

7. 载荷视图(Loadings Views)

通过该视图,可以使用图或表的形式列出旋转或未旋转的载荷。①选择 View/Loadings/Loadings Matrix,将以表的形式显示当前的载荷矩阵。如果做过旋转,该操作显示旋转后的载荷矩阵,否则显示未旋转的载荷。②选择 View/Loadings/Unrotated Loadings Matrix,可以显示没有旋转的载荷矩阵。③选择 View/Loadings/Loadings Graph...,将以图的形式显示载荷。

8. 得分视图(Scores)

选择 View/Scores...,计算因子得分系数的估计值,并计算观测值的因子得分值。与工具条中 Score 的功能相同,见 11.3.4 小节的讨论。

9. 特征值视图(Eigenvalues)

因子模型诊断的重要部分之一就是估计简化和非简化矩阵的特征值。另外,特征值还是多种因子数量选择方法的中心内容。选择 View/Eigenvalues...,打开 Eigenvalue Display 对话框。默认的,EViews 将以表的形式显示可观测离差矩阵的特征值。当然也可以改变 Output format 选项,以图的形式按次序显示特征值。如果使用表格显示,可以选择 Additional output 复选框,决定是否在相应的结果输出表中包括对应的特征向量和离差矩阵。如果使用图表显示,可以选择显示特征值的差分和每一个方差的累积贡献率。在特征值的差分图中也会显示差分的均值。在累积贡献率图中会显示斜率等于特征值均值的参考线。

11.3.6 因子过程

单击因子对象工具条的 Proc 按钮,可实现下面的功能:

(1) Specify/Estimate...是估计因子模型的主程序,与工具条中 Estimate 的功能相同,将会弹出因子分析设定对话框。

(2) Rotate...用于实现因子旋转,与工具条中 Rotate 的功能相同。

(3) Make Scores... 用于将因子得分以序列的形式保存在工作文件中,与工具条中

score 的功能基本相同。

(4) Name Factors…可用于为因子命名。默认的，因子被命名为“F1”和“F2”，或者“Factor 1”和“Factor 2”等。EViews 将用设定的名字在表和图的输出中代替通常的标签。如果想重新设定因子名称，或者删掉已有的因子名称，重新返回这个窗口设置即可。

(5) Clear Rotation 可用于从对象中删除已经存在的旋转。

参考文献

[1] 白仲林.面板数据计量经济学[M].北京：清华大学出版社,2019.

[2] 巴尔塔基.面板数据计量经济分析[M].北京：机械工业出版社,2010.

[3] BOX G E P,JENKINS G M,REINSEL G C.时间序列分析：预测与控制[M].顾岚主,范金城,译.北京：中国统计出版社,1997.

[4] 古扎拉蒂,波特.经济计量学精要[M].张涛,译.4 版.北京：机械工业出版社,2010.

[5] 高惠璇.应用多元统计分析[M].北京：北京大学出版社,2005.

[6] 高铁梅,陈磊,王金明,等.经济周期波动的分析与预测方法[M].2 版.北京：清华大学出版社,2015.

[7] 何晓群.多元统计分析[M].北京：中国人民大学出版社,2004.

[8] 靳云汇,金赛男,等.高级计量经济学：上册[M].北京：北京大学出版社,2007.

[9] 靳云汇,金赛男,等.高级计量经济学：下册[M].北京：北京大学出版社,2011.

[10] 伍德里奇.计量经济学导论[M].费剑平译.4 版.北京：中国人民大学出版社,2010.

[11] 伍德里奇.横截面与面板数据的计量经济分析[M].胡棋智,等译.2 版.北京：中国人民大学出版社,2016.

[12] JOHNSON R A,WICHERN D W.实用多元统计分析[M].陆璇,葛余博,等译.4 版.北京：清华大学出版社,2001.

[13] 布林.选择性样本及截断数据的回归模型[M].上海：格致出版社,2012.

[14] 李雪松.高级经济计量学[M].北京：中国社会科学出版社,2008.

[15] 李子奈,潘文卿.计量经济学[M].4 版.北京：高等教育出版社,2015.

[16] 李子奈,叶阿忠.高级应用计量经济学[M].北京：清华大学出版社,2012.

[17] 刘金全.现代宏观经济冲击理论[M].长春：吉林大学出版社,2000.

[18] 平狄克,鲁宾费尔德.计量经济学模型与经济预测[M].钱小军,等译.4 版,北京：机械工业出版社,1999.

[19] 鲁克波尔,克莱茨希.应用时间序列计量经济学[M].易行健,等译.北京：机械工业出版社,2008.

[20] 庞皓.计量经济学[M].3 版.北京：科学出版社,2014.

[21] 米尔斯.金融时间序列的经济计量学模型[M].俞卓青,译.北京：经济科学出版社,2002.

[22] 王少平,杨继生,欧阳志刚.计量经济学[M].北京：高等教育出版社,2011.

[23] 王学明.应用多元分析[M].2 版.上海：上海财经大学出版社,2004.

[24] 格林.经济计量分析[M].王明舰,王永宏,等译.北京：中国社会科学出版社,1998.

[25] 格林.计量经济分析[M].张成思,译.6 版.北京：中国人民大学出版社,2011.

[26] 萧政,李杰.面板数据分析[M].2 版.北京：中国人民大学出版社,2012.

[27] 叶阿忠,李子奈.非参数计量经济学[M].天津：南开大学出版社,2003.

[28] 于秀林,任雪松.多元统计分析[M].北京：中国统计出版社,1999.

[29] 斯托克,沃森.计量经济学[M].沈根祥,孙燕,译.3 版.上海：格致出版社,2012.

[30] 汉密尔顿.时间序列分析[M].夏晓华,译.北京：中国人民大学出版社,2015.

[31] 张世英,樊智.协整理论与波动模型[M].北京：清华大学出版社,2004.

[32] 张晓峒.计量经济学[M].北京：清华大学出版社,2017.

[33] 张尧庭,方开泰.多元统计分析引论[M].北京：科学出版社,1999.

[34] 中国人民银行调查统计司.时间序列 X-12-ARIMA 季节调整——原理与方法[M].北京：中国金

融出版社,2006.
[35] AMISANO G, GIANNINI C. Topics in structural VAR econometrics [M]. 2nd ed. Berlin Heidelberg: Springer-Verlag. 1997.
[36] ANDERSON T W, RUBIN H. Estimation of the parameters of a single equation in a complete system of stochastic equations[J]. Annals of mathematical statistics, 1949, 20: 46-63.
[37] ANDERSON T W, RUBIN H. The asymptotic properties of estimates of the parameters of a single equation in a complete system of stochastic equations [J]. The annals of mathematical statistics, 1950, 21(4): 570-582.
[38] ANDREWS D W K. Chi-Square diagnostic tests for econometric models: theory [J]. Econometrica, 1988a, 56: 1419-1453.
[39] ANDREWS D W K. Chi-Square diagnostic tests for econometric models: introduction and applications[J]. Journal of econometrics, 1988b, 37: 135-156.
[40] ANDREWS D W K. Heteroskedasticity and autocorrelation consistent covariance matrix estimation [J]. Econometrica, 1991, 59: 817-858.
[41] ANDREWS D W K. Tests for parameter instability and structural change with unknown change point[J]. Econometrica, 1993, 61(4): 821-856.
[42] ARELLANO M, BOND S. Some tests of specification for panel data: monte carlo evidence and an application to employment equations[J]. Review of economic studies, 1991, 58: 277-297.
[43] ARELLANO M, BOVER O. Another look at the instrumental variables estimation of error component models[J]. Journal of econometricss, 1995, 68: 29-51.
[44] ARELLANO M. Sargan's instrumental variables estimation and the generalized method of moments[J]. Journal of business & economic statistics, 2002, 20(4): 450-459.
[45] JUSHAN B. Estimating multiple breaks one at a time [J]. Econometric theory, 1997, 13: 315-352.
[46] JUSHAN B, PERRON P. Estimating and testing linear models with multiple structural changes [J]. Econometrica, 1998, 66: 47-78.
[47] JUSHAN B, PERRON P. Critical values for multiple structural change tests [J]. Econometrics journal, 2003, 18: 1-22.
[48] BARTLETT M S. The statistical conception of mental factors[J]. British journal of psychology, 1937, 28: 97-104.
[49] BAXTER M, KING R G. Measuring business cycles: approximate band-pass filters for economic time series[J]. Review of economics and statistics, 1999, 81(A): 575-593.
[50] BEKKER P A. Alternative approximations to the distributions of instrumental variable estimators [J]. Econometrica, 1994, 62(3): 657-681.
[51] BLANCHARD O, QUAH D. The dynamic effects of aggregate demand and supply disturbances [J]. American economic review, 1989, 79: 655-673.
[52] BLANCHARD O, PEROTTI R. An empirical characterization of the dynamic effects of changes in government spending and taxes on output [J]. The quarterly journal of economics, 2002, 117: 1329-1368.
[53] BOFINGER E. Estimation of a density function using order statistics [J]. Australian journal of statistics, 1975, 17: 1-7.
[54] BOLLERSLEV T. Generalized autoregressive conditional heteroscedasticity [J]. Journal of econometrics, 1986, 31: 307-327.

[55] BOLLERSLEV T. A conditionally heteroskedasic time series model for speculative prices and rates of return[J]. Review of economics and statistics,1987,69: 542-47.

[56] BOLLERSLEV T,ENGLE R F,WOOLDRIDGE J M. A capital-asset pricing model with time-varying covariances[J]. Journal of political economy,1988,96(1): 116-131.

[57] BOLLERSLEV T. Modelling the coherence in short-run nominal exchange rates: a multivariate generalized ARCH model[J]. Review of economics and statistics,1990,72(3): 498-505.

[58] BOX G E P,JENKINS G M. Time series analysis: forecasting and control[M]. rev. ed. San Francisco: Holden-Day,1976.

[59] BREITUNG J. The local power of some unit root tests for panel data[J]. Advances in econometrics,2000,15: 161-178.

[60] BREUSCH T S, PAGAN A R. A simple test for heteroskedasticity and random coefficient variation[J]. Econometrica,1979,47(5): 1287-1294.

[61] BUCHINSKY M. Estimating the asymptotic covariance matrix for quantile regression models: a monte carlo study[J]. Journal of econometrics,1995,68(2): 303-338.

[62] CHAMBERLAIN G. Quantile regression,censoring and the structure of wages[J]. Advances in econometrics,1994,1: 171-209.

[63] CHEN B, ANDREWS S H. An empirical review of methods for temporal distribution and interpolation in the national accounts[J]. Survey of current business, 2008, 88(5): 31-37.

[64] CHOLETTE P A. Adjusting sub-annual series to yearly benchmarks[J]. Survey methodology, 1984. 10(1): 35-49.

[65] CHOW G C,LIN A L. Best linear unbiased interpolation,distribution,and extrapolation of time series by related series[J]. The review of economics and statistics,1971. 53(4): 372-375.

[66] CRAGG J G,DONALD S G. Testing identifiability and specification in instrumental variable models[J]. Econometric theory,1993,9(2): 222-240.

[67] CUDECK R, BROWNE M W. Cross-validation of covariance structures[J]. Multivariate behavioral research,1983,18(2): 147-167.

[68] DAVIDSON R, MACKINNON J G. Estimation and inference in econometrics[M]. Oxford: Oxford University Press,1993.

[69] DENTON F T. Adjustment of monthly or quarterly series to annual totals: an approach based on quadratic minimization[J]. Journal of the American statistical association,1971. 66(333): 99-102.

[70] DERKSEN S, KESELMAN H J. Backwand, forward and stepwise automated subset selection algorithms: frequency of obtaining authentic and noise variables[J]. British journal of mathematical and statistical psychology,1992,45: 265-282.

[71] DICKEY D A,FULLER W A. Distribution of the estimators for autoregressive time series with a unit root[J]. Journal of the American statistical association,1979,74: 427-431.

[72] DIJK V D,TIMO T,FRANSES P H. Smooth transition autoregressive models—a survey of recent developments[J]. Econometric reviews,2002, 21: 1-47.

[73] DING Z X,GRANGER C W J,ENGLE R F. A long memory property of stock market returns and a new model[J]. Journal of empirical finance,1993,1: 83-106.

[74] DING Z X, ENGLE R F. Large scale conditional covariance matrix modeling, estimation and testing[J]. Academia economic paper,2001,29: 157-184.

[75] DOAN T,LITTERMAN R B,SIMS C. Forecasting and conditional projection using realistic prior distribution[J]. Federal reserve bank of minneapolis research department staff report,1984(3).

[76] DOORNIK J A, OOMS M. Computational aspects of maximum likelihood estimation of autoregressive fractionally integrated moving average models[J]. Computational statistics & data analysis,2003,42: 333-348.

[77] DURLAND J M,MCCURDY T H. Duration-dependent transitions in a markov model of U. S. gnp growth[J]. Journal of business & economic statistics,1994,12(3): 279-288.

[78] EICHENBAUM M,HANSEN L P,SINGLETON K J. A time series analysis of representative agent models of consumption and leisure choice under uncertainty[J]. The quarterly journal of economics, 1988,103(1),51-78.

[79] EITRHEIM O, TERÄSVIRTA T. Testing the adequacy of smooth transition autoregressive models [J]. Journal of econometrics,1996,74: 59-75.

[80] ELLIOTT G,ROTHENBERG T J,STOCK J H. Efficient tests for an autoregressive unit root [J]. Economitrica,1996,64: 813-836.

[81] ENGLE R F. Autoregressive conditional heteroskedasticity with estimates of the variance of U. K. inflation[J]. Econometrica,1982,50: 987-1008.

[82] ENGLE R F,KRAFT D. Multiperiod forecast error variances of inflation estimated from ARCH models[J]// ZELLNER A. Applied time series analysis of economic data. Washington D. C. : Bureau of the Census,1983.

[83] ENGLE R F, BOLLERSLEV T. Modeling the persistence of conditional variances [J]. Econometric reviews,1986,5: 1-50.

[84] ENGLE R F,GRANGER C W J. Co-integration and error correction: representation, estimation and testing[J]. Econimetrica,1987, 55(2): 251-276.

[85] ENGLE R F, LILIEN D M, ROBINS R P. Estimating time varying risk premia in the term structure: the arch-m model[J]. Econometrica, 1987,55(2): 391-406.

[86] ENGLE R F,NG V K. Measuring and testing the impact the impact of news on volatility[J]. Journal of finance,1993,48(5): 1749-1778.

[87] ENGLE R F, KRONER K F. Multivariate simultaneous generalized ARCH [J]. Econometric theory,1995,11(1): 122-150.

[88] ENGLE R F,GRANGER C W J. Long-run economic relationships: readings in cointegration[M]. Oxford: Oxford University Press,1998.

[89] ÁLVARO E, OSCAR J. Improved testing and specification of smooth transition regression models, in nonlinear time series analysis of economic and financial data [M]. Klewer: Boston, 1999: 289-319.

[90] EViews 10,IHS Global Inc. User's Guide Ⅰ ,User's Guide Ⅱ ,2017.

[91] FILARDO A J. Business-cycle phases and their transitional dynamics[J]. Journal of business & economic statistics,1994,12(3): 299-308.

[92] FINDLEY D F, MONSELI B C. New capabilities and methods of the X-12-ARIMA seasonal adjustment program[J]. Journal of business and economic statistics,1998,16(2): 127-152.

[93] FISHER R A. Statistical methods for research workers [M]. 4th ed. Edinburgh: Oliver & Boyd,1932.

[94] GHYSELS E, SANTA-CLARA P, VALKANOV R. The MIDAS touch: mixed data sampling regression models[D]. North Carolina: University of North Carolina and UCLA,2004.

[95] GHYSELS E,SANTA-CLARA P,VALKANOV R. Predicting volatility: getting the most out of return data sampled at different frequencies[J]. Journal of econometrics,2006,131(1-2): 59-95.

[96] GHYSELS E,SINKO A,VALKANOV R. MIDAS regressions: further results and new directions [J]. Econometric reviews,2007,26(1): 53-90.

[97] GLEJSER H. A new test for heteroscedasticity[J]. Journal of the American statistical association, 1969,64(325): 316-323.

[98] GLORFELD L W. An improvement on horn's parallel analysis methodology for selecting the correct number of factors to retain[J]. Educational and psychological measurement,1995,55(3): 377-393.

[99] GLOSTEN L R,JAGANATHAN R,RUNKLE D E. On the relation between the expected value and the volatility of the normal excess return on stocks[J]. Journal of finance, 1993, 48: 1779-1801.

[100] GODFREY L G. Testing for multiplicative heteroscedasticity[J]. Journal of econometrics,1978, 8: 227-236.

[101] GORSUCH R L. Factor analysis[M]. Hillsdale, New Jersey: Lawrence Erlbaum Associates, Inc. ,1983.

[102] GOURIEROUX C, MONFORT A, TROGNON A. Pseudo maximum likelihood methods: application to poisson models[J]. Econometrica,1984,52(3): 701-720.

[103] GRANGER C W J. Investigating causal relations by econometric models and cross-spectral methods[J]. Econometrica,1969,37: 424-438.

[104] GRANGER C W J. Modeling economic series[M]. Oxford: Oxford Clarendon Press,1990.

[105] GREENE W H. Econometric analysis[M]. 6th ed. Upper Saddle Rive,NJ: Prentice-Hall,2008.

[106] GRICE J W. Computing and evaluating factor scores[J]. Psychological methods, 2001, 6(4): 430-450.

[107] HAMILTON J D. A new approach to the economic analysis of nonstationary time series and the business cycle[J]. Econometrica,1989,57: 357-384.

[108] HAMILTON J D. Time series analysis[M]. New Jersey: Princeton University Press,1994.

[109] HANSEN B E. Approximate asymptotic P values for structural-change tests[J]. Journal of business and economic statistics,1997,15(1): 60-67.

[110] HANSEN B E. Testing for linearity[J]. Journal of economic surveys,1999,13(5): 551-576.

[111] HANSEN B E. The new econometrics of structural change: dating breaks in U. S. labor productivity[J]. Journal of economic perspectives,2001,15(4): 117-128.

[112] HANSEN B E. Threshold autoregression in economics[J]. Statistics and its interface,2011,4: 123-127.

[113] HANSEN C, HAUSMAN J, NEWEY W. Estimation with many instrumental variables[J]. Journal of business & economic statistics,2008,26(4): 398-422.

[114] HANSEN L P. Large sample properties of generalized method of moments estimators [J]. Econometrica,1982,50(4): 1029-1054.

[115] HARDI K. Testing for stationarity in heterogeneous panel data[J]. Econometric journal,2000, 3(2): 148-161.

[116] HARVEY A C. Estimating regression models with multiplicative heteroscedasticity [J]. Econometrica,1976,44(3): 461-465.

[117] HARVEY A C. Forecasting,structural time series models and the kalman filter[M]. Cambridge: Cambridge University Press,1989.

[118] HAUSMAN J A. Specification tests in econometrics[J]. Econometrica,1978,46(6): 1251-1271.

[119] HAUSMAN J A, TAYLOR W E. Panel data and unobservable individual effects [J]. Econometrica, 1981, 49(6): 1377-1398.

[120] HECKMAN J J. Shadow prices, market wages, and labor supply[J]. Econometrica, 1974, 42(4): 679-694.

[121] HECKMAN J J. The common structure of statistical models of truncation, sample selection, and limited dependent variables and a simple estimator for such models[J]. Annals of economic and social measurement, 1979, 5(4): 475-492.

[122] HENDRICKS W, KOENKER R. Hierarchical spline models for conditional quantiles and the demand for electricity[J]. Journal of the American statistical association, 1992, 87(417): 58-68.

[123] HE X M, HU F F. Markov chain marginal bootstrap[J]. Journal of the American statistical association, 2002, 97(459): 783-795.

[124] HODRICK R J, PRESCOTT E C. Post-War U. S. Business cycles: an empirical investigation [R]. Working paper No. 451, Carnegie-Mellon University, 1980.

[125] HORN J L. A Rationale and test for the number of factors in factor analysis[J]. Psychometrika, 1965, 30(2): 179-185.

[126] HOSMER D W, LEMESHOW S. Applied logistic regression[M]. New York: John Wiley & Sons, 1989.

[127] HUBER P J. Robust regression: asymptotics, conjectures and monte carlo[J]. The annals of statistics, 1973, 1(5): 799-821.

[128] HUMPHREYS L G, ILGEN D R. Note on a criterion for the number of common factors[J]. Educational and psychological measurement, 1969, 29: 571-578.

[129] HUMPHREYS L G, MONTANELLI R G. An investigation of the parallel analysis criterion for determining the number of common factors[J]. Multivariate behavioral research, 1975, 10: 193-204.

[130] HURVICH C M, TSAI C L. The Impact of model selection on inference in linear regression[J]. American statistician, 1990, 44: 214-217.

[131] IHARA M, KANO Y. A new estimator of the uniqueness in factor analysis[J]. Psychometrika, 1986, 51(4): 563-566.

[132] IM K S, PESARAN M H, SHIN Y. Testing for unit roots in heterogeneous panels[J]. Journal of econometrics, 2003, 115(1): 53-74.

[133] JACKSON D A. Stopping rules in principal components analysis: a comparison of heuristical and statistical approaches[J]. Ecology, 1993, 74(8): 2204-2214.

[134] JEFFREYS H. The theory of probability[M]. 2nd ed. Cambridge : Cambridge University Press, 1961.

[135] JOHANSEN S, JUSELIUS K. Maximum likelihood estimation and inferences on cointegration-with applications to the demand for money[J]. Oxford bulletin of economics and statistics, 1990, 52(2): 169-210.

[136] JOHANSEN S. Estimation and hypothesis testing of cointegration vectors in gaussian vector autoregressive models[J]. Econometrica, 1991, 59: 1551-1580.

[137] JOHANSEN S. Likelihood-based Inference in cointegrated vector autoregressive models[M]. Oxford: Oxford University Press, 1995.

[138] KANO Y. Noniterative estimation and the choice of the number of factors in exploratory factor analysis[J]. Psychometrika, 1990, 55(2), 277-291.

[139] KAO C. Spurious regression and residual-based tests for cointegration in panel data[J]. Journal of econometrics,1999,90: 1-44.

[140] KENNY P B,DURBIN J. Local trend estimation and seasonal adjustment of economic and social time series[J]. Journal of the royal statistical society,Series A,1982,145(1): 1-41.

[141] KELEJIAN H H. An extension of a standard test for heteroskedasticity to a systems framework [J]. Journal of econometrics,1982,20(2): 325-333.

[142] KIM C J. Dynamic linear models with markov-switching[J]. Journal of econometrics,1994,60(1-2): 1-22.

[143] KIM C J,NELSON C R. State-space models with regime switching[M]. Cambridge: The MIT Press,1999.

[144] KOCHERGINSKY M,HE X M,MU Y M. Practical confidence intervals for regression quantiles [J]. Journal of computational and graphical statistics,2005,14(1),41-55.

[145] KOENKER R. BASSETT G. Regression quantiles[J]. Econometrica,1978,46(1): 33-50.

[146] KOENKER R. A note on studentizing a test for heteroskedasticity[J]. Journal of econometrics, 1981,17: 107-112.

[147] KOENKER R,BASSETT G. Robust tests for heteroskedasticity based on regression quantiles [J]. Econometrica,1982,50(1): 43-61.

[148] KOENKER R, D'OREY V. Algorithm AS 229: computing regression quantiles [J]. Applied statistics,1987,36(3): 383-393.

[149] KOENKER R. Confidence intervals for regression quantiles[J]//MANDL P, HUSKOVA M. Asymptotic statistics. New York: Springer-Verlag,1994: 349-359.

[150] KOENKER R,BASSETT G. Robust tests for heteroskedasticity based on regression quantiles [J]. Econometrica,1994,50(1): 43-62.

[151] KOENKER R,MACHADO J A F. Goodness of fit and related inference processes for quantile regression[J]. Journal of the American statistical association,1999,94(448): 1296-1310.

[152] KOENKER R. Quantile regression[M]. New York: Cambridge University Press,2005.

[153] KOOP G,PESARAN M H,POTTER S M. Impulse response analysis in nonlinear multivariate models[J]. Journal of econometrics,1996. 74(1): 119-147.

[154] KWIATKOWSKI D, PHILLIPS P C B, SCHMIDT P, et al. Testing the null hypothesis of stationary against the alternative of a unit root[J]. Journal of economics,1992,54: 159-178.

[155] LEVIN A,LIN C F, CHU C. Unit root tests in panel data: asymptotic and finite-sample properties[J]. Journal of econometrics,2002,108: 1-24.

[156] LITTERMAN R B. A random walk,markov model for the distribution of time series[J]. Journal of business and statistics,1983,1(2): 169-173.

[157] LITTERMAN R B. Forecasting with bayesian vector autoregressions — five years of experience [J]. Journal of business & economic statistics,1986,4(1),25-38.

[158] LIU J,WU S Y ,ZIDEK J V. On segmented multivariate regression[J]. Statistica sinica, 1997, 7: 497-525.

[159] LÜTKEPOHL H. Introduction to multiple time series analysis [M]. New York: Springer-Verlag,1991.

[160] LÜTKEPOHL H. New introduction to multiple time series analysis[M]. New York: Springer-Verlag,2007.

[161] LUUKKONEN R, PENTTI S, TERÄSVIRTA T. Testing linearity against smooth transition

autoregressive models [J]. Biometrika, 1988, 75(3): 491-499.
[162] MCCULLAGH P, NELDER J A. Generalized linear models[M]. 2nd ed. London: Chapman & Hall, 1989.
[163] MACKINNON J G. Numerical distribution functions for unit root and Cointegration tests[J]. Journal of applied econometrics, 1996, 11(6): 601-618.
[164] MACKINNON J G, HAUG A A, MICHELIS L. Numerical distribution functions of likelihood ratio tests for cointegration[J]. Journal of applied econometrics, 1999, 14: 563-577.
[165] MADDALA G S. Disequilibrium, self-selection, and switching models [J]. Handbook of econometrics, 1986(3): 1633-1688.
[166] MADDALA G S, WU S. A comparative study of unit root tests with panel data and a new simple test[J]. Oxford bulletin of econometrics and statistics, 1999, 61: 631-652.
[167] MCCULLAGH P. Quasi-likelihood functions[J]. Annals of statistics, 1983, 11(1): 59-67.
[168] MCFADDEN D L. Conditional logit analysis of qualitative choice behavior[J]//ZAREMBKA P. Frontiers in econometrics. New York: Academic Press, 1974: 105-142.
[169] MILLS T C. Modelling trends and cycles in economic time series[M]. London: published by Palgrave Macmillan, 2003.
[170] NAKAMURA A, NAKAMURA M. On the relationships among several specification error tests presented by Durbin, Wu, and Hausman[J]. Econometrica. 1981, 49 (6): 1583-1588.
[171] NELDER J A, WEDDERBURN R W M. Generalized linear models[J]. Journal of the royal statistical society, 1972, 135: 370-384.
[172] NELSON C R, PLOSSER C I. Trends and random walks in macroeconomic time series: some evidence and implications[J]. Journal of monetary economics, 1982, 10(2): 62-139.
[173] NELSON D B. Conditional heteroskedasticity in asset returns: a new approach [J]. Econometrica, 1991, 59(2): 347-370.
[174] NEWEY W K, POWELL J L. Asymmetric least squares estimation[J]. Econometrica, 1987, 55 (4): 819-847.
[175] NEWEY W K, WEST K D. Automatic lag selection in covariance matrix estimation[J]. Review of economic studies, 1994, 61(4): 631-653.
[176] NG S, PERRON P. Lag length selecion and the construction of unit root tests with good size and power[J]. Econometrica, 2001, 69(6): 1519-1554.
[177] NICKELL S. Biases in dynamic models with fixed effects[J]. Econometrica, 1981, 49(6): 1417-1426.
[178] PEDRONI P. Critical values for cointegration tests in heterogeneous panels with multiple regressors[J]. Oxford bulletin of economics and statistics, 1999, 61: 653-670.
[179] PESARANA H H, SHINB Y. Generalized impulse response analysis in linear multivariate models[J]. Economics letters, 1998, 58: 17-29.
[180] PERRON P. The great crash, the oil price shock, and the unit root hypothesis[J]. Econometrica, 1989, 57(6): 1361-1401.
[181] PERRON P. Dealing with structural breaks[J]//PATTERSON K, MILLS T C. Palgrave handbook of econometrics. London: Palgrave Macmillan, 2006.
[182] PESARAN M H, SHIN Y. Generalized impulse response analysis in linear multivariate models [J]. Economics letters, 1998, 58(1): 17-29.
[183] PESARAN M H, SHIN Y. An autoregressive distributed lag modelling approach to cointegration

analysis[J]//STROM S. Econometrics and economic theory. Cambridge: Cambridge University Press, 1998: 371-413.

[184] PESARAN M H, SHIN Y, SMITH R J. Bounds testing approaches to the analysis of level relationships[J]. Journal of applied econometrics, 2001, 16(3): 289-326.

[185] PHILLIPS P C B, PERRON P. Testing for a unit root in time series regression[J]. Biometrika, 1988, 75(2): 335-346.

[186] PHILLIPS P C B, OULIARIS S. Asymptotic properties of residual based tests for cointegration [J]. Econometrica, 1990, 58(1): 165-193.

[187] POTTER S. Nonlinear time series modelling: an introduction[J]. Journal of economic surveys, 1999, 13(5): 505-528.

[188] RENAUD O, VICTORIA-FESER M P. A robust coefficient of determination for regression[J]. Journal of statistical planning and inference, 2010. 140(7): 1852-1862.

[189] ROECKER E B. Prediction error and its estimation for subset-selection models [J]. Technometrics, 1991, 33(4): 459-469.

[190] ROUSSEEUW P J, YOHAI V. Robust regression by means of s-estimators[J]// FRANKE W H J, MARTIN D. Robust and nonlinear time series analysis. New York: Springer, 1984: 256-272.

[191] SARGAN J D. The estimation of economic relationships using instrumental variables [J]. Econometrica, 1958, 26(3): 393-415.

[192] SALIBAN-BARRERA M, YOHAI V J. A fast algorithm for s-regression estimates[J]. Journal of computational and graphical statistics, 2006, 15(2): 414-427.

[193] SIDDIQUI M M. Distribution of quantiles in samples from a bivariate population[J]. Journal of research of the national bureau of standards-B, 1960, 64(3): 145-150.

[194] SILVERMAN B W. Density estimation for statistics and data analysis[M]. London: Chapman & Hall, 1986.

[195] SIMS C A. Comparison of interwar and postwar busiiness cycles[J]. American economic review, 1980, 70(2): 250-257.

[196] SIMS C A. Macroeconomics and reality[J]. Econometrica, 1980, 48(1): 1-48.

[197] SIMS C A, ZHA T. Bayesian methods for dynamic multivariate models [J]. International economic review, 1998, 39(4): 949-968.

[198] STOCK J H, WRIGHT J H, YOGO M. A survey of weak instruments and weak identification in generalized method of moments [J]. Journal of business & economic statistics, 2002, 20(4): 518-529.

[199] STOCK J H, YOGO M. Testing for weak instruments in linear iv regression[J]// ANDREWS D W K. Identification and inference for econometric models. New York: Cambridge University Press, 2005: 80-108.

[200] SWAMY P A V B. Efficient inference in a random coefficient regression model [J]. Econometrica, 1970, 38(2): 311-323.

[201] TERÄSVIRTA T, ANDERSON H M. Characterizing nonlinearities in business cycles using smooth transition autoregressive models [J]. Journal of applied econometrics, 1992, 7 (1): 119-136.

[202] TERÄSVIRTA T. Specification, estimation, and evaluation of smooth transition autoregressive models [J]. Journal of the american statistical association, 1994, 89: 208-218.

[203] VELICER W F. Determining the number of components from the matrix of partial correlations [J]. Psychometrika, 1976, 41(3): 321-327.

[204] WEDDERBURN R W M. Quasi-likelihood functions, generalized linear models and the gaussnewton method[J]. Biometrika, 1974, 61: 439-447.

[205] WHITE H. A heteroskedasticity-consistent covariance matrix and a direct test for heteroskedasticity [J]. Econometrica, 1980, 48(4): 817-838.

[206] WOOLDRIDGE J M. Quasi-likelihood methods for count data [J]// PESARAN M H, SCHMIDT P. Hanbook of applied econometrics. Oxford: Blackwell, 1990: 352-406.

[207] YAO Y C . Estimating the number of change-points via schwarz' criterion[J]. Statistics & probability letters, 1988, 6(3): 181-189.

[208] YOHAI V J. High breakdown-point and high efficiency robust estimates for regression[J]. The annals of statistics, 1987, 15(2): 642-656.

[209] ZAKOÏAN J M. Threshold heteroskedastic models [J]. Journal of economic dynamics and control, 1994, 18(5): 931-955.

附录 A 协整检验临界值

N	模型形式	α	ϕ_∞	ϕ_1	ϕ_2
1	无常数项,无趋势项	0.01	−2.565 8	−1.960	−10.04
		0.05	−1.939 3	−0.398	0.0
		0.10	−1.615 6	−0.181	0.0
	常数项,无趋势项	0.01	−3.433 6	−5.999	−29.25
		0.05	−2.862 1	−2.738	−8.36
		0.10	−2.567 1	−1.438	−4.48
	常数项,趋势项	0.01	−3.963 8	−8.353	−47.44
		0.05	−3.412 6	−4.039	−17.83
		0.10	−3.127 9	−2.418	−7.58
2	常数项,无趋势项	0.01	−3.900 1	−10.534	−30.03
		0.05	−3.337 7	−5.967	−8.98
		0.10	−3.046 2	−4.069	−5.73
	常数项,趋势项	0.01	−4.326 6	−15.531	−34.03
		0.05	−3.780 9	−9.421	−15.06
		0.10	−3.495 9	−7.203	−4.01
3	常数项,无趋势项	0.01	−4.298 1	−13.790	−46.37
		0.05	−3.742 9	−8.352	−13.41
		0.10	−3.451 8	−6.241	−2.79
	常数项,趋势项	0.01	−4.667 6	−18.492	−49.35
		0.05	−4.119 3	−12.024	−13.13
		0.10	−3.834 4	−9.188	−4.85
4	常数项,无趋势项	0.01	−4.649 3	−17.188	−59.20
		0.05	−4.100 0	−10.745	−21.57
		0.10	−3.811 0	−8.317	−5.19
	常数项,趋势项	0.01	−4.969 5	−22.504	−50.22
		0.05	−4.429 4	−14.501	−19.54
		0.10	−4.147 4	−11.165	−9.88
5	常数项,无趋势项	0.01	−4.958 7	−22.140	−37.29
		0.05	−4.418 5	−13.641	−21.16
		0.10	−4.132 7	−10.638	−5.48
	常数项,趋势项	0.01	−5.249 7	−26.606	−49.56
		0.05	−4.715 4	−17.432	−16.50
		0.10	−4.434 5	−13.654	−5.77

续表

N	模型形式	α	ϕ_∞	ϕ_1	ϕ_2
6	常数项,无趋势项	0.01	−5.240 0	−26.278	−41.65
		0.05	−4.704 8	−17.120	−11.17
		0.10	−4.424 2	−13.347	0.0
	常数项,趋势项	0.01	−5.512 7	−30.735	−52.50
		0.05	−4.976 7	−20.883	−9.05
		0.10	−4.699 9	−16.445	0.0

注：(1) 临界值计算公式：$C_{(\alpha)}=\phi_\infty+\phi_1T^{-1}+\phi_2T^{-2}$,其中 T 表示样本容量。

(2) N 表示协整回归时所含变量个数,α 表示显著性水平。

(3) Mackinnon(1991)。

资料来源:张晓峒.计量经济学[M]. 北京：清华大学出版社,2017：附表 15.

附录B EViews软件的常用函数[①]

B1 公式中的运算符号及其含义

首先介绍一些常用的函数关系运算，可以针对标量、矩阵或序列。如果是矩阵或序列，则针对每一个元素或观测值进行操作。

表 B1

函数形式	功能
@abs(x)或 abs(x)	对 x 取绝对值变换，$\mid x \mid$
@ceiling(x)	变换 x 为不小于 x 的最小整数
@exp(x)或 exp(x)	对 x 取指数变换，e^x
@fact(x)	阶乘，$x!$，只对正整数进行
@factlog(x)	阶乘的自然对数，$\log_e(x!)$，即 $\ln(x!)$
@floor(x)	变换 x 为不大于 x 的最大整数
@inv(x)	对 x 取倒数，即 $1/x$
@log(x)或 log(x)	对 x 取自然对数，$\log_e(x)$，即 $\ln(x)$
@log10(x)	对 x 取以 10 为底的对数，$\log_{10}(x)$
@logx(x,b)	对 x 取以 b 为底的对数，$\log_b(x)$
@logit(x)	对 x 进行 logistic 变换
@nan(x,y)	如果 x 不等于 NA，取值为 x；否则取值为 y
@recode(s,x,y)	如果 s 为真，那么取值为 x；否则取值为 y
@round(x)	最邻近的正数；如果 x 恰好为整数，那么@round(x)=@ceiling(x)
@sqrt(x)或 sqr(x)	对 x 取平方根变换，$\sqrt{x}$

B2 时间序列函数及其含义

下列函数是对时间序列常用的一些函数，可以直接进行运算。

表 B2

函数形式	功能
d($\boldsymbol{x}$)	$\boldsymbol{x}$ 的一阶差分，即 $\boldsymbol{x}-\boldsymbol{x}(-1)$
d($\boldsymbol{x}$,n)	$\boldsymbol{x}$ 的第 n 次一阶差分，即 $(1-L)^n\boldsymbol{x}$，其中 L 是滞后算子

① EViews 10，IHS Global Inc.，2017，Quick Help Reference/Function Reference.

续表

函数形式	功　　能
d($\boldsymbol{x}$,n,s)	$\boldsymbol{x}$ 的 n 次一阶差分和一次 s 阶差分,即 $(1-L)^n(1-L^s)\boldsymbol{x}$
dlog($\boldsymbol{x}$)	对 $\boldsymbol{x}$ 取自然对数后,做一阶差分,即 lg($\boldsymbol{x}$)－lg($\boldsymbol{x}$)($\boldsymbol{x}$(－1))
dlog($\boldsymbol{x}$,n)	对 $\boldsymbol{x}$ 取自然对数后,做 n 阶差分,即 $(1-L)^n$lg($\boldsymbol{x}$)
dlog($\boldsymbol{x}$,n,s)	对 $\boldsymbol{x}$ 取自然对数后,做 n 阶差分和一次 s 阶差分(季节差分),季度数据,$s=4$;月度数据,$s=12$,　$(1-L)^n(1-L^s)$lg($\boldsymbol{x}$)
@movav($\boldsymbol{x}$,n)	$\boldsymbol{x}$ 的 n 期移动平均,其中 n 为整数,即如果 $n=3$,则有 $(x+x(-1)+x(-2))/3$
@movsum($\boldsymbol{x}$,n)	$\boldsymbol{x}$ 的 n 期移动总和值,其中 n 为整数,即如果 $n=3$,则有 $x+x(-1)+x(-2)$
@pch($\boldsymbol{x}$)	生成相对变化或增长率序列,即 $(x-x(-1))/x(-1)$
@pc($\boldsymbol{x}$)	等于@pch($\boldsymbol{x}$)×100
@pcha($\boldsymbol{x}$)	按每期增长率计算的年度增长率,即@pcha(x)=(1+@pch(x))$^s-1$,季度数据,$s=4$;月度数据,$s=12$
@pchy($\boldsymbol{x}$)	同期增长率,即@pchy(x)=$(x-x(-s))/x(-s)$,季度数据,$s=4$;月度数据,$s=12$
@pcy($\boldsymbol{x}$)	等于@pchy($\boldsymbol{x}$)×100
@seas($\boldsymbol{x}$)	季节虚拟变量
@trend	时间趋势变量

B3　序列描述性统计量的@函数及其含义

下列命令是对序列基本统计量的描述命令。

表　B3

函数形式	功　　能
@cor($\boldsymbol{x}$,$\boldsymbol{y}$)	序列 $\boldsymbol{x}$ 和序列 $\boldsymbol{y}$ 的相关系数
@cov($\boldsymbol{x}$,$\boldsymbol{y}$)	序列 $\boldsymbol{x}$ 和序列 $\boldsymbol{y}$ 的协方差
@inner($\boldsymbol{x}$,$\boldsymbol{y}$)	序列 $\boldsymbol{x}$ 和序列 $\boldsymbol{y}$ 的内积
@max($\boldsymbol{x}$)	序列 $\boldsymbol{x}$ 的最大值
@mean($\boldsymbol{x}$)	序列 $\boldsymbol{x}$ 的均值
@median($\boldsymbol{x}$)	序列 $\boldsymbol{x}$ 的中位数
@min($\boldsymbol{x}$)	序列 $\boldsymbol{x}$ 的最小值
nrnd	生成均值为0、方差为1的标准正态分布随机数
@obs($\boldsymbol{x}$)	序列 $\boldsymbol{x}$ 中有效观测值的个数
rnd	生成0～1间均匀分布的随机数
@stdev($\boldsymbol{x}$)	序列 $\boldsymbol{x}$ 的标准差
@sum($\boldsymbol{x}$)	序列 $\boldsymbol{x}$ 的和
@sumsq($\boldsymbol{x}$)	序列 $\boldsymbol{x}$ 的平方和
@var($\boldsymbol{x}$)	序列 $\boldsymbol{x}$ 的方差

B4 三角函数

表 B4

函数形式	功 能
@acos(***x***)	对 ***x*** 进行反余弦变换
@asin(***x***)	对 ***x*** 进行反正弦变换
@atan(***x***)	对 ***x*** 进行反正切变换
@cos(***x***)	对 ***x*** 进行余弦变换
@sin(***x***)	对 ***x*** 进行正弦变换
@tan(***x***)	对 ***x*** 进行正切变换

B5 统计函数

EViews 包括很多功能强大的统计函数,下面仅列出一些常用的函数。

表 B5

函数形式	功 能
@dnorm(x)	正态密度函数
@cnorm(x)	累积正态分布函数(CDF)
@tdist(x,v)	自由度为 v 时,t 统计量的 p 值
@fdist(x,$v1$,$v2$)	分子、分母自由度分别为 $v1$,$v2$ 时,F 统计量的 p 值
@chisq(x,v)	自由度为 v 时,χ^2统计量的 p 值
@logit(x)	对 x 进行 logistic 变换

B6 回归统计量的@函数及其含义

对于相应的回归方程,可以很方便地利用下面的函数得到相应的统计量。

表 B6

函数形式	功 能
@aic	AIC 信息准则
@coefs(i)	系数向量第 i 个元素的值
@coefs(i)	系数 i
@coefcov(i,j)	系数协方差矩阵第 i,j 个元素的值
@dw	DW 统计量
@f	F 统计量

续表

函数形式	功　能
@hq	Hannan-Quinn 信息准则
@Jstat(对 GMM)	J-统计量——GMM 目标函数值
@logl	对数似然函数值
@meandep	被解释变量的均值
@ncoef	被估参数个数
@r2	R^2 统计量
@rbar2	调整的 R^2 统计量
@regobs	回归中用到的观测值个数,即样本容量
@schwarz	SC 信息准则
@sddep	被解释变量的标准差
@se	回归系数的标准误差
@ssr	残差平方和
@stderrs(i)	系数 i 的标准差
@tstats(i)	第 i 个系数的 t 统计量

附录C EViews软件的数据处理[①]

输入、读取、编辑、操作和生成数据的过程是大多数数据分析的基础。因此,用户在EViews中的大部分时间可能将用于处理数据。为使这些任务尽可能简单直接,EViews提供了一套实用的数据操作工具。

C.1 工作文件和数据集合类型

EViews的核心是对象,对象都放置在对象集合中,其中工作文件(workfile)是最重要的对象集合。

C.1.1 工作文件的基本概念

使用EViews工作的第一步是新建一个工作文件或调用一个已有的工作文件。

每个工作文件包括一个或多个工作文件页。一个工作文件页可以被认为是子工作文件或子目录,这些子工作文件或子目录允许在工作文件内组织数据。

工作文件和工作文件页可以容纳一系列EViews对象,如方程、序列、数组、图表和矩阵等,主要目的是容纳数据集合的内容。数据集合的主要概念是在数据集合中每个观测值均有唯一的标识符(或简称ID)。标识符通常包含观测值的重要信息,如日期、名字,也可能是识别代码。

工作文件有两个基本特点:一是打开后即被调入内存中,以便快速地获得其中的对象;二是工作文件都有频率和范围。

C.1.2 创建工作文件

为了描述工作文件的结构,需要提供给EViews关于观测值和与其相联系的标识符的外部信息。从主菜单选择File/New Workfile,打开Workfile Create对话框,如图C.1.1所示。

对话框的左边是下拉列表,它用来描述数据集合的基本结构。可以在Dated-regular frequency、Unstructured和Balanced Panel中选择。一般来说,若是一个简单的时间序列数据集合,可以选择Dated-regular frequency,对于一个简单的面板数据库,可以使用

① EViews 10,IHS Global Inc.,2017. User's Guide Ⅰ,Chapter3,p41-p100;Chapter4,p101-p122;Chapter5,p123-p178.

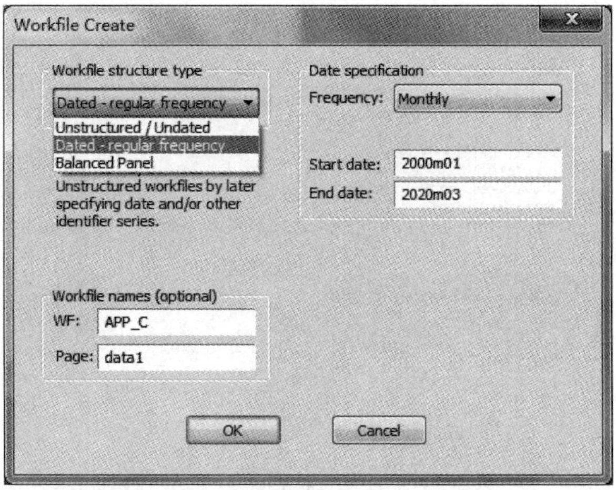

图 C.1.1　创建时间序列工作文件对话框

Balanced Panel,而在其他情况下,可以选择 Unstructured。每个基本结构所需要的选项将在后面分别介绍。

1. 具有固定频率的时间序列工作文件(Dated-regular frequency)

当选择 Dated-regular frequency 时,EViews 将允许选择数据的频率。固定频率数据被特定的频率定义而具有固定的间隔(如月度数据)。可以在下面两者之间进行选择,一个是标准的 EViews 所支持的数据频率:Annual(年度)、Semi-annual(半年度)、Quarterly(季度)、Monthly(月度)、Weekly(周)、Daily-5 day week(日,每周 5 天)、Daily-7 day week(日,每周 7 天)。EViews 使用所有可用的日历信息组织和管理数据。

可在 Start date 文本框中输入起始日期,End date 文本框中输入终止日期,年度与后面的数字用":"分隔。日期的表示法为

年度:用 4 位数字表示;

季度:年后加 Q1～Q4;

月度:年后加 M1～M12;

周:月/日/年;

日:月/日/年。

最后,可以输入工作文件名 AAP_C,同时给工作文件页命名为 data1。

2. 非结构工作文件(Unstructured)

非结构数据仅是没有指定日期的数据序列,它使用默认的整数标识符。

若在下拉列表中选择这一类型时,对话框将发生变化(如图 C.1.2),会提供一个空白区域用来输入观测值的个数,然后单击 OK 按钮。在图 C.1.2 所描述的例子中,EViews 将会创建一个拥有 50 个观测值的工作文件,其中包括从 1 到 50 的整数标识符,工作文件页命名为 data2。

3. 平衡面板工作文件(Balanced Panel)

Balanced Panel 提供了描述固定频率面板数据结构的简单方法。创建平衡面板结构

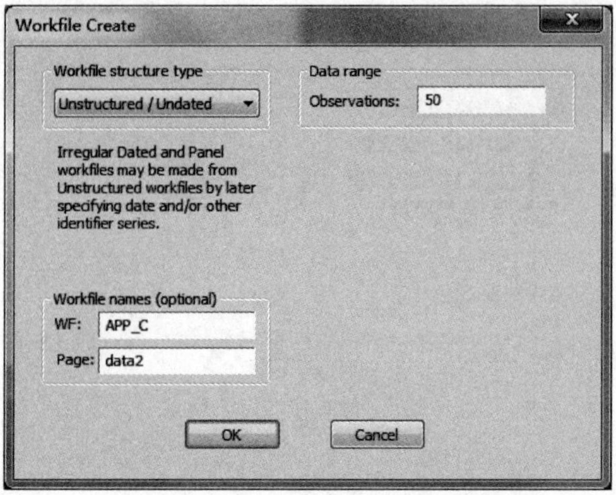

图 C.1.2　创建非结构工作文件对话框

时，要输入每个截面成员。这些成员具有相同的固定频率和相同日期的观测值。

创建一个平衡面板结构，在下拉列表中选择 Balanced Panel(如图 C.1.3)，选定频率(Frequency)，输入起始日期(Start date)和终止日期(End date)以及截面成员的个数(Number of cross sections)。可以命名工作文件和命名工作文件页，单击 OK 按钮。EViews 将创建一个给定频率的平衡面板工作文件，使用特定的起始和终止日期以及截面成员的个数，工作文件页命名为 data3。

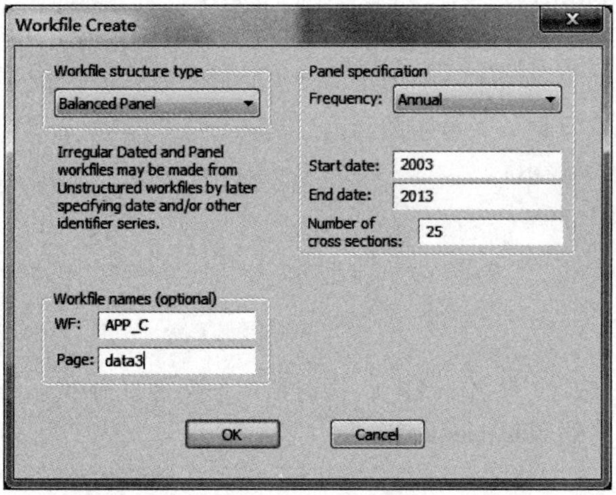

图 C.1.3　创建平衡面板工作文件对话框

4. 多页工作文件

很多工作可能只涉及单个页，然而把数据组织成多个工作文件页是非常有用的。多页工作文件主要是在必须要用多个数据集合工作时应用。

多页工作文件允许不同的工作文件页有不同的频率或不同的数据结构，可以分别独立建立模型，可以实现不同频率数据的频率转换。在这种形式下把数据组织起来，允许在季度和月度频率之间快速切换来完成频率转换、混频模型等任务，实现在一个 EViews 工作文件中可以存储多种类型的工作文件页。

C.1.3　工作文件的相关操作

EViews 中最重要的窗口就是工作文件窗口。工作文件窗口提供了一个在给定工作文件或者工作文件页下的所有对象的目录。工作文件窗口也提供了一些处理工作文件和工作文件页的工具。

1. 工作文件的标题和菜单

在工作文件窗口的标题栏中可以看到 Workfile 后是工作文件名。若工作文件已经保存到磁盘里，可以看到它的名字和整个磁盘路径。图 C.1.4 中，工作文件的名字是"gdp_f. wf1"，以及它存放的目录，这个工作文件包含 2 个不同频率的工作文件页，一个是季度数据，一个是月度数据。若工作文件没有被保存，则它将被命名为"UNTITLED"。

在标题栏的正下方是菜单和工具条，利用菜单和工具条可以方便地实现很多操作。工具条中的按钮仅仅是一种快捷方式，可以方便地处理 EViews 主菜单中的一些操作。例如菜单 View/Name Display 可以实现大小写转换。默认是小写。

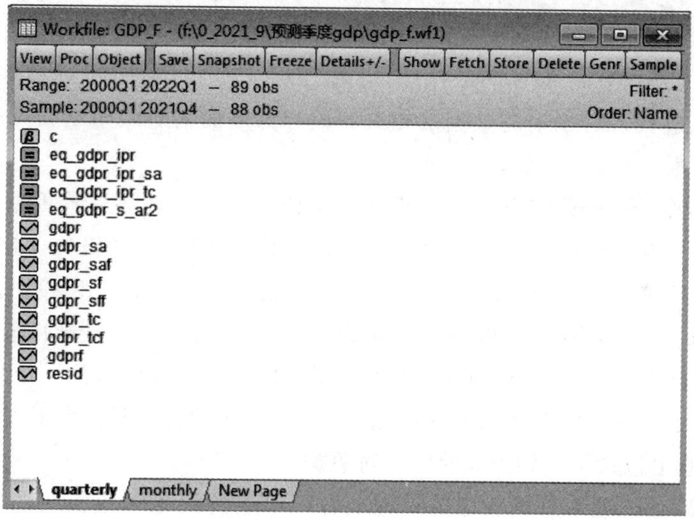

图 C.1.4　工作文件窗口

2. 工作文件的范围、样本和显示限制

EViews 中最重要的概念是观测值的样本。在工作文件中样本是显示和统计运算时观测值的集合(经常是子集合)，样本可以特殊指定范围，还可用条件语句来确定。

在工具条的下面是两行信息栏。

1) 工作文件样本(Range)

第 1 行的"Range："显示 EViews 工作文件的范围(结构)。这是建立工作文件时设定的,一般不去改动,如需重新设定,可双击 Range 后的时间区间,但有可能丢失数据。

2) 当前样本区间(Sample)

第2行的"Sample:"显示工作文件的当前样本(被用于计算和统计操作的观测值的范围)和显示限制(在工作文件窗口中显示对象子集的规则)。例如图 C.1.4 中,工作文件的样本范围是2000年1季度至2022年1季度,而当前样本区间为2000年1季度至2021年4季度,也就是工作文件中数据的样本范围截止到2022年1季度,而用于计算的样本范围截止到2021年4季度。

可双击 Sample 后的样本区间,然后在对话框中输入时间。可以在下端对话框输入条件,可以使用数学表达式及 AND、OR 逻辑表达式,限定样本的选择条件。

C.2 对象概念和数据对象

C.2.1 对象的概念

对象是指有一定关系的信息或算子捆绑在一起供使用的单元,用 EViews 工作就是使用不同的对象。EViews 中的信息是储存在对象中的,每个对象都包含与一个特定分析领域有关的信息。与一个特定概念相关的对象被称为一种类型,一个类型名被用来表示一类分析。每种类型的对象在对象集合中(工作文件)都有一个特定的图标表示。与每类对象相关联的是一系列视图(Views)和过程(Procedure),它们和对象中的信息一起使用。这种视图、过程与对象中的数据的相关联被称为是面向对象的 EViews 设计。

1. 创建对象

在创建对象之前,必须打开工作文件而且工作文件窗口必须是激活的。然后,选择主菜单上的 Object/New Object ,出现 New Object 对话框(图 C.2.1)。在 Type of object 中选择新建对象的类型,在 Name for object 中输入对象名,单击 OK 按钮。

例如,若选择 Equation(方程对象),可以看到一个对话框,它要求输入更详细的信息;相应地,若选择 Series(序列对象),然后单击 OK 按钮,可以看到一个对象窗口(序列窗口),它将显示一个 UNTITLED 序列的电子数据表格,等等。图 C.2.1 的 Type of object 的选择框中包含了 EViews 的所有对象类型。

对象也可以通过应用其他对象的过程或者可以通过固化对象视图的方法来创建,如图对象、表格对象等。

2. 对象窗口

当打开一个对象或者对象集合时,对象窗口即被显示。对象窗口是对象的视图,或者是对象过程的结果。

图 C.2.2 是典型的对象窗口:时间序列窗口。首先,这是标准的 Windows 窗口;第二,从对象窗口的标题栏能够辨认出对象的类型、对象的名字和对象集合。最后,在窗口的顶端有一个很多按扭的工具栏。不同对象的工具栏的内容也不相同,但是有些按扭是相同的。

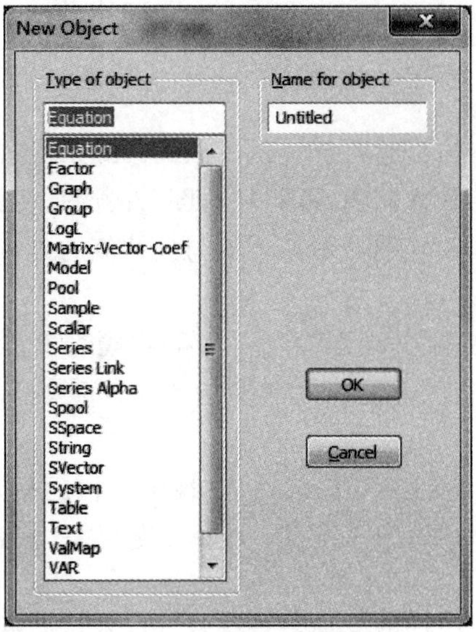

图 C.2.1　对象选择窗口

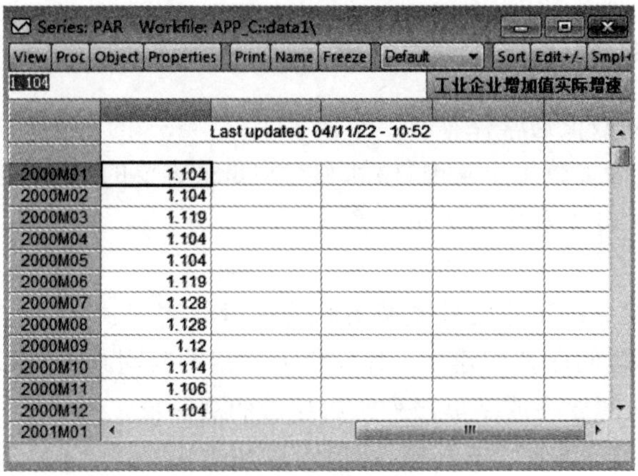

图 C.2.2　序列对象窗口

（1）View 按钮用来改变对象窗口的视图形式。

（2）Proc 按钮用来执行对象的过程。

（3）Object 按钮用来储存、命名、复制、删除和打印对象。

（4）Print 按钮打印当前对象的视图。

（5）Name 按钮允许命名或更改对象的名字。

（6）Freeze 按钮可以以当前视图为快照建立新的图形对象、表格对象或文本对象。

3. 对象中的数据

不同对象包含着多种不同类型的信息。例如，序列对象、矩阵对象、向量对象等主要包含数值方面的信息。方程对象和系统对象包含方程或系统的完整信息，除了包含用来做估计的数据外，还包含估计的结果信息。图对象和表对象包含数值、文本和格式信息。

4. 对象视图(View)

视图是表格和图像的窗口，它可以提供不同的方式来观察对象中的数据。例如，序列对象有表单视图(查看原始数据)、曲线图、柱状图、直方图、相关图等。方程对象输出视图显示估计结果，实际拟合残差视图显示拟合值与残差值的分布图，方差视图包含估计参数的协方差矩阵。

可以用 EViews 工作文件窗口菜单上的"View"或对象窗口工具栏上的"View"来改变对象的视图。一个对象视图的变化并不改变对象中的数据，仅仅是显示形式改变了。

5. 对象过程(Proc)

许多 EViews 对象还包括过程(Proc)。与视图一样的是，过程通常以图表或坐标的形式显示在对象窗口中；与视图不同的是，过程改变数据，无论对象本身中的还是其他对象中的。

很多过程还新建对象，比如说序列对象含有进行季节调整的过程，该过程可以新建一个含有季节调整后的数据序列。方程对象的过程可以新建序列来包含残差、拟合值和预测。可以用 EViews 主菜单上的"Proc"或对象窗口工具栏上的"Proc"来选择过程。

C.2.2 数据对象

组成数据的实际数值通常保存在一个或多个 EViews 的数据对象(序列、组、矩阵、矢量和标量)中。对于大多数用户来说，序列和组将是最重要的对象。关于面板数据的数据处理请参见初级的第 6 章和中高级第 9 章。

1. 序列(Series)

序列对象根据建立的工作文件类型不同分为时间序列、非时间序列和字母序列。在显示的电子表格中，时间序列按建立工作文件时设定的时间频率(年、季、月等)，给出时间区间和观测值；非时间序列或字母序列给出序号和观测值。

1) 建立序列对象

(1) 单击 EViews 主菜单中的 Objects/New Object，然后选择 Series；

(2) 单击工作文件窗口菜单中的 Genr，键入一个数学表达式，可形成一个新的序列。

2) 编辑序列

双击序列名称或选择 Show 菜单，可以显示序列数据，然后单击 Edit+/－按钮，可切换编辑状态。当处于可编辑状态时，可修改数据，按回车键确定。

3) 改变表单显示

一般是竖列显示，单击 Wide+/－按钮，可切换成二维表格显示状态。

4) 改变样本区间

单击 Smpl+/－按钮，可切换序列的样本区间为当前样本区间或工作文件样本区间。

5) 在序列中插入或删除观测值

选中要插入或删除的单元，然后单击 InsDel 按钮，可以插入或删除观测值。

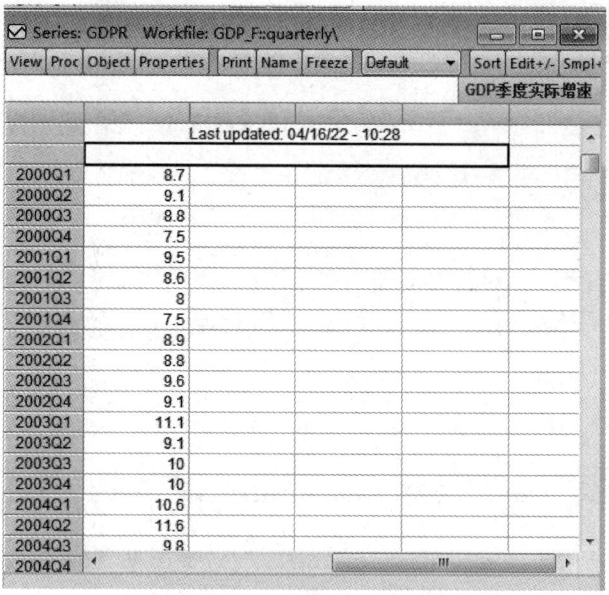

图 C.2.3　序列对象窗口

6）画图

在序列对象菜单中选择“View/Graph”，弹出绘图对话框，可以画曲线图、直方图等各种类型的图形。为了使用 EView 强大的绘图功能画出一个漂亮的图形，可以单击对象窗口的 Freeze 按钮，固化图形创建一个图对象（Graph）。可以在图对象中改变图的大小、框、轴、尺寸、颜色，添加和编辑文本，绘制网格线和阴影等，本书例子中的图形都是通过图对象绘制的。

2．组（Group）

组（Group）建立的是一个二维电子数据表格，它是建立在序列对象的基础上，将不同的序列对象的一维序列组合成二维数据表格。数据虽然仍存在于序列对象中，但是组（Group）可以以二维表格的形式显示数据，可以编辑修改数据，也可以直接进行建立方程、VAR 模型等操作。

1）建立组对象

（1）单击 EViews 主菜单中的 Objects/New Object，然后选择 Group，键入序列表即可；

（2）按住 Ctrl 键，选择序列名后，单击 Show 或点击右键并选择 Open 中“as Group”，可形成一个新的组。

2）编辑

双击组名称或选择 Show 菜单，可以显示组中的数据，然后单击 Edit＋/－按钮，可切换编辑状态。当处于可编辑状态时，可修改数据，按回车键确定。注意，相应的序列中的值也会改变。

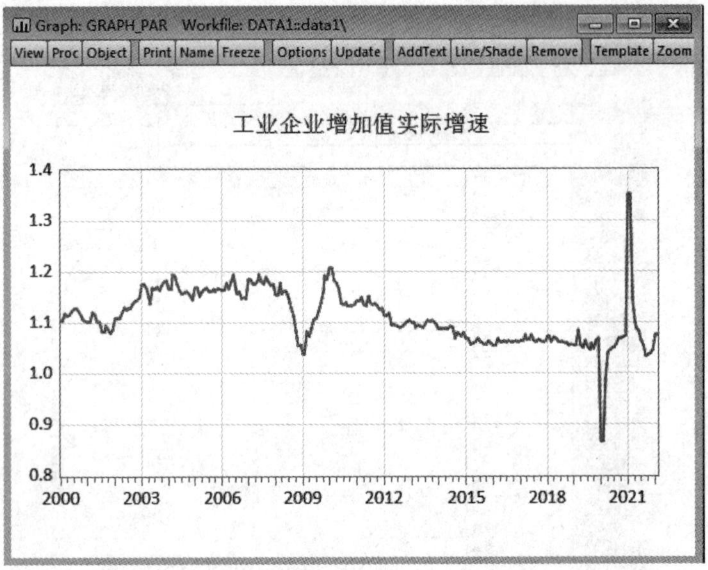

图 C.2.4 曲线图(图对象)

3) 改变样本区间

单击 Smpl+/-按钮,可切换序列的样本区间为当前样本区间或工作文件样本区间。

4) 画图

在组对象菜单中选择“View/Graph”,弹出绘图对话框,可以对多个序列选择画曲线图、直方图等各种类型的图形。也可以单击对象窗口的 Freeze 按钮,固化图形创建一个图对象(Graph),使用图形功能进行编辑。

EViews 提供处理序列组操作的专门工具,它们以组对象形式保存。简单地说,一个组是一个或多个序列标识符或表达式的集成。注意,一个组并不包括单个序列的数据,只是序列名称。

3. 标量操作

标量与序列或组不同,它没有显示窗口,它只能通过命令方式来建立。例如在命令窗口输入

```
scalar <scalar_name> = number
```

例如,scalar aaa=3,将生成一个名为 aaa、取值为 3 的标量对象。

除了这种形式,等号右边也可以是表达式或是一个特殊的函数(此函数应返回的是一个数量值)。如果显示标量对象的值,可以使用 show 按钮。这时系统会在 EViews 窗口底部状态栏显示标量对象的值。例如:

```
show <scalar_name>
```

另外,也可以通过双击工作文件窗口的标量对象的名字来显示标量对象的值。

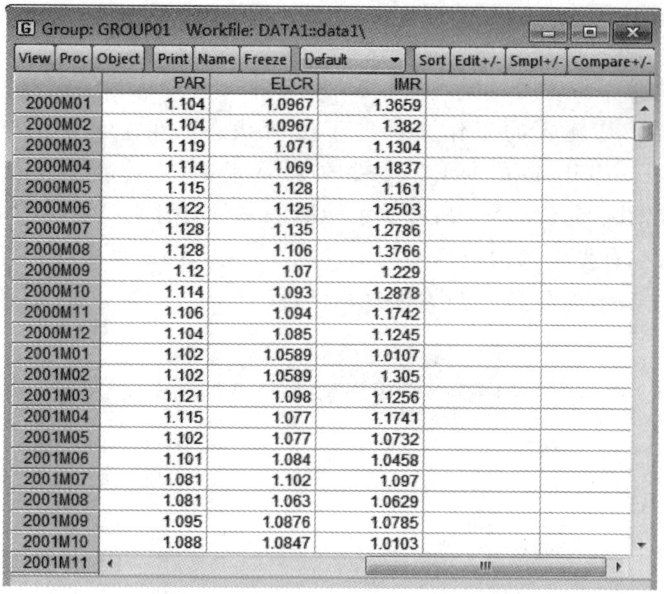

	PAR	ELCR	IMR
2000M01	1.104	1.0967	1.3659
2000M02	1.104	1.0967	1.382
2000M03	1.119	1.071	1.1304
2000M04	1.114	1.069	1.1837
2000M05	1.115	1.128	1.161
2000M06	1.122	1.125	1.2503
2000M07	1.128	1.135	1.2786
2000M08	1.128	1.106	1.3766
2000M09	1.12	1.07	1.229
2000M10	1.114	1.093	1.2878
2000M11	1.106	1.094	1.1742
2000M12	1.104	1.085	1.1245
2001M01	1.102	1.0589	1.0107
2001M02	1.102	1.0589	1.305
2001M03	1.121	1.098	1.1256
2001M04	1.115	1.077	1.1741
2001M05	1.102	1.077	1.0732
2001M06	1.101	1.084	1.0458
2001M07	1.081	1.102	1.097
2001M08	1.081	1.063	1.0629
2001M09	1.095	1.0876	1.0785
2001M10	1.088	1.0847	1.0103
2001M11			

图 C.2.5　组对象窗口

C.3　数据的输入

EViews 提供了易于使用的工具,用于将外部数据(源数据文件)导入现有工作文件中,并根据需要在源文件和目标文件之间进行匹配导入。源数据文件可以采用多种数据格式中的任何一种,从 EViews 支持的外来文件格式之一(Microsoft Excel、ASCII、SPSS、SAS、STATA 等)导入 EViews 格式的工作文件。注意导入时,待导入的工作文件是激活状态。

C.3.1　键盘输入或复制粘贴输入

1. 键盘输入

建立和打开一个新序列或组的电子表格后,Edit+/—是切换钮,分别为保护状态和编辑状态。在编辑状态下,通过键盘输入或修改数据,每个数据输入后键入回车键(Return)。并通过 Name 按钮,给定一个序列名或组名。

2. 复制粘贴输入

建立和打开一个新序列或组的电子表格后,将 Edit+/—按钮设为编辑状态。在编辑状态下,将外部数据序列复制到剪贴板,只需将复制的整列序列或多列序列,选择序列或组的第一个数据单元粘贴即可。注意粘贴数据的时间区间(或范围)要和表单中的时间区间(或范围)一致。

C.3.2　文本文件的数据输入

1. 打开源文件

用户首先要使待输入的工作文件处于激活状态。在主菜单的 File 按钮中选择 Import/Import from File 或单击工作文件的 Proc 菜单，然后选择 Import/Import from File，在任何一种情况下，EViews 都将显示标准的文件打开对话框。然后找到待输入的文本文件，例如，存有发电量增速序列的文件(y3_r. txt，记事本文件，图 C. 3. 1)，点击“打开”按钮，点击后出现图 C. 3. 2(左图)的对话框。

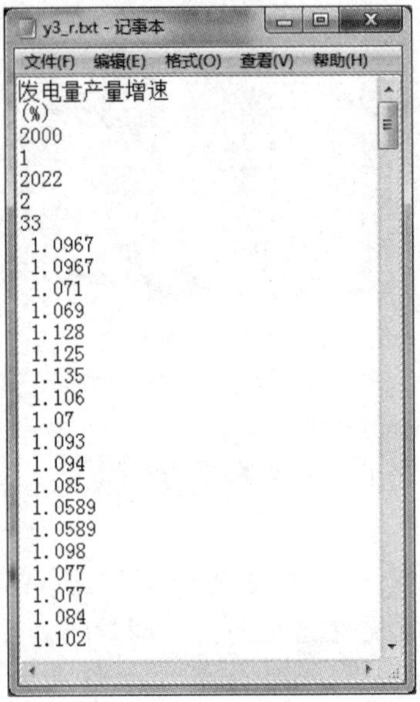

图 C. 3. 1　文本文件(y3_r. txt)

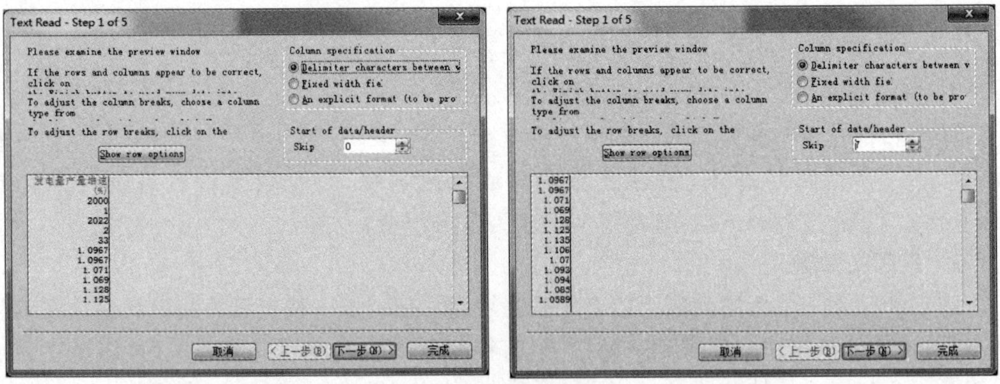

图 C. 3. 2　文本文件数据输入窗口(1)，初始(左)，修改(右)

2. 导入数据

导入数据有 5 个步骤。第 1 步在图 C.3.2 对话框的下部会显示源文本文件的数据，比如 y3_r.txt 文件中的前 7 行是数据序列的汉字序列名、单位、初始年月和终止年月、数据类型等信息，第 8 行后是数据(一行一个)。在“Start of data/header”的“skip”的选择框里(图 C.3.2，右图)初始是“0”，修改成“7”(图 C.3.2，右图)，即将前 7 行去掉，可以看到下部的显示也随之发生变化。

点击“下一步”按钮，经过第 2 步和第 3 步，在第 4 步(图 C.3.3 左图)对话框的“Name”对话框中键入序列名(y3_r)：

在第 5 步对话窗口(图 C.3.3 右图)的“Stare date：”中键入开始日期 2000m01，确认源数据是月度数据，按日期与源文件的观测值匹配。

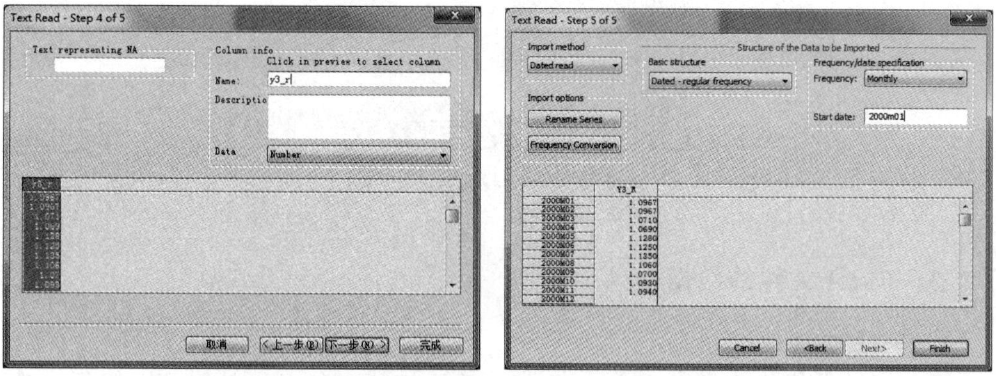

图 C.3.3 文本文件数据输入窗口，第 4 步(左)，第 5 步(右)

在大多数情况下，EViews 将正确标识日期序列，因此不需要更改默认设置。单击 Finish 按钮开始导入过程。还将出现一个选择框(图 C.3.4)，询问是否将新序列对象链接回源。单击“是”，将新序列对象标记为外部链接，单击“否”，将数据导入当前工作文件，完成了将文本文件的数据序列(y3_r.txt)导入到工作文件(data1)中，序列文件名为 y3_r，需要检查导入数据是否完全正确，图 C.3.5 是导入后的工作文件和 y3_r 序列的电子表格，可以在 y3_r 序列窗口上面一行看到源文件的路径和文件名。用户在导入过程中，要根据源文件的特点，注意每一步的提示信息。

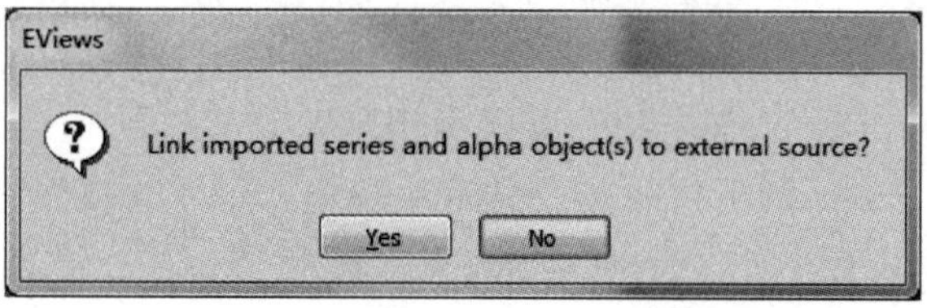

图 C.3.4 询问是否将新序列对象链接回源

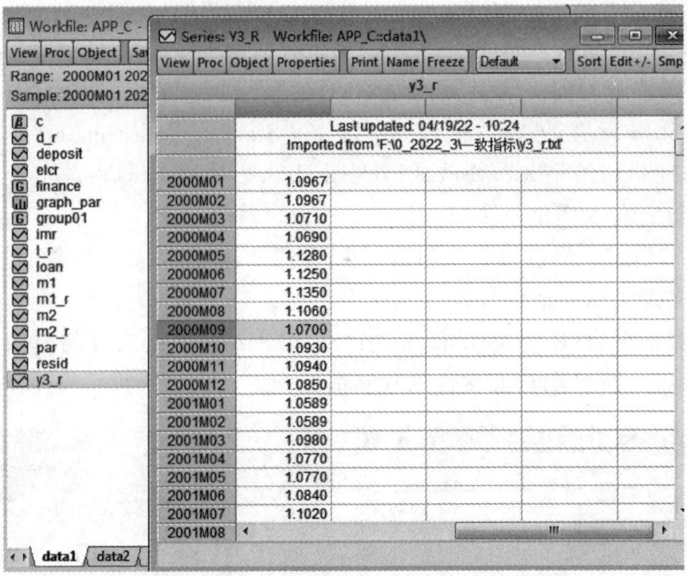

图 C.3.5 已将文本文件数据导入 EViews 工作文件

C.3.3 Excel 文件的数据输入

1. 打开源文件

用户首先要使待输入的工作文件处于激活状态。在主菜单的 File 按钮中选择 Import/Import from File 或单击工作文件的 Proc 菜单,然后选择 Import/Import from File,在任何一种情况下,EViews 都将显示标准的文件打开对话框,然后找到待输入的 Excel 文件。下面分别对三种典型的数据类型介绍导入操作。

2. 导入时间序列数据

时间序列数据是常用的数据类型。例如存有从中国经济信息网下载的 8 个金融指标的 Excel 数据文件(金融.xls,图 C.3.6),每一列是一个指标,每个指标前面有 4 行信息。

建立 EViews 月度工作文件页(data1),样本区间包含 2020 年 3 月至 2022 年 2 月。单击工作文件(data1)的 Proc 菜单,然后选择 Import/Import from File,EViews 显示标准的文件打开对话框。然后找到"金融.xls"文件,点击"打开"按钮后,出现 EViews 数据输入窗口(图 C.3.7 左图)。

EViews 数据输入窗口上面有两个单选项(图 C.3.7):

(1) Predefined range 的下拉列表中显示的待输入的 Excel 文件的页名,是缺省项。在"金融.xls"文件里只有 2 页(sheet0 和 sheet1)。

(2) Custom range 是由用户来指定待输入数据的页名(Sheet)、第一个单元号(Start)和最后一个数据的单元号(End)。

首先单击 Custom range 的单选钮(图 C.3.7 右图),窗口右边的选项变为可以修改状态。本例中要去掉前 4 行,数据从 A5 开始,最后一个指标的数据单元是 I28,即给定二

	A	B	C	D	E	F	G	H	I
1	指标	金融机构人民币各项存款余额_期末	金融机构人民币各项存款余额_期末同比增速	金融机构人民币各项贷款余额_期末	金融机构人民币各项贷款余额_期末同比增速	货币(M1)_期末	货币(M1)_期末同比增速	货币和准货币(M2)_期末	货币和准货币(M2)_期末同比增速
2	地区	全国	全国	全国	全国	全国	全国	全国	全国
3	频度	月	月	月	月	月	月	月	月
4	单位	亿元	%	亿元	%	亿元	%	亿元	%
5	2020-03	2009933	9.3	1602089.22	12.7	575050.3	5	2080923	10.1
6	2020-04	2022635	9.9	1619066.91	13.1	570150.5	5.5	2093534	11.1
7	2020-05	2045740	10.4	1633888.15	13.2	581111.1	6.75	2100184	11.05
8	2020-06	2074780	10.6	1651998.58	13.2	604318	6.5	2134949	11.1
9	2020-07	2075583	10.3	1661925.21	13	591192.6	6.9	2125458	10.7
10	2020-08	2094948	10.3	1674708.18	13	601289.1	8	2136837	10.4
11	2020-09	2110774	10.7	1693665.4	13	602312.1	8.1	2164085	10.9
12	2020-10	2106803	10.3	1700563.15	12.9	609182.4	9.1	2149720	10.5
13	2020-11	2127814	10.7	1714899.83	12.8	618632.2	10	2172003	10.7
14	2020-12	2125721	10.2	1727452.07	12.8	625581	8.6	2186796	10.1
15	2021-01	2161419	10.4	1763234.93	12.7	625563.8	14.7	2213047	9.4
16	2021-02	2172935	10.4	1776828.68	12.9	593487.5	7.4	2236030	10.1
17	2021-03	2209233	9.9	1804131.37	12.6	616113.2	7.1	2276488	9.4
18	2021-04	2201982	8.9	1818816.61	12.3	605421.9	6.2	2262107	8.1
19	2021-05	2227608	8.9	1833780.32	12.2	616828.3	6.1	2275538	8.3
20	2021-06	2266173	9.2	1854976.71	12.3	637479.4	5.5	2317788	8.6
21	2021-07	2254852	8.6	1865808.38	12.3	620367.1	4.9	2302154	8.3
22	2021-08	2268545	8.3	1877960.82	12.1	626658.7	4.2	2312268	8.2
23	2021-09	2291808	8.6	1894591.04	11.9	624645.7	3.7	2342830	8.3
24	2021-10	2299457	9.1	1902852.75	11.9	626082.1	2.8	2336160	8.7
25	2021-11	2310856	8.6	1915584.74	11.7	637482	3	2356013	8.5
26	2021-12	2322500	9.3	1926902.81	11.6	647443.4	3.5	2382900	9
27	2022-01	2360691	9.2	1966521.17	11.5	613859.4	-1.9	2431023	9.8
28	2022-02	2386080	9.8	1978857.03	11.4	621612.1	4.7	2441489	9.2

Sheet0　Sheet1

图 C.3.6　Excel 数据文件窗口(金融.xls)

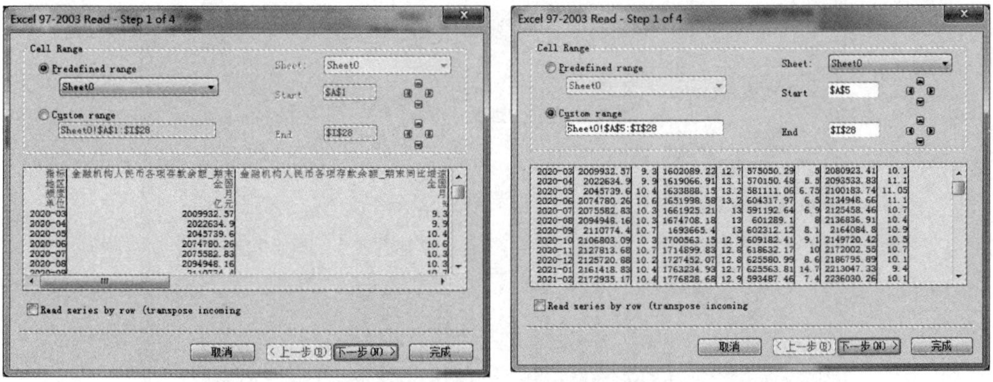

图 C.3.7　时间序列数据文件输入窗口(1),初始(左)和修改后(右)

维数据表格的左上角和右下角,注意保留了日期列。

然后将 Start 项的正文框中的"\$A\$1"改为"\$A\$5",则左边自动改为"sheet0!\$A\$5 \$I\$28"。修改后下面的数据表格也会相应的变动,去掉了前 4 行。

在第 3 步(图 C.3.8 左图)中,需要为每个序列给一个 EViews 序列名,如果不修改,系统会自动按照 Series01、Series02、Series03、…… 给每个序列命名。

用户修改序列名时(图 C.3.8 右图),需点击下面对应的序列,这个序列会变成深色,然后在 Name:后面文本框里输入序列名,如 Series01 改为 obs、Series02 改为 deposit、

Series03 改为 d_r……；在 Description 框里输入所选序列的描述信息；在 Date 的下拉列表中选择该序列类型：日期序列(Date)、数值序列(Number)或汉字字符(Character)。如图 C.3.8 右边窗口视图的第一列(obs)是日期序列，其他列是数值序列。

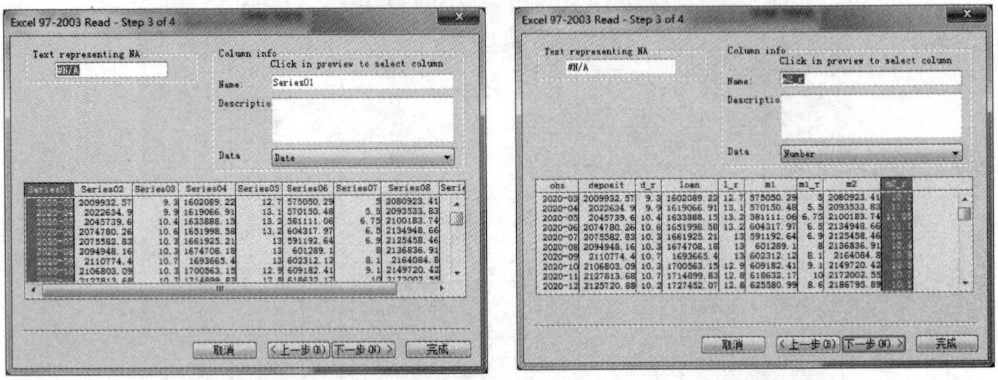

图 C.3.8　时间序列数据文件输入窗口(3)，第 3 步(左)和修改后(右)

在第 4 步(图 C.3.9)中，对话框的左上角是 Import method 下拉菜单，它控制如何将源数据读入现有的工作文件，下拉菜单右侧的区域将根据选择，更改为与当前选择方法相关联的选项。Import method 下拉菜单的下方是 Import Option 部分，通过该部分可以访问重命名序列和指定频率转换方法的设置。

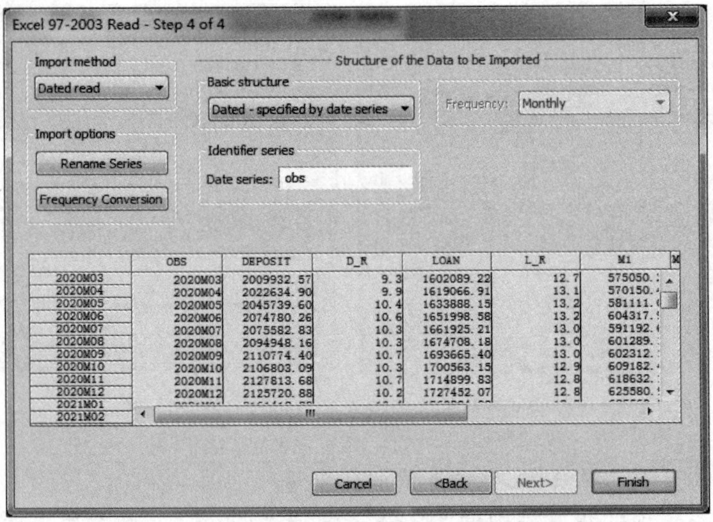

图 C.3.9　时间序列数据文件输入窗口(4)

对于时间序列数据的输入，应在 Import method 下拉菜单中选择 Dated read，此时目标工作文件日期序列作为识别信息已确定。在 Basic structure 的下拉列表中选择 Datad-specified by date series；在 Date Series：栏里已显示上一步确定的日期序列名(obs)，在日期读取中，源文件中的观测值按日期与当前工作文件页中的观测值进行匹配，注意当前工作文件页的样本区间要包含源文件的样本区间，并在必要时执行频率转换(频率转换方法参见中高级第 1 章 1.1.2 节)。

在大多数情况下，EViews 将正确标识日期序列，因此不需要更改默认设置。单击 Finish 按钮开始导入过程。还将出现一个选择框(图 C.3.4)，询问是否将新序列对象链接回源。单击"是"，将新序列对象标记为外部链接，单击"否"，将数据导入当前工作文件。在图 C.3.10 可以看到 8 个金融序列数据都已导入工作文件页 data1 中，建立 8 个金融序列的组(Finance)，图 C.3.10 显示了组的二维数据表格。

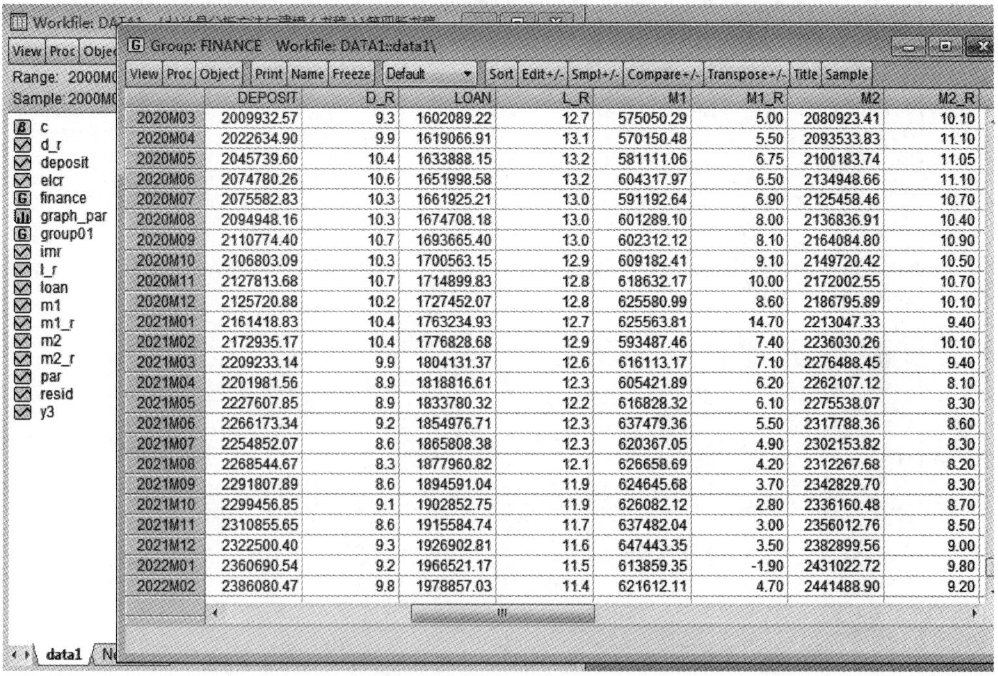

	DEPOSIT	D_R	LOAN	L_R	M1	M1_R	M2	M2_R
2020M03	2009932.57	9.3	1602089.22	12.7	575050.29	5.00	2080923.41	10.10
2020M04	2022634.90	9.9	1619066.91	13.1	570150.48	5.50	2093533.83	11.10
2020M05	2045739.60	10.4	1633888.15	13.2	581111.06	6.75	2100183.74	11.05
2020M06	2074780.26	10.6	1651998.58	13.2	604317.97	6.50	2134948.66	11.10
2020M07	2075582.83	10.3	1661925.21	13.0	591192.64	6.90	2125458.46	10.70
2020M08	2094948.16	10.3	1674708.18	13.0	601289.10	8.00	2136836.91	10.40
2020M09	2110774.40	10.7	1693665.40	13.0	602312.12	8.10	2164084.80	10.90
2020M10	2106803.09	10.3	1700563.15	12.9	609182.41	9.10	2149720.42	10.50
2020M11	2127813.68	10.7	1714899.83	12.8	618632.17	10.00	2172002.55	10.70
2020M12	2125720.88	10.2	1727452.07	12.8	625580.99	8.60	2186795.89	10.10
2021M01	2161418.83	10.4	1763234.93	12.7	625563.81	14.70	2213047.33	9.40
2021M02	2172935.17	10.4	1776828.68	12.9	593487.46	7.40	2236030.26	10.10
2021M03	2209233.14	9.9	1804131.37	12.6	616113.17	7.10	2276488.45	9.40
2021M04	2201981.56	8.9	1818816.61	12.3	605421.89	6.20	2262107.12	8.10
2021M05	2227607.85	8.9	1833780.32	12.2	616828.32	6.10	2275538.07	8.30
2021M06	2266173.34	9.2	1854976.71	12.3	637479.36	5.50	2317788.36	8.60
2021M07	2254852.07	8.6	1865808.38	12.3	620367.05	4.90	2302153.82	8.30
2021M08	2268544.67	8.3	1877960.82	12.1	626658.69	4.20	2312267.68	8.20
2021M09	2291807.89	8.6	1894591.04	11.9	624645.68	3.70	2342829.70	8.30
2021M10	2299456.85	9.1	1902852.75	11.9	626082.12	2.80	2336160.48	8.70
2021M11	2310855.65	8.6	1915584.74	11.7	637482.04	3.00	2356012.76	8.50
2021M12	2322500.40	9.3	1926902.81	11.6	647443.35	3.50	2382899.56	9.00
2022M01	2360690.54	9.2	1966521.17	11.5	613859.35	-1.90	2431022.72	9.80
2022M02	2386080.47	9.8	1978857.03	11.4	621612.11	4.70	2441488.90	9.20

图 C.3.10　已将 Excel 数据导入 EViews 工作文件(data1)

2. 导入非结构数据

经济分析中会遇到大量的个体或企业的微观调查数据，这类数据属于非结构数据。导入这类数据时，用户首先要建立非结构工作文件(Unstructured)。非结构数据是没有指定日期的数据序列，它使用默认的整数标识符。本节以中高级第 6 章例 6.1 的已婚妇女工作时间问题的数据样本为例，建立非结构工作文件页 data2，样本个数为 50。图 C.3.11 是"例 6_1_3.xls"的 Excel 数据表。

单击工作文件(data2)的 Proc 菜单，然后选择 Import/Import from File，EViews 显示标准的文件打开对话框。然后找到 Excel 文件"6_1_3.xls"，点击"打开"按钮后，出现 EViews 数据输入窗口(图 C.3.12 左图)。

Excel 文件的待输入页是"数据"页，因此左上角的 Predefined range 的下拉列表中显示的是待输入的 Excel 文件的页名(数据)；Custom range 是由用户来指定待输入数据的

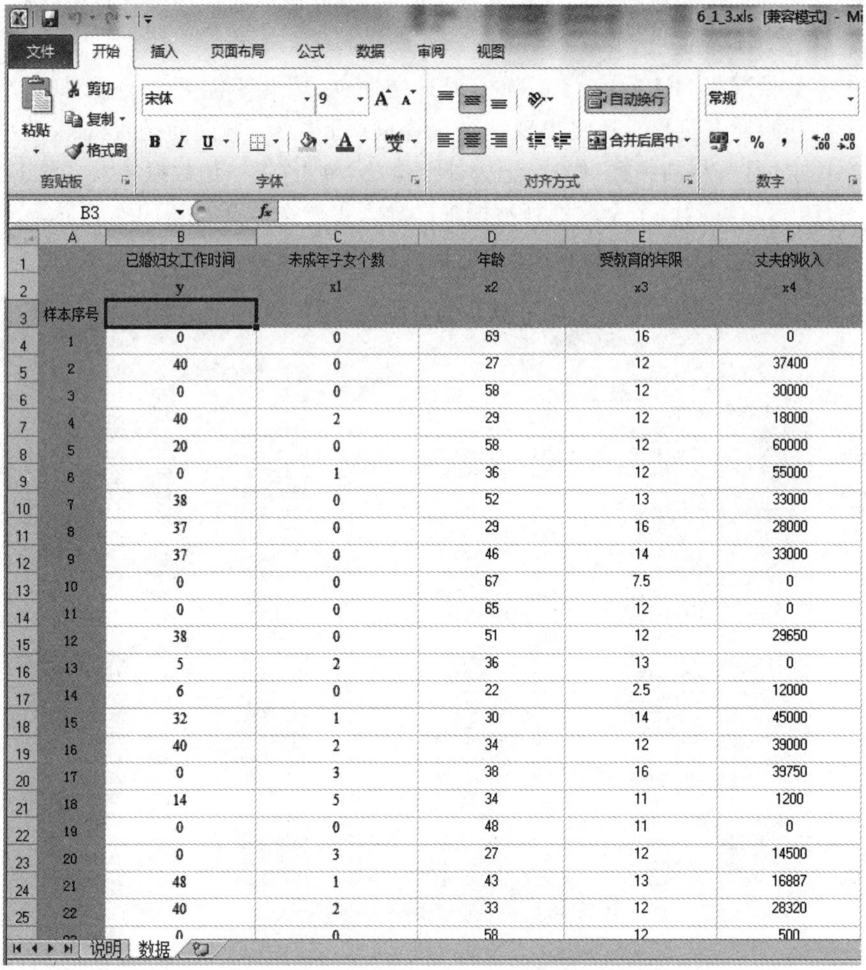

	A	B	C	D	E	F
1		已婚妇女工作时间	未成年子女个数	年龄	受教育的年限	丈夫的收入
2		y	x1	x2	x3	x4
3	样本序号					
4	1	0	0	69	16	0
5	2	40	0	27	12	37400
6	3	0	0	58	12	30000
7	4	40	2	29	12	18000
8	5	20	0	58	12	60000
9	6	0	1	36	12	55000
10	7	38	0	52	13	33000
11	8	37	0	29	16	28000
12	9	37	0	46	14	33000
13	10	0	0	67	7.5	0
14	11	0	0	65	12	0
15	12	38	0	51	12	29650
16	13	5	2	36	13	0
17	14	6	0	22	2.5	12000
18	15	32	1	30	14	45000
19	16	40	2	34	12	39000
20	17	0	3	38	16	39750
21	18	14	5	34	11	1200
22	19	0	0	48	11	0
23	20	0	3	27	12	14500
24	21	48	1	43	13	16887
25	22	40	2	33	12	28320
		0	0	58	12	500

图 C.3.11　已婚妇女工作时间问题的 Excel 数据文件(例 6_1_3.xls)

页名(数据)、第一个单元号(Start)和最后一个数据的单元号(End)。

首先单击 Custom range 的单选钮(图 C.3.12 右图),窗口右边的选项变为可以修改状态。本例中要去掉前 3 行和第 1 列,数据从 B4 开始,最后一个指标的数据的单元是 F53,即给定二维数据表格的左上角和右下角,注意不保留整数标识符列,因此从 B 列开始。

然后将 Start 项的正文框中的"$A$1"改为"$B$4",则左边自动改为"数据!$B$4 $F$53"。修改后下面的数据表格也会相应的变动,去掉了前 3 行和第 1 列。

在第 3 步(图 C.3.13 左图)中,需要为每个序列给一个 EViews 序列名,如果不修改,系统会自动按照 Series01、Series02、Series03……给每个序列命名。

用户修改序列名时(图 C.3.13 右图),需点击下面的序列,这个序列会变成深色,然后在 Name:后面文本框里输入序列名,如 Series01 改为 y、Series02 改为 x1、Series03 改

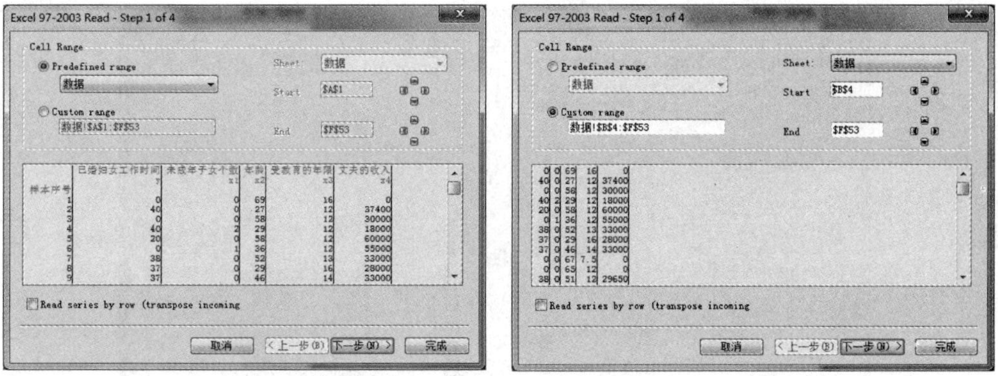

图 C.3.12　非结构数据文件输入窗口(1),初始(左)和修改后(右)

为 x2……; Description 框里输入所选序列的描述信息; 在 Date 的下拉列表中选择该序列类型,所有列都是数值序列。

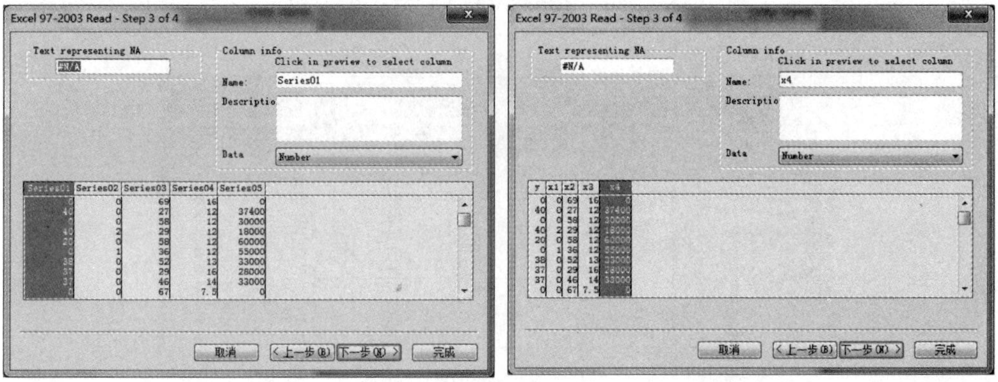

图 C.3.13　非结构数据文件输入窗口(3),第 3 步(左)和修改后(右)

在第 4 步(图 C.3.14)中,对话框的左上角是 Import method 下拉菜单,它控制如何将源数据读入现有的工作文件,下拉菜单右侧的区域将根据选择,更改为与当前选择方法相关联的选项。

对于非结构数据的输入,应在 Import method 下拉菜单中选择 Sequential Read,顺序导入不使用有关源数据结构的信息,它只是将源文件中的每个观测放入目标工作文件的相应观测中。在 Sequential import options 下的框里指定要放置数据的目标样本。

在大多数情况下,EViews 将正确标识顺序标识符,因此不需要更改默认设置。单击 Finish 按钮开始导入过程。还将出现一个选择框(图 C.3.4),询问是否将新序列对象链接回源。单击"是",将新序列对象标记为外部链接; 单击"否",将数据导入当前工作文件。在图 C.3.15 可以看到 5 个离散观测值数据都已导入工作文件页 data2 中,建立 5 个序列的组(MW6_1),图 C.3.15 显示了 5 个序列的二维数据表格。

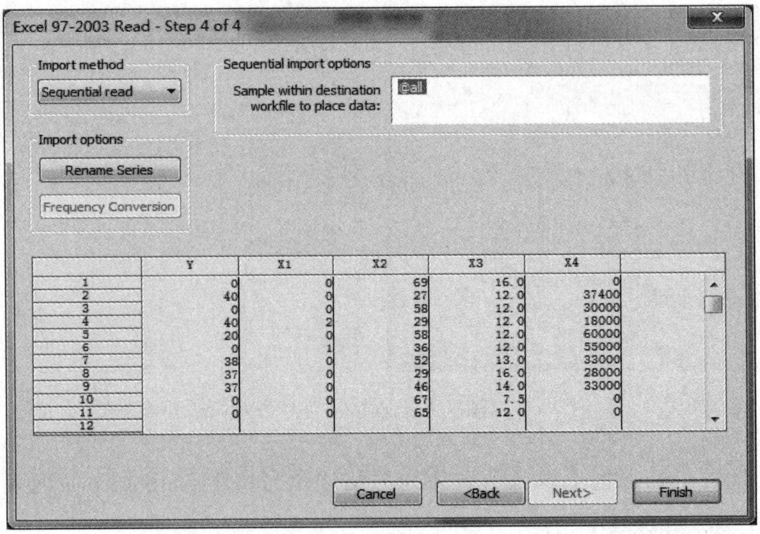

图 C.3.14　非结构数据文件输入窗口(4)

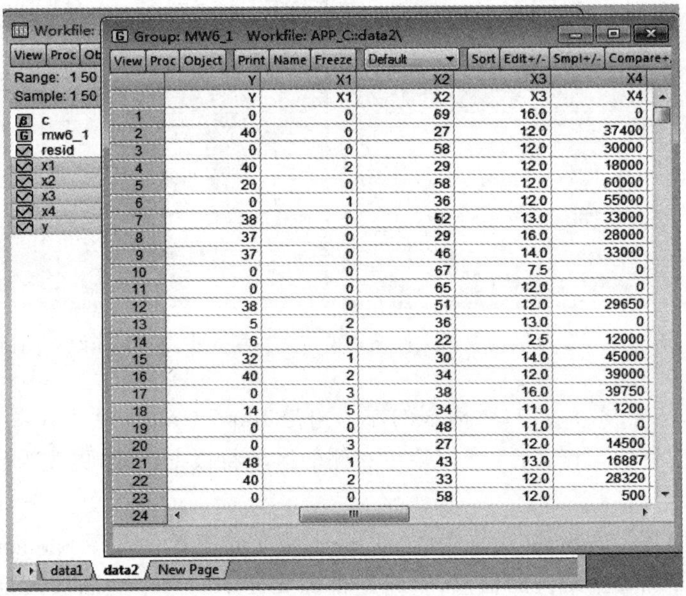

图 C.3.15　已将非结构数据导入 EViews 工作文件

3. 导入面板数据

面板数据在经济分析中非常重要,这类数据是时间序列和横截面相结合的数据,数据量很大。导入这类数据时,用户首先要建立平衡面板工作文件(Balanced Panel)。Balanced Panel 提供了描述固定频率面板数据结构的简单方法。创建平衡面板结构时,要输入每个截面成员。这些成员具有相同的固定频率和相同日期的观测值。

本节以中高级第 9 章例子中，我国 25 个大城市（城区常住人口为 300 万～1 000 万，不包括 1 000 万人口以上的特大城市）的 13 个主要经济指标的面板数据，样本区间为 2003—2013 年，作为面板数据导入例子来介绍。图 C.3.16 是“例 9_1.xls”的 Excel 数据表，该表是截面成员和时期的堆积面板结构，第 1 列是城市名称，第 2 列是截面标识，第 3 列是样本区间，第 4 列后面依次是各经济指标数据。

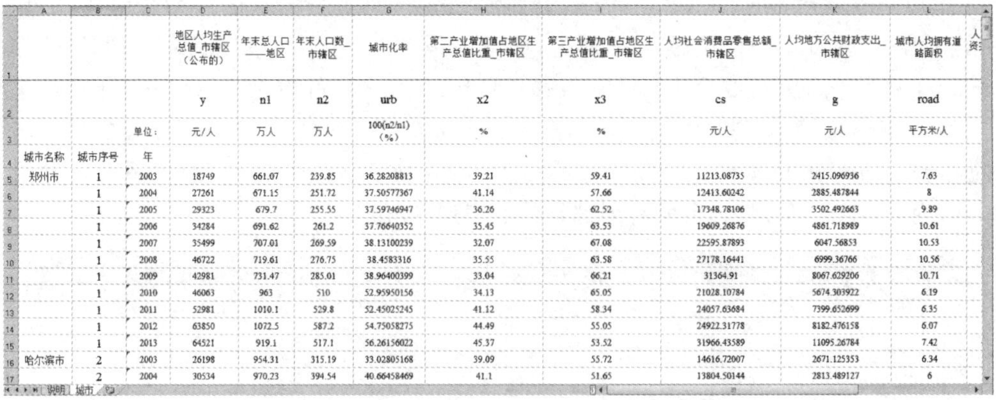

图 C.3.16　面板数据的 Excel 表（例 9_1.xls）

首先建立平衡面板工作文件页 data3，工作文件的 Range 为 2003 2013×25，275 个观测值，其中横截面标识序列是 crossid，时期标识序列是 dateid。

单击平衡面板工作文件（data3）的 Proc 菜单，然后选择 Import/Import from File，EViews 显示标准的文件打开对话框。然后找到 Excel 文件“9_1.xls”，点击“打开”按钮后，出现 EViews 数据输入窗口（图 C.3.17 左图）。Excel 文件的待输入页是“城市”页，因此左上角的 Predefined range 的下拉列表中显示的是待输入的 Excel 文件的页名（城市）。

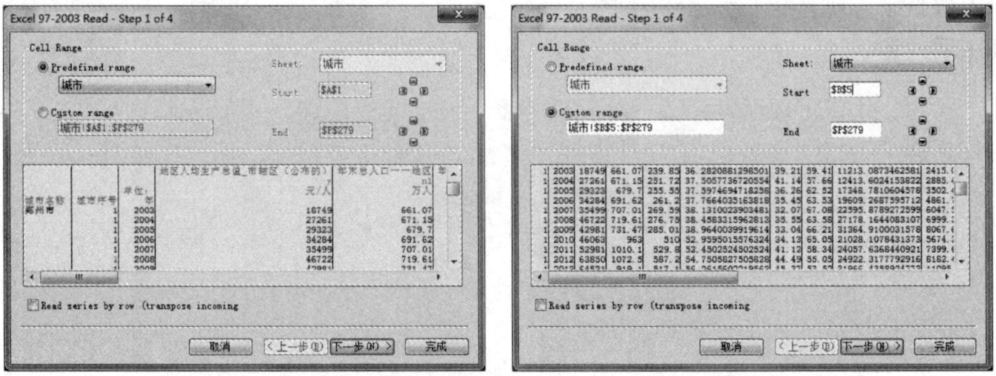

图 C.3.17　面板数据文件输入窗口（1），初始（左）和修改后（右）

首先单击 Custom range 的单选钮（图 C.3.17 右图），窗口右边的选项变为可以修改状态。本例中要去掉前 4 行和第 1 列，数据从 B5 开始，包括横截面标识列和时期标识列，最后一个指标的数据的单元是 P279，即给定二维数据表格的左上角和右下角，注意不保留第 1 列(城市名称),因此从 B 列开始。

然后将 Start 项的正文框中的“$A$1”改为“$B$5”,则左边自动改为“城市!$B$5 $P$279”。修改后下面的数据表格也会相应的变动,去掉了前 4 行和第 1 列。

在第 3 步(图 C.3.18 左图)中,需要为每个序列给一个 EViews 序列名,如果不修改,系统会自动按照 Series01、Series02、Series03……给每个序列命名。

用户修改序列名时(图 C.3.18 右图),需点击下面的序列,这个序列会变成深色,然后在 Name: 后面文本框里输入序列名,如 Series01 改为 crossid、Series02 改为 dateid、Series03 改为 y、Series03 改为 n1、Series04 改为 n2、Series05 改为 urb……; 注意第 1 列是截面标识信息,第 2 列是时期标识信息; 第 3 列以后每列是 13 个经济变量的序列名和数据。Description 框里输入所选序列的描述信息; 在 Date 的下拉列表中系统自动给定 dateid 列为“Date”类型,其余所有列都是数值序列(Number)。

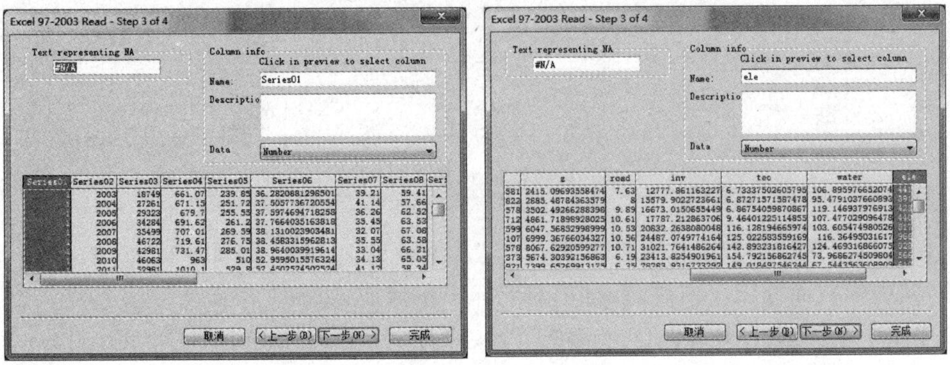

图 C.3.18　面板数据文件输入窗口(3),第 3 步(左)和修改后(右)

在第 4 步(图 C.3.19)中,对话框的左上角是 Import method 下拉菜单,它控制如何将源数据读入现有的工作文件,下拉菜单右侧的区域将根据选择,更改为与当前选择方法相关联的选项。

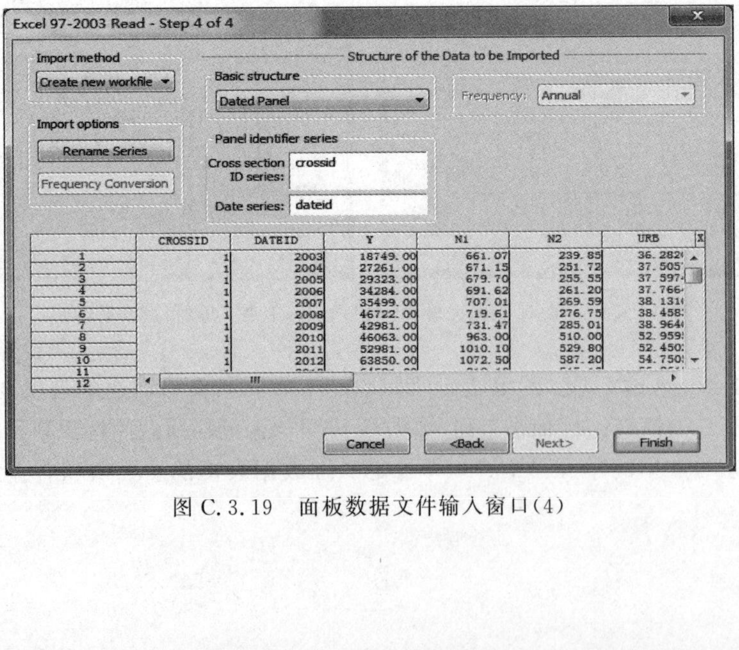

图 C.3.19　面板数据文件输入窗口(4)

对于面板数据的输入，系统在 Import method 下拉菜单中自动给定 Creare new page；在 Basic structure 下拉框里自动指定 Dated Panel；在面板标识序列(Panel identifier series)栏里，系统自动显示“crossid”和“dateid”。因此，将按这 2 个标识序列将数据导入 EViews 工作文件 data3 中。

在大多数情况下，EViews 将正确标识顺序标识符，因此不需要更改默认设置。单击 Finish 按钮开始导入过程。还将出现一个选择框(图 C.3.4)，询问是否将新序列对象链接回源。单击“是”，将新序列对象标记为外部链接；单击“否”，将数据导入当前工作文件。在图 C.3.20 可以看到 13 个面板数据的经济指标序列都已导入工作文件页 data3 中，建立 13 个序列的组(CITY)，图 C.3.20 显示了 13 个序列的面板堆积形式的二维数据表格。

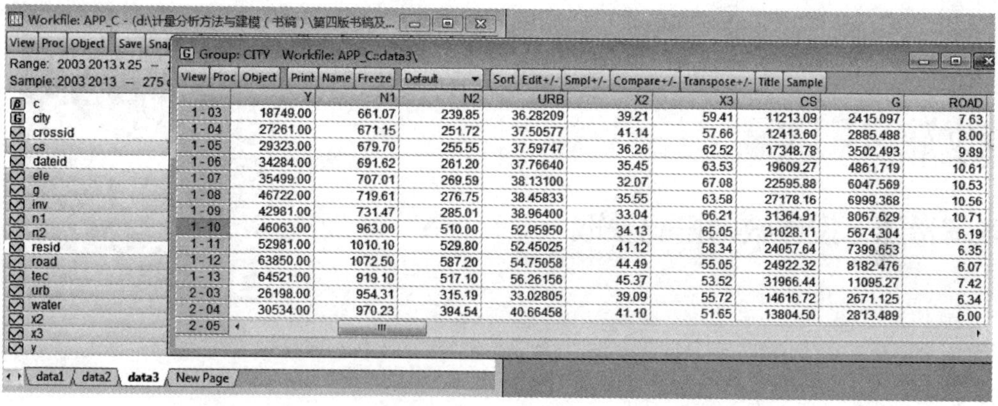

图 C.3.20　已将面板数据导入 EViews 工作文件 data3 中

教师服务

感谢您选用清华大学出版社的教材！为了更好地服务教学，我们为授课教师提供本书的教学辅助资源，以及本学科重点教材信息。请您扫码获取。

» 教辅获取

本书教辅资源，授课教师扫码获取

» 样书赠送

经济学类重点教材，教师扫码获取样书

清华大学出版社

E-mail: tupfuwu@163.com
电话：010-83470332 / 83470142
地址：北京市海淀区双清路学研大厦 B 座 509

网址：http://www.tup.com.cn/
传真：8610-83470107
邮编：100084